ॐ मणिपद्मे हूँ

Transhimalaja

Dritter Band

Der heilige See der Inder und Tibeter.
Aquarell des Verfassers.

Transhimalaja

Entdeckungen und Abenteuer
in Tibet

Von

Sven Hedin

Mit
169 Abbildungen nach photographischen Aufnahmen,
Aquarellen und Zeichnungen des Verfassers und mit
4 Karten

5. Auflage

Dritter Band

Leipzig / F. A. Brockhaus / 1923

Copyright 1909 by F. A. Brockhaus, Leipzig

Vorwort.

Mit diesem dritten Bande des „Transhimalaja" erfülle ich ein Versprechen, das ich vor drei Jahren im Vorwort des ersten Bandes gegeben habe.

Damals stellte ich in Aussicht, auch meine Erinnerungen an Japan, Korea und die Mandschurei zu schildern, und es war meine Absicht, das Ganze mit einer Beschreibung meiner Heimreise durch Sibirien abzuschließen. Dann begann ich mich in meine Tagebücher über die Indusquelle, das westtibetische Hochland und das Satledschtal zu vertiefen. Bald sah ich ein, daß der dritte Band denselben Umfang wie die beiden ersten erhalten würde und daß für den äußersten Osten doch kein Platz mehr bliebe, wenn ich das Material mit der verdienten Ausführlichkeit behandelte! So fehlen denn auch jetzt Japan, Korea und die Mandschurei. Aber weshalb sollte ich durch Berichte über Länder, die alljährlich von unzähligen Touristen besucht werden, den knapp genug zugemessenen Raum noch beschränken, wenn ich dem Leser Eindrücke aus Gegenden bieten konnte, die noch nie der Fuß eines Weißen betreten hat oder wo ich wenigstens nicht einen einzigen Mitbewerber hatte! Überdies habe ich in meinem der Jugend gewidmeten Buche „Von Pol zu Pol" einige Bilder aus dem großen Osten entrollt.

In drei Kapiteln gebe ich diesmal eine kurzgefaßte geschichtliche Übersicht über alle die Entdeckungsreisen, welche die Ränder der zentralen Ketten des Transhimalaja berührt haben, und zeige daran unter anderem, wie gewaltig die Gebiete dieses Gebirgssystems waren, die vor meiner Reise völlig unbekannt gewesen sind.

Drei weitere Kapitel enthalten eine Übersicht derjenigen Reisen, deren Ziel der heilige See Manasarovar und die Quellengebiete der großen indischen Flüsse war. Hier liefere ich den Beweis, daß noch nie ein Europäer, ja nicht einmal ein bekannter Asiate, vor mir bis an die wahren Quellen des Indus und des Satledsch vorgedrungen ist und daß die Lage der Brahmaputraquelle niemals vorher festgestellt worden ist, auch wenn man hat ahnen können, wo der erste Quellbach des Flusses dem Rande der Gletscher entquillt. Ein polemischer Ton ist um so weniger notwendig gewesen, als ernstzunehmende gegenteilige Behauptungen nicht aufgestellt worden sind. Ich lasse die Tatsachen sprechen; sie sind, wie immer, sehr beredt.

In den populärwissenschaftlichen Kapiteln habe ich ermüdendes Zitieren vermieden. Ich behandle dieselben Fragen ausführlich in dem wissenschaftlichen Werke, das in kurzer Zeit erscheinen wird und worin alle Quellen genau angegeben sind.

Für die Ausrechnung der absoluten Höhen bin ich Herrn Dr. Nils Ekholm zu Dank verpflichtet, für die Bestimmung der Gesteinsarten Herrn Professor Anders Hennig in Lund und für die Übersichtskarten Herrn Leutnant C. J. Otto Kjellström.

Die Bilder müssen mit Nachsicht beurteilt werden; mit zwei oder drei Ausnahmen sind es meine eigenen Photographien und Zeichnungen. Vielleicht werden sie dem Leser doch einen Begriff geben von dem einsamen Lande, den schwindelerregenden Höhen des Transhimalaja, den stillen tibetischen Tempelhöfen und meinen alten Freunden, den liebenswürdigen, anspruchslosen Nomaden.

Stockholm, im Oktober 1912.

Sven Hedin.

Inhalt des dritten Bandes.

	Seite
Erstes Kapitel. Von der Indusquelle durch unbekanntes Land	1— 9
Zweites Kapitel. Neue Bekanntschaften	10— 16
Drittes Kapitel. Noch einmal über den Indus	17— 25
Viertes Kapitel. Über den Transhimalaja nach Gartok	26— 34
Fünftes Kapitel. Zur Vereinigung der Indusarme	35— 42
Sechstes Kapitel. Im Dunkel dumpfer Klostermauern	43— 50
Siebentes Kapitel. Die letzten Tage am Löwenfluß	51— 58
Achtes Kapitel. Zum letztenmal in Ladak	59— 66
Neuntes Kapitel. Ein mächtiger Häuptling und ein vorsichtiger Prior	67— 87
Zehntes Kapitel. Die Modelle von Kjangjang	88— 95
Elftes Kapitel. Zum letztenmal über den Transhimalaja!	96—102
Zwölftes Kapitel. Der Transhimalaja im Altertum und im Mittelalter. — Die katholischen Missionare	103—118
Dreizehntes Kapitel. Die Jesuiten. — D'Anville. — Die ersten Engländer. — Ritter, Humboldt und Huc	119—130
Vierzehntes Kapitel. Der Transhimalaja von der Mitte des 19. Jahrhunderts bis auf die Gegenwart	131—148
Fünfzehntes Kapitel. Eine gespannte Situation!	149—158
Sechzehntes Kapitel. Zum Kloster der „heiligen Sau"	159—169
Siebzehntes Kapitel. Der Manasarovar in alter und neuerer Zeit	170—188
Achtzehntes Kapitel. Die ersten Engländer am heiligen See	189—202
Neunzehntes Kapitel. Die letzten Pulsschläge	203—216
Zwanzigstes Kapitel. Ein schwindelerregender Übergang über den Satledsch	217—230
Einundzwanzigstes Kapitel. Die Schluchten des Satledsch	231—241
Zweiundzwanzigstes Kapitel. Ein malerisches Kloster	242—251
Dreiundzwanzigstes Kapitel. Im Heiligtum des Klosters Mangnang	252—259
Vierundzwanzigstes Kapitel. Seine Exzellenz der Grobian	260—271
Fünfundzwanzigstes Kapitel. Der erste Jesuit in Tibet	272—282
Sechsundzwanzigstes Kapitel. Lamaismus und Katholizismus	283—302
Siebenundzwanzigstes Kapitel. Durch die Labyrinthe der Nebenflüsse	303—312
Achtundzwanzigstes Kapitel. Im Höllenloch des Ngari-tsangpo	313—323
Neunundzwanzigstes Kapitel. Zum Satledsch hinunter	324—331
Dreißigstes Kapitel. Abschied von Tibet	332—338
Einunddreißigstes Kapitel. Zwischen Himmel und Wasser	339—348
Zweiunddreißigstes Kapitel. Ein gelehrter Lama aus Ungarn	349—364
Dreiunddreißigstes Kapitel. Meine Amazonengarde	365—374
Vierunddreißigstes Kapitel. Das letzte Kapitel	375—381
Register	382—390

Abbildungen.

Das bunte Bild auf dem Einband des dritten Bandes, nach einem Aquarell des Verfassers, stellt den Manasarovar mit dem Kailas im Hintergrund dar. (Siehe Band III, Seite 171.)

Bunte Tafel. Der heilige See der Inder und Tibeter. Aquarell des Verfassers. Titelbild.

	Seite
1. Die Indusquelle. 2. Manimauer. Skizzen des Verfassers	8
3. Pema Tense, mein Führer zur Indusquelle und nach Jumba-matsen. Skizze des Verfassers	9
4. Augenblicksbilder aus dem Lager. Skizzen des Verfassers	16
5. Transport von Schafwolle. 6. Nomaden unterwegs	17
7. Nomade aus Jumba-matsen. Skizze des Verfassers	24
8. Nomadenzelt. 9, 10. Neugierige bei meinem Aufbruch	25
11—13. Freundliche Nachbarn. Skizzen des Verfassers	32
14. Einer der Häuptlinge. Skizze des Verfassers	33
15. Meine Lastyaks. 16. Tibetische Führer	40
17. Mein Zelt	41
18. Lager im Transhimalaja. 19. Reityak	48
20. Gäste bei meinem Zelt. 21. Mein Zelt wird eingepackt	49
22. Rast unterwegs auf einem Passe. 23. Thakur Jai Chand, der englisch-indische Agent in Gartok, von einigen seiner Diener umgeben	56
24. Lastyaks	57
25. Lager im Industal. 26. Kleinpuppy hält Wache. 27. Roberts Probefahrt auf dem Indus	64
28. Aussicht aus dem Industal nach Nordwesten. 29. Ladakkette südlich des Indus	65
30. In Gar-gunsa. 31. Aus dem Lager in Gar-gunsa. 32. Kloster Gar-gunsa	72
33. Mein Zelt mit dem Sonnensegel. 34. Lastyaks auf dem Marsch	73
35. Lager am Indus. 36. Dorf Langmar. 37. An der Vereinigung beider Indusarme	80
38. Industal bei Taschi-gang. 39. Kloster Taschi-gang. 40. Tschorten bei Taschi-gang	81
41—44. Kloster Taschi-gang. Skizzen des Verfassers	88
45. Lager in Demtschok. 46. Demtschok. 47. Eisbrücke über den Indus	89
Bunte Tafel. Tibetische Modelle. Aquarelle des Verfassers	91
48. Tsake-la. 49. Unterwegs nach Tschuschul	96
50. Tänzerinnen in Tschuschul. Skizzen des Verfassers	97
51. Singende Schönheiten in Tschuschul	104
52. Mädchen aus Tschuschul. Skizze des Verfassers	105
53. Auf dem Kongta-la. 54. Drugub. 55. Tschorten in Drugub	112
56. Musikanten in Drugub	113
57. Kaufleute aus Kaschmir und Drugub. 58. Der Tesildar. 59. Kaufleute aus Rudok in Drugub	120
60—63. Meine treuen Diener, die Ladaki Gulam, Tubges, Kutus und der Tibeter Lobsang	121

Abbildungen.

	Seite
64, 65. Auf dem Weg nach Kloster Selipuk	128
66. Der Gova von Selipuk. Zeichnung des Verfassers	129
67. Der Häuptling Sonam Ngurbu und einer seiner Brüder	136
68. Sonam Ngurbu. 69. Sonam Ngurbus Bruder	137
70. Zwei Reiter Sonam Ngurbus	144
71. Soldaten Sonam Ngurbus. Skizze des Verfassers	145
72. Soldaten Sonam Ngurbus. Skizze des Verfassers	152
73, 74. Sonam Ngurbus Abmarsch aus Selipuk	153
75. Eingang zum Kloster Selipuk. 76. Aus dem innern Klosterhof in Selipuk	160
77. Alter Tibeter. 78. Bettellama. 79. Nomade. Skizzen des Verfassers	161
80. Abdul Kerims großes Zelt. 81. Neugierige Besucher	168
82. Auf einem Passe des Transhimalaja	169
83. Gebirgslandschaft in Südwesttibet	176
84. Der Gouverneur von Saka-dsong. 85. Der Gipfel des Kang-rinpotsche. Skizzen des Verfassers	177
86. Junger Tibeter. Skizze des Verfassers	184
87. Räuberhauptmann Kamba Tsenam. Skizze des Verfassers	185
88. Bewohner von Toktschen	192
89. Der dreizehnjährige Prior von Langbo-nan. Skizze des Verfassers	193
90. Tibetischer Jäger. 91. Mönche mit Klarinette und Muschelhorn. Skizzen des Verfassers	200
92. Lama mit drei Meter langer Kupferposaune. Skizze des Verfassers	201
93. Lama mit Tempeltrommel. Skizze des Verfassers	208
94. Lama in Tschiu-gumpa. Skizze des Verfassers	209
Bunte Tafel. Am Manasarovar. Aquarell des Verfassers	215
95. Bettellama. Skizze des Verfassers	216
96. Major Ryder	217
97. Yaks auf dem Weg durch den Fluß	224
98. Im oberen Satledschtal. 99. Der Satledsch in einer wilden Schlucht	225
100, 101. Schwieriger Marsch	232
102. Querschwelle im Satledschtal bei Kjung-lung. 103. Transport über die Satledschbrücke bei Daba	233
104. Kloster Kjung-lung. Skizze des Verfassers	240
105. Satledschbrücke bei Kjung-lung. 106. Steinmal am Steilrande des Satledschtals	241
107. „Der Blick bestreicht gewaltige Räume". 108. In einem Talgrunde	244
109. Aussicht von Dongbo-gumba nach Nordost über das Satledschtal. Skizze des Verfassers	245
Bunte Tafel. Der Vorraum zum Kloster in Daba. Aquarell des Verfassers	248
Bunte Tafel. Aus dem Heiligtum von Mangnang-gumpa. Aquarell des Verfassers	256
110. Durch eine Schlucht zum Satledschtal. 111. Talboden bei Daba	264
112. Wohnungen der Mönche in Daba-gumpa. 113. Aus dem Dorfe Daba. Skizzen des Verfassers	264
114. Dorf Daba mit dem Kloster. 115. Dorf Daba	265
116. Tschorten in Daba-gumpa. 117. Klostermauer in Daba-gumpa. Skizzen des Verfassers	272
118. Terrasse in Daba-gumpa. 119. Tschorten in Daba-gumpa, von oben gesehen	273

x   Abbildungen.

                                                                Seite
120. Aus dem Tempel von Daba-gumpa. Skizze des Verfassers 280
121. Schlucht auf dem Wege nach Totling. 122. Brücke von Totling . . . 281
123. Brücke von Totling 288
124. Übergang über die Brücke von Totling. 125. Schlucht bei Natang . . . 289
126. Schangdse-Tal. 127. Tal beim Kloster Rabgjäling. Skizzen des Verfassers 296
128, 129. Kloster Rabgjäling. Skizzen des Verfassers 297
130. Tal des Ngari-tsangpo. 131. Die kleine Brücke über den Ngari-tsangpo 304
132. Bergkette an der Grenze zwischen Tibet und Indien. 133. Schlucht bei Optil 305
134. Im Höllenloch des Ngari-tsangpo 312
135. Brücke über den Tomlang-tsangpo. 136. Loptschak-Brücke 313
137. Ziegen auf dem Weg über die Loptschak-Brücke. 138. Brücke über den Satledsch. Skizze des Verfassers 320
139. Die Karawane nach glücklicher Passierung der Loptschak-Brücke . . . 321
140. Unter den Bäumen des Dorfes Schipki. Skizze des Verfassers 328
141. Schipki-la. 142. Satledschtal unterhalb Loptschak 329
143. Auf dem Schipki-la. 144. Ziegenkarawane auf der Paßhöhe 336
145. Ein typisches Dorf an der tibetischen Grenze. Photographie von Missionar Marx in Poo 337
146. Drahtseilbrücke bei Poo. 147. Drahtseilbrücke bei Poo. Skizze des Verfassers 344
148. Deva Ram auf dem Wege zu uns 345
149. „Ich schwebe zwischen dem Himmel und dem mörderischen Satledsch". Photographie von Missionar Marx in Poo 352
150. Luftige Fahrt über den Satledsch. Photographie von Missionar Marx in Poo 353
151. Drahtseilbrücke über den Scha-Fluß. Skizze des Verfassers. 152. Straße im Satledschtal 360
153. Gatschen Lobsang Tarva. 154. Jangpur, der älteste Mann in Kanam. Skizzen des Verfassers 361
155. Csomas Klosterzelle. 156. Csomas Haus in Kanam. Skizzen des Verfassers 368
157. Blick auf das Satledschtal bei Kanam. 158. Schlucht im Satledschtal . 369
159. Himalajalandschaft. 160. Straße in der Satledschschlucht 376
161. Aus den Bergen des Himalaja 377

Karten.

Gaubils Karte der beiden Seen und der angeblichen Gangesquelle . . . 179
Anquetil du Perrons Karte des Manasarovar und Rakas-tal 181
Moorcrofts Karte des Manasarovar und Rakas-tal 193
Westtibet. Gezeichnet von Leutnant C. J. Otto Kjellström. Maßstab: 1 : 1 500 000.

Erstes Kapitel.

Von der Indusquelle durch unbekanntes Land.

Nun weiden meine Pferde und Maulesel im Lager 236 in dem spärlichen Grase, das an der Indusquelle wächst. Der Steinmann, den ich an dieser bedeutungsvollen Stelle errichtet hatte, stand auf einer Terrasse von weißem, porösem Kalkstein (Abb. 1). Rechts unterhalb der Terrasse entspringen mehrere Wasseradern, die den Quellarm des Indus bilden.

Klangvoll lallt der neugeborene Fluß zwischen den Steinen seines Bettes, und ich höre ihn vor meinem Zelte wie die Orgeltöne einer klassischen Frühmesse. In steigendem Rhythmus wird sein Gesang auf dem Wege durch den Himalaja zu dröhnendem Donner anschwellen, aber immer bleibt es dieselbe Melodie. Bei den Tönen der Wellen des Indus siegten einst die Mazedonier über die Völker des Ostens!

Mit seinen eisernen Pflöcken ist mein Zelt in einem Boden verankert, auf den noch nie ein Europäer seinen Fuß gesetzt hat. Ich bin stolz darauf, der erste an der Indusquelle zu sein, aber auch demütig dankbar. Von diesem Punkte aus, wo der Fluß dem Schoße der Erde entspringt, eilen die wachsenden Wassermassen ihren Weg nach dem Meere hinab. Die Höhe ist schwindelerregend. Ich raste 5165 Meter über dem Spiegel des Ozeans. Ein Eiffelturm auf dem Gipfel des Montblanc! Nicht allein der ewige Fluß — nein, nahezu die ganze Erde liegt zu meinen Füßen. Zum viertenmal habe ich nun den Transhimalaja überschritten, und endlich ist es mir gelungen, an das erwünschte Ziel vorzudringen.

Über die Indusquelle wußten die Geographen des Altertums, Griechen und Römer, und auch die Araber nichts. Das Mittelalter kümmerte sich wenig darum. Der erste Europäer, der Indien besuchte, hatte recht verschwommene Vorstellungen über die Herkunft des Flusses. Seit dem Tage, an welchem der britische Löwe zuerst das Land der Hindus mit seinen Krallen packte, ist die Wiege des Indus friedlos bald hierhin, bald dorthin zwischen den Bergen verlegt worden. Schließlich sandten englische Offiziere eingeborene Späher aus, um sie auszukundschaften. Diese fanden den Quellarm, aber nicht die Quelle. Und jetzt lauschte ich ihrem eintönigen Rauschen!

Ich hatte nur fünf meiner besten Leute aus Ladak bei mir. Sie hatten mich auf dem an Stürmen reichen Zuge durch ganz Tibet begleitet, sie hatten einen schneidend kalten Winter ertragen und den Transhimalaja auf unbekannten Pässen besiegt; sie waren von Andacht ergriffen gewesen, als der Tempelgesang in den Klosterhöfen von Taschi-lunpo widerhallte, und sie hatten die Ufer des heiligen Sees besucht und hatten auf dem Gipfel des Kailas ihre Blicke zu dem Paradiese Siwas emporgesandt.

Ich sprach mit meinen Leuten dschaggataitürkisch, im Tibetischen war Rabsang mein Dolmetscher. Tundup Sonam hatte unsere Flinten in seiner Obhut, und Abul rührte in den Töpfen, die über dem Küchenfeuer brodelten.

Ein glückliches Geschick hatte mir einen tibetischen Nomaden namens Pema Tense in den Weg geführt (Abb. 3). Angelockt durch die verführerische Vergütung, die in blanken Rupien in meiner Hand klimperte, hatte er seine Kameraden laufen lassen und mir seine Dienste auf dem Wege nach Nordosten durch unbekanntes Land angeboten. Von ihm mietete ich acht Schafe, deren Gerstenlasten ich kaufte. So würden unsere eigenen Lasttiere nicht über Gebühr beladen werden und konnten doch hin und wieder eine gute Mahlzeit erhalten, in einem Lande, das nackt und kahl ist wie nach der Sündflut.

Am Morgen des 11. September 1907 brachen wir auf, und wieder klapperten die Hufe auf dem hartgefrorenen Boden. Die Temperatur war während der Nacht auf 11,5 Grad Kälte heruntergegangen. In Tibet ist der Winter ein Gast, der frühzeitig einkehrt und lange bleibt. Der Himmel war rein und hellblau; die Regenzeit, die wir kaum verspürt hatten, war jetzt vorüber. Aber dennoch heulten und klagten die Winde des Südwestmonsuns über dem Hochland, und da, wo der Boden locker war, wirbelte der Staub hinter den Hufen der Pferde auf.

Flach und offen liegt das Land vor uns da. Es ist die „Nordebene", das Tschang-tang der Tibeter, das Hochplateau mit seinen flachen Bodenformen. Hinter uns erhebt sich der Transhimalaja mit wilden, schroffen Felsen. Das Tal, dem wir folgen, ist breit und zwischen hohen, ungleichmäßigen Bergen eingeschlossen. Der Bokar-tsangpo, einer der Quellbäche des Indus, gleitet lautlos zwischen seinen eisumsäumten Ufern hin. Sein Wasser ist kalt und kristallklar; man sieht ihm an, daß es aus Schneefeldern und Quellen und nicht von Gletschern stammt.

In einer Erweiterung zwischen den Bergen zur Linken unseres Weges glänzen weiße Salzringe um den kleinen sterbenden See Dschekung-tso herum. Seinen Namen trägt auch die Paßschwelle, zu der der Weg in einer Schlucht zwischen nackten, verwitterten Felsen hinaufführt. Der Bokar-tsangpo ist hinter uns zurückgeblieben, aber in Ostsüdosten sehen wir die bläulichen Höhen, deren dünne Schneefelder der Bach zu seinen Ahnen zählt.

Auch jenseits des Passes befinden wir uns noch immer im Flußgebiete des Indus; denn das Bächlein, das sich zwischen schmalen Wülsten gelbgewordenen Grases das Lamo-latse-Tal hinabschlängelt, vereinigt sich mit dem Bokar-tsangpo.

Pfeifend und singend watschelt Pema Tense hinter seinen acht Schafen her und ist immer bereit, mir die Aufklärungen zu geben, die ich von ihm verlange.

„Wie heißt dieser Platz?" frage ich an einem Punkte, wo sich eine mit Manisteinen bedeckte Reihe Steinmale über den Weg hinzieht (Abb. 2).

„Schantse gong", antwortet er. „Hier begrüßen die Pilger die Götter des Kang-rinpotsche, denn von hier aus sieht man zuerst die eigentliche Spitze des heiligen Berges." Diese Geschichte hatte sich Pema offenbar von jemand aufbinden lassen; nicht ein Schimmer des Berges ist von den Steinmalen aus zu sehen!

Durch das gelbe Moos, die einzige Vegetation, die wir sehen, rieseln noch einige Rinnsale dem Lamo-latse-Bach zu. Ich erwähne ihrer nur, weil das östlichste Rinnsal vielleicht als die eigentliche Quelle des Indus anzusehen ist.

Wieder stellt sich uns ein Hindernis in den Weg, und steil führt der Pfad zu dem in einen Kamm aus Quarzporphyr eingesenkten Passe Lamo-latse hinauf. Hier ist die Wasserscheide des Indus. Im Osten dehnt sich das Hochland aus, das keinen Abfluß nach dem Meere hin hat. Wir befinden uns jetzt in 5426 Meter Höhe. Die Paßhöhe zieren zwei Steinmale, die mit Yakhörnern und Lumpen bedeckt sind, den Opfergaben frommer, abergläubischer Pilger. Die heiligen sechs Silben sind mit schwarzer Farbe auf bunte Wimpel gezeichnet, und wenn der peitschende Wind sie flattern und klatschen läßt, glaubt man ein vielstimmiges „Om mani padme hum" zu hören, das der Wind über das öde Hochland hinträgt, damit es den Scharen der Pilger Segen und Wohlfahrt bringe.

Ja, hier droben sauste der Sturmwind tüchtig. Man mußte sich mit dem Rücken nach dem Wind stellen, um nicht beim Ablesen der Instrumente weggeweht zu werden. Und welche Aussicht nach Ostnordosten hin! Aber man glaube ja nicht, daß sie schön sei! Verzweifelt öde ist sie, beinahe unheimlich! Ich fühle mich so vereinsamt und verloren wie inmitten des Meeres, eines versteinerten Meeres, dessen glockenförmige Dünungen in meiner Nähe schwarz und rot schillern und in weiterer Entfernung in Gelb, Grün und Violett übergehen. Ich selbst glaube auf einem Wellenkamme zu stehen, von dessen Höhe mein Blick alle die andern Bodenwellen bestreicht. Ein Bild der Unendlichkeit! Jahr und Tag müßte ich hier umherziehen, um alle diese Einzelheiten auf meinen Kartenblättern wiedergeben zu können! Hier beherrscht man eine unendlich große Scholle der Erdrinde mit einem einzigen Blick. O wie öde, kalt und einsam! Keine Menschen, keine Tiere, keine Pflanzen! Aber die Sonne leuchtet über der Erde, und der Wind klagt zwischen den Felsen. Kein anderes Zeichen des Lebens gibt es hier.

Es ist schön, nach einem solchen Tage zu lagern (Lager 237). Man kann die Zelte nicht schnell genug aufschlagen und darin Schutz vor dem Sturme suchen, der draußen wie ein scharfer Besen über den Boden fegt. Die Luft ist trotzdem klar. Denn von diesem Boden, den der Wind Millionen von Jahren hindurch poliert hat, gibt es nichts Loses wegzufegen. Vergeblich spähen wir nach einer gelblichgrünen Schattierung aus, die Weidegrund sein könnte. Dafür wird eines der Schafe von seiner Gerstenlast befreit.

Wenn man schon um 2 Uhr Lager schlägt, wird der Nachmittag lang, und die Stunden der Einsamkeit wollen gar kein Ende nehmen. Ich trage die Beschreibung des Stückchens Erde, das ich seit dem Aufgang der Sonne kennen gelernt habe, in mein Tagebuch ein. Die Gesteinsproben, die ich mit dem Geologenhammer aus den Bergen genommen habe, werden mit Nummern versehen und in Papier eingewickelt. Und dann muß mir Pema Tense eine Weile Gesellschaft leisten.

„Wie heißt dieses Tal?" frage ich ihn.

„Es heißt Lamo-latse-lungpe-bo und mündet nach drei Tagereisen in eine große Ebene."

„Wo ist deine Heimat, Pema?"

„Mein Zelt steht in Gertse, Herr."

„Wie weit ist es dorthin?"

„O, wohl fünfzehn Tagemärsche. Wir rechnen von Jumba-matsen nach Gertse elf Tagereisen."

„Gibt es in Gertse viele Nomaden?"

„Meine Stammesgenossen lagern in zwei- bis dreihundert schwarzen Zelten, und wir besitzen große Schafherden; sie sind unser einziger Reichtum."

„Erzähle mir ein wenig von dem Ertrag, den ihr von eueren Schafen erzielt."

„Nun, sehen Sie, einige Nomaden scheren selber ihre Schafe in Gertse und befördern die Wolle dreizehn Tagereisen weit auf Yaks nach Tok-dschalung, wo sich Kaufleute aus Ladak und Hindostan zur Handels-messe einstellen. Andere lassen die Schafe ihre Wolle zu Markte tragen und sie dort von den Käufern scheren. Am besten stehen sich jedoch die Nomaden, die Salz aus dem Bette ausgetrockneter Seen brechen, ihre Schafe mit den Salzstücken beladen und im Hochsommer den weiten Weg auf die Messe in Gyanima und nach dem Ufer des Tso-mavang wandern, wo die Schafe geschoren werden. Denn sie verdienen sowohl an dem Salz wie an der Wolle. Und wenn sie dann wieder heimwandern, sind die Schafe mit der Gerste beladen, welche die Nomaden sich eingetauscht haben. Eine solche Handelsreise hin und zurück nimmt den größten Teil des Sommers in Anspruch. Die Schafe grasen unterwegs, und wir Nomaden aus Gertse schonen unser eigenes Gras für den Winter."

Das Goldfeld Tok-dschalung ist mit seinen 4980 Meter Höhe einer der höchsten ständig bewohnten Plätze der Erde. Pema Tense war oft dort gewesen und er erzählte mir, daß um die Gruben herum zur Sommerszeit dreihundert Zelte aus der Erde zu wachsen pflegten, weil dann Goldgräber aus Lhasa und andern Orten dorthin kämen. Während des Winters ständen dort nur einige dreißig Zelte. Es sei schneidend kalt, und manchmal sause ein Schneetreiben mit feinem Pulverschnee über die weiten Flächen hin.

Pema Tense guckte durch die Zeltöffnung ins Freie. Als er sah, daß die Dämmerung sich auf die Erde senkte, stand er auf und ging hinaus, um seine Schafe zu suchen und sie für die Nacht bei den Zelten anzubinden. Nachdem er am Lagerfeuer der Ladakis noch eine Stunde verplaudert hatte, rollte er sich in seinem Pelze wie ein Igel zusammen und versank in festen Schlaf. Er hatte mir ein für allemal gesagt, daß er spurlos zu verschwinden gedenke, sobald uns Wanderer begegneten oder wir ein Zelt erblickten. Denn erwische man ihn dabei, daß er mit Fremd-lingen umherziehe und ihnen den Weg in das verbotene Land zeige, so werde er so gewiß, wie zwei mal zwei vier sei, enthauptet werden. Daher müsse er jeden Abend seine Rupien ausgezahlt erhalten; er bekam sie auch stets ohne jeden Abzug.

Der Sturm leistete uns die ganze Nacht Gesellschaft. Er ist recht lästig, dieser ewige Wind, der nach Pema Tenses Behauptung noch volle acht Monate anhalten wird! Das dünne Zelttuch klatscht und schlägt wie ein Segel, es pfeift und ächzt in seinen Tauen, und kalte Zugluft zieht auf dem Boden hin, wo ich liege, in Pelze und Filzdecken eingewickelt. Die Temperatur sank auf 7,7 Grad Kälte, aber schon um 7 Uhr hatten wir 4,6 Grad Wärme.

Ich schlüpfe schnell in die Kleider. Kaum bin ich fertig, tritt Abdul mit dem Frühstück herein, das aus zwei Rückenwirbeln des zuletzt erlegten Wildschafes, frischem Brot und Tee besteht. Draußen beschlagen die Ladakis mein weißes Reitpferd, das treue Tier, das mich viele tausend Kilometer weit durch das öde Tibet getragen hat. In diesem schwierigen Gelände, das aus feinem, dicht gepacktem Schutt besteht, werden die Pferde hufkrank und müssen sorgfältig behandelt werden.

Man sehnt sich aus einer Gegend fort, die nichts anderes als Wasser und Wind zu bieten hat. Der Pfad schlängelt sich deutlich erkennbar wie ein helleres Band hin. Zahllose Menschen und Tiere haben ihn ausgetreten und in den Boden eingestampft. Aus Gertse, Senkor, Jumbamatsen und andern Gegenden im Herzen Tibets sind die Pilger nach dem heiligen Berge und dem wundertätigen See gewandert. Hier und dort sieht man Spuren ihrer Lager, eine vom Feuer geschwärzte Felsplatte und drei Steine, zwischen denen blaue Flammen über Yakdung geflackert und das Wasser in einem Kessel zum Kochen gebracht haben.

Eine Stunde nach der andern schreitet unsere kleine Gesellschaft vorwärts. Selten erregt etwas Ungewöhnliches unsere Aufmerksamkeit. Dort liegt der gebleichte Schädel eines Wildschafes, des Ovis Ammon, mit seinen schweren, schöngewundenen Hörnern. Das Tal mündet in eine Ebene aus, und wir wenden uns von dem Bache ab, der im Norden verschwindet. Sein Wasser rieselte melodisch unter einer dünnen Eishaut. Eine kleine Herde von Wildeseln oder Kiangs tummelte sich auf der Ebene, räumte aber das Feld, als wir unsere Zelte im Lager 238 an einer richtigen Mauer aus trocknem Yakdung aufschlugen (Abb. 4). Die Nomaden, die dieses Feuerungsmaterial gesammelt hatten und nun in irgendeiner andern Gegend ihre Herden weideten, werden bei ihrer Rückkehr sicherlich sehr verwundert sein, zu finden, daß ihr Feuerungsvorrat zum größten Teil verschwunden war. Denn wenn wir hier kein anderes Vergnügen haben konnten, so wollten wir uns wenigstens am Abend an großen lodernden Feuern erfreuen.

Der folgende Tagemarsch führt über einen kleinen Porphyrpaß; auf seiner andern Seite geleitet uns Pema Tense durch ein tief eingeschnittenes Tal zwischen wilden, verwitterten Felswänden, dessen Boden eine hohe Schicht scharfkantigen Schuttes bedeckt. Gelegentlich zeigt sich ein kleiner Fleck gelben Grases, dessen Halme hart und spitz sind wie Nähnadeln. In zwei geschützten Schluchten kämpften einige behaarte, zottige Brennnesseln um ihr Dasein. Im übrigen ist das Land überall grauenhaft steril, ausgedörrt und wüst.

Jenseits einer zweiten Schwelle, die aus Kalkstein bestand, begegneten wir endlich einem einsamen Wanderer.

„Woher kommst du?" fragte ihn Rabsang.

„Aus Jumba-matsen", erwiderte er kurz, seine Schritte beschleunigend.

„Wohin gehst du?"

„Nach einem Zelte nicht weit von hier."

„Was hast du da zu tun?"

„Ich habe dort meinen einen Stiefel vergessen", antwortete er und eilte so schnell wie möglich weiter. Entschieden ein zerstreuter Herr! Pema Tense glaubte, daß der Mann zu einer Räuberbande gehöre.

Ein langsam ansteigender Pfad führt zu dem Passe Tsalamngopta-la (5078 Meter) hinauf, den zwei Steinmale und die gewöhnlichen Gebete zieren. Die Aussicht zeigt rings um den Horizont nirgends etwas Neues. Noch immer nach allen Seiten hin dasselbe öde Land. Keine schwarzen Zelte, keine Herden. Sechs Tage sind wir nun nordostwärts gezogen, und nur ein einziger Wanderer ist uns begegnet.

Hier laufen wir wenigstens nicht Gefahr, durch gebieterische Gouverneure und Milizaufgebot angehalten zu werden. Wir fühlen uns selbst als die Herren des Landes. Hätte ich nur eine stärkere Karawane, mehr Leute und mehr Lebensmittel, so könnte ich ungehindert noch sehr weit nach Osten ziehen. Es liegt ein seltsamer Reiz in den verbotenen Wegen mit ihren Abenteuern und ihrer Spannung. Doch das Ziel dieses Ausfluges, die Indusquelle, ist erreicht, und die Hauptkarawane erwartet uns in Gartok. Nun gut, mag sie warten! Noch zwei Tagereisen weit wollen wir, da alles so gut geht, nach Nordosten vorzudringen versuchen. Gemächlich ziehen wir die steilen Abhänge des Passes hinunter und bereiten uns in der Gegend Gjambotsche im Lager 239 auf die kommende Nacht vor.

Beim Aufbruch am 14. September machte ich mir klar, daß es meine nächste Aufgabe sein müsse, das Zelt des Häuptlings von Jumbamatsen aufzusuchen, der nach Pema Tenses Ansicht ganz in der Nähe weilte. Jeder Hügel, der eine weite Aussicht zu bieten schien, wurde von einem unserer Gesellschaft bestiegen. Manchmal glaubten wir, fern im Nordosten schwarze Zelte zu erblicken. Doch das Fernglas verwandelte sie schnell wieder in Schutthaufen oder Ringmauern, welche die Nomaden als Schafhürden benutzen. Das einzige, was wir entdeckten, war der kleine See Njanda-nakbo-tso.

Seltsames Land! Die Gebirge bilden keine fortlaufenden Ketten, sie erheben sich in Gestalt runder Wecken aus Verwitterungsschutt oder als steile Höcker aus anstehendem Gestein, scheinbar ohne irgendwelche

Ordnung. Sie schillern gelb und rot, violett, grau und schwarz. Die Erdoberfläche ist bunt, aber die Farben sind gedämpft und vornehm.

Die Bevölkerung des Landes scheint vor uns geflohen zu sein. Aber gerade heute zeigen sich doch menschliche Spuren. Der Weg zieht an zwölf Manimauern vorbei, deren Steine ihr ewiges „Om mani padme hum" rufen. Um einen offenen Tümpel herum sind vier solcher Opfermale errichtet. Auch das Tierleben kündet glücklichere Gegenden an. In dem Gerölle eines Abhangs rief ein Rebhühnervolk, und fünf von den Tieren wurden eine willkommene Verstärkung unseres Proviants. Sie wurden sofort gerupft, und ihre Daunen und Federn wirbelten davon wie vom Winde fortgetragener Rauch. Die Eingeweide wurden während des Marsches herausgenommen, und die zusammengebundenen Vögel auf dem Rücken des weißen Maulesels befestigt, wo schon der Kopf eines an der Indusquelle geschossenen Wildschafes thronte, der bei jedem Schritte des Maulesels nickte. Auch Wildesel traten jetzt häufiger auf als bisher.

Wieder wird die Aussicht nach vorn durch einen kleinen Landrücken versperrt, an dessen Fuß das Gras um eine Quelle herum üppiger steht, als wir es bisher gesehen haben. Eine lange, gut erhaltene Manimauer zieht sich den Abhang hinauf; nicht weit davon zeigen sich wohl ein Dutzend Steinmale, die in einer Reihe stehen. Hier muß es Menschen geben! In gespannter Erwartung eilen wir zum Kamme hinauf, auf dessen anderer Seite wir schwarze Zelte zu erblicken hoffen. Aber nicht einmal das Fernglas konnte einen einzigen Tibeter entdecken. Nur Wildesel irrten auf der Ebene umher, an einem Abhang liefen zwei Hasen, und einige blauschwarze Raben kreisten gemächlich über unsern Häuptern. Im übrigen breitete sich, soweit der Blick reichte, die Wüste des Hochlandes schweigend und öde vor uns aus, und im Hintergrund erglänzte der kleine See.

Enttäuscht ziehen wir wieder abwärts. Wir nähern uns dem Seebecken, die Luft wird milder; wenn nicht ein so greulicher Wind wehte, könnten wir uns hier noch eines letzten Abschiedsgrußes des entschwundenen Sommers erfreuen.

Nach einer Weile wird die Wüstenei durch 500 Schafe belebt, die in derselben Richtung wie wir weit vor uns trippeln. Aha, das sind unsere Freunde von Singi-buk, Pema Tenses Kameraden, und ihre Karawane. Sie sind eine andere Straße gezogen als wir, und nun folgen wir ihrer Spur. Gertse ist ihr Ziel. Die Schafe tragen kleine Gerstenlasten, welche die Hirten gegen das billige Salzgeld eingetauscht haben, das sie dem Boden entnommen hatten.

Jetzt sind wir an der Ufersteppe des Sees angelangt, wo Heuschrecken knarrend die Luft durchschneiden und Eidechsen lautlos über den

1. Die Indusquelle. (S. 1.)
Skizze des Verfassers.

2. Manimauer. (S. 3.)
Skizze des Verfassers.

3. Pema Tense, mein Führer zur Indusquelle und nach Jumba-matsen. (S. 2.)
Skizze des Verfassers.

Sand huschen. An einem Abhang am andern Ufer erblicken wir 15 Manimauern. Erstaunt darüber, sie so weit von der Straße aufgestapelt zu sehen, frage ich Pema Tense, was sie bedeuteten, und er behauptet, es seien Grabmäler toter Tibeter.

Hinter einem kleinen freistehenden Kalksteinhügel zeigte sich jetzt ein zweiter See. Dorthin lenkten wir unsere Schritte. Das Wasser ließ sich trinken, wenn man es nicht zu genau nahm. Aber wir brauchten unsere Magen nicht auf die Probe zu stellen, denn Ische, einer unserer Ladakis, hatte am Ostufer eine Süßwasserquelle entdeckt. Dort möblierten wir uns die Wüstenei so, daß sie uns über Nacht als Heim dienen konnte (Lager 240). Die Einrichtung hatten zum guten Teil schon die Nomaden besorgt, die hin und wieder ihre Zelte am Seeufer aufschlagen und ihre Yaks und Schafe auf der guten Weide ernähren. Hier erhebt sich eine steile Wand aus phyllitartigem Schiefer, der sich leicht in Tafeln spalten läßt. Mehrere kleine Manimauern sind daraus hergestellt worden. Zu oberst auf der einen thronte ein Yakschädel mit gewaltigen Hörnern; in seine weiße Stirn waren die heiligen sechs Silben eingeschnitten und mit Ocker ausgefüllt, so daß sie rot wie Blut leuchteten. Ein alter Pelz und eine Unterjacke waren zwischen den Steinen liegen geblieben.

Draußen auf dem See schnatterte eine Entenschar, und in der Dämmerung ließen sich 20 Wildgänse auf das seichte Wasser hinab. Da krachte ein Schuß, und mit ihrem Frieden war es vorbei. Drei der weitgereisten Gäste landeten in unserer Küche. Als sich das nächtliche Dunkel auf die Erde herabsenkte, hörte ich wieder eine eifrige Unterhaltung zwischen wohl 60 Wildgänsen, die teils im Wasser plätscherten, teils sausend ihre Flügel über dem Wasser schlugen. Sie kamen aus Südwesten und brachen am nächsten Morgen früher auf als wir. Bald wird die Kälte eine Eishaut über den Bodenschlamm ziehen und die Wildgänse zur Rückkehr in tieferliegende, wärmere Gegenden zwingen.

Als die Sonne untergegangen war, stiegen im Osten grellviolette Schatten auf, der Zenit erstrahlte noch eine Weile in der Farbe der Türkisen, und über dem westlichen Horizont loderten schwefelgelbe Flammen. Sie verblaßten und erloschen bald, und die Lagerfeuer brannten nun um so heller. Draußen in dem See, dessen Boden sich vom Ufer aus sehr langsam senkte, hörte man platschende Schritte. Tundup Sonam war es, der mit seiner Beute zurückkehrte. Am Fuße des Schieferfelsens standen die Hunde und bellten ihr eigenes Echo an. Kurz und gellend durchdrang ihr Lärm die sonst so stille Nacht.

———

Zweites Kapitel.

Neue Bekanntschaften.

Die Nachtkälte sank auf nur 6,2 Grad unter Null, und eine dünne Eishaut hatte ihre glasklare Scheibe über den alten See gespannt. Wir waren nicht die einzigen Gäste, die an seinem Ufer rasteten. Eine Karawane aus Gyanima war in aller Frühe in drei Abteilungen herangezogen, und ein Mitglied der Gesellschaft näherte sich vorsichtig unserm Lager, um auszukundschaften, was für Leute wir seien. Rabsang ließ sich mit dem Manne in ein Gespräch ein und fragte ihn, ob er irgendetwas Eßbares zu verkaufen habe. Ja wohl, ein wenig Butter und Reis könne er entbehren. Er werde sofort hingehen, um etwas zu holen. Kaum hatte er jedoch Zeit gehabt, einige Worte mit den Seinen zu wechseln, so beluden sie schleunigst ihre Yaks und Schafe und verschwanden in dem nordwärts nach Gertse führenden Tale. Hielten sie uns für Wegelagerer?

Wir schlagen die Zelte ab und beladen unsere Tiere, ich schwinge mich in den Sattel, und weiter geht die Reise durch dieses hoffnungslos öde Land. Auf der Uferebene laufen die Wildesel herdenweise umher. Sie sind scheu. Am Tso-mavang kann man sich ihnen nach Belieben nähern. Keiner schickt in Sehweite des Götterberges dem Kiang eine Kugel nach, und die Tiere wissen, daß der heilige See und seine Ufer eine Freistatt sind. Hier aber, wo es keine Heiligtümer gibt, ist es den Wildeseln ganz genau bekannt, daß der Wolf nicht ihr einziger Feind ist.

Dem bloßen Auge unmerklich hebt sich die Ebene in der Richtung nach der Talmündung Gjekung-scherma. Wo sind die Nomaden in diesem von Gott vergessenen Lande? Eine Berglehne im Süden ist schwarz getüpfelt. Sollten es grasende Yaks sein? Nein, das Fernglas klärt uns darüber auf, daß es nur Feuerungshaufen und kleine Steinmale sind. Bis ins Unendliche unbewohnt kann die Gegend wohl nicht sein, wir haben ja schon so viele Spuren alter Lager erblickt.

Heute geht kein Wind. In dem Tale, dessen Kalksteinfelsen die Sonne erhitzt hat, ist es ordentlich heiß. Das Tal ist kurz und wird im Hintergrund von einem flachen Passe begrenzt. Endlich! Dort kommt eine Schar schwarzer Yaks den Abhang heruntergetrippelt! Sind es umziehende Stammgäste aus Jumba-matsen oder ist es wieder eine Karawane aus Gertse, die unsern Kurs wie ein Schiff auf dem Meere kreuzt, ohne uns auch nur einen Gruß über die Wellen zu senden? Jedenfalls wollten wir diese Freibeuter nicht entwischen lassen. Um jeden Preis mußten sie uns Lebensmittel und Transportmittel verschaffen, und wenn sie sich weigerten, dann wollten wir ihnen in asiatischer Weise den Text so lesen, als seien wir aus Tamerlans Tagen auf diese Welt zurückgekehrt.

Meine Leute sehnten sich nach Menschen, welcher Art sie auch seien. Nur Pema Tense war in Verzweiflung.

„Es ist gewiß der Häuptling von Jumba, der umzieht," sagte er, „erwischt er mich, so prügelt er mich erst windelweich und dann nimmt er mir die 96 Rupien, die ich von euch erhalten habe."

„Dann wird es wohl das beste sein, du packst deine Sachen und verschwindest, Pema."

„Ja, aber laßt mich noch eine Weile hier bleiben, während Rabsang talaufwärts geht und Ausschau hält."

Rabsang ging und kehrte nach einer Stunde zurück. Es waren ganz richtig Nomaden aus Jumba-matsen, die im Begriff waren, umzuziehen. Drei Zelte waren bereits aufgeschlagen. Die Yaks sollten eine Weile grasen, dann würden sie wieder über den Paß zurückgetrieben werden, um weiteren Vorrat von der beweglichen Habe ihrer Herren zu holen. Ein ganzer Haufe der verschiedensten Säcke und Bündel, die Fleisch, Gerste und Tsamba enthielten, lag schon auf dem neuen Lagerplatze aufgestapelt.

Nun war die Sache klar. Die noch übrige Gerste wurde einem unserer Pferde aufgeladen, wir sagten Pema Tense Lebewohl, wünschten ihm auf seinem langen Wege nach Gertse alles Gute und zogen talaufwärts weiter. Wir sahen den Verlassenen sich in den Schutt setzen, wo er gelassen seine Pfeife anzündete. Dort saß er eine Weile und schaute uns nach. Schließlich aber trieb er seine Schafe zusammen und wanderte nach dem See hinab. Er würde seine Kameraden bald einholen und in ihrer Gesellschaft nach Hause ziehen.

Wir aber gingen neuen Bekanntschaften entgegen. Zwei Tibeter kamen uns mit verlegenem Gruße entgegen, als wir uns ihren Zelten näherten. Sogleich wurde ihnen alle ihre Kenntnisse in der Geographie der Gegend abgefragt; sie teilten mit, daß Jumba-matsen der Name eines Gebietes sei, das im Ostnordosten des Passes liege. Dort ständen 45 Zelte unter dem Befehle des „Gova", des Häuptlings. Ihre Herden weideten im

Sommer in einer weiter nordostwärts gelegenen Gegend. Ende Oktober zögen sie zum Mugusee hinunter und blieben dort während der kältesten Wintermonate. Sobald der Lenz dem Winter die Spitze abgebrochen habe, kehrten sie langsam nach Jumba-matsen zurück.

Auf diese Weise beschreiben die Nomaden mit dem Wechsel der Jahreszeiten einen Kreis von einer Gegend zur andern. Im Sommer findet man sie in dem einen Tale, im Herbst in einem andern. Wenn der Winterfrost in der Eisdecke des Mugusees klingt, dann wissen die Wildesel, daß ihre Zeit zum Abziehen gekommen ist. So ist es seit dem grauesten Altertum vom Vater auf den Sohn gewesen. Die Erfahrungen, welche die Nomaden unserer Zeit besitzen, sind das Erbe unzähliger dahingegangener Generationen. Sie haben gefunden, daß die Weideplätze in Jumba-matsen sich am besten zur Sommerweide eignen und daß die Wiesen um den See herum für den Winterbedarf ausreichen. Wenn die Winterweide zu Ende ist, kehren sie schrittweise nach ihren Sommerwohnplätzen zurück. Ein Volk, dessen ganzes Dasein auf Schafzucht beruht, entwickelt gerade die Seiten seines Beobachtungsvermögens, die der Aufzucht der Herden zugute kommen. Sie kennen jede Quelle, jede Höhle in ihrer Heimat, sie wissen, wo giftige Pflanzen die Weide gefährlich machen. Rechtzeitig trennen sie die Lämmer von den Mutterschafen und sorgfältig gewöhnen sie die Schafe an das Tragen kleiner Lasten. Vor den Wölfen der Wildnis ist der Nomade immer auf seiner Hut, und in allen Wechselfällen des Lebens geht er mit seinem Erbteil sorgsam um.

Der Häuptling von Jumba-matsen besitzt 500 Schafe, seine ganze Zeltgenossenschaft 8000. 200 Yaks und 15 Pferde gehören auch zu seinen Untertanen. Mitte August werden die Schafe geschoren und die Wolle an Händler verkauft, die aus Ladak und von der indischen Grenze herkommen (Abb. 5). Ein großes Schaf bringt eine halbe Rupie ein. Am Tso-mavang ist die Wolle teurer, aber dort fällt für den Abnehmer auch ein großer Teil der Beförderungskosten weg.

Unsere tibetischen Nachbarn waren im Dienste des Jumbahäuptlings angestellt und konnten uns ohne die Erlaubnis ihres Herrn nicht helfen. Ich schickte daher einen von ihnen über den Paß zurück, um den Jumbamatsen-tschigep, wie der Titel des Häuptlings lautete, zu bitten, daß er in eigener Person zu mir komme. Doch jetzt war es Abend, und früher als am folgenden Morgen konnten wir ihn nicht erwarten.

Der Abend im Lager 241 war kalt und windstill. Schon um 9 Uhr hatten wir 2 Grad unter Null und während der Nacht 13 Grad. Der blaugraue Rauch des Feuers ringelte sich wie ein Elfenreigen talwärts, durch den schwachen Lufthauch vom Passe her getrieben. Dunkelblau und klar spannte sich der Himmelsbogen über die Erde, die Sterne leuchteten wie funkelnde Edelsteine, der Bergeskranz bildete einen geschweiften, rabenschwarzen Rahmen um das Lager, und über einem Grate stieg der Mond gleich einem Silberschild auf.

Ich liege noch eine Weile wach und lausche diesem geheimnisvollen Schweigen. Das Mondlicht fällt gedämpft durch das Zelttuch, und hier und dort glänzt ein Strahlenbündel durch ein Loch in der Decke. Bald schlafen wir alle fest in diesem seltsamen, geheimnisvollen Tibet.

Als ich am Morgen ins Freie trat, saßen zwei wohlhabende Nomaden plaudernd bei meinen Leuten. Sie trugen schwarze, bauschige Pelze, weiche Filzstiefel mit roten Bandösen und um das lange, zottige Haar turbanartige rote Binden.

Sie erhoben sich, kratzten sich den Kopf und steckten nach Landessitte die Zunge heraus. Daß sie ein bißchen verlegen waren, war kein Wunder, sie hatten noch niemals einen Europäer gesehen. Aber kaum hatte die Unterhandlung begonnen, so verschwand auch ihre Schüchternheit.

„Welcher von euch ist der Jumba=matsen=tschigep?" fragte ich.

„Keiner! Der Häuptling hat nicht selber kommen können, aber er hat uns geschickt und läßt grüßen. Woher kommt Ihr, Herr, und wohin reist Ihr?"

„Ich komme vom Kang=rinpotsche und bin jetzt auf dem Wege nach Gartok."

„Weshalb aber zieht Ihr dann nordostwärts, Gartok liegt ja im Südwesten."

„Ich bin hierher gekommen, um Proviant zu kaufen und Lasttiere zu mieten. Morgen müssen fünf Pferde und ebenso viele Yaks marschbereit vor meinem Zelte stehen."

„Darauf kann Euch nur der Häuptling Bescheid geben. Wenn der Serpun, der Goldkontrolleur, durch unsere Gegend reist, dann ist er berechtigt, die Lasttiere der Nomaden ohne Entschädigung zu benutzen. Ihr aber habt keinen ‚Lamik' (Paß). Nicht einmal ein ‚Dschaik' (Botschaftstock) hat uns von Eurer Ankunft unterrichtet. Daher wird der Häuptling Euer Verlangen nicht gewähren können."

„Schön, dann schicke ich zwei meiner Leute nach Gartok und bleibe während der Zeit hier. Treibt ihr aber die Lasttiere, deren ich bedarf, selber auf, dann gebe ich täglich zwei Rupien für jedes Pferd und eine Rupie für jeden Yak und dazu den Führern, die ich brauche, eine anständige Vergütung. Geht ihr darauf ein?"

„Morgen sollen die Pferde und die Yaks marschbereit vor Eurem Zelte stehen", antworteten sie, nachdem ich ihnen das Geld für den ersten

Tag ausgezahlt hatte. Nun wurden sie gefügig und gemütlich und machten sich aus allen Verboten, die aus Lhasa ergangen waren, auch nicht das geringste. Auf die Verschwiegenheit ihrer Stammesgenossen konnten sie bauen, und die Wildgänse plaudern nichts aus.

„Erzählt mir, was ihr von dem Lande im Osten wißt", bat ich sie. Und sie erzählten allerlei; aber ihr Horizont war eng. Sie kannten den Lakkor-tso, den ich 1901 besucht hatte, hatten vom Dangra-jum-tso gehört, den ich kürzlich aus der Ferne gesehen hatte, und waren oft nach Selipuk und dem Nganglaring-tso, wohin ich nach einem Jahre kommen sollte, geritten, bald auf einer nördlichen Straße über ein Goldfeld, bald auf einer südlichen, welche die Quelle des Aong-tsangpo streifte, eines Flusses, der sich in den Nganglaring-tso ergießt. Beide Wege nehmen vier Tage in Anspruch; um den See herum haben Nomaden des Rundorstammes ihre Zelte.

Nach einer kalten Nacht brach der 17. September an. Schwer und langsam schritten vierzig vollbeladene Yaks talabwärts. Es war eine neue, aus vier Zeltgemeinschaften bestehende Genossenschaft, die aus Jumbamatsen nach der Mündung eines weiter abwärts liegenden Nebentales übersiedelte (Abb. 6—8). Jede Zeltgenossenschaft hat ihren eigenen Lagerplatz, und da, wo man sich unverbrüchlich dem alten Herkommen fügt, kommt es nicht zu Weidestreitigkeiten.

Die bestellten Lasttiere wurden rechtzeitig herangeführt. Die Pferde waren klein und zottig, aber dafür, daß sie in einer solchen Wüstenei aufgewachsen waren, merkwürdig feist und wohlgenährt. Wenn die Jagd ergiebig gewesen ist, füttert man sie mit gedörrtem Fleisch, was vielleicht dazu beiträgt, sie so gesund und glänzend aussehen zu machen. Nur zu längeren Ritten beschlagen die Tibeter ihre Pferde und dann auch gewöhnlich nur die Vorderhufe.

Jetzt sollten meine eigenen Lasttiere unbeladen gehen, denn die Yaks übernahmen alle Lasten. Meine Leute, die sich auf einem Wege von 180 Kilometer die Sohlen durchgelaufen hatten, sollten reiten. Unsere neuen Führer gingen zu Fuß, wie gewöhnlich rufend und pfeifend; ihr rechter Arm und die nackte rechte Schulter glänzten in der Sonne wie polierte Bronze.

So sagten wir denn den freundlichen Nomaden des Gjekungtals Lebewohl und zogen auf dem Wege, den wir gekommen waren, wieder talabwärts (Abb. 9, 10). Bei den Seen aber schwenkten wir nach Westen ab und ließen unsere alte Straße links hinter uns zurück. In der Verlängerung der kleinen Seen dehnt sich die Mugu-täläp, eine Salzsteppe, aus. Hier machten die Tibeter an einem Süßwassertümpel halt und rieten uns, während der Nacht hier zu lagern, weil die nächste Quelle weit entfernt liege. Einige Kiangs, Pantholopsantilopen und Wildgänse hatten bei unserm Herannahen das Feld geräumt. Um die Mittagszeit erhob sich ein Sturm aus Westen, und das feine, weiße Salzpulver der Ebene von Mugu=täläp wirbelte wie Dampfwolken über die Seen hin.

Das Lager 242 war größer und lebhafter als gewöhnlich. Wir waren acht Männer mit fünfzehn Lasttieren und drei Hunden. Die Tibeter taten ihr Bestes; sie sammelten Yakdung zu den Feuern, trugen Wasser, führten die Tiere auf gute Weide und unterhielten uns nachher mit allerlei Geschichten. Dennoch wurde mir der Tag lang. Es stellt die Geduld auf die Probe, gleichsam vor Anker zu liegen, während man Meilen zurücklegen und beständig vorwärtseilen möchte — neuen Schicksalen entgegen.

Am Abend kamen fünfzehn Wildgänse, die schreiend über dem Tümpel kreisten. Da sie aber den Platz schon besetzt fanden, zogen die Leitgänse mit ihrer Schar nach den Seen hin. Die Sonne war gerade unter dem Horizont versunken, und die ganze Ebene lag im Schatten. Aber die Pilger der Luft mit ihren Schwingen wurden noch von unten herauf durch die Sonne beleuchtet und hoben sich blendend weiß gegen das blaue Himmelsfeld ab. Wären sie eine Minute später gekommen, so wären sie im Erdschatten verschwunden.

Vor dem Hereinbrechen der Dämmerung zeigten sich auf einer entfernten Anhöhe einige Reiter. Unsere Tibeter meinten, sie seien ausgezogen, um nach einer Schafherde auszuspähen, die vor einigen Tagen mitten am hellen Tage verschwunden war, als der Hirte gerade geschlafen hatte. Wahrscheinlich hatten einige die Gelegenheit wahrnehmende Banditen sich der Schafe bemächtigt. Um die Glut des Lagerfeuers herum erschallten die alten Ladakilieder, weich und melodisch wie in alten Zeiten. Ich hatte sie an den langen Winterabenden auf Tschang=tang unzählige Male gehört, wurde aber nie ihrer sehnsuchtsvollen Klänge überdrüssig.

Achtzehn Grad Kälte in der Nacht auf den 18. September! Das ist schlimm, so früh im Herbst! Hat man sich nicht in Verteidigungszustand gesetzt, wenn man ins Bett gekrochen ist, so wird man bald durch die schleichende Bodenkälte daran erinnert, daß es nötig ist, sich mit den Pelzen zuzudecken. Der Tümpel war mit spiegelblankem Eise überzogen. Die Luft war klar und windstill, und die Sonne ging strahlend auf. Schon um 7 Uhr hatten wir 3,4 Grad über Null und um 1 Uhr 18,2 Grad Wärme. Also ein Temperaturunterschied von 36 Grad zwischen Nacht und Tag!

Unser Weg führt nach Nordwesten an zwei langgestreckten Salzseen namens Tso=longtschu vorüber, wo es von Wildgänsen wimmelt. Die Sonne brennt, es geht kein Wind. Nur gelegentlich hört man in der

Nähe einen sausenden Ton; man dreht sich im Sattel um und sieht eine Staubtrombe herankommen; den Staub aufsaugend, dreht sie sich in Schraubenwindungen und saust wie ein helles Gespenst über die Ebene hin. In Wirbeln eilt sie an uns vorüber, sie wird dünner und verschwindet in der Ferne; bald folgt ihr eine neue.

Sigu-ragling-la ist eine kleine flache Paßschwelle, die unser Weg quert und deren quarzitischer Kalksteinrücken über die Hochebene ragt. Dieses Land ist eine Wüste, die an gewisse Gegenden Ostpersiens erinnert. In bedeutender Entfernung erblickt man kleine hügelige Bergrücken, die in rosigen, hellbraunen oder rötlichen Farbentönen schillern; zwischen ihnen dehnt sich die Ebene aus, die so schwach gewellt ist, daß man ihre Unebenheiten gar nicht bemerken würde, wenn nicht die weit vorausgehende Karawane dann und wann in einer Vertiefung verschwände, um nach einer Weile wieder auf einer Bodenerhebung aufzutauchen. Der Weg ist vorzüglich, spärlicher, feiner Grus auf festem, gelbem Lehmboden, aber nirgends entdeckt man einen Grashalm. Diese Straße führt uns nordwestwärts, also nicht in der Richtung nach Gartok. Ich frage einen unserer Führer nach dem Grunde. Er antwortet, daß wir durch die Seltenheit der Quellen zu einem Umweg gezwungen seien.

Im Norden zeigen sich zwei kleine Seen, der Tso-kar-tso oder der weiße See und der Pul-tso oder Salzsee. Die Ringmauern an ihren Ufern zeugen von winterlichen Besuchen.

Die Stunden vergehen, aber die Landschaft bleibt immer gleich einförmig. Wir passieren einen schwarzen Schieferhügel, an dessen Fuße eine Quelle entspringt, dann geht es auf der in leichten, rosigen Wüstentönen zitternden Ebene weiter. Ein Land wie dieses ist selten in Westtibet, wo die Bergketten gewöhnlich in unzählige Falten zusammengepreßt daliegen.

Ungefähr 150 Wildesel tummeln sich in einiger Entfernung auf der Südseite unserer Route. Dort muß es Weide geben. Bald lagern sie in Herden, bald grasen sie paarweise oder einzeln. Aber immer sind sie entzückend anzusehen, wie sie gleich Schiffen auf dem Meere der Wüste treiben. Wenn die Tromben über die Herde hinziehen, sieht es aus wie der Rauch brennender Schiffe.

Endlich zeigen sich Zelte. Sie sind in 4614 Meter Höhe zwischen den Süßwassertümpeln von Luma-ringmo aufgeschlagen. Es ist, als ob man auf einer Wasserstraße inmitten eines Archipels ankere. Wie Holme tauchen auf allen Seiten flache Bergrücken auf. Dank der Luftspiegelung scheinen sie ein wenig über der Erdoberfläche zu schweben.

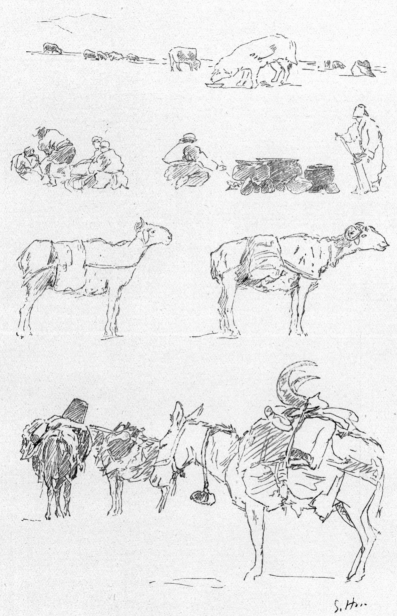

4. Augenblicksbilder aus dem Lager. (S. 6.)
Skizzen des Verfassers.

5. Transport von Schafwolle. (S. 12.)

6. Nomaden unterwegs. (S. 14.)

Drittes Kapitel.

Noch einmal über den Indus.

Gerade nach Westen führt aus Lager 243 am 19. September unser Tagemarsch.

„Was ist das für eine sonderbare Stelle?" frage ich den stets neben mir gehenden Führer, als wir in der Nähe eines verlassenen Zeltplatzes an zwölf meterhohen, aufrechtgestellten Steinen vorüberritten. Man brauchte kein Archäologe zu sein, um zu erkennen, daß sie von Menschenhand errichtet worden waren.

Der Tibeter wendete den Kopf und antwortete mir: „Es gibt in unserer Gegend niemand, der wüßte, was sie bedeuten."

Vermutlich stehen sie dort schon seit Menschengedenken und sind Denksteine aus der Zeit vor der Einführung des Buddhismus in Tibet. Dort hatte wohl irgendein mächtiger Häuptling sein Zelt gehabt, oder es waren zwischen jenen Steinen den gefürchteten Geistermächten, die in Bergen und Seen wohnten, Menschenopfer dargebracht worden.

Eine Unterbrechung der Einförmigkeit tritt ein, als wir an zwei vorspringenden schwarzen Felsen aus Porphyrit und vulkanischem Tuff vorüberreiten. Ich hielt in der Linken eine zusammenlegbare Pappe zum Schutze der losen Blätter, auf denen der Weg des Tages mit dem angrenzenden Gelände eingezeichnet wurde. Mit der Rechten notierte ich auf der Karte die zuletzt genommene Peilung. Das Pferd war demnach sich selbst überlassen. Ein heftiger Windstoß fuhr über die Ebene hin, und die Kartenblätter begannen zu flattern und zu klatschen. Der kleine zottigschwarze Wilde aus dem Gjekungtal, den ich ritt, verlor vor Schreck die Besinnung, ging durch und schoß wie ein Pfeil über den Kiesboden. Ich wollte gerade die Kartenpappe zwischen zwei Knöpfen meiner Lederweste in Sicherheit bringen, als ein Einriß im Boden das Pferd zwang, eine scharfe Seitenbewegung zu machen. Dabei drehte sich der Sattel, und ich schoß kopfüber auf die Erde, wobei ich innerhalb des Bruchteils einer Sekunde ein brillantes Feuerwerk sah! Der indische Korkhelm wurde bedenklich platt gedrückt, aber er rettete meinen Schädel. Ich blutete an der linken Schläfe, und meine Korbbrille wurde erdrückt. Als ich nach der ersten Überraschung ein wenig zur Besinnung gekommen war, stand ich vorsichtig auf, streckte die Beine und bewegte die Arme, um mich zu überzeugen, ob ich noch ganz sei. Folgerichtig hätte ich mich eigentlich totfallen oder mir wenigstens ein Bein brechen müssen, um dann, provisorisch eingeschient, in einer Wüste ohne Wasser einen langen Monat zu verbringen!

Atemlos und zitternd, mit Schaumflocken am Zügel und schweißtriefenden Weichen kehrte das Pferd schließlich zu seinen Kameraden zurück. Der Sattel hing ihm lose unter dem Bauch, und die hin und her schlenkernde Geologentasche hatte wohl nicht zur Beruhigung des Tieres beigetragen. Allerdings hatte es getan, was es vermochte, um mich los zu werden, aber wir ritten doch zusammen weiter, als ob nichts geschehen sei. Ein bißchen Kopfweh, ein geschwollenes Augenlid und ein blauvioletter Ring um das linke Auge waren die einzigen Folgen des Purzelbaums.

Ohne Grenzen dehnt sich vor mir die Ebene aus, bestreut mit Steinen aus Lava, Tuff und Porphyrit, die der Wind poliert hat. Von einer löffelförmigen Anschwellung aus lasse ich den Blick rückwärts schweifen über das hoffnungslos öde Land, das wir durchquert haben. Dort zeigen sich die kleinen Seen, schmal und glänzend wie Säbelklingen, inmitten der ausgedehnten Ebenen und ganz im Osten von den Bergen Jumba-matsens in matten, rosigen Farbentönen begrenzt. Sarijol hieß die Quelle, an der wir endlich in später Stunde das Lager 244 aufschlugen.

Am folgenden Morgen lag ein dichter Nebelschleier wie ein Flor über dem Lande; er dämpfte alle Farben und machte alle Konturen verschwommen und unklar. Wir reiten über Geröllabhänge und nähern uns wieder der Wasserscheide des Indus, die wir bald auf dem 5178 Meter hohen Passe Bokar-la überschreiten. Hier verlassen wir demnach das abflußlose Land, in welchem wir einige Tage geweilt haben, und betreten einen Boden, der nach dem Meere hin entwässert wird. Auf dem Passe umfaßt der Blick gewaltige Räume. Noch immer schaut man vergeblich nach Zelten und Herden aus. Außer Steinen, die bald als anstehendes Gestein, bald als Geröllabhänge, bald als Verwitterungshaufen und bald als Talfüllungen auftreten, ist hier nichts zu sehen. Kein Grün schmückt die Hänge, keine Flüsse blitzen in der Sonne. Hier ist es leer, tot und dürr, und man versteht, weshalb der Quellarm des Indus, der seinen Saft aus dieser Gegend saugt, so wasserarm ist.

Vom Bokar-la ziehen wir zuerst steil, dann auf unmerklich abwärtsführendem Pfade nach einem Tale hinunter, wo sich das Wasser einiger Quellen zu einem gewundenen Bächlein vereinigt. Das Tal verschmälert sich allmählich zwischen seinen aus Quarzporphyr bestehenden Felswänden, und auf seinen Seiten erheben sich mehr oder weniger ununterbrochene Erosionsterrassen, die manchmal sechs Meter hoch sind und von ergiebigeren Niederschlägen in vergangenen geologischen Perioden zeugen. In der Nähe des Punktes, wo dieses Nebental in das Industal einmündet, lagerten wir auf einer Wiese an einer Quelle (Lager 245), und es fehlte uns auch dort nicht an dem gewöhnlichen Brennmaterial, das die Herden der Nomaden zu liefern pflegen.

Wir hatten auch Nachbarn. Einer unserer Wegweiser führte Ische zu einem versteckt liegenden Zeltlager, und er kehrte bald mit zwei Eingeborenen und einem herrlichen Vorrate süßer und saurer Milch zurück.

Hier waren wir wieder in bekannten Gegenden. Im Jahre 1867 hatten zwei der Punditen des Oberst Montgomerie diese Gegend erforscht, und 1906 hatte Herr Calvert im Auftrage der indischen Regierung das Land auf seiner Reise von Gartok nach Tok-dschalung durchquert. Das Gebiet um den obersten Indus herum heißt Singtod, weiter abwärts liegt ein anderes, Singmet, d. h. oberer Indusdistrikt und unterer Indusdistrikt, denn Singi-tsangpo ist der tibetische Name des Indus, und Singi-kabab ist die Quelle des Löwenflusses. Eine Tagereise flußaufwärts gibt es einen kleinen Tempel, den nur im Winter ein einsamer Lama bewohnt. Er muß ein Philosoph sein, der arme Mann! Wie verlassen und trostlos ist sein Leben, wenn der Frost in den Felsen knackt und der Schneesturm um die Ecken seiner Wohnung heult! Aber einmal wird es ja doch Frühling, und dann darf er wieder hinaus. Es ist ein Trost, zu wissen, daß er dort nicht in der Dunkelheit eingemauert ist wie die Mönche in den Grotten von Linga.

Während der Nacht flüchteten unsere durch Wölfe gehetzten Karawanentiere talaufwärts. Es wurde Alarm geschlagen, die Männer folgten der Spur und kamen noch zu rechter Zeit, um Pferde und Maulesel zu retten. Zwei Stunden später wurden sie wieder beladen, und der Zug schritt nach dem zwischen ziemlich hohen Bergen eingeschlossenen Industale hinab. Die Felsen der linken Talseite sind steil, und an ihrem Fuße zieht sich der von unserm Wege aus noch unsichtbare Fluß entlang. Hier und dort überschreiten wir eine Quellader, die zum Indus hinabrieselt. Ein Zelt zeigt sich am Flusse, ein wenig weiter entfernt stehen sieben dicht nebeneinander und dann wieder drei. Hier gibt es wenigstens Menschen!

Am Abhang weidet eine Yakherde. Was haben die Tiere da zu fressen? Ich kann dort nicht einmal einen grünen Schimmer sehen. Zwischen den Steinen verbirgt sich das sammetweiche Yakgras, sowie auch Moose und Flechten, die sie mit ihrer Zunge, die kräftig ist wie ein Reibeisen, auflecken.

Der Platz, wo wir unsere Lasten wieder abluden und im Lager 246 unsere Zelte errichteten, hieß Hlagar. Gerade hier macht der Indus einen scharfen Bogen und biegt zwischen wilden, malerischen Porphyrfelsen nach Norden ab. Meine luftige Behausung wurde unmittelbar an der Wasserlinie des rechten Ufers aufgeschlagen, und ich konnte mich im Zelt an dem Anblicke des stolzen Flusses freuen, dessen kristallklare Flut sich lautlos zwischen den Bergen fortringelte.

Einen Steinwurf weit von uns standen zwei Zelte, deren Bewohner (Abb. 11—13) gar nicht wußten, was sie uns alles Gutes erweisen sollten. Ich lebte auch wie ein Prinz in dieser wilden, naturschönen Gegend, die mir um so entzückender erschien, weil ich in der letzten Zeit nichts anderes als Wüsten gesehen hatte. Ein feistes Schaf wurde sofort erstanden und geschlachtet, und alle Tibeter der Nachbarschaft lud ich zu einem großartigen Schmause ein. Die Hunde, bei denen lange genug Schmalhans Küchenmeister gewesen war, wurden nicht vergessen. Tundup Sonam lieferte ein ganzes Bündel Rebhühner in die Küche, und ich zog sie dem ewigen Schaffleisch vor. Saure Milch war büttenweise vorhanden, und Brot wurde in der Asche von Yakdung gebacken — konnte man es in einem Land wie diesem wohl besser haben?

Der Tag war herrlich, die Luft in dem tiefen Tale warm und still, 13,1 Grad um 1 Uhr, und 12,4 Grad im Flusse. Nur gelegentlich kam ein Windstoß von dem nächsten Grate heruntergesaust.

Mit ausgestreckter Zunge und höflicher Verbeugung erschienen vor meinem Zelte drei Häuptlinge, die den Titel „Gova" führten (Abb. 14).

„Es freut mich, euch zu sehen; nehmt Platz", begrüßte ich sie.

„Wir sind gekommen, um Ihnen nach besten Kräften zu dienen, Herr; Sie haben nur zu befehlen, und wir gehorchen."

„Gut. Die Männer, die uns mit Pferden und Yaks aus Jumbamatsen hierher geleitet haben, kehren morgen wieder zu ihren Zelten zurück. Ich bedarf daher neuer Pferde und Yaks und auch neuer Führer, die die Gegend auf dem Wege nach dem Dschukti-la genau kennen."

„Herr, es tut uns leid, Ihnen dies sagen zu müssen; aber gestern ist der Serpun von den Goldgruben in Tok-dschalung hier durchgekommen, und er hatte es sehr eilig, nach Gartok zu gelangen. Wir mußten ihm daher alle vorhandenen Pferde geben. Wollen Sie aber zum Reiten und zum Lasttragen mit Yaks vorliebnehmen, so sollen Sie so viele haben, wie Sie wünschen."

Das Anerbieten, mir Yaks zu stellen, nahm ich mit Dank an, und in ein paar Minuten waren wir vertraut wie Jugendfreunde. Sie erzählten gern und hatten keine Geheimnisse. Ich fürchte indessen, daß ihre Erzählungen den Leser nicht so sehr anziehen werden, wie es mich interessierte, als die Tibeter von Hlagar von ihren Lebensgewohnheiten und ihren Wanderungen sprachen. Dann und wann ziehen sie nach dem Salzsee Tsak-tsaka, der fünf Tagereisen weit im Nordosten liegt. Dort brechen sie Salz, packen es in Säcke, beladen ihre Schafe damit und kehren nach Hlagar zurück, um sich dort erst auszuruhen und dann den neun Tagereisen weiten Weg nach Gyanima zurückzulegen.

Der Weg zwischen Tok-dschalung und Gartok ist eine Tasam, eine Poststraße für Reiter, wie die Nomaden mir sagten. Deshalb wohnen sie auch das ganze Jahr hindurch in Hlagar, um vornehmen Reisenden Pferde zu stellen. Eine andere Straße folgt dem Industal abwärts, an dem Zeltdorfe Pekija und der Mündung des Langtschuflusses vorbei bis an den Punkt des Zusammenflusses mit dem Gartong, dem südlichen Indusarme. Auf dem ganzen Wege hat der Indus nur schwaches Gefälle; keine Wasserfälle und keine Stromschnellen stören seinen ruhigen Lauf. —

Bei Hlagar, dessen absolute Höhe 4672 Meter beträgt, friert der Indus schon zu Anfang des Winters zu, aber das Wasser ständiger Quellen rinnt doch stets unter der Eisdecke. Um die Mittwinterzeit schneit es gelegentlich so, daß der Schnee eine Spanne hoch liegt. Die Kälte ist schneidend, aber weniger grimmig als in Tok-dschalung. Selten fallen so heftige Sommerregen, daß der Fluß über seine Ufer tritt und sich nicht durchwaten läßt. Bei meinem Besuche war der Singi-kamba, wie man den Indus hier nennt, in zwei Arme geteilt, die zusammen kaum sechs Kubikmeter Wasser in der Sekunde führten. Der größte Arm war höchstens 41 Zentimeter tief, und seine Durchschnittsgeschwindigkeit betrug 66 Zentimeter in der Sekunde.

Am Morgen des 22. September grunzten sieben starke Yaks im Lager (Abb. 15). Einige wurden beladen, die andern sollten geritten werden, und ich selbst erhielt ein ausgeruhtes Pferd. Die Rupien klimperten in den schwarzen Tatzen der wettergebräunten Bergbewohner, die Nomaden von Gjekung zogen ihres Weges, um wieder in ihre Heimat zurückzukehren. Ich sagte allen freundlich Lebewohl und mit zwei jungen Führern (Abb. 16) patschten wir durch den ruhmreichen Fluß, der hier, in der Nähe seiner Quelle, so bescheiden und dort, wo seine ungeheueren Wassermassen über die Ebene am Fuße des Himalaja hinrollen, so gigantisch ist.

Wirft man einen Blick nach Nordnordwesten, so sieht man das Industal verschwinden, verdeckt durch seine eigenen Bergkulissen. Unsere Straße nach Gartok führt bergauf durch das Nebental Terruk. Der Marsch wird anstrengend dadurch, daß der Boden dicht mit scharfkantigem Porphyritgrus bedeckt ist. Man ist daher froh, zu finden, daß das Tal nur kurz ist und daß der Weg unmerklich auf den Paß Terruki-la (4874 Meter) hinaufgeführt hat, in dessen Sattel der Granit ansteht. Auf der Paßhöhe hatte der Wind freien Spielraum, und die Wimpel des Paßmales klatschten wie Peitschen.

Hier ist das Land außerordentlich zerschnitten. Das nächste, zuerst in Porphyrit und höher droben in Granit eingesenkte Tal führt zu einem neuen Passe, dem Särtsoki-la. Und jenseits einer Talmulde haben wir noch einen dritten Paß, den Dotsa-la (5045 Meter). Unweit seiner Schwelle wurde an der Quelle Dotsa das Lager 247 aufgeschlagen.

Ein großartiges Panorama zieht im Südwesten und Westsüdwesten den Blick unwiderstehlich auf sich. Dunkel und finster, aber doch durch die Entfernung sinkt Sonne eine mächtige Bergkette, deren flach pyramidenförmige Gipfel ewiger Schnee krönt. Es ist der Transhimalaja! Die Sonne sinkt. Die Schneefelder, die eben noch wie Metall glänzten, verschwinden in der scharfgezeichneten Kontur des Kammes.

Das Abendrot ist erloschen. Von Osten her schleicht eine neue Nacht heran. In prachtvoller Majestät gießt der Mond sein kaltes Silberlicht über das schweigende Land. Der Hintergrund des Transhimalaja ist nur noch als schwacher Nebeldunst sichtbar, aber die vom Monde bestrahlten Firnfelder scheinen wie weiße Wölkchen am Rande des Horizontes zu schweben.

Der Wind hat aufgehört. Es ist mir, als ob etwas Gewohntes fehle. Schwer liegt das Schweigen über den Bergen. Der Weltenraum, die unendliche Leere wacht draußen vor meinem Zelt. Noch unterhalten sich meine Leute mit halblauter Stimme. Die Yaks (Abb. 14) stehen an einem Taue angepflöckt und knirschen ab und zu mit den Zähnen gegen die hornigen Schwielen. Gelegentlich ertönt Hundegebell, und manchmal knistert es in der Dungglut, wenn das Feuer wieder aufflackert.

Doch bald erstirbt das Leben. Die Männer werden müde und legen sich schlafen. Die Yaks schlummern ein und träumen. Die Hunde rollen sich so zusammen, daß die Schnauze unter dem Schwanze versteckt ist, und das Feuer erlischt aus Mangel an Nahrung. Das Schweigen wird erdrückend und unheimlich. Eine solche Nacht hat etwas Erhabenes. Man schläft wie in einem Tempelsaale ein, um an der Schwelle der Ewigkeit zu erwachen.

Am 23. September lenkten wir die Schritte noch immer westsüdwestwärts durch eine zerrissene, verwitterte Landschaft, in der Quarzporphyrit, Porphyr und Basalt ein Gewirr kleiner Kämme, Landrücken und Schwellen bildeten. Hier und dort ist von abgetragenen Felshügeln nichts übriggeblieben als grobkörniger weißer Sand. Aber im Norden dehnt sich eine weite Ebene aus, die infolge des Gruses, der ihren Boden bedeckt, so dunkel ist wie die Wüste Kewir in Persien. Fern im Norden wird diese Ebene durch die Bergketten begrenzt, welche das Tal des Singi-kamba einrahmen.

Hlari-kunglung ist ein dunkler Kegel, Lumbo-sädschu ein mächtigerer Berg von rötlicher Färbung, beide im Süden. Sie erheben ihre Scheitel wie Wegweiser oder Leuchttürme hoch über dem unregelmäßigen Lande, und es dauert viele Stunden, ehe man an ihnen vorbeigelangt ist. Im Südwesten thront wieder der Transhimalaja wie eine ungeheure Mauer; verächtlich blickt er auf dieses verwitterte und ausgetrocknete Schlachtfeld herab, wo ehemalige Berge vergeblich gegen die Einwirkung der Atmosphäre gekämpft haben und wo nur noch vereinzelte Hügel aus härterem Gestein der alles ausebnenden Zerstörung standhalten.

Wir machen einen langen Tagemarsch, um diesen neuen Wüstengürtel so schnell als möglich hinter uns zu haben. Der Boden ist gerade fest genug und mit feinem Kiese und grobem Sande bedeckt; eine bessere Reitbahn kann man sich nicht wünschen. Nach Wasser schaut man vergeblich aus, Pflanzen- und Tierleben fehlt auch; nur hin und wieder huscht eine genügsame Eidechse über den Sand. Es sind 15 Grad Wärme. Am Himmel segelt nicht ein Wölkchen. Kein vom Winde aufgewirbelter Staub trübt die Aussicht. Soweit der Blick reicht, steht das Gebirge scharf und deutlich gezeichnet da.

Jetzt ist das Terrain in der Richtung des Weges so eben wie eine Wasserfläche. Vor der Karawane schreitet der eine Führer her, ein zerlumpter, gemütlicher Greis. Er hat uns eben mit der Nachricht erfreut, daß diese Wüstenebene nie ein Ende nehme, wenn man auch noch so eifrig drauflos marschiere. Nun gut, dann können wir ja gern eine Viertelstunde Rast halten und uns an der kalten Milch erfrischen, die in einer Kanne mitgenommen worden ist. Ich untersuche den Horizont mit dem Fernglas. Nichts Lebendes zeigt sich. Die Wildesel haben keine Fährten in diesem Boden hinterlassen, Antilopen zeigen sich nicht mehr.

Wir sind die einzigen lebenden Wesen in dieser Wüste; sogar die Raben scheuen sie.

Wir folgen keinem Wege. Dort, wo unser Zug vorwärtsschreitet, ist noch nie jemand gegangen. Der Alte an der Spitze sagt, es sei einerlei, wo man gehe, wenn man nur nicht die kegelförmigen und pyramidenförmigen Berge, die sich im Süden erheben, aus den Augen verliere. Die zerstreuten Spuren der Reisenden seien schnell durch die Stürme verweht. Der Name der Wüste sei Tschaldi-tschüldi.

In der Ferne erhebt sich ein dunkler Hügel, das Ziel des Tages. Er scheint unerreichbar zu sein; die Stunden vergehen, und er wird nur langsam größer. Aber Geduld überwindet allen Widerstand; wir reiten an dem Hügel vorbei und gewahren auf seiner andern Seite eine Oase, Njanda-nakbo, wo üppiges Gras um einen kleinen Sumpfsee herum wächst. Der Rauch steigt einladend aus den Spalten eines halben Dutzend schwarzer Zelte, und zwei indische Wollkarawanen halten auf dem Platze Rast.

Sobald mein Zelt im Lager 248 fertig ist (Abb. 17—21), lasse ich mir die Hindus zur Befragung rufen. Sie sind aus Rampur und haben in Gerke Wolle gekauft. Diese hatte auf 500 Schafen, die sie ebenfalls in Gerke erstanden hatten, noch Platz gefunden. Für jedes Schaf hatten sie zwei Rupien bezahlt. Es sollen jährlich gefähr sechzehn indische Karawanen Wolle aus Gerke holen, und ohne Zweifel verdienen sie gut bei der Reise.

Der Gova von Njanda erzählte uns eine Räubertat, die vor zwei Wochen an einem aus sieben Zelten bestehenden Nomadengemeinwesen verübt worden war. Mit Messern, Säbeln und Flinten bewaffnet hatten acht Schurken unter dem Schutze der Dunkelheit das Dorf überfallen. Die Bewohner hatten nicht einmal versucht, sich zur Wehr zu setzen, sondern waren Hals über Kopf ins Gebirge geflohen. Als die Bande abzog, nahm sie alles mit, was nicht niet- und nagelfest war, alle Eßwaren, alle Kleidungsstücke, dreißig Töpfe, Kannen und Schüsseln und dazu noch 740 Schafe und 69 Yaks. Sie ließen kaum etwas mehr als die kahlen Zelte und die Hunde zurück. Die ausgeplünderten Nomaden lebten in der entsetzlichsten Armut und wanderten als Bettler in der ganzen Gegend von Zelt zu Zelt. Aber die Rache schlief nicht! Sechzehn Reiter hatten die Spur der Räuberbande verfolgt. Große Yak- und Schafherden können unmöglich spurlos in den Bergen verschwinden. Man würde die Friedensstörer schon erwischen. Dann aber wird von Pardon keine Rede sein. Die Köpfe und Hände der Verbrecher werden nach Lhasa geschickt.

7. Nomade aus Jumba-matsen. (S. 14.)
Skizze des Verfassers.

8. Nomadenzelt. (S. 14.)

9. u. 10. Neugierige bei meinem Aufbruch. (S. 14.)

Am nächsten Morgen kamen vier Frauen der ausgeplünderten Zeltgemeinde auch zu mir und waren dankbar für die Gaben, die ich ihnen spenden konnte.

Ein kurzer Tagemarsch führte durch wegloses Gelände nach dem Ufer des Baches Dschukti-loän-tschu; dieser kommt von dem gewaltigen Passe im Transhimalaja herab, der uns noch von Gartok schied. Man hat die Wahl zwischen drei Pässen, erklärten unsere Führer, zwischen dem Dschukti-hloma, dem Dschukti-tschangma, dem südlichen und dem nördlichen Dschukti-Passe, und dem Lasar-la, der ein wenig nördlich davon liegt. Die über sie hinüberführenden Wege vereinigen sich jedoch bald auf der südlichen Seite des Kammes. Mitte Dezember versperrt der Schnee alle drei, und dann ist es vier bis fünf Monate lang unmöglich, den Transhimalaja in dieser Gegend zu überschreiten.

Es gibt aber andere Auswege, deren sich diejenigen bedienen können, die aus Njanda nach dem unteren Gartok wollen. Sie ziehen nordwestwärts längs des Fußes des Gebirges und benutzen den niedrigen, sandbedeckten Paß Pele-rakpa-la, den der Schnee nie unzugänglich macht. Der Lapta-la ist ein fünfter Paß, der noch weiter nordwestwärts liegt. Und schließlich kann man immer durch das Durchbruchstal des Indus hindurchkommen, wobei man alle Berge vermeidet.

Es ist deutlich erkennbar, daß die Hauptkette des Transhimalaja, die sich hier zwischen den beiden Indusarmen erhebt, beinahe all die Feuchtigkeit sammelt, die von dem Südwestmonsun herangeführt und nicht von den Regionen des Himalaja aufgefangen worden ist. Ich habe selbst gesehen, daß das Land im Nordosten des Transhimalaja eine echte Wüste ist, und es erregt nicht länger meine Verwunderung, daß der Singi-tsangpo, der Quellarm des Indus, auch kurz nach Beendigung der Regenzeit nicht imstande ist, mehr als sechs Kubikmeter Wasser in der Sekunde zu sammeln.

Viertes Kapitel.

Über den Transhimalaja nach Gartok.

Der Morgen des 25. September brach klar, kalt und windstill an, und die 15,4 Grad Kälte während der Nacht hatten die ruhigeren Stellen des Baches mit Eisbrücken belegt, die an den im Bette liegenden Steinen haltfanden. Doch als wir aus dem Lager 249 zwischen Vorsprüngen und Wänden aus Granit und Porphyr langsam talaufwärts zogen, begegneten wir bald dem neuen Schmelzwasser, das die Morgensonne auf den Höhen aus seinen Banden befreit hatte und das nun die eine Nacht alten Eisschollen hell erklingen ließ.

Hier und dort starrt uns ein Quellauge an, dessen Wasser in der Kälte gefroren ist. Verlassene Lagerplätze zeugen von Besuchen der Nomaden und der Pilger. Manchmal hört das Geröll eine kürzere Strecke auf, Moos oder feines hochalpines Gras bildet einen weichen Teppich unter den Hufen der Tiere, und die Karawane schreitet lautlos dahin. Dort haben die Murmeltiere ihre Höhlen.

Der wilde Yak scheut die öden Gegenden, die wir eben hinter uns zurückgelassen haben. Hier aber, auf den Höhen des Transhimalaja, hat er eine Freistatt und findet die Weide und die Kälte, die ihm zusagen. Ein berühmter Jäger aus Njanda hatte kürzlich auf den Abhängen des Dschukti-Passes einen Yakstier verwundet und hätte dabei beinahe sein Leben eingebüßt. Schäumend vor Wut hatte das Tier den Mann mit seinen Hörnern angegriffen, und es war dem Bedrohten nur mit genauer Not gelungen, sich zwischen zwei Blöcke zu flüchten, deren Zwischenraum zu eng war, als daß der Yak sich hineinzwängen konnte.

Das Tal erweitert sich zu einer steil ansteigenden Mulde. Bei Tschangsang-karpo, wo heller Porphyrit ansteht, wird der Pfad reizend. Ein Riese scheint dort einen Lastwagen voll gewaltiger Blöcke umgeworfen zu haben, um uns den Weg zu versperren. Zwischen den Blöcken schlängelt sich der Pfad im Zickzack zum Passe hinauf. Manchmal können die Tiere sich kaum durch die engen Zwischenräume hindurchzwängen.

Einige Stufen sind so steil, daß man es vorzieht, zu gehen. Vergeblich späht man nach den Höhen hinauf, hoffend, daß der Kegel bald ein Ende nehmen werde. Doch beständig erheben sich vor und über uns neue Blockrücken, und mit unaufhörlichen Unterbrechungen schreitet der Zug zum Dschukti=la hinauf.

Meine gemieteten Yaks marschieren leicht und gewandt, und ich muß mich immer wieder wundern, daß die Pferde sich in den tückischen Löchern, die oft schwarz zwischen den Steinen gähnen, nicht die Beine brechen. Zuweilen sehen wir unter einem Felsblocke einen zugefrorenen, grünglänzenden Tümpel von mittlerer Größe. Im Süden schieben sich ein paar steil herabhängende Gletscherzungen zwischen schwarzen Felsschultern im Kamme der Kette vor. Das Eis des Gletscherendes glänzt wie polierter Stahl.

Die Steigung wird geringer, aber noch haben wir einen weiten Weg nach Nordwesten vor uns, ehe wir zwei kleine Steinmale mit flatternden Wimpeln und Schnüren erreichen. Es ist der Höhepunkt des Dschukti=la. Hier sauste der Westwind mit halber Sturmstärke, schneidend und rauh. Die Karawane mußte sogleich ihren Marsch fortsetzen und in das geschützte Tal auf der andern Seite hinunterziehen. Ich selbst blieb mit dreien meiner Leute auf dem Passe, um seine Höhe über dem Meeresspiegel festzustellen. **Es war mein fünfter Übergang über den Transhimalaja!** Der Dschukti=la war allerdings schon überschritten worden, von Herrn Calvert und den Punditen. Aber ich wollte doch eine genaue Höhenbestimmung mit dem Siedethermometer haben. Es handelte sich jetzt nur darum, das Wasser mit den letzten Spiritustropfen, welche die Lampe noch enthielt, zum Sieden zu bringen.

Tundup Sonam und Rabsang bildeten mit ihren Pelzen einen Windschirm, und ich zündete den Docht an; das Wasser begann in dem Gefäße zu summen und zu singen, und bald stieg die Quecksilbersäule in dem Rohre des Thermometers. Da erlosch die Lampe! Doch sollte ich hier auch tagelang warten müssen, die Höhe mußte ich haben! Nie wieder würde mich das Schicksal zum Dschukti=la führen, und versäumte ich diese Gelegenheit, so würde ich es nachher bitter zu bereuen haben.

Rabsang hatte gute Lungen. Er mußte der Karawane nacheilen und mir einige Stearinlichtstümpfe holen. Man rennt jedoch nicht auf dieser schwindelerregenden Höhe und zwischen so greulichen Porphyritblöcken! Wir mußten geduldig warten. Ich hatte nur einen Regenmantel als Schutz gegen den mörderischen Wind. Den Rücken nach der Windseite, kauert man sich nieder, wiegt den Oberkörper hin und her, summt ein Liedchen vor sich hin und ist dabei dem Erfrieren nahe. Tundup Sonam und der tibetische Führer hocken dicht nebeneinander, und mein Reitpferd steht mit gesenktem Kopfe halbschlafend da, während sein Schwanz und seine Mähne im Winde flattern.

Eine Stunde verging, und auch die zweite verrann. Diese Stunden sind endlos lang, wenn man das Blut langsam in den Adern erstarren fühlt, bis man schließlich kaum noch ein Glied rühren kann. Endlich lassen sich scharrende Schritte hören, und nach einer Weile war auch der Siedepunkt des Wassers ordnungsmäßig bestimmt. Der Dschukti-hloma-la ist 5825 Meter hoch, mehr als tausend Meter höher als der Gipfel des Montblanc; er war also der zweithöchste aller Pässe, die ich auf dieser Reise überschritten hatte! Der allerhöchste war der Ding-la mit seinen 5885 Metern.

Mit Wohlbehagen packt man nach einem solchen Zusammenstoße mit dem Winde seine Geräte wieder ein (Abb. 22). Ich war zu steif, um reiten zu können, und ging zu Fuß, um meine Glieder wieder geschmeidig zu machen. Schnell kann man hier nicht gehen, denn die Luft wird hier knapp und das Herz klopft, als ob es bersten wolle. Bald nehme ich wieder meine Zuflucht zum Sattel. Der Wind kommt mir gerade entgegen, er stürzt sich wie von einem Sprungbrette herab.

Auf der rechten Seite mündet ein kleines Nebental ein.

„Wie heißt jenes Tal?" fragte ich, wie gewöhnlich, den Führer.

„Es ist der Weg vom Dschukti-tschangma-la", antwortet er. Dort zeigte sich gerade einer der Männer aus Rampur, der mit dem Vortrabe der Schafkarawane angezogen kam.

„Warum haben wir nicht denselben Weg eingeschlagen wie jene Leute?" fragte ich.

„Der Dschukti-tschangma-la ist teilweise mit Eis bedeckt, und Pferde können ihn nicht überschreiten. Und es ist beinahe unmöglich, Schafe zwischen den Blöcken des Dschukti-hloma hindurchzutreiben."

Auf der linken Seite öffnet sich das Tal Dunglung-tschenmo, in dessen Hintergrund wir Schneefelder und unbedeutende Gletscher erblicken. Wir ziehen an der rechten Seite des Haupttals hin. Der ganze Weg ist mit Blöcken und Schutt aus Granit und Porphyrit bedeckt, die selten kleinen Grasflecken Raum gewähren. Das von den beiden Dschukti-Pässen herunterkommende Tal ist kräftig ausgemeißelt und zwischen wilden, schroffen Felswänden eingeklemmt. Doch es ist leblos wie eine Wüste. Man sieht weder wilde noch zahme Tiere. Der Führer sagte jedoch, daß es in der Gegend viele Wölfe und Luchse gebe.

Nach den schaurigen Höhen mit ihrer Kälte und ihren Winden war es ein schönes Gefühl, in Dunglung-jumbo (5171 Meter) vom Pferde steigen zu können, wo uns das Lager 250 erwartete und das Kohlenbecken wohltuende Wärme in meinem Zelte verbreitete (Abb. 16, 17). Wir waren um 654 Meter tiefer gelangt, und gerade hier mündete das Tal Lasar, das sich von dem dritten Passe, dem Lasar-la, herabzieht.

Der 26. September ist mein letzter Tag auf dieser Exkursion. Wir sollten nun nach Gartok hinab, wo mich eine Postsendung aus Indien erwartete und wo ich endlich Nachricht aus dem Elternhause und aus Schweden erhalten würde! Daher wurde früher als gewöhnlich aufgebrochen, und in raschem Tempo ritten wir in dem ziemlich engen Tale abwärts. Die Felsen der rechten Seite fallen steil ab, und an ihrem Fuße rieselt der Bach der drei Pässe hin. Nach einer Weile weichen die letzten Kulissen zur Seite, und durch das Tor der Talmündung erschließt sich die Aussicht über das gewaltige Tal, welches der südliche Indusarm, der Gar-tschu oder Gartong, in nordwestlicher Richtung durchströmt. Im Hintergrunde jenseits des Flußbettes erheben sich mächtige Bergmassen, die zum Himalaja gehören.

Bei Hlande-tsogsa sind an den Seiten des Weges vier kegelförmige Steinhaufen aufgestapelt, aber kein einziges „Om mani padme hum" spricht aus ihnen. Der Führer sagt, die Stelle sei verrufen als der Aufenthalt böser Geister.

Wir befinden uns in der Talmündung, wo Porphyrit in vertikalen Bänken ansteht. Jetzt zeigt sich Gartok, das 4467 Meter hoch liegt, die „Hauptstadt" von Westtibet und Residenz der beiden „Garpune" oder Vizekönige. Das Ganze ist ein Dorf allereinfachster Art, einige weiße und schwarze Zelte nebst mehreren bescheidenen Hütten. Doch wenn man wie ich aus den Wüstengegenden um die Indusquellen herum kommt, wirkt Gartok doch wie eine Hauptstadt. Vierzehn Grad Wärme! Ein Genuß nach all der Kälte, die wir in den letzten Tagen ausgestanden haben. Zelte und Hütten vergrößern sich langsam, der Dschukti-Bach verschwindet auf unserer linken Seite. Wir sind drunten auf dem ebenen Talboden, zottige Hunde empfangen uns mit ihrem Gebell, und bald sitze ich im Lager 251 in meinem großen, bequemen Zelt und lese meine heißersehnten Briefe.

Dagegen waren die neue Ausrüstung und die Kisten mit Silbergeld, die ich in Indien bestellt hatte, noch nicht angelangt. Eine die Geduld auf die Probe stellende Wartezeit stand mir bevor. Der Herbst war da, bald würde in Tibet der Winter eintreten, und ein Tag nach dem andern ging hin, aber die Sendung aus Indien ließ nichts von sich hören. Ich las meine Briefe immer wieder und studierte die ein Jahr alten Zeitungen durch, ohne auch nur die Anzeigen und die Fahrpläne darin zu überschlagen. Ich zeichnete und photographierte, saß über meinen Karten und schmiedete neue Pläne. Man wollte mich verhindern, die Hauptlinien des Transhimalaja vollständig zu ziehen. Nun gut, ich würde es doch tun. Man verbot mir, in das unbekannte Land zurückzukehren. Ich würde doch hineinziehen. Sogar der Winter würde mir Hindernisse in den Weg legen. Dann muß also die neue Karawane durch Schneemassen hindurchmarschieren, um ihr Ziel zu erreichen und die weißen Stellen auszufüllen, die noch den mittleren Teil der Karte des Transhimalaja bedecken.

In meiner freien Zeit besuchte ich neue und alte Freunde (Abb. 23). Der hauptsächlichste unter den letzteren war der große Kaufmann Gulam Rasul, dem ich später beim Vizekönig von Indien den Ehrentitel Khan Bahadur auswirkte. Er war es, der meine neue Karawane zusammenstellte und mir sowohl Leute wie Tiere und Proviant besorgte. In Gartok hatte er mehrere geräumige Zelte, die mit Teppichen und Diwanen möbliert waren und mit eisernen Öfen geheizt wurden; sie standen voller Zeugballen und hatten als Wandgarnitur große, mit Eisen beschlagene Kisten, die chinesisches Silbergeld, indische Rupien, Goldstaub und Türkisen enthielten. Ein kleineres Zelt war seine Moschee; darin brachte er die Gebetstunden zu. Um die Zelte herum erhob sich eine Mauer eingenähter Ballen mit Ziegeltee. Jeder solcher Ballen ist siebzig Rupien wert, und Gulam Rasul hatte deren Hunderte.

Über seinen Handel erzählte mir Gulam Rasul allerlei Interessantes. Seine Karawanen bringen Perlen, Korallen und Türkisen, englische Baumwollstoffe und andere Waren nach den Messen in Gartok und Gyanima und nach Lhasa. Teppiche, Filzdecken, russische Wollstoffe, Seidenzeug und Nephrit werden in Ostturkestan aufgekauft und über den Kara-korum-Paß nach Leh und Tibet befördert. Aus Lhasa exportiert er nach Ladak Ziegeltee, tibetische Wollstoffe, lamaistische Medikamente und andere Waren. In Tok-dschalung kauft er Goldstaub auf, der nachher in Leh und Lhasa weiterverkauft wird. Während der Handelsmessen in Gartok und Gyanima, die in den drei Sommermonaten stattfinden, verkauft Gulam Rasul Waren im Werte von 25000 Rupien. Seine Ausfuhr nach Lhasa soll 40000 Rupien betragen und seine Einfuhr von dort 35000 Rupien. Gulam Rasuls Familie besitzt das „Loptschak-Monopol", eine zwischen Kaschmir und Lhasa geltende Handelsgerechtsame, mit welcher freie Transporte auf tibetischem Gebiet verbunden sind. Die Tibeter erfreuen sich eines ebensolchen Monopols in der entgegengesetzten Richtung. Von Leh bis Gartok rechnet man 22 Karawanentage, von Gartok nach Schigatse 45 und von dort nach Lhasa 11.

Kleinere Krämer aus Ladak begeben sich nach Gartok mit gedörrten Aprikosen und Rosinen, die auf Eseln befördert werden. Schafwolle ist die Münze, die sie dafür eintauschen.

Dava Schah war ein vornehmer Großhändler aus Leh, der jetzt im Begriffe stand, nach Lhasa weiterzureisen. Er besuchte mich in meinem Zelte und sprach die Bitte aus, mir dreitausend Rupien, die in barem Gelde seine Kiste beschwerten, leihen zu dürfen. Aber ich hatte mir schon Geld in Indien bestellt und brauchte daher seine Güte nicht in Anspruch zu nehmen. Ihm wäre es angenehm gewesen, sich von dem Risiko und der Last des Transportes zu befreien, und er wußte, daß er die geliehene Summe bis auf den letzten Anna wiedererhalten hätte.

Einmal begab ich mich nach dem kleinen Tempel von Gartok, dem Gar=jarsa=gumpa, einem Kloster, das mit seinen acht Mönchen unter der Herrschaft von Taschi=gang steht. Der Tempelsaal ist ein kleiner dunkler Verschlag. Vor dem Altare hängt eine rotbemalte „Tanka" herab, und die Statue des Palden Hlamo verschwindet zwischen Büscheln langer Bänder und Lumpen. Die mit Wasser gefüllten Messingtassen auf den Altartischen waren bis auf den Boden gefroren; andere Opfergaben wurden den Göttern in diesem kalten Heiligtume nicht gespendet.

Da war es bei Gulam Rasul doch weit gemütlicher! Inmitten seines größten Zeltes saß er auf seinem Diwan, rauchte seine silberbeschlagene Wasserpfeife und empfing seine Gäste in liebenswürdiger Weise. Wir sprachen persisch und scherzten und lachten vergnügt. Der Tee wurde in chinesischen Porzellanschälchen gereicht, und die dazu gebotenen Rosinen, Aprikosen und Brotschnitten lagen auf Zinntellern aus Leh. Ein Reisig=bündel nach dem andern wurde in den Ofen geschoben, der glühend rot knisterte und lebhafte Wärme im Zelte verbreitete. Einige dicke, schmierige und gemütliche Krämer aus Lhasa hockten in einer Ecke, wo sie auf dem Teppiche ihre in Haufen geordneten Silbertengas nachzählten. Am Tage darauf wollten sie nach der heiligen Stadt zurückkehren, und nun beab=sichtigten sie erst noch ihre Schulden zu bezahlen. Zwei Hindus machten ebenfalls dem großen Pascha in Gartok ihre Aufwartung. Sie waren eingefleischte Revolutionäre und gossen die Schalen ihres Zornes über die Engländer in Indien aus. Ich ließ sie eine Weile schwatzen, wies sie dann aber gehörig zurück, und sie baten mich nun flehentlich, ihre Offen=herzigkeit um Himmels willen nicht zu verraten. Die politischen Schwätzer, die sich Herolde der Freiheit nennen, sind doch in allen Ländern gleich!

Sogar in Sagen und Legenden fand ich Trost in diesen Tagen der Sehnsucht. Vor uralten Zeiten trafen sich eines Tages ein Lama der Pembosekte und ein orthodoxer Lama am Fuße des Kang=rinpotsche, des heiligen Berges. Dort wetteten sie miteinander. Derjenige von ihnen, welcher am folgenden Morgen den Gipfel des Berges in dem Augenblick erreiche, wenn die Sonne die Spitze vergolde, solle auf immer

Besitzer des Kang-rinpotsche bleiben. Der andersgläubige Lama eilte sofort auf dem Südhange bergauf, während der orthodoxe sich schlafen legte. Als der Tag graute, gewahrte sein Diener den Nebenbuhler seines Gebieters in unmittelbarer Nähe des Gipfels und er weckte den Schlafenden. Dieser antwortete lächelnd: „Sei ruhig, laß erst die Sonne aufgehen!" Und als die Sonne über dem Horizonte aufstieg, kletterte der rechtgläubige Lama an dem Sonnenstrahle selbst nach dem Gipfel hinauf, während der Pembolama noch mühsam durch den Firnschnee stapfte!

An der südlichen Seite des Berges sieht man noch heutigentags eine schwarze vertikale Linie nackten Gesteines im Schnee. Sie bezeichnet die Spur des Irrgläubigen und reicht nicht ganz an den Gipfel hinan. Denn als der Klimmende seinem Ziele nahe war, warf er einen Blick nach der Spitze des Berges hinauf und sah den andern Lama schon droben stehen. Da war er so verdutzt, daß er den Abhang hinunterstürzte und dabei seine Gebettrommel verlor, die der Nebenbuhler ergriff, um damit sein Siegeslied zu begleiten. Der Besiegte demütigte sich und bat, ihm doch wenigstens ein Andenken von dem heiligen Berge zu schenken. Da nahm der Sieger eine Handvoll Schnee vom Kang-rinpotsche und warf sie nach dem Gipfel des im Norden des Tso-mavang aufragenden Pundiberges hinüber. Der Pembolama aber begab sich gehorsam dorthin, und seit jener Zeit gibt es immer einen kleinen Schneefleck auf dem Pundi. Wenn dieser Schnee einst am Ende der Zeiten verschwindet, dann wird auch der Schneemantel des Kang-rinpotsche wegschmelzen, und dann wird die Welt untergehen! —

In Gar-jarsa, wo wir uns jetzt aufhielten, bringen die beiden Garpune den Sommer zu. Im Winter wohnen sie in Gar-gunsa, das einige kurze Tagereisen flußabwärts liegt. Obgleich der Höhenunterschied nicht mehr als 180 Meter beträgt, hat doch Gar-gunsa (4287 Meter) ein bedeutend milderes Klima und gewöhnlich nur wenig Schnee.

Der Abwechslung halber beschloß ich, mein Lager nach Gar-gunsa zu verlegen. Zu einer Abschiedsvisite bei den Vizekönigen kam es nicht. Der eine war krank, der andere hatte es nicht für nötig gehalten, mir meinen Antrittsbesuch zu erwidern. Mit Lastyaks (Abb. 24) mußte er mich jedoch versehen, und zwei seiner Leute sollten mich auf dem ganzen Wege nach der Grenze von Ladak begleiten, um aufzupassen, daß ich nicht auf verbotenen Wegen durchbrannte!

Es ist schön, einzupacken, den Staub von seinen Füßen zu schütteln, wieder zu Pferd zu steigen und aus dem kleinen jammervollen, windigen Gartok wegzureiten, wo bald nur noch zwei Familien den Winter über in ihren Hütten wohnen werden.

Unweit der Stadt Gartok reiten wir über den in viele Arme geteilten Gartong. Ein paar seiner Arme sind ganz klein, einer ist bis auf

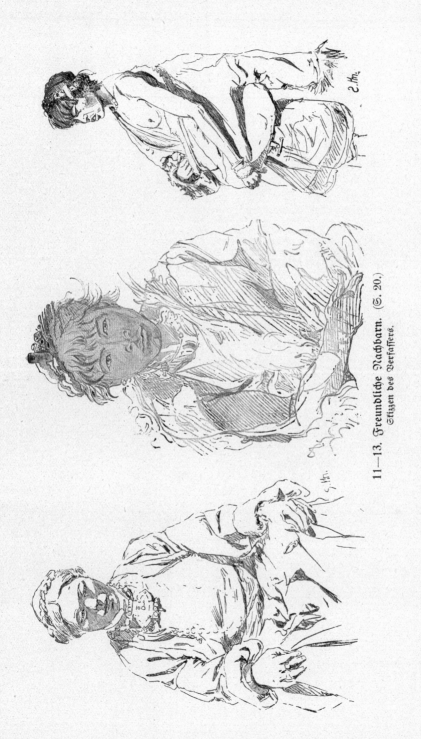

11—13. Freundliche Nachbarn. (S. 20.)
Skizzen des Verfassers.

14. Einer der Häuptlinge. (S. 20.)
Skizze des Verfassers.

den Grund gefroren, und die Pferde glitschten über das Eis; die andern Arme kämpften noch gegen die nächtliche Kälte an und haben bloß an den Ufern Eisstreifen. Das Bett ist also breit, wenn auch in dieser späten Jahreszeit arm an Wasser. Man sieht jedoch deutlich, daß es einen ordentlichen Fluß beherbergen kann, wenn im Spätsommer viel Regen fällt. Längs des linken Ufers zieht sich eine vier Meter hohe Erosionsterrasse hin. Auf ihre Höhe führt der Weg hinauf, und der Fluß entschwindet uns auf eine Weile aus dem Gesicht.

Das Tal ist breit und mächtig. Zur Rechten haben wir den Transhimalaja, zur Linken die tibetischen Abhänge des Himalaja. Kleine, kräftig eingeschnittene Nebentäler öffnen auf beiden Seiten ihre Tore. Flache Schuttkegel breiten sich wie Fächer vor ihren Mündungen aus, und seichte, jetzt ausgetrocknete Rinnen schlängeln sich nach dem Flusse hinunter.

Das Tal verschmälert sich. Himalaja und Transhimalaja reichen einander die Hand. Vor uns zeigt sich ein schmaler Durchgang, den der Fluß ausgeschnitten hat. Nima-lung heißt diese Passage; dort schlagen wir im Lager 252 unsere Zelte auf (Abb. 25, 26). Hier hatten sich alle Arme zu einem Flusse vereinigt, dessen Wasser zwischen 20 und 30 Meter hohen Terrassen unter langsamem Saugen in den Engpaß hineinglitt. Wenn der Fluß sich nicht unterhalb der engen Stelle wieder zersplitterte, könnte ich mit dem Strome nach Gargunsa hinuntertreiben. Der junge Eurasier Alexander Robert, der mich in Gartok erwartet hatte, war auf dem heiligen See ein geschickter Bootsmann geworden (Abb. 27). Er konnte das Boot steuern, während ich den Flußlauf auf meiner Karte eintrug. Eine Kartenaufnahme des Tales war schon von Engländern gemacht worden, aber der Fluß mit allen seinen Windungen war darin nicht angegeben.

Zuerst wollten wir eine kleine Probefahrt machen. Das Boot wurde zusammengesetzt und bemannt, und langsam und gemütlich führte uns die Strömung nach dem engen Hohlwege hin. Schon an seinem Eingang kam es anders. Hier strichen wir pfeilschnell an den Ufern vorüber und setzten über die Stromschnellen hinweg; aber nun war es zu spät, andern Sinnes zu werden, und wir mußten mit hinein, als das Wasser wie in einem Trichter eingesogen wurde. Jeder hielt mit einem Ruder von den drohenden Blöcken ab, über denen das klare Wasser sich in blanken oder schäumenden Glocken wölbte. In einer scharfen Biegung konnten wir das Boot nicht schnell genug in der Stromrinne festhalten, sondern sausten in voller Fahrt auf einen abgerundeten Felsblock hinauf, wo wir auf ein Haar gekentert wären. Doch ehe wir uns dessen versahen, hatte die Strömung das Hinterende des Bootes losgemacht; wir wurden wieder flott, weil das Boot sich drehte, und weiter sausten wir auf unserer tollen Fahrt durch den wilden Hohlweg.

Nun hörte man eine Stromschnelle brausen. Mit aller Macht versuchten wir uns mit den Rudern aufzustemmen, aber die Strömung war zu stark, und mit schwindelerregender Geschwindigkeit näherten wir uns der Gefahr. Ein Blick genügte, um uns davon zu überzeugen, daß es unmöglich war, mit heiler Haut zwischen den Blöcken hindurchzugelangen, die in einer das Bett durchquerenden Reihe eine Schwelle bildeten. Für ein Zeugboot war dieses Fahrwasser nicht geschaffen. Das Boot wäre entweder umgeschlagen oder zerrissen worden.

Gerade oberhalb der Stromschnelle war die Strömung weniger reißend und ließ uns Zeit, das Boot durch festen Druck hinter einem Block ans Ufer zu drängen, worauf Robert ins Wasser sprang und unser Schifflein an Land zog. So viel hatte uns diese Probefahrt wenigstens gelehrt, daß es am klügsten war, einstweilen auf dem Trockenen zu bleiben!

Während der Nacht hatten wir starke Wachen ausgestellt, denn in dieser Gegend wimmelte es von Wölfen; in Gartok war einer unserer Maulesel das Opfer eines Rudels Isegrime geworden.

Fünftes Kapitel.

Zur Vereinigung der Indusarme.

Durch trockene Schluchten zwischen Felshügeln schlängelt sich die Straße von Nima-lung nach dem Tschagring-la hinauf, einer kleinen Schwelle, wo in einem Steinhaufen eine Wimpelstange errichtet ist. Der Blick reicht hier kaum weiter als an irgendeinem Punkte des Tales. Fern in Südost sieht man noch immer die mächtigen Berge, die jenseits von Gartok liegen, und in Nordwest gewahren wir die Reihe der Ausläufer, die wir einen nach dem andern passieren werden. Das Tal ist jetzt wieder breit und offen; der Gar-tschu, an dessen Ufer wir hinziehen, gleitet nicht so lautlos dahin, wie er es weiter oben getan, sondern rauscht leise und bildet kleine Stromschnellen, die größeres Gefälle verraten.

Feierlich und still wie ein Sonntag liegt das Tal vor uns (Abb. 28); Menschen und Herden fehlen, alles ist tot und still und so verlassen, als ob feindliche Heere verwüstend durch das Land gezogen seien. Eine Manimauer und die Straße nach Ladak sind die einzigen Zeichen, die von Menschen hinterlassen worden sind. Nur bei Namru wachsen magere Sträucher zwischen üppigem Gras, und ein Ackerstück, auf welchem in günstigen Jahren Gerste gesäet wird, ist die erste Spur von Ackerbau, die ich in Westtibet gesehen habe.

Im Hintergrunde des auf der linken Seite einmündenden Nebentals Schinkar erhebt sich ein dunkles Bergmassiv mit schneebedecktem Gipfel — ein flüchtiger Schimmer des gewaltigen Kammes, dem wir bis nach Ladak folgen und den die englischen Topographen die Ladakkette genannt haben (Abb. 29). Sie bildet die Wasserscheide zwischen Indus und Satledsch. In früheren Zeiten sind ihre Abhänge und steilen Wände von ungeheueren Regengüssen bespült worden. Davon zeugen noch die 50 Meter hohen Flußterrassen, die wir an der Mündung des Schinkartales erblicken.

Tschusan, das „warme Wasser", ist ein Name, der uns in Tibet oft begegnet. Dicht neben dem linken Ufer des Gar-tschu und ein paar

Meter über dem Spiegel des Flusses sprudelt auch hier eine Gruppe heißer Quellen aus der Erde. Eine davon bildet ein kleines offenes Becken, auf dessen Grund das klare Wasser aufbrodelt; es hat eine Temperatur von 60,5 Grad. In dem Auge einer andern Quellader kochte das Wasser; es war demnach auf mehr als 80 Grad erhitzt. Eine dritte sprudelte wie ein winziger Geiser, und ihre Ausbrüche folgten einander mit einer Minute Pause. Von den verschiedenen Seiten her wird das Wasser durch kleine Rinnen in einem größeren Bassin gesammelt, in welchem Kranke baden, um Heilung zu finden. Eine Steinmauer schützt gegen den Wind, eine zweite Mauer dient als Entkleidungszimmer. Unmittelbar jenseits der Quelle lagern wir auf den abgegrasten Wiesen von Luma=ngoma (Lager 253).

Eben wie ein Fußboden dehnt sich der Talgrund vor uns aus, als wir am nächsten Tage nach Nordwesten weiterziehen. Die Trümmer von ein paar Hütten sind das alte Gar=gunsa, wie der Führer sagt. Der Fluß eines Nebentals hat die Stelle einst überschwemmt, und Gar=gunsa ist deshalb weiter talabwärts verlegt worden. In der Ferne sehen wir seine Zelte und Reisighecken; aber bis dorthin ist es ein weiter Weg über die unendliche Ebene, die bald mit Sand, bald mit Gras, Gesträuch oder Sumpfstellen bedeckt ist. Hier weiden eine Menge Yaks und Pferde, und man merkt, das der Winterumzug von Gartok hierher begonnen hat.

In Gar=gunsa nahm mein langes Warten endlich ein Ende (Abb. 30—33). Die Post kam aus Indien mit Proviant, Geld, Waffen und Munition, und am 9. November konnte ich nach Ladak aufbrechen. —

Nun ist die Karawane wieder groß und stattlich; wie eine schwarze Schlange windet sie sich über den grauen Boden. In Gar=gunsa hatte ich von Gulam Rasul Maulesel gekauft. Sie durften unbeladen gehen, weil sie ihre Kräfte zu dem harten Winterfeldzug, der ihrer im Norden wartete, schonen sollten. Unser sämtliches Gepäck tragen gemietete Yaks (Abb. 34), und die tibetische Eskorte, zwei Reiter aus der Garde der Garpune aus Gartok, ordnet alles an den Lagerplätzen. Streng genommen begleiten sie uns, um unsere Bewegungen zu überwachen; aber das ist mir einerlei, solange wir auf der großen Heerstraße bleiben, und ich gedenke, ihnen keine Sorgen zu bereiten — wenigstens einstweilen nicht!

Ich selbst reite mein Ladakipferdchen, das jetzt nach der langen Ruhe munter und feist ist. Die vierbeinige Eskorte besteht aus einer ganzen Herde der verschiedensten Hunde, aus unsern eigenen Karawanenhunden und anderen Freibeutern und Strolchen, die sich in Gartok mit ihnen angefreundet haben.

Dem Auge unmerkbar senkt sich das Tal; keine Hindernisse erheben sich auf unserm Weg, der Boden besteht aus feinstem Staub, auf dem hohes, gelbes, knochenhartes Gras und die von dem frühen Winter abgeschälten Ombosträucher wachsen. Der Marsch geht daher schneller vorwärts als sonst. Zwei Maulesel tragen Schellen und Glocken, die im Takte mit den trippelnden Schritten munter läuten; von Zeit zu Zeit ertönen die Mahnrufe der Treiber, die Pferde wiehern, die Yaks grunzen, die Hunde sausen wie Raketen hinter aufgestöberten Hasen her, und auf das Kartenblatt vor mir zeichne ich den einförmigen Weg nach Ladak auf.

Hier steht ein einsames Zelt, dort erinnern zwei Manimauern die Vorüberziehenden an die Wanderschaft jenseits des Tales der Todesschatten, und hier wieder kommen einige zottige Yaks, die Brennmaterial nach Gar-gunsa bringen, wo man diesen Abend die Ankunft der beiden Garpune erwartete.

Der Zug macht halt. Aha, hier haben wir zwei hartgefrorene Arme des Flusses vor uns! Auf dem Eise wird ein Sandweg gestreut, und dann geht es wieder vorwärts. Die Straße durchquert das Tal nach dem Bergfuße der linken Seite hin, wo einige muntere Wildesel von der Höhe eines flachen Schuttkegels in der Mündung eines Quertals herab uns neugierig betrachten. Der ebene Boden des Haupttals schillert gelblich von den Wiesenstreifen zwischen den Flußarmen, und hier und dort sieht man dunkle Flecke, das sind Sträucher. Das Wetter ist großartig, Wolken und Winde feiern heute; soweit die Sonne scheint, herrscht noch Sommer; nur mein rechter Fuß, der beständig im Schatten des Pferdes ist, wird allmählich so kalt wie ein Eiszapfen.

An der Quelle Tschiu haben Tibeter ihre Zelte aufgeschlagen, und auch wir lassen hier unsere Tiere frei grasen, aber nur, um sie beim Sonnenuntergang wieder im Lager 255 anzupflöcken. Die Gegend ist berüchtigt wegen ihrer Wölfe, die das Vieh in Rudeln angreifen. In der Nacht ertönten Flintenschüsse und lautes Rufen in der Nachbarschaft; einige unserer Leute waren draußen, um eine Schar Isegrime in die Flucht zu jagen. In der vorhergehenden Nacht war ein Wildesel außer sich vor Angst ins Lager hineingestürmt, um sich unter unsern Tieren zu verstecken. Seine Oberlippe war aufgerissen, und roter Schaum stand ihm vor dem Maul. Offenbar war er nur mit genauer Not noch lebend entkommen. Es soll in dieser Gegend zwei Arten Wölfe geben; die einen haben hellgraues, beinahe weißes Fell, die andern sind dunkelgrau.

Von der Tschiu-Quelle aus erblickt man in Nordost den leicht zu ersteigenden, flachen Paß Pele-rakpa-la, von welchem ich schon früher gehört hatte. Auf seiner andern Seite liegt das Tal des Lang-tschuflusses.

Am Abend herrschte unter meinen Leuten eine heitere Stimmung. Prächtige Feuer loderten und sprühten zwischen den Dickichten der Ombosträucher, und in ihre Schafpelze gehüllt saßen die Männer in Gruppen so dicht wie möglich am flackernden Feuer. Die braunen, wetterharten Gesichter glänzten vor Freude bei dem Gedanken an das nahe Ladak. Scharf gelb und rot beleuchtet, stachen die halbwilden Gestalten grell gegen die hinter ihnen herrschende schwarze Nacht ab. Man merkte, daß der Winter ernstlich seine Hand auf die Erde gelegt hatte. Schon um neun Uhr hatten wir 16,6 Grad unter Null, eine grimmige Kälte nach dem warmen Tage. Die Luft war in völligem Gleichgewicht; die Flamme meines Lichtes zitterte nicht ein bißchen, die Zeltleinwand hing schlaff und regungslos, und von den Lagerfeuern stieg der Rauch kerzengerade zu den Sternen empor. Über den Bergen schwebte die Mondscheibe an einem kaltblauen Winterhimmel; wir sollten auf dem ganzen Wege nach Ladak Abendbeleuchtung haben.

Als ich nach 23,2 Grad Kälte in der Nacht in das helle Licht des Morgens hinaustrat, waren alle Sträucher und Grashalme, Zelte, Sättel und Kisten, ja sogar Yaks und Pferde mit schneeweißem Reif überzogen. Ich hatte das Gefühl, als habe sich alles in Marmor verwandelt und werde wie Glas zerspringen, wenn man es zu hart berühre. Doch die Sonne zerstörte bald die Illusion, und als wir auf dem steinhart gefrorenen Boden weiterwanderten, hatte die Landschaft ihr gewöhnliches Aussehen wieder angenommen. Der Vegetationsgürtel blieb rechts liegen, während der Pfad über unfruchtbares, ausschließlich mit Granitschutt bestreutes Gelände führte. Hier stand eine Manimauer, in deren Granitplatten ausgemeißelt die heiligen Worte ihre stille Sprache sprechen.

Weiter vorwärts wird der Boden sandig und höckerig infolge der vielen Grasbüschel; der Weg zieht sich längs des Fußes der Schuttkegel der Ladakkette hin. Diese Kegel breiten sich von den Mündungen der Nebentäler aus und lösen einander, soweit der Blick reicht, wechselweise auf beiden Seiten des Hauptales ab. Zwischen ihrem vorderen Rande beträgt die Breite des ebenen Talgrundes gegen 10—15 Kilometer. Die dunklen Felsengiebel, welche die Ladakkette nach dem Hauptale ausschickt, bilden eine unendliche Perspektive bis in eine weite Ferne, wo sie in immer leichter und heller werdenden Farbentönen verschwimmen. Zwischen ihnen gähnen die kurzen, engen und finsteren Schluchten der Quertäler. Da wir oben auf der linken Uferterrasse reiten, befinden wir uns auf höherem Niveau als dem des Flusses, über dessen gewundenen Lauf wir daher eine vorzügliche Aussicht haben. An der anderen Seite steigen die mehr hügeligen Höhen des Transhimalaja an, die weit niedriger sind als die der Ladakkette. Daher sind die Schuttkegel vor den Quertälern des Transhimalaja auch kleiner. So sieht die Landschaft Tag für Tag aus.

Doch diese Ketten sind alle beide wichtige Hauptzüge der physischen Geographie Tibets; die Ladakkette wegen der Rolle, die sie als Wasserscheide spielt, und der Transhimalaja als das eigentliche Randgebirge des Hochlandes.

Das Haupttal ist merkwürdig gerade (Abb. 35). Daher konnte der Blick von einem hohen Schuttkegel aus weit nach Nordwesten schweifen, bis weit über Demtschok und die Westgrenze Tibets hinweg nach den rosigen und braunroten Gebirgen, die in Ladak liegen. Jenseits dieser Berge zeigen sich andere Gipfel in leichten stahlblauen Farbentönen, die man kaum ahnt. Im Vordergrund, und dennoch eine tüchtige Tagereise entfernt, erblickt man mitten im Tal auf einem kleinen Felsen thronend das Kloster Taschi=gang. Die Luft ist so klar, daß alle Entfernungen gering erscheinen. Und schließlich gewahren wir zur Rechten das Tal, durch welches der Singi=kamba, der eigentliche Indus, aus dem Gebirge heraustritt, um sich mit dem Gar=tschu zu vereinigen. Dort erweitert sich das Haupttal zu einer wirklichen Ebene, die von Gras gelb schillert und von Sträuchern braungefleckt ist.

Bald sind wir in dem kleinen Dorfe Langmar (Abb. 36) angelangt, wo sechs bis sieben Familien in schwarzen Zelten wohnen, die zum Schutze gegen Wind und Kälte mit Reisighecken umzäunt sind. Um sich der bösen Geister, die in der Luft hausen, zu erwehren, haben sie ihre Wohnungen mit Stangen, Schnüren und Wimpeln versehen.

Kaum ist die Sonne im Westen untergegangen, so kommt schon der Nachtfrost angeschlichen und dringt überall ein. Dann gefriert mir die Tinte in der Feder, wenn ich mit gekreuzten Beinen auf meinem Bette sitze und meine Beobachtungen im Tagebuch eintrage; dann lodern die Feuer höher auf, und immer öfter wird mir ein frischgefülltes Kohlenbecken ins Zelt gebracht. Die Kälte sank im Lager 256 in der Nacht auf den 11. November bis auf 24,8 Grad.

An diesem Tage machten wir einen kurzen Marsch. Mein Ziel war der Punkt, wo sich die Wellen der beiden Indusarme miteinander vermischen. Der Gartong oder Gar=tschu strömte langsam und ruhig dahin, aber der Singi=kamba eilte reißend und lebensfroh aus seinem Tore im Transhimalaja heraus. Auf dem Graswalle am linken Ufer des Gartong schlugen wir im Lager 257 unsere Zelte auf. Ich hatte eine ebenso hübsche wie ungewohnte Aussicht über weite, eisbedeckte Wasserflächen (Abb. 37).

Nun galt es, die Wassermenge der beiden Flüsse zu messen. Vielleicht wird der Leser eine solche Arbeit ziemlich unnötig und uninteressant finden. Darin irrt er sich jedoch. Vor hundert Jahren kannte man nur den Gartong-Arm, der als die eigentliche Quelle des Indus galt. Später hörte man von einem nördlicheren Flusse, dem Singi-kamba, erzählen; aber noch vor einigen fünfzig Jahren waren die Ansichten darüber sehr geteilt, welchen der beiden Flüsse man als Hauptfluß betrachten und welchen man Nebenfluß nennen müsse. Im Jahre 1867 wurde durch Montgomeries Punditen nachgewiesen, daß der Singi-kamba bedeutend länger ist als der Gartong. Aber die Länge des Flußlaufes ist nicht allein entscheidend; die Wassermenge ist mindestens ebenso wichtig. Dennoch folgte man damals dem Beispiele der Tibeter, und der Singi-kamba durfte als Quellarm des Indus gelten. Irgendeine genaue Messung war nicht vorgenommen worden. Deshalb hatte ich am 11. November 1907 meine Zelte an dem Vereinigungspunkte der beiden Indusarme aufgeschlagen.

Daß es keine leichte Sache sein würde, konnte ich mir sagen; denn der Gartong-Arm war, eine schmale Rinne in der Mitte abgerechnet, fest zugefroren. In dem Eise an unserm Ufer wurde ein Hafen aufgehauen und dann die Eisbrücke vom Boote aus mit Spaten und Beilen angegriffen. Wir bedurften eines offenen Durchganges, um Tiefe und Stromgeschwindigkeit ungehindert messen zu können. Kaum aber war unsere Rinne fertig, so trieben von oben her gewaltige Eisschollen heran, die den Durchgang ärger als vorher verstopften. Das Boot wäre überdies beinahe zerfetzt worden.

Um Mittag trat ein Szenenwechsel ein. Das Eistreiben nahm ab, die Eisschollen in dem verstopften Durchgang begannen sich gegen einander zu pressen und zu reiben, und mit rasselndem Getöse setzte sich die ganze Masse in Bewegung, um flußabwärts zu schwimmen. Dort, wo das Bett am schmalsten und die Strömung am schnellsten war, lag die Wasserfläche beinahe eisfrei da. Im Handumdrehen wurde ein Tau über den Fluß gespannt. An acht Punkten in gleich großer Entfernung maß ich die Tiefe und die Stromgeschwindigkeit an der Oberfläche, auf dem Grunde und in der Mitte zwischen beiden. Und nun stellte sich heraus, daß der Gartong 58 Meter Breite, $0{,}405$ Meter mittlere Tiefe, $0{,}780$ Meter Maximaltiefe, im Durchschnitt $0{,}279$ Meter Stromgeschwindigkeit und $6{,}550$ Kubikmeter Wassermenge in der Sekunde hatte. Ein kleiner Arm hinter einer Schlammbank vermehrte die Wassermasse auf $6{,}670$ Kubikmeter.

Der Singi-kamba war beim Zusammenfluß in zwei Arme geteilt, und es hatte den Anschein, als ob dieser Fluß nach ergiebigen Nieder-

15. Meine Lastyaks. (S. 21.)

16. Tibetische Führer. (S. 21.)

17. Mein Zelt. (S. 24.)

schlägen ein ausgedehntes Delta bilden könne, während der Gartong stets in einer schmalen Rinne zusammengepreßt ist. Der obere Ast des Singi-kamba hatte folgende Dimensionen: Breite 27,5 Meter, Durchschnittstiefe 0,304 Meter, Maximaltiefe 0,510 Meter, Durchschnittsgeschwindigkeit 0,678 Meter und Wassermenge 5,670 Kubikmeter in der Sekunde. Die Dimensionen des untern Armes waren: Breite 32,7 Meter, mittlere Tiefe 0,288 Meter, Maximaltiefe 0,480 Meter, Durchschnittsgeschwindigkeit 0,437 Meter und Wassermenge 4,110 Kubikmeter in der Sekunde. Der ganze Fluß führte also 9,780 Kubikmeter Wasser und war demnach gut 3 Kubikmeter stärker als der Gartong.

Daher ist der Singi-kamba, der Löwenfluß, nicht nur der längere, sondern auch der wasserreichere der beiden Arme, und das Problem ist gelöst! Man kann freilich einwenden, daß das erwähnte Größenverhältnis nur für den Spätherbst und den Winter Gültigkeit besitze. Denn im Sommer und besonders während der Regenzeit können ganz andere Gesetze mitspielen. Ohne Zweifel ist dies auch der Fall. Die Regenmenge nimmt nach Nordosten hin ab. Daher fällt in dem Gebiete des Gartong mehr Regen als in dem des Singi-kamba, dem der Transhimalaja Feuchtigkeit entziehen kann. Auch die durch die Schneeschmelze eintretende Frühlingsflut ist beim Gartong reichlicher. Wie oft treten nicht Unregelmäßigkeiten ein infolge der Richtung der Winde und des launischen Wechsels der Temperaturen! Einstweilen können wir als wahrscheinlich ansehen, daß der Gartong während des ganzen Jahrs mehr Wasser führt als der Singi-kamba. Aber ich habe wenigstens festgestellt, daß der Singi-kamba der größere ist, wenn keine störenden Einflüsse tätig sind, wenn keine Niederschläge fallen und wenn die Temperatur in beiden Flußgebieten als gleichartig angesehen werden kann.

Der Singi-kamba durchquert den Transhimalaja in einem Durchbruchstal, der Gartong strömt in einem tektonischen Tale zwischen gewaltigen Gebirgsfalten hin. Daher ist es der Gartong, der dem vereinigten Indus die Richtung vorschreibt. Von Gar-gunsa an folgt der Gartong dem Bergfuße der rechten Talseite; aber gerade beim Zusammenfluß zwingt ihn der Singi-kamba, nach der linken Talseite hinüberzugehen. Das Schlammdelta des Singi-kamba diktiert also die Lage der Vereinigungspunkte.

Nach 14 Grad Kälte in der Nacht war der Fluß am nächsten Morgen mit einer dünnen Eishaut bedeckt. Nur einige schmale Kanäle hielten sich offen; durch sie führte die Strömung Massen poröser Eisschollen flußabwärts, die helltönend gegen das am Lande haftende Eis klapperten. Über den Keil der flachen Landzunge zwischen den beiden

Flüssen hinweg sah man das Treibeis des Singi-kamba dem Gartong entgegeneilen. Hier geht der Name Gartong unter in den Wellen des Kameraden, denn so weit die Tibeter den Indus auf seinem Laufe nach Nordwesten kennen, nennen sie den Fluß Singi-kamba oder Singi-tsangpo, den Fluß des Löwen.

Ein Tag wurde hier der Ruhe gewidmet. Nachmittags verschwand alles Ufereis und alles Grundeis, aber schon gegen sieben Uhr kamen neue Schollen angeschwommen, und am Abend lärmte das Eisgerassel wie eine Zuckersäge.

Im Mondschein gewährt die Landschaft ein eigentümliches Schauspiel. Unter dem Monde stehen die Berge wie rabenschwarze Silhouetten; die beleuchteten Partien gerade gegenüber sind nur schwach sichtbar. Zwischen beiden scheint der ganze Talgrund voller Wasser zu sein, und das Treibeis gleitet dahin wie ein bewegliches Trottoir aus Glasscherben und glänzendem Porzellan.

Sechstes Kapitel.

Im Dunkel dumpfer Klostermauern.

Am 13. November schreitet unser Zug weiter durch das Industal, dessen Gefälle so gering ist, daß es dem Auge unmerklich bleibt. Der Fluß strömt daher ruhig und langsam dahin, und seine bedeutende Breite läßt ihn mächtiger erscheinen, als er in Wirklichkeit ist. Jenseits der Stadt Leh verschmälert er sich in seinem engen Tale und wird dann tief und reißend.

Zahlreiche Quellen treten längs unserer Straße zutage. Ihre Rinnsale sind zugefroren, und die Eisschollen breiten sich über höckerigen, gelb gewordenen Wiesen aus. Gelegentlich zeigt sich ein zu Gerstenbau bestimmtes Ackerstück, das eine Steinmauer umgibt, und es fehlt auch nicht an Manimauern mit ihren versteinerten Gebeten; was in diesem ungeheuer dünn bevölkerten und kargen Lande, dessen nächster Nachbar das üppige Indien ist, fehlt, das sind die Menschen.

Gerade vor uns wird langsam das Kloster Taschi=gang größer und größer. Seine Mauern sind auf den Gipfel eines freiliegenden, aus anstehendem Porphyrit bestehenden Felsen errichtet, der, einer länglichen von Norden nach Süden gerichteten Insel vergleichbar, aus dem ebenen Boden des Industals auftaucht. Das Ganze erinnert lebhaft an das Dorf Jesdekast in Persien und an die befestigten Felsendörfer im westlichen Transkaukasien. Von Osten hat man den besten Überblick über die Kloster= gebäude; hier liegt auch am Fuße des Hügels das kleine ärmliche Dorf Taschi=gang mit seinen zwanzig niedrigen Steinhütten, die mit Reisig gedeckt sind.

Während die Zelte am linken Indusufer im Lager 258 aufgeschlagen wurden, machte ich einen Spaziergang um die eigentümliche Lamaburg herum (Abb. 38—44). Ihre schmutzig graugelben und roten Mauern neigen sich schwach pyramidenförmig nach innen; zu oberst, unter der Dachleiste, läuft ein breiter hagebuttenroter Rand entlang. Auch die Fenster haben farbige Rahmen, die in Rot gehalten sind. Der Lhakang oder Göttersaal ist ein wenig höher als der übrige Gebäudekomplex, und auf seinem Dache flattern die gewöhnlichen Wimpelbüschel und alle jene Zierate, welche die Geister der Luft besänftigen, die bösen Mächte fernhalten und dem Hause der Götter Frieden bringen.

Vor der östlichen Fassade des Tempels ist eine lange, hübsche Manimauer errichtet, an den Querseiten erheben sich zwei runde, freistehende Türme, und hier und dort zeigen sich rote und graue Tschorten. Ein drei Meter tiefer Graben umgibt das Ganze; nur im Osten ist er unterbrochen, um die Verbindung mit dem Dorfe nicht zu hindern. Auf derselben Seite liegt das Hauptportal. Es führt in einen Hof hinein, der voller Kehricht, Abfall und verwilderter, schmutziger Hunde ist. Ein zweiter offener Platz gleicht dem Hofe eines türkischen Karawanserais mit zwei Stockwerken von Veranden, die auf Holzsäulen ruhen. Der Lhakang hat seinen eigenen kleinen Hof, der auch von Veranden umgeben und auf den Mauerflächen mit Malereien verziert ist.

So viele Mönche, als dort anwesend waren, vielleicht einige zwanzig, folgten mir auf den Fersen, eine schweigende Schar in den gewöhnlichen Gewändern, die römischen Togen gleichen. Mehrere Anzüge waren noch hagebuttenrot, aber viele hatten ihre ursprüngliche Farbe verloren und von Tee und Butter, Schmutz und Fett und Armut spielten sie schon ins Schwarze.

Als ich die Treppe zum Tempelsaal emporstieg, kam Leben in die Mönche; sie riefen mir zu, der Saal sei Fremdlingen verschlossen und dürfe ihnen ohne die Erlaubnis der Herren von Gartok nicht gezeigt werden. Wollte ich mit Gewalt eindringen, so würde ich den Zorn der Götter erregen und Unheil werde Taschi-gang treffen. Ebensowenig könne ich den Manekang, die Kammer mit der großen Gebetmühle, und die Vorratsräume besichtigen, wo die religiösen Maskenanzüge nebst den Trommeln, Posaunen und Zimbeln verwahrt werden, denn der Prior habe die Schlüssel dazu, und er weile augenblicklich in Gartok.

Vergeblich erzählte ich ihnen, daß ich bereits ohne Schwierigkeit in etwa dreißig Klöster in Tibet eingelassen worden sei.

„Nun gut," antworteten sie, „Taschi-gang sieht ungefähr ebenso aus wie die andern, und Sie können daher ruhig darauf verzichten, es sich anzusehen."

Sie hatten wirklich recht, ich konnte sehr gut ohne Taschi-gang fertigwerden.

„Wenn Sie morgen wiederkommen, Herr, werden die fünfzig Mönche des Klosters Sie fortjagen", erklärte ein hochgewachsener Lama.

„Eben sagten Sie ja, daß in Taschi-gang nur fünfundzwanzig Mönche seien", antwortete ich und ritt nach meinem Lager hinunter, das zweihundert Meter vom Kloster aufgeschlagen am Flußufer stand.

In der Dämmerung fingen meine Ladaki eine großartige Schlägerei an mit der Dorfeinwohnerschaft und der Geistlichkeit. Zwei der Meinen hatten gebeten, dort Stroh für unsere Maulesel kaufen zu dürfen, aber die Dorfhäuptlinge hatten ohne vernünftigen Grund nein gesagt. Da hielten die Ladaki Kriegsrat, bewaffneten sich mit Knütteln und Zeltstangen und gingen in geschlossener Truppe auf die Bewohner von Taschigang los. Ich schrieb gerade in meinem Zelt, als ich vom Dorfe her lautes Geschrei und Kampfgeheul hörte. Ich ging hinaus, um mit dem Fernglase zu erkunden, was denn los war. Siehe da, die Schlägerei war in vollem Gang, und sie sah wirklich nach etwas aus. Es hagelte Steine, Knüttel tanzten in der Luft, und die Söhne Ladaks und Tibets schlugen in einem dichtverschlungenen Knäuel, der dann und wann in einer Staubwolke verschwand, nach Herzenslust aufeinander los. Es wäre schade gewesen, sie jetzt, da sie so fleißig bei der Arbeit waren, zu stören! Manchmal flog ein Kerl kopfüber aus dem bunten Durcheinander heraus, stand aber schnell wieder auf und stürzte sich von neuem in das Kampfgewühl hinein. Nachdem sie einander drei Viertelstunden im Handgemenge durchgeprügelt hatten, schienen sie des Spiels überdrüssig zu werden, denn sie zerteilten sich in kleinere Gruppen, die über einen unerschöpflichen Vorrat an Schimpfwörtern verfügten. Endlich wurde es still, und die ganze Gesellschaft marschierte nach unserm Lager.

Atemlos, schweißtriefend und mit zerrissenen Anzügen nahmen die Helden vor meinem Zelte Platz und suchten einander mit ihren Anklagen zu überschreien. Meine Leute aus Ladak beteuerten, die Tibeter hätten angefangen, aber diese schwuren bei den Göttern Taschi=gangs, daß die Fremdlinge sie mit Hieben und Schlägen überfallen hätten. Ich schlug ihnen vor, erst Tee zu trinken und eine Stunde auszuruhen, um dann den Zwist vermittelst einer neuen Schlacht im Mondschein zu schlichten. Die dann siegende Partei habe die Wahrheit auf ihrer Seite und werde ihren Lohn erhalten. Doch dazu hatten sie nicht die geringste Lust. Sie standen betroffen auf und gingen ihres Weges. Ein Tibeter, der sich einen blutigen Kopf geholt hatte, erhielt ein Pflaster auf die Wunde und eine Rupie in die Hand. Die Fehde hatte den großen Vorteil, daß die Maulesel alle miteinander Stroh erhielten.

Es liegt ein flüchtiger Schimmer Volkspsychologie in dem an und für sich so unbedeutenden Ereignis. Rabsang hatte es am tollsten getrieben, denn er war der Stärkste und Wildeste und hatte keine Spur von Religion. Daher erhielt er auch das, was ihm gebührte, als ich meinen Leuten die Leviten las.

„Solange wir mitten in Tibet waren," sagte ich zu ihnen, „verhieltet ihr euch stets friedfertig und gesittet und tatet keinem Tibeter etwas zuleide. Nun aber, da wir uns an der Grenze befinden, schon im vorletzten Dorfe und bei dem allerletzten Kloster sind, nehmt ihr euch auch nicht ein bißchen zusammen und betragt euch wie Räuber."

„Sahib," antwortete Rabsang für sich und seine Kameraden, „wir haben uns so oft geärgert, wenn die Tibeter Ihnen den Weg versperrt haben, daß wir nur auf eine Gelegenheit gelauert haben, um sie einmal windelweich zu prügeln."

„Weshalb sollten die armen Leute in Taschi-gang für die Sünden der andern büßen? Hier hat man uns keinen Weg versperrt und uns nichts zuleide getan. O nein, ich kenne euch! Drinnen in Tibet wagtet ihr es nicht, euch aufzuspielen, aber hier an der Grenze Ladaks und in einem kleinen, jämmerlichen Dorfe, das sich keine Nachbarn zu Hilfe rufen kann, hier habt ihr Mut."

„Sahib," stammelte Rabsang, „es war unsere letzte Gelegenheit, und die Hauptsache war, daß die Leute Tibeter waren."

„Ihr seid feige Kerle, nichts weiter. Packt euch!"

Und so zogen die Helden denn ab zu ihren Lagerfeuern, wo sie noch bis tief in die Nacht hinein zusammensaßen und mit ihren Taten prahlten. Keiner versäumte es, den andern zu erzählen, wieviele Tibeter er gehauen hatte — und wo.

Ob nun das Scharmützel einen tiefen Eindruck auf die Mönche gemacht hat oder ob andere Kräfte ihren Sinn erweicht hatten, genug, ich erhielt am folgenden Morgen Nachricht, daß ich — ohne Ladaki — im Kloster willkommen sein werde; aber ich müsse mich beeilen, damit ich in den Tempelsaal hineinschauen könne während die Sonne noch die Fassade bescheine, denn nur von der Schwelle aus dürfe ich den Blicken der Götter begegnen.

Ich trat in den kleinen Hof ein. Auf der Steintreppe und im Vorsaal mit den schwarzen Draperien standen alle Mönche wie eine Schutzwache. Ich bat sie, mir ein wenig Platz zu machen, damit ich die Geisterkönige und einzelne Bilder anderer Tempelstädte sehen könne, welche al fresco die Wände zierten.

Vor den Türen hingen graue Zeugbahnen. Ernst und zögernd trat ein älterer Mönch vor, um sie zurückzuschlagen. Die massiven Türen mit ihren malerischen Messingbeschlägen und ihren eisernen Ringen waren verschlossen, aber der Mönch hatte den Schlüssel mitgebracht und öffnete ein gewaltiges Schloß. Nachdem er mir den Platz angewiesen hatte, wo ich mich auf der Schwelle niederkauern konnte, ließ er die Türen in ihren Angeln kreischen, und das Dunkel des Allerheiligsten gähnte mir entgegen.

Ich schüttelte den Kopf. Der Mönch lächelte und sagte: „Geduld!" Nun zeigten sich einige Lichtflammen, und als ich mich erst an die dürftige Beleuchtung gewöhnt hatte, unterschied ich die Einzelheiten. Es war ein kleiner Tempelsaal, der in all seiner Einfachheit gut gehalten war. Ein ganzer Wald bemalter Tanka-Tücher mit Götterbildern hängt von der Decke herab und erinnert an die Regimentsfahnen in einem Zeughaus oder an die Trophäen in einem Waffensaal. Die Tankas verstärken noch die drinnen herrschende Dämmerung.

Zum Altartisch führt, wie gewöhnlich, mitten durch den Saal ein Gang, den auf beiden Seiten vier rote, mit Bändern und bunten Zeugbahnen behängte Säulen abschließen. Dort sind auch rote Diwane aufgestellt, auf denen die Mönche sitzen, wenn sie den lamaistischen Gottesdienst feiern und die täglich wiederkehrenden Gebete murmeln. Im Hintergrund des Ganges steht vor dem Altarrunde ein pyramidenförmiges Regal voller Opferschalen aus Messing und kleiner Lampen, deren Dochte mit Butterstücken gespeist werden und deren flackernde Flämmchen hoffnungslos mit der Dunkelheit kämpfen.

Jigde heißt der vornehmste Gott, dessen Lob in diesem Tempelsaale gesungen wird. Auf eine Tanka gemalt, thront er über dem Altare, und sein Gesicht verschwindet in einem Dickicht von „Kadach" genannten Opferbinden. Zu seiner Linken, vom Beschauer aus gesehen, steht eine gegossene Statue des Reformators Tsongkapa mit milden, träumerischen Zügen. Zur Rechten sind die unergründlichen Schriften auf festen Bücherbrettern aufgestapelt. Die Lhakang von Taschi-gang, hier „Tsokang" genannt, war nur spärlich mit Götterbildern bevölkert, aber die Stimmung war die gewöhnliche, den Kultus des Lamaismus charakterisierende, dunkel und mystisch.

Wenn die Mönche mit schwindelerregender Schnelligkeit und in halbsingendem Tone im Lhakang ihre Gebete murmeln, sitzt ein Lama im Manekang und dreht dort die große Gebetmühle, aus deren Innerem unzählige „Om mani padme hum" die Barmherzigkeit der ewigen Mächte anrufen.

In der Klosterküche kochte der Teekessel auf dem gemauerten Herde, und die geistlichen Köche erschienen wie Nebelgestalten in dichten Dampfwolken. Auf dem Hofe draußen vor der Küchentür steht ein „Hla-tamtschen", ein Reisigbündel, an welchem jedes Zweiglein mit bunten Lappen behängt ist und jeder Fetzen die heiligen Silben trägt. Das Bündel, das einer Fastnachtsrute ähnelt, wird durch eine würfelförmige Nische geschützt, deren Wände grellfarbige, bescheidene Malereien zieren.

Der vornehmste Lama von Taschi-gang trägt den Titel „Umsed", welches Wort eigentlich „Leiter des Chorgesangs" bedeutet. Vor drei

Jahren war er aus dem großen Kloster Sera bei Lhasa hierhergekommen, und er hatte noch ein Dienstjahr hier in dem fernen Westen Tibets auszuharren. Die übrige Brüderschaft rekrutierte sich aus Totling, Tschumurti und andern Gegenden in der Nachbarschaft. Man sagte mir, daß Taschi=gang früher zu Ladak gehört habe, daß aber vor nicht langer Zeit ein Austausch vorgenommen worden sei. Infolgedessen stehe Taschigang nun unter der Herrschaft von Sera, und der Maharadscha von Kaschmir habe anstatt dessen eine Art Besitzrecht auf das zwischen Gartok und dem Rakastal liegende Misser erhalten.

„Wovon lebt ihr Mönche hier?" fragte ich.

„Wir vermieten hundert Yaks und ebensoviele Schafe zu Transporten, und außerdem sind die Garpune verpflichtet, uns mit unserm ganzen Bedarf an geröstetem Gerstenmehl (Tsamba) zu versorgen."

„Ihr lebt also sorgenfrei und ruhig?"

„Nein, Taschi=gang hat einst bessere Zeiten gesehen und Vermögen besessen. Damals hatte man die nötigen Mittel zur Erhaltung seiner Gebäude. Nun nehmen wir notdürftig ein, was wir zu unserm Unterhalt gebrauchen, aber das Kloster selbst müssen wir verfallen lassen. Der heilige Jigde ist jedoch ein grausamer, hartherziger Gott; sein Dienst darf niemals vernachlässigt werden, und man muß ihn beständig versöhnen. Die Vizekönige fürchten seine Macht und besuchen ihn jährlich einmal mit Opfergeschenken. Sie vernachlässigen auch nie ihre Pflichten gegen uns, die wir die Diener des Gottes sind."

Der äußere Verfall gibt Taschi=gang den Anstrich einer Ritterburg aus dem Mittelalter, die, auf der Grenze zwischen einem starken Kastell und einer Ruine, noch stolz auf ihrem Felsen thront, ein Andenken aus dahingeschwundenen Zeiten. Mit jedem Jahr, das über die Burg des Gottes Jigde hineilt, hinterläßt die Zerstörung neue Spuren und Lücken in den großen Mauerflächen. Von dem breiten Rande droben unter der Dachleiste strecken lotrechte Streifen ihre Blutzungen nach dem Erdboden hinab. Sie sind ein Werk der Sommerregen, welche die Mauern so zugerichtet haben, daß sie bald ziegelrot, bald in Rosa schillern. Hier und dort hat sich der Kalkbewurf losgelöst, und Steinsplitter sind herabgefallen; da ist es die Verwitterung, der Wechsel zwischen glühendem Sonnenschein und schneidendkaltem Frost, welcher die Klostermauer um einen kleinen Schritt auf dem Wege der Vergänglichkeit weitergeführt hat. Auf dem Dache flattern die Wimpel in kaum noch zusammenhängenden Fetzen; dort ist es der Wind, der der Herrscher über das Heim der Götter ist.

Eine kleine Anzahl Fenster und einige Scharten unterbrechen auch die nach Westen liegende Mauer. An der südlichen Querseite sind die

18. Lager im Transhimalaja. (S. 24.)

19. Reityak. (S. 24.)

20. Gäste bei meinem Zelt. (S. 24.)

21. Mein Zelt wird eingepackt. (S. 24.)

Fenster unsymmetrisch angebracht, und hoch über dem Erdboden schwebt ein kleiner Balkon und bietet einen ruhigen, friedlichen Platz in diesem sonst so wüsten, finsteren Kloster. Hier ist der „Labrang", hier wohnt der Abt.

Das ganze Kloster bildet einen langgestreckten, unregelmäßigen Komplex von Gebäuden und Mauern um gleichfalls längliche Höfe herum. Diese sind voneinander durch kleinere Mauern im Innern getrennt. Sie sind aber auch durch Türen verbunden, und zu diesen gelangt man gewöhnlich auf Steintreppen, denn die Oberfläche des Felsens ist uneben. In den peripherischen Gebäuden haben die Mönche ihre Zellen, und das Ganze überragt der Lhakang, der Göttersaal, in vielseitiger Form.

In stattlichen, überwältigenden Massen, in Absätzen, Graten und Gipfeln steigt das Gebirge in Nordosten und Südwesten aus dem Tale auf. Violett und gelbbraun schillernd tritt zu allen Stunden des Tages sein Relief scharf und lebhaft gezeichnet hervor. Im Sonnenuntergang erglänzt das Kloster hellgelb. Dann klettern die Schatten an den Abhängen empor, bis nur noch die höchsten Spitzen in Purpurglut strahlen. Das Industal hinauf, in der Richtung nach Gartok, und abwärts, nach Ladak hin, ist die Aussicht unendlich; man atmet tiefer vor den schwindelerregenden Entfernungen und hat das übermächtige Gefühl, zwischen zwei ungeheuren Falten der Erdrinde, dem Himalaja und dem Transhimalaja, zu verschwinden.

Infolge seiner Breite und seines langsamen Gefälls macht auch der Fluß einen majestätischen Eindruck. Wir steigen auf unserm Wege nach Nordwesten von der früheren Höhe herab. Daher zeigt sich nicht viel Treibeis, nur hier und dort längs des Ufers ein schmaler Saum. Stellenweise hört man Wildenten schnattern, aber die Wildgänse haben jetzt keine Lust auf Tibet, und sie wollen in diesem Jahre ihren Aufenthaltsort nicht mehr wechseln.

Das helle Bild mit den klaren Farben und den scharfen Linien trübte sich am Nachmittage infolge eines heftigen Sturmes aus Westen, der über das Tal hinjagte und große Staubmassen aufwühlte. Das Kloster schimmerte wie ein Gespensterschloß durch den Staubnebel. Die Oberfläche des Flusses erhob sich zu weißen Schaumköpfen; eintönig und feierlich schlug die Brandung gegen das Ufer.

So verfloß unser zweiter Tag in Taschi-gang. Unter die Mönche wurde ein reichlich bemessenes Geschenk an Silberrupien verteilt, Silberrupien mit dem Bilde der gekrönten Königin; die neuen Königsrupien ohne Krone wollten sie nicht haben. Ich mußte die Grobheit, die sich meine Ladaki am Abend vorher hatten zuschulden kommen lassen, auf diese Weise wieder gutmachen, und ich fühlte auch Mitleid mit der entsetzlichen Einsamkeit der Priesterschaft in den grauroten Gefängnismauern. Hätte mich ein ungütiges Geschick gezwungen, das Mönchsgelübde abzulegen und meine Tage in Taschi=gang zu verbringen, ich stürbe vor Langweile und vor Entsetzen über die unerschütterlichen Dogmen und ihre Feindseligkeit gegen jeden Freidenkenden. In dem Höhlendunkel des Tempelsaales qualmen die Dochte der Butterlampen, während draußen die Sonne strahlt. Ich würde sogar der Aussicht von dem der Sonne zugewandten Balkon überdrüssig werden. Die Freiheit des Himalaja und das wilde Satledschtal im Süden würden unwiderstehlich meine Sehnsucht entflammen. Im Sommer ginge es wohl noch an, wenn das befreite Induswasser auf seinem Wege nach dem Meere durch das Tal gleitet. Wie aber im Winter, wenn der Fluß zugefroren und stumm daliegt, wenn der Schneesturm klagend um die Ecken der Klostergebäude heult, und wenn es in den Fensterluken kreischt und pfeift, als ob dort Spukgestalten und Geister ihr Spiel trieben?

Siebentes Kapitel.

Die letzten Tage am Löwenfluß.

Weiße Kränze und Ringe aus Eis bedeckten am Morgen des 15. November den halben Fluß. Die Luft war klar und windstill; kein Hauch kräuselte das grüne Wasser des Indus, auf dessen Oberfläche sich lässige Wirbel in anmutigen Mustern nach einem unbekannten Ziele ringelten. Alles lud zu einer Bootfahrt ein, und der stolze Strom durfte mich auch den ganzen Weg bis zum nächsten Lagerplatze tragen. Ich selbst nahm in der vorderen Boothälfte Platz und zeichnete jede Biegung, die wir zurücklegten, in meine Karte ein. In der hinteren Hälfte übernahm Robert die Verantwortung für die Ruder und das Manövrieren. Rabsang und Tundup Sonam begleiteten uns mit den Pferden längs des Ufers.

Dort, wo der Fluß am breitesten ist, treibt das Eis ebenso lautlos und langsam dahin wie wir. In den engeren Windungen schrammen die schwimmenden Schollen gegen das Ufer, dann hört man einen scharrenden Ton. Über uns erheben die Hochgebirgsmassen ihre Kämme, das Land ist still und friedlich. Die Tempelburg von Taschi=gang ist noch eine Weile auf ihrem Hügel sichtbar, wird dann aber durch die Uferterrassen und die Unebenheiten des Talbodens verdeckt.

Das Wasser ist nicht ganz klar; die Tiefe wechselt gewöhnlich zwischen 60 und 70 Zentimeter, und nur bei 50 Zentimeter Tiefe sieht man den Grund. Das Bett ist regelmäßig gebaut. Manchmal gleiten wir über fußtiefes Wasser hin; dann scheint sich der Flußgrund aufwärts zu bewegen, und das Boot steht still. Das Treibeis warnt uns vor seichten Stellen. Dort, wo die porösen Eisschollen sich mitten im Laufe zu Wülsten aufgetürmt haben, steuern wir in die breiteste Strömung neben der Untiefe hinein.

Der Fluß ist merkwürdig gerade; die vorhandenen Windungen sind nur schwach angedeutet. Unsere Fahrt geht längs der Felsen der rechten Talseite, von welchen Blöcke und Steine in das Bett hinabgestürzt sind.

4*

Hier entrollt sich vor uns eine Reihe schöner Bilder, und wir gleiten auf einer Bahn im Sonnenscheine glitzernder Kristalle dahin. Eine leichte südöstliche Brise schiebt uns vorwärts. In vollen Zügen genieße ich die Ruhe, die Schönheit des Landes und das Bewußtsein, von einem der königlichsten Flüsse der Erde getragen zu werden.

Öde und schweigend liegen auf beiden Seiten die Ufer da. Nur gelegentlich zeigt sich eine Manimauer oder eine kleine Ringmauer aus Steinen, in deren Rondell irgendein Jäger den Antilopen aufzulauern pflegt. Weiter abwärts grast eine Yakherde; ein paar Tiere wittern uns und schnuppern mit verwunderter Miene. Dort hinten an der Biegung streift ein Fuchs herum; es wässert ihm der Mund nach einer Schar schnatternder Enten, die er am andern Ufer schwimmen sieht.

Drei und vier Meter hohe Uferterrassen rahmen das Flußbett ein und stehen da als Zeugen aus einer Zeit mit ergiebigeren Niederschlägen. Das Gefälle ist gering, nur selten hört man das Wasser in einer Biegung schwach rauschen. An einem vorgeschobenen Felsenvorsprung bildet das Wasser Stromschnellen, und in sausender Fahrt werden wir zwischen tückische Blöcke hinein gesogen.

Der Tag ist kühl, und es ist ein kaltes Vergnügen, Stunde auf Stunde zwischen Treibeis in einem Zeugboot stillzusitzen. Jetzt streichen wir mit großer Geschwindigkeit längs des Fußes jäher Felswände hin. Da wird man vor Spannung warm! In geschützten Klüften wachsen Sträucher, sonst sind die Ufer kahl. Oft fahren wir an verlassenen Lagerplätzen vorüber, die im Sommer von Nomaden besucht werden. Auf einer steilen Wand in unserer Nähe weiden einige Wildschafe.

Eine Reihe kleiner Steinmale war auf einem Vorsprung errichtet. Zwischen einigen davon waren Schnüre ausgespannt, und ein einsamer Tibeter mit seiner Gabelflinte auf der Schulter ging dort umher, seine Schlingen legend. Wenn die Antilopen ihren Weg durch eine derartige Anlage gekreuzt sehen, können sie sich nicht entschließen, darüber wegzuspringen, was ihre Rettung sein würde; sie laufen an der Reihe der Steinmale bis ans Ende entlang, und gerade dort hat der Jäger eine Schlinge auf dem Boden gelegt, wenn er nicht selbst auf der Lauer liegt.

Gegenwind, die Fahrt wird gehemmt! Tundup Sonam muß ins Boot steigen und rudern helfen. Das Treibeis wird vom Wind nach dem rechten Ufer hingetrieben und macht mehr Lärm als vorher. Das Thermometer zeigt mittags um ein Uhr Null Grad im Wasser. Das Treibeis hält stand. Es gewinnt Tag für Tag Terrain, wenn der Winter heranzieht. Und schließlich kommt der Tag, an welchem die durchsichtigen Brücken ihre Bogen von einem Ufer zum andern spannen.

In starker Fahrt gleiten wir über seichtes Wasser; der Kiel schrammt gegen den Kies auf den Boden. Siehe da, nun sitzen wir rettungslos fest! Das Treibeis huscht an uns vorüber und stößt gegen das zerbrechliche Boot. Wir rudern aus Leibeskräften, werden endlich flott und treiben weiter den Indus hinab.

Zur Rechten öffnet sich das Tor des Pataö-sang-Tales; in seinem Hintergrund schimmert ein ziegelroter Gebirgsstock. Durch dieses Tal führt ein drei Tagereisen weiter Weg nach Rudok am Panggong-tso.

Die Strömung wird reißender, es kommt eine Reihe einander folgender kleiner Stromschnellen. Der Fluß wird mit dem Tale schmaler, und mit schwindelnder Fahrt gleiten wir nach dem Lager 259 hin, wo starke Arme das Boot anhalten. So sind wir denn wieder daheim an dem fremden Ufer.

Zwei stattliche Exemplare des Ammonschafes weideten an einem Abhange, und Tundup, der Jäger, wollte wieder sein Jagdglück versuchen. Durch Schluchten und Täler schlich er sich auf Umwegen nach dem Kamme hinauf, um die Tiere von oben her zu überraschen. Im Fernglase sah ich ihn wie einen Panther heranschleichen und die Unebenheiten des Bodens zur Deckung benutzen. Aber die Sinne der Tiere sind ungeheuer fein und scharf entwickelt. Plötzlich sah ich beide den Kopf heben und nach der Seite des Jägers hin blicken. Wie auf ein gegebenes Zeichen machten die Wildschafe kehrt und stürmten in wilden Sätzen die steilen Felswände hinunter. Es war ein großartiger Anblick, wie sie in einer Staubwolke auf den ebenen Boden herabkamen und innerhalb zweier Sekunden mit unverminderter Geschwindigkeit den Abhang eines andern Vorsprungs hinaufsausten, um hinter dessen Gipfel zu verschwinden.

Ein wütender Sturm aus Südosten heulte im Tauwerk und riß an der Zeltleinwand, als ich am nächsten Morgen erwachte. Staub und verdorrtes Gras tanzten wirbelnd in die Zelte hinein, den Himmel bedeckten schwere Wolken, und rauh und naßkalt war das Wetter, als wir zu Pferd aufbrachen.

Das Tal verschmälert sich, sein Boden wird koupierter und ist mit Geröll bedeckt. Der Fluß hält sich eigensinnig an der rechten Seite des Tales; aber an der linken zeigt sich, 25 Meter über dem Talgrund, eine uralte Flußterrasse, die von der Zeit abgerundet ist und oft durch Seitentäler unterbrochen wird. Jenseits des Nebentales Tavuk werden die Berge der rechten Talseite wilder und steiler als vorher, und auch hier sieht man prächtige Terrassen, an denen eine deutlich erkennbare horizontale Geröllschichtung bloßgelegt ist.

Jenseits des Hügels Tsänmo mit seinem jetzt menschenleeren Sommerlager folgt eine Reihe Manimauern, die nun in ihrer Form immermehr ihren Verwandten in Ladak ähneln: lange mit flachen Steinplatten bedeckte Mauern aus Geröllblöcken.

Das Geröll spielt in der Gegend, in der wir uns jetzt befinden, eine wichtige Rolle. Ganz Demtschok, unser letztes Dorf auf tibetischem Gebiete, ist daraus gebaut. Es besteht aber auch nur aus vier oder fünf Hütten mit Reisigdächern (Abb. 46). Und Geröllsteinmauern umzäunen die ärmlichen Gerstenfelder und die Schafhürden und die ebenen Flecke festgestampften Bodens, wo später gedroschen wird. Eine zerlumpte Alte und ein ausgehungerter Junge waren die einzigen Bewohner, die sich sehen ließen. Unsere Maulesel gingen in dem Gerölle umher, Abfälle und Schafmist knabbernd, und kaum besser war das spärliche Gras, das zwischen Quellen und Eisscheiben am Flußstrande noch stand.

Unsere tibetischen Führer betrachteten Demtschok als die Grenze der Staaten des Maharadscha, denn weiter reiche, erklärten sie, die Macht des Devaschung und des Dalai-Lama nicht. In Wirklichkeit ist die Grenze eine knappe Tagereise weiter abwärts. Meine Ladaki freuten sich darüber, mich aber grämte es, Tibet mit so vielen ungelösten Problemen hinter mir zurücklassen zu müssen. Ich war jedoch entschlossen, nach einigen Monaten wieder in dem unbekannten Lande zu sein.

Am 17. November sagen wir Tibets letztem Dorfe Lebewohl und ziehen aus unserm Lager 260 (Abb. 45) von dem Schuttkegel von Demtschok nach dem Indusufer hinunter. Unter dem am Lande haftenden Eisrande stehen die Fische in dichten Scharen, und wenn man sie mit Steinwürfen verscheucht, so kommen sie sofort wieder, möglicherweise deshalb, weil es unter dem Treibhausdache der Eisscheiben wärmer ist. Das Tal nimmt eine ganz besondere Form an; während die Straße an der linken Seite gerade weitergeht, macht der Fluß einen Bogen nach Norden und Nordosten, um einen freistehenden Felsrücken zu umgehen, an dessen Fuß er sich ein wildes Bett ausgemeißelt hat.

Das Terrain fällt merklich. Steril und wüst überall! Dort marschiert eine Yakherde aus Ladak heran! Es war gut, daß wir endlich einmal lebende Wesen auf dieser Straße erblickten, die zwar Spuren eines nicht geringen Verkehrs zwischen den beiden Ländern zeigt, auf der wir aber bisher ganz allein gewesen sind.

Den höchsten Punkt einer kleinen Schwelle ziert ein Steinmal, und die üblichen Wimpel hängen an Schnüren, die zwischen Gerten ausgespannt sind. Unsere Tibeter machen eine Runde um das Mal, um den Erdgeistern ihre Ehrfurcht zu bezeigen. Hellblau und weiß zeichnet sich in der Ferne unweit des Dorfes Tschuschul ein mächtiger Bergstock ab; bis dorthin haben wir noch fünf Tagereisen. Steifgefroren von dem Sturmwind, der uns während der letzten Stunden gerade entgegengekommen war, freute ich mich, als ich endlich an der Quelle Na=gangkal im Lager 261 die Zelte aufgeschlagen stehen sah und unter ihr schützendes Dach eilen konnte. Der Platz war übrigens mehr als einfach. Wasser gab es im Überfluß, aber fast gar keine Weide und keine Spur von Brennmaterial. Wir opferten daher zwei Kisten, die nicht mehr zu gebrauchen waren.

Zwei Hunde sind einer ehrenvollen Erinnerung wert. Wir hatten neun vierbeinige Wächter, eine hergelaufene Garde asiatischer Landstreicher, Parias, die, ohne daß wir sie darum ersucht hatten, gekommen waren, uns ihre Dienste anzubieten. Von den meisten habe ich nicht ausfindig machen können, wo sie heimatsberechtigt waren und wo die Zelte standen, denen sie unsertwegen entlaufen waren. Die braune Puppy war die einzige, die alle meine Abenteuer miterlebt hatte. Sie war eine Veteranin von Srinagar; aber ihre Tage in meinem Dienste waren gezählt, denn sie sollte während eines Sturmes in dem bevorstehenden Winter verloren gehen. In meinem Zelte hatte sie ihre Ecke und ihre Filzdecke, wo sie des Nachts schlief. Mit einem gelben Hunde aus Gartok pflegte sie sich in aller Freundschaft zu necken, und er wurde ihr Unglückskamerad bei jenem Sturme.

Zu den Stammgästen gehört auch der uralte hinkende Lager=wächter aus der Gegend im Norden des Ngangtse=tso, der schon ungefähr ein Jahr bei mir war. Sein Pelz hängt bis auf den Boden herab, und er sieht aus wie ein alter Yak; aber er kann auch nicht laufen wie die andern, sondern geht langsam Schritt vor Schritt. Am Morgen bricht er mit den Lastyaks auf, wird aber bald müde und legt sich am Wegrande nieder, um mich zu erwarten. Dann begleitet er mich so weit, wie seine Kraft es erlaubt, und legt sich darauf wieder unterwegs hin und wartet, bis Tsering als letzter mit meinem Zelte und der Küche herankommt. Schließlich läßt er auch diesen allein weiterziehen und erscheint dann zu sehr später Stunde atemlos und keuchend als einsamer Wanderer im Lager. Trotz seines unvorteilhaften Äußern und seiner Gebrechen, oder vielleicht gerade deshalb, erfreut er sich größerer Beliebtheit als irgend=ein anderes Mitglied unserer Fremdenlegion. Puppy scherzt mit ihm und springt über ihn hinweg, wenn er mit gesenktem Kopf und schleppenden Schritten gegen die Länge des Weges ankämpft. Wenn alle unsere Hunde des Nachts zugleich bellen, dann ist es nicht leicht, Ruhe zu finden.

So brechen wir denn zu einem neuen Tagemarsch auf. Die Kälte war nicht unter 12,1 Grad herabgesunken, aber hier und dort lag der Fluß an ruhigen Stellen gefroren da. Die Schönheit der Landschaft wurde durch den jetzt kristallklaren, blauschillernden Wasserstreifen erhöht, der vergeblich gegen die Winterkälte ankämpfte. Bei Puktse, wo hin und wieder ein Strauch zwischen dem verdorrten Grase wuchs, führte eine schmale Eisbrücke quer über den Fluß (Abb. 47). Es knackte in der Brücke, als meine Leute sie auf ihre Tragfähigkeit prüften.

Farbengesättigt und entzückend in all ihrer verzweifelten Öde liegt die Landschaft entblößt unter dem blauesten Himmel, der weder ein Wölkchen, noch beginnenden Nebeldunst zeigt. Daher machen sich die Gesetze des Abstandes und der Perspektive ohne störende Einflüsse in der Atmosphäre geltend. Eine unzählige Menge Ausläufer der mächtigen Ketten, die das Tal einrahmen, zeigt sich noch immer vor uns in Nordwest. Zwischen ihnen strömt der berühmte Fluß, an dessen Ufer wir der endlosen Straße nach Ladak folgen.

In Puktse hat mein tibetisches Geleite seinen Auftrag vollzogen und sollte wieder nach Gar=gunsa zurückkehren. Sie hatten mich geleitet, um mich an Abstechern auf verbotenem Boden zu verhindern. Dennoch war es mir ein Vergnügen, sie reichlich zu belohnen, denn ihr Betragen war über jedes Lob erhaben gewesen, und sie hatten den an sie ergangenen Befehlen gehorcht und ihre Pflicht getan.

Anstatt ihrer machen mir im Lager 262 der Gova und die ganze Einwohnerschaft des benachbarten Dorfes Kujul ihre Aufwartung. Höflich und gefällig, aber arm und elend waren sie alle, seitdem kürzlich eine Räuberbande von der tibetischen Grenze ihr kleines Gemeinwesen, den äußersten Vorposten der Staaten des Maharadscha, rein ausgeplündert hatte. Wohl hatten sie bei den Behörden in Ladak Klage eingereicht, und diese hatten auch versprochen, ihr Bestes zu tun; aber das Beste, was ein Bezirksrichter in Leh tut, ist — nichts. Die guten Leute in Kujul sind Untertanen des berühmten Klosters Hemi. Dem Äußern nach sind sie den letzten Tibetern nur in der Kleidung unähnlich. Ihre Pelze tragen sie langherabhängend wie in Leh, nicht bauschig und über dem Gürtel in die Höhe gezogen wie in Tibet. Ihre Kopfbedeckung ist die charakteristische Ladakimütze aus Schaffell, die sich zum Schutze der Ohren und des Nackens herunterklappen läßt.

Die Leute aus Kujul blieben die Nacht über meine Lagergäste und erhielten kostenloses Logis unter freiem Himmel. Zwar sind diese Söhne der Wildnis an die Kälte gewöhnt, aber bei 20,4 Grad unter Null muß es ihnen in ihren zerlumpten Pelzen doch recht kühl geworden sein

22. Rast unterwegs auf einem Passe. (S. 28.)

23. Thakur Jaj Chand (×), der englisch-indische Agent in Gartok, von einigen seiner Diener umgeben. (S. 30.)

24. Lastyaks. (S. 32.)

Sie erinnerten auch an struppige Uhus, als wir sie am Morgen ihrem Schicksal überließen und weiterzogen, von dem Gova und zweien seiner Leute geleitet.

Der Indus, der bisher treu dem Fuße des Transhimalaja gefolgt war, strömt jetzt in der Mitte des Tales und macht zwischen seinen mit Buschwerk bestandenen Ufern mehr Windungen als vorher. Den Boden bedeckt jener grobe Verwitterungssand, der übrigbleibt, nachdem die Winde mit ihrer Sortierungsarbeit fertig sind und den feineren Flugsand weggetragen haben. Manchmal reitet man über sterile Flecke, welche so eben sind wie der feinste Parkettfußboden. Eine solche Form nimmt der Erdboden dort an, wo der mikroskopische Schlamm des Regenwassers sich in flachen Einsenkungen absetzt.

Mane-tumtum heißt eine hübsch gemauerte Steinmauer, deren Platten große Schriftzeichen in Rot und Weiß enthalten. Nicht weit davon geht die Karawane über den Fluß an einem Punkte, wo die Treibeisschollen sich über- und untereinander geschoben haben und zu einer dicken, tragfähigen Masse zusammengefroren sind.

Das Lager Dungkang (263) befindet sich daher am rechten Ufer. Hier war der Fluß 79 Meter breit; seine mittlere Tiefe betrug $0{,}46$ Meter, während die größte Tiefe sich auf $0{,}78$ Meter belief und die Stromgeschwindigkeit $0{,}36$ Meter war. Der Indus führte nicht ganz 13 Kubikmeter Wasser in der Sekunde und hatte reichlich drei Kubikmeter eingebüßt, seitdem ich sein Volumen zuletzt gemessen hatte. Aber um diese Jahreszeit wird die Kälte mit jedem Tage größer, die Quellen versiegen, und die Nebenflüsse frieren zu. Weiter westlich in Ladak wächst jedoch der Fluß allmählich; bei Nurla ist seine Wassermenge im Januar größer als bei Dungkang im November!

Noch eine Tagereise, am 20. November, ohne nennenswerte Veränderungen! In Südost fällt der Blick auf dieselben Gebirgsmassen, deren wir uns von Demtschok her erinnern, in Nordwest wird das Schneemassiv größer, das wir schon so lange gesehen haben. Links und rechts ragen die gewaltigen Ketten empor, die wir seit unserm Aufenthalt in Gartok kennen, und mitten im Tale schlängelt sich der Fluß, dessen Wasser wir nun schon zwei Monate getrunken haben. Jetzt trägt der Indus meistens eine Eisdecke. Aber an Schnee fehlt es noch, auch auf den flach hügeligen Kämmen des Transhimalaja; nur in schattigen Schluchten der Ladakkette bleiben das ganze Jahr hindurch kleinere Schneereste liegen. Gras wächst jetzt überall, und hier und dort stehen auch die Sträucher ziemlich dicht. Aber keine Zelte, keine Hütten, weder Hirten noch Herden! Nur an der Flußbiegung Tavuk standen drei erbärmliche

Zelte. Dort, wo der Fluß nach der linken Talseite hinübergeht, schlagen wir unser Lager zum letztenmal an seinem Ufer auf.

Bei diesem Lager, das die Nummer 264 trägt, war der Indus mit Ausnahme schmaler Eisstreifen am Lande beinahe offen. Dunkelblau gleitet das Wasser zögernd in lautlosen Wirbeln und Spiralen dahin und durchbricht mit südwestlicher Richtung in einem Quertale die Ladakkette. Im Nordwesten erblicken wir den Paß Tsake-la, der die Wasserscheide zwischen dem Indus und dem Panggong-tso bildet. Er ist kein Kammpaß in einer Kette, sondern eine flache Schwelle zwischen zwei Gebirgsketten, dem Transhimalaja und der Ladakkette.

Bei schneidendem Frost und eisiger Kälte heulte der uralte Westwind über den Ufern des Indus und hätte unsere Zelte in den Fluß hinuntergefegt, wenn wir sie nicht mit Seilen doppelt stark versichert gehabt hätten. Die ewigen Westwinde aus Tschang-tang hatten ihren munteren Tanz auf dem höchsten Hochlande der Erde wieder begonnen. Ich erkannte, wie sie wieder zugriffen, und verstand, daß der Sturm mich aufforderte, die Herrschaft mit ihm zu teilen. Und ich lächelte am Lagerfeuer in dem Gedanken, daß ich ja die Einladung schon angenommen hatte und daß die neue Karawane, die mich dort hinaufführen sollte, bereits in einigen Tagen der ersten Reveille lauschen würde. „Wähle zwischen Tibets Winter und Indiens ewigem Sommer!" flüsterte der Wind im Grase am Indusufer. Ohne Zaudern hatte ich meine Wahl getroffen; aber dennoch hegte ich bei dem Gedanken an die entsetzliche Kälte, die meiner wartete, ein gewisses Gefühl des Mitleides mit mir selbst.

In heftigen Stößen fährt der Wind über uns hin und wälzt sich in wilden Kaskaden von den Kämmen herab. Ich verschließe mein Zelt und krieche in meine Höhle, draußen aber herrscht die ganze Nacht hindurch brausende Unruhe.

Achtes Kapitel.

Zum letztenmal in Ladak.

Nach beinahe 10 Grad Kälte in der Nacht blies uns der Westwind am 21. November wach, und von dem Indusufer, wo wir uns im Lager 264 auf 4179 Meter Höhe über dem Meere befunden hatten, führte der Weg wieder in höhere Regionen hinauf. Das gelbgewordene Gras der Steppe steht dicht auf Tongrund, wo sich auch Flugsand in ziemlich reichlicher Menge angesammelt hat und zuweilen Dünen bildet, deren Rücken sich längs der Berghalden im Norden krümmen. Viele Dünen sind jedoch durch die Graswurzeln gezwungen worden, auf ihrer Wanderschaft haltzumachen.

Das Durchbruchstal des Indus bleibt links hinter uns zurück, und der Pfad windet sich zum Passe Tsake-la hinauf. Den wenig steilen Abhang bedeckt grauer und violetter Schutt aus Granit, Porphyr und Quarzit. Hier wächst nichts. Nur Tama-jaghgang ist eine kleine Oase, in der Gras und Buschwerk eine Quelle umgeben.

Das nördliche Gebirge ist aus grünem und violettem Porphyrit aufgetürmt, aber höher droben herrscht grauer Granit vor. Im Süden steigen Rauchsäulen aus einigen Steinhütten des von Gerstenfeldern umgebenen Dorfes Salma. Wir nähern uns dem Tsake-la; doch schon ehe wir den Paß erreicht haben, machen wir im Lager 265 für die Nacht halt an den Quellen von Dunglung, die flache Eisschollen inmitten des üppigen Grases bildeten. Die Höhe betrug 4449 Meter; wir waren also seit dem letzten Lager am Indus um 270 Meter gestiegen. Von hier aus gewahrt man noch in der Ferne die Berge um Demtschok herum. In unendlicher Perspektive erstreckt sich das Industal nach Südosten; sein Boden schillert gelb von der Farbe der Steppe, aber den Fluß sieht man gar nicht, dazu ist die Entfernung zu groß.

Am folgenden Morgen sind wir schon früh droben bei dem mit Hörnern und Wimpeln geschmückten Steinmale des Passes Tsake-la.

(Abb. 48), wo die Höhe 4523 Meter beträgt und der Wind bei 5 Grad unter Null in die Haut schneidet. Dann eilen wir abwärts, zu Fuß, um das Blut wieder in Umlauf zu bringen. Täler, Felsvorsprünge und Manimauern folgen einander, und die kärgliche Vegetation, die hier um ihr Dasein kämpft, bildet kleine gelbe Flecke um die Quellen herum. Der hohe, mit Schnee bedeckte Gebirgsstock, den wir schon so lange gesehen haben, ist jetzt in unserer Nähe, aber seine Firnfelder sind durch dazwischenliegende Berge verdeckt (Abb. 49). Der Panggong-tso ist nicht zu sehen, wohl aber einige der Kämme, die sich an seinem Nordufer erheben.

Schon auf dem Passe erblickten wir in der Ferne den vorspringenden Berg, hinter welchem sich unser Lager 266, das Dorf Tschuschul, befand. Aber die Stunden vergingen, und der Tag neigte sich seinem Ende zu, bevor wir dort anlangten. Der Pfad führt an der linken Talseite entlang. Eine Reihe vorspringender Berge zeigt sich jetzt vor uns. Die Sonne sinkt, und die Schatten werden länger. Wieder reiten wir an einem vorspringenden Felsen vorbei. Ist dies nicht der letzte der Reihe? Nein, noch immer zeigen sich neue Vorsprünge in der Richtung des Weges, und der Wind ist jetzt so eisig kalt, daß wir gehen müssen, um warm zu bleiben. Die Dämmerung wird dichter, der Weg immer undeutlicher, der Wind nimmt zu; gelangt man denn auf diesem Wege nie ans Ziel? Vier lange Manimauern und ein kleines Tschorten verkünden die Nähe noch eines Klosters, aber man sieht sie kaum, denn jetzt ist es dunkel.

Endlich wandern wir an dem letzten Bergvorsprung vorbei, und nun strahlen uns die Lagerfeuer bei Tschuschul entgegen. Der Bach des kleinen Dorfes war zur Hälfte zugefroren. Die Pferde rutschten und glitschten über gewölbte Eisblasen, plumpsten ins Wasser und balancierten im Flußbett, um schließlich mit einem Satz auf den Graswall des andern Ufers hinauf zu gelangen. Müde und durchfroren lenkten wir die Schritte gerade auf die Feuer los und zündeten dort unsere Pfeifen an.

Wir hatten einen Ruhetag verdient, und der Häuptling von Tschuschul tat, was er konnte, um seinen weitgereisten Gästen Ehre zu erweisen. Schon vormittags begannen die Vergnügungen, denen ein Europäer schwerlich entgehen wird, wenn er in einem Dorfe Ladaks zu Gaste ist. Im Juli 1906 hatte man in jedem Dorfe auf dem Wege nach Leh mir zu Ehren Tanz und Musik veranstaltet. Und jetzt bei meiner Rückkehr begannen die ländlichen Feste aufs neue.

In schleppendem, rhythmischem Takt tanzten die zwölf Schönheiten Tschuschuls vor meinen Zelten. Sie waren in grüne und rote Schafspelze gekleidet, allerlei Krimskrams baumelte ihnen in den Locken, und einzelne mit Türkisen verzierte Bänder fielen vom Scheitel herab über den Rücken (Abb. 50—52). Ihre Blicke waren auf den Boden gerichtet, ihr Mienenspiel verriet keine Leidenschaftlichkeit, keinen Frohsinn; bald erhoben sie die rechte Hand, bald die linke und sie drehten sich im Kreise, während sie langsam im Gänsemarsch einherschritten. Schön waren sie nicht, diese „ladies of the mountains", aber dafür um so schmutziger, schüchterner und anspruchsloser. Beim Ballett im Dorfe Tschuschul hatte man keine Eile. Sie tanzten stundenlang, und der Tanz bot keine überraschenden oder abwechselnden Touren. Ein alter Mann leitete ihn mit seinem Saitenspiel, und da die einzige Trommel des Dorfes geplatzt war, erhöhte mein Küchenpersonal den Glanz des Festes mit Hilfe meiner sonorsten Kasserollen.

Tschuschuls Sehenswürdigkeiten sind leicht aufgezählt. Das Dorf besteht aus einigen zwanzig Hütten und zwei Tempeln, deren einer, am Fuße der Hügel, alt und verfallen ist, während der andere, Lundup-Tschüding-gumpa, auf einer Anhöhe erbaut ist, auf Kosten eines wohlhabenden Mannes, dessen Sohn, der Lama Kuntschuk Tingsin, jetzt für den Unterhalt des Klosters sorgt. Man sagte mir, daß dreißig Mönche diesem Tempel dienten, daß aber alle hier und dort zerstreut, jeder in seinem Heime, lebten und daß nur der Oberlama sich im Kloster aufhalte; sein Porträt findet man im zweiten Bande (Abb. 276, Seite 185 und Abb. 290, Seite 209).

Auf dem äußern Tempelhof stehen eine Wimpelstange und ein Tschorten zwischen dürftigen Hütten, die Lamazellen enthalten. Die Fassade ist weißgetüncht, und der Vorsaal mit den unentbehrlichen Geisterkönigen ist mit einem rotangestrichenen Holzgitter abgesperrt. Der Tempelsaal ist reich bevölkert mit Götterstatuen, teils in natürlicher Größe, teils ein wenig kleiner. Über ihren Köpfen bringt das Sonnenlicht reichlicher als anderswo durch ein viereckiges Oberlicht herein. Um die Gruppe der Götter herum führt ein Gang, der von den Frommen durchwandert wird. Inmitten der Gruppe thront Guru Rinpotsche mit einer grauen Maske in der Hand; um ihn her stehen in unbeschreiblichem Durcheinander Tsepakmet, Tschenresi, Tsongkapa in rotem Mantel und gelber, spitzer Mütze und mehrere Lamastatuen mit nachdenklichen, träumerischen Zügen.

Der Oberlama erzählte mir, daß vor kurzem Diebe in die Lamazellen eingebrochen seien und dort Gegenstände im Werte von etwa zweihundert Rupien gestohlen hätten. Die ausgeraubten Priester wußten sich zu helfen. Um sich schadlos zu halten, brachen sie einige Edelsteine aus den Götterstatuen aus und verkauften sie an Händler aus der Umgegend. Aber dieser Diebstahl wurde entdeckt, und nun war eine gründliche Untersuchung gegen die frommen Tempelschänder eingeleitet worden.

Abends wurde das Ballett wiederholt. Aber diesmal waren meine Leute an ihren eigenen Feuern die Wirte. Es wurde getanzt, gesungen und auf der Zither gespielt, die Teekessel kochten, und die Tschangkrüge mit dem schwachberauschenden Biere des Landes machten die Runde. Die wackeren Männer waren aufgeräumt und munter; sie waren ja daheim in Ladak, für sie das Schönste auf der Welt, das Land, wo ihre Mütter sie auf dem Arme getragen und ihre Väter den Steinbock und das Wildschaf zwischen den Felsen gejagt hatten. Ihr Heimweh war vorüber, und vergessen waren alle die Prüfungen, die sie ausgestanden hatten. Aber die Lieder waren dieselben wie die an den Winterabenden in Tschang-tang, wo der Sturm um die Zelte heulte und die Flammen der Lagerfeuer wie die Wimpelbüschel auf den Tempeldächern flatterten und klatschten.

Den Tag darauf, am 24. November, ritten wir fort von den Gehöften von Tschuschul und den vereisten Kanälen, die während einer wärmern Jahreszeit die mit Gerste bestandenen Felder des Dorfes bewässern. Auch nach dieser Richtung hin sind zahlreiche Manimauern längs der Straße errichtet, wo sie wie versteinerte Eisenbahnzüge stehen. Der Weg geht hier bergauf nach Nordwest, und zur Rechten erhebt sich der mächtige Schneeberg. Drunten an seinem Fuße trippelt eine Schafkarawane, fünfhundert mit Gerste beladene Tiere, die auf dem Wege nach Rudok sind. Einige von ihnen sind rot angestrichen und sehen wie blutige Opferlämmer aus. Voran marschiert ein Widder, den Blick unverwandt auf den Pfad gerichtet, und gleichgültig, in halbem Schlafe, aber geschickt ihre Gerstenbeutel balancierend, folgt die ganze Herde seiner Leitung. Die Hirten, welche die letzten im Zuge sind, können sich darauf verlassen, daß die arbeitenden Tiere nicht von dem Pfade nach Rudok abweichen.

Wir selber arbeiten uns mühsam zum Passe Kongta-la hinauf, dessen Geröllsattel sich 5061 Meter über dem Meere erhebt (Abb. 53). Vor seinem kegelförmigen Steinmale und seinem aus Hörnern, Stangen, Wimpeln und Zeugfetzen bestehenden Opferhaufen stimmten meine Leute ein schallendes Freudengeheul an.

Durch schwarze Porphyritfelsen bricht sich das Tal Ar einen Hohlweg von Südwesten her, den bald Blöcke anfüllen und der bald Fußpfaden auf den Ufern eines gewundenen, bis auf den Grund gefrorenen Baches Raum gewährt. In den Bergen auf der Nordostseite des Passes herrscht der graue Granit. Vom Kongta-la ist das Gefälle nach Nordwesten unmerklich. Wir waren an sechs Zelten und zwei weidenden Schafherden vorübergekommen, bevor wir an dem Felsenvorsprunge von Lung-kongma unser Lager 267 aufschlugen.

Der Tag war trübe, grau und kalt gewesen, aber beim Sonnenuntergang klärte sich der Himmel im Westen auf, und die gewaltige Masse des Granitberges funkelte wie rotes Gold.

Wieder graut ein Tag über der Erde, die Zelte werden zusammengelegt, die Lasttiere erhalten ihre Bürden, die Pferde werden gesattelt, und wir setzen unsere lange Wanderschaft fort. Das Tal fällt steiler ab, und sein Boden ist voller mühsam zu überschreitender Granitblöcke, zwischen denen ein Bächlein unter seinem kristallklaren Eisdache rauscht. Es wächst allmählich und erhält Tribut von allen Quellen des Tales, um sich schließlich mit dem Schejok, dem großen Nebenflusse des Indus, zu vereinigen. An einer Stelle, wo wir den Bach überschritten, war die Eisdecke so dünn und durchsichtig wie Glas, trug aber trotzdem die Pferde, als sie auf einem Sandwege, den wir gestreut hatten, vorsichtig und einzeln hinübergeführt wurden.

Der Tag naht sich seinem Ende, und wieder hüllt sich das Tal in tiefen Schatten, während die Sonnenstrahlen noch die hohen Gipfel in unserer Nähe vergolden. Dort lagert eine gewaltige Schafkarawane, deren Besitzer die Gerstenbeutel zu wahren Mauern aufgestapelt haben; im Schutze dieser Mauern flammen die Abendfeuer munter und gemütlich. Eine zweite Karawane hatte sich nicht die Mühe gemacht, den Schafen die Lasten abzunehmen; die Tiere mußten die Nacht mit den Beuteln auf dem Rücken zubringen. Auch wir schlugen in ihrer Nähe das Lager 268 in einer Gegend auf, die Sara heißt. Hier besiegte der Kriegerhäuptling Soravar Sing die Tibeter, als er vor einigen siebzig Jahren dem Maharadschah von Kaschmir Ladak eroberte.

Täglich merkte ich, daß ich mich der Zivilisation näherte. Bei jedem Lager trafen wir Reiter mit Nachrichten von meiner neuen Karawane, deren Sammelplatz Drugub war. Sie brachten auch hochwillkommene Beisteuer zu unserem Proviant, Hühner, Eier und Äpfel, und einer von ihnen übergab mir einen liebenswürdigen Brief von meinem alten Freunde, dem Obersten Sir Francis Younghusband, der jetzt Resident in Kaschmir war.

Am 26. November war ich zum letztenmal in Gesellschaft meiner alten Diener. In gewöhnlicher Marschordnung folgten wir dem Bache abwärts. Der Pfad klettert jedoch allmählich zu einer kleinen Schwelle empor und bleibt dann in bedeutender Höhe über dem Talgrund. Die Landschaft ist wild und imposant. Zu unsern Füßen kriecht der Bach unter seiner Eishaut. Mit Schutt und Blöcken bedeckt läuft der schmale Pfad wie eine Wandleiste an dem jähen Hang entlang. Während einer kurzen Rast rollten wir einige lose Blöcke über den Wegrand. In mächtigen

Sprüngen donnerten die Polterer sich drehend die steilen Wände hinunter und zertrümmerten mit lautem Getöse das Eis des Baches.

Jetzt geht es tüchtig bergab. Immer besser ist der alle Nebentäler des Indus charakterisierende, wildzerklüftete, vertikale Aufbau wiederzuerkennen. Ein Haufen Hütten, inmitten ihrer Äcker, magerer Pappeln und der gewöhnlichen Sinnbilder des Lamaismus in Stein, trägt den berühmten Namen H e r a t. Tschilam ist ein Dorf etwas weiter abwärts, wo unsere Yaks nur mit Bitten und Drohungen dazu vermocht werden konnten, sich einer schwankenden Brücke anzuvertrauen, die aus flachen, über zwei Baumstämme gelegten Steinen bestand.

Immer wilder und entzückender wird das Tal, je weiter es abwärts geht. Die einförmigen flachen Formen des Plateaulandes haben aufgehört; wir befinden uns in Gegenden, wo die Flüsse sich mit Erfolg eine Bahn durch die gewaltigen Hochgebirgsmassen brechen, die sich ihnen in den Weg stellen. Immer öfter erblicken wir Spuren des Kampfes der Menschen gegen die unbändige Natur. Der Pfad ist deutlicher ausgetreten, wenn er in tausend Windungen zwischen den hinderlichen Blöcken hindurchgeht, die Ackerstücke nehmen an Zahl und Umfang zu, und die unvermeidlichen Manimauern und Tschorten rufen aus der Tiefe des Tales den Himmel an. Hier und dort haben an jähabstürzenden Wänden gefährliche Bergrutsche stattgefunden, zu unserer Linken münden in einem Bündel drei Nebentäler, die alle pflichtschuldigst die Wassermenge des Hauptbaches verstärken. Die Erosionsterrassen sind kräftig entwickelt; ihre untersten Absätze überragen die Bäche wohl um zwanzig Meter. Man hört und sieht, wie diese Wasserläufe unermüdlich daran arbeiten, ihre Bahnen in die feste Erdrinde einzuschneiden und die Täler zu vertiefen.

Wir sind an einem wichtigen Punkte angelangt. Die Ladakkette, die wir solange zur Linken gehabt haben, bleibt hinter uns zurück, und der Bach biegt scharf nach Nordosten ab, um die Kette, die uns vom Gebiete des Panggong=tso trennt, in einem Quertale zu durchbrechen. Dieses Durchbruchstal ist malerisch zwischen hohen, steilen Granitfelsen eingeklemmt, und sein Gefälle ist so stark, daß sich auf den beständig schäumenden Stromschnellen noch kein Eis hat bilden können. Nur hier und da ist dort Raum für eine Hütte und ein Stückchen Ackerland.

An einer solchen Stelle hatte Tundup Sonam sein Heim. Er war vorausgeeilt, um seine alte Mutter und seine Brüder zu begrüßen, und die ganze Familie strahlte vor Freude über die Heimkehr des tapferen Jägers. Sie standen alle am Wege, als ich vorbeiritt, und erhielten für ihre aus getrockneten Aprikosen und Schüsseln mit Milch bestehenden Bewillkommnungsgeschenke indisches Silbergeld.

25. Lager im Industal. (S. 33.)

26. Kleinpuppy hält Wache. (S. 33.)

27. Roberts Probefahrt auf dem Indus. (S. 33.)

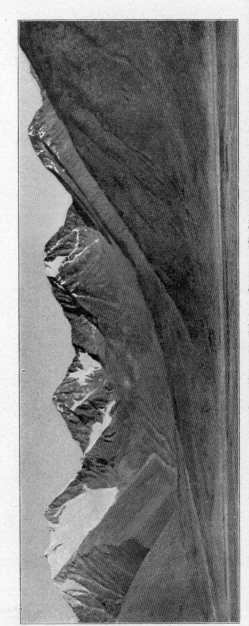

28. Aussicht aus dem Industal nach Nordwesten. (S. 35.)

Zwischen gewaltigen Granitblöcken erscheint eine Reiterschar. Dort kommen sie, meine alten Freunde Anmar Dschu und Hiraman, die nun zum viertenmal Augenzeuge meines Einzugs in Ladak sind und mir ihre Dienste anbieten. Sie kommen im Auftrag des „Tesildar" von Leh (Abb. 58).

Immer enger wird das Tal. Es ist so eng wie ein Hohlweg. Der Pfad windet sich im Zickzack bergauf und bergab über die Schuttkegel. Auf einem Felsblock sind zwei Tschorten errichtet. An einer sehr engen Stelle sind zwei ungeheure Blöcke abgestürzt und haben sich wie eine Brücke über den Fluß gelegt, der unterhalb beider ein tiefes Becken dunkelblauen Wassers bildet.

Doch nun ist das Ziel nahe! Dort liegt Tankse in seinem Talkessel, und dort stehen die Pappeln, in deren Schatten Muhammed Isa im August des Jahres 1906 das schwarze Zelt nähte und die Packsättel der Maulesel flickte. Das ganze Dorf kommt uns entgegen. Alles ist sich gleichgeblieben, nur ist ringsum alles kalt, gefroren und entlaubt, und der prächtige Karawanenführer schlummert in seinem Grabe bei Saka-dsong.

Hier schloß sich der Ring, den ich in fünfzehn Monaten um das innere Tibet gelegt hatte, hier lösten sich alle Bande, meine alten Diener wurden in ihre Hütten entlassen, und ein neues, ernstes Kapitel begann!

Einige Tage später befand ich mich in dem benachbarten Dorf Drugub (Abb. 54—57, 59) inmitten neuer Leute. Mit ihnen begann ich die schwerste Reise, die ich in Asien je ausgeführt habe. Am 4. Dezember brachen wir nach dem Kara-korumgebirge auf, überstiegen mitten im Winter bei 40 Grad Kälte die höchsten Höhen von Tschang-tang und wurden am 24. April 1908 durch Dortsche Tsuän, den Gouverneur von Saka-dsong, und seine Leute angehalten. Nach vielem Wenn und Aber erhielt ich die Erlaubnis, meine eigenen Wege zu gehen; diese führten mich natürlich kreuz und quer über den weißen Fleck, wo die zentralen Ketten des Transhimalaja ihre Kämme erheben. Tibetische Soldaten geleiteten mich nach dem Tarok-tso, wo ich ein Zusammentreffen mit dem Karawanenführer Abdul Kerim und sechs meiner Leute aus Ladak verabredet hatte. Mich begleiteten nur fünf Ladaki, Gulam, Lobsang, Kutus, Tubges und Kuntschuk (Abb. 60—63). Diese an und für sich unpraktische Anordnung war mir von den Tibetern aufgezwungen worden, weil sie mich dadurch besser in ihrer Hand hatten.

So zog ich denn westwärts am Teri-nam-tso vorbei über den 5570 Meter hohen Paß Lunkar-la und drang schließlich am Nganglaring-tso in Gegenden ein, über welche die Punditen nur einige außerordentlich dürftige, unbestimmte Gerüchte gesammelt hatten. Das Kloster Selipuk ist der Hauptort in diesem Teile Tibets.

Dort hatte ich im zweiten Bande dieses Buches den Leser seinem Schicksal überlassen. Der mir zu Gebote stehende Raum war gefüllt, und ich konnte die Reise durch das Satledschtal nach Simla nicht mehr schildern. Und doch verdient dieser Weg beschrieben zu werden, denn er ist einer der schönsten, wildesten und großartigsten, die es auf Erden gibt. Der gewaltige Fluß hat sich quer durch die Ketten des Himalaja sein Tal geschnitten. Wohl ist die berühmte Straße von Rawal-pindi nach Leh, die dieselben Bergketten durchquert, unendlich reich an entzückenden Bildern. Aber sie ist durch Menschenhand angelegt und verbessert, und über die Flüsse führen feste Brücken. Der Weg durch das Satledschtal dagegen ist meistens sich selbst überlassen, und seine Schönheit steigert sich mit jeder Tagereise, um welche man sich vom Manasarovar, dem heiligen See, entfernt.

Dem Wege zwischen Selipuk und Simla sind die folgenden Kapitel gewidmet.

Neuntes Kapitel.

Ein mächtiger Häuptling und ein vorsichtiger Prior.

Ein halbes Jahr ist über das öde Tibet hingegangen, seitdem wir aus Ladak aufgebrochen sind. Jetzt ist unser Lager 439 am Ufer des Flusses Sumdang-tsangpo aufgeschlagen, eines Flusses, dessen Quellen ihren Saft aus dem Transhimalaja saugen und der sein süßes Wasser mit den salzigen Wellen des Nganglaring-tso vermischt. Während der letzten Tage sind wir zwischen den Felsen am Südufer dieses Sees, von dessen Existenz die Punditen erzählen gehört, entlang geritten. Aber die blaue Wasserfläche, die rosigen, unregelmäßigen Ufer und die felsigen Inseln, deren Scheitel sich aus dem salzigen See erheben, hatte noch niemals ein weißer Mann erblickt.

Es ist Mittsommer! Ich schreibe den 26. Juni 1908 in mein Tagebuch ein. Jahrelange Abenteuer liegen hinter mir, nur der Rückzug steht noch bevor. Ich habe vier Ladaki und einen Tibeter, den prächtigen Lobsang, bei mir, nebst zwei Yakbesitzern und Führern, die mich durch Rundor-tschangma nach Selipuk geleitet haben. Abdul Kerim und seine Gefährten sind noch immer nicht zu uns gestoßen, und wir haben uns darauf gefaßt gemacht, daß wir sie wohl nie wieder sehen werden.

Im Laufe des Tages ist ein heftiger Wind über die Gegend hingezogen und leichter Regen gefallen. Die Jahreszeit des Südwestmonsun ist in diesen hohen fernen Gegenden noch nicht da, und der Sumdang-tsangpo führte nur 2,5 Kubikmeter Wasser in der Sekunde, trat aber doch infolge seiner Breite und Tiefe als leidlich großer Fluß auf. Am linken Ufer floß das Wasser klar und rein dahin, am rechten aber trübe und weißlich, als ob man Milch hineingegossen habe. Wahrscheinlich hatten Wildgänse oder Möwen an irgendeiner Stelle oberhalb des Lagers den Grund aufgewühlt. Wenn die Sonne unterging, saßen die Möwen zu Hunderten in nachdenklicher Stellung auf einer Schlammbank und glänzten von fern wie kreideweiße Perlenketten.

Fern von allen Meeren der Erde und höher über dem Weltmeer als irgendein anderes Land auf Erden, ist das innere Tibet eine dürre, unfruchtbare Hochgebirgswüste. Man sehnt sich immer nach Wasser und lagert gern an den Ufern bläulicher Seen oder rauschender Flüsse. Ein solches Lager hatten wir jetzt. Im Norden dehnte sich die meerblaue Fläche des großen Sees aus, und einen Schritt von meinem Zelte strömte ein Fluß. Doch der Sumdang-tsangpo rauschte nicht und wußte den scharf abgeschnittenen, mit Gras bestandenen Ufern, die sich kaum merklich über die Wasserfläche erhoben, keine Erinnerungen aus seiner Heimat im Transhimalaja zu erzählen.

Vor meinem Zelteingang ist eine Filzdecke über zwei fest in den Boden eingerammten senkrechten Stangen ausgespannt. So kann ich mit gekreuzten Beinen wie in einer schattigen Veranda im Freien sitzen und den Zeichenstift oder die Feder über das Papier hingleiten lassen. Wenn es zum Arbeiten zu dunkel und zum Lichtanzünden noch zu früh ist, bleibe ich noch draußen, rauche meine Pfeife und schaue mir an, wie die Herolde der Nacht den fliehenden Tag über die westlichen Berge fortjagen. Ich sehne mich heim. Zwei Jahre lang habe ich keinen Europäer gesehen. Die Einsamkeit ist schön, aber schließlich wird man auch ihrer überdrüssig und sehnt sich nach Menschen seiner eigenen Rasse. Wenn dann der letzte helle Schein erloschen ist und Dunkelheit herrscht, dauert es noch drei Stunden, bevor die Nacht kommt und meinem Sehnen ein Ende macht.

Mit seltsamer Wehmut gedenke ich jener endlos langen Abende, an denen nur das Ticken der Chronometer verriet, daß die Zeit verging. Hätte ich nur Bücher zum Lesen gehabt! Aber meine Lasttiere waren zusammengebrochen, und die Büchersammlung hatte sich, ein Band nach dem andern, längst in alle vier Winde zerstreut. Nur die Bibel, das schwedische Gesangbuch und Frödings Gedichte waren mir geblieben. Das Alte Testament half mir über viele einsame Stunden hinweg. Schließlich war meine Lage so kritisch geworden, daß auch Fröding zu dem entbehrlichen Ballast gezählt werden mußte. Die Blätter, die ich auswendig gelernt hatte, wurden ausgerissen, aber bei einigen gelang es mir nicht, den Inhalt im Gedächtnisse zu behalten.

Lobsang und Kutus, meine Lehrer in der tibetischen Sprache, leisteten mir jeden Abend eine Stunde Gesellschaft; nach ihrem Fortgehen trug ich die erlernten Wörter in ein Wörterbuch ein. Dann kommt wohl Kleinpuppy ins Zelt hinein, das schwarze Hündchen, das, im Schejok-

tale geboren, die Riesen des Kara-korum zu Gevattern hat und bei
dreißig Grad Kälte im Taufbecken seinen Namen erhielt, und spielt
eine Weile mit mir. Gulam trägt ein sehr einfaches Abendessen auf,
Schaffleisch, immerfort Schaffleisch. Ich hatte nachgerade einen gründ-
lichen Widerwillen gegen dieses Gericht und hielt mich an das Brot.
Um neun Uhr lese ich die meteorologischen Instrumente ab, und eine
Weile später stopft mich Gulam in meine Pelzhüllen hinein und macht das
Zelt gut zu; dann kommt die gesegnete Nacht mit ihrer Ruhe und ihrem
Vergessen.

In dieser Nacht war es für die Jahreszeit kühl, 3,9 Grad unter Null.
So hat man es im Hochsommer am Nganglaring-tso in 4748 Meter
Höhe! Bei Tage kann die Temperatur im Schatten bis auf 15 Grad
über Null steigen. Dann ist es bei Windstille und klarem Himmel
glühend heiß. Doch kaum ist die Sonne untergegangen, so streicht auch
schon der kalte Atem der Nacht über die Stirn der Erde hin.

In aller Morgenfrühe machte ein Rudel Wölfe schrecklichen Lärm
um das Lager herum. Sie klagten uns des Mordes an und wollten
ein Junges wiederhaben, das Lobsang gefangen und unserm großen
Wachthunde Takkar zum Abendessen gegeben hatte. Vier ausgewachsene
und ebensoviele junge Wölfe streiften auch am andern Ufer umher, wo
zwei berittene Tibeter die jungen zu erlegen versuchten. Wir hatten
schon früher Wölfe in der Gegend gesehen. Sie sind hier sehr häufig
und infolge ihrer Freßgier eine Geißel der Herden. Jeder, der einen
Wolf erlegt, erhält „Schanglung", Wolfslohn, von den Nomaden, welche
das Untier geschädigt hat. In einem Lager erhält er eine Schale
Tsamba, in einem andern eine Silbermünze, ja vielleicht auch eine Ziege
oder ein Schaf. Jedenfalls verdient er gut dabei.

Ich sitze zu Pferd, meine Leute gehen zu Fuß und treiben unsere
letzten Lasttiere über die spärlich mit Gras bewachsene Steppe, die uns
noch von dem Kloster Selipuk trennt. Wir sehen es in der Ferne vor
uns liegen. Man könnte sich versucht fühlen, es für ein seltsames Schiff
mit Masten, Takelwerk, Tauen und Wimpeln, ja für ein an einem
Festtag flaggendes Drachenschiff zu halten.

Ein ganzes Dorf schwarzer Zelte ist auf der Ebene entstanden.
Drei weiße Zelte kündigen irgendeinen Häuptling an. Bald erfuhren
wir auch, daß der Besitzer des ganzen Dorfes der Häuptling des Gebietes
Tschoktschu war, welches im Westen des Dangra-jum-tso liegt. Schon
am Schovo-tso hatten wir seine Karawane westwärts ziehen sehen, und
wir wußten, daß er sich mit seiner Familie und seinem Gesinde auf der
Wallfahrt nach dem Kang-rinpotsche befand. Zwischen seinem Lager und

dem Klosterhügel strömt der Sumdang-tsangpo. Wir lagerten am linken Ufer, am Fuße des Klosterhügels (Abb. 64, 65).

Unsere Lage war recht beunruhigend. Wir kamen wie sechs zerlumpte Kerle an, niemand wußte woher. Ich war wie ein Tibeter gekleidet, obgleich ich jetzt nicht die geringste Veranlassung mehr hatte, mein Inkognito zu bewahren. Ich trug den tibetischen Anzug aus dem einfachen Grunde, weil ich keinen andern hatte. Wie würde das Kloster, oder vielmehr seine Mönche, die aller Wahrscheinlichkeit nach niemals einen Europäer gesehen hatten, uns behandeln? Alle hatten von dem Heereszuge Younghusbands nach Lhasa gehört und wußten, daß die weißen Eindringlinge die Tibeter wie Rebhühner niedergeschossen hatten. Und nun kam hier einer dieser weißen Höllengeister! Was würde der Häuptling von Tschoktschu sagen, der hier in seinem Zeltlager von einer bis an die Zähne bewaffneten Geleitsmannschaft umgeben war? Ich hätte um Selipuk herumgehen können, wenn ich ängstlich gewesen wäre, aber das war ich nie. Wir schlugen unser Lager 440 mitten zwischen dem Tschoktschuhäuptling und dem Klosterprior am Ufer des Sumdang-tsangpo auf.

Kaum waren wir mit den Zelten fertig, so erschien auch schon der Gova des Ortes (Abb. 66), den zehn Männer begleiteten. Sie nahmen unaufgefordert unter meinem Filzdach Platz und lärmten tapfer darauf los, indem sie verzweifelte Versuche machten, mein Vaterland zu ergründen; Indien, Turkestan oder Ladak? Ein weißer Mann in tibetischem Gewand? Daraus konnte kein Mensch klug werden.

„Fragt mich nur, Kerle, so sollt ihr Bescheid erhalten", rief ich ihnen zu.

„Was für ein Landsmann sind Sie?" fragte man von mehreren Seiten zugleich.

„Peling" (Europäer).

„Woher kommen Sie?"

„Aus Indien und Ladak, aber ich bin in Schigatse gewesen; vom Dangra-jum-tso, aber ich habe den heiligen See umwandert; von Osten, aber ich bin auch im Westen gewesen; von Norden, aber ich bin durch ganz Südtibet gezogen. Meine Hauptkarawane hat sich verirrt. Schafft sie mir wieder!"

Sie versuchten es kaum, eine so verzwickte Antwort zu begreifen. Indessen verstanden sie doch so viel davon, daß wir jetzt von Osten her anlangten und zwei junge Führer hatten, die zugleich die Besitzer unserer Lastyaks waren. Diese sollten jetzt nach dem Schovo-tso zurückkehren, und dann standen wir wieder ohne Beförderungsmittel da.

Ein mächtiger Häuptling und ein vorsichtiger Prior.

„Wir sind auf dem Wege nach Toktschen", sagte ich. Von Sakadsong an haben die tibetischen Häuptlinge mir Lastyaks und Führer gestellt. Jetzt seid ihr an der Reihe, eure Pflicht gegen fremde Gäste zu erfüllen."

„Wir wissen von keinen solchen Pflichten", erwiderte der Gova. „Selipuk gehört nicht zu den Orten, welche Reisenden Yaks liefern. Diejenigen, welche nach Rudok oder nach den Goldgruben in Tok-dschalung ziehen, wechseln ihre Yaks in Jumba-matsen."

„Jumba-matsen liegt nicht auf dem Wege nach Toktschen. Hier in Selipuk muß ich neue Tiere mieten."

„Wenn wir dazu Befehle aus Lhasa erhalten hätten, würden wir Ihnen gern gefällig sein. Aber Sie haben nicht einmal einen Paß, und wir wissen gar nicht, ob Sie zum Umherreisen in unserm Lande berechtigt sind."

„Ich kann Ihnen versichern, daß ich gar keine Berechtigung dazu habe. Aber ich bin nun einmal hier und wünsche von hier fort. Gebt mir Yaks, und ihr werdet mich sofort los."

„Lassen Sie sich von Ihren Führern vom Schovo-tso dahin geleiten, wohin es Ihnen zu ziehen beliebt."

So wurde hin und her geredet, aber nichts abgemacht. Unsere Burschen vom Schovo-tso wollten mich nicht weiter begleiten; ihr Gova hatte ihnen befohlen, mich nur nach Selipuk zu bringen. In der Gegend Jumba-matsen war ich schon gewesen. Nun mußte ich den Transhimalaja zum achten Male überschreiten. Direkt nach Toktschen und dann längs des Satledsch nach Indien! Auf ein anderes Programm würde ich mich nicht einlassen. Ein paar Tage konnten wir immerhin in Selipuk bleiben. Unterdessen geschah vielleicht etwas Vorteilhaftes. Abdul Kerim, der Spitzbube, der die Reisekasse hatte, konnte sich wieder einstellen. Keiner hatte von ihm und seiner Karawane gehört. Ihr Verschwinden erschien mir unerklärlich. Wenn ich die Miete für die letzten Yaks bezahlt habe, bleiben mir gerade noch zehn Rupien. Dann würde mich die Not zwingen, ein Pferd gegen zwei Schafe, eine Yaklast gegen einen Sack Tsamba zu vertauschen. Zwei goldene Uhren besaß ich noch, welche Häuptlinge, die mir wichtige Dienste geleistet, als Geschenk erhalten sollten. Wer lebte hier in Tibet in den Verhältnissen, daß er sich eine goldene Uhr kaufen konnte? Ich selber hatte beide mit je zweihundert Mark bezahlt. Jetzt konnte ich sie für ein Butterbrot verkaufen. Niemals war ich in Tibet in einer solchen Klemme gewesen, arm wie ein Pilger!

Doch halt, hier war ja ein reicher Mann, der Gouverneur von Tschoktschu! Tibets Götter schienen ihn mir zur Rettung gesandt zu haben. Mit ihm mußte ich es versuchen. Lobsang und Kutus begaben sich als außerordentliche Gesandtschaft nach seinem Zelte, eigentlich, um zu sehen, wie er sich in der Nähe betrachtet ausnahm, aber auch, um höflich anzufragen, ob er etwas Eßbares zu verkaufen habe. Der Häuptling machte tiefen Eindruck auf meine Leute. Er war reich und vornehm, das konnte man ihm ansehen. Er treibe keinen Handel mit Eßwaren, hatte er ihnen gesagt, aber ein Stück Zucker könnten wir erhalten, und den nächsten Tag werde er uns besuchen und sich ansehen, wie wir lebten.

Zugleich spionierte Kuntschuk im Kloster, wo er den „Kanpo-Lama" aufsuchte, der Prior in Selipuk und obendrein „Pun" oder Landeshauptmann der umliegenden Gegend ist. Dieser hatte sich sehr vorsichtig geäußert, aber er würde mir, wenn ich gut bezahlte, vielleicht Tsamba verkaufen.

Der Tag ging zu Ende, ohne daß unsere Lage sich aufhellte. Zwischen den Zelten des Häuptlings von Tschoktschu wanderten Tibeter hin und wieder, und draußen auf der Steppe weideten seine Yaks, seine Schafe und seine Pferde in Herden. Mit mir verglichen war er ein Krösus. Und doch saßen Bettler vor meinem Zelte, und ich konnte ihnen nichts geben!

In jedem Lager und auf jeder Paßhöhe pflegte ich ein den ganzen Horizont umfassendes Panorama zu zeichnen. So auch hier in Selipuk am Morgen des 28. Juni. Sobald das Bild fertig ist, wird ein des Weges kundiger Tibeter aufgefordert, mir das Material zum Texte zu liefern.

„Dort", sagte er, nach N 30° W zeigend, „geht der Weg über den Sigge-la nach Jumba-matsen, das zwei Tagereisen von hier liegt. Die Berge, welche Sie im Südwesten sehen, das sind Gebirge Lavargangri (ein Teil des Transhimalaja); zwischen jenen Bergen sind die Quellen des Lavar-tsangpo, der sich in den westlichen Teil des Nganglaring-tso ergießt. Und der Sumdang-tsangpo hat seine Quellen dicht beim Sumdang-la, der von hier aus südwärts liegt." Und er zeigt mir auch die Pässe Ojar-la und Gäbji-la, die beide zum Transhimalaja gehören.

Während wir uns noch mit der Orientierung beschäftigten, konnte ich sehen, daß der Häuptling von Tschoktschu die Vorbereitungen zu seinem versprochenen Besuche traf. Prächtige weiße Maulesel und kleine feiste Pferde wurden vor sein Zelt geführt und dort gesattelt. Die Entfernung betrug kaum zweihundert Meter, aber wir hatten den Fluß zwischen uns, und er wollte mir auch wohl mit pomphaftem Auftreten und einem zahlreichen Gefolge imponieren. Einen hübschen Anblick gewährte die

30. In Gar-gunsa. Im Vordergrund mein Diener Rabsang. (S. 36.)

31. Aus dem Lager in Gar-gunsa. (S. 36.)

32. Kloster Gar-gunsa. (S. 36.)

33. Mein Zelt mit dem Sonnensegel. (S. 36.)

34. Lastyaks auf dem Marsch. (S. 36.)

wilde Schar, als sie in starkem Trab ans Ufer sprengte und mit Getöse und Geplätscher über den Fluß setzte. Der Häuptling und seine Brüder (Abb. 67—69) hatten Pantherfelle als Satteldecken, und die Holzrahmen ihrer Sättel waren mit glänzend gelben Metallknöpfen und Platten beschlagen. Sie selber trugen kirschrote Mäntel mit langen aufgekrempten Ärmeln, niedrige Lederstiefel von mongolischem Schnitt, um den Leib Gürtel und an der linken Seite ein wertvolles Gehänge mit Dolchen und Feuerstahl an goldenen und silbernen Ketten. Der Säbel steckte quer im Gürtel, und seine silberbeschlagene Scheide war reich mit Türkisen und unechten Korallen besetzt.

Mein durch viele Stürme arg mitgenommenes Zelt bildete eine allzu geringe Freistatt für so vornehme Gäste. Durch seine unzähligen Löcher drangen die Sonne, der Wind und der Regen abwechselnd hinein, und der Pun von Tschoktschu und seine beiden jüngeren Brüder sahen einander lächelnd an, als sie auf einer zerlumpten Filzdecke, die ihnen hingebreitet wurde, Platz nahmen. Ich selbst saß mit gekreuzten Beinen auf meinem Bette, das ebenfalls am Boden ausgebreitet war. Das Mobiliar war in demselben Stile wie alles übrige. Meine Kisten und meine europäischen Sachen waren zerbrochen, und meine Habseligkeiten lagen, in Säcke verstaut, da. Die Augen der Gäste musterten dieses sonderbare Interieur; nie hätten sie sich das Zelt eines Sahib so einfach gedacht. Sie besahen sich auch meinen Anzug, wollten mich aber nicht gleich deswegen fragen. In der Zelttür wimmelte es von zottigen Tibeterköpfen und sonnverbrannten, wetterharten und schelmischen Gesichtern.

Sonam Ngurbu, der Häuptling von Tschoktschu, war ein Vierziger, untersetzt, aber kräftig gebaut, energisch, aber doch blöde, dreist und neugierig, aber trotzdem zurückhaltend und höflich. Er gehört zu den Gestalten im Schneelande, die ich nicht vergessen kann. Noch sehe ich ihn vor mir, wie er mit gekreuzten Beinen in meinem Zelte sitzt, den Kopf entblößt und mit einer wirklichen Löwenmähne schwarzen, dichten und ganz gewiß sehr inhaltreichen Haares.

Sonam Ngurbu sprach nicht viel. Seine Fragen waren kurz und klar, und nach der Antwort saß er schweigend da, wie um mit seinen Begriffen ins Reine zu kommen.

Nach einer Weile kam die gewöhnliche Frage: „Haben Sie etwas zu verkaufen?"

Ei freilich, das hatte ich allerdings, und die Husqvarnaflinte wurde hergeholt. Ich konnte sie leicht entbehren, denn es waren nur noch zwei Patronen da. Das Schlimme war nur, daß auch Sonam Ngurbu keine Verwendung für ein Gewehr ohne Munition hatte. Zehn Rupien möge sie wohl wert sein, meinte er. Danke schön, sie kostet dreihundert! Damit wurde die Flinte beiseite gelegt.

Nun versuchte ich einen Bauernfang mit den goldenen Uhren. Der Häuptling fand sie hübsch und blank und konnte nicht verstehen, wie Leute so kleine, feine Dinger anfertigen könnten. Das ganze Gefolge mußte nun der Reihe nach die Uhren ans Ohr halten und hören, wie es darin tickte. Schließlich aber sagte Sonam Ngurbu geradeheraus, daß es ihm unnötig und überflüssig erscheine, sich so kleine Maschinen zu halten, die die Zeit einteilten. Es sei ihm ganz einerlei, ob es elf oder zwölf Uhr sei. Er teile seinen Tag doch nach der Sonne und dem Wetter ein, seine Beschäftigungen und Wanderungen aber nach der Weide und den Jahreszeiten. Und wie könne er überdies wissen, ob das gelbe, dünne Metall wirklich echtes Gold sei.

Das einzige, was Sonam Ngurbu gefiel, war mein schwedischer Offiziersrevolver.

„Wollen Sie ihn mir für sechzig Rupien verkaufen?" fragte er.

Da aber erwachte mein Stolz.

„Wofür halten Sie mich? Glauben Sie, daß ich ein Hausierer bin, der umherzieht, um Revolver zu verkaufen? Einen Revolver kann ich in Ihrem Lande, wo man nie vor Überfällen sicher ist, selber brauchen. Und sechzig Rupien mehr oder weniger spielen für mich keine Rolle."

So war wenigstens meine Ehre einstweilen gerettet, obwohl ich einsah, daß ich und meine Leute auf die Dauer nicht von Ehre, Wasser und Luft leben konnten.

Der Häuptling sagte dem Revolver Lebewohl und bald darauf auch dessen Besitzer, erhob sich, schwang sich auf das Pantherfell und plätscherte wieder durch den Fluß, begleitet von seiner ganzen bunten Schar.

Die Landessitte und mein eigenes Interesse verlangten einen Gegenbesuch. Lobsang und Kutus sollten mich begleiten und mir als Dolmetscher dienen, wenn mein eigener Wortvorrat nicht ausreiche. Ich wand meinen roten Turban um die schwarze Mütze, ließ den ärgsten Staub von meinem roten Mantel abbürsten, steckte einen kurzen Säbel in den Gürtel und bestieg mein ausgemergeltes Reitpferd. Meinen beiden Trabanten ein gesittetes Aussehen zu geben, war ein hoffnungsloses Unterfangen; sie waren und blieben Strolche. Ich selbst aber suchte in den Tagen der Armut und Erniedrigung durch äußere Ruhe und Würde einen Widerschein entschwundener Größe zu behalten.

Sonam Ngurbu kam mir am Eingang seines prachtvollen, girlandenartig mit blauen Bändern verzierten Zeltes entgegen. Im Innern war der Boden mit Teppichen belegt — welch ein Luxus! — und um einen niedrigen Tisch herum lagen viereckige Polster. Hier nahmen wir Platz, und ein endloses Palaver begann.

„Wo steht Ihr Zelt, Sonam Ngurbu, wenn Sie daheim in Tschottschu sind?"

„In der Gegend Kasang-tota, zwei Tagereisen weit im Osten des Teri-nam-tso und eine Tagereise westlich vom Dangra-jum-tso."

„Wie weit ist es von Kasang-tota nach Selipuk?"

„Ich bin fünfzig Tage unterwegs gewesen," sagte er.

Aus seiner Beschreibung ging hervor, daß er auf der Nordseite des Transhimalaja entlang gezogen war und nur einen einzigen bedeutenden Paß hatte überschreiten müssen, den Ka-la, der nicht weit östlich des Nganglaring-tso liegt.

„Wohin reisen Sie jetzt, Sonam Ngurbu?"

„Nach Toktschen, Parka und Tartschen."

„Wie viele Tage rechnen Sie bis Toktschen?"

„Zwanzig."

„Dann müssen Sie ja entsetzlich langsam reisen?"

„Ja. Wir haben keine Eile. Wo die Weide gut ist, da bleiben wir der Tiere wegen mehrere Tage."

„Wie groß ist Ihr Gefolge?"

„Wohl über hundert Menschen, darunter eine bewaffnete Reitereskorte. Ich habe sechzig Pferde, vierhundert Lastyaks und ebenso viele Schafe, von denen aber viele während der Reise geschlachtet werden."

Ferner erzählte mein Wirt, daß er nicht nur in seiner Heimat zwischen den Seen, sondern auch im Innern Tibets, besonders in der Provinz Bongba, ein mächtiger, angesehener Mann sei. Seine Berühmtheit dort gründe sich hauptsächlich auf seine Fähigkeit, mit Hilfe seiner Reiter Räuber und Banditen aufzuspüren. Der Devaschung, die Regierung in Lhasa, sei ihm deshalb besonders gewogen und wende sich an ihn, sobald es sich um Räuber handle. Unter seinem Kommando habe er mehr bewaffnete Reiter als sogar der Gouverneur von Sakadsong. Jedesmal, wenn Überfall und Räuberei vorgekommen seien, lasse er seine Leute wie Spürhunde los, und selten verfehlten sie ihr Ziel.

Auch auf seiner Reise nach Selipuk habe er Gelegenheit gehabt, sein Amt als Landespolizeimeister auszuüben. Viehdiebe hätten sich zwischen dem Kloster Tschiu-gumpa und Tirtapuri lästig gemacht und sich mit sechshundert gestohlenen Schafen in die Gebirgsgegenden von Bongba zurückgezogen. Er, Sonam Ngurbu, sei benachrichtigt worden und habe eine Treibjagd auf das Gesindel angestellt. Wie gewöhnlich sei es ihm gelungen, die Schufte zu fangen, und er habe nun mit dem einen der Gartoker Garpune ein Zusammentreffen in einer Gegend verabredet, die Taschi-tse-buk heiße und im Westen von Selipuk liege. Dort wollten die beiden Machthaber sich über die Räubergeschichte unterhalten. Da Sonam Ngurbu beständig mit Freibeutern und Schurken in Fehde lag, hielt er es vermutlich für das sicherste, alles, was er besaß, mitzunehmen, wenn er, wie jetzt, auf Reisen war.

„Was ist eigentlich die Veranlassung zu Ihrer jetzigen Reise?" fragte ich.

„Ich bin auf der Wallfahrt nach dem Kang-ringpotsche; dreimal werde ich dort den heiligen Berg und einmal den heiligen See umwandern. Jedes dritte Jahr pilgere ich dorthin."

„Was gewinnen Sie dadurch?"

„Glück und Wohlergehen für mich selbst, meine Familie und meine Herden."

„Und wenn Sie die Wallfahrt versäumen?"

„Dann würden Räuber meine Zelte plündern, der Regen ausbleiben und meine Schafe verhungern."

Sonam Ngurbu saß eine Weile schweigend da und betrachtete mich scharf. Dann sagte er:

„Unsere Wege haben sich schon einmal gekreuzt. Sie, Sahib, können es nicht wissen, aber ich habe Sie oft gesehen. Ich bin einen Monat in Schigatse gewesen, als Sie im vorigen Jahr dorthin kamen. In dem Pilgergewühle während der Festtage konnte ich Ihnen nicht auffallen. Aber ich habe Sie täglich nach den Tempeln von Taschi-lunpo hinaufgehen sehen, und ich hörte, daß Sie der Freund Seiner Heiligkeit des Taschi-Lama seien. Ich erkannte daraus, daß Sie ein vornehmer Herr sind, auch wenn Ihre Karawane klein und unansehnlich ist."

Der gute Taschi-Lama kam mir also unvermutet in einer schwierigen Lage zu Hilfe. Sonam Ngurbu erzählte jedem, der es hören wollte, daß er mich bei den Tempelfesten gesehen habe, und dies erhöhte mein Ansehen. Man begriff, daß man mich nicht wie einen gewöhnlichen Ritter der Landstraße behandeln dürfe. Wenn auch arm und zerlumpt, war ich entschieden ein hoher abendländischer Lama.

Jetzt galt es nur noch, Geld herbeizuschaffen. Ich schrieb an Thakur Jai Chand, den Agenten der indischen Regierung in Gartok, und bat ihn, die notwendige Summe nach Toktschen zu schicken, wo ich bald eintreffen würde. Die einzige Schwierigkeit war, den Brief ohne Geld zu befördern. Ich erzählte Sonam Ngurbu ausführlich den Stand der Dinge und bat ihn, einen Mann seines zahlreichen Gefolges mit dem Briefe nach Gartok zu senden.

„Wären Sie daheim bei mir", erwiderte er, „so würde ich Ihren Brief gern befördern lassen. Aber hier bin ich selbst fremd, und es würde mir den Kopf kosten, wenn ich mir Eingriffe in die Angelegenheiten einer andern Provinz erlaubte."

Während wir noch die Sache hin und her überlegten, kam ein Diener mit der Meldung herein, daß Dschamtse Singe, der Prior des Klosters, komme. Wir eilten hinaus, um den Aufzug anzusehen. Es war ein urkomischer Anblick! Seine Hochwürden kam mit langsam feierlichen Schritten, gesenkten Hauptes und mit einem Rosenkranz, dessen Kugeln er langsam durch die Finger laufen ließ. Er war nicht allein, sondern ging in Prozession. Neben ihm schritt ein anderer Lama, ihm folgten zwei jüngere Mönche, und zuletzt kamen zwei Novizen. Infolge dieses Gemisches gesuchter Einfachheit und pomphaften Ernstes machte die Prozession einen unbeschreiblich komischen Eindruck. Die Diener der Kirche erregten indessen berechtigtes Aufsehen unter diesen Weltkindern, und in allen Zelttüren standen gaffend neugierige Tibeter.

Der Prior würdigte uns keines Blickes. Er schritt langsam an uns vorbei und steuerte auf das Zelt los, das ein zu Sonam Ngurbus Gefolge gehörender Lama aus Tschoktschu, Namgjal Dortsche, bewohnte. Erst die Kirche, dann die weltlichen Herren!

Es dauerte jedoch nicht lange, bis ein neuer Bote verkündete, daß der Prior, diesmal allein, auf dem Wege nach dem Zelte Sonam Ngurbus sei. Nun gingen wir wieder hinaus, und die Brüder des Häuptlings nebst einigen andern Herren gesellten sich zu uns. Alle begrüßten Dschamtse Singe mit größter Ehrfurcht, verbeugten sich tief oder warfen sich auf die Erde. Er ließ seine Hand segnend von Scheitel zu Scheitel gleiten, und mir reichte er beide Hände.

Nun wurde sich lange geziert und viele Redensarten darüber gemacht, wer den Ehrenplatz dem Eingange gegenüber einnehmen sollte. Alle wußten, daß der Ehrensitz dem Prälaten gebühre; aber es kostete dem Wirte viele Mühe, ihn dahinzubringen, daß er dort Platz nahm. Schließlich gelang es, und Sonam Ngurbu und ich setzten uns neben ihn und hatten den niedrigen Tisch zwischen uns. Man erkannte hierin das chinesische Zeremoniell, das indessen gar nicht für das natürliche, derbe Wesen der Tibeter paßt.

Wenn man den selbstbewußten Banditenfänger und den hochwürdigen Mönch einander den Hof machen und sich mit Schmeicheleien überschütten sah, konnte man nicht umhin, zu glauben, daß sie dicke Freunde seien und unbegrenzte Hochachtung vor einander hegten. Und niemals wäre man darauf verfallen, daß sie in Wirklichkeit wie Hund und Katze zu einander standen. Sonam Ngurbu war abergläubisch und hatte wie alle Pilger in Tibet ein schlechtes Gewissen. Er fürchtete, daß der Mönch durch listige Zauberformeln die Früchte der Wallfahrt zunichte machen und in Übel verkehren könne. Dies war wohl auch der Grund, weshalb er seinen eigenen Seelsorger mitgenommen hatte. Dschamtse Singe dagegen betrachtete, wie er mir später selber erklärte, den weltlichen Häuptling als einen Spion, der ihn jeden Augenblick beim Devaschung in Lhasa verklatschen könne. Daher verhielt er sich sehr zurückhaltend gegen mich, solange Sonam Ngurbu in Selipuk war. Sonst hätte dieser den Mönch wegen Gastfreiheit gegen einen Europäer anzeigen können.

Sonam Ngurbu veränderte sein Wesen gegen mich des neuen Gastes wegen nicht. Im Gegenteil, er strich meine Freundschaft mit dem Taschi-Lama gehörig heraus, und der Prälat wurde sichtlich zugänglicher. Er lächelte und hörte interessiert zu, als ich alle die Klöster, die ich in Südtibet besucht hatte, aufzählte und über einige Abenteuer berichtete. Unter den Anwesenden befanden sich mehrere, die meine Worte bekräftigen konnten. So hatte mich der Proviantmeister von Selipuk im vorigen Jahr in Raga-tasam gesehen, und ein zwanzigjähriger Lama war in Lehlung-gumpa gewesen, als ich dort die Säulen des Tempelsaals abgezeichnet hatte. Ein Mann im Dienste Sonam Ngurbus war dabei gewesen, als Lundup Tsering und seine bewaffneten Reiter den Dangra-jum-tso gegen mein Vordringen verteidigten. Hier waren also vier Männer, die mich schon an verschiedenen Orten gesehen hatten. Hieran lag es wohl teilweise, daß bei meiner Ankunft in Selipuk kein Alarm geschlagen worden war. Was konnte man gegen einen solchen Zugvogel machen! Und außerdem war eine Karawane, die nur aus sechs Mann und sechs Pferden und Maultieren bestand, in jedem Falle ungefährlich.

„Nun gut, lassen Sie mich wenigstens den Tempelsaal in Selipuk sehen", schlug ich ihm vor.

„Niemals! Nie ist ein Europäer hier gewesen. Wenn ein Peling in den Göttersaal hineingelassen würde, müßten alle Mönche sterben."

„Unsinn, Sie hören ja, daß ich wiederholt in Taschi-lunpo gewesen bin, ohne daß der Taschi-Lama daran gestorben ist."

„Ja, er ist groß und mächtig und kann jede Gefahr beschwören. Aber ich besitze eine solche Macht nicht und bin nicht dazu berechtigt, Fremden das Kloster zu zeigen."

Unsere Unterhaltung wurde durch den ins Zelt schauenden Koch unterbrochen, der meldete, das Mittagessen sei fertig. Schön, dachte ich, der ich immer bloß morgens und abends speiste, aber jetzt aus Rücksicht auf meinen Wirt mit freundlichem Lächeln die Porzellanschüssel begrüßen mußte, in der die Fleischsuppe serviert wurde, die pièce de résistance des Mittagessens. Jedem Gast wurde eine solche Porzellanschüssel hingesetzt, nur der Wirt selbst erhielt eine aus kostbarem Nephrit. Die Suppe war recht kräftig! Sie enthielt feste Stücke Yakfleisch, Reis und chinesische Makkaroni, alles mit Zwiebeln, Pfeffer und Salz gewürzt. Man aß mit zinnernen und hölzernen Löffeln, und die Tibeter, die weltlichen wie die geistlichen, entwickelten einen großartigen Appetit. Sie hielten sich ihre Schüsseln dicht unter den Mund, schauten unverwandt hinein, schlürften und schmatzten und fischten sich mit dem Löffel die Fleischstücke heraus. Sie aßen wie Feinschmecker, schweigend und feierlich; man hätte glauben können, daß es sich dabei um eine religiöse Verrichtung handle, die nicht durch alltägliche Reden gestört werden dürfe. Zum Ruhme des Koches und als Entschuldigung des herrlichen Appetits muß ich sagen, daß die Suppe wirklich vorzüglich schmeckte. Brühheiß und kräftig, verbreitete sie im ganzen Körper ein wohltuendes Gefühl; die Makkaroni und der Reis waren zerkocht; das Übrige konnte man liegen lassen, wenn man nicht mit tibetischen Raubtierzähnen bewaffnet war, die zähes Yakfleisch und Guttapercha zerkauen können. Die Tibeter begannen mit dem Fleisch, fischten sich dann den Reis und die Makkaroni heraus, schlürften schließlich die Suppe und stellten mit einem Seufzer und anderen asiatischen Lauten des Wohlbehagens die leeren Schüsseln wieder auf den Tisch.

Dort blieben sie nicht lange unberührt stehen. Der Koch, der von der Zelttür aus aufpaßte, holte sie sich, füllte sie wieder und stellte sie zu erneuter gründlicher Erforschung vor die Gäste hin.

Nach dem Mittagessen machte die massive schwarze Teekanne aus gebranntem Ton die Runde unter den Gästen. Das heißt, das Mittagessen ist nur eine Unterbrechung des Teetrinkens gewesen, denn dieses wird den ganzen Tag hindurch betrieben. Sie haben eine merkwürdige Fähigkeit, eine Tasse des dicken, trüben Ziegeltees nach der andern zu trinken. Ich wäre geplatzt, wenn ich versucht hätte, ihnen ihre Ausschweifungen in dieser Beziehung nachzumachen. Der Tee ist von der schlechtesten Sorte, Abfall und kleine Zweige aus chinesischen Teepflanzungen. Er wird in ziegelförmige Blöcke gepreßt, die, in Papier eingewickelt und in Ballen eingenäht, nach Tibet geschickt werden. Auch die Porzellantassen sind aus China. Geschmackvoll und fein sind sie immer, und gewöhnlich haben sie Untertassen und schildförmige Deckel aus versilbertem Metall. Das Getränk wird mit Butter vermischt, die in kleinen gelben Inseln oben auf dem Tee schwimmt. Alle Trinkenden haben einen glänzenden Butterring um den Mund. Man braucht nur einen Schluck zu trinken, so kommt der Mundschenk gleich mit der schwarzen Kanne, um die Tasse wieder vollzugießen.

Angefüllt und knallsatt, splitterfasernackt bis an die Hüften und mit wallendem Haar, das in wirren Zotteln auf die kupferbraunen Schultern herabhing, ergriff Sonam Ngurbu schließlich seine lange, dünne chinesische Pfeife, stopfte sie, zündete sie an, rauchte und qualmte und füllte das ganze Zelt mit dem scharfen Dufte eines schlechten Tabaks aus Bhotan. Der Metallkopf der Pfeife ist klein, und sein Inhalt reicht nur zu ein paar Zügen. Wenn das feine, gelbe Tabakpulver ausgeglüht ist, wird die Pfeife an einem am Gehänge befestigten hölzernen Deckel ausgeklopft und mit der erhaltenen Glut die neue Füllung in Brand gesetzt. Dadurch erspart man sich die lästige Wirtschaft mit glühenden Kohlen und Feuerstahl in einem Lande, wohin die Streichhölzer noch nicht gedrungen sind.

Dschamtse Singe hatte nur den rechten Arm entblößt. Er trug eine violette Weste mit gelben Kanten und darüber die gewöhnliche blutrote Lamatoga. Sein Kopf war unbedeckt und sein graugesprenkeltes Haar kurzgeschnitten. Man findet sein Bild und das Porträt meines Freundes Sonam Ngurbu im zweiten Band auf der bunten Tafel zu Seite 329 und als Abbildung Nr. 335 (Seite 281) wieder.

Als Dschamtse Singe das Gute dieser Welt zur Genüge genossen hatte, sagte er Sonam Ngurbu Lebewohl, legte ihm segnend die Hand auf den Kopf und kehrte nach dem Zelte des Lamas von Tschoktschu zurück, wohin ich ihm folgte. Dieser Prälat hieß Namgjal Dortsche und war ein kleiner, gemütlicher, humorvoller Herr. Er war auch in höchstem Grade malerisch anzuschauen. Über der roten Toga trug er einen gelben Mantel mit weiten Ärmeln, um den Hals einen doppelten Rosenkranz und an einem Bindfaden ein silbernes Futteral, das ein kleines Götter=bild enthielt. Auf dem Kopfe hatte er einen schildförmigen Hut aus ver=goldetem Holz, den eine Schnur unter dem Kinn festhielt. Und auf der Nase hatte er eine chinesische Brille mit großen runden Gläsern aus Berg=kristall, die ihm einen Anstrich theologischer Gelehrsamkeit verlieh. Bei diesem Kollegen war Dschamtse Singe offenherziger und ungenierter und versprach sogar, sein Bestes zu tun, meinen Brief nach Gartok gelangen zu lassen.

Sonam Ngurbu hatte zwei jüngere Brüder. Alle drei hatten zu=sammen zwei Frauen, was, genau ausgerechnet, zwei Drittel Gattin pro Mann macht. An weiblicher Anmut, Reinlichkeit und Jugendlichkeit ließen diese Damen viel zu wünschen übrig, und man begreift, daß die Brüder sich mit dem Bruchteil begnügten. Das Gesicht hatten sie sich schwarz=braun geschminkt, in den Ohren trugen sie silberne Plättchen und Gehänge von Perlen und Türkisen, von den Zöpfen hingen Bänder den Rücken

35. Lager am Indus. (S. 39.)

36. Dorf Langmar. (S. 39.)

37. An der Vereinigung beider Indusarme. (S. 39.)

38. Industal bei Taschi-gang. (S. 39.)

39. Kloster Taschi-gang. (S. 39.)

40. Tschorten bei Taschi-gang. (S. 39.)

hinab, richtige Schärpen, die mit Muscheln, Rupien und silbernen Zieraten dicht benäht waren. Wie in einer so seltsam zusammengesetzten Familie eheliche Zwiste beigelegt werden, ist nicht leicht zu begreifen. Wahrscheinlich kommen sie überhaupt nicht vor. In Tibet weiß man nicht, was Eifersucht ist, und eheliche Treue ist dort eine unbekannte, überflüssige Tugend.

Erst in der Dämmerung mußte Kutus mein Reitpferd holen. Unterdessen verabschiedete ich mich von Sonam Ngurbu, der jetzt, umgeben von lauter Damen, im Frauenzelte saß. Einige der Schönen, die nicht geschminkt waren, sahen ganz nett aus; aber derb gebaut und mannhaft sind sie immer.

So kehrte ich denn in mein eigenes Heim am Flußufer zurück. Hier erwartete mich der Gova von Selipuk und sein Stab. Er hatte sich die Sache überlegt und versprach mir nun, meinen Brief in zwei Tagen nach Jumba-matsen und von dort in neun weiteren Tagen nach Gartok zu befördern. Er sollte von Zelt zu Zelt gehen und über den Dschukti-la nach seinem Bestimmungsorte gelangen.

Der Tag war reich an wechselnden Eindrücken gewesen. Er endete auch auf ungewöhnliche Weise. Es war halbzehn Uhr, ich war ins Bett gekrochen und hatte das Licht ausgelöscht. Ein heftiger Windstoß fuhr über die Gegend hin, ihm folgte ein tüchtiges Erdbeben. Ich lag immer auf dem Boden und fühlte es daher um so deutlicher. Der erste Stoß ging unmittelbar in eine kreisförmige Bewegung der Erdrinde über. Darauf folgte ein zweimaliges Hinundherwiegen, und schließlich verspürte man ein kurzes Zittern, das schwächer wurde und dann ganz aufhörte. Nach zehn Minuten kam der zweite Stoß, nach weiteren fünf ein dritter. Der erste Stoß erregte ein Gefühl des Unbehagens und der Unsicherheit. Kutus schrie „Ja Allah", und die andern Männer erwachten und sprachen lebhaft miteinander. Nur die Hunde machten sich nichts daraus. Dies war das zweitemal, daß ich in den zwölf in Asien zugebrachten Jahren ein Erdbeben erlebte. Das erste war im Jahre 1895 bei Tasch-kurgan auf dem Pamir eingetreten.

Kein Frost in der Nacht auf den 29. Juni; das Minimum blieb auf 0,6 Grad über Null stehen. Zwei Mönche aus Selipuk besuchten mich, um sich im Auftrag des Priors zu erkundigen, ob ich das Erdbeben gespürt und was es wohl bedeuten könne. Man habe schon früher die Erde hier in der Gegend beben gefühlt, aber nicht oft. Sie wollten auch wissen, ob ich nach Belieben über Wetter, Winde und Regen gebieten könne und ob ich in solchem Falle nicht die Regenwolken herbeirufen wolle, damit sie die verdorrten Weiden von Selipuk benetzten. Doch ich versicherte ihnen, daß ich nichts mit den Niederschlägen zu schaffen hätte und die Bahnen der Winde und der Wolken nicht zu ändern vermöchte. Prophezeien konnte man ja immerhin, und so prophezeite ich ihnen denn bald eintretenden großartigen Regen. Glücklicherweise behielt ich darin recht. Der Leser wird sich bald davon überzeugen, wenn wir erst über den heiligen See hinaus sind. Da freute ich mich oft, wenn ich die frischen Schauer auf den Abhängen prasseln hörte, und ich dachte an meine lieben Nomaden, an das Gras, das aufsprießen und Saft aus der Erde saugen werde, um den Herden Nahrung zu geben, und an den allgemeinen Wohlstand, der in dem kommenden Winter in den schwarzen Zelten zu Gaste sein werde.

Schon früh um sechs Uhr begannen die Tibeter aus Tschoktschu ihre Yaks, Schafe und Pferde von der Weide ins Lager zu treiben. Der große Sonam Ngurbu wollte seine Pilgerfahrt fortsetzen, um seine Sünden durch das Umwandern des heiligen Berges zu sühnen. Aber er wollte nicht ohne Abschied fortziehen und beehrte mich noch in aller Frühe in meinem Zelte mit einem Freundschaftsgeschenke, das aus Zucker, Reis, Tsamba und herrlichem weißem, chinesischem Weizenmehl bestand und für uns den unheimlichen Augenblick des Hungertodes noch um einige Tage hinausrückte. Als Gegengeschenk erhielt er eine silberne Uhr mit Kette, und wir schieden als die besten Freunde.

Es dauerte eine Ewigkeit, bis seine gewaltigen Karawanen reisefertig wurden. Dort standen die angebundenen Yaks in langen schwarzen Reihen und warteten stundenlang auf ihre Lasten. Die Pferde wurden ungeduldig und drängten sich wieder auf die Weide hinaus. Doch die Zelte wurden eines nach dem andern abgeschlagen und zusammengepackt, und um elf Uhr war der Vortrab der Yakschar so weit fertig, daß er den Marsch nach Westen antreten konnte. Eine halbe Stunde später folgte die nächste Kolonne der Spur ihrer Kameraden, und nach einer weiteren Stunde noch eine. Grunzend gingen die Yaks lässig unter leichten Lasten in einer dichtgedrängten Masse; ihnen folgten auf den Fersen die Führer und die Treiber, einige mit Flinten bewaffnet, andere mit einem unter dem Arme festgeklemmten und wagerecht auf dem Rücken gehaltenen Knüttel versehen. Alle zogen sie barhäuptig mit leichten, schnellen Schritten ihre Straße und flöteten lustig, riefen und sangen.

Dann kam die Reihe an die Schafe, die sich nickend und trippelnd, einem lebendigen Flusse vergleichbar, durch den Sumdang-tsangpo wälzten. Unter meinem Filzdach sitzend folgte ich mit aufmerksamen Blicken dieser vergnügten Abreise, dieser Wanderung von Menschen und Tieren nach dem Berge der ewigen Götter. Wieder werden die Pferde zusammen=

getrieben; man sattelte die meisten, die andern sollten Lasten tragen; wir zählten ihrer sechzig.

Schließlich stand das weißblaue Zelt des Häuptlings allein noch auf der Ebene, von einem Dutzend Pferde und Maulesel umgeben. In dem Augenblick, als er heraustrat, sahen wir, wie das Zelt sich zur Erde senkte, schnell mit seinen Tauen und Stangen zusammengerollt, auf Pferde gepackt und fortgebracht wurde. Als die Pilger sich in den Sattel schwangen, begab ich mich dorthin, wo ihr Weg den Fluß kreuzte. In kurzem Galopp kam die Schar ans Ufer und plumpte durch das Wasser nach der Stelle, wo ich wartete. Hier stiegen mit Ausnahme der Frauen alle Reiter ab. Wir nahmen noch einmal Abschied voneinander, priesen das Schicksal, das unsere Wege sich hatte kreuzen lassen, wünschten einander glückliche Reise und sprachen die Hoffnung aus, uns in Toktschen zu treffen.

Sonam Ngurbu flog dann förmlich auf seinen Schimmel hinauf, der eine bunte Decke unter dem Sattel und prachtvolles Geschirr trug und mit Quasten und anderm Schmucke geziert war. Das wilde Haar hatte Sonam Ngurbu unter einem roten Turban befestigt, um den Hals trug er als Talisman eine rostige Pfeilspitze, die ihm Glück im Kampfe und Erfolg auf der Jagd nach Schurken brachte. An seiner linken Seite hing ein großes silbernes Futteral, ein tragbarer Tempel, und im Gürtel saß, wagerecht eingesteckt, der Säbel. Die Gattinnen saßen nach Männerart auf ihren kleinen munteren Pferden, hatten ihre Filzstiefel in die Steigbügel gesteckt und ihre Kapuzen über den Kopf gezogen. Die übrige Schar war wie zu einem Kriegszug gerüstet (Abb. 70—72). Sie trugen Säbel; lange Lanzen mit flacher Stahlspitze und polierten Stahlstreifen, die sich wie Schlangen um den Schaft ringelten, hingen ihnen an Riemen von der Schulter, und sie schleppten sich mit plumpen Musketen mit langen scharfspitzigen Stützgabeln, die den nächsten Nachbarn, wenn er nicht aufpaßte, in die Augen und die Ohren stechen mußten. Jetzt stemmten sich die wilden Reiter mit den Lanzen gegen den Boden und schwangen sich mit akrobatischer Gewandtheit auf ihre Pferde. In einer Staubwolke eilte die Reiterschar davon und bald war sie hinter dem Klosterhügel verschwunden (Abb. 73, 74).

Nachdem Sonam Ngurbu fortgezogen war, sah es auf der Steppe öde und leer aus. Nur zwei armselige Nomadenzelte standen noch da, und ein paar Hunde suchten dort nach Abfällen.

Mit einem Gefühle des Verlassenseins ging ich zum Kloster hinauf, das mir bisher seine Tore ebenso fest verschlossen gehabt hatte wie vor ihm die Klöster Mendong und Lunkar. Nun aber öffneten sie sich mir ohne Bedenken. Der „Nerpa", der Proviantmeister von Selipuk, kam mir entgegen und führte mich durch das große Tor in einen Vorhof, dessen Wände mit Proviantballen garniert waren, die man in Yakhäute mit der Wolle nach außen eingenäht hatte (Abb. 75, 76). Die Ballen enthielten Tee und Gerste, Tsamba und Salz. In einer Ecke lagen aufgetürmt die Holzsättel der Transportyaks. An einer Mauer hingen verschiedene Flinten und Säbel in malerischem Durcheinander. Selipuk war im Falle eines Angriffs sichtlich zu seiner Verteidigung vorbereitet.

Der Nerpa teilte mir mit, daß das Kloster 61 Yaks und 1012 Schafe besitze, die teils an Kaufleute vermietet, teils von den Mönchen auf eigene Rechnung benutzt würden. Im übrigen lebe die Geistlichkeit hier von freiwilligen Spenden der Nomaden. Drei Mönche hätten es schon zu dem hohen Range eines „Kanpo" gebracht, sechs seien „Gelong" und drei „Getsul" oder Novizen; dazu komme dann noch der „Nerpa", der die irdischen Angelegenheiten besorge.

Eine Treppe führt in ein höhlenartiges Zimmer, „Simkang" genannt, in welchem sogar mitten am Tage Dämmerung herrscht. Auf einer Wandbank saß der Prior und bewirtete Namgjal Dortsche, seinen Bruder in Buddha. Sie schmausten tüchtig und tranken Tee. Der Gast aus Tschoktschu hielt in seiner Hand eine Schafkeule und schnitt sich mit dem Messer Stücke davon ab, die zwischen seinen starken Zähnen tüchtig knirschten. Das Fleisch war roh, alt und gedörrt und infolgedessen hart wie Holz. Mir wurden getrocknete Pfirsiche, Rosinen und Zucker vorgesetzt. Wir plauderten in scherzendem Tone miteinander, aber in Buddhas Tempelsaal wollte man mich nicht hineinlassen.

Nun erhob sich der Gast. Er gehörte zum Gefolge des Sonam Ngurbu und mußte die andern rechtzeitig einholen. Wir begleiteten ihn in den Hof hinunter, wo zwei Novizen mit drei rotaufgezäumten Schimmeln warteten. In seiner roten Kapuze, über welcher die vergoldete Schaufel von Hut befestigt war, bildete dieses wahre Kleiderbündel eine unbezahlbare Inkarnation des lamaistischen Kultus. Höflich sagte er dem Prior und mir Lebewohl, und fort ging es, über die Hügel hinweg.

Solange noch ein Schimmer des fortreitenden Gastes und seiner beiden Begleiter zu sehen war, stand Dschamtse Singe schweigend da. Als sie verschwunden waren, veränderte sich sein Wesen wie durch einen Zauberschlag. Er wurde auf einmal ein ganz anderer Mensch. Mit schelmischem Lächeln bat er mich, ihn wieder in den „Simkang" hinaufzubegleiten, und dort war er übersprudelnd heiter. Ich verstand ihn. Er fühlte sich jetzt von jeglicher Überwachung und Spionage befreit. Jetzt er war alleiniger Herr im Hause und tat, was er wollte. Die andern Mönche kamen auch herauf, und alle waren gleich vergnügt.

Nun erschien mein Freund, der Dorfhäuptling, in Begleitung einiger anderer Tibeter (Abb. 77—79). Sie überreichten mir ein Stück Malzzucker und eine kupferne Schüssel voll Milch, und dann warfen sie sich der Länge nach vor mir nieder, mit der Stirn den Boden berührend, und benahmen sich gerade so, als ob ich eine Buddhastatue sei. Ich fragte verwundert, was dies zu bedeuten habe, und sollte nur zu bald die Lösung des Rätsels erfahren. Es war eine lange Geschichte.

Die Schafe des Klosters waren gerade aus einer Gegend im Norden zurückgekehrt, wo feine, sehr gesuchte Porzellanerde vorkommt. Sie waren damit beladen und sollten nun nach der Messe in Gyanima ziehen, wo man die Porzellanerde um zwei Rupien für die Schafslast zu verkaufen gedachte. Daher bedurfte man aller Klosterleute als Treiber, und sie mußten ihr Versprechen, meinen Brief nach Gartok zu befördern, wieder zurücknehmen.

Ich stellte mich erzürnt:

„Habt ihr mir nicht selbst gesagt, daß 60 Zelte unter der Herrschaft des Klosters ständen? Sagtet ihr nicht neulich, daß die Nomaden Wasser und Brennholz, dessen die Mönche bedürften, herbeischafften und ihnen ihre Herden auf den Weiden hüteten? Und nun wollt ihr nicht einen Mann zur Verfügung haben, der nach Jumba=matsen reiten kann."

„Verzeihen Sie uns, Sahib, alle sind jetzt in Anspruch genommen. Lassen Sie uns Ihnen auf andere Weise gefällig sein."

„Nun gut, ich will euch verzeihen, wenn ihr mir den Buddha=saal zeigt."

„Mit größtem Vergnügen", rief Dschamtse Singe aus, indem er aufstand, und nun zogen wir alle in Prozession nach dem Lhakang. Die Türen wurden weit geöffnet, die Geheimnisse lagen offen vor mir; aber etwas Sehenswertes gab es dort wirklich nicht. Der Saal war klein und dunkel. Auf dem Altartisch stand eine Kompanie Götter und Heilige, darunter Schakia Toba (Buddha) und Tsongkapa. Alle die gewöhnlichen Lappen und Bilder hingen von der Decke herab, und an den Säulen waren Speere, Säbel und Flinten festgebunden. Die ganze Herrlichkeit glich einem Trödlerladen, einem religiösen Stilleben, verwüstet und verzehrt durch die Zeit und mit dem Staube der Jahrhunderte bedeckt. Die Bücherbretter brachen fast unter der Last der heiligen Schriften, aus den Ecken grinsten abscheuliche Masken, und zwischen den Säulen standen zwei Tempeltrommeln, die darauf warteten, die Aufmerksamkeit der Götter zu erregen, wenn die Mönche am Tage und in der Nacht ihre Gebete murmelten.

Meine ständige Frage: „Wie alt ist dieses Kloster?" beantwortete man wie gewöhnlich mit den Worten: „Es ist von Anfang an dagewesen". Hierin liegt dieselbe Bedeutung wie in den beiden ersten Worten der Bibel, und man hat sich ein Schwindel erregendes Alter zu denken. Doch als der Prior nachher eingestand, daß ein „Rinpotsche" oder Inkarnierter namens Gerung Lama Selipuk gegründet habe, war das Alter schon sehr bedeutend reduziert. Nach seinem Äußern zu urteilen, konnte das Kloster auch kaum älter als ein paar hundert Jahre sein.

Das Portal des Lhakang liegt wie immer nach Osten. Den Klosterkomplex umgeben zahlreiche Manimauern und eine Mauer, die einen Vorhof und zugleich eine Hürde für die arbeitenden Schafe bildet. Dort liegt auch der heilige Klosterhund an der Kette und bellt, sobald man sich in der Nähe sehen läßt.

In der Dämmerung sagte ich den freundlichen Mönchen Lebewohl.

Als die Nacht einbrach, drangen die Töne einer lärmenden Musik in mein Zelt. Jetzt waren die Trommeln im Gange, Flöten wurden geblasen, und Glocken und Schellen erklangen. Im Buddhasaale wurde Gottesdienst gehalten.

Der Lärm verhallte, und im Dunkeln kam Dschamtse Singe einsam zu uns. Er rief uns schon von fern zu, wir möchten unsere Hunde festhalten, damit er ungebissen in mein Zelt kommen könne.

„Seien Sie nicht böse, Sahib", sagte er, „daß ich Ihren Besuch erst jetzt erwidere. Ich wagte es nicht, solange Sonam Ngurbu hier war."

„Das macht gar nichts. Sie sind mir immer willkommen. Nehmen Sie Platz und trinken Sie Tee mit mir!"

„Wann kommen Sie wieder zu uns, Sahib?"

„Vielleicht in zwei Jahren", antwortete ich, als ob dies beinahe schon fest beschlossene Sache sei.

„Wollen Sie dann so gut sein, mir zwei Geschenke mitzubringen, erstens einen Revolver und dann noch eine Salbe, die Bartwuchs erzeugt. Ich beabsichtige, mir einen Schnurrbart zuzulegen."

„Was in aller Welt wollen Sie als Mönch mit einem Schnurrbart?"

„Nun, ich war vor vier Jahren gerade in Lhasa, als die Engländer im Potala eindrangen. Einer der Fremden versicherte mir, daß derjenige, der einen Schnurrbart trage, nie erkranken könne."

„Das ist alles erlogen, das kann ich Ihnen versichern. Aber nun sagen Sie mir, haben Sie ihr gestriges Versprechen gehalten und Ihre heiligen Bücher über das Schicksal meiner verloren gegangenen Karawane befragt?"

„Ja freilich. Die Bücher sagen, daß Ihre Diener am Leben sind und daß es ihnen gut geht. Sie halten sich jetzt irgendwo im Süden auf. In 20 Tagen werden Sie mit ihnen zusammentreffen oder wenigstens zuverlässige Nachrichten von der Karawane erhalten."

Eine orakelhafte Antwort! Binnen vierundzwanzig Stunden schon sollte ich Grund haben, mein Vertrauen in die Zuverlässigkeit der Aussagen der lamaistischen Bücher sinken zu lassen.

Dschamtse Singe erhielt einige Kleinigkeiten, die ich entbehren konnte. Als Gegengeschenk gab er mir eine Tenga, kaum 50 Pfennig, und fügte hinzu, daß die Summe zwar nur klein sei, daß aber das Geldstück die Wirkung eines Talismans haben werde; solange ich es besäße, würde ich niemals Not leiden. Dann erhob er sich, rieb zum Zeichen der Freundschaft seine Stirn an der meinen und betitelte mich „Lama Sahib" oder frei übersetzt, „Herr Doktor der Theologie".

Nachdem er zurückgekehrt war in seine kleine, enge Zelle mit einem Feuerherde in der Mitte des Lehmfußbodens und den Kisten und dem Bette an den Wänden, hielten wir eine kurze Beratung und beschlossen, am nächsten Morgen nach Toktschen weiterzuziehen, wenn wir auch kein Geld und keine Lebensmittel besaßen.

Zehntes Kapitel.

Die Modelle von Kjangjang.

Die Reise, die ich am 30. Juni antrat, war ein gewagtes Unternehmen. Wohl konnten wir noch einige Tage mit den in Selipuk erhaltenen Geschenken auskommen, und die beiden Jünglinge, die uns mit ihren Yaks schon vom Pedang-tsangpo an begleiteten, hatten sich glücklicherweise überreden lassen, noch eine Strecke weiter mit uns zu ziehen. Erst aber wollten sie ihren rückständigen Lohn haben. Nachdem er ihnen eingehändigt worden war, bestand meine Reisekasse aus zwei kleinen Silbermünzen, einer Tenga und einem Sechsannastück, deren Wert zusammen wenig mehr als eine Mark betrug. Die Bettler, die uns beim Abziehen bestürmten, fanden uns geizig, weil wir ihnen nicht einmal einen Kupferheller gaben.

Ich weiß kaum, was ich mir eigentlich dachte; es war, als ob ich mich immer weiter auf dünnes Eis hinauswagte, bis es brach. Die Hauptsache war, die Leute aus Pedang bis Toktschen behalten zu können, denn von dort würde ich endlich einen Boten nach Gartok zu senden imstande sein. Aber wie würde es uns gehen, wenn sie mitten im Transhimalaja streikten? Das mußte die Zukunft lehren. Man kann viel aushalten, ehe man daran stirbt, und auf irgendeine Weise mußten wir uns durchschlagen.

So zogen wir denn an den Klostermauern vorbei. Dort trat Dschamtse Singe heraus, ergriff mein Pferd beim Zügel und führte es mit seiner eigenen heiligen Hand eine Strecke weiter. Dann verbeugte er sich zum Abschied, und bald war das Kloster hinter den Hügeln verschwunden und dem Schatze der guten, freundlichen Erinnerungen einverleibt, die ich von Tibet bewahre.

Der Pfad führt auf eine gewaltige Ebene hinaus, die größte, die ich im Norden des Transhimalaja gesehen habe. Drei Zelte und einige weidende Yaks, sonst ganz unbelebt! Hartes Gras wächst in Büscheln

41—44. Kloster Taschi-gang (S. 39)
(von Norden, Westen, Südosten und Süden).
Skizzen des Verfassers.

45. Lager in Demtschok. (S. 54.)

46. Demtschok. (S. 54.)

47. Eisbrücke über den Indus. (S. 56.)

und Strähnen auf Höckern und Bällen von Wurzeln, und auf dem unebenen Boden sind die Pferde oft nahe daran, kopfüber hinzupurzeln. Zweimal überschreiten wir den gewundenen Sumdang-tsangpo. Sein Grund ist tückisch, und das Pferd, auf welchem Kutus ritt, wäre beinahe im Schlamm versunken.

Rartse heißt der Teil der Steppe, auf welchem Hirten ihre Herden weideten. Dort schlugen wir das Lager 441 auf. Nach meiner Gewohnheit zeichnete ich ein Panorama des Gebirges um uns herum. Besonders hier hatte ein orientierendes Bild seine Bedeutung, denn im Süden erhoben sich die kompakten Mauern des Transhimalaja. Ich war mit der Zeichnung fertig und trug gerade die Kompaßpeilungen hoher Gipfel und tiefer Täler ein, als Lobsang mir meldete, daß sich vier Männer und ebensoviele beladene Maulesel mit Windeseile unserm Lager näherten. Erstaunt und fragend betrachtete ich die kleine Schar durch das Fernglas. Sie kam näher und vergrößerte sich. Infolge der Luftspiegelung schien sie um Haaresbreite über der Erde zu schweben.

„Der Mann im gelben Mantel ist Abdul Kerim!" rief Kutus aus.

„Sedik und Gaffar sind auch dabei", sagte Gulam.

„Der vierte ist ein Tibeter", behauptete Lobsang.

Eine Weile darauf waren alle unsere Rätsel gelöst, und unsere Besorgnis war vorüber. (Vgl. Bd. II, Seite 363). Die Zukunft strahlte mir wieder in rosigem Licht! In kleine Säcke eingenäht brachte Abdul Kerim unsere noch übriggebliebenen 2684 Rupien mit, und meine finanzielle Lage war jetzt glänzend! Wir brauchten uns auf dem Wege nach Simla nichts zu versagen, und die Leute aus Pedang, die uns in mißlichen Zeiten treu geleitet hatten, sollten königlich belohnt werden.

Noch fehlten vier unserer Leute; sie hatten Lastyaks und marschierten daher langsamer, aber sie waren jetzt doch auf der richtigen Fährte. Die Karawane war jedenfalls wesentlich verstärkt, als wir am 1. Juli, nach 5 Grad Kälte in der Nacht, auf der Steppe weiterzogen. Nach einer Weile nahm der Grasgürtel ein Ende, und anstatt seiner erstreckte sich ein außerordentlich flacher Schutt- und Sandkegel bis an den Fuß des Gebirges. Auf seinem Abhang war noch eine ganze Reihe alter Uferwälle zu unterscheiden. Man sah ganz deutlich, wie getreu sie sich den Formen aller Hügel und vorspringenden Felsen anschmiegten, wie die Abstände zwischen ihnen sich in allmählich abfallendem Terrain vergrößerten und wie sie sich auf steilen Hängen zu Bündeln zusammenzogen. Der höchste Uferwall mochte wohl sieben Meter über seiner Umgebung liegen, und auf der obersten deutlich erkennbaren Ufermarke (4874 Meter) befanden wir uns 126 Meter über dem Spiegel des Nganglaring-tso.

So weit hatte der See sich ehemals während einer Periode erstreckt, in der die Niederschläge ergiebiger gewesen waren als jetzt. Die ganze Ebene bei Selipuk stand damals unter Wasser, und der Tengri-nor im Osten hatte im Westen am Nordfuße des Transhimalaja ein würdiges Gegenstück. Im Laufe der Zeiten verringerte sich die Menge der Niederschläge, der große See verlor an Umfang, und in unsern Tagen ist nur noch das salzige Wasser übrig, das das Becken um die Felseninseln des Nganglaring-tso herum füllt. Doch die alten Strandlinien und die Uferwälle sind noch vorhanden, und in ihnen schlummert ein fossiles Echo des Rauschens einer uralten Brandung.

Der Weg führt südwestwärts über einen kleinen Paß und in einem mit Gras bewachsenen Tale bergauf, wo wir an der Quelle Kjangjang die Nacht im Lager 442 zubrachten. Fünf Nomadenzelte waren dort aufgeschlagen. Aus dem einen eilten zwei Männer heraus, um uns, zu unserm eigenen Besten, den Rat zu geben, nicht hier zu lagern, weil in einem der Zelte ein Greis an einer ansteckenden Krankheit im Sterben liege. Die Geschichte kannten wir schon. Wir konnten Landstreicher sein, und weil ihnen daran lag, uns los zu werden, wollten sie uns mit den schwarzen Pocken und der Pest fortscheuchen.

In dünnen Schauern regnete es schon seit Mittag; Dschamtse Singes und der Hirten wegen freute ich mich darüber. Gegen Abend erhob sich ein Südweststurm, der im Tale schrecklich heulte. Das Kohlenbecken war nötiger als je; man wickelte sich in Pelze ein und hätte glauben können, ein neuer Winter nahe heran.

Drei ganze Tage brachten wir im Tale Kjangjang zu oder, wie das ganze Gebiet heißt, in Kjangjang-lobtschang, wobei zwei westlichere Täler mitgerechnet werden; es steht unter der Herrschaft von Selipuk. Wir mußten auf die vier noch fehlenden Leute, Suän, Abdullah, Abdul Rasak und Sonam Kuntschuk, warten. Am Abend des 3. Juli sahen wir sie eiligst auf das Lager zuschreiten, und es war rührend, ihre Freude über das Wiedersehen zu beobachten. Vor mir warfen sie sich zu Boden, und ihre Kameraden umarmten sie unter Tränen. Abdul Rasak weinte derart, daß er vor Erregung nicht stillstehen konnte. Bald hob er den einen Fuß, bald den andern in die Höhe und stampfte damit wie in einer Weinpresse. Herzloserweise mußte ich mich über den Anblick dieser unbeherrschten Freude halbtot lachen.

Schon bevor die drei Tage verstrichen waren, hatten die Bewohner der Quelle von Kjangjang ihre Furcht überwunden. Sie erkannten, daß wir es nur gut mit ihnen meinten. Ein älterer Mann, der früher Gova des Ortes gewesen war, versprach mir die dreizehn Yaks, deren ich bedurfte,

Tibetische Modelle.
1 u. 2. Frauen aus Kjangjang. 3. Nomade vom Nganglaring-tso. 4. Frau aus Toktsche.
Aquarelle des Verfassers.

wenn ich mich nur noch ein paar Tage gedulden wollte. Daher konnten die Leute vom Pebang-tsangpo entlassen werden. Sie erhielten doppelten Lohn. Sie hatten mir vorzügliche Dienste geleistet und hatten geholfen, den Schovo-tso zu entdecken und nach dem Nganglaring-tso hinzufinden. Seelenvergnügt zogen sie gleich an demselben Abend ab, um in ihre Heimat zurückzukehren.

Die Herolde des Südwestmonsun strichen wie dunkle Schatten über dem Tale hin, und am 2. Juli regnete und schneite es abwechselnd beinahe den ganzen Tag hindurch. Der Schnee fiel nicht in Flocken, sondern in kleinen, runden Körnern, die bald auftauten. Im Transhimalaja schneit es sogar im Hochsommer. Unser Lager befand sich aber auch 4977 Meter über dem Meere.

Auch am 3. Juli strömte der Regen eintönig prasselnd bis zur Abenddämmerung herab. Die Nomaden waren entzückt darüber. Wir hatten die ersten Regentage dieses Jahres mitgebracht. Vielleicht waren sie auch deshalb so freundlich zu uns. Aber draußen zu arbeiten, war unmöglich. Und einen ganzen Tag lang müßig dazusitzen und zuzuhören, wie der Regen auf mein zerlumptes Zelt trommelte, das konnte ich nicht aushalten. Daher wurden unsere Nachbarn benachrichtigt, daß jedes weibliche Wesen, das sich in Abdul Kerims großem weißem Zelte (Abb. 80, 81) einfinde, um sich abkonterfeien zu lassen, eine Rupie erhalte, jedes männliche aber eine Tenga. Die Frauen sollten ihre besten Kleider anlegen und alle Schmucksachen, die sie in ihren Verstecken aufstöbern könnten.

Eine Stunde verging und noch eine, aber Modelle ließen sich nicht blicken. Man muß es ihnen verzeihen; sie waren blöde und zerbrachen sich den Kopf darüber, was dies zu bedeuten habe. Das schnöde Geld machte schließlich ihren Bedenklichkeiten ein Ende. Ich hörte Ketten und Gehänge klappern und sah sie langsam über die Wiese herannahen, einem Hochzeitszuge mit Brautjungfern, Trauzeugen und Gästen ähnlich. Zaudernd und linkisch blieben die Tibeter zwischen unsern Zelten stehen. Da begann der Regen heftiger herabzuströmen, und unsere Gäste konnten froh sein, als Lobsang sie zu Abdul Kerim hineintrieb. Sein Zelt hatte oben in der Decke einen länglichen Rauchfang, durch den das Licht hereinfiel, leider aber auch der Regen, und ein provisorischer Regenschirm mußte daher über meinem Zeichenbrette ausgespannt werden.

Sie waren wirklich stilvoll, diese Damen des Kjangjangtals! Einige von ihnen sind auf der beigehefteten bunten Tafel und auf der bunten Tafel zu Seite 272 des ersten Bandes abgebildet. Anfänglich saßen sie schweigend da, sahen sich im Zelte um oder schneuzten sich ostentativ mit den Fingern. Aber die Schüchternheit legte sich bald. Die Ladaki scherzten mit ihnen, und in Kürze hörte man die ländlichen Schönheiten so ungeniert mit ihnen schwatzen und lachen, als ob auch sie aus Ladak gebürtig seien. Als ich sagte, daß die abkonterfeiten Modelle nach Hause gehen könnten, blieben sie trotzdem bei uns im Zelte sitzen. Furchtlos beantworteten sie meine Fragen nach ihrem Alter und ihren Namen, und mit sichtlichem Stolz erzählte mir ein junges Mädchen, daß das lange Rückentuch auf tibetisch „Pale" heiße, die Metallplättchen „Raktig" und die aufgenähten Muscheln „Dundot".

Eine ehrenwerte Matrone, die 38jährige Norsum, trug auf der Stirn eine Reihe an Korallensträngen herabhängender Silberrupien. Ganz oben auf dem Scheitel hatte sie ein mit wohlfeilen Korallen und schlechten Türkisen dicht besetztes rotes Tuch. Ihr Haar war in eine Menge dünner Zöpfe geteilt, in welche Ketten aus weißen und blauen Glasperlen eingeflochten waren. Ihr Hals verschwand unter vielreihigen Perlenketten aus gefärbtem Glas. Die beiden Tücher, die schleierähnlich vom Scheitel herab über den Rücken fallen, sind in geometrischen Figuren aus grünem und rotem Zeug zusammengenäht. Nach oben zu sind sie mit Rupien, Annastücken und indischen Kupfermünzen verziert, und inmitten dieser Münzsammlung sind viereckige Silberplättchen festgenäht. Weiter abwärts folgen die Pilgermuscheln in doppelten Reihen; zu unterst sitzt eine Anzahl indischer Uniformknöpfe, einige aus Messing, andere versilbert, alle mit dem Wappen des englischen Reiches oder der Chiffre eines Regiments. Schwerlich ahnte der Tommy Atkins, der diese Knöpfe getragen, daß sie noch einmal der Stolz einer Frau in den ewigen Schneebergen Tibets sein würden!

Ich schätze ein derartiges Gewand auf 250 Rupien oder etwa 340 Mark Wert. Es waren ja schon hundert Rupien in barem Gelde daran. Je älter die Damen waren, desto feiner waren sie ausstaffiert; die jungen hatten höchstens eine Perlenkette um den Hals, und die Verzierungen ihres Rückentuches waren aus Kupfer. Sicherlich erfordert es Zeit, die Sammlung vollständig zu machen. Alles hängt vom Regen ab. Nach reichlichen Niederschlägen wird das Gras saftig, die Schafe bleiben gesund und werden fett. Dann wächst der Wohlstand der Nomaden, und ihre Frauen können es sich leisten, irgendeinem umherziehenden Krämer ein Halsband abzukaufen oder sich eine Rupie auf das Rückentuch zu nähen. Auf unerforschlichen Wegen kommt ein neuer Uniformknopf nach Tibet, und sie kaufen ihn sich. Jetzt konnte jedes der Modelle seinem Staate eine neue Rupie hinzufügen.

Ein paar alte Weiber hatten überhaupt keine Schmucksachen, warteten aber trotzdem geduldig, bis die Reihe an sie kam. Augenscheinlich hatten sie das Alter erreicht, in welchem die Mutter ihre Schmucksachen einer

Tochter überläßt, die sich Bräutigame angeschafft hat, oder dem jungen Mädchen, das, wenigstens teilweise, ihre Schwiegertochter werden wird. So kann es vorkommen, daß an einer Ausstattung zwei Generationen gearbeitet haben, ehe sie vollständig geworden ist. Älter als zwei wird sie wohl selten, denn das Leben ist in Tibet etwas Ungewisses; wenn der Regen ausbleibt, vertrocknet das Gras, die Herden schmelzen zusammen, und die Nomadenweiber sehen sich aus Not gezwungen, ihre Schmucksachen zu verkaufen.

Am Tage darauf wurde ich von Modellen fast überflutet. Sie kamen auch von andern Zelten in benachbarten Tälern, wohin sich das Gerücht von der so leicht zu erwerbenden Rupie schon verbreitet hatte. Nun aber machte mir die Sache keinen Spaß mehr, und ich konnte auch kein Papier mehr daran wenden. Ihre Rupie erhielten sie dennoch, ihres guten Willens wegen und zu freundlicher Erinnerung.

Das Fest des Wiedersehens wurde an einem pechfinstern Abend gefeiert, als der Regen in der Glut des Lagerfeuers zischte. Suän war der Vergnügungsdirektor der Karawane. Er tanzte um das Feuer und stimmte die fröhlichen Lieder aus Ladak an.

Die Nacht auf den 5. Juli brachte 6,3 Grad Kälte. Dreizehn Yaks standen bereit, um das Gepäck zu übernehmen. Meine eigenen Tiere sollten möglichst geschont werden; wir konnten ihrer in Gegenden bedürfen, wo die Bevölkerung weniger freundlich gesinnt war als hier im Innern, dessen Bewohner noch nie einen Europäer gesehen hatten. Der ehemalige Gova von Kjangjang versah mich mit einem Schafe und einer Ziege und verschaffte meinen Pferden Gerste und den Leuten Butter. Er hatte sich in unserer Gesellschaft so gemütlich gefühlt, daß er bat, mich eine Tagereise weit begleiten zu dürfen; es war mir dies sehr willkommen, der Auskunft wegen, die er über den Weg geben konnte.

Zwischen den Porphyrfelsen des Tales reiten wir langsam zu dem Passe Kjangjang-la (5157 Meter) hinauf. Schafe und Yaks weiden in großer Menge in dem üppigen Grase eines von Mauselöchern durchzogenen Bodens. Auf dem Sattel des Passes erblickten wir in unserer Nähe die ziemlich flachen Schneegipfel des Lavar-gangri, deren Bekanntschaft wir schon in Selipuk gemacht hatten. Auf der andern Seite des Passes zeigen sich das Tal des Lavar-tsangpo und der Fluß selbst, an dessen Ufer elf schwarze Zelte errichtet waren. Hier schlugen auch wir unser Lager 443 auf.

In der Nacht ging die Kälte auf 10,9 Grad unter Null hinunter, am 6. Juli, in 31½ Grad nördlicher Breite! Die absolute Höhe ist es, die den Ausschlag gibt. Vom Winter kann man in einem solchen Lande kein

Erbarmen erwarten. Zwei volle Tage zogen wir am linken Ufer des Lavar-tsangpo hinab und sahen, wie der Fluß durch die Gewässer, die er aus den Seitentälern erhielt, langsam anschwoll. An dem Punkte, wo wir den Lavar-tsangpo seinem Schicksal überlassen, sehen wir den Fluß sich nordwärts nach dem Punkte seiner Vereinigung mit dem mächtigeren Aong-tsangpo hinschlängeln. Aber vorher streift der Fluß beinahe den Damrap-tso, einen kleinen, länglichen See, dessen Ufer weiß von Salz glänzen. Jeder Schritt führte über unbekannten Boden, den noch nie andere als tibetische Sohlen betreten hatten. Das Land ist wie immer sehr spärlich bevölkert, aber Wild kam in reichlicherer Menge vor als bisher; ich sah Kiangs, Pantholops- und Goaantilopen und Hasen in Massen.

Am 8. Juli erwachten wir im Lager 445 (5196 Meter) bei kaltem, windigem Wetter zu einem interessanteren Tagesmarsche. Daß wir über eine Bergkette ersten Ranges hinüber mußten, konnte ich mir sagen, denn während der beiden vorhergehenden Tage hatte ich durch die Tore mehrerer Nebentäler den schneegekrönten Kamm einer mächtigen Kette gewahren können. Ob aber diese Kette eine Wasserscheide des Nganglaring-tso bildet, wußte ich nicht.

Wir hatten in der Mündung des Ding-la-Tales gelagert, wo am Ufer eines rauschenden Baches ein schmaler Grasstreifen wächst. Das Tal ist so eng, daß ein Weg dort nicht Platz finden kann. Man klettert daher an dem steilen, mit scharfkantigem Geröll aus grauem Granit übersäeten Hange der linken Talseite hinauf. Kein Quadratfuß des Abhanges ist schuttfrei; die Steigung ist stark, und die Pferde werden hufkrank. Die Yaks regen sich nicht auf; ihnen ist kein Weg unpassierbar. Durch dieses Geröll traben die Pilger von Selipuk nach dem Kang-rinpotsche.

Ziemlich hoch über dem Boden des Ding-la-Tals führt die Straße bald südwärts, bald nach Südwest. Wir hatten daher eine herrliche Aussicht über die mächtige, hohe und wildzerklüftete Hochgebirgsmauer der gegenüberliegenden rechten Talseite, welche in drei gleichgestalten Anschwellungen mit Hauben aus ewigem Schnee gipfelte; die in Eis verwandelten Zipfel dieser Hauben hingen wie Hängegletscher nach der Taltiefe.

Eine letzte Wegbiegung führt in südlicher Richtung durch neue Granitschuttmassen zu dem hügeligen Sattel hinauf, der unter dem Namen Ding-la oder Tschargo-ding-la bekannt ist. Auf ihren Stangen klatschen die Wimpel des Passes in stark verdünnter Luft, und das Steinmal, ein Bruder der Wolken, ist vielleicht das höchste auf der Erde, welches eine Karawanenstraße bezeichnet. Es ist auf einer Höhe von

5885 Metern über dem Meeresspiegel aufgehäuft. In Europa ist die Besteigung des Montblanc ein Höhenrekord, und dort hat man den Kontinent der weißen Menschen zu seinen Füßen. Auf dem Ding-la aber ist man um 1075 Meter höher!

Und doch ist die Aussicht weniger dominierend, als man hätte erwarten können. Im Norden verdecken die in der Nähe liegenden Kämme einen fernen Horizont. Nur der Quadrant zwischen Südosten und Südwesten gewährt dem Blick freien Spielraum. Dort erhebt sich eine ununterbrochene Bergkette mit einer Reihe kleinerer Schneegipfel. Dem Anschein nach ist sie viel weniger imposant als die Ding-la-Kette. Aber als Wasserscheide hat sie einen höheren Rang, denn von ihren Südabhängen strömt das Wasser zwei Meeren zu, dem Arabischen und dem Bengalischen, und nach Norden fließen ihre Bäche zum Nganglaring-tso. Die Ding-la-Kette wird von diesen Gewässern durchbrochen und ist also zweiter Ordnung.

Mit einem des Weges kundigen Tibeter erforsche ich den südlichen Horizont. Im Südosten thront in der Nähe ein Schneemassiv, dessen Firnbecken kurze Gletscherzungen in jähen Felsenbetten aussenden. In S 22° O zeigt ein anderer Schneeriese seine Königskrone zwischen den Wolken, und an seinem westlichen Fuße öffnet sich das Tal Da-teri, dessen Grund noch Wintereis anfüllt. Gerade im Süden erblickt man kaum eine Tagereise entfernt den kleinen See Argok-tso.

Nachdem wir dem „Om mani padme hum" der Wimpel des Ding-la-Passes lange genug gelauscht hatten, arbeiteten wir uns mühsam durch das Granitgeröll der andern Seite hinunter und lagerten an dem Quellbache Luma-nakbo in 5138 Meter Höhe (Lager 446), wo der Hagel vom Winde gegen unsere Zelte gepeitscht wurde.

Elftes Kapitel.

Zum letztenmal über den Transhimalaja!

Am 9. Juli setzten wir den Marsch in südlicher Richtung durch die Labyrinthe des Transhimalaja fort, und nun klärten sich allmählich meine hydrographischen Begriffe. Im Osten sieht man die Ding-la-Kette mit ihren Berggiebeln und Firnfeldern, mit ihren Gletscherzungen, deren Schmelzwasser sich zu einem Bache vereinigt, der 2,5 Kubikmeter Wasser in der Sekunde führte. Rechts erhebt sich ein kleinerer Kamm ohne Schnee. Zwischen den Bergen dehnen sich große Weidegründe aus, und Spuren ehemaliger Nomadenlager sind dort zahlreich.

Nach einer Weile standen wir am Ufer eines neuen Baches, der von Süden kam und sich durch ein breites, offenes Tal schlängelte. Sein Wasser, 5 Kubikmeter in der Sekunde, war halbklar und hatte eine schmutzig grüne Farbe; er nimmt weiter abwärts den zuerst überschrittenen Bach auf. Der vereinigte Fluß durchbricht dann in einem engen Quertale die Ding-la-Kette. Als ich mich erkundigte, weshalb denn die Straße sich nicht lieber längs des Flusses hinziehe, anstatt den mühsam zu ersteigenden Ding-la-Paß zu forcieren, antworteten mir unsere Tibeter, daß der enge Durchgang gänzlich unpassierbar sei.

Wir verweilten eine Zeitlang am Ufer dieses Wasserlaufs, des größten, den wir seit langer Zeit gesehen hatten. Gulam hatte stets Angelgerät bei sich und fing auch recht viele Fische.

„Wie heißt dieser Fluß?" fragte ich einen der Tibeter.

„Nja-mangbo-tsangpo", erwiderte er, ohne eine Miene zu verziehen. „Nja" bedeutet Fisch, „mangbo" viel und „tsangpo" Fluß; also „der fischreiche Fluß", ein Name, den mein Gewährsmann augenscheinlich für diese Gelegenheit fabriziert hatte.

„Der Fluß heißt Argok-tsangpo, Herr", behauptete ein anderer Führer, „er kommt aus dem Argok-tso."

„Welchen Weg nimmt er denn?"

48. Tsake-la. (S. 60.)

49. Unterwegs nach Tschuschul. (S. 60.)

50. Tänzerinnen in Tschuschul. (S. 61.)
Skizzen des Verfassers.

„Er vereinigt sich in der Gegend Aong-bunker mit dem Aong-tsangpo. Von allen den Bergen und aus allen Tälern, die Sie im Süden erblicken, strömt das Wasser nach dem Argok-tso und daher wird der Argok-tsangpo zum größten Bache in dieser Gegend." Ich konnte auch später bestätigen, daß der Argok-tsangpo der Hauptfluß und der Lavar-tsangpo nur ein Nebenfluß ist. Der vereinigte Fluß ist der größte der Wasserläufe, die sich in den Nganglaring-tso ergießen.

Überraschend ist, daß man die Wasserscheiden zwischen dem Satledsch und dem Nganglaring-tso erst so weit in Süden findet. An irgendeinem Punkte im Nordwesten muß es eine dreifache Wasserscheide geben, die sowohl dem Indus, wie auch dem Satledsch und dem salzigen See Bäche zusendet. Das Land dort ist aber unbekannt, und künftige Entdeckungsreisende werden in jenen Gegenden viel zu tun vorfinden. Meine Reise ist nur eine Rekognoszierung.

Auf kupiertem Terrain, zwischen üppig bewachsenen Quellsümpfen und Flußterrassen hindurch geht unser Weg nach Südwesten. Oft ist die Aussicht vollständig verdeckt, weil bleischwere Wolken am Erdboden hinschweben, und manchmal kommt auch ein Hagelschauer herangefegt, der uns ins Gesicht schlägt. Der Argok-tso ist uns nahe; soweit man sehen kann, hat der See eine ziemlich runde Form. Am Fuße der Hügel strömt ein dritter Bach, der Surnge-tschu, dessen Wasser sich in den Argok-tso ergießt. Am Rande des Baches schlugen wir das Lager 447 auf.

Schwere, finstere Regenwolken zogen wieder über die Kämme des Gebirges hin, und der Donner grollte dumpf. Das Lager war kaum fertig, als das Unwetter ernstlich zum Ausbruch kam. Der Hagel trommelte auf den Zeltdächern, und dann und wann fiel ein prasselnder Regenschauer. Über mein Zelt, das auf allen Seiten undicht war, mußte ein großes Zeugstück gelegt werden. So ist es recht! Nun sind die Herden der Nomaden für den kommenden Winter geborgen, und ihre Besitzer haben ein ganzes Jahr lang ein sorgenloses Leben.

Gegen Abend verwandelte sich der Regen in Schnee, der ohne Pause stundenlang fiel, und zwar diesmal in großen, leichten Flocken, die lautlos das Zelt streiften und ihre weiße Decke über das ganze Land breiteten. Gegen Abend zerteilten sich die Wolken eine Weile, und in der Lücke stand der Mond; verdrießlich und verschwommen warf er sein bleiches Licht auf den vollständigen Winter, der uns umgab. Die Kälte ging auf einige Grade unter Null herunter, und der Schnee knirschte unter den Füßen. Und dabei war dies die heißeste Zeit des Jahres! Man konnte sich in den Winter nach Tschang-tang zurückversetzt glauben. Unser Lager lag 5155 Meter über dem Meer.

Elftes Kapitel.

Die Wölfe heulten während der Nacht in unserer Nähe. Wir sind an sie gewöhnt und machen uns nichts aus ihrem unheimlichen Bellen. Aber wir müssen immer an unsere Pferde und Maulesel denken, die, von zwei Mann bewacht, draußen im Schnee grasen. Die Wölfe waren entschieden dreist, denn zwei Revolverschüsse hallten im Tale wider; nachher wurde es still.

Finster und drohend graute der neue Tag, und über winterlich weiße Hügel und durch knirschenden Schnee ging der Marsch westsüdwestwärts. Der Gewittergott fuhr auf seinem polternden Wagen durch die uns auf allen Seiten umgebende Gebirgswelt. Der Schnee lag einen halben Fuß hoch und verdeckte die tückischen Mauselöcher, in denen die Pferde stolperten. Er ballte sich auch, und halbkugelförmige Extrasohlen klebten unter den Hufen der Tiere. Später am Tage erhielt aber die Sonne die Überhand, die Schneedecke verschwand, und als wir in dem Lager dieses Tages (Lager 448) anlangten, war der Boden schneefrei.

Der Tagemarsch hatte am Surnge-tschu entlanggeführt, und wir waren durch eine ganze Reihe seiner Nebenbäche gewatet. Wie verschieden doch von der ausgetrockneten Gegend, in der der Indus seine Quellen hat! Der Lagerplatz heißt Taktsche, und 26 schwarze Zelte in zwei Dörfern sind unsere Nachbarn. Der Gova des Ortes hatte sich nach Purang begeben; aber sein Stellvertreter, ein kleiner feister, grobknochiger Tibeter, versprach, allen meinen Befehlen zu gehorchen. Yaks könnte ich zu der Reise nach Toktschen so viele erhalten, wie ich nur wünschte. Der Mann erzählte mir auch, daß Sonam Ngurbu gerade heute Taktsche verlassen habe; er habe die Nomaden auf meinen Besuch vorbereitet und ihnen gesagt, daß sie von uns nichts zu fürchten hätten. Daher waren die Nomaden von Taktsche schon vom ersten Augenblick an freundlich gegen uns.

Die Männer aus Kjangjang und ihre Yaks hatten ihre Dienste geleistet und konnten gehen. Sie wurden gut bezahlt und erhielten außerdem zwei Hunde, deren wir überdrüssig geworden waren. Der eine war schmutzig gelb und ein unangenehmes Tier; Kleinpuppy und Takkar konnten ihn nicht leiden. Der andere war ein kleiner brauner Köter, der Kambuk hieß. Beide hatten sich freiwillig zu uns gesellt und bellten die ganzen Nächte hindurch ohne jeglichen Grund. Nun wurden sie an der Leine nach Kjangjang mitgenommen. Doch schon im nächsten Lager war Kambuk wieder da; lustig und munter wedelte er mit dem Schwanze und kläffte vor Freude. Nach diesem Beweis der Treue wurde er von allen verzogen, und er begleitete uns nun auf dem ganzen Wege nach Indien, bis er dort in einem der ersten Dörfer aus eigenem Antrieb haltmachte.

Er fürchtete die Wärme und sehnte sich nach dem Sommerschnee im Kjang-jang-Tal zurück.

In Taktsche blieben wir noch einen Tag. Hier wollten wir Schafe, Tsamba und Milch, sowie Gerste für die Pferde kaufen. Das Wetter lud auch nicht dazu ein, in den Sattel zu steigen. Es goß in einem fort, und der Boden verwandelte sich in eine einzige Schlammsuppe. Hier würde das Gras saftiger werden, als es seit mehreren Jahren gewesen war! Ich verkürzte mir die Zeit mit dem Zeichenstift und brauchte auf Modelle nicht zu warten. Sie kamen scharenweise, jeden Geschlechtes und Alters, und füllten Abdul Kerims geräumiges Zelt, wo die Atmosphäre durch die Ausdünstung schmutziger Nomaden und ihrer klatschnassen Kleidungsstücke bald ein gemütliches tibetisches Aroma erhielt. Aber drinnen im Zelte herrschte Sonnenschein, während draußen der Regen ohne Unterbrechung über das straffgespannte Zelttuch spülte. Es war wirklich ein großes Vergnügen, den ganzen Tag im Kreise der Söhne und Töchter der Wildnis zu sitzen, sie in der Nähe in den auf ihren Schafen und Yaks gewachsenen Anzügen zu sehen und ihrem ausgelassenen Geplauder und ihrem hellen Lachen zu lauschen. In einer Ecke des Zeltes sitzt eine junge Mutter mit ihrem Säugling. Sie ist ärmlich und zerlumpt gekleidet, aber hübsch gewachsen, und ihre Züge sind energisch. Jedesmal, wenn der Modellplatz frei wird, drängt sie sich vor und behauptet, daß sie jetzt an der Reihe sei, und schließlich setzt sie ihren Willen durch.

Eine richtige Volksversammlung drängte sich draußen vor den Zelten, als wir am 12. Juli aufbrachen. Sie konnten unmöglich alle aus Taktsches schwarzen Dörfern sein; es stellte sich auch heraus, daß viele aus den Nachbartälern waren. Sie hatten davon gehört, daß das Zeichnen fortgesetzt werden sollte, und nun hofften sie, ebenfalls eine Rupie oder eine Tenga zu verdienen. Aber ihre Hoffnungen wurden zu Wasser, denn eine neue Kompanie prächtiger Yaks wartete schon mit ihren Treibern, und die Nachbarn Taktsches durften nur Augenzeugen unserer Abreise sein.

Die ganze Gegend war in einen seltsamen Nebel gehüllt; der Erdboden schien zu dampfen, naheliegende Gegenstände traten schwach hervor, die entfernteren Berge waren überhaupt nicht zu sehen. Das Phänomen beruhte offenbar auf dem starken Regen des gestrigen Tages in Verbindung mit der Kälte der Nacht. Am Vormittag fiel ein tüchtiger Hagelschauer, und der Führer, der stets neben mir gehen mußte, erklärte, der Hagel nütze gar nichts, nur der Regen vermöge die Graswurzeln zu erfrischen. Weiter südwestwärts, sagte er, sei die Weide besser, und in einer Woche werde das Gemeinwesen von Taktsche dorthin übersiedeln, denn so lange gebe es noch Weide am Surnge-tschu.

Das Terrain hebt sich außerordentlich langsam. Wir sind dicht beim Surnge-la, einem wasserscheidenden Passe erster Ordnung im Transhimalaja. Und dennoch ist das vor uns liegende Land so gut wie eben. Auf beiden Seiten erheben sich Berge, aber wir wandern zwischen ihnen wie in einem offenen Tal (Abb. 82).

„Hier ist der Surnge-la", behauptet mein Begleiter.

„Unmöglich! Der Boden ist ja völlig eben; dies ist kein Paß."

„Doch, dies ist, was wir den Surnge-la nennen", erwidert er.

Ein seltsamer Paß! Nicht das kleinste Rinnsal verriet Gefälle nach irgendeiner Seite hin. Der Boden war völlig eben. Nach einigen Minuten gelangten wir indessen an ein kleines Bett, das sich südwärts zog. Nun erst war die Sache klar; das Siedethermometer mußte in Tätigkeit treten und gab eine Höhe von 5276 Metern an. Die vielen Steinmale des Passes verwirren, denn sie sind eine gute Strecke westlich von dem höchsten Punkte errichtet.

Bald wird der Aufbau deutlicher; wir reiten in einem langsam abfallenden Tal abwärts, dem Surnge-lungpa, dessen Bach zum Flußgebiete des Satledsch gehört. Ich hatte also den Transhimalaja zum achten Male überschritten. Der Paß Surnge-la war viel bequemer gewesen als irgendeiner der andern. Man kann ihn kaum einen Paß nennen; er ist nur eine flache Anschwellung in einem sehr niedrigen Teile des Systems.

Vom Lager 449 (4917 Meter) in der Mündung des Panglung-Tales aus sahen wir in Südwest einen alten Bekannten, den Pundi-Berg, der sich am Nordufer des heiligen Sees erhebt. In derselben Richtung zieht sich das Tal Surnge-lungpa weiter, das sich jetzt als der obere Teil des Patschen-Tals herausstellte, jenes Tales, in dessen Mündung ich im vorigen Jahre einen kurzen Besuch gemacht hatte. Während des folgenden Tagemarsches ließen wir dieses Tal rechts liegen und gingen anstatt dessen über den kleinen Paß Jübgo-la und eine Reihe niedriger Hügel und schließlich noch durch ein enges, gewundenes Tal.

Wir hatten eben das Lager 450 aufgeschlagen, als der Himmel sich wie in der Dämmerung verdüsterte. Eine Weile darauf sprengte der Hagel seine Fesseln und stürzte mit unbeschreiblicher Heftigkeit herab. Das ganze Land wurde wieder kreideweiß, aber die weiße Decke wurde bald von dichtfallendem Regen fortgespült. Nur die höheren Regionen des Gebirges, wo die Niederschläge noch immer als Hagel oder in Schneegestalt fielen, blieben weiß. Es klatscht und quatscht draußen in der

Nässe. Kleinpuppy kommt ins Zelt gelaufen und richtet es natürlich so ein, daß er sich gerade vor meiner Nase, meinen Notizbüchern und meinen Karten das Wasser aus dem Felle schüttelt. Dann rollt er sich auf seiner Matte in der Ecke zum Trocknen zusammen. Aber er hat nun einmal keine Ruhe im Leib. Wenn er draußen Schritte patschen hört, muß er sofort hinaus, um den Gehenden anzusehen und anzuknurren, und wenn er dann wieder hereinkommt, verabreicht er mir eine neue Dusche.

Gegen Abend ging der Regen in Schnee über. Im Sommer ist in Hochtibet der Gang der Witterung immer so. Zuerst ein heftiger Hagelschauer, dieser geht in Regen über und endet mit Schneefall. Wie wenig glichen sich doch die beiden Regenzeiten 1907 und 1908! Während der ersteren waren nur ein paarmal einige Sprühregen gefallen, aber jetzt hatten wir unaufhörliche heftige anhaltende Regengüsse.

Die nächste Tagereise führt in dem Tale Gelle-lungpa abwärts, das zwischen Felsen aus Hälleflinta und Grauwacke eingezwängt liegt. An einer Stelle, wo das Tal sich erweitert, holten uns zwölf Reiter ein, die mit großer Eile eine Yakherde und eine Menge Schafe vor sich hertrieben. Sie waren aus Nepal; ich fragte sie, als sie an uns vorüberzogen, weshalb sie es so verzweifelt eilig hätten. „Diebe aus Tibet hatten uns unser Vieh gestohlen", antworteten sie, „und deshalb setzten wir der Bande sofort nach. Wir holten sie vor zwei Tagen ein und haben die Schufte so windelweich geprügelt, daß sie kaum gehen konnten. Aber unsere Tiere haben wir wiederbekommen, und nun sputen wir uns, um schnell über die Grenze und nach Hause zu gelangen."

„Wo überschreitet ihr die Grenze?"

„Auf dem Passe Tschakpalung-la." Ein Unheil verkündender Name, denn er bedeutet „Paß des Räubertals"!

„Helfen euch die Behörden nicht, wenn ihr euch beim Devaschung beschwert?"

„Nein. Die tibetische Regierung rührt keinen Finger, um bestohlenen Ausländern beizustehen. Wird man durch Tibeter beraubt, so muß man sich selbst Hals über Kopf in Feindesland hineinbegeben und sich seine Habe mit Gewalt wiedernehmen. Sonst ist sie spurlos verschwunden wie Rauch. Wie Sie sehen, sind wir gut bewaffnet. Leben Sie wohl!"

Noch einen Fluch über die Feigheit der Tibeter stieß der Sprecher der Nepalesen aus, dann verschwand die merkwürdige Reiterschar hinter einer Biegung des Tales.

Wir sind jetzt im Gebiete von Toktschen. Der Distrikt, den wir zuletzt durchzogen haben, heißt Hor-parjang. Noch bleibt eine kleine Paßschwelle zu überschreiten, der Rigong-la; von seiner Höhe aus sieht man in S 69° W einen kleinen Zipfel des heiligen Sees. Sonst ist die Aussicht dort oben nicht viel wert. Bleischwere, blauschwarze Wolken hängen über dem ganzen Land und verhüllen alles. Der Weg geht schließlich über schwach gewölbte Hügel in das Tal des Samotsangpo hinunter. Am linken Ufer des Flusses lagerten wir ganz in der Nähe des Platzes, auf welchem der Gova von Toktschen seine Sommerzelte aufgeschlagen hatte (Lager 451).

Wie gewöhnlich war das Lager schon fertig, und der Rauch stieg von dem Feuer auf, als ich anlangte. Ich stieg ab, reichte Lobsang die Reitpeitsche, ließ mir von Gulam die Lederstiefel ausziehen und die Leibbinde losknüpfen, schlug den tibetischen Mantel zurück, ging in das Zelt hinein und dankte Gott, daß er die anstrengende Arbeit ein glückliches Ende hatte nehmen lassen.

Dann legte ich mich auf mein Bett und dachte nach. Sieben Monate waren verstrichen, seitdem wir Ladak verlassen hatten. In mehreren Richtungen hatte ich den großen weißen Fleck im Norden des Tsangpo, des oberen Brahmaputra, durchquert. Ich hatte meinen Zweck erreicht, meine Pflicht getan und konnte nun mit gutem Gewissen die Straße nach Indien einschlagen.

Doch bevor wir die Rückreise durch das Satledschtal antreten, laßt uns gerade hier am Endpunkte der achten Überschreitung des Transhimalaja einen Augenblick haltmachen und uns ins Gedächtnis zurückrufen, was vergangene Zeiten von diesem Gebirgssystem gewußt haben. Und laßt uns auch das Andenken derjenigen Männer ehren, die jeder an seinem Teil zur Kenntnis des Transhimalaja beigetragen haben. Sie hatten hauptsächlich den östlichen und den westlichen Flügel berührt. Mir blieb das Zentrum, „der weiße Fleck". Daher war mir das Glück beschieden, Theorien verwerfen zu können, die bei verschiedenen Gelegenheiten aufgestellt worden waren; ich konnte die beiden Flügel miteinander verbinden und beweisen, daß der Transhimalaja ein einziges, zusammenhängendes System ist, das aus einer Welt verschiedener Ketten besteht, ein Faltensystem der Erdrinde, das zwar vom Himalaja an Höhe weit übertroffen wird, aber an Mächtigkeit und Bedeutung seinesgleichen ist.

Zwölftes Kapitel.

Der Transhimalaja im Altertum und im Mittelalter. — Die katholischen Missionare.

Wunderbar erscheint es uns, daß gewaltige Gebiete Südtibets, eines Landes, das der Grenze Indiens so nahe und nur dreihundert Kilometer von englischen Eisenbahnstationen entfernt liegt, bis auf den heutigen Tag ihre Geheimnisse unverraten bewahrt haben und daß keines Europäers Auge ihre Landschaften gesehen hat. Vor fünf Jahren gelang es mir, durch die einst unerbittlich verschlossenen Felsentore einzudringen, die Hauptlinien bisher unbekannter Bergketten aufzuzeichnen, Flußläufen zu folgen, von deren Vorhandensein kein Echo in die Welt der Weißen gedrungen war, und mein Zelt an Seeufern aufzuschlagen, wo noch nie ein Europäer den Liedern der Wellen gelauscht hatte.

Seit Jahrhunderten das Ziel der Sehnsucht, sind im Laufe jener fünf Jahre auch die Pole der Erde erreicht worden. Sie galten als unerreichbar. Nichts Schwierigeres konnte es geben, als es durchzusetzen, mit Hundegespannen zu einem der Pole zu fahren. Und dennoch wurden beide Pole in der aufregenden Jagd erobert, deren Haupttriebfedern die nationale Eitelkeit und die am Ziele winkende Siegespalme bildeten. Nach den Polen drangen kühne Männer zu einer Zeit vor, in der in den tiefen Tälern, wo die indochinesischen Flüsse ihre Bahnen eingeschnitten haben, noch so viele Geheimnisse ungelöst lagen. An den Polen wurden Flaggen aufgepflanzt, ehe der Sturmlauf auf die Gipfel des Gaurisankar, Kantschindschanga oder Mount Everest begonnen hat. Die Zukunft wird zeigen, daß die höchsten Bergspitzen der Erde unzugänglicher sind als die beiden Punkte, durch welche die Erdachse geht. Die Tatsache, daß das Land im Norden des obern Brahmaputra erst wenige

Jahre vor den Polen erobert worden ist, verrät, daß die über die Grenzen Tibets ins Innere führenden Wege nicht mit Rosen bestreut sind.

Aus den Dschungeln Bengalens, aus der reichen Pflanzenwelt des Gangestals und aus den Ebenen des Pandschab steigen bewaldete Höhen hinauf nach kahlen schroffen Felsen und jäh abstürzenden Wänden, nach wildzerklüfteten, zackigen Gebirgsmassen und schließlich zu der Dynastie versteinerter Könige, die unter Kronen ewigen Schnees auf das stickige, dunstige Indien hinabschauen. Aus Ehrfurcht vor dieser geheimnisvollen, eisigkalten und unzugänglichen Welt verlegten die alten Inder, das Volk der Ebene, den Wohnsitz ihrer Götter und ihre heiligsten Orte gerade in jene hohen Regionen, die den Sterblichen unerreichbar waren.

Aber der religiöse Glaube der Hindus hat doch nicht den ganzen Himalaja mit Göttern bevölkert, und nicht überall im Hochgebirge gibt es Wallfahrtsorte. In ihrem Bewußtsein spielt der mittelste Himalaja keine Rolle. Auch das Land Nepal mit seinen herrlichen, üppigen Tälern wird in ihrer klassischen Literatur nur in unbestimmten, dunklen Ausdrücken erwähnt, und erst in neuerer Zeit sind die Hindus dorthingelangt. Dagegen pilgerten die Inder seit uralten Zeiten zur Gangesquelle, und ihre vornehmsten Götter verlegten sie nach jenem Teile des Himalaja und dem auf seiner Nordseite liegenden Lande, wo die großen Flüsse ihre Quellen haben und alle die Wassermassen sammeln, die auf Indiens Ebenen das Korn wachsen und zu goldenen Ernten heranreifen lassen.

Die indischen Arier kamen aus Nordwesten und zogen über das Gebirge nach Kaschmir, nach dem Pandschab und nach den Ländern des Indus und des Ganges hinunter. Eine uralte Kenntnis der Gegenden, wo ihre in Götter verwandelten Vorfahren gelebt und gewandert, erhielt sich in ihrem Bewußtsein als dunkle Erinnerung aus grauer Vorzeit. Daher wurde das Land um die heiligen Seen und um die Flußquellen herum auch der Wohnsitz ihrer Götter. (Vgl. Anton Freiherr von Ow, „Hom, der falsche Prophet aus der noachitischen Zeit", S. 152, und „Religionsgeschichtliches aus Sven Hedins Transhimalaja", im „Anthropos", V [1910], Heft 5 und 6; ferner auch Lassen, „Indische Altertumskunde" usw.).

Nach den alten Büchern des Veda lag Asien wie eine auf der Oberfläche des Ozeans schwimmende Lotosblume (padma) da. Die Blume hatte vier Blätter. Das nach Süden gerichtete Blatt war Indien. Inmitten der gewaltigen Berggipfel, die mit ihren Flüssen die Erde befruchteten, erhob sich Meru, der Götterberg, die höchste Anschwellung der Erde, einem Fruchtknoten in der Mitte der Blume vergleichbar. Denn Meru umfaßte das ganze Hochland, das von Indien nach Norden hin ansteigt.

51. Singende Schönheiten in Tschuischul. (S. 61.)

52. Mädchen aus Tschuschul. (S. 61.)
Skizze des Verfassers.

Ganz Tibet gehörte dazu. Nicht nur die arischen Inder erhoben ihre Hände zu den Bergen, von denen ihnen ihrem Glauben zufolge die Hilfe kam, auch andere in der Umgegend wohnende Völker schauten zu den geheimnisvollen Höhen auf. Den Birmanen ist das Schneeland der Wohnsitz der Seligen nach dem Tode, und sogar die Chinesen erwählen sich den Kvenlun, einen Teil des Meru, zum Aufenthaltsorte ihrer ältesten Heiligen und Unsterblichen.

Von diesem Meru strömen fünf Riesenflüsse herab, der Ganges, der Indus und der Oxus nach Süden und Westen, die beiden andern nach Sibirien und China. Im Norden und Süden umrahmen dreifache Bergketten den Meru. Die drei südlichen sind: Himavan oder Himalaja in unmittelbarer Nähe Indiens, Hemakuta oder das Gebirge mit den goldglänzenden Gipfeln; die dritte, „das Beste unter den Bergen", dient dem Indra als Thron, dem Gotte des Regens und des Gewitters, der die schimmernde Brücke des Regenbogens sich am Himmelsgewölbe spannen läßt, nachdem er seinen Donner über die Erde hatte dröhnen lassen. Diese dritte Bergkette ist der Kailas, das Paradies des Siwa, das Heim der Götter. Jenseits heiliger Seen und jenseits der heiligen Quellen des Indus, des Satledsch, des Brahmaputra, des Ganges und des Dschamna erhebt er seinen von der Sonne beleuchteten Scheitel über einem Lande, das auf Erden an erhabener Majestät und großartiger Einsamkeit seinesgleichen sucht.

Die mystische Dichtung bevölkert den Kailas mit einer Welt wunderbarer Gestalten. Über ihm erhebt sich Siwas Himmel, und dorthin nach dem Tode zu gelangen, ist ein heiß ersehntes Glück — eine Überzeugung, die auch von den Tibetern geteilt wird. Im „Wolkenboten" singt Kalidasa von dem luftigen Zuge der heiligen Alpenschwäne nach dem Kailas und seinen Nachbarn, die hoch über den Ländern der Erde wie weiße Lotosblumen glänzen, ein Widerschein des Lächeln Siwas und des Lichtes Mahadevas. Der Kailas, der Kristall, ist der Ursprung der göttlichen Flüsse, und dort verehrt man Ramas Fußspur.

So umhüllten die alten Arier, die Vorfahren der Hindus, diese Welt undurchdringlicher Berge mit einem Sagen- und Liedergewande und machten sie zum Schauplatz der Heldentaten und der wunderbaren Begebenheiten der epischen und mystischen Dichtungen. Aus dem Dunkel der indischen Sagen drang schließlich ein kaum vernehmliches Echo vom Himalaja nach dem Abendland, fortgepflanzt durch Berichte, die auf Hörensagen beruhten und auf phönikische und persische Kaufleute und Wanderer zurückzuführen waren. Herodot erzählte von den goldgrabenden Ameisen nordwärts im Nebelheim, eine Sage, deren Wurzeln bei den alten

Indern zu finden sind. Er sagt, die seltsamen Ameisen seien kleiner als Hunde, aber größer als Füchse. Nearchos erzählt, daß er selbst im Lager Alexanders eine Haut jener goldgrabenden Tiere gesehen und gefunden habe, daß sie dem Felle eines Panthers gleiche. In unsern Tagen haben sich die Ameisen der Sage in Murmeltiere verwandelt, die Löcher in den Erdboden graben und vor dem Eingange ihrer Höhlen Erd- und Sandhaufen aufwerfen, worin vielleicht hin und wieder etwas Goldstaub enthalten gewesen ist.

Die geographischen Autoren und die Geschichtschreiber nach Alexanders Zeit erwähnen nur die hohe Bergkette, die Indien im Norden begrenzt. Megasthenes nannte den Himalaja Emodos, ein Name, dessen sich auch Plinius bediente. Arrian gibt dem westlichen Teile jenes Gebirges den Namen Kaukasus. Pomponius Mela läßt Indiens Nordgrenze den Taurus sein, dessen gewaltiger Rücken sich, seiner Meinung nach wie schon früher nach der des Eratosthenes, von Kleinasien bis in den äußersten Osten erstreckte. Strabo erzählt, daß, wenn man vom Hyrkanischen oder Kaspischen Meere ostwärts ziehe, rechts das Gebirge liege, das die Hellenen den Taurus nannten und das sich bis an das Indische Meer erstrecke. Über die hohen Gebirgsmassen jenseits der Länder Baktriana und Sogdiana und des Landes der wandernden skythischen Hirten sagt er: „Alle übrigen Gebirge, vom Lande der Arier an, nannten die Makedonier Kaukasus, aber bei den Barbaren bezeichnete man die verschiedenen Teile mit den Namen Paropamisus, Emodus, Imaus und anderen ähnlich lautenden." An einer andern Stelle betont er diese Auffassung in folgenden Worten: „Indien wird im Norden, von Ariana bis ans Ostmeer, durch die letzten Teile des Taurus begrenzt, welche die Eingeborenen teils Paropamisus, teils Emodus, Imaus und noch anders, die Makedonier aber Kaukasus nennen."

Im zweiten Jahrhundert n. Chr. schrieb Ptolemäus, der größte Geograph des Altertums, seine berühmte Erdkunde, mit der er das Fundament legte, auf welchem in viel späterer Zeit Araber und Europäer weiterbauten.

Der Name Imaus umfaßt bei Ptolemäus nicht nur den östlichen Teil des Hindukusch und den westlichen Teil des Himalaja, sondern auch das östliche Randgebirge des Pamir. Daher trennt der nordsüdliche Imaus das westliche Skythien vom östlichen, während der westöstliche Teil, der dem Himalaja entspricht, eine Grenzmauer bildet zwischen India intra Gangem fluvium und Scythia extra Imaum montem, dem Lande, in dessen südlichem Teile sich die mächtigen Bergketten des Transhimalaja auftürmen.

Das ganze Mittelalter lebte, wie man wohl sagen kann, von der Weisheit des Ptolemäus, und mit dogmatischer Schärfe wuchs sein Weltsystem in dem Bewußtsein der Gelehrten fest. Elfhundert Jahre lang strömten die hochgeborenen Flüsse aus ihren heiligen Quellen herunter, und die dunklen Wolkenmassen des Monsuns kämpften mit dem Sonnenschein um die Herrschaft über den Transhimalaja und seine Nachbarn. Die Europäer hatten keine Ahnung von der höchsten Anschwellung der Erde. Einer Festung gleich, welche gewaltige Mauern und gefüllte Wassergräben schützen, träumte das unbekannte Tibet in ungestörter Ruhe. Wie lange sollte es noch dauern, bis die Außenmauern fielen! Siebzehnhundertundfünfzig Jahre hindurch sollten die Winterstürme über den Hochgebirgsmassen von Bongba ihre uralten Hymnen singen, bevor sich auch die letzten Verschanzungen dem Drängen der europäischen Forschung ergaben.

Als die Erde ihre elfhundert Runden um die Sonne gemacht hat, bringt ein erstes flüchtiges Gerücht über Tibet nach Europa. Unter wilden Verheerungen waren die Mongolen in die Welt der Weißen eingefallen. Um über die Heimat und die Lebensverhältnisse jenes kriegerischen Reitervolkes Aufklärung zu erhalten, schickte der Papst im Jahre 1245 Piano Carpini zum Großchan. Dieser Gesandte hörte auf seinen weiten Reisen von Tibet erzählen. „Die Bewohner jenes Landes sind Heiden", sagt er, und er berichtet dann weiter: „Sie haben eine sehr erstaunliche oder vielmehr schreckliche Sitte, denn, wenn der Vater eines jener Leute im Begriff ist, den Geist aufzugeben, so versammeln sich alle seine Angehörigen, um ihn aufzuessen, was mir als der Wahrheit entsprechend mitgeteilt worden ist."

Auf seiner berühmten Reise während der Jahre 1253—1255, deren Ziel ebenfalls der Hof des Großchans war, erfuhr der prächtige Franziskanermönch Wilhelm Rubruquis, daß jenseits der Tanguten die Tebeter wohnten, „ein Volk, bei dem es Brauch ist, seine toten Eltern zu verspeisen, weil man aus lauter Frömmigkeit seinen Eltern keine andere Grabstätte geben will als seine eigenen Eingeweide. Jedoch haben sie diesen Brauch aufgegeben, weil sie deshalb von allen Völkern mit Abscheu betrachtet worden sind. Indessen machen sie noch hübsche Schalen aus den Schädeln ihrer Eltern, auf daß sie beim Trinken aus diesen (Schalen) mitten in ihrer Heiterkeit daran (an ihre Eltern) denken sollen. Dies hat mir einer erzählt, der es selber gesehen hat. Jene Menschen haben viel Gold in ihrem Lande, so daß der, welcher Gold braucht, so lange gräbt, bis er welches findet, und er nimmt nur gerade so viel davon, als er braucht, und steckt den Rest wieder in den Boden hinein;

denn, wenn er es in eine Schatzkammer oder in eine Kiste legte, so würde ihm, wie er glaubt, ein Gott das (Gold) im Erdboden rauben. Ich sah unter diesem Volke viele mißgestaltete Individuen."

Rockhill, der die beste Ausgabe des Reiseberichtes des Rubruquis besorgt und kommentiert hat, zweifelt daran, daß die Tibeter im Mittelalter Kannibalen gewesen seien. Dagegen gibt es noch heutigentags kaum einen Tempel in Tibet, wo nicht Menschenschädel sowohl als Trinkgefäße wie als religiöse Trommeln benutzt werden. Eine solche Trommel ist als Abbildung Nr. 100 auf S. 433 der zweiten Auflage meines Buches „Durch Asiens Wüsten" dargestellt.

Während der zwanzig Jahre (1275—1295) seines Aufenthalts am Hofe des Herrschers Kublai Chan hörte Marco Polo, der berühmteste Reisende des Mittelalters, allerlei über Tibet und erzählt davon:

„Diese Provinz, Tebet genannt, hat eine sehr große Ausdehnung. Die Bewohner haben ihre eigene Sprache, sind Götzenanbeter und grenzen an Manzi und verschiedene andere Gegenden. Überdies sind sie sehr große Diebe. Das Land erstreckt sich tatsächlich so weit, daß es acht Königreiche und eine große Anzahl Städte und Dörfer umfaßt. Es umschließt in vielen Gegenden Flüsse und Seen, in denen es Goldstaub in großer Menge gibt. Zimt wächst dort auch in großer Fülle. Korallen sind ein sehr gesuchter Artikel in diesem Lande und bedingen dort hohe Preise, denn man freut sich, sie seinen Weibern und seinen Götzen um den Hals hängen zu können. Sie haben in diesem Lande auch eine Masse feiner Wollstoffe und anderer Zeuge, und viele Arten Gewürze, die man bei uns zulande niemals sieht, werden dort gezogen. Unter diesem Volke findet man auch die besten Zauberer und Sterndeuter, die es in diesem ganzen Teile der Welt gibt; sie führen durch ihre Teufelskünste so außerordentliche Wunderwerke aus, daß man erstaunt, wenn man sie sieht oder auch nur davon hört. Deshalb will ich eines solchen in unserm Buche nicht erwähnen; die Leute wären starr vor Staunen, wenn sie davon hörten, aber es hätte keinen guten Zweck. Die Leute in Tebet sind eine schlechte Rasse. Sie haben Bulldoggen von Eselsgröße, die im Einholen wilder Tiere sehr geschickt sind. Sie haben auch verschiedene andere Jagdhundarten und vorzügliche Jagdfalken, die schnell im Fluge und gut abgerichtet sind und in den Gebirgsgegenden des Landes eingefangen werden." Zum Schlusse teilt Marco Polo noch mit, daß Tebet unter der Herrschaft des Großchans stehe.

Im Jahre 1328 reiste der Franziskanermönch Odorico de Pordenone von Schan-si aus durch Schen-si, Setschuan und Tibet. Henri Cordier, der die beste Ausgabe der Reisebeschreibung dieses Mönchs besorgt hat, spricht die Vermutung aus, daß der zweite Abschnitt der Reise, von welchem keine Nachrichten vorhanden sind, den Mönch durch Badakschan, Chorasan, Täbris und Armenien nach Europa zurückgeführt habe, wo er im Jahre 1330 anlangte. Sein Name ist nicht nur deshalb denkwürdig, weil er eine der merkwürdigsten Reisen quer durch ganz Asien ausgeführt hat, sondern auch deswegen, weil er der erste Europäer ist, der Tibet durchzogen hat und in Lhasa gewesen ist, in jener weißen Stadt, die noch ein halbes Jahrtausend später die Sehnsucht europäischer Reisenden entflammte und in deren Einbildung himmelhohe Fassaden unter goldenen Tempeldächern aufwies. Odorico nennt Lhasa Gota, nach Cordier eine Verdrehung des Namens Potala, den das Klosterschloß des Dalai-Lama führt. Das Land nennt er Riboth; er weiß, daß es an Indien grenzt, und sagt:

„Dieses Königreich steht unter der Herrschaft des Großchans, und man findet dort Brot und Wein und viel größeren Überfluß als in irgendeinem andern Teile der Welt. Die Bevölkerung dieses Landes lebt in schwarzen Filzzelten. Die Königsstadt ist sehr hübsch, ganz und gar aus weißem Stein gebaut und hat gut gepflasterte Straßen. Sie heißt Gota. In dieser Stadt wagt niemand, Menschenblut, auch nicht das irgendeiner Tierart zu vergießen, und zwar aus Ehrfurcht vor einem Götzen, den man dort verehrt. In dieser Stadt wohnt der ‚Obassy‘, das ist der Name ihres Papstes in ihrer Sprache. Er ist das Oberhaupt aller Götzenanbeter und verteilt die Priesterstellen des Landes auf seine Weise."

Odorico weiß auch, wie die Tibeter mit den Toten verfahren, wie die Priester der Leiche den Kopf abschneiden und ihn dem Sohne geben, der eine Trinkschale daraus anfertigt, aus der er auf das Andenken seines Vaters trinkt, während der Leib zerstückelt und Adlern und Geiern hingeworfen wird, die gleich Gottes Engeln den Entschlafenen in die Freuden des Paradieses führen.

Wieder verflossen drei Jahrhunderte, ohne daß aus dem Schneelande, wie die Tibeter ihre Heimat zwischen den Bergen und Tälern oft nennen, irgendeine neue Kunde nach Europa gedrungen wäre. Drei Jahrhunderte hielt sich die Festung, ohne daß Fremdlinge ihre Gräben überschritten. Die Stürme fegten den Schnee wie früher die Abhänge hinauf und ließen ihn wie weiße Tücher von Kämmen und Gipfeln hinabflattern. Es stöhnte und pfiff um die Felsvorsprünge, und die Wellen schlugen einsam und melancholisch gegen die Ufer des Sees des Brahma und des Tengri-nor. Ungestört und sicher wie in einer Freistätte zogen die Nomaden mit ihren schwarzen Filzzelten von einer Weide zur andern, gerade so wie in jenen Tagen, als Odorico in ihrem Lande weilte.

Zwölftes Kapitel

Im Jahre 1625 reiste der Pater Antonio de Andrade nach Tsaparang. Wir werden später, wenn wir uns jener Gegend nähern, von ihm sprechen. Jetzt wollen wir nur jene Reisenden anführen, die auf ihren Streifzügen den Transhimalaja berührt haben. Wir haben gesehen, daß das indische Altertum keinen andern Teil dieses Systems als den Kailas kannte. Ob Odorico die östlichen Ketten jenes Systems überschritten hat, ist nicht bekannt. Aber nun setzt die neuere Zeit ein mit ihren verschärften Anforderungen an eine gründlichere Kenntnis der Erde. Während dieser Periode werden nach und nach die Flügel des Transhimalaja bekannt.

In der Erforschung der Erde ist ein großartigeres, verführerischeres Problem als die Verbindung dieser beiden Flügel und die Feststellung des ganzen Systems kaum denkbar. Jedenfalls habe ich nie vor einer schönern Aufgabe gestanden. Daher verweile ich mit Vorliebe bei dem Gedanken an die Reisenden, die in früheren Zeiten und vor noch nicht langer Zeit Steine herbeigetragen haben zu dem gewaltigen Bau, der jetzt in seinen Hauptzügen fertig ist. Vielleicht verlohnt es sich auch der Mühe, zu untersuchen, wie eine der riesenhaftesten Falten der Erdrinde, die in ihrer Erstarrung heute noch ebenso unerschütterlich dasteht wie in jenen Zeiten, als die Veden geschrieben wurden, allmählich aus der Nacht der Sagen und Legenden hervortritt, wie sie stückweise entschleiert wird, auf den Karten der Europäer immer weiter wächst und vollendet wird, einem Geduldspiel vergleichbar, und wie sie sich schließlich dem Bewußtsein der Geographen als eines der höchsten, längsten und größten Gebirgssysteme der Erde vertraut macht.

Die letzte Strecke, die noch fehlte, um das Bild zu einem Ganzen zu vereinigen, hatte ein Areal von ungefähr 110 000 Quadratkilometer, war also größer als Bayern, Württemberg und Baden zusammen. Auf der Karte las man dort nur die Worte „terra incognita", und es galt, diese auszulöschen. Nur wenn dies gelang, war das Spiel gewonnen.

Der erste Reisende, der Europa umfassendere und wertvolle Kunde von Tibet gebracht hat und von dem man sicher weiß, daß er den östlichen Transhimalaja überschritten hat, war der Jesuitenpater Johannes Grüber, der in Begleitung Albert Dorvilles, eines Mitgliedes desselben Ordens, im Jahre 1661 Peking verließ, um über den Koko-nor, Lhasa, Schigatse und Katmandu ganz Osttibet zu durchwandern, und der nach glücklicher Beendigung seiner Reise im Jahre 1662 in Agra anlangte. Die Beschreibung dieser Reise steht jedoch nicht im richtigen Verhältnis zu ihrer Bedeutung. Athanasius Kircher und Thévenot haben eine kleine Anzahl Briefe und Aufzeichnungen von Grübers Hand veröffentlicht, ersterer in seinem berühmten Werke „China illustrata", das im Jahre 1670 in Amsterdam erschienen ist.

Daraus erfährt man, daß die beiden Geistlichen den Hwang-ho zweimal überschritten und daß sie, nachdem sie Sining-fu hinter sich hatten, drei Monate durch die Wüste der tatarischen Kalmücken zogen, bevor sie das Königreich Lhasa, das von den Tataren Barantola hieß, erreichten. Ihr Weg führte über Ebenen und Gebirge und über Flüsse mit grasbewachsenen Ufern, wo die Herden der Nomaden in genügender Menge Weide fanden. „Es gibt viele, welche glauben, daß diese Wüste sich von Indien bis ans Eismeer erstrecke." Dort kommen keine andern Tiere vor als „wilde Stiere". Die Einwohner wohnen in „tragbaren Häusern", wie Grüber das nennt, was Odorico dreihundert Jahre früher ganz richtig als „schwarze Filzzelte" bezeichnet hatte.

Im südlichen Teile des so beschriebenen Landes, zwischen Naktschu am Saluen und dem Kloster Reting im Südosten des Tengri-nor, gingen Grüber und Dorville über die Höhen des Transhimalaja, ohne zu ahnen, daß sie dadurch den vielen andern Entdeckungen, die sie auf ihrer weiten Reise schon gemacht hatten, noch eine neue hinzufügten. Daß dieses Gebirgssystem in Grübers Aufzeichnungen nicht mit dem scharfen Relief hervortritt, das der Wirklichkeit entspricht, und daß Kircher seiner nicht einmal erwähnt, darf nicht wundern, denn auch die Bergketten im Süden von Zaidam, den gewaltigen Tang-la, der zweihundert Jahre später Pater Hucs Erstaunen und Entsetzen erregte, scheint Grüber nicht im Gedächtnisse behalten zu haben.

Was er um so besser behalten und in lebhaften Farben beschrieben hat, das sind die Langurberge im Süden des Tsangpo, die der nördlichen, die Wasserscheide bildenden Kette des Himalaja zwischen Schigatse und Katmandu entsprechen. Dort hat ihn die Bergkrankheit überfallen, und um sich das unerträgliche Kopfweh, das in seinen Schläfen hämmerte, zu erklären, hat er einige gewagte Schlüsse gezogen, die von seinen katholischen Nachfolgern auf den hochgelegenen tibetischen Straßen mit dogmatischer Treue angenommen worden sind.

Er sagt, das Langurgebirge sei so hoch, daß Menschen dort nicht atmen könnten, weil die Luft gar zu „subtil" sei, und er fügt hinzu: „im Sommer wachsen dort gewisse giftige Kräuter, die einen so übelriechenden, gefährlichen Duft ausdünsten, daß man dort oben nicht ohne Gefahr, sein Leben zu verlieren, verweilen, ja das Gebirge nicht einmal ohne Lebensgefahr überschreiten kann". Einen ganzen Monat lang muß man über gewaltige Berge und längs grauenhafter Abgründe ziehen, ehe man die erste Stadt in Nepal erreicht.

In Kirchers Werk lesen wir auch von der Unterredung, die der Großherzog von Toskana mit dem guten Grüber nach seiner Heimkehr hatte. Der Großherzog fragte unter anderm, ob Pater Johannes von der Tartarei oder dem Lande der Usbeken aus in das Reich des Großmoguls hineingezogen oder ob er von Osten hergekommen sei und ob er die Gegenden Tibets, die Antonio de Andrade geschildert, kennen gelernt habe. Hierauf antwortete Grüber, daß er von Peking bis Sining-fu immer westwärts gegangen sei und daß er von der großen Mauer an eine südwestliche Richtung eingehalten habe. Um in die Länder des Großmoguls zu gelangen, sei er durch die Wüste der Tartarei und die Königreiche Barantola, Nepal und Maranga gewandert und schließlich an den Ganges gekommen. „Was das Königreich Tibet anbetrifft, so sind meine Kenntnisse hinsichtlich dieses Landes ziemlich genau, denn sowohl unsere Jesuitenpatres, wie auch die Christen, die dort gewesen sind, haben mir gründliche Auskunft gegeben."

Als der Großherzog sich erkundigte, ob Pater Johannes die außerhalb Chinas liegenden Provinzen und Staaten zu beschreiben gedenke und ob es seine Absicht sei, der Öffentlichkeit geographische Karten darüber zu schenken, erhielt er leider zur Antwort, nachdem Pater Athanasius Kircher in seinem Werke „China illustrata" schon alles über die Reise Grübers mitgeteilt habe, werde es verlorene Liebesmühe sein, dem, „was bereits von einem so großen Manne gesagt worden, noch etwas hinzuzufügen und ein besonderes Buch schreiben zu wollen". Man erhält den Eindruck, daß es Grüber wie eine Vermessenheit oder geradezu wie Insubordination gegen Kircher erschienen ist, Anspruch darauf zu erheben, daß er selber etwas schreiben könnte, was besser und ausführlicher wäre als das bereits in „China illustrata" enthaltene.

Auf einer der Karten Kirchers erkennen wir in den „Montes Tebetici" den Himalaja, obwohl der zum Transhimalaja gehörende Kailas dazu gerechnet ist. Im Norden dieses Gebirges liest man die Worte Tibet Regnum.

Volle fünfzig Jahre verliefen im Strome der Zeit, ohne daß aus dem Lande, wo die Berge des Transhimalaja ihre Gipfel in Stürmen und Sonnenschein baden, ein Echo nach Europa drang. Da trat in Rom ein Ereignis ein, das den Weg nach dem geheimnisvollen Lande bahnte. Die Kapuzinerväter in der Mark Ancona bewarben sich um die ausschließliche Berechtigung zur Missionstätigkeit in Tibet und erhielten sie auch durch eine besondere Verordnung der Congregatio de propaganda fide. Darauf brachen der Pater Felice da Montecchio, der Pater Domenico da Fano und andere Mitglieder des Kapuziner-

53. Auf dem Kongta-la. (S. 62.)

54. Drugub. (S. 65.)

55. Tschorten in Drugub. (S. 65.)

56. Musikanten in Drugub. (S. 65.)

ordens im Jahre 1704 aus Rom auf, um nach Indien und Tibet zu reisen. Da Fano langte im Jahre 1707 in Lhasa an. Seine Bemühungen, in der Hauptstadt des Dalai-Lama eine Missionsstation zu gründen, stießen auf große Schwierigkeiten; um kräftigere Unterstützung aus der Heimat zu erlangen, kehrte er nach der Ewigen Stadt zurück. Im Jahre 1715 war er zum zweitenmal in Indien, zu einem neuen Sturmlaufe gegen Tibet gerüstet.

Inzwischen hatte der Jesuitenpater Ippolito Desideri von seinem Ordensgeneral die Erlaubnis zum Bekehren der Tibeter erhalten; nachdem der Papst ihm seinen Segen erteilt hatte, machte er sich ebenfalls auf den Weg. Von Indien nahm er den Pater Manuel Freyre mit. Beide reisten über Kaschmir nach Leh, wo sie den Sommer des Jahres 1715 verlebten und sich mit dem Erlernen der Sprache beschäftigten, alles in der Hoffnung, dereinst „zwischen den Bergen von Tibet der Majestät Gottes wohlgefällige Früchte aufsprießen zu sehen".

Desideri verließ Leh im August 1715 und reiste im Gefolge einer Tatarenprinzessin mit großen Karawanen und vielen Begleitern über Gartok und den Manasarovar nach Lhasa, wo er im März 1716 anlangte. Er hatte eine Reise ausgeführt, die seinen Namen auf immer berühmt machen sollte. Es dauerte noch volle 188 Jahre, bis die nächste europäische Expedition — unter Hauptmann Rawling und Major Ryder — durch das Tal des oberen Brahmaputra zog. Pater Desideri aber war der erste Europäer, der am Südfuße des Transhimalaja das ganze Gebirge entlang gewandert ist.

Gegen zweihundert Jahre kannte man über jene Reise nichts anderes als das, was Desideri in einem aus Lhasa am 10. April 1716 geschriebenen Briefe, der später in den „Lettres Edifiantes" abgedruckt worden ist, dem Pater Ildebrand Grassi anvertraut hat. In wohl zehn andern berührt er keine geographischen Fragen. Endlich fand man in seiner Vaterstadt ein ausführliches, inhaltsreiches Manuskript von seiner Hand, und diese wertvolle Urkunde wurde 1904 in Rom veröffentlicht. Unter den katholischen Missionaren, die zu Anfang des achtzehnten Jahrhunderts Tibet besuchten, ist Desideri der hervorragendste.

Monatelang ritt er am oberen Indus entlang, am heiligen See vorüber und durch das Tsangpotal, und beständig hatte er dabei auf der Nordseite Felsschultern und Vorsprünge des Transhimalaja, der in das Tal hinabschaute wie Häusergiebel in eine alte Gasse. Trotzdem weiß Desideri über diese Berge so gut wie nichts zu sagen, sondern spricht, wie Grüber, nur vom Langurgebirge. Wenn man dieselbe Straße zieht wie Desideri, ist es nicht schwer, ihn zu verstehen. Das Langurgebirge, das er mühsam überschritten hat, machte einen mächtigeren Eindruck auf ihn als der Transhimalaja, den er nur teilweise vom Tsangpotale aus erblickte. Von der vergleichsweise tiefen Rinne dieses Flusses aus gesehen, macht jenes System nur an zwei Stellen einen bedeutenden Eindruck; sonst sind die naheliegenden Berge, die die Hauptkämme verdecken, nicht sehr hoch.

Aber Desideri ist der erste Europäer, der den Kailas gesehen und davon erzählt hat. Er berichtet, daß er Mitte Oktober Gartok verlassen habe und am 9. November die größten Höhen erreicht habe, die er auf dem Wege nach Lhasa habe bekämpfen müssen. Hier in der Provinz Ngari, sagt er, ist ein außerordentlich hoher Berg, der beträchtlichen Umfang hat, mit ewigem Schnee bedeckt ist und in die entsetzlichste Kälte eingehüllt erscheint. Vielleicht hat er den Kailas umwandert, denn er erzählt von dem Zuge der Pilger und der religiösen Bedeutung des Berges.

Er kennt die verschiedenen Straßen von Lhasa nach Sining-fu, er weiß, daß Tibet im Osten und Nordosten an China und an die Tartarei und im Norden an wilde, öde Gegenden und das Königreich Jarkent grenzt. Er erzählt denjenigen, die seine Schriften erst zweihundert Jahre später kennen lernen sollten, daß Schigatse die Hauptstadt des Königreiches Tsang sei, daß Lhasa, das Herz der mittelsten Provinz Tibets, die U heiße, inmitten hoher Berge liege und daß sich auch im Norden des Klosters Sera hohe Kämme erheben.

Desideris Schilderung hätte jedoch in unserer Phantasie nie das Bild eines fortlaufenden Gebirgssystems längs des Weges von Ladak nach Lhasa hervorgerufen. Ein solches Bild existierte noch im Jahre 1904 höchstens theoretisch. In demselben Jahr erschien die Beschreibung des Desideri, ohne unsere Ansichten erweitern oder unsere Begriffe hinsichtlich des geheimnisvollen Gebirges im Norden entwirren zu können.

Das Langurgebirge aber hat auf den Pater Eindruck gemacht. „Es hat die Eigenschaft, daß ein jeder, der hinüberzieht, unbedingt großes Unbehagen verspürt, besonders starkes Kopfweh, Brechreiz und Atemnot, wozu noch Fieber kommt." Desideri hat eine viel vernünftigere und richtigere Erklärung der Bergkrankheit als Pater Huc, der sie giftigen aus dem Boden aufsteigenden Kohlensäuredämpfen zuschreibt. Jener sagt: „Viele Menschen glauben, daß das Unbehagen, das man empfindet, von den Dämpfen gewisser Mineralien herrühre, die im Innern der Langurberge vorkommen; da man aber bisher keine sichere Spur solcher Minerale gefunden hat, so glaube ich lieber, daß die ungemütlichen Zustände durch die dünne, scharfe Luft verursacht werden. Ich neige dieser

Ansicht um so mehr zu, als meine Schmerzen noch unerträglicher wurden, wenn sich Wind erhob, und als ich gerade auf den Höhen des Langurgebirges an mörderlichem Kopfweh litt."

Während der langen, beinahe vier Jahrzehnte umfassenden Zeit, als die Kapuzinermission, wenn auch mit Unterbrechungen, in Tibet wirkte, hätte doch, sollte man annehmen, eine ganze Literatur über das merkwürdige Land entstehen müssen. Denn damals reisten viele Priester über den Himalaja hin und her. Und doch ist die geographische Ausbeute mager. Das wichtigste Werk jener Zeit ist Georgis „Alphabetum Tibetanum", zu welchem Orazio della Penna und Cassiano Beligatti beinahe das ganze Material geliefert haben. Dazu kommt Beligattis eigene Reisebeschreibung, die neuerdings in Macerata in der Biblioteca Communale Mozzi-Borgetti entdeckt und im Jahre 1902 in Florenz herausgegeben worden ist.

Der 1708 in Macerata geborene Beligatti weihte mit 17 Jahren sein Leben dem Dienste der Religion und begab sich im Jahre 1738 als Missionar nach Tibet, wo er zwei Jahre blieb. Über Nepal und Bengalen kehrte er im Jahre 1756 nach Italien zurück und starb dort 1785 in seiner Vaterstadt.

Seine Reise nach Tibet führte er in Gesellschaft des Paters della Penna aus. Die Kapuzinermission hatte inzwischen ihre Glanzperiode verfließen sehen, und nicht einmal die letzte Verstärkung, die sie aus Rom erhielt, vermochte das heilige Feuer, dem Dalai-Lama und den Götzenbildern in Potala zum Trotz, in Glut zu erhalten. Im April 1745 erlosch die Flamme auf immer, als die letzten Missionare Lhasa verließen. Ihre Häuser wurden zerstört, und ein Jahrhundert sollte verstreichen, ehe wieder Missionare aus Europa, die Lazaristen Huc und Gabet, nach der heiligen Stadt drangen. Doch noch im Jahre 1904 fanden die Engländer unter Younghusband in Potala eine Bronzeglocke, die einst zum Gottesdienste in der Kapuzinerkirche geläutet hatte. „Te Deum laudamus" steht in der Bronze zu lesen, und der Ambrosianische Lobgesang scheint in den Tonwellen zu schlummern, wenn die Glocke durch heidnische Hände in Schwingungen versetzt wird und das Echo schwermütig und siegesfroh von den Felsen Tibets widerhallt.

Beligatti erzählt von seiner Fußwanderung auf dem ganzen langen Wege von seinem Heimatorte nach Paris, von seiner Einschiffung in Lorient nach dem Hafen Tschandernagor, den er nach einem halben Jahre erreichte und von welchem aus er und seine Kameraden im Dezember 1739 nach Patna weiterreisten. Von hier aus brachen acht Brüder und sechzehn eingeborene Diener auf Schusters Rappen auf, um auf holperigen Pfaden durch Nepal zu ziehen.

Sobald Beligatti in seiner Schilderung über die tibetische Grenze führt, lesen wir gespannt weiter und fragen uns, ob er uns wohl einen Blick auf den Transhimalaja werfen lassen werde. Doch wir warten vergeblich auf das Aufziehen des Vorhangs und verzeihen dem Fra Cassiano gern diese Unterlassung, wenn wir daran denken, daß ihm der Blick in die Ferne vielleicht durch die verhüllenden Draperien der Monsunwolken begrenzt worden ist.

Auf den Höhen des Langurgebirges kann er es ebensowenig wie seine Vorgänger unterlassen, von dem „sonderbaren Einflusse" zu sprechen, „den das Gebirge sowohl auf Menschen wie auf Tiere ausübt, mag dies an der Luftverdünnung oder an irgendeiner schädlichen Ausdünstung liegen". Mit drei gesattelten Saumtieren, auf denen die am meisten Erschöpften der Schar ritten, arbeiteten sich die Geistlichen mühsam an den steilen Hängen des Gebirges hinauf. In einem Schuppen am Wege brachten sie, ihre Leute, die Reittiere und Reisende aus Lhasa eine Nacht zu, die an „Fegefeuer und Hölle" erinnerte. Einige wimmerten, andere schrien laut, während die neben ihnen Liegenden sich übergaben oder phantasierten. Essen konnte keiner, und die vierbeinigen Gäste trugen nicht zur Belebung der Stimmung bei. Am folgenden Morgen ging es über den Paß, und als man auf seiner andern Seite Tingri erreicht hatte, waren alle Leiden vorüber.

Er schildert ebenso meisterhaft wie Desideri die täglichen Arbeiten während seiner Reise und beschreibt, wie man Lager schlägt und die Tiere grasen läßt, um unterdessen die Lagerfeuer anzuzünden und das Essen zu kochen, während einige der Brüder das Brevier lesen; wie man zu neuen Anstrengungen aufbricht, widerspenstigen Maultreibern den Text liest, den schnellfüßigen rotgelben Kiangs, die die Karawane umkreisen, mit den Blicken folgt; wie man durch den heftigen Wind, der oft das Kochen der Speisen verhindert, belästigt wird und wie man so ein Dorf nach dem andern und immer wieder ein neues Kloster erreicht. Beligattis Route läßt sich auf einer modernen Karte leicht verfolgen.

In Gyangtse bleiben die Priester zwei Tage, um Weihnachten zu feiern. Dann geht es weiter über den Karo-la nach dem seltsamen See Jamdok-tso mit seiner Halbinsel und seinen Nonnenklöstern. Darauf wandern sie zum Passe Kamba-la hinauf, der in der Kette liegt, die den Jamdok-tso vom Tsangpo trennt. Auch hier sagt er nichts über die Aussicht, die am nördlichen Horizont sein Auge entzückt haben muß. Aber er, oder vielleicht della Penna, der ihn auf dieser Reise begleitete, hat dem Pater Georgi erzählt, was sie sahen. Denn das „Alphabetum Tibetanum" zieht einen Zipfel des Vorhangs weg, und zwar in folgenden

Worten: „E vertice Kambalà prospicitur nova quaedam series elatorium, nivosorumque montium ad Boream. Hinc eos adorant Indi ac Tibetani viatores" (Vom Scheitel des Kamba-la aus erblickt man eine neue Reihe hoher, mit Schnee bedeckter Berge nach Norden zu. Von hier aus beten die indischen und tibetischen Wanderer sie [jene Berge] an.)

Die mit Schnee bedeckten Kämme fern im Norden sind der Teil des Transhimalaja, den die Tibeter Nien-tschen-tang-la nennen und der in ihren Augen heilig ist. Falls der Himmel klar gewesen ist, haben Odorico de Pordenone, Grüber und Dorville, Desideri und Freyre und alle die Kapuziner, die über den Kamba-la gezogen sind, einst dasselbe Bild erblickt, ohne uns etwas über die imposante Landschaft zu verraten, die sich vor dem nordwärts schauenden Wanderer aufrollt.

Schließlich setzte man in ganz denselben Yakhautkähnen, wie sie noch heute benutzt werden, über den Tsangpo, und am Morgen des 5. Januar 1741 eilten „il Padre Prefetto" (della Penna) und Padre Floriano voraus nach Lhasa, um dort die Herberge, in der sich alle am nächsten Tage versammeln sollten, in Ordnung zu bringen. An der Spitze der übrigen Schar folgte Beligatti; er ließ das große Kloster Brebung zur Linken liegen, zog an der Außenmauer Potalas entlang und betrat am 6. Januar die heilige Stadt.

Am Schlusse seiner Schilderung erzählt Beligatti von den prachtvollen Klöstern Sera und Galdan, von der Art und Weise, wie der „König" die Missionare empfing, von ihrem Besuche bei dem chinesischen Residenten, von einem tibetischen Gastmahl, von den Tempelfesten an der Jahreswende und vom Einzuge des Großlamas in Lhasa.

Ein großer Teil des ursprünglichen Manuskripts ist verloren gegangen. Doch der Teil, der aus der staubigen Dämmerung des Archivs ausgegraben und 160 Jahre nach seiner Niederschrift veröffentlicht worden ist, verbreitet neues Licht über das Leben der Kapuziner in Lhasa und ihre mühseligen Wanderungen über die Langurberge und den Kamba-la. So ist denn auch Fra Cassiano endlich aus dem Reiche der Schatten wiedergekommen und hat in seiner Reisebeschreibung seinem Lebenswerke ein würdiges Denkmal errichtet.

Von della Pennas Hand gibt es eine ebenso kurze wie vorzügliche Beschreibung von Tschang-tang, der „Nordebene", wie die Tibeter das Plateauland nennen. „Breve Notizia del regno del Tibet" ist sie betitelt. Er erzählt auch von dem acht Tagereisen von Lhasa und zwei von Nak-tschu liegenden „Herzogtum Dam". Heutzutage gibt es kein solches Herzogtum, wohl aber noch ein Dorf Dam, und ein Paß gleichen Namens führt im Südosten des Tengri-nor über den Transhimalaja.

In seinem kurzen Aufsatze widmet della Penna dem berühmten holländischen Reisenden Samuel van de Putte, der zwischen 1723 und 1736 aus Indien über Lhasa nach Peking zog und auf demselben Wege nach Indien zurückkehrte, einige Worte der Erinnerung. Grüber und Dorville waren ungefähr dieselbe Straße gezogen, die später auch Huc und Gabet kennen lernen sollten. Van de Putte weilte lange in Lhasa und führte dann seine Reise im Gefolge einer Lamagesandtschaft an den „Sohn des Himmels" als Chinese verkleidet aus. Er starb 1745 in Batavia. In seinem Testament sprach er den Wunsch aus, daß alle seine Manuskripte verbrannt werden sollten, denn er fürchtete, daß seine kurzen, auf losen Blättern niedergeschriebenen Aufzeichnungen falsch gedeutet werden könnten; sie könnten falsche Vorstellungen von all dem Merkwürdigen, das er gesehen und erlebt, erwecken und würden dadurch einen Schatten auf seinen Namen werfen.

Dreizehntes Kapitel.

Die Jesuiten. — D'Anville. — Die ersten Engländer. — Ritter, Humboldt und Huc.

Als der große Kaiser Kang Hi (1662—1722) durch die Eroberung der Mongolei, Formosas und Tibets die Grenzen des Reiches der Mitte abgerundet hatte, beschloß er im Jahre 1708, eine Karte seiner unermeßlichen Länder aufnehmen zu lassen. Die Ausführung dieser Arbeit vertraute er den gelehrten Jesuiten an, die sich in Peking aufhielten und sich seiner besonderen Gunst erfreuten. Anfangs begnügte er sich mit den Gegenden um die große Mauer herum; doch als die Jesuiten schon nach einem Jahre eine fünfzehn Fuß lange Karte vor den Augen des Kaisers ausbreiteten, war er so entzückt, daß er sein ganzes Reich auf diese Weise aufgenommen haben wollte. Sie begannen mit der Mandschurei und der Provinz Tschi=li, eine Arbeit, die zwei Jahre in Anspruch nahm. Dann verging kein Jahr, ohne daß dem gewaltigen Werke das Kartenbild einer oder mehrerer Provinzen hinzugefügt wurde. Es gereicht den Chinesen zur Ehre, daß die Jesuiten in jeder Provinz einheimische, vor langer Zeit aufgenommene Karten vorfanden. Nur Tibet war noch nie vermessen worden.

Der hervorragendste der Jesuiten war der Pater Régis, der 36 Jahre in China lebte und in Du Haldes großem Werke über dieses Land Abhandlungen über Korea und Tibet geschrieben hat. Der Kaiser Kang Hi hatte eine Gesandtschaft nach Lhasa geschickt, um die tibetischen Fürsten für Chinas Politik zu gewinnen, aber der Gesandte hatte auch den aussichtslosen Auftrag erhalten, eine Karte aller der Länder, die unter der Herrschaft des Dalai=Lama standen, aufnehmen zu lassen.

Im Jahre 1711 wurde diese Karte dem Pater Régis eingehändigt, der sie unbrauchbar fand. Der Kaiser ließ jedoch nicht nach. Zwei lamaistische Mönche, die in Peking ausgebildet worden waren, wurden beauftragt, das Hochland von Sining bis Lhasa und den Gangesquellen hin aufzunehmen und dem „Sohne des Himmels" aus der Flut jenes heiligen Stromes Wasser zur Erquickung mitzubringen. Im Jahre 1717 war die Karte fertig, und der Kaiser schickte sie seinen Freunden, den Jesuiten.

Nach einigen kühnen Verbesserungen, die aus Rücksicht auf die Schule, aus der die beiden lamaistischen Topographen hervorgegangen waren, vorgenommen wurden, verleibte man die von ihnen aufgenommenen Blätter dem Kartenwerke über China ein, welches dann im Jahre 1718 dem Kaiser vollendet vorgelegt wurde. Eine Kopie dieses Werkes erhielt der König von Frankreich. Nach ihr stellte D'Anville seine berühmte Karte her; aber auch er nahm Verbesserungen vor, die nicht immer gut ausfielen.

Gerade um die Zeit, als die Lamamönche fleißig bei der Arbeit waren, brach in Tibet Krieg aus, indem der Dsungarenchan Tsagan Araptan seinen Heerführer Seren Donduk mit einer Armee aus Chotan nach Lhasa schickte. Es steht in den Annalen der Kriegsgeschichte wohl einzig da, daß ein Invasionsheer 1500 Kilometer weit durch ein meist unbewohntes, fast überall in Montblanchöhe liegendes Feindesland zieht und dennoch Erfolg hat. Auf diesem Heereszuge überschreiten die Dsungaren den Kwen-lun, den Kara-korum und den Transhimalaja, aber von ihren Schicksalen wissen wir wenig oder nichts. Wir wissen nur, daß das Land um Lhasa herum verheert und geplündert worden ist, den Tempeln ihre unermeßlichen Schätze geraubt wurden und daß die Feinde alle Lamas, die sie fingen, in Säcke steckten und so auf Kamelen nach der Tartarei brachten. Es fehlte nicht viel daran, daß es den beiden Lamatopographen ebenso ergangen wäre. Als sie von der herannahenden Gefahr hörten, beschleunigten beide ihre Arbeit und waren vor allem darauf bedacht, sich selber in Sicherheit zu bringen.

Das Ergebnis ihrer Wanderungen war D'Anvilles Karte aus dem Jahre 1733, die 1737 in seinem Atlas über China veröffentlicht worden ist. (Siehe „Transhimalaja", II, 363, Abb. 367.) Wir finden auf ihr Seen und Flüsse, die jetzt schwer wiederzuerkennen sind; wir finden Bergketten, die nach allen Himmelsrichtungen gehen, jedoch sich überwiegend von Nordosten nach Südwesten ziehen, obgleich sie in Wirklichkeit von Nordwesten nach Südosten laufen. Da Europas Geographen keine andern Karten über das innere Tibet hatten, mußten sie mit D'Anvilles Darstellung vorliebnehmen. So viel schien jedoch ganz klar zu sein, daß das Land im Norden des Tsangpo ein Gebirgsland war und daß von den Kämmen und Gipfeln jenes Gebirges Flüsse herabrauschten, die sich in abflußlose Seen ergossen. Noch lange konnte man in jedem europäischen Atlas die Spuren der Karte D'Anvilles wahrnehmen. So ist es noch bei dem Blatte Tibet in Stielers Handatlas aus dem Jahre 1875 der Fall. Nachher aber wurde das ganze Feld, worin der mittelste Transhimalaja

57. Kaufleute aus Kaschmir in Drugub
(S. 65.)

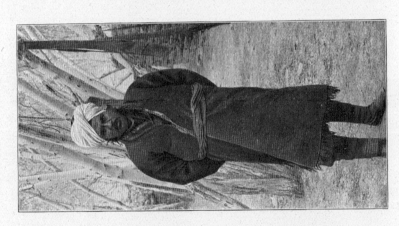

58. Der Tesildar.
(S. 65.)

59. Kaufleute aus Rudok in Drugub.
(S. 65.)

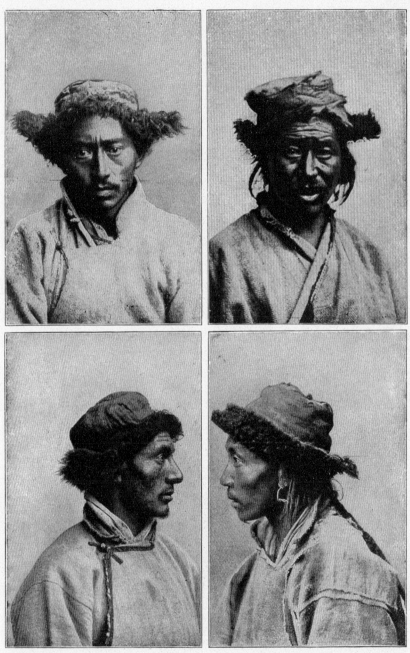

60—63. Meine treuen Diener, die Ladaki Gulam, Tubges, Kutus und der Tibeter Lobsang. (S. 65.)

liegt, in einer Länge von 900 Kilometer und 120 Kilometer Breite ausgelöscht. Man opferte sogar den Tarok-tso und den Tabie-tsaka, zwei Seen, die D'Anville recht gut wiedergegeben hat. Doch wie konnte man wissen, was gut und was schlecht war! Man zweifelte an allem. Kein Europäer war dort gewesen. Das Alte, Unzuverlässige wurde verworfen. Noch 1889 verzichtet Dutreuil de Rhins darauf, irgendwelche tibetische Ketten auf seiner großen Karte Zentralasiens einzuzeichnen, „car la plupart n'ont pas été même entrevues par les explorateurs modernes (denn die Mehrzahl ist von den modernen Forschungsreisenden noch nicht erblickt worden)". Hier gab es für die Wanderer der Neuzeit Aufgaben genug. Hundertneunzig Jahre nach den ersten chinesischen Forschungen in jenen Gegenden sollte ein wenig Ordnung in dieses Gebirgslabyrinth gebracht werden.

Die tiefeingeschnittenen Täler der indochinesischen Flüsse sind stets zu den schwierigsten Problemen in Asien gerechnet worden. Dazu hat auch das Land im Norden des Tsangpo gehört. Durch die Bemühungen Kang His und seiner Freunde, der Jesuiten, begann ein unentwirrbares Durcheinander von Gipfeln und Kämmen durch die Nebel im Norden hervorzuschimmern. Noch am Ende des 18. Jahrhunderts scheinen die Geographen Europas zu der klassischen Darstellung größeres Vertrauen gehabt zu haben als zu der chinesischen. Später tauschten beide den Platz, und D'Anville wurde dem Ptolemäus vorgezogen. Andere Quellen waren jedoch nicht vorhanden, und wenn Major Rennell in dem Texte zu seiner 1785 herausgegebenen Karte von Hindostan sagt, daß von der Höhe des Kamba-la „may be seen towards the north a range of still higher mountains covered with snow (gegen Norden eine Kette noch höherer, mit Schnee bedeckter Berge gesehen werden kann)", so erkennen wir Georgis Worte beinahe buchstäblich wieder.

Als George Bogle im Mai 1774 als Gesandter des großen Generalstatthalters Warren Hastings an den Taschi-Lama Kalkutta verließ, erhielt er unter anderem den Auftrag, die Eingeborenen über die zwischen Lhasa und Sibirien liegenden Länder auszufragen. In seinem Memorandum an den Gesandten sagt Warren Hastings:

„Tibet ist ein kaltes, hochgelegenes und gebirgiges Land. Mir ist gesagt worden, daß ein großer Fluß die Grenze zwischen Tibet und China bilde, die von beiden Ländern aus sorgfältig durch Truppen bewacht werde, und daß Tibet von Kaschmir aus europäische Waren erhalte. Aber ich habe über diese Dinge noch nicht genug erfahren . . . . . . Die großen Flüsse des südlichen und östlichen Asien scheinen in den Gebirgen Tibets zu entspringen. Es ist daher wahrscheinlich das höchste

Land des alten Weltteils, und dieser Umstand nebst der Schwierigkeit, dort eingelassen zu werden, verleiht ihm auffallende Ähnlichkeit mit dem Tal von Quito in Südamerika."

Warren Hastings war ein klarerer Kopf als Bogle. Dieser reiste nach Tibet, ging über den Tsangpo und in das Tal Schang hinein und begab sich nach dem Kloster Namling, wo er seinen Auftrag ausrichtete. Aber er erkundigte sich gar nicht nach dem weiteren Verlauf dieser Straße, auf welcher gerade hundert Jahre später ein Pundit nach dem Passe Kalamba=la im Transhimalaja hinaufzog, auf dessen Nordseite die Straße langsam nach dem Ufer des Tengri=nor hinabsinkt. Obgleich er eine tüchtige Strecke in Schang, einem der südlichen Täler des Transhimalaja, aufwärts gezogen ist, hat er von dem Vorhandensein dieses mächtigen Systemes keine Ahnung. Und als er Tibets Natur in allgemeinen Ausdrücken beschreiben soll, sagt er bloß, daß „es voller Hügel sei, die man Berge nennen könnte . . . . . . Doch braucht man nur einige wenige zu überschreiten, weil die Straße durch Täler führt . . . . . . Das Land ist nackt, steinig und offen; kaum ein Baum ist zu sehen, ausgenommen in der Nähe der Dörfer, aber auch dort wachsen sie spärlich".

Bogle ist der erste Engländer und einer der wenigen Europäer, die einen Teil des Transhimalaja berührt haben. Dennoch merkt er es nicht. Er konnte sich mit Desideri, Beligatti und della Penna nicht messen.

Im Jahre 1783—84 reiste Samuel Turner in ähnlichem Auftrag — um eine Handelsverbindung zwischen Tibet und Indien anzubahnen — an den geistlichen Hof des Taschi=Lama und brachte eine hübsche Karte seines Weges heim, die erste, die es noch 120 Jahre später gab, als Younghusband nach Lhasa zog. Turner kam nur bis Taschi=lunpo, und von seinen Fenstern im Kloster aus konnte er die Straßen sehen, die nach Bhotan und Bengalen, nach Ladak und Kaschmir, nach Nepal, Lhasa und China führten. Der Straße nach Sining erwähnt er nur mit einigen Worten, die sich nicht einmal annähernd mit Desideris klarer Beschreibung jenes Weges vergleichen lassen. Über den Transhimalaja bleibt er stumm; er konnte auch von seinen Fenstern in Taschi=lunpo aus nichts von jenen Felsenmauern sehen. Doch hätte er die Mönche gefragt, so würde er immerhin etwas über die vom Kamba=la aus „ad Boream" sichtbaren „nivosi montes" erfahren haben, über welche Georgi aus den Quellen der Kapuziner geschöpft hat.

Ebenso blind gegen die sich im Norden ausdehnende Gebirgswelt war der kühne, aber sehr unwissende Thomas Manning, der 1812 aus eigenem Antrieb nach Lhasa zu kommen suchte und dem es auch gelang. Sein Bericht darüber ist ein Wunder an Inhaltlosigkeit und

Einfältigkeit. Er kennt nicht einmal den Namen des Kamba-la. In Lhasa hörte er nichts und lernte er nichts. Sein Weg nach der geheimnisvollen Stadt gleicht dem Kurse eines Segelschiffes auf dem Meere, wo die Wellen hinter dem Schiff wieder zusammenschlagen. „Es ist eine kärgliche Beschreibung einer wichtigen Reise", sagt Younghusband, der hundert Jahre später der Spur Mannings folgte.

In demselben Jahre begab sich William Moorcroft nach dem Manasarovar und zog dort wichtige Nachrichten über den heiligen See ein. Auf seiner Karte zieht sich im Norden des Sees eine Bergkette hin, die Cailas Mountains, die jedoch eher so gezeichnet ist, als ob sie den Rand eines steil nach den Becken der Seen abfallenden Plateaulandes bilde. Dies ist also der Teil des Transhimalaja, über den Desideri berichtet hat. Desideri war hundert Jahre früher dort gewesen, aber seine Beschreibung wurde erst hundert Jahre nach der Moorcrofts bekannt.

Während der ersten Jahrzehnte des 19. Jahrhunderts besuchten mehrere Engländer Nepal. Es wäre grausam, von ihnen irgendeine neue Kunde über die Gebirge im Norden zu verlangen. In seinem prächtigen Werke „On account of the Kingdom of Nepal" (1811) bringt Kirkpatrick so gut wie nichts über Tibet. Aber Francis Hamilton läßt uns wenigstens einen Schimmer des Transhimalaja ahnen, da er sagt, daß drei Ketten vom Manasarovar ausgingen, von denen die beiden südlichen zum Himalaja gehörten, während die nördlichste sich nur bei dem heiligen See Indien nähere und in ihrem mittelsten Teil den Gipfel des Kailas trage. Dies hatten ihm Eingeborene in Nepal erzählt, welche auch wußten, daß die nördlichste Kette im Norden des Indus und des Brahmaputra lag. Er hat es aber nicht gewagt, die Kette auf seiner Karte nach Osten hin auszudehnen. Er hat es anderen überlassen, sich eine fortlaufende Gebirgsmauer bis an den Nientschen-tang-la der chinesischen Karten am Schreibtisch zurechtzukonstruieren. Über den Salzsee Tabie-tsaka, der den Chinesen längst bekannt war, hat Hamilton ein dunkles Gerücht angeführt: „Borax und Salz sollen von einem See hierhergebracht werden, der ungefähr im Norden von Katmandu etwa fünfzehn Tagereisen jenseits des Brahmaputra liegt. Beide Waren kommen nach Nepal auf dem Rücken einer großen Art Schafe, von denen einige vier Hörner haben und die in den Provinzen, die an die Quellen des Indus, Ganges und Brahmaputra grenzen, die gewöhnlichen Lasttiere zu sein scheinen."

Seitdem sind erst hundert Jahre vergangen! Die Zeit des Ptolemäus war vorbei. Man zweifelte an den chinesischen Quellen. Die Europäer versuchten es, selbst den Vorhang jenes ihnen verbotenen Landes zu heben. Denn noch immer dehnte sich im Norden Indiens und des Himalaja jene „terra incognita" aus, die während des letzten Jahrhunderts ein zugeklapptes Buch geblieben war.

Im Jahre 1895 gab Professor Wasilieff in Petersburg eine Beschreibung Tibets heraus, die ein Mongole namens Minchul Chutuktu verfaßt hatte, welcher 1839 gestorben war, nachdem er in Peking in Lamatempeln beschäftigt gewesen war. Auch dieser ist dunkel und weiß nur zu erzählen, daß es im Norden des Himalaja eine „mit Schnee bedeckte Bergkette gibt, die, wie viele meinen, mit dem Gandise (Kailas) identisch ist; aber mir scheint es richtiger, diesen Namen als nomen appellativum nicht nur dem Gandise, sondern auch vielen tausend anderen Bergen zwischen Kabul und Kam (Osttibet) zu geben". Er erwähnt auch „eines der vier stürmischen, überschneiten Gebirge, des gNjanchen-tan-lkhai-gans-ri", des Nien-tschen-tang-la der Tibeter und der Chinesen. Minchul Chutuktu kannte also die beiden Grenzsäulen im Osten und Westen, zwischen denen der Transhimalaja seine mächtigen Runzeln dem Gesichte der Erde aufdrückt.

Einen neuen Zeitabschnitt in der Kenntnis und der Geographie Zentralasiens hat Karl Ritter eröffnet. Er unterscheidet zwei Bergketten im Innern von Tibet, das Khorgebirge, das sich vom Kwen-lun diagonal nach dem Tengri-nor hinzieht, und das Dzanggebirge, das im Norden das Tsangpotal begrenzt, mit der „außerordentlich hohen Gletschergruppe Nien-tschen-tang-la" zusammenhängt und sich im Westen der Stadt Tsiamdo bis weit nach Nordosten hinzieht.

Zu Ritters Zeiten (1833) waren keine anderen Reisen in das Herz Tibets hinein unternommen worden als diejenigen, welche ich eben kurz geschildert habe. Seine Hauptquellen bildeten daher Klaproths Übersetzungen chinesischer Werke. Ritter ist auch der erste, der in einem geographischen Handbuch das chinesische Wissen insofern hat zur Geltung kommen lassen, als er, darauf gestützt, von einer fortlaufenden Kette im Norden des Tsangpo spricht. Aber er nimmt auch einige falsche Angaben, die auf Irrtümer der Lamatopographen zurückzuführen sind, als zuverlässige Kunde auf. Nach Ritter ist die Bergkette Dzang die östliche Fortsetzung des Gangdisri (Kailas), und das ganze System teilt Tibet in zwei Hälften, von denen die südliche das eigentliche bewohnte Tibet und die nördliche das Land der mongolischen Nomaden ist.

Die weniger klaren Vorstellungen der chinesischen Geographen sind also von Ritter gleichsam umgeformt und systematisiert worden. Er hat die orientalische Auffassung begreiflich und auch den Völkern des Abendlandes genießbar gemacht. Er gibt jedoch willig zu, daß die damaligen

Kenntnisse über unsern Transhimalaja, den er „die gänzlich unbekannte Nordkette" nennt, mit Mängeln behaftet sein müssen.

Seit dem Jahre 1833 können wir also von der Tatsache ausgehen, daß der größte Geograph, den es damals gab, von dem Vorhandensein einer fortlaufenden Kette im Norden des Tsangpo fest überzeugt war, obgleich auch er sie, mit Ausnahme der Gebirgsstöcke Kailas und Nien-tschen-tang-la, für ganz unbekannt hielt.

Der nächste bedeutende Mann ist der große Alexander von Humboldt. Er läßt vier gewaltige Bergwellen sich in ostwestlicher Richtung durch ganz Innerasien erstrecken: Altai, Tien-schan, Kwen-lun und Himalaja. Wie Ritter verlegt er in das Hochland zwischen Kwen-lun und Himalaja die beiden Bergketten Khor und Dzang und sagt von der letzteren, daß sie das lange Tal des Tsangpo begrenze und sich von Westen nach Osten in der Richtung des Nien-tschen-tang-la, eines sehr hohen Gipfels zwischen Lhasa und dem Tengri-nor, hinziehe.

In allem diesen erkennen wir Ritter wieder. Die beiden deutschen Geographen haben dieselben Quellen benutzt, nämlich die Darstellung der Lamatopographen und andere chinesische Werke. Viele davon hatte Klaproth übersetzt, aus dessen Arbeiten Ritter und Humboldt geschöpft haben. Humboldt zeigte (1844), daß die chinesischen Quellen zuverlässiger waren als die griechischen, römischen, arabischen und indischen. Dazu trugen mehrere äußere Umstände bei, wie Chinas Kriege mit Völkern am Westrande des Reiches, die großen Pilgerzüge im buddhistischen Asien, die religiöse Ehrfurcht, mit der alle hohen Berge betrachtet wurden, und schließlich der Kompaß. Und dennoch war den Chinesen nie der ausgeprägte Parallelismus aufgefallen, der ein Charakterzug aller Ketten Tibets ist. Dadurch ließ auch Humboldt sich dazu verleiten, im Osten des Manasarovar einen meridionalen „Rücken", eine Wasserscheide zwischen dem Indus und dem Satledsch im Nordwesten und dem Tsangpo im Osten, anzunehmen.

Humboldt findet Asiens Gebirgsskelett sehr einfach und regelmäßig, und auf seiner Karte sind die verschiedenen Systeme auch mit der größten geometrischen Gesetzmäßigkeit gezogen. Anstatt des verwickelten Gebirgsknotens Pamir hat er eine meridionale Kette, den Bolor, der lange in den Karten von Asien spukte. In seiner Übersicht der großen Gebirgssysteme fehlen Kara-korum und Transhimalaja, aber auf seiner Karte sind sie wenigstens in Bruchstücken zu finden. Er hatte kein rechtes Vertrauen zu D'Anvilles Darstellung und meinte, daß sie aus einer Zeit stamme, in der über die hohen Gebirge der Tartarei die verwirrtesten Begriffe herrschten und man angenommen habe, daß sie sich ohne bestimmte Ordnung nach allen möglichen Richtungen hinzögen. Und dennoch war D'Anville im großen und ganzen der Wahrheit näher als Humboldt!

Um nicht den roten Faden in der Kenntnis des Transhimalaja zu verlieren, müssen wir uns erinnern, daß sowohl Ritter wie Humboldt das Gebirge Dzang im Norden des Tsangpo als fortlaufende Kette darstellen. Diese ganz verkehrte Auffassung ist später eigensinnig beibehalten worden, obgleich sie, mit D'Anvilles Bild des südlichen Tibet verglichen, ein Schritt rückwärts ist.

Bei meiner Rückkehr im Jahre 1909 überraschte mich eine Notiz im Geographical Journal, weil darin behauptet wurde, daß man meinen Transhimalaja bereits seit länger als einem halben Jahrhundert kenne. So hieß es, daß „ihn z. B. Brian Hodgson auf seiner Karte als Nyenchen-Thangla-Kette zeige und im Text dazu sage: trennt das südliche vom nördlichen Tibet". Die übrigen Autoritäten, die zu jener Entdeckung beigetragen haben sollten, waren Nain Sing, Ryder, Wood, Rawling, Markham, Saunders, Atkinson und Burrard.

Was ich als eine der größten Entdeckungen, die man in Asien machen konnte, angesehen hatte, das war also in England seit mehr als fünfzig Jahren bekannt gewesen!

Schon in dem Jahre, als ich geboren wurde, 1865, reiste der große Pundit Nain Sing den Tsangpo hinauf und er gibt auf seiner Karte unterbrochene Gebirge im Norden an. Von einem fortlaufenden Gebirgssystem im Norden des Flusses sagt er aber kein Wort und er hat es auch nicht auf seiner Karte eingezeichnet. Ryder, Rawling, Wood und Bailey unternahmen 1904, nach dem Zuge nach Lhasa, eine besonders vom topographischen und trigonometrischen Standpunkt aus glänzende Expedition. Sie folgten der Spur Nain Sings und hatten keine Gelegenheit, das Tsangpotal zu verlassen und Abstecher in das unbekannte Land im Norden zu machen. Was die übrigen Autoritäten anbetrifft, so war keiner von ihnen je in Tibet gewesen!

Die letzte Ausgabe des Blattes Tibet in Stielers Handatlas, vor meinem letzten Eindringen in das verbotene Land, zeigt im Norden des Tsangpo nichts anderes als weiße Stellen, und zur gleichen Zeit bedeckte dieses Gebiet auf der Tibet-Karte der Royal Geographical Society nur das Wort „Unexplored". Und dennoch war das Land seit mehr als fünfzig Jahren bekannt! War es denkbar, daß dem Verfasser jener kleinen Notiz Quellen zur Verfügung standen, die der Royal Geographical Society unbekannt waren, und daß die geographische Anstalt von Justus Perthes in Gotha, die hervorragendste der Welt, den Schnitzer gemacht hatte, gerade die Urkunden zu vergessen, mit denen sich die weißen Stellen der Karte hätten ausfüllen lassen?

Die kleine Notiz nahm sich wirklich bestechend aus, und sie machte auch die Runde durch die Weltblätter, nicht zum wenigsten in Schweden, wo sie gerade an dem Januartag, an welchem ich heimkehrte, in den Zeitungen stand. Was sollte das Publikum nun glauben? War ich blind drauflosgegangen und hatte ich mir eine Priorität zugeschrieben, die andern zukam?

Schritt für Schritt sind wir den Forschungen am Außenrande des Transhimalaja bis Humboldts Zeit gefolgt und haben bisher keine andern festen und sicheren Punkte gefunden als den Kailas und den Nien-tschen-tang-la. Jetzt stehen wir an der Schwelle der Periode, in der man Hodgson als Bannerträger ausgerufen hat. Da wird es sich der Mühe verlohnen, die Quellen genau anzusehen und die Angaben, die mit Anspruch auf Wahrheit vorgebracht worden sind, nachzuprüfen. Mir ist dies eine Ehrensache. Ich habe drei Jahre damit gewartet. Aber es erfordert Zeit, sich in die Bibliotheken zu vertiefen.

Brian Hodgson ist im Jahre 1800 geboren; er ging 1818 nach Indien und begab sich zwei Jahre später nach Nepal, wo er in den Jahren 1825—33 als Vizeresident und von 1833—43 als Resident tätig war. Nachdem er sich längere Zeit in Dardschiling aufgehalten hatte und im ganzen vierzig Jahre in Indien gewesen war, kehrte er in seine Heimat zurück und starb dort 1894 nach einem Leben rastloser Pionierarbeit sowohl als Forscher auf dem Gebiete humanistischer und naturwissenschaftlicher Zweige wie auch als Diplomat und Politiker.

Zwei Jahre nach Hodgsons Tod gab Sir William Hunter in einem beinahe 400 Seiten umfassenden Buch seine Lebensbeschreibung heraus. Ich habe das Buch von der ersten bis zur letzten Seite gelesen. Es sind darin Verzeichnisse der unzähligen Artikel und Abhandlungen über alle nur denkbaren Stoffe, die Hodgson mit freigebiger Hand in Zeitschriften verschiedener Sprachen ausgestreut hatte, aufgenommen worden. Doch in diesem Gedenkbuch, das auch die feinsten Nuancen einer glänzenden Laufbahn widerspiegelt, wird des Nien-tschen-tang-la mit keinem Wort gedacht, und es enthält keine Zeile über das Gebirge im Norden des Tsangpo!

Nun gut; es kann sein, daß der Biograph das wichtigste Glied einer sonst vollständigen Kette übersehen hat. Es bleibt daher keine andere Wahl, als Hodgsons eigene Schriften vorzunehmen.

In einem Artikel (Journal of the Asiatic Society of Bengal, 1853, S. 121), dessen Inhalt hauptsächlich linguistischer Art ist, sagt Hodgson über den Nien-tschen-tang-la:

„Dieser wichtige Zug in der Geographie Tibets wird durch den Nian-tsin-tangla in Ritters Hochasien und durch Hucs Tanla angedeutet. Dem Beispiel eingeborener Autoritäten folgend, habe ich einen Namen, mit welchem jene Verfasser ein beschränktes Gebiet bezeichnen, in ausgedehnterer Bedeutung benutzt. Ich habe recht daran getan, denn die Ausdehnung, der Verlauf und die Höhe dieser Kette sind nicht zu bezweifeln."

Dies ist alles! Kein Wort über das hinaus, was Ritter zwanzig Jahre früher ausführlicher und systematischer ausgesprochen hatte. Im übrigen spricht Hodgson bloß von der Eigenschaft der Kette als Grenzmauer zwischen dem nördlichen und südlichen Tibet und von den türkischen und mongolischen Stämmen, die auf ihrer Nordseite wohnen sollen. Hodgsons ganze Originalität besteht darin, daß er Ritters Beschreibung in andere Worte gekleidet hat. Sein Irrtum, den Nien-tschen-tang-la Ritters mit Hucs Tanla in Verbindung zu bringen und die beiden durch zwei Breitengrade voneinander getrennten, miteinander parallellaufenden Systeme zu einer Kette zu verschmelzen, war ein höchst unglücklicher Mißgriff, den schon Ritter mehrere Jahre vor Hucs Reise begangen hatte.

Im Jahre 1856 sprach Hodgson die Vermutung aus, daß Karakorum und Nien-tschen-tang-la einunddasselbe System seien. Aber denselben Gedanken hatte Humboldt, mit welchem Hodgson in Briefwechsel stand, schon im Jahre 1831 ausgesprochen. Im Jahre 1853 sieht Hodgson im Nien-tschen-tang-la einen würdigen Nebenbuhler des Kwen-lun und des Himalaja, aber drei Jahre später nimmt er Humboldts vier Systeme, Altai, Tien-tschan, Kwen-lun und Himalaja, an, ohne des Nien-tschen-tang-la überhaupt zu erwähnen. Die Erklärung, daß diese Kette das nördliche Tibet von Südtibet scheide, ist wortgetreu Ritter entnommen.

Im Jahre 1857 veröffentlichte Hodgson die Karte, die auf Seite 368 des zweiten Bandes dieses Buches wiedergegeben ist. Sie ist in allem, was die Gebirge im Norden des Tsangpo anbetrifft, von Anfang bis zu Ende ein vollständiges Phantasiegebilde. D'Anville hatte uns 124 Jahre früher nach chinesischen Quellen ein Kartenbild gegeben, das wenigstens tat, was es konnte, um den wirklichen Konturen zu folgen, und worin einiges auffallend richtig war, besonders das Land um den Manasarovar herum. Doch alles, sowohl das Richtige wie das Fehlerhafte, hat Hodgson gründlich verdorben.

Hier haben wir es mit einem neuen Schritt rückwärts in unserer Kenntnis jenes geheimnisvollen Gebirges zu tun. Das Wenige, was man in den fünfziger Jahren des 19. Jahrhunderts über den Transhimalaja wußte und was größtenteils die Etikette „made in Germany"

64 u. 65. Auf dem Weg nach Kloster Seliput. (S. 69.)

66. Der Gova von Selipuk. (S. 70.)
Zeichnung des Verfassers.

trug, hat Hodgson verdreht, falsch ausgelegt und nach England importiert. Wenn er sich die Mühe genommen hätte, einen Blick auf Stülpnagels Karte von Indien und Tibet in Stielers Handatlas aus dem Jahre 1849 zu werfen, so hätte er dort ein Bild von Südtibet erblickt, das ebenso vorteilhaft von seinem eigenen absticht wie D'Anvilles Karte von der des Ptolemäus.

Der Verlauf ist demnach so: Klaproth übersetzte die Chinesen, seine Schriften werden von Ritter und Humboldt zitiert. Diese beiden deutschen Geographen werden von Hodgson als Quellen benutzt, aber er möbliert am Schreibtisch den Raum nach seinem eigenen Kopfe um. Man kann auf theoretischem Weg und ohne einen Schimmer von Beweisen eine Bergkette auf den weißen Stellen einer Karte entwerfen, falls man von ihrem Vorhandensein überzeugt ist. Aber niemand hat das Recht, sich auf ein solches Verfahren wie auf ein Evangelium und ein Dogma zu berufen, am allerwenigsten zu einem Zeitpunkt, da es endlich bewiesen worden ist, daß eine solche Bergkette nicht existiert, und da der mittelste Transhimalaja in ein Labyrinth verschiedener Ketten aufgelöst worden ist.

So verhält es sich mit der Behauptung, daß Hodgson jenes Gebirge schon über fünfzig Jahre vor meiner Reise gekannt habe!

Auf ihrer berühmten Reise im Jahre 1845—46 von der Mandschurei nach Lhasa durchquerten die beiden Lazaristen Huc und Gabet ganz Osttibet und überschritten dabei auch den östlichen Teil des Transhimalaja. In der Nähe des Koko-nor schlossen sie sich mit mehreren mongolischen Karawanen einer heimkehrenden tibetischen Gesandtschaft an. Der ganze Zug zählte zweitausend Tibeter und Tataren; alle Reiter waren bewaffnet, und bis an die tibetische Grenze wurde die Gesandtschaft durch fünfhundert chinesische Soldaten begleitet. Fünfzehntausend Yaks und zwölfhundert Kamele trugen das Gepäck, und zwölfhundert Pferde waren zum Reiten da. In seiner unübertrefflichen Schilderung der Reise ruft Huc aus: „Wie mußten jene endlosen, schweigenden Wüsten sich wundern, als sie plötzlich durch eine so große, lärmende Schar überrascht wurden!"

Man ließ den Koko-nor hinter sich zurück und begab sich nach dem Hochlande Tibets hinauf, wo sich die Schwierigkeiten bald auf dem Wege des hin und her wogenden Zuges anhäuften.

„Die Wüsten Tibets sind entschieden das schrecklichste Land, das man sich denken kann. Der Boden scheint in einem fort anzusteigen, der Pflanzenwuchs nimmt immer mehr ab, je weiter wir vordringen, und die Kältegrade gehen entsetzenerregend herunter. Nun begann auch der Tod über unserer armen Karawane auf der Lauer zu liegen. Der Mangel an

Wasser und Weide erschöpfte bald die Kräfte der Tiere. Täglich mußte man Lasttiere zurücklassen, die sich nicht weiterschleppen konnten. Später kam die Reihe auch an die Männer."

Auf den gewaltigen Höhen im Süden des Murui-ussu oder oberen Jang-tse-kiang starben Pferde, Maulesel und Kamele massenweise, und vierzig Männer mußten zurückgelassen werden. Pater Gabet wurde dort von einer Krankheit ergriffen, die seinem Leben ein Ende machte, ehe er Frankreich wiedersah.

„Dann begannen wir die gewaltige Kette des Tang-la-Gebirges zu erklimmen. Nach sechstägigem Emporsteigen längs der Abhänge mehrerer amphitheatralisch hinter- und übereinander liegender Berge erreichten wir endlich jenes berühmte Plateau, das vielleicht die höchste Gegend der Erde ist. Vom Rande des herrlichen Plateaus aus erblickten wir zu unsern Füßen Spitzen und Gipfel, die sich auf verschiedenen gigantischen Gebirgsstöcken erhoben, deren äußerste Verzweigungen sich am Horizont erhoben."

Naktschu am Saluen war das erste tibetische Dorf. Dort gab es sowohl schwarze tibetische Zelte wie mongolische Kibitken. Wir nähern uns dem östlichen Flügel des Transhimalaja und warten gespannt auf das, was ein gebildeter Europäer, der das System in der Quere überschreitet, davon erzählen wird; er muß doch etwas darüber zu sagen haben. Doch Huc erwähnt jener Berge kaum und nur in folgenden Worten ahnen wir ihr Dasein: „Die von Naktschu nach Lhasa führende Straße ist im allgemeinen steinig und sehr mühselig, und wenn man die Kette des Koïrangebirges erreicht, ist sie außerordentlich anstrengend." Dieses Koïrangebirge ist die östliche Fortsetzung des Nien-tschen-tang-la, also ein Teil des Transhimalaja; es hat auf Pater Huc augenscheinlich keinen tieferen Eindruck gemacht.

Bald wird der Weg besser, Dörfer und Felder treten immer häufiger auf, und nach einem letzten anstrengenden Passe ziehen die beiden Lazaristen am 29. Januar 1846 in die Stadt des Dalai-Lama ein. Huc ist eine der glänzendsten sympathischsten Persönlichkeiten, die je ihren Namen auf Asiens Stirn geschrieben hat.

Vierzehntes Kapitel.

Der Transhimalaja von der Mitte des 19. Jahrhunderts bis auf die Gegenwart.

In der Mitte des vorigen Jahrhunderts trugen drei berühmte englische Doktoren, Hooker, Thomson und Campbell, in verdienstvoller Weise zur Erweiterung der Kenntnisse Europas über den Himalaja, seine Geologie und seine Natur bei. Sie selbst erstreckten ihre Hypothesen nicht über ihren eigenen Gesichtskreis hinaus und hüteten sich wohlweislich davor, Bergketten aufzubauen, die vielleicht schon nach einigen Jahren wieder eingestürzt wären.

Sir Joseph Hooker (1848—50) sah auf dem Passe Donkia=la, der die Grenze zwischen Sikkim und Tibet bildet, am äußersten Horizont im Nordwesten und Norden Nepals „einige ungeheure Schneeberge, die kleinen Flecken am Horizont glichen.... und eine Kette mit Schnee=spitzen nach der andern durch den Purpur der Entfernung hervorschimmern". Er war davon überzeugt, daß sie jenseits des Tsangpo im Lande der Salzseen lagen, dessen hervortretendsten Charakterzüge die ungeheuer große Höhe und die Farben waren, die grell gegen die schwarzen, mit Schnee bedeckten Felsen des Himalaja in Sikkim abstachen. Die Entfernung bis zu diesen Bergen erschien ihm kolossal. Vorher hatte er sich Tibet nur als ein Flachland gedacht, das in schwachgeneigten Steppen nach dem Tsangpotal abfiel. Es ist schwierig, aus der Beschreibung Hookers zu erkennen, welche Berge er meint. In seinen Worten über die Aus=sicht auf dem Donkia=la glauben wir aber einen Schimmer des Trans=himalaja aufzufangen und ahnen eine Welt unbekannter Berge — nova quaedam series elatiorum nivosorumque montium ad Boream!

Hooker sieht in dem Hochland um den Manasarovar herum einen wichtigen Knotenpunkt, von welchem vier Bergketten ausgehen: der öst=liche Himalaja, der nordwestliche Himalaja, der Kwen=lun und „die Kette im Norden des Yaru (Tsangpo), über welche nichts bekannt ist".

Hooker ließ seine „Himalayan Journals" im Jahre 1854 erscheinen. Im Jahre vorher war die Abhandlung veröffentlicht worden, in der Hodgson den Nien-tschen-tang-la erwähnt. Hätte Hodgson jenes Gebirge wirklich gekannt, so würde Hooker das Land im Norden des Flusses nicht eine terra incognita genannt haben, ja er hätte dies um so weniger getan, als beide Forscher persönliche Freunde waren und auf der Höhe der Bildung ihrer Zeit standen, besonders in ihrer Kenntnis des Himalaja.

Sir Alexander Cunningham führte im Jahre 1854 den Namen Trans-Himalaja ein und gab ihn der Kette, die den oberen Satledsch vom Indus trennt. Da aber diese Kette zum eigentlichen Himalaja gehört, verschwand der Name bald wieder aus der geographischen Literatur. Für das Gebirge im Norden des Manasarovar schlägt er den Namen Kailas oder Gangrikette vor, der sich seitdem lange gehalten hat. Über den Verlauf der Kette — oder auch nur über ihre Fortsetzung jenseits des Kailasberges — sagt aber Cunningham weder ein Wort, noch spricht er irgendeine Vermutung aus.

In das Jahr 1865 fällt Nain Sings berühmte Reise. Er gehörte zu Hauptmann Montgomeries Topographenschule, die aus wohlgeübten Punditen oder gebildeten Hindus und Eingeborenen aus den oberen Tälern des Himalaja bestand. Montgomerie entwarf den Plan zu Nain Sings Entdeckungsreise und versah seinen Schützling mit einem Sextanten, einem Kompaß, einem Chronometer, Thermometern und andern Instrumenten. Der Pundit wanderte zu Fuß und führte eine Gebetmühle und einen Rosenkranz mit sich. In jener hatte er dünne Papierstreifen, auf denen er seine Beobachtungen aufzeichnete, in diesem schob er alle hundert Schritt eine Kugel weiter und konnte danach die Länge des zurückgelegten Weges berechnen.

Nain Sing ging von Katmandu aus. Wir können ihm nicht Schritt für Schritt folgen. Er besuchte Lhasa, zog am Tsangpo aufwärts nach dem Manasarovar und kehrte nach sechsmonatiger Reise wieder nach Britisch-Indien zurück. Montgomerie hat Nain Sings Resultate ausgearbeitet und er bedauert, daß es so schwierig sei, sich nach der Beschreibung des Punditen eine Vorstellung von dem Lande zu machen.

Zwischen dem Manasarovar und Tradum sah Nain Sing im Norden keine bedeutenden Höhen. Eine Strecke weiter östlich waren die Berge sogar ziemlich niedrig. Noch weiter ostwärts aber zeigte sich im Norden „eine sehr hohe Schneekette, welche 20 Meilen mit dem Raga-tsangpo parallel lief". Vom Kamba-la aus, wo die Kapuziner die hohen Schneeberge erblickt hatten, sah der Pundit nur verhältnismäßig niedrige Berge.

Wer durch das Tsangpotal gezogen ist, der versteht die Eindrücke des Punditen. Außer Desideri haben nur fünf Europäer dieselbe Landschaft gesehen wie er, und von ihnen gehörten vier zu einer und derselben

Expedition, zu derjenigen, die unter Hauptmann Rawlings Führung stand. Ihren Spuren bin ich drei Jahre später gefolgt. Naheliegende Kämme und Verzweigungen verdecken dort die Aussicht nach Norden. Wo Nain Sing keine bedeutenden Höhen im Norden sehen konnte, da habe ich auf dem Ding-la, einem Passe von nicht weniger als 5885 Meter Höhe, eine Bergkette überschritten. Derartige Geheimnisse entdeckt man nicht vom Tsangpotal aus, denn die südlichsten Verzweigungen sind sowenig wie andere Berge durchsichtig. Es genügt auch nicht, sich den Rand eines unbekannten Landes anzusehen; will man wissen, was sich in seinem Innern verbirgt, so muß man es auf mehreren Linien durchqueren. Da, wo noch einen Schritt weiter ostwärts die Höhe der Berge, nach Nain Sings Ansicht, noch mehr abnahm, erhoben sich, im Norden versteckt, die mächtigen Zentralketten des Transhimalaja, der Lunpo-gangri, der Lunkar, der Laptschung und der Kantschung-gangri. Von der hohen Schneekette, die der Pundit erwähnt, habe ich nur den westlichen Teil gesehen, der zum Kantschung-gangri gehört. Nain Sing hatte 700 Kilometer zwischen Schigatse und dem Marium-la, und davon sind nur 140 unmittelbar längs des Nordufers des Flusses vom Gebirge eingenommen. Die Reise des Punditen verrät nichts von einem fortlaufenden Gebirgssystem, ja, nicht einmal etwas von einer ununterbrochenen Kette, und kann auch nichts davon verraten. Montgomerie ahnt auch nichts von ihrem Dasein, er spricht wenigstens nicht davon. Er gedenkt nicht Hodgsons hypothetischer Kette, und vom Nientschen-tang-la ist gar nicht die Rede. Nur auf der Karte zu Nain Sings Reise erkennt man, daß sich längs des Flusses Berge hinziehen, die indessen ebensogut der äußerste Rand eines Plateaus sein können. In dieser Beziehung bietet D'Anville mehr. Wir begnügen uns nicht mit den peripherischen Teilen dieser schwer zu erobernden terra incognita, wir müssen die Außenwerke forcieren und in ihr Inneres eindringen.

Ein derartiges Vordringen nach Norden führten im Jahre 1867 Punditen auf ihrer Reise nach Tok-dschalung aus. Den Plan dazu hatte wie gewöhnlich der unermüdliche Montgomerie gemacht. Es wurde der Aling-gangri entdeckt, ein mit Schnee bedeckter Gebirgsstock, dessen Verhältnis zum Transhimalaja noch nicht erkundet ist. Auf dieser Reise näherte sich einer der Punditen auf fünf Tagereisen Entfernung der Indusquelle, wurde aber durch eine Räuberbande wieder zurückgetrieben. Dadurch verzögerte sich die Entdeckung der Singi-kabab, der Quelle des Löwenflusses, um 40 Jahre und fiel mir zu.

Im Jahre 1868 wurden jene Gegenden wieder von Punditen besucht. Sie hörten dort von Selipuk und vom Nganglaring-tso erzählen, deren Existenz ich später durch das Besuchen jener Stellen bestätigen konnte.

In Verbindung mit den Entdeckungen der Punditen im westlichen Tibet sprach Sir Henry Rawlinson die Vermutung aus, daß, wenn man einmal über den Indus und die „innere nördliche Bergkette" hinüber sei, man sich „droben auf dem Plateau der Tartarei" befinde und mit Pferd und Wagen nach der großen Wüste hinabfahren könne, ohne einen einzigen Paß zu überschreiten. Zu Wagen über Kara=korum, Arka=tag und Kwen=lun, wo man Gott danken kann, wenn man zu Pferd heiler Haut hinüberkommt! So wenig wußte man noch vor nur 40 Jahren von dem höchsten Gebirgslande der Erde. Es liest sich komisch, wie die großen Geographen jener Zeit für und wider das Vorhandensein jener Gebirge stritten. Gewöhnlich „glaubte" man nur, daß es so oder so sei, aber warum, das erfuhr niemand. Rawlinson glaubte nur, daß man nach Ostturkestan fahren könne. Und doch war es schon dem Schweden Strahlenberg während seines langen Aufenthalts in Sibirien nach den Kriegen Karls XII. klar geworden, daß Ostturkestan im Süden durch mächtige Berge begrenzt sein müsse.

Eine bedeutungsvolle Reise unternahm im Jahre 1871—72 einer der Eingeborenen Montgomeries, der durch das Schangtal nach Namling hinaufzog, wie es hundert Jahre vor ihm Bogle getan hatte. Im Gegensatz zu diesem begnügte er sich nicht mit dem Kloster Namling, sondern setzte die Reise nach Norden fort und zog über den Paß Kalamba=la nach dem „großen himmlischen See", dem Tengri=nor. Diese Reiseroute sollte 35 Jahre hindurch als Ostgrenze des Unbekannten dienen, welches noch übrig war, als ich meine letzte Reise antrat.

Von einem Kloster am See aus konnte sich der Reisende des Anblicks „einer Anzahl großartig schöner Schneegipfel, die Ninjinthangla heißen" erfreuen. „Die Lamas sagen, daß die höchste Spitze ein Gott sei und daß ihn dreihundertsechzig kleinere Schneespitzen umringten, die ihm als Gefolge dienten." Am Seeufer gewährten alle diese Spitzen einen imposanten Anblick. Dies war das erstemal, daß ein zuverlässiger Reisender das Vorhandensein des berühmten Nien=tschen=tang=la bestätigte, den die Kapuziner seine vom Sonnenschein überfluteten Schneehauben über einem Meere versteinerter Wellen einer Welt kahler, bunter Felsen hatten erheben sehen.

Auf dem Rückweg überschritt der Wanderer auf dem Passe Dam=largen=la zum zweitenmal den Transhimalaja und weckte in dem Dorfe Dam die Erinnerung an della Pennas Herzogtum gleichen Namens.

Montgomerie freute sich mit Recht über die eingebrachte Ernte und schrieb im Jahre 1875, daß er es von Zeit zu Zeit versucht habe, durch seine ausgesandten Leute Aufklärungen über das unbekannte Land im

Norden des Flusses zu erhalten. Aber auch jetzt sprach er nicht von einer fortlaufenden Kette. Nur der Nien-tschen-tang-la war durch die Passierung des Kalamba-la und des Dam-largen-la bekannt geworden. Nach Westen hin war das Land noch immer terra incognita; Montgomerie ahnte nicht, daß diese verlockende Bezeichnung noch nach 31 Jahren auf englischen Karten stehen sollte.

Der große Nain Sing brach im Jahre 1873 wieder auf, diesmal von Leh nach Lhasa und im Auftrag des Hauptmannes Trotter. Diese Reise ist eine der glänzendsten, die je in Tibet gemacht worden sind. Er fand den Targot Lha wieder, meinen Targo-gangri, der schon auf D'Anvilles Karte spukte, entdeckte eine Kette, die von dort ausgeht und sich 300 Kilometer ostwärts erstreckt, und er stellte auch eine Reihe Gipfel fest. Den Targo-gangri sah er nur aus 170 Kilometer Entfernung und die Bergkette aus 100 Kilometer. Vieles ist daher fehlerhaft und, was schlimmer war, nach bloßem Hörensagen zeichnete er weiter südwärts große Flüsse ein, die dann 30 Jahre lang auf allen Tibetkarten figurierten, bis es mir vergönnt war, diese Märchenflüsse für immer von der Erde zu entfernen.

Nachdem Nain Sing eine Reihe großer Seen entdeckt hatte, ging er schließlich über den Dam-largen-la nach Lhasa, und als er sich wieder in Kalkutta einstellte, hatte er eine Aufnahme von 2000 Kilometer völlig unbekannten Landes ausgeführt.

Während ihrer Reisen von 1865 bis 1875 hatten die Punditen vier Pässe des Transhimalaja überschritten, zwei im Westen und zwei im Osten. Sie hatten im Norden und Süden durch ihre Routen die Grenzen des unbekannten Gebirgslandes angegeben, das noch 1906 auf allen Karten durch weiße Stellen mit der Inschrift „Unexplored" bezeichnet wurde.

Die Geschichte des Himalaja geht weiter zurück, ihr Anfang versinkt im Sagendunkel der indischen Hymnen, und die Umrisse dieses Gebirges treten schon in der klassischen Literatur deutlich hervor. Die Chinesen kannten den Kwen-lun seit uralten Zeiten, und auf europäischen Karten aus dem Anfange des 18. Jahrhunderts ist er eingezeichnet, wenn auch in groben Zügen und nur teilweise. Aber der Transhimalaja! Wie aussichtslos ist der Kampf gegen seine Riesen gewesen! Über den Bau des Himalajagebirges, über die Architektur des Kwen-lun und des Karakorum sind oft heiße Kämpfe zwischen den Gelehrten geführt worden. Die Kämme des Transhimalaja aber hat kein Lärm gestört, um ihre Höhen herum hat das Schweigen der Unkenntnis geherrscht, ein beredtes, undurchdringliches und vornehmes Schweigen. Das Land war unbekannt. Genaue Nachrichten aus erster Hand abwartend, stellte man sich entweder auf D'Anvilles oder auf Klaproths Seite. Stubengelehrte konnten nach

eigenem Gutdünken, ihrem Geschmacke folgend, gewaltige Ketten in die
weißen Stellen der Karte einzeichnen, ohne daß sich die Kritik auch nur
mit einem Worte dagegen auflehnte. Erst dann, als endlich, in den
Jahren 1906—1908, die zentralen Ketten entdeckt worden waren, begann
ein kleiner Streit. Das ist einmal der Lauf der Welt. Mit der Phan=
tasie nimmt man vorlieb, die Wirklichkeit aber verwirft man!

Während einer langen Reihe von Jahren war Henry Strackey
die Hauptautorität für die Geographie Tibets. Schon auf seiner 1846
unternommenen, bedeutungsvollen Reise nach dem Manasarovar sah er
von dem Himalajapasse Lankpya Dura aus „durch eine Lücke im Norden
einen Schimmer ferner blauer Berge, vielleicht einen Teil der Gangrikette
im Norden des Satledsch". Auf dem Wege nach dem See machte er
folgende Beobachtung: „Den nordwestlichen Horizont begrenzt die Kette
der Gangriberge, die ziemlich mit Schnee bedeckt und durch ihre tiefe
blaue Farbe in den inneren Felsengegenden merkwürdig ist; ungefähr
in der Mitte der Kette erhebt sich die mit Schnee bedeckte Kailasspitze
ein wenig höher als die übrige Kontur. Ich glaube nicht, daß dieses
Gebirge auch nur entfernt so hoch ist wie die Hauptketten des indischen
Himalaja." Er sieht in dem Marium=la den östlichen Grenzpfeiler der
Gangrikette und glaubt nicht an das Vorhandensein irgendwelcher Berg=
ketten im Norden des Tsangpo; denn jenseits des Marium=la „nach
Osten hin, dehnt sich auf dem ganzen Wege nach Lhasa und so weit, wie
meine Gewährsmänner das Land nach Norden hin kennen, ein Plateau=
land mit kleinen freistehenden und ziemlich unregelmäßigen Hügeln aus".
Damals glaubten also einige an das Vorhandensein einer gewaltigen Kette,
andere aber an ein mit zerstreutliegenden Hügeln übersätes, flaches Plateau.

Die Brüder Schlagintweit, die ersten Europäer, welche die ganze
tibetische Anschwellung zwischen Indien und Ostturkestan im Westen durch=
quert haben, kannten drei Systeme: Himalaja, Kara=korum und Kwen=
lun. Sie betrachteten den Kara=korum als das Rückgrat Hochasiens, das
sich nach Westen hin im Hindukusch fortsetzte und sich im Osten gabelte;
wie konnten sie dies wissen, da niemand dort gewesen war! Tibet ist
ein Tal, das Kara=korum und Himalaja begrenzen. Diese Ansicht änderte
Hermann von Schlagintweit nicht einmal nach Nain Sings erster Reise.
Es zeigt dies, daß er aus den Beschreibungen des Punditen gar nicht
den Eindruck erhielt, daß noch eine Kette da war, die das Tsangpotal
im Norden begrenzte. Aber das Vorhandensein des Nien=tschen=tang=la
ließ sich doch nicht leugnen. Diese Kette wurde ganz einfach mit dem
südlichen Arme des Kara=korum verbunden, und so entstand ein unge=
heuerlicher Bastard zweier verschiedener Systeme.

67. Häuptling Sonam Ngurbu (links) und einer seiner Brüder. (S. 73.) Dahinter die Frauen und einige Diener.

68. Sonam Ngurbu. (S. 73.)

69. Sonam Ngurbus Bruder. (S. 73.)

In seinem Buche „Indische Altertumskunde", das 1867 erschienen ist, hat Meister Christian Lassen auf Grund des Wissens jener Zeit die Grundlinien des Bergkettenskelettes Asiens zu zeichnen versucht. Er betrachtet den Kailâsa oder die Gangdisrikette, den westlichen Flügel des Transhimalaja, als eine Abzweigung vom Kara-korum, der selber ein Ausläufer des Kwen-lun ist. Am Kailasgipfel berührt sich die Gangdisrikette mit dem Himalaja, ohne indessen zu ihm zu gehören. Lassen baut also eine Brücke aus Gebirgen zwischen Pamir und Himalaja und kann mit dem besten Willen auf der Welt nicht wissen, daß die verschiedenen Ketten verschiedenen Systemen angehören und parallele Falten der Erdrinde sind.

Die hervorragenden Geographen Sir Clements Markham und Trelawney Saunders besprachen in der Mitte der siebziger Jahre des 19. Jahrhunderts den Bau des Himalaja und berührten dabei auch seinen Zusammenhang mit den Gebirgen im Norden. Markham unterscheidet drei Ketten: die südliche, welche die gewaltigen Gipfel des Himalaja trägt, die mittlere, welche die Wasserscheide zwischen Ganges und Tsangpo-Brahmaputra ist, und die nördliche, Gangdisri, die eine Fortsetzung des Karakorum ist. Er zählt also den Transhimalaja so weit, wie dieser damals bekannt war, zum System des Himalaja und nennt ihn „die nördliche Kette". Auf seine Südabhänge verlegt er die Quellen des Indus, des Brahmaputra und des Satledsch. Es ist mir gelungen, zu beweisen, daß der Satledsch und der Brahmaputra am Nordabhang des Himalaja entspringen und daß die Quelle des Indus nördlich vom westlichen Transhimalaja liegt, wenn auch alle drei Flüsse aus andern Richtungen her bedeutende Nebenflüsse erhalten.

Saunders betrachtet den Kwen-lun als Nordgrenze des tibetischen Hochlandes und sagt: „es fehlt uns jegliche tiefere Kenntnis über das Innere jenes außergewöhnlichen Landes, und es muß den Europäern auch fernerhin ein Buch mit sieben Siegeln bleiben, bis die Regierung in Peking durch freundliche Vorstellungen dazu veranlaßt wird, den Verkehr zwischen Indien und den chinesischen Besitzungen zu erlauben". Verschiedene der Blätter jenes Buches mit sieben Siegeln gehören zum Kapitel Transhimalaja!

In seinem Text ist Saunders nicht ganz klar. Das eine Mal sagt er: „Die Berge im Norden des Tsangpo dienen als Widerlager, Strebepfeiler, Abhänge und steile Wände des Plateaulandes, das sie stützen", und ein andermal heißt es: „Die Gangrikette ist nur in ihren äußersten Teilen bekannt". Die letztere Angabe war richtig und blieb es noch 30 Jahre. Am 17. September 1908 ließ ich an den Berichterstatter der „Times" in

Simla telegraphieren: „Die östlichen und westlichen Teile des Transhimalaja waren bereits bekannt, aber sein mittelster und höchster Teil liegt in Bongba und war unerforscht." Saunders behauptet, ein Gebirgssystem müsse überschritten werden, ehe man es bekannt nennen könne, und er betont, daß dieses Gebirge noch auf keiner einzigen Linie zwischen dem Manasarovar und dem Tengri-nor überschritten worden sei. Er erneuert Ritters Irrtum, indem er den Nien-tschen-tang-la sich nach Nordosten hin fortsetzen und mit dem Tangla des Paters Huc verschmelzen läßt.

Dagegen zögert Saunders keinen Augenblick, in seine Karte, die auf Seite 369 des zweiten Bandes des „Transhimalaja" wiedergegeben ist, Hodgsons hypothetische Kette aufzunehmen, die er nach Möglichkeit mit einigen der Seen und Flüsse D'Anvilles in Einklang zu bringen sucht. Das Resultat hat einen gewissen Anschein von Glaubwürdigkeit, aber keine Ähnlichkeit mit der Wirklichkeit. Wie wenig man von jenen Gebirgen wußte, geht daraus hervor, daß Saunders im Jahre 1877 eine einzige fortlaufende Kette im Norden des Flusses zeichnete, während Richthofen in demselben Jahre — in seinem berühmten Werke „China" — vier Parallelketten im Westen, zwei und drei in der Mitte und eine im Osten darstellte. Beide hatten gleich unrecht; es konnte dies auch nicht anders sein. Keiner war dort gewesen, und jeder Forscher konnte seine Karten so zeichnen, wie es ihm am wahrscheinlichsten erschien.

In seinem Werke „The Himalayan Districts of the North-western Provinces of India" (1882) erwähnt E. T. Atkinson flüchtig eine Kette hoher Gipfel im Norden des Flusses. Aber er fügt hinzu: „Es ist unmöglich, eine allgemeine Schilderung des tibetischen Hochlandes zu geben, die auf wirkliche Beobachtung gegründet ist." Aus dem bißchen, was wir wissen, glaubt er jedoch annehmen zu können, daß hohe Gebirge Tibet durchziehen, und es erscheint ihm gewiß, daß Kwen-lun und Himalaja die nördliche und die südliche Front des Landes bilden. Die Karte, die Atkinson in seinem Buche veröffentlicht, ist eine Kopie der bekannten Karte von Saunders, aber trotzdem ist Atkinson als Autorität für den Transhimalaja hervorgesucht worden! Allerdings konnte er alles, was in den westlichen und östlichen Teilen jenes Gebirges unternommen worden war, in Büchern lesen, aber von der Hauptmasse des Systems, den zentralen Regionen, hatte er nicht die geringste Ahnung und konnte sie auch nicht haben.

In demselben Jahre, 1882, ließ auch Elisée Réclus den siebenten Band seiner bewunderungswürdigen „Nouvelle Géographie Universelle" erscheinen, worin er den Vorschlag macht, die nördlichste Kette des

Himalaja, die sich unmittelbar im Süden des Tsangpo hinzieht, Transhimalaja zu nennen. Cunningham hatte diesen Namen auf eine Kette im Westen beschränkt. Über unser nördlicheres Gebirge äußert er: „Im Norden der Depression, in welcher der Tsangpo strömt, ist das tibetische Plateau durch fließendes Wasser in unzählige Täler zerschnitten worden." Er nimmt aber auch, gleich den Engländern, das Vorhandensein einer einzigen mächtigen Kette an, des Gang-dis-ri im Norden des Tsangpo, und läßt sie im Osten mit dem Nien-tschen-tang-la verschmelzen.

Um das Jahr 1896 herum schrieb Richthofen die tibetischen Kapitel des dritten Bandes seines Werkes „China", der, erst kürzlich, sieben Jahre nach dem Tode des Meisters, durch Dr. Ernst Tießen herausgegeben worden ist. Richthofen sammelte darin alle die Nachrichten, die es über die Gebirge von Tibet gab, und gelangte zu dem Schlusse, daß sich im Süden des Tengri-nor eine bereits von D'Anville angedeutete sehr hohe Bergkette erhebe, die reich an Gletschern und Felsspitzen sei, sich von Westsüdwesten nach Ostnordosten hinziehe und die Wasserscheide zwischen dem Tengri-nor und dem Ki-tschu, dem Flusse von Lhasa, bilde. Nach Westen zu nehme die Kette eine mehr westliche Richtung an, und von ihren Südabhängen ströme das Wasser dem Tsangpo zu. Vergeblich sucht er sich aus den Karten Nain Sings, Bowers und Littledales eine Vorstellung von dem orographischen Aufbau des Landes zu machen — aus ihnen ist ein solches Bild nicht zu gewinnen. Hierbei denkt er jedoch an die Gegend im Norden des Transhimalaja. Wenn Gegenden, die von drei Reisenden durchstreift worden waren, dennoch dunkel blieben, was konnte man dann von denjenigen erwarten, in denen noch keiner gewesen war? Dort hatte sich nur die fortlaufende Phantasiekette, bald Nien-tschen-tang-la, bald Gangri, Gang-dis-ri oder Kailas genannt, mit solcher Schärfe in dem Bewußtsein vieler auskristallisiert, daß selbst Richthofen an ihr Vorhandensein glaubte.

Durchforschen wir aber die Schriften und betrachten wir die Urkunden mit der Lupe der Kritik, so suchen wir darin vergeblich nach Nachrichten über den eigentlichen, den mittleren Transhimalaja. Aus vergangenen Jahren finden wir nicht eine Zeile, nicht ein einziges Wort über ihn. Beständig stoßen wir auf den Kailas und das Gangrigebirge im Westen und den Nien-tschen-tang-la im Osten. Dort sind Europäer und Asiaten gewesen. Fragt man aber nach der Bergkette, von der man glaubte, daß sie sich einer Brücke gleich von einem jener beiden Grenzpfeiler zum andern spanne, so stellt sich bei näherer Betrachtung stets heraus, daß sie in Europa oder Indien zurechtkonstruiert, aber nie an Ort und Stelle erforscht worden ist. Sie war ein Phantasiegebilde, dessen

Tage gezählt waren und das, wenn die Zeit dazu gekommen war, keine Daseinsberechtigung besitzen sollte.

Wenden wir uns nun den drei europäischen Expeditionen zu, die in unserer Zeit den Transhimalaja berührt haben, so finden wir, daß sie sich alle drei nach der Kette und den Gipfeln, die von alters her unter dem Namen Nien-tschen-tang-la bekannt gewesen sind, hinbewegt haben. Sie haben das Dasein jenes Gebirges bestätigt, aber kein neues Licht über unser System verbreitet.

Im Jahre 1889 führte Gabriel Bonvalot in Begleitung des Prinzen Heinrich von Orléans jenen denkwürdigen Zug aus, auf dem er das ganze östliche Tibet durchquerte und bis an den Nordfuß des östlichen Transhimalaja vordrang. Der von Norden her kommende Bonvalot näherte sich voller Spannung dem Tengri-nor. Endlich führt der Pfad zu den letzten Höhen hinauf, welche die Aussicht nach Süden verdecken. „Wie wir die Paßhöhe erreichen, erblicken wir den Ningling Tanla und den Ostrand des Sees. Mit beschleunigten Schritten erklimmen wir die Nachbarhöhen, um unsern Horizont zu erweitern..... Am längsten fesselt der Ningling Tanla unsern Blick. Diese Kette dehnt gerade vor uns ihren mit Schnee bepuderten Kamm aus und schließt unsern Gesichtskreis vollständig ab. Man erstaunt über die Regelmäßigkeit und die Höhe dieser Reihe mächtiger Gipfel, die sich über den Ausläufern erheben, die ihrerseits, geordnet wie die Zelte eines Kriegslagers, nach dem See hin abfallen. Und alles dies beherrschen majestätisch vier hohe Eisspitzen, welche die Tibeter anbeten, denn dahinter liegt Lhasa, die Geisterstadt. Richtet man den Blick auf das Nordufer des Sees, so gewahrt man auf der ihn begrenzenden kleinen Kette keinen Schnee, während die Seiten des Ningling Tanla weiß sind, und man erkennt die Wahrheit des tibetischen Sprichworts: ‚Das Wasser des Namtso wird vom Schnee des Ningling Tanla gebildet'."

Es stand nicht in den Sternen geschrieben, daß die berühmte französische Expedition den Transhimalaja überschreiten und in das verbotene Land hinter den hohen Bergen eindringen sollte. Aber Bonvalot stieg doch zum Passe Dam hinauf, auf welchem schon Nain Sing sein Glück versucht hatte.

Auf seiner Karte hat Bonvalot unmittelbar im Süden des „Ningling Tanla" eine zweite noch höhere Kette und die Legende: „Sommets très élevés (dominant la chaîne)", ein Zug in der Skulptur, den wir auf keinem andern Bilde dieser Gegend wiederfinden. Selbst hier in dem damals am besten bekannten Teile des Systems standen gleichwohl die Angaben in scharfem Widerspruch miteinander!

Der Transhimalaja von der Mitte des 19. Jahrh. bis auf die Gegenwart.

Vier Jahre später nahte sich den Ufern des himmlischen Sees wieder eine französische Expedition, die von Dutreuil de Rhins und Grenard; der letztere schreibt: „Am 30. November entdeckten wir endlich von der Höhe eines letzten Rückens aus den Himmelssee, den heiligen und göttlich verehrten See, dessen dunkles, ruhiges Blau grell gegen das leuchtende Weiß des tausendgipfligen Gebirges abstach, das sich am Südufer erhob und den Wellen eines aufgewühlten Meeres glich." Der Expedition wurde hier von den Tibetern haltgeboten, und sie verlor durch nutzloses Unterhandeln fünfzig Tage. Nach einem kurzen Besuch am Fuße des Passes Dam mußten die Franzosen nach Nordwesten abziehen, um dem traurigen Schicksale, das Dutreuil de Rhins beschieden war, entgegen zu eilen — dem Schicksale, durch tibetische Kugeln zu fallen.

Dem Forscher St. George Littledale lächelte das Glück freundlicher, als er sich 1895 von Norden her dem See der Geister näherte. Gleich seinen Vorgängern war er von der herrlichen Aussicht ergriffen. „Im Süden begrenzte den See die großartige Kette des Nien-tschentang-la — eine Reihe mit Schnee bedeckter Gipfel und Gletscher, teilweise in Wolken und Dunst gehüllt, die den Umfang und Größe noch erhöhten, und über dem Ganzen türmte sich mit staunenswert steilen Felsen der gewaltige, 7364 Meter hohe Pik des Charemaru auf." In diesem Namen erkennen wir D'Anvilles „Tchimouran" wieder. Littledales Weg führte über den Paß Goring-la. Seit der Zeit des Pater Huc war es keinem Europäer geglückt, den östlichen Transhimalaja zu überschreiten.

Eine epochemachende Reise wurde im Jahre 1904 in Verbindung mit dem englischen Kriegszug nach Lhasa von den vier Offizieren Ryder, Rawling, Wood und Bailey ausgeführt, die der Spur Nain Sings den Tsangpo aufwärts folgten. Das Hauptergebnis dieser Reise ist die genaue Aufnahme des Tales und des Dreiecksnetzes, das alle sichtbaren Gipfel miteinander verband. Ryder hat diese Reise in der Geographischen Gesellschaft zu London geschildert. Wohl erwähnt er eine Schneekette, deren Gipfel eine Höhe von 23 200 Fuß erreichten und die von den im Norden von Tradum liegenden Hügeln aus sichtbar sei. Aber ebensowenig wie Rawling in seinem Buche über die Reise äußert Ryder ein Wort über irgendein fortlaufendes Gebirgssystem; er bestreitet vielmehr, daß ein solches existiere, und auf seiner Karte finden wir auch keines angedeutet. Dort erhält man den Eindruck, daß man den Rand eines Plateaulandes, der zerstreutliegende Gipfel trägt, vor sich habe. Erst nachdem ich in Indien Gelegenheit gehabt hatte, Major Ryder meine Resultate mitzuteilen, gab er willig zu, daß „ein hohes, kompliziertes Gebirgssystem" sich im Norden des Tsangpo parallel mit dem Himalaja hinziehe.

Es bleibt nur noch der letzte Besucher des Transhimalaja vor meiner letzten Reise übrig. Im Jahre 1905 kam Graf de Lesdain von Norden her und rief beim Anblick des himmlischen Sees und der himmelhohen Bergspitzen aus:

„Als es am 13. September gegen Abend ging, gewahrten wir den Tengri-nor, der sich majestätisch vor uns ausdehnte. Ein schöneres, großartigeres Schauspiel kann man sich nicht denken. Jenseits seiner weiten, tiefblauen Wasserfläche zeigte sich die mit ewigem Eis bedeckte, ungeheure Kette Nien-tschen-tang-la. Die höchsten Gipfel spiegeln sich in der ruhigen Durchsichtigkeit des Sees. Diese unermeßlichen Höhen bilden einen glorreicheren Rahmen, als irgendeiner der Schweizerseen prahlend aufweisen kann."

Das ist alles! Nur aus seiner kleinen Kartenskizze können wir den Schluß ziehen, daß er den Transhimalaja auf dem Passe Kalamba-la überschritten hat, auf demselben Wege also, den man schon seit 1872 durch die Reise der Punditen genauer kannte. Von einem fortlaufenden System aber sagt er nichts.

Es ist, als ob die Gipfel des Nien-tschen-tang-la ein Zauber umschwebe. Wie die Spitzen einer Königskrone erheben sie sich hoch über der Erde, höher als irgendein anderer Teil des Transhimalaja. So schauten sie unermeßliche Zeiträume hindurch auf die Nomaden hernieder, ehe der nördliche Buddhismus in Tibet eindrang, so blickten sie auf die Chinesen herab, welche die ersten Kenntnisse über das heilige Land sammelten, so erregten sie bei den Kapuzinern Bewunderung als eine Reihe „nivosorum montium ad Boream" und warfen einen blassen Widerschein der Wohnungen des ewigen Schnees in die Studierstube, wo der gelehrte Klaproth die Urkunden der Chinesen ergründete, so erhellten sie die jetzt vergilbten und in irgendeinem deutschen Archiv aufbewahrten Blätter, denen die Altmeister Ritter und Humboldt ihre Gedanken anvertrauten, so erregten sie auch das Erstaunen der mutigen Punditen, die die erste sichere Kunde über sie nach Europa brachten, so glänzten sie wie Leuchttürme den drei französischen Expeditionen, die sich ihnen von Norden her näherten, und so entlockten sie sogar dem unerschütterlich ruhigen Littledale einen Ausruf des Entzückens.

Doch der Fäden, mit denen man jene Riesen umsponnen hat, sind wenige, und diese wenigen sind schwach. Wir wissen beinahe nichts über jenes Gebirge. Tiraden voll poetischer Ausrufe, das ist eigentlich alles. Dort sind Gletscher und Firnfelder, die sich in dem azurblauen See spiegeln, Schwindel erregende Höhen und versperrte Horizonte. Aber was sonst noch? Photographien und Karten sind nicht vorhanden, nicht eine einzige Gesteinsprobe ist dem Schoße des Gebirges entnommen worden.

Und die Pässe im Osten und Westen, der Dam-largen-la, der Kalamba-la und der Goring-la? Wir müssen dankbar sein, daß wir wenigstens ihre Namen und ihre Höhen erfahren haben.

Der Nien-tschen-tang-la gleicht einem katholischen Münster, in welchem beständig eine Totenmesse gefeiert wird. Man nähert sich ehrfurchtsvoll und bleibt stumm. Man ist durch das, was man erblickt, überwältigt und vergißt das Reden. Es ist keinem geglückt, den Zauber zu brechen. Um den Nien-tschen-tang-la herum ist es immer gleich still. Und ehe man sich dessen versieht, verhallen die Hymnen, und man wird wieder unter die schwarzen Zelte der Tibeter hinausgeführt.

Und doch war der Nien-tschen-tang-la der Teil des Transhimalaja, der vor meiner Reise am besten bekannt war. Sechs Expeditionen hatten ihn besucht, von denen vier das System überschritten hatten. Westlich davon war niemand gewesen.

Die letzte theoretische Darstellung des Transhimalaja verdanken wir der Karte des Oberst S. G. Burrard im ersten Teile seines Buches „A sketch of the Geography and Geology of the Himalaya Mountains and Tibet", das im Jahre 1907 erschienen ist, also um die Zeit, als ich fünf meiner acht Querzüge über das Gebirge ausgeführt hatte. Auch auf dieser Karte zieht sich im Norden des oberen Indus und des Tsangpo eine Kette hin. In ihrem westlichen Teil heißt sie Kailas-Kette, in ihrem östlichen Nien-tschen-tang-la-Kette. Sie gabelt sich jedoch auf dem 85. Grade östlicher Länge; der östliche Arm liegt zwischen dem Raga-tsangpo und dem Tsangpo. Weiter östlich teilt sich der nördliche Arm wieder zweimal. Aus dem darüber vorhandenen Material konnte man solche Schlüsse ziehen. Was aber den mittelsten Transhimalaja betrifft, so hatten die Schlüsse nichts mit der Wirklichkeit gemein.

Nach Littledales Vortrag in der Londoner Geographischen Gesellschaft im Jahre 1896 erhob sich der Vorsitzende der Gesellschaft, Sir Clements Markham, und sagte:

„Ich möchte einige Worte sprechen über die Bergkette, die Herr Littledale tatsächlich überschritten hat...... Jenes Gebirge ist von größtmöglicher Wichtigkeit und größtem Interesse. Es ist nur auf dem Meridian des Tengri-nor durch eingeborene Entdecker und durch Herrn Littledale überschritten worden, aber in seiner ganzen Länge vom Tengri-nor bis zum Marium-la hat es, soviel wir wissen, noch kein einziger Reisender überschritten. Einer der letzten Vorschläge des Generals Walker war, daß eine flüchtige Aufnahme jener nördlichen Teile des Himalajasystems ausgeführt werden solle, und ich glaube, daß nichts in Asien von größerer geographischer Wichtigkeit ist als die Erforschung jener Bergkette."

In einer Begrüßungsrede an die Gesellschaft sagte Sir Clements Markham in demselben Jahre:

„Es liegt mir sehr am Herzen, die Aufmerksamkeit der Geographen darauf zu lenken, daß es wünschenswert ist, die Forschungen in jener mächtigen Kette zum Abschlusse zu bringen. . . . Ich glaube, daß die Entdeckungsreisenden jetzt vor allem ihre Anstrengungen auf das Gebirge verwenden sollten, das aus dem Tsangpotale aufsteigt. . . . Es scheint eine großartige Bergkette zu sein." Er erwähnt wieder der Punditen und Littledales und fährt dann fort: „Dies ist, wie ich glaube, die ganze Kenntnis, die wir über die interessanteste aller Bergketten besitzen. . . . Der Teil dieser nördlichen Himalajakette, der sich vom Kailas bis zu Littledales Goring=la erstreckt, eine 600 englische Meilen lange Strecke, verlangt erforscht zu werden. . . . Eine gründliche Erforschung seines Aufbaues ist ein großes geographisches Desideratum. . . . Wohlan, hier ist ein Stück Arbeit, wert, den Ehrgeiz künftiger Forschungsreisenden zu wecken."

In einer andern Begrüßungsrede im Jahre 1899 sagt Markham wieder: „Eine der interessantesten geographischen Aufgaben, die in Asien noch gelöst werden müssen, ist eine ins Einzelne gehende Untersuchung der großen Bergkette, die das Tsangpotal im Norden begrenzt und die ich die nördliche Himalajakette genannt habe."

Noch im Jahre 1904 klagt Markham: „Im Jahre 1896 lenkte ich in meiner Begrüßungsrede die Aufmerksamkeit auf die Wichtigkeit einer Erforschung der großen nördlichen Kette des Himalajasystems vom Kailas bis zu Littledales Goring=la, und ich legte alle Nachrichten vor, die wir darüber besitzen. Aber es ist dies ein Unternehmen, das immer noch der Ausführung harrt."

Im Herbste 1905 schrieb ich die letzten Kapitel meines Buches „Scientific Results of a Journey in Central Asia 1899—1902", das mit folgenden Worten schließt:

„Kürzlich ist der äußerste Süden Tibets, das Tsangpotal, von den Mitgliedern der englischen Expedition (Ryder und Rawling) rekognosziert worden; aber das ganze weite Gebiet, das sich zwischen diesem Teile und meiner Route nach Ladak (1901) ausdehnt, ist eine absolute terra incognita. Der Forscher, der ein Bild der allgemeinen Züge der tibetischen An= schwellung zu geben versuchte, würde es nie vermeiden können, sich gerade in dieser Lücke in Vermutungen und Theorien ohne eine Spur von Grund zu verlieren. Ehe ich mich einem solchen Risiko aussetze, habe ich be= schlossen, lieber das unbekannte Land zu erforschen und es mit eigenen Augen zu sehen. Nur dann, wenn die Lücke ausgefüllt ist und die weißen

70. Zwei Reiter Sonam Ngurbus. (S. 83.)

71. Soldaten Sonam Ngurbus. (S. 83.)
Skizze des Verfassers.

Stellen auf unsern Karten neuen Seen, Flüssen und Bergketten Platz gemacht haben, wird es gelingen, ein treues Bild der Morphologie der tibetischen Hochländer zu geben..... Deshalb ziehe ich es vor, eine allgemeine Beschreibung des Landes aufzuschieben bis nach meiner Rückkehr von der Reise, die ich soeben anzutreten im Begriff bin. Das Werk, das ich dann schreiben zu können hoffe, muß betrachtet werden als unmittelbare Fortsetzung und Ergänzung des Werkes, das ich hiermit abschließe."

Ich reiste also in einer bestimmten Absicht; der Zweck meiner Reise war, die gewaltigen Gebiete des mittelsten Transhimalaja, die noch unerforscht waren, auszufüllen. Wie weit es mir geglückt ist, meine Pläne auszuführen, ist in diesem Buche geschildert worden. Der Transhimalaja wurde auf sieben verschiedenen Linien überschritten, die Grundlinien seiner Konfiguration wurden auf einer Karte niedergelegt, und ich bewies, daß das Ganze ein zusammenhängendes System war, und zwar eines der mächtigsten auf Erden. Anstatt der einzigen schematischen Kette, die an europäischen Schreibtischen entstanden war, fand ich ein Labyrinth hoher Ketten, deren Entdeckung das „Unexplored" der englischen Karten für immer in den Gegenden im Norden des Tsangpo auslöschen.

Da hielt, nach meinem Vortrag in London am 23. Februar 1909, der alte Sir Clements Markham wieder eine Rede, in der er sagte:

„Das sogenannte Nien-tschen-tang-la-Gebirge war vom Tengri-nor bis zum Marium-la unbekannt, und ich habe jederzeit und aus vielen Gründen seine Entdeckung zwischen jenen beiden Meridianen als das wichtigste Ziel der Wünsche in der Geographie Asiens betrachtet." Und er sprach auch seine Freude darüber aus, daß die ersehnte Entdeckung jetzt endlich gemacht worden sei.

Was wußte man vor dem Jahre 1906 über die Geologie des Transhimalaja? Man kannte den äußersten Zipfel seines westlichen Flügels an der Stelle, wo er englisches Gebiet streift, und Stoliczka war der erste, der vor einigen vierzig Jahren Ordnung in das wirre Durcheinander zu bringen versucht hat. Im Osten hatte man eine Linie festgestellt, den Weg von Sikkim über Gyangtse nach Lhasa. Der Chef der geologischen Untersuchung Indiens, Dr. H. H. Hayden, der an Younghusbands Expedition teilnahm, hat geologische Karten und detaillierte Schilderungen des Aufbaus jener Gegend gegeben.

Über die zentralen Teile aber wußte man gar nichts. In orographischer Hinsicht war die der Erde zugekehrte Seite des Mondes viel besser bekannt als die inneren Teile des mittelsten Transhimalaja, was durfte man da erst vom geologischen Aufbau erwarten! Auf theoretischem Weg hatte man im Norden des Tsangpo eine einzige fortlaufende Kette gezogen. Weil der Fluß von Norden her große Nebenflüsse empfing, konnte man sich ohne Risiko das Vorhandensein hoher Berge in ihren Quellgebieten denken. Aber für geologische Hypothesen gab es gar keine Anhaltspunkte. Demjenigen, der darüber Klarheit gewinnen wollte, stand nur ein Weg offen: das Gebirge selbst reden zu lassen (Abb. 83).

Von allen den Stellen, wo ich anstehendes Gestein antraf, habe ich Gesteinsproben mitgenommen, und ich habe dort auch jedesmal das Streichen und Einfallen der Schichten untersucht. Auch in Gegenden, wo anstehendes Gestein nicht zutage trat oder sich nicht erreichen ließ, sind den Verwitterungstrümmern ehemaliger Berge Gesteinsproben entnommen worden. Es ist oft vorgekommen, daß ich, um mein Pferd und mein eigenes Herz zu schonen, an einer allzuhoch oben liegenden Felswand vorüber geritten bin. Daher befinden sich in meiner 1170 Proben enthaltenden Serie viele Lücken, die in einem Lande, in welchem man nicht beständig mit der mörderischen Luftverdünnung zu kämpfen hat, leicht hätten ausgefüllt werden können. Man hat, mit andern Worten, oft die Qual der Wahl, ob man seine Pferde töten oder seine Gesteinsprobensammlung vervollständigen soll. Und da eine Reise in Hochtibet beinahe ausschließlich von der Widerstandsfähigkeit der Karawane abhängt, so muß die Gesteinssammlung nicht selten den kürzeren ziehen.

Aber jede Gesteinsprobe aus einem bisher völlig unbekannten Lande ist ein Gewinn, und eine zweifellos ansehnliche Auswahl solcher Proben aus einem der mächtigsten Gebirgssysteme der Erde verbreitet immerhin ein klares Licht über die Grundzüge seiner Architektur. Ich bin daher überzeugt, daß die Denksteine, die ich auf meinen mühevollen Wanderungen aus den Felsen des Transhimalaja herausgeschlagen habe, wenn sie unter dem Mikroskope des Fachmannes untersucht, miteinander verglichen und auf einer Karte in einer Reihe von Querprofilen mit verschiedenen Farben wiedergegeben worden sind, uns wenigstens einen vorläufigen Einblick in den geologischen Bau des Systems werden bieten können. Sie werden ein Verständnis vermitteln für die Kräfte, die in der Erdrinde tätig waren, als die Kettenfalten des Transhimalaja ihre Runzeln in Asiens Stirn zogen, als seine Kämme in die Höhe gepreßt wurden und seine hochaufgetürmten Gipfel der Sonne ihre eisigen Zinnen entgegenstreckten.

Nach meiner Heimkehr ist das geologische Material Herrn Professor Anders Hennig in Lund anvertraut worden. Mit unablässigem Bemühen und ständig wachsendem Interesse hat er sich in meine Sammlungen vertieft, er hat die Steine ihre stille Sprache reden lassen und ihnen ihre in der Form der Kristalle verborgenen Geheimnisse entlockt. Sie haben tibetischen Glocken geglichen, deren Erz erst hier in

Schweden zum Erklingen gebracht worden ist. Mir ist jeder Stein eine Erinnerung an einen Paß, an ein Lager oder an einen stürmischen Tag, ein mikroskopisches Stück meines eigenen Transhimalaja. Und Professor Hennigs Hände haben sie mit derselben Pietät in Empfang genommen, die ich empfand, als ich sie ihm anvertraute.

Ich sehe die Mängel meines eigenen Anteils an der Arbeit ein. Mein Mitarbeiter kann aus dem unzureichenden Material nicht mehr hervorzwingen, als es zu geben vermag. Aber ich glaube dennoch, daß man seine Schlüsse epochemachend nennen wird, weil sie einen geologischen Überblick über ein vorher unbekanntes, immer außerordentlich schwer zugängliches Land bieten und obendrein eines der mächtigsten Kettengebirgssysteme der Erde betreffen. Professor Hennigs Arbeit erscheint in kurzem als ein Band der wissenschaftlichen Ergebnisse meiner letzten Reise. Folgende Zeilen, die Professor Hennig auf meinen Wunsch geschrieben hat, werden bei den Geologen sicherlich Interesse erregen:

„Die älteren Ablagerungen bestehen aus weißen, grauen oder dunkelgrauen Quarziten, und phyllitischen Schiefern, sowie untergeordneten Lagen schiefrigen, kristallinischen Kalksteins; die Serie ist so stark metamorphosiert, daß, wenn sie auch ursprünglich fossile Überreste umschlossen hätte, diese gänzlich zerstört sind. Die Serie wird von einer weiter unten erwähnten eruptiven Gangformation durchsetzt und hat im Zusammenhang mit deren Eruption eine deutlich erkennbare Piezometamorphose erlitten; sie ist daher älter als jene. Ganz sicher bildet sie eine direkte, nach Westen und Nordwesten gerichtete Fortsetzung der jurassischen Schiefer und Quarzite mit Kalksteinen, die Hayden aus Lhasa und der Gegend im Nordwesten der Stadt Gyangtse beschrieben hat. Die Formation hat ihre hauptsächliche Ausbreitung im Brahmaputratale, tritt aber auch, obgleich sehr selten, am Nordabhang des Transhimalaja und im westlichen Tibet zutage.

„Jünger als diese Serie sind die dunkeln, grauen und rötlichen Kalksteine, die die Hauptmasse der Unterlage des westtibetischen Hochlands bilden. Die Kalksteine enthalten Orbitolina-Arten und Radioliten und entsprechen dem Aptien und Albien-Cenoman. Irgendwelche Fossilien enthaltende, noch jüngere sedimentäre Ablagerungen sind in dem Gebiete, das Dr. Sven Hedin durchreist hat, nicht gefunden worden.

„Die eben genannten Jura- und Kreideablagerungen werden, wie oben angedeutet, von einer eruptiven Formation durchsetzt, die innerhalb des Brahmaputratals aus ultrabasischen Peridotiten, Gabbroarten und Graniten besteht, von denen die erstgenannten oft in Serpentin umgewandelt sind. Diese Formation bildet einen Teil der aus den westlichen

und auch aus den östlichen Gebieten des Himalaja bekannten Eruptiv=
formationen, die allgemein dem Eozän zugeschrieben werden. Innerhalb
des Transhimalaja selbst besteht die Formation aus gangförmig auf=
tretenden Graniten (weißen Alkalikalkgraniten und grauen Hornblende=
graniten oder Quarzbiotitdioriten des Kyi=Chu=Typus), Pegmatiten, Granit=
porphyren, Dioritporphyriten, Diabasen usw., aus echten vitrophyrischen
Oberflächenlaven, wie Liparitöen, Trachyten, Daciten, Andesiten und Ba=
salten, sowie auch aus subaërischen Vulkantuffen.

„Jünger als die erwähnten Bildungen und diskordant auf ihnen lagernd,
ist eine graugrüne, violette oder rotbraune Konglomerat=Sandstein=Schiefer=
Formation, von der sich in vielen Fällen hat nachweisen lassen, daß sie
sich auch auf Kosten der porphyrartigen Ganggesteinsarten in den Graniten
und Peridotiten gebildet hat und daher jünger als das Eozän ist. Der
Formation, die wie ein oft nur sehr wenig umgelagertes Verwitterungs=
material des Eruptivgesteins der Gegend entwickelt ist, fehlt es gänzlich
an Fossilien.

„Sie wird im Brahmaputratal diskordant von einer grauen hori=
zontal geschichteten Konglomeratsandsteinbildung überlagert, die zu dem
gehört, was die Geologen des Geologischen Instituts für Indien als
Pleistozän beschrieben haben.

„Bemerkenswert ist, daß der Untergrund des Brahmaputratals, ab=
gesehen von den jüngeren tertiären Ablagerungen, die in dem ganzen
untersuchten Gebiete vorkommen, durch ältere jurassische Ablagerungen und
in der Tiefe erstarrte Teile der eozänen Eruptivformation gebildet wird,
während der Untergrund der Höhen des Transhimalaja und der west=
tibetischen Hochebene sogar aus Cenoman=Kalksteinen und auch — im
Transhimalaja — aus einer deutlich erkennbaren Gang= und Flächenfazies
der erwähnten Eruptivformation besteht. Dieses Verhältnis zeigt, daß
das Brahmaputratal, das den Transhimalaja vom Himalaja trennt, in
seiner gegenwärtigen Gestaltung als ein tiefgeschnittenes Erosionstal an=
gesehen werden muß und daß Verwerfungen hierbei nicht die hervor=
ragende Rolle spielen, die ihnen Oswald in seinem auf Dr. Sven Hedins
vorläufigen Mitteilungen fußenden Aufsatz zugeschrieben hat."

Fünfzehntes Kapitel.

Eine gespannte Situation!

Wenn man das kalte Tibet auch noch so heiß liebt, so sehnt man sich nach zwei langen Jahren auf den vom Sturme gepeitschten Höhen dieses Landes doch nach dem ewigen Sommer Indiens zurück. Ich hatte bereits den Zeitraum überschritten, in welchem man einen ununterbrochenen Aufenthalt in der stark verdünnten Luft ohne Schaden ertragen kann, und ich freute mich in Toktschen bei dem Gedanken, daß sich nur noch ein einziger hoher Paß auf dem Wege erhebe, der mich allmählich in den Schatten der Zedern des Himalaja und der Palmen und Mangobäume Indiens führen werde.

So dachte ich in meiner Unschuld. Den Weg durch das Satledschtal kannte ich nur aus den in kleinem Maßstab ausgeführten Karten, die ich mitgenommen hatte, und aus den kurzgefaßten Beschreibungen, die Ryder und Rawling darüber veröffentlicht haben. Ihre Expedition war von Gartok aus aufgebrochen und hatte daher auch die Ladakkette auf einem unangenehmen Passe überschreiten müssen, ehe sie Schipki erreichte. Ich dagegen würde dem Laufe des Satledsch schon vom heiligen See und vom Langak-tso an folgen. Die Engländer hatten ihren Zug mitten im Winter ausgeführt und waren trotzdem nicht auf wirkliche Schwierigkeiten gestoßen. Ich hatte den Hochsommer vor mir und mußte daher noch leichter als sie mit dieser Aufgabe fertig werden können.

Ja, der Sommer ist in Tibet eine herrliche Jahreszeit. Aber in den höheren Regionen des Satledschlaufes ist der Winter ihm doch weit vorzuziehen. Die Regenzeit vernachlässigte in diesem Jahre ihre Pflichten nicht, und wir waren bereits mehr als einmal gründlich gewaschen worden. Die Flüsse konnten so anschwellen, daß sie über ihre Ufer traten, und beim Übergang über die Nebenflüsse konnten wir in recht schlimme Lage geraten. Daran dachte ich jetzt nicht. Aber der Tag sollte kommen, an welchem ich diejenigen beineidete, die die winterlichen Eisbrücken über den Satledsch benutzen konnten. Mir kam es jetzt nur darauf an, mich so früh als möglich auf den Weg machen zu können.

Fünfzehntes Kapitel.

Ich hatte das Gefühl, schon halb zu Hause zu sein. Und doch war der Weg nach Indien viel weiter, als ich glaubte, als ich in Toktschen mit dem Zirkel die Entfernungen auf meinen Karten maß.

Schon in Toktschen stellte sich mir ein bedenkliches Hindernis in den Weg. Ich hatte am nächsten Tage weiterzuziehen gedacht, und ich mußte hier — volle neun Tage warten, ehe ich aufbrechen konnte! Das lange Warten führte nicht zu dem geringsten Resultate. Doch, zu einem! Meine Tiere ruhten sich ordentlich zu den ihnen bevorstehenden Strapazen aus. Und ich selbst war zu einer sehr nötigen Ruhe gezwungen, die ich mir sonst nie gegönnt hätte. Ich war totmüde und völlig erschöpft nach den anstrengenden Märschen im Transhimalaja und nach dem vergangenen Winter mit seiner entsetzlichen Kälte. Ich lag die ganzen Tage wie ein Kranker herum und hatte alle Energie verloren, ich war gegen alles gleichgültig und aller Dinge überdrüssig.

Bereits am ersten Abend begann das Durcheinander. Mein Freund vom vorigen Jahre, der Gova von Toktschen, trat freundlich lächelnd in mein Zelt, überreichte mir zur Bewillkommnung und als Zeichen seiner Achtung ein „Kadach", einen dünnen weißen Zeugstreifen, und schenkte mir einen Klumpen gelben „Korum"=Zucker aus Purang, der in Blätter eingewickelt war. Er wurde gebeten, auf der gewöhnlichen Audienzfilz= decke Platz zu nehmen. Seine erste Frage lautete:

„Wie ist es möglich, daß Sie wieder in Tibet sind, Sahib? Sie haben ja das Land schon vor einem Jahre verlassen. Woher kommen Sie denn jetzt?"

„Ich bin über das Nordgebirge gekommen, um die Teile des in= nersten Tibet, die meiner Karawane im vorigen Jahr versperrt wurden, zu sehen. Ich habe Ihnen ja damals gesagt, daß ich wiederkehren werde, und nun bin ich hier."

„Ich verstehe Sie nicht, Sahib. Im vorigen Jahre war ich aus Lhasa rechtzeitig über Ihr Herannahen unterrichtet worden. Diesmal habe ich nur erzählen hören, daß Sie in Saka=dsong aufgetaucht seien und daß man längs der ganzen Tasam bekannt gemacht habe, daß Sie ohne Erlaubnis im Lande weilten und nicht berechtigt seien anderswohin zu ziehen als nach Norden. Ich selbst aber habe keine Befehle erhalten und weiß wirklich nicht, was ich mit Ihnen machen soll."

„Das kann ich Ihnen sagen. Sie sollen mir für morgen früh die erforderlichen neuen Yaks herbeischaffen und dafür sorgen, daß ich glück= lich auf den Weg nach Tirtapuri komme. Sie wissen, daß die Behörden in Lhasa mich, wie gewöhnlich, loszuwerden wünschen. Verhelfen Sie mir dazu! Ich verspreche, daß ich von Tirtapuri aus dem Laufe des Satledsch nach Indien hinab folgen werde."

„Tirtapuri, ja, das ist alles sehr schön! Aber ich habe noch keinen Befehl erhalten, weder aus Lhasa noch aus Gartok. Ich weiß nur zu gut, wie es voriges Jahr ging. Da baten Sie mich um Beförderungsmittel nach dem Tso-mavang. Ich habe Ihnen nach dem See hingeholfen, und dann sind Sie einen ganzen Monat dort geblieben. Nachher mußte ich die Schuld tragen."

„Sie sind hoffentlich nicht bestraft worden?"

„Nein, aber ich erhielt eine Warnung, mich künftig nicht ungeheißen mit Europäern einzulassen. Und man machte mir den Vorwurf, daß ich Sie nicht verhindert hätte, mit Ihrem Boote auf dem heiligen See umherzufahren."

„Das Boot hat dem heiligen See doch wohl keinen Schaden getan?"

„Die Götter können zürnen. Der See ist ihr Eigentum. Um die Ufer herum vollenden die Pilger ihre Wallfahrt. Der Tso-mavang ist zu gut, um mit Booten befahren zu werden."

„In diesem Jahre können Sie unbesorgt sein. Das Boot ist nicht mitgekommen; Sie können sich selbst davon überzeugen. Ich werde auch nicht einen Tag am Tso-mavang verweilen, sondern geraden Weges nach Tirtapuri ziehen. Bisher hat mir noch niemand Yaks verweigert. Der Gouverneur von Saka-dsong hat die ersten gestellt. Die letzten sind aus Taktsche. Spätestens übermorgen muß ich neue haben."

Nach langem Überlegen erwiderte der Gova:

„Ich werde mich mit meinen Leuten beraten und Ihnen dann meine Antwort geben."

Damit ging er. Ich kannte ihn schon als Ehrenmann. Jetzt stand er zwischen zwei Feuern. Er wäre mir gern gefällig gewesen, aber er durfte seiner Pflicht nicht untreu werden. Die Erfahrung hatte ihn gewitzigt. Er selbst hatte den Grund gegen mich, daß ich schon einmal in Toktschen gewesen und ihm dadurch Verdrießlichkeiten bereitet hatte. Und es ist immer schwerer, sich das zweitemal herauszuwinden. Nun hatte Dortsche Tsuän auch längs der ganzen Tasam, der großen Heerstraße nach Ladak, bekannt machen lassen, daß ich nirgend anderswohin ziehen dürfe als nach Norden, woher ich gekommen sei. Ich saß augenscheinlich fest, und mein Schicksal war im Begriff, eine höchst eigentümliche Wendung zu nehmen.

Nach Verlauf einer Stunde zeigten sich meine drei Yaktreiber aus Taktsche in der Zelttür. Aufgeregt und durch Schluchzen unterbrochen, sagte der älteste:

„Herr, der Gova von Toktschen und fünf andere Männer haben uns je hundert Stockprügel angedroht, weil wir Sie ohne Erlaubnis hierher geführt haben."

„Nicht möglich! Seid nur ruhig; wer euch mit Prügeln droht, der wird es mit mir zu tun haben."

„Ja, Herr, es gibt nur eine Art und Weise, uns davor zu bewahren, nämlich wenn Ihr mit uns zurück über den Surnge-la nach Taktsche geht."

Nein, hört ihr; jetzt bin ich endlich hierher gekommen und ich muß nun schleunigst nach Indien."

„Ja, aber der Gova hat gesagt, daß er uns die Prügel erlassen werde, wenn wir Sie mit uns nach Hause nähmen."

„Was habe ich in Taktsche zu suchen; ich kann doch nicht bis in alle Ewigkeit dort bleiben?"

„Sie sollen von dort nach Kjangjang und zum Pedang-tsangpo weiterziehen. Uns ist gesagt, daß Sie genau auf dem Wege, auf welchem Sie gekommen seien, wieder zurückkehren müßten."

Und damit warfen sich die Yaktreiber mit ihren weinerlichen Gesichtern vor mir nieder und baten mich in den flehendsten Ausdrücken, mit ihnen heim zu ihren Zelten zu ziehen.

Nun erkannte ich, daß ich nur durch einen reinen Glücksfall durch das verbotene Land hatte kommen können. Wenn die Nomadenhäuptlinge am Pedang-tsangpo, in Selipuk, in Kjangjang und in Taktsche gewußt hätten, was der Gova von Toktschen wußte, so hätten sie mir weder einen Yak vermietet, noch eine Handvoll Tsamba verkauft, falls ich nicht hätte umkehren und ostwärts ziehen wollen. Wie oft habe ich dieselben Beobachtungen wie jetzt gemacht! Jede Behörde wollte nur sich selbst von jeglicher Verantwortlichkeit befreien und suchte mich daher zu überreden, wieder dahin zurückzugehen, woher ich gekommen war. Man möchte glauben, der Gova von Toktschen hätte damit zufrieden sein können, mich nach der indischen Seite hin verschwinden zu sehen. Er dachte aber nur an seine eigene Sicherheit. Niemand sollte ihm vorwerfen können, daß er mir durch sein Gebiet hindurchgeholfen habe. Da ich nun einmal aus Norden hierher gelangt war, blieb kein anderer Ausweg, als mich nach Norden zurückzujagen. Die Situation war gespannt. Ich mußte den Lauf der Ereignisse abwarten.

Die Dunkelheit war eingebrochen, als uns noch ein Gast besuchte, diesmal ein willkommener — der Regen. Er fiel dicht und schwer und rauschte eintönig auf die ganze Gegend herab. Das Tal verwandelte sich in einen Sumpf, dessen Schlammbrei unter den Schritten quatschte. Zwei müde Pferde, die bei den Zelten Gerste erhalten hatten, standen halb schlafend, mit tropfender Mähne und triefendem Schwanze, unter ihren klatschnassen Decken. Man fragte sich unwillkürlich, ob sie nach dieser gründlichen Wäsche wohl je wieder ordentlich trocken werden könnten.

72. Soldaten Sonam Ngurbus. (S. 83.)
Skizze des Verfassers.

73 u. 74. Sonam Ngurbus Abmarsch aus Seliput. (S. 83.)

Mein Zelt wurde durch Schutzhüllen verstärkt, und ringsherum wurde ein Kanal gegraben, sonst wäre ich in Gefahr gewesen, in meinem eigenen, auf dem Boden liegenden Bette zu ertrinken. Die ganze Nacht fiel der Regen bindfadendick, aber als die Morgensonne von einem klarblauen Himmel herab ihr Gold auf das Tal des Samo-tsangpo ausstreute, glänzten alle Berge der Umgegend blendendweiß von frischgefallenem Schnee, als ob der Winter sein Leichentuch über die Bahre des zu früh entschlafenen Sommers gebreitet habe.

In Begleitung seines Gefolges erschien der Gova wieder in meinem Zelte. Er sah niedergeschlagen aus, und es dauerte eine Weile, bevor er das Wort ergriff. Schließlich begann er:

„Ich habe mich mit den Meinen beraten. Wir sehen alle ein, daß ich mich mit Ihnen nicht einlassen kann und darf. Das vorigemal bin ich gewarnt worden. Hülfe ich Ihnen noch einmal, so würde mich die Strafe treffen. Es ist für alle Teile das beste, Sie kehren nach Taktsche zurück."

„Sie können doch wohl begreifen," erwiderte ich, „daß ich gar nicht daran denke, wieder nordwärts zu ziehen, wenn ich so schnell wie möglich nach Indien eilen muß. Aber ich will auch nicht, daß Sie sich Unannehmlichkeiten zuziehen. Wenn Sie also einen Eilboten nach Lhasa senden und dort um Verhaltungsmaßregeln bitten wollen, so bin ich bereit, hier zu warten, bis die Antwort anlangt."

„So lange können Sie nicht warten, Sahib. Ich werde noch einmal mit meinen Leuten Rat halten."

Damit trabte die Schar wieder fort, aber nur um durch eine neue Gestalt abgelöst zu werden, durch einen „Jango", einen Oberaufseher über die Transporttiere und den Karawanenverkehr auf dem Teile der Tasam, der zwischen den Stationen Parka und Schamsang liegt. In dieser Eigenschaft ist er meistens auf Reisen und er weilte nur zufällig in Toktschen. Er kam vor lauter Demut beinahe kriechend ins Zelt hinein, und der Ballen roten Wollstoffes aus Lhasa, den er mich als Freundschaftsgabe anzunehmen bat, verriet, daß er irgendeine besondere Gunst zu erbitten hatte.

„Sie sagen, daß Sie nach Tirtapuri reisen wollen, Sahib; weshalb zogen Sie denn nicht über Jumba-matsen, als Sie in Selipuk waren? Wenn Sie versprechen, geraden Weges nach Parka zu gehen, so werde ich Ihnen im Notfalle Lasttiere stellen; aber an dem heiligen See entlang nach Tirtapuri dürfen Sie absolut nicht reisen. O, Sahib, um Lama Kuntschuks willen, um der Götter willen, kehren Sie doch nach Taktsche zurück! Die Männer und die Yaks von dort werden noch immer

Ihretwegen hier zurückgehalten. Sie waren nicht berechtigt, Sie hierherzubringen, und Sie selbst haben keinen Paß aus Lhasa. Die Verhaltungsbefehle, die die Regierung erlassen hat, sind viel strenger als früher. O, Sahib, kehren Sie nach Norden zurück!"

Ich lächelte dazu, klopfte dem Jango auf die Schulter und antwortete langsam, jedes Wort betonend:

„Mein Weg geht längs des Tso-mavang nach Tirtapuri. Einen andern Weg gibt es für mich nicht."

Da erhob er sich zornig; er erhielt seinen Zeugballen wieder und trollte sich zu den schwarzen Zelten.

Beinahe auf den Tag war ein Jahr verflossen, seit ich zum erstenmal mein Zelt in Toktschen aufgeschlagen hatte. Als ich damals darum gebeten hatte, die verbotenen Wege über das Gebirge im Norden erforschen zu dürfen, hatte man mir ein unerbittliches Nein zur Antwort gegeben. Jetzt bat und flehte man mich mit den beweglichsten Worten darum und versuchte es mit Bitten und Drohungen, mich dazu zu bringen. Yaks und Führer wurden bereitgehalten. Ich hätte die Bedingung stellen können: „Verschafft mir zehn gute Pferde und Lebensmittel auf zwei Monate; laßt mich den Weg über das Gebirge selber wählen, so verspreche ich euch, nach Taktsche zu gehen," und man wäre sicherlich darauf eingegangen, nur um mich in der Richtung, aus der ich gekommen war, verschwinden zu sehen. Ein seltsames Schicksal, ein sonderbares Land! Wenn man sich in Tibet einzuschleichen versucht, findet man die Grenzen versperrt. Und wenn es dennoch geglückt ist und man will sich wieder hinausschleichen, dann sind die Grenzen ebenfalls mit Schloß und Riegel gesperrt. Niemals hatte sich mir eine so gute Gelegenheit geboten, und Geld besaß ich im Überfluß. Ich hätte noch zwei Transhimalajapässe erobern und ein Standlager an irgendeinem See aufschlagen können. Weshalb tat ich es denn nicht? Ja, es war dumm von mir. Aber ich hatte meine Angehörigen schon viel zu lange ohne Nachricht gelassen, und ich konnte mir sagen, daß ihre Besorgnis mit jedem dahingehenden Tage zunehmen werde. Und zuletzt, aber nicht zum wenigsten: ich war tibetmüde! Ich hatte jetzt übergenug davon; ein neuer Herbst und noch ein Winter zwischen den ewigen Bergen wären mir zuviel geworden.

Ein Tag nach dem andern verrann, ohne daß sich irgendetwas Bemerkenswertes ereignete. Eines Tages traf der „Jongpun", der Chef der privilegierten Handelsmission von Tibet nach Ladak, in Toktschen ein. Er hatte rote tibetische Wollstoffe zum Verkauf mitgebracht; ich erstand einen tüchtigen Posten davon, denn alle meine zwölf Leute bedurften neuer

Anzüge. Die Sache hatte auch das Gute, daß die Leute einige Tage hindurch vollauf Beschäftigung hatten. Abdul Kerims Zelt verwandelte sich in eine Schneiderwerkstatt, dort wurde den ganzen Tag hindurch zugeschnitten, genäht und anprobiert.

Eine zweite Unterbrechung der Einförmigkeit bereitete uns unser Freund Sonam Ngurbu. Er war durch die Nomaden in Parjang, die sich geweigert hatten, ihn mit Proviant zu versehen, und die er deswegen erst noch hatte bestrafen müssen, unterwegs aufgehalten worden. Leider hatten sie sich gegen den fremden Häuptling und seine unbilligen Ansprüche tapfer gewehrt, und daher war Sonam Ngurbu entsetzlich schlechter Laune, als er in Toktschen anlangte. Seine Liebe zu dem schwedischen Offiziersrevolver war noch nicht abgekühlt, und er versuchte es, mir zum Tausch gegen den Revolver einen alten morschen Holzsattel aufzuschwatzen. Da ihm dies nicht gelang, redete er davon, daß der Garpun bald über mich herfallen und mich nach Tschang-tang hinaufjagen werde.

Der Gova von Toktschen blieb liebenswürdig und schickte im Dunkel der Dämmerstunde heimliche Boten in mein Zelt, die mich baten, ruhig zu sein und zu warten. Zwei Machthaber seien mir feindlich gesinnt, aber sie würden bald fortziehen, und dann hätten wir freie Hände. Jawohl! Jene Machthaber scheinen überhaupt nicht abgereist zu sein! Im Gegenteil, es wurden durch Eilboten sogar noch neue herangeholt, der Gova von Pangri und der Gova von Hor, durch deren Distrikte ich zuletzt gezogen war. Ein kleiner politischer Kongreß schien stattzufinden, in welchem keiner die Verantwortung übernehmen wollte. Die ganzen Tage hindurch hielten die Tibeter Beratungen ab, und wir sahen sie von Zelt zu Zelt gehen oder in kleinen, eifrig diskutierenden Gruppen draußen im Sonnenschein sitzen. Wenn ich nur nach Taktsche zurückkehren wolle, würden sie gern alle daraus erwachsenden Kosten tragen! Aber ich wollte nicht.

Eines Tages kam auch mein Freund, der frühere Gova von Kjangjang, in Toktschen an; er wurde von seinem Kollegen aus Hor tüchtig ausgescholten, weil er mich unerlaubter Weise hatte nach Hor ziehen lassen. Nun würde wohl Kjangjang auf Pedang schelten, und so weiter die ganze Reihe hinauf, die Katze auf die Maus und die Maus auf den Strick, und der Knabe ging doch nicht in die Schule. Saka-dsong, wo man uns die ersten Yaks gegeben hatte, würde die letzte Nummer sein (Abb. 84). Man konnte einen schrecklichen Lärm in den Labyrinthen des Transhimalaja voraussehen, und es war ein wahres Glück, daß er nicht schon eher ausgebrochen war, denn dann wäre aus meinen letzten Entdeckungen nichts mehr geworden.

Es folgten einige schöne Sommertage, und ich freute mich der Sonnenglut über dem dünnen Zelte. Der Samo-tsangpo, der kürzlich noch stark angeschwollen gewesen war, schrumpfte wieder zusammen. Am 22. Juli zog der Herbst wieder heran, und der Regen bespülte das Tal. Der Bach wuchs zu einem grauschmutzigen, dumpf rauschenden Gewässer an mit 4,9 Kubikmeter in der Sekunde.

Am 23. Juli hoffte ich, daß die Tage der Gefangenschaft ihr Ende erreicht hätten. Von ihren Dienern begleitet, besuchten mich die Häuptlinge; soweit es der Raum gestattete, wurden sie alle in Abdul Kerims großem Zelte untergebracht (Abb. 86). Der Gova von Pangri ergriff das Wort und sprach im Namen der anderen. Er zählte alle Gründe auf, welche die Notwendigkeit eines Rückzugs nach Norden dartaten. Da er keine Miene machte, aufzuhören, unterbrach ich ihn und erinnerte die Versammlung daran, daß der Gova von Pangri in Toktschen gar nichts zu sagen habe. Ein anderer Redner setzte ein, der mir erklärte, daß man alle Häuptlinge einen Kopf kürzer machen werde, wenn ich nicht nach Taktsche zurückkehrte. Um mich zu bestechen, legte jeder ein Paket Wollstoff vor mich hin.

Ich sah ein, daß ich mit ihnen nicht von der Stelle kommen würde, und um der Beratung ein Ende zu machen, fragte ich:

„Ihr gebt mir also keine Yaks nach Tirtapuri?"

„Nein!" antworteten alle wie aus einem Munde.

Ich stand schnell auf und ging zu meinem Zelte hinüber, während die Tibeter einander schweigend und unschlüssig anblickten.

Da kam der Gova von Pangri zu mir und bat, noch ein Wort mit mir sprechen zu dürfen.

„Sahib," begann er, „weil ich ja doch enthauptet werde, da ich Sie durch mein Gebiet hindurchgelassen habe, so kann ich Ihnen ja ebenso gern noch Yaks zur Reise nach Parka geben."

„Gut. Parka ist Tirtapuri immerhin eine Strecke näher. Haltet die Yaks morgen bereit!"

„Aber ich habe ja selber keine Yaks. Sie müssen Sie aus Toktschen mieten."

Der Gova von Toktschen wurde befragt, aber er hatte keine Lust, auf den Vorschlag einzugehen. So mußten wir auch diesen Plan fallen lassen.

Ich berichte über alle diese Beratungen, um zu zeigen, wie es einem in Tibet gehen kann. Sie sind in höchstem Grade charakteristisch, und die meisten Reisenden haben dort etwas derartiges erlebt. Die Behörden sind unerbittlich, aber stets höflich und freundlich.

Es war klar, daß ich mir selbst helfen mußte. Die Karawane bestand aus zehn Pferden und Mauleseln. Neun davon sollten beladen werden, und ich würde auf dem Schimmel reiten, den ich im fernen Osten von dem Räuberhauptmann Kamba Tsenam gekauft hatte (Abb. 87). Wir konnten nicht verlangen, daß die redlichen Tibeter sich unseretwegen Unannehmlichkeiten aussetzten.

„Morgen früh brechen wir auf," lautete der Befehl, den ich meinen Leuten erteilte.

So dunkelte denn unser letzter Abend in Toktschen; der Regen goß vom Himmel herab, und der Donner rollte so stark in dem Gebirge, daß die Erde zitterte, und schneller als vorher schwoll der trübe Fluß an.

Am frühen Morgen des 24. Juli wurden die Zelte abgebrochen, und das Beladen hatte schon begonnen, als ein Bote mir meldete, daß ich Yaks erhalten würde, wenn ich noch eine Weile wartete. Ich war natürlich so gutmütig zu warten, bis der Gova von Toktschen mit einem neuen Vorschlag kam.

„Wir haben beschlossen, daß alle Häuptlinge, die jetzt in Toktschen versammelt sind, Sie nach Parka begleiten sollen, um dort den Zusammenhang der Sache zu erklären und alles ins rechte Geleise zu bringen. Wir brauchen indessen noch einen Tag, um fertig zu werden. Morgen haben Sie die Yaks.

„Ich habe lange genug gewartet. Jetzt glaube ich euch nicht mehr."

„Ich werde Ihnen eine schriftliche Bescheinigung darüber geben, daß morgen alles bereit sein soll."

„Nun gut, dann werde ich so lange warten, bis das Schreiben ausgefertigt ist."

Lobsang mußte mit in das Zelt des Gova gehen, kehrte aber bald wieder mit dem Bescheide zurück, daß dem Häuptling die Sache leid geworden sei.

Damit war das Signal zum Aufbruch gegeben. Schnell wurden die Pferde und Maultiere beladen, und angesichts aller Tibeter Toktschens zogen wir talabwärts (Abb. 88). Die Tiere hatten sich ausgeruht und waren in ziemlich gutem Zustand. Ihre Lasten waren schwerer als gewöhnlich, da die Yaks ihnen ja nicht länger tragen halfen. Über Wiesen und Geröllabhänge schritt der Zug am linken Ufer des Samo-tsangpo vorwärts. Wir marschierten an der Flußbiegung vorüber, wo im vorigen Jahre das Lager 211 aufgeschlagen worden war. Jetzt erweitert sich das Tal, und wir sehen den großen heiligen See wieder. Dort zeigt sich auch der Gipfel des Kailas, des heiligen Kang-rinpotsche (Abb. 85). Lobsang und Kutus warfen sich der Länge nach auf die Erde und berührten den Boden mit der Stirn, um die Götter des Berges zu begrüßen.

Unmittelbar unterhalb der Talmündung wurde auf dem rechten Ufer das Lager 452 aufgeschlagen. Der Tag war hell und heiter, der Sonnenschein glitzerte in dem blauen Spiegel des Manasarovar, und, ihrer eigenen Schönheit unbewußt, breitete sich rings um mich eine der erhabensten, berühmtesten Landschaften der Erde aus. Ich hatte das Gefühl, in Freiheit und auf dem Heimwege zu sein. Doch warum zeichnete sich in der Talmündung nicht die dunkle Reiterschar ab? Weshalb kamen sie nicht hinter mir drein, alle jene Häuptlinge aus Toktschen, Pangri, Hor und Purang, die mir vor kurzem erklärt hatten, daß ich unter keiner Bedingung am Ufer des heiligen Sees entlang ziehen dürfe? Wir waren unser nur dreizehn Mann und schlecht bewaffnet. Die Tibeter verachten die Männer aus Ladak. Ich war der einzige Europäer, aber in tibetische Tracht gekleidet. Sie hätten uns zu allem Möglichen zwingen können. Im Dunkel der Nacht hätten sie uns unsere Tiere forttreiben und uns dadurch Fesseln anlegen können. Und wenn nichts anderes nützte, hätten die Nomaden der Gegend aufgeboten und mit Säbeln und Flinten bewaffnet werden können. Aber keine Hand rührte sich, als ich gerade vor ihren Augen die Bande der Gefangenschaft abstreifte. War es mein Glücksstern oder ein Widerschein, der mich von den Heiligtümern des Taschi-Lama her begleitete? Vielleicht betrachteten die Tibeter mich ganz einfach als enfant terrible, das zu bewachen doch vergeblich war. Immer wieder war ich ausgewiesen worden, und dennoch hatte ich das Land nach allen Richtungen hin durchquert und war in Gegenden aufgetaucht, wo man mich am allerwenigsten erwartete. Es war mit mir wie mit dem Winde, keiner wußte, woher ich kam und wohin ich ging.

Wie dem auch sei, jedenfalls zeigten sich in der Mündung des Tales des Samo-tsangpo keine Reiter. Wir waren uns selbst überlassen und schliefen ruhig an dem heiligen Ufer.

Sechzehntes Kapitel.

Zum Kloster der „heiligen Sau".

Als ich im vergangenen Jahre einen unvergeßlichen Sommermonat am Tso-mavang, dem Manasarovar der Hindus, und auf ihm verlebte, fühlte ich mich wie ein Herr im eigenen Lande und Seefahrer auf eigenem Wasser. Jetzt waren wir nur eine Schar Zugvögel, die sich aus den heiligen Gegenden fortsehnten.

Wir marschierten über die Ufersteppe, wo nach den ergiebigen Regengüssen dichtes, üppiges Gras wuchs. Dort weideten viertausend Schafe mit Salzlasten auf den Rücken. Ihre Treiber hatten sechs Zelte dicht nebeneinander aufgeschlagen und erzählten, daß sie aus Tschang-tang kämen und auf dem Wege nach dem Markte in Gyanima seien.

Zur Linken dehnt sich der verschiedenartig schillernde Spiegel des heiligen Sees aus, rechts haben wir die große Lagune, in die sich die Bäche der Täler Patschen und Patschung ergießen. Das Wasser, das sich von der Lagune in den See erstreckt, hatte im vorigen Jahre einen kleinen Bach gebildet. Aber jetzt, nach den vielen Niederschlägen, standen wir plötzlich am Ufer eines ansehnlichen, beinahe hundert Meter breiten Flusses. Er sah jedoch schlimmer aus, als er war. Die Strömung glitt außerordentlich langsam dahin, und die Tiefe betrug nur ein paar Dezimeter. Die ganze Wassermenge belief sich auf 5,250 Kubikmeter in der Sekunde. Das Durchwaten des Flusses wird nur durch den Grundschlamm erschwert, in dem die mühsam durch den Brei patschenden Tiere bis an die Knie einsinken.

Ich lagere auf dem festgepackten Sande und Kiese des Uferwalles. Im Norden erblickt man Pundi-gumpa auf seiner Felsenwand am Abhang des Pundiberges, und ein kleiner weißer Punkt, der den ganzen Tag vor uns sichtbar gewesen ist, stellt sich als das Kloster Langbo-nan heraus. Ein paar meiner Leute glaubten auch Tugu-gumpa sehen zu können; sie haben Falkenaugen; mir blieben diese Klöster auch im Fernglase unsichtbar. Der Kang-rinpotsche und der Gurla-mandatta sind in Wolken gehüllt; erst später am Tage trat der Götterberg undeutlich zwischen weißen Wölkchen hervor. Das Lager 453 wurde am Ufer des Gjuma-tschu, der 4 Kubikmeter Wasser führte, aufgeschlagen.

Die ganze Nacht lag das Land unter einer schwarzen Wolkendecke, und die Temperatur sank nicht unter 7,2 Grad über Null herab — endlich einmal eine wirkliche Sommernacht! Während die Karawane am Ufer nach Tschiu-gumpa weiterzog, besuchten ich, Lobsang und Kutus den jungen Prior Tsering in Langbo-nan. In seiner geräumigen Klosterzelle war alles gleich geblieben; er saß auf demselben Divan hinter demselben rotlackierten Tische, und die heiligen Bücher lagen noch ebenso wie früher auf ihren staubigen Brettern (Abb. 89). Sein Bild ist auch im zweiten Bande auf S. 17 zu finden (Abb. 202). Der einzige Unterschied war, daß Lama Tsering ein Jahr älter geworden war; er war jetzt dreizehn Jahre alt. Die älteren Mönche des Klosters leisteten ihm Gesellschaft. Und dort hatte er das ganze Jahr tagaus tagein gesessen, hatte das Papier in den Fensterrahmen im Winde pfeifen gehört und hatte den Winterstürmen gelauscht, die heulend über das Hochland gezogen waren. Jetzt trank er aus einer kleinen Kindertasse seinen Morgentee und zählte die Kugeln seines Rosenkranzes. In Gegenwart der Mönche mußte er die Würde eines Priors zur Schau tragen. Aber der Schelm blinzelte aus seinen Augen, und er lachte kindlich, als ich ihm von unsern Abenteuern erzählte.

„Weshalb sind Sie in diesem Jahre wie ein Tibeter gekleidet?" fragte er. „Im vorigen Jahre trugen Sie doch einen europäischen Anzug."

„In europäischer Tracht hätte ich nie nach Bongba und Saka-dsong dringen können", antwortete ich.

„Gut, gut! Kommen Sie noch einmal wieder hierher?"

„Ja, ich hoffe, Sie wiederzusehen, Lama Tsering."

Wir hatten keine Zeit, lange sitzen zu bleiben. Ein Beutel Mehl und ein Stück Zucker wurden mir als Geschenk eingehändigt und mit einer Handvoll Silberrupien vergütet. Auf dem Hofe, wo ein Klosterjunge mein Pferd gehalten hatte, sagten wir den Mönchen Lebewohl, und als wir fortzogen, nickte der in einem Fenster sitzende junge Prior mir zum Abschied noch freundlich lächelnd zu.

Einsam und öde liegt das Kloster Tschärgip-gumpa in seiner Talmündung. Wir halten uns dort nicht auf, wir eilen an den wohlbekannten Riesenblöcken, Grotten und Tschorten seines Bergvorsprungs vorüber und richten uns unterhalb Tschiu-gumpas auf genau demselben Flecke wie das letztemal im Lager 454 häuslich ein. Die Lage der Uferlinie schien unverändert geblieben zu sein, die starken Regenfälle hatten

75. Eingang zum Kloster Seliput. (S. 84.)

76. Aus dem innern Klosterhof in Seliput. (S. 84.)

77. Alter Tibeter. (S. 85.) 78. Bettellama. (S. 85.) 79. Nomade. (S. 85.)
Skizzen des Verfassers.

den Spiegel des Sees nicht merklich zu heben vermocht. Doch die jährliche Regenzeit hatte eben erst begonnen, und ohne Zweifel würden genügend lange andauernde Niederschläge den Tso=mavang steigen lassen.

Auch in Tschiu=gumpa fand ich alte Freunde (Abb. 90—94). Der hauptsächlichste unter ihnen war der junge Mönch Tundup Lama, der mit einem Klumpen Butter als Bewillkommnungsgabe und mit langausgestreckter Zunge sich in mein Zelt hineindienerte. Er war magerer geworden, sein Gesicht sah abgezehrt aus, er ging gebückt und mit schleppenden Schritten, und er hatte einen bösen Husten. Aber er war noch derselbe freundliche, heitere Klosterbruder wie bei unserm letzten Zusammentreffen, und es schmerzte mich, daß er sein inhaltsleeres Leben zwischen den dunklen, mit Schimmelpilzen überzogenen Mauern seiner Zelle verbringen mußte, während ich selbst mich unbegrenzter Freiheit zwischen den herrlichen, frischen Bergen erfreute. Das ganze Klosterpersonal besuchte uns, Mönche, Hirten, Feuerungssammler und Wasserträger, ja sogar Tundup Lamas alte Mutter, und jeder erhielt aus alter Freundschaft ein kleines Geldgeschenk. Auch ein Bettellama erschien. Über der rechten Schulter trug er ein Paar mit Fell überzogene Holzsohlen, die er an den Händen festschnallte, wenn er kriechend den heiligen Kailas umkreiste (Abb. 95).

Am Ufer lagerte unter freiem Himmel eine Schar Hindupilger. Einer von ihnen war ein urkomischer Typus, etwa fünfzig Jahre alt, kupferbraun, mit schwarzem Backenbart, rotem Turban, einem zerlumpten Mantel, den ihm ein Ladaker Kaufmann geschenkt hatte, und mit einem Pilgerstabe, der unten einen eisernen Stachel hatte, in der Hand. Er wollte über Taklakot nach Indien zurückkehren und bat um eine Rupie, damit er sich ein einziges Mal ordentlich satt essen könne.

Tschiu=gumpa war ein kritischer Punkt, das wußte ich vom vorigen Jahre her. Aber die Nacht verlief still und ungestört, und auch am Morgen zeigten sich keine schwarzen Reiter. Wir ließen die Klosterleute in ihrer grauenhaften Einsamkeit zurück und hörten das Rauschen der heiligen Wellen hinter uns verhallen, als wir durch das Bett Ganga zwischen den beiden Seen hinabzogen. Über flache Hügel und sumpfige Wiesen am Nordufer des Langak=tso führte der Pfad zum nächsten Lagerplatz. Hier pflegen die Bewohner des Distrikts Parka im Winter ihre Herden weiden zu lassen. Jetzt erblickte man dort nur einen einsamen Hirten und einige Yaks.

Unterwegs zeigte sich ein Landstreicher, greulich anzuschauen, schmutzig, hungrig und nur in Lumpen gehüllt. Mit einem dicken Stock verteidigte er sich tapfer, als die Hunde ihn angriffen.

„Schenken Sie mir einen Heller, Herr", bat er in kläglichem Ton.

„Kennst du irgendeinen Schleichweg nach Tirtapuri, im Süden der Tasam?" fragte ich.

„Ja, ich kenne einen."

„Willst du uns den Weg führen, so erhältst du täglich eine Rupie und freie Beköstigung."

„Gern! Aber wenn sich verdächtige Reiter zeigen, so muß ich verduften, sonst werde ich totgeprügelt."

Der neue Lotse der Karawane, den uns die Wildnis geschenkt hatte, hieß bei meinen Leuten aus Ladak schlechtweg „der Bettler", und diesen Namen behielt er, so lange er uns begleitete.

Bei Sonnenuntergang erhob sich heftiger Südwestwind, und die Wellen tosten gegen das Ufer. Die Wolken um den Scheitel des Kangrinpotsche zerteilten sich, und ein matter Purpurschein beleuchtete den königlichen Berg. Im vorigen Jahre hatte ich ihn auf meinen Platten festgehalten und ihn auch von allen Seiten abgezeichnet. Jetzt sah ich ihn zum letztenmal. Ich fragte nichts mehr nach ihm, ich hatte mich an ihm sattgesehen und sah ihn jetzt nur wie im Traume.

Von einem kleinen Hügel neben dem Lager 455 aus konnten wir die Zelte und Hütten von Parka erkennen. Natürlich waren dort auch unsere weißen Zelte und unsere Lagerfeuer ebenso deutlich sichtbar. Weshalb kam man denn nicht, um mich zu zwingen, wieder die große Landstraße nach Ladak einzuschlagen? Ich weiß es nicht. Aber es kam niemand, und auch diese Nacht verlief ruhig.

Unmittelbar auf der Westseite des Lagers strömt durch die Ebene der Fluß aus dem Tale, das sich direkt im Osten des Kang-rinpotsche hinzieht und an dessen Eingang das Kloster Tsumtul-pu-gumpa liegt. Auch dieser Fluß hatte seinen Anteil an dem Regen erhalten; er führte 15 Kubikmeter Wasser in der Sekunde und war 125 Meter breit. Sein Grund war außerordentlich tückisch, so daß die Männer das Gepäck hinübertragen mußten. Mein Reitpferd tat, was in seiner Macht lag, um auch mich unters Wasser zu bringen, als es nahe daran war, in dem zähen Schlamme stecken zu bleiben.

Das alte ausgetrocknete Satledschbett zur Linken ziehen wir über das ebene Land, wo Pferde und Maulesel beim Anblicke und Dufte der saftigen Weide ganz kollerig werden und während des ganzen Weges mit der Nase am Boden marschieren. Darauf gehen wir quer durch das Satledschbett, in welchem sich das Regenwasser in großen Tümpeln angesammelt hat. An dem Punkte, wo wir am nächsten Tage, 29. Juli, das Flußbett wieder überschritten, waren dessen Uferterrassen so gut erhalten, als seien sie noch heutigentages der Erosion ausgesetzt. Hier standen auch noch die Tümpel, die ich vom Jahre 1907 her kannte; sie hatten sich nicht vergrößert, weil sie beständig durch Quellen gespeist werden und daher vom Regen unabhängig sind.

Auf unserer linken Seite lassen wir den engen Talgang hinter uns zurück, in welchem der Satledsch, nachdem er scheinbar im Tso=mavang und im Langak=tso erloschen ist, durch Quellbäche wiedergeboren wird, um allmählich zu dem gewaltigen Flusse anzuwachsen, längs dessen Laufes wir durch den Himalaja ziehen werden. Auf eine kurze Strecke verlieren wir daher den Fluß, der hier noch ein unbedeutender Bach ist, aus den Augen und schlagen das Lager 457 auf den nördlich davon liegenden Hügeln auf. Hier wuchs sehr viel wilder Lauch; Gulam sammelte einen großen Vorrat davon, um die unvermeidlichen Hammelkoteletten, die täglich auf meiner „Tafel" erschienen, damit zu würzen.

Nur noch mit genauer Not konnten wir die Zelte aufschlagen, ehe der Regen kam. Die Wolken lagen buchstäblich auf dem Erdboden, und von den Bergen sah man keinen Schimmer. Zwanzig Kanäle mußten gegraben werden, um einer Überschwemmung vorzubeugen. Der Regen stürzte in Fluten herab und rief einen Akkord seltsamer Töne hervor. Bald klang es wie Militärmusik, bald wie zitternde Wirbel auf straff= gespannten Trommelfellen. Aber durch das Ganze hindurch glaubte man fette Schafe blöken und feiste Yaks grunzen zu hören. Es regnete Lämmer und Kälber, es regnete Milch und Butter für die armen No= maden vom Himmel herab.

Ich lausche, und in meine Ohren bringt der Klang kochender Töpfe, die mit fettem Fleisch gefüllt sind, und siedender Kannen, in denen der mit Butter vermischte Tee zubereitet wird. Wohlstand und gute Tage rieseln mit den schweren Tropfen herab. Man hört die Schmuckgegen= stände der Weiber klappern und das Lärmen und Lachen kleiner, nackter, wohlgenährter Kinder, die um schwarze Zelte herum spielen. Der Nomade legt seine Flinte unter den Saum des Zelttuches; er ist nicht, wie in mageren Jahren, auf die Jagd angewiesen, er kann es sich leisten, hin und wieder ein Schaf zu schlachten.

Aber der Regen dauert fort, eintönig und schwer. Jenseits seines Nebeldunstes glaube ich ihn wie weißeste Watte in die hochalpinen Firnbecken, die Wiegen der Flüsse, fallen zu sehen. Draußen klingt es wie ein zunehmendes Tosen; es ist der Satledsch, dessen Wassermassen jenseits Tirtapuris dahinrollen. Noch ist der Fluß ein Kind, das im Tale tändelt, aber er wächst und erstarkt schnell, und jeder im Gebirge fallende Regentropfen trägt zu der ungeheuren Kraft bei, mit der sich der Fluß ein Tal durch den Himalaja sägt. Der Regen fällt immerfort, er schlägt und plätschert auf das Gras herab. Ich glaube die Wimpel auf den Pässen klatschen und die Gebetmühlen schnurren zu hören; es saust über der vom Himmel gesegneten Gegend wie ein tausendstimmiges „Om mani padme hum".

Der Regen prasselte die ganze Nacht hindurch, und auch am Morgen zogen wir in dichtem Regen weiter. Die Luft ist rauh und naßkalt, ich hülle mich in meinen tibetischen Pelz und ziehe die Kapuze über den Kopf. Die Männer binden sich aufgetrennte leere Säcke um. Verdrießlich und triefend patschen wir fort, nach Westnordwesten, über eine kleine Schwelle und lenken dann unsere Schritte nach dem rechten Ufer des Satledsch hinunter, wo das kleine Kloster Döltschu-gumpa auf einem Hügel erbaut ist, während sich auf dem linken Ufer steile Bergwände erheben.

Über Döltschu-gumpa ist nicht viel zu sagen. In seiner jetzigen Gestalt wurde es um die Zeit erbaut, als Soravar Sing Tibet bekriegte. Ein Kanpo-Lama, vier Getsul oder Novizen, ein Aufseher und ein Proviantmeister waren jetzt die geistliche Einwohnerschaft des Klosters. Das goldene Sera bei Lhasa soll Döltschus Mutterkloster sein und den Mönchen jährlich 600 Tenga zum Unterhalt geben. Mit diesem Kostgeld müssen sie so gut wirtschaften, wie sie es verstehen; dafür haben sie die Seelsorge in ihrer Gegend zu übernehmen. Der Lhakang, der Göttersaal, ist armselig. Mitten auf dem Altartische steht ein kleines Tschorten mit der Asche des Lamas Lobsang Däntsing, der vor zweihundert Jahren das Kloster Döltschu gegründet hat. Dies behauptete wenigstens der Lama, der mir das Heiligtum zeigte.

Vierzehn Zelte waren am Fuße des Klosterhügels aufgeschlagen. Ihre Bewohner waren jedoch keine Nomaden, sondern Wollhändler aus Nepal und Ladak. Sie erzählten mir, daß es sich lohne, in dieser Gegend Wolle aufzukaufen, und daß sonst Salz die einzige Handelsware sei, bei der man Vorteil habe. Fünf Schafslasten Salz wögen vier Schafslasten Gerste auf, und der Wert jeder sechsten Schafslast Salz sei die Abgabe, welche die Regierung fordere.

Besonders interessant ist Döltschu deswegen, weil gerade hier im Satledschbette die Quelladern entspringen, die jetzt die scheinbare Quelle des Satledsch sind, wenn man von der wirklichen, genetischen und historischen Quelle absieht, die im Südosten des Tso-mavang liegt. Der Name Langtschen-kabab der Satledschquelle ist daher an beiden Stellen zu finden. Der Hügel, auf welchem Döltschu-gumpa errichtet ist, soll die Form eines „Langtschen" oder Elefanten haben.

Am Abend kam ein wandernder Lama, ein Bettelmönch aus Kam im äußersten Osten Tibets, in unser Lager. Er war mit einem Spieße einer Trommel und einer aus dem Schenkelknochen eines Menschen angefertigten Flöte ausgerüstet. Ich versprach ihm eine Rupie, wenn er eine halbe Stunde still stehen wolle, war aber mit dem Porträt noch nicht weit gelangt, als der Wanderer kehrtmachte und eilenden Schrittes das Weite suchte.

„Du mußt die verabredete Vereinbarung einhalten!" brüllte Lobsang ihm nach.

„Ich pfeife auf die Vereinbarung und auf die Rupie. Der Kerl verhext mich mit seinen Augen."

Noch ein Versprechen wurde nicht gehalten, wenn auch aus triftigeren Gründen. Ein Ladaki hatte versprochen, mir seine neun Esel für die Strecke bis Tirtapuri zu vermieten. Aber nachdem er erfahren hatte, daß die auf dem Wege dorthin zu passierenden Nebenflüsse schon derartig angeschwollen seien, daß kein Esel dumm genug sei, sich hineinzubegeben und sein Leben zu wagen, schickte er mir den Bescheid, daß aus der Vermietung nichts werden könne.

Wir mußten uns daher selbst helfen. Unmittelbar unterhalb des Klosters durchwaten wir den kristallklaren Bach, den die Quellen speisen. Es ist der junge Satledsch, der mir von nun an auf dem Wege nach Simla Gesellschaft leisten wird. Hätten wir immer am Flußufer gelagert, so würde sich jedes neue Lager in etwas geringerer Höhe über dem Meere befunden haben als das unmittelbar vorhergehende. Schon bei Döltschu sind wir weniger hoch als am Langak-tso; der See hat eine Höhe von 4589 Meter, das Kloster aber liegt 4517 Meter hoch. Als wir weiter kamen, stellte sich aber heraus, daß in den Verhältnissen der Höhenziffern zueinander keine Regel herrschte. Es war ein ewiges Aufundnieder.

„Aber die Tage der Kindheit fliehen schnell dahin." Es dauerte nicht lange, so hatte der Satledsch seine Kindheit hinter sich. In einer Talerweiterung hören wir ein Getöse wie von großen heranrollenden Wassermassen. Durch eine Lücke in der Erosionsterrasse der rechten Talseite stürzt der Nebenfluß Tschukta heraus und verteilt sich in fünf Deltaarmen mit dickem, braungrauem und schäumendem Wasser über den Kiesgrund. Der fünfte Arm dieses aus dem Transhimalaja stammenden Flusses war 53 Meter breit und hatte 16 Kubikmeter Wassermenge in der Sekunde. Zwar war er wohl fünfzigmal so groß wie der Quellbach des Satledsch, aber dieser fließt das ganze Jahr hindurch, während der Tschukta beim Regen anschwillt und in der Winterkälte versiegt.

Nachdem wir, ohne naß zu werden, hinübergelangt sind, folgen wir dem rechten Ufer des vereinigten Flusses und ziehen dann am Fuße einer 8 bis 10 Meter hohen Erosionsterrasse im Flußbette selber weiter. Auf beiden Seiten zeigen sich alte Terrassen, die wohl 40 Meter über der Talsohle liegen und als Zeugen aus einer Zeit dastehen, in der gewaltigere Wassermassen als jetzt das Tal durchströmten und die Seen ständigen Abfluß nach dem Meere hatten.

Nach einer Weile gelangen wir an eine neue Unterbrechung der rechten Terrasse, und ein neuer Nebenfluß, der Gojak, ergießt sich in den Satledsch. Der Gojak mochte drei Kubikmeter gelbbraunen Wassers, so dick wie Erbsensuppe, führen. Immer wieder überschreiten wir Quellbäche. Jeder trägt sein Scherflein bei; der Fluß wächst schrittweise.

Das Satledschtal hat hier eine westliche Richtung; es mag etwa zwei Kilometer breit sein, rechnet man aber nur den ebenen Talboden, so beträgt die Breite ein- bis zweihundert Meter. Einige Strecken sind mit üppigem Grase bewachsen, und wir wundern uns darüber, daß keine Nomaden sich dies zunutzemachen. Wir gewahren nur verlassene Lagerplätze. Die Gegend ist ohne Leben, nur Hasen laufen im Grase. Das Lager dieses Tages, 459, wurde in 4442 Meter Höhe am Ufer des Satledsch aufgeschlagen. Hier mündete eine Quellader, deren blaugrünes Wasser sogleich in der gelbbraunen, tosenden Masse des Flusses verschwand. Um die Mittagszeit hatte das Quellwasser eine Temperatur von 11,55 Grad, während der Fluß auf 16,25 Grad erwärmt war.

War ich der stillen Ruhe des Hochlandes überdrüssig geworden, so sollte ich jetzt nach Herzenslust Lärm hören. Es war nicht allein das dumpfe, starke Rauschen des Flusses, nein — auch der Regen prasselte wieder auf die Abhänge nieder, und über dem Tale rollte der Donner. Als wir am 1. August aufbrachen, goß es noch immer vom Himmel herab. Jetzt war die Regenzeit im vollen Gang. Aber wir zogen auch von zentralen Teilen Tibets nach den peripherischen Himalajagegenden, die den Hauptteil der Niederschläge der Südwestmonsune auffangen.

Etwa zweihundert Meter unterhalb des Lagers drängt sich das Satledschtal zu einem korridorähnlichen Hohlweg zwischen jähabstürzenden Felsen zusammen, den zu durchziehen unmöglich ist. Daher führt der Pfad nach dem Kamme der rechten Talseite hinauf. Weit waren wir dort oben noch nicht gelangt, als uns schon ein neuer, tief wie ein Graben zu unsern Füßen eingeschnittener Talgang haltgebot.

Soweit man ihn in dem Regendunste verfolgen kann, kommt er von Nordosten her. Gras läßt den Talgrund grün schillern, und in der Mitte glänzt ein gewundener Fluß wie ein hellgelbes Band. Wir stehen am Rande, von welchem der Pfad in steilen Krümmungen nach dem Grunde dieses Nebentales hinabführt; der Höhenunterschied beträgt nur fünfzig Meter. Der Fluß sieht aus der Ferne unbedeutend aus. Bald aber hört man sein strudelndes Tosen, und als wir am Ufer angelangt sind, wird uns beim Anblick der schweren, rotbraunen Wassermassen ganz schwindlig zumute. Der Fluß heißt Tokbo=schar. Eine kurze Strecke unterhalb der Furt verengt sich das Tal, und der Tokbo=schar preßt sich durch ein enges Felsentor hinaus, um sich mit dem Satledsch zu vereinigen.

Wir überlegten uns die Sache eine Weile. Der Regen fiel in Bindfadenstärke. Es war beinahe ein Trost, schon naß zu sein, denn es wäre ja zu merkwürdig, wenn wir über diesen Fluß, der rot vor Wut zu sein schien, ohne ein tüchtiges Bad hinüberkämen. Alle Lasten, welche die Pferde und die Maulesel trugen, wurden möglichst hoch aufgepackt und sehr fest verschnürt. Einige Leute suchten nach einer geeigneten Furt. Da, wo das Wasser sich in hohen, siedenden Glocken wölbt, kann man tückische, blankpolierte Blöcke erwarten, auf denen die Tiere ausgleiten und fallen könnten, aber an Stellen, wo die Oberfläche des Wassers kleine gleichmäßige Wellen bildet, darf man auf ebenen Grund hoffen. Die Furt, die schließlich gewählt wurde, sah nichts weniger als einladend aus, aber es gab keine bessere, und hinüber mußten wir.

Der Fluß bestand hier aus drei schmalen Armen von 7, 22 und 11 Meter Breite; in dem mittelsten betrug die Tiefe genau einen Meter. Dies ist an und für sich nicht viel, aber wenn das Wasser Strom= schnellen bildet und Männer und Tiere wegzuschwemmen droht, dann ist es mehr als genug. Die gesamte Wassermasse betrug 27 Kubikmeter in der Sekunde, und damit erhielt der Satledsch einen bedeutenden Zuschuß.

Zuerst mußte die Furt ausprobiert werden. Rasak und der „Bettler" entkleideten sich, faßten einander an und schwankten und taumelten wie Betrunkene in das Wasser hinein. Sie bedurften wirklich eines Bades. Aber vom „Bettler" war es unvorsichtig, daß er seine Rückseite ent= blößte; denn sie war gestreift wie ein Zebra infolge einer Prügelstrafe, die irgendwo an ihm vollzogen war. Er verriet sich daher als ein bestrafter notorischer Spitzbube. Aber was ging das mich an? Jetzt gehörte er zu meiner umherziehenden Gesellschaft und spielte seine Rolle vorzüglich. Beide kamen auch, ohne zu fallen, über alle drei Arme und kehrten zurück, um als Lotsen zu dienen.

Nun entkleideten sich alle meine Leute. Die Lasttiere wurden einzeln hinübergeführt; an jeder Seite eines watenden Tieres gingen zwei Mann, um sofort zuzugreifen, falls es stürzen sollte. Ich schwebte in der größten Angst wegen meiner Karten, Aufzeichnungen und Skizzen. Aber alles lief glücklich ab; zuletzt ritt ich selbst mit einem vorangehenden Lotsen durch den Fluß.

Nachdem die Leute sich abgetrocknet und wieder angekleidet hatten, ritten wir von neuem auf die plattformartige Terrasse hinauf. Dort waren wir nicht weit gelangt, als sich ganz dasselbe Schauspiel wiederholte. In der Tiefe unter uns kochte und schäumte ein neuer Nebenfluß, der Tokbo-nub, der sich eine ebenso scharf markierte Talrinne ausgemeißelt hatte wie sein Nachbar und gleich diesem dem Satledsch durch ein enges Felsentor zuströmt. Es blieb uns keine Wahl.

Wieder wurden alle Stricke fester um die Lasten gezogen, die Männer entkleideten sich, Pferde und Maulesel plumpsten ins Wasser hinein, schwankten über die Blöcke und stemmten die Hufe fest auf, um nicht fortgespült zu werden. Wir hörten gar nicht, wie der Regen plätscherte, als sich die 24 Kubikmeter in der Sekunde betragende Wassermasse des Tokbo-nub an den Watenden vorüber und unter ihnen hindurch wälzte.

Der Pfad auf der Kiesterrasse ist mit Steinmalen und Manimauern getüpfelt, die die Nähe eines Tempels anzeigen. Der Transhimalaja, in dessen südlichen Tälern die beiden Nebenflüsse ihr Regenwasser sammeln, ist in diesem Wetter nicht sichtbar, und nach links hin ahnen wir nur den durch anstehendes Gestein gesägten tiefen Korridor des Satledsch, den das dahinströmende Regenwasser jetzt ganz ausfüllt.

Die anstrengende, nasse Tagereise nähert sich ihrem Ende. Eine hundert Meter lange, außergewöhnlich gut erhaltene Manimauer weist nach dem Kloster Tirtapuri hin, das sich an einem terrassenförmigen Abhang erhebt und das ein ganzes Trabantenkorps von Tschorten umgibt.

Ich ritt zum Heiligtum hinauf. Der Prior, ein Kanpolama, geruhte nicht, sich zu zeigen; aber von den 21 Mönchen des Klosters waren 16 anwesend, und sie hatten nichts dagegen, mich herumzuführen. Sie sprachen den Namen des Ortes wie Tretapuri aus, aber das Wort Tirtapuri ist indischen Ursprungs und bedeutet „Wallfahrtsort". Sanft lächelnd und in Nachdenken versunken thronte Schakia Toba auf dem Altartische im Lhakang, der im übrigen nichts Ungewöhnliches aufzuweisen hatte. Doch, man zeigte uns einige flache, schwarze, rundgeschliffene Steine, die Diabas oder Porphyr sein konnten. Sie trugen deutliche, ziemlich tiefe Abdrücke der Hände und Füße heiliger Männer, die längst in Buddha entschlafen sind. In einem sah man auch den Abdruck eines Pferdehufes. Pia fraus! Die Hauptsache ist, daß die große Menge glaubt und voller Demut fortfährt, dem Kloster Gaben zu spenden.

Im Vorraum des Lhakang hatten sich zwei „Nekora", Pilger aus Lhasa, niedergelassen. Ein Hindu leistete ihnen Gesellschaft. Der

80. Abdul Kerims großes Zelt. (S. 91.)

81. Neugierige Besucher. (S. 91.)

82. Auf einem Passe des Transhimalaja. (S. 100.)

Zum Kloster der „heiligen Sau".

Manasarovar und der Kailas waren das Ziel seiner Reise. In einer kleinen Messingkanne hatte er heiliges Wasser aus dem Gangasee; diese wundertätige Flüssigkeit wollte er gegen eines meiner Pferde vertauschen. Aber zu diesem Geschäft hatte ich keine Lust; in der Kanne konnte gewöhnliches Dorfteichwasser sein, und meine Pferde brauchte ich selbst.

Durch eine Allee von Tschorten führt der Pfad zu einem kleineren Göttersaale hinunter, dem Dortsche Pagmo Lhakang, wo die Heilige dieses Namens in Gesellschaft Buddhas und anderer Potentaten der lamaistischen Götterwelt sitzt. Dortsche Pagmo ist eine Äbtissin, die, gleich dem Dalai-Lama und dem Taschi-Lama, nie stirbt; nur ihre irdische Hülle erneuert sich. Sie wohnt in dem prachtvollen Nonnenkloster auf der Halbinsel im Jambok-tso. Der seltsame Name bedeutet „die heilige Sau" oder „die Diamantsau", und der Beweis ihrer Reinkarnation ist ein Muttermal im Nacken, das einer Schweineschnauze ähnelt. Ihr Saal in Tirtapuri ist feucht, dunkel und melancholisch, und man muß sich erst an das Dämmerlicht gewöhnen, ehe man das stereotype Lächeln der Götterbilder unterscheidet.

Draußen flutete der Regen herab und rieselte an den Felsen hinunter. Die Karawane hatte unterhalb des Klosters das Lager 460 neben einer Felsplatte aus Kalksteinkonkretionen aufgeschlagen, wo warme Quellen entsprangen. Der Regen stand wie ein Glasschloß vor uns. Wir warteten daher noch ein wenig im Portale des finsteren Kobens der heiligen Sau. Hinter uns gähnte eine mystische „Götterdämmerung", draußen sang die große Freiheit im Rauschen tosender Kaskaden. Wie konnten die Mönche bei der Wahl zwischen beiden zaudern? Nun, im Kloster erhielten sie Tsamba, Tee und Brot, ohne zu arbeiten. Ihre Tage verstrichen sorgenlos und ruhig im Dienste der ewigen Götter. Gottesdiensthalten, Lampenputzen, in Ornat und Maske während der großen Tempelfeste Beschwörungstänze aufführen und Seelsorger der in der Umgegend lebenden Nomaden zu sein, das alles war viel bequemer, als mit Karawanen umherzuziehen, Schafe und Yaks zu hüten oder in Tschang-tang Salz zu brechen.

Der Regen hörte nicht auf. Aber wir hatten jetzt genug von der „heiligen Sau" und ihren Mönchen, wir hüllten uns in unsere Mäntel und eilten zu unsern alten Zelten hinunter.

Siebzehntes Kapitel.

Der Manasarovar in alter und neuerer Zeit.

Auf Erden gibt es keinen schöneren Ring als den, welcher den Namen Manasarovar, Kailas und Gurla-mandatta trägt; er ist ein Türkis zwischen zwei Diamanten. Die großartige, vornehme Ruhe, die um die unzugänglichen Berge herum herrscht, und der unfaßbare Reichtum an kristallklarem Wasser, der den See zur Mutter der heiligen Flüsse macht, die mühselig zu erklimmenden Felsenpfade, die über die Höhen des Himalaja dorthin führen: alles eignete sich dazu, diese wunderbare Gegend seit uralten Zeiten zu einem der heiligsten Wallfahrtsorte oder „Tirta" der Hindus zu erküren. Wer reinen, erleuchteten Sinnes in den Wellen des Manasarovar badete, der erlangte dadurch die Kenntnis der den andern Sterblichen verborgenen Wahrheit. Noch heute bleibt der Fremde nachsinnend und gedankenvoll am Seeufer stehen und betrachtet die Schar der Pilger, wenn sie in das den Göttern geweihte Wasser hineinwaten, um dort die Wahrheit und die Erklärung des Lebensrätsels zu suchen.

Mânasa Sarôvara heißt „Mânasa, der schönste der Seen". Mânasa bedeutet „durch die Seele erschaffen", denn der See ist durch Brahmas Seele erschaffen worden.

Im Skanda Purana gibt es eine Erzählung über den Manasarovar, die Manasa-Khanda heißt. In Form eines Zwiegesprächs wird darin der heilige See und seine Erschaffung geschildert. Prinz Dschanamedschaja fragt den Suta, einen Schüler des Viasa, wie die Welt erschaffen worden sei. Suta erzählt unter anderm, daß Dattatreja Rischi, eine der sieben menschlichen Inkarnationen des Wischnu, nachdem er den Himalaja besucht, sich nach Benares begeben und vor dem Radschah Danvantari die Herrlichkeit des Himalaja laut gepriesen habe. Er habe jenen Himalaja gerühmt, in welchem Siwa weile und wo der Ganges sich, gleich einer Lotosblume von ihrem Stengel, von dem Fuße des Wischnu loslöse.

„Ich sah den Manasarovara, wo Siwa in Gestalt eines Radschahansa, eines Königsschwans, wohnt. Diesen See bildete Brahmas Seele; daher erhielt er den Namen Manasa-sarovara. Dort wohnen auch Mahadeva und die Götter, von dorther strömen die Sardschu (der Karnali, bei den

Tibetern Map-tschu, der Pfauenfluß, genannt) nebst andern weiblichen Flüssen und der Satadru (Satledsch) und andere männliche Flüsse. Derjenige, dessen Leib mit Erde vom Manasarovar berührt wird und der in seiner Flut badet, wird Brahmas Paradies erlangen, und wer das Wasser trinkt, der wird zu Siwas Himmel emporsteigen und von den Sünden von hundert Wiedergeburten reingewaschen sein; sogar Tiere, die den Namen Manasarovar tragen, werden in Brahmas Paradies eingehen. Das Wasser des Sees gleicht Perlen. Es gibt kein Gebirge, das dem Himalaja gleichsteht, denn im Himalaja sind der Kailas und der Manasarovar. Wie der Tau von der Morgensonne weggetrocknet wird, so die Sünden der Menschen durch den Anblick des Himalaja ausgetilgt."

Über die Erschaffung des Manasarovar heißt es:

„Brahmas Söhne begaben sich in die im Norden des Himalaja liegenden Gegenden und unterzogen sich auf dem Kailas einer Kasteiung. Dort sahen sie Siwa und Parvati, und dort hielten sie sich unter Beten und Kasteien zwölf Jahre lang auf. Um jene Zeit fiel wenig Regen, das Wasser war knapp, und in ihrer Not gingen sie zu Brahma und beteten ihn an. Da fragte sie Brahma, was sie wünschten. Sie antworteten: Wir sind auf dem Kailas mit Andacht beschäftigt und müssen von dort immer zum Baden nach Mandakini gehen; bereite uns einen Platz, wo wir baden können. Da erschuf Brahma durch eine seelische Anstrengung den heiligen See Manasa. Sie gingen wieder heim, freuten sich über den Erfolg ihrer Reise und gaben sich auf dem Kailas wieder dem Gebete und der Kasteiung hin, wobei sie das goldene Befruchtungssymbol anbeteten, das sich in der Mitte des Sees über der Wasserfläche erhob."

Als der Prinz fragt: „Welcher Weg führt zum heiligen See?" da zählt Dattatreja die Hauptorte auf und spricht von den Pflichten der Pilger, worunter folgende am Seeufer erfüllt wurden: „Er soll dort baden und den Manen seiner Vorfahren Wasser darbieten und den Mahadeva (Siwa) in Gestalt eines Königsschwans anbeten. Er soll dort die Parikrama oder die Umwandlung des heiligen Manasasees ausführen, den Kailas betrachten und in allen benachbarten Flüssen baden."

Der Kailas ist der Göttersitz der indischen alten Welt, ein Tummelplatz der Heldengestalten der mystischen Dichtung. An seinem Fuße träumt der heilige See, bald still und blank wie ein Spiegel, der die Bilder der Sonne und der Sterne auffängt, bald singend ans Ufer schlägt im Takte mit dem eilfertigen Tanze der Monsunwolken auf ihrer himmlischen Straße von den stickigen Ebenen Indiens nach dem Herzen des hohen, frischen Tibets (s. Abbildung auf Einbanddecke).

Von Südwesten her kommen die Wolken über den Himalaja gezogen. Der Fremdling, der in seinem Kahne über den See fährt oder von einem Kloster zum andern die Seeufer umwandert, kennt den Zug der Wolken und weiß, was sie bedeuten. Sie sind die Herolde des Südwestmonsun, der Tibet erst im Spätsommer erreicht. Sie sammeln über dem Meere ihre Wasserdämpfe, liebkosen die Küste zwischen Ceylon und der Indusmündung, bringen den Palmen und Dschungeln neues Leben, entlocken der Erde Saaten und schenken den Menschen Kühlung. Sie eilen zu den Südabhängen des Himalaja und lösen sich in ergiebige Regenfälle auf. Nur ein geringer Teil der wasserführenden Wolken überschreitet die Schranke und benetzt die Abhänge des Transhimalaja, um auch den Weideplätzen der Nomaden zugutezukommen. Durch die Gebirge gebrandschatzt und ausgedrückt wie ein Badeschwamm zieht der Rest der Wolken über dem Hochland weiter und wird in der Atmosphäre vernichtet, bevor er in die Wüstengebiete Zentralasiens hinausgelangt ist.

Nach der Mythologie der Hindus sind die Jakschas eine Art göttlicher Wesen niederen Ranges, die dem Kuvera, dem Gotte des Reichtums, dienen, der selber die im Kailasberge verborgenen Schätze bewacht. Dort wohnt der mächtige Kuvera mit seinem Götterhofe. Kuvera hatte einem Jakscha die Pflege der goldenen Lotoslilien im Manasasee anvertraut. Durch die Liebe zu seiner schönen Gattin in Anspruch genommen, vernachlässigte der Pfleger seine Pflicht, und eines Nachts wurden die Lilien durch die an den acht Ecken des Weltalls Wache haltenden Weltelefanten zertreten. Da wurde Kuvera zornig, und zur Strafe verurteilte er den Jakscha dazu, ein ganzes Jahr von seiner geliebten Gattin getrennt zu leben. Von Gram und Sehnsucht verzehrt, verbringt der Verbannte seine einsamen Tage fern im Süden in den heiligen Wäldern des Ramaberges.

Die Sage ist ein paar tausend Jahre alt. Ihr Motiv hat Kalidasa, einen der größten Meister der Hindu-Literatur, den Dichter der Sakuntala, begeistert, und mit den heiligen Bergen um den Manasarovar als Hintergrund hat er ein lyrisches Gedicht verfaßt, das **Meghaduta**, der Wolkenbote, heißt. Es glüht von orientalischer Pracht und kühnen Liedern, strotzt von Liebe und Sehnsucht und enthält eine Fülle der üppigsten, großartigsten Naturschilderungen.

Eines Tages segelt eine der regenschweren Wolken des Monsun über den Gipfel des Ramaberges, und der verbannte Jakscha ruft dem Regenspender zu, daß er seiner Gattin im Kailasgebirge einen Gruß bringen möge. Denn die Wolken sind Indras Gesandte, und Indra ist der Gott des Himmels. Zuerst huldigt der Jakscha dem Wolkenboten mit einer Blumenspende, dann schildert er den bevorstehenden Zug der

Wolke mit dem Monsunwinde vom Ramaberge nach dem Kailas, wo die Verlassene wohnt. Er spricht in stimmungsvollen Versen zu dem Boten, der seinen stolzen Donner zwischen den Hügeln rollen läßt und von den königlichen Schwänen, den Radschahansas, begleitet wird, die nach dem Spiegel des Manasasees ziehen, wenn in Indien die Regenzeit eintritt. Im Gewande der Dichtung verwandeln sich die Wildgänse, die jeden Frühling auf den Inseln des Rakas=tal nisten, in Schwäne.

Kalidasa entrollt vor unsern Augen ein außerordentlich entzückendes Panorama von Ebenen und Wiesen, Wäldern und Hainen, Städten und Flüssen, die der Wolkenbote auf seiner Luftreise erblickt. Oft sind diese Erscheinungen mit einem wahren Stacheldrahtnetze mythologischer An= spielungen und pomphafter oder liebestrunkener Bilder umsponnen, aber ebenso oft erkennen wir auch die Stellen wieder, über die der Schatten der Wolke hinstreicht.

Dies gilt besonders dem Reiseziele des Wolkenboten; der Sang lautet nach der Übersetzung des berühmten Sanskritforschers Max Müller (Königsberg 1847):

Der Berg Kailâsa, dessen Haupt vom Arm des Râvana gespalten,
In dessen Spiegelglanze sich beschau'n die himmlischen Gestalten,
Der rings im dichten Glanze strahlt, als säh' man Siwas Antlitz lachen,
Er wird Dir in dem Blütenschnee der luft'gen Höh'n ein Lager machen.

Trink dann die Well'n des Mânasa, auf dem die goldnen Lotos prangen,
Laß Deine Wolkenschleier mild Airâvatas [1] Gesicht umfangen,
Der Kalpabäume [2] Blätterkleid magst Du mit feuchtem Wind' durchwehen,
Und dann dem Fürsten des Gebirgs [3], dem spiegelhell'n entgegengehen.

Verkennen wirst Du nicht die Stadt, die freundlich an den Berg sich schmieget,
Um welche, wie ein lockres Kleid der Gangâ helle Flut sich bieget,
'S ist Alakâ [4]; so oft Du kehrst, schmückt sie mit Wolken ihre Zinnen
Und durch die dunklen Locken läßt sie Perlentropfen niederrinnen.

Den Teich in meinem Garten dort umschließen rings smaragd'ne Stiegen
Und goldne Lotos siehst Du sich auf dunklen Lazurstengeln wiegen;
Die Schwäne, die bei Deinem Nah'n beglückt die stille Flut durchschneiden,
Sie möchten nie zum Mânasa von ihrer alten Wohnung scheiden.

Auf jenen Hügel steig' herab, doch soll die Last ihn nicht erdrücken,
Leicht, wie ein junger Elefant, tritt dann auf seinen schönen Rücken.
Von dort laß' dann des Blitzes Blick in ihre stille Kammer fallen,
So wie mit leisem, leisem Glanz' Glühwürmchen durch die Lüfte wallen.

---

[1] Der östliche Weltelefant, den die Wolke vor der Sonne schützen sollte.
[2] Bäume im Himmel des Indra.
[3] Der höchste Gipfel des Kailas.
[4] Die Stadt des Kuvera und des Jaksha.

Die dunklen Locken der Maid sind die Wolken, ihr herabgefallener Schleier ist der Ganges, der Alakâ umfließt und von welchem also in Kalidasas Gedichte angenommen wird, daß er seine Quellen auf dem Kailas habe. Wenig mehr als hundert Jahre ist es her, daß dieser falsche Glaube für immer aus der Welt geschafft worden ist.

Der Jakscha ermahnt den Wolkenboten, nach vollzogenem Auftrag seine lange Reise in Elefantengestalt auf dem Kailasgipfel zu beschließen. Auch bei den Tibetern, deren Weisheit aus Indien entlehnt ist, spielt der Elefant in dieser Gegend eine gewisse Rolle. Im Kloster Njandi am Westfuße des Kailas sind zwei Elefantenzähne, Langtschen-salarapten, vor dem Altare aufgestellt; das einzige, was die Mönche über sie mitzuteilen wissen, ist, daß sie dort so lange stünden wie das Kloster selbst. Am Nordufer trägt ein Kloster den Namen des Elefanten, Langbo-nan. Und schließlich heißt der Satledsch, der zeitweise dem See entströmt, Langtschen-kamba, der Elefantenfluß.

Verlassen wir indessen die Welt der Sage und der Dichtung, wo wir vergeblich nach festem Boden umhertasten, und erforschen wir lieber die geschichtlichen Urkunden, um zu sehen, was sie von dem heiligen See zu melden haben.

In dem Heerzuge des großen Makedoniers spielte der Manasarovar keine Rolle. Ptolemäus kannte den See nicht. Marco Polo und andere Reisende aus dem Mittelalter hatten seinen Namen nicht gehört. Die Wanderungen der Völker schlugen andere Wege ein und ließen den Manasarovar in ungestörter Ruhe, ein Dornröschen zwischen unzugänglichen Bergen. Jahrhundertelang flogen die Wildgänse wie früher über den Himalaja, und die Pilger lenkten ihre Schritte nach dem Ufer des Sees der Wahrheit und der Aufklärung, ohne daß sein Name auf den Schwingen des Gerüchts ins Abendland getragen wurde.

Wenn wir endlich in verhältnismäßig neuerer Zeit einen Schimmer des Sees zu gewahren glauben, sehen wir uns dennoch in Ungewißheit gelassen und wissen nicht, woran wir sind. Im Jahre 1533 schickte der Chan von Jarkent seinen Feldherrn Mirza Haidar mit einem Kriegsheer von Leh nach Tibet, um die Götzentempel in Lhasa dem Erdboden gleichzumachen. Das Heer wütete in den Ländern, welche es durchzog, wie die Pest, wurde aber selber dezimiert und hat seinen eigentlichen Zweck nicht erreicht. In der Beschreibung seines Heerzuges sagt Mirza Haidar: „Nach einer Reise von einem Monat gelangt man in eine Gegend, wo ein See liegt; er hat vierzig Farsach im Umkreis, und an seinem Ufer steht eine Burg, die Luk-u-Labuk heißt. Dort machten wir für die Nacht halt." Dieser See kann kein anderer sein als der

Manasarovar, denn Mirza Haidar zog dieselbe Straße, die zweihundert Jahre nach ihm Desideri gegangen ist.

In älteren Schriften über die Himalajaländer ist von einem Jesuiten die Rede, einem Pater Antonio de Monserrate, der im Jahre 1581 den Kaiser Akbar auf seinem Zuge nach Kabul begleitet und von einem See Manasaruor in Tibet erzählt haben soll. Über Monserrate habe ich nur aus zweiter und dritter Hand Auskunft erlangen können; irgendeinen Bericht aus seiner eigenen Feder aufzufinden, ist mir nicht gelungen.

François Bernier, der den Großmogul Aurangzeb auf seiner Reise nach Kaschmir begleitete und 1699 seine Erlebnisse schilderte, konnte sich hinsichtlich des Laufes der großen indischen Flüsse mit Ptolemäus nicht an Kenntnissen messen, obgleich er anderthalb Jahrtausende nach der Zeit des alten Meisters lebte. In seiner Darstellung der Gebirge im Norden Indiens ist er dagegen dem Ptolemäus ebenbürtig. Er gibt uns eine einzige Bergkette namens Caucase, und Tibet schrumpft zu einem Nichts zusammen. Auf einer Karte in Berniers Werk finden wir jedoch im Osten von Kaschmir ein „Petit Thibet Royaume". Der Hauptarm des Indus kommt vom Mont Caucase, und der Fluß erhält kein Wasser aus den Ländern jenseits der Grenze Kaschmirs. Obgleich der französische Reisende sich bei Kaufleuten nach den Straßen im Norden und Osten erkundigte, erfuhr er nichts von dem heiligen See.

D'Anvilles „Carte générale du Thibet" (1733) bietet zuerst ein klares, zuverlässiges Bild des Manasarovar und des Rakas-tal; sie ist auf S. 363 des zweiten Bandes wiedergegeben. Dieses Terrain haben Kang His Lamatopographen erobert. Sie müssen sich lange an den Seen aufgehalten haben, denn gerade diese Gegend fern im Westen des großen Tibet ist besser und genauer aufgenommen worden als irgendein anderer Teil des Landes. Der Bergkranz um das Becken herum gibt ein richtiges Bild der Wirklichkeit. Im Norden erhebt der Kentaisse oder Kailas seinen Scheitel, im Südosten kommt ein Fluß aus dem Gebirge Lantschia Kepou, das meinem Langtschen-kabab, der Quelle des Satledsch, entspricht. Im Jahre 1907 gelangte ich zu demselben Resultate wie Kang His Topographen. Das Flüßchen, das sie als von Südosten her dem See zuströmend dargestellt haben, ist der Tage-tsangpo, den ich den Ursprung des Satledsch genannt habe. Hiermit sind wir bei einem Problem angelangt, das in Verbindung mit dem heiligen See in der folgenden Schilderung die Aufmerksamkeit mehr als einmal in Anspruch nehmen wird.

D'Anville nennt nach seinen lamaistischen Gewährsmännern die Seen mit tibetischen Namen, den östlichen See Mapama und den westlichen Lankan, anstatt der Namen Tso-mavang und Langak-tso, wie sie richtiger heißen. Vom ersteren wurde eine bessere Karte aufgenommen, als es 150 Jahre später geschehen ist. Zwischen beiden läuft ein sie verbindender Flußarm. Auch er ist ein Glied in der Kette des Satledsch. In den Jahren 1907 und 1908 war das Bett jenes Armes trocken, wie schon oft vorher.

Hiermit gelangen wir zu einem zweiten Problem: der Frage nach den periodischen Veränderungen der Niederschläge, welche die Ursache sind, daß nur in regnerischen Jahren Wasser aus dem Manasarovar abfließt. Während gewisser Zeitabschnitte regnet es so ergiebig, daß auch aus dem Langak=tso oder Rakas=tal Wasser abfließt, und nur dann hat der Fluß einen ununterbrochenen Lauf. So verhielt es sich, als Kang His Lamas jene Gegend rekognoszierten und den aus den Seen tretenden Fluß richtig Lanctchou oder Lang=tschu nannten, das heißt Langtschen=kamba, Elefantenfluß, Satledsch.

Doch wer trägt die Schuld an dem verhängnisvollen Irrtum, den Seigneur D'Anville, Géographe du Roi, verewigt hat? Er läßt jenen Lanctchou mit dem Ganges identisch sein und betrachtet den obern Indus als einen darin einmündenden Nebenfluß! In seinem großen Werke „Description de la Chine" erklärt Pater Du Halde, daß die beiden von Kang Hi abgesandten Topographen ihre Angaben über die Quelle des Ganges durch „Lamas, die in den benachbarten Pagoden gewohnt und aus Dokumenten, die sie bei dem Großlama in Lhasa gefunden" erhalten hätten. Diese Angabe kann nicht richtig sein, denn die Mönche in den Klöstern um den Manasarovar herum wußten ganz genau, daß der in dem See entspringende Fluß der Satledsch war und nicht der Ganges.

Der erste Reisende, der den Manasarovar beschrieben hat, ist der unübertreffliche Pater Desideri. Er berichtet, wie er und Freyre am 9. November 1715 die höchsten Regionen auf dem Wege zwischen Leh und Lhasa erreichten und wie „das Wasser, welches von dort aus westwärts strömt, der Ursprung des Indus ist, während das, welches nach Osten geht, den Ganges bildet".

In den folgenden Zeilen berührt er auch als erster das seitdem so schwierig gewordene Problem des hydrographischen Verhältnisses, in welchem die großen Flüsse zum Manasarovar stehen:

„Wir ziehen weiter über eine Ebene namens Retoa, wo es einen großen See gibt, zu dessen Umwanderung man einiger Tage bedarf und aus welchem, wie man vermutet, der Ganges entspringt. Aber, infolge alles dessen, was ich auf meiner Reise beobachten konnte und was ich Leute, die sowohl diese Gegend wie auch das Reich des Groß=

83. Gebirgslandschaft in Südwesttibet. (S. 146.)

84. Der Gouverneur von Saka-dsong. (S. 155.)

85. Der Gipfel des Kang-rinpotsche. (S. 157.)
Skizzen des Verfassers.

moguls kannten, in übereinstimmender Weise erzählen hörte, muß ich annehmen, daß jener Gebirgsstock Ngari Giongar (Kailas) nicht allein die Quelle des Ganges, sondern auch die des Flusses Indus ist. Da dieser Berg der höchste ist, von welchem sich das Land nach beiden Seiten hin abdacht, so strömt das von der westlichen Seite herabfließende Wasser — ob es nun Regenwasser sei oder von aufgetautem Schnee herrühre — nach dem zweiten Tibet (Ladak), was sich deutlich aus den tatsächlichen Verhältnissen ergibt — und nach der Durchquerung (Ladaks) geht es durch Klein=Tibet (Baltistan). Dann wälzt es sich durch alle Gebirge Kaschmirs hinunter und erreicht schließlich den Kleinen Guzaratta, um den gewaltigen, schiffbaren Indus zu bilden. Auf dieselbe Weise strömt das Wasser, welches von der Ostseite des Ngari Giongar (Kailas) herab= fließt, zuerst in den bereits genannten See Retoa (Manasarovar) und dann vollendet es seinen Lauf abwärts und bildet den Ganges. Einen Beweis hierfür bietet uns folgender Umstand. In den Schriften unserer Vorfahren wird von dem Goldsande des Ganges viel Rühmens gemacht. Wenn wir daher annähmen, daß der Ursprung und die Quelle jenes Flusses anderswo lägen, so würden wir unsere Vorfahren zu Lügnern stempeln, denn an keinem andern Teile des Flußlaufes (als beim Kailas und Manasarovar) läßt sich auch nur ein Schein solchen Sandes auf= spüren. Wenn man andrerseits meine Auffassung billigt, daß nämlich die Quelle des Ganges auf jenem Berggipfel und im See Retoa liegt, so stimmen die Behauptungen der alten Autoren wirklich mit meinen Ansichten überein. Denn wie bekannt — und, ich wage zu sagen, wie überall auf Erden bekannt — gibt es an den Ufern und im Sande um diesen See herum viel Goldstaub, den die Flüsse, die vom Kailas und andern naheliegenden Bergen herabfließen, von der Oberfläche jener Berge wegschwemmen. Tibeter und eine Anzahl Kaufleute treffen sich von Zeit zu Zeit am See, um nach solchem Golde zu suchen und es zu sammeln, und sie ziehen großen Gewinn daraus. Ferner ist der See ein Gegen= stand großer Verehrung unter jenem abergläubischen Volke; daher wall= fahrten sie dann und wann nach dieser Gegend und umwandern mit großer Andacht den ganzen See, weil sie glauben, daß sie sich dadurch vieler Vergebung versichern und viele besondere Ablässe erlangen."

Diese Worte hat ein Jesuitenpater vor zweihundert Jahren geschrieben! Desideri, der in Gesellschaft einer tatarischen Prinzessin und ihres unüber= sehbaren Gefolges reiste, hatte wahrscheinlich keine Gelegenheit, den See selbst zu umwandern und sich zu überzeugen, welche Flüsse aus ihm heraus= strömen. Aber er glaubt beobachtet und durch indische Pilger gehört zu haben, daß die äußersten Wurzeln des Indus sowohl wie des Ganges im

Kailas zu finden sind. Die Singi-kabab, die Indusquelle, liegt nicht weit davon im Norden des Transhimalaja. Aber der Ganges! Desideri hat den Satledsch mit dem heiligen Flusse der Stadt Benares verwechselt und den Einklang zwischen den Angaben „unserer Vorfahren" über den Goldsand des Flusses und dem „überall auf Erden bekannten" Vorkommen goldhaltigen Staubes an den Ufern des Manasarovar nicht stören wollen. Man kann ziemlich fest davon überzeugt sein, daß es an jenem Wintertag, als Desideri am Manasarovar vorüberritt, außer ihm und Freyre keinen Europäer gab, der etwas von dem Dasein dieses Sees ahnte!

Im Winter sind die meisten Wasserläufe versiegt oder zugefroren. Ist obendrein noch ein Schneesturm über das Land gezogen, so wird alles ausgeebnet, und ohne gespannte Aufmerksamkeit läßt sich nicht sehen, wie es sich mit den Flüssen verhält. Die Hindus kennen von alters her das hochalpine Tal, in welchem die Quelle sprudelt, die den Fluß der Stadt Benares gebiert. Die Tibeter wissen ebenso gut, daß der Arm, der zeitweise den Manasarovar verläßt, der Elefantenfluß, der Satledsch, ist. Doch fragt man die im Kloster Tschiu lebenden Mönche, wie der Kanal heiße, so antworten sie noch heutigentages Ganga oder Nganga. Möglicherweise hat dieser Name Desideri irregeführt. Jedenfalls war er unschuldig daran, daß englische Topographen in viel späterer Zeit den Satledsch mit dem Ganges verwechselt haben. Er war der Bahnbrecher. Wer könnte von ihm verlangen, daß er in zwei Tagen die seltsamen Wasserwege hätte erfassen können, um die sich nachher zweihundert Jahre lang Forscher und Reisende gestritten haben? Mir, der ich längere Zeit um die Seen herum geforscht habe als irgendeiner meiner Vorgänger, ist es eine Beruhigung und eine Erquickung, wenn ich in Pater Desideris altem Tagebuch „il lago di Retoa" wiedersehe.

In dem Bericht des Paters Souciet (Observations mathématiques etc., faites à la Chine, Paris 1729) veröffentlicht Pater Gaubil einen Aufsatz über die Quellen des Ganges „nach chinesischen und tatarischen Karten". Damit wir uns nicht in Gaubils Text zu vertiefen brauchen, gebe ich seine Karte wieder; sie ist wertvoll und interessant. Wenn man sie mit meiner Karte vergleicht, wird man sie auf der Stelle verstehen. Der Mont Cantés ist der Kailas. An seinem Nordwestabhang haben wir die Indusquelle. Warum gerade die des Indus? Nun, längs des Laufes finden wir Taschi-gang und Ladak wieder, wenn auch die Namen ein wenig verdreht sind. Indessen ist es der südliche Arm, der Gartong, der hier gemeint ist; den nördlichen, den Hauptarm aus der Singi-kabab, kannte man nicht.

Der Manasarovar in alter und neuerer Zeit. 179

Im Südosten des heiligen Berges ergießen sich die drei Quellarme des Ganges in den See Lapama oder Manasarovar. Von dort geht ein Flußarm nach dem Lankasee oder Rakas-tal und verläßt ihn wieder, um westwärts zu strömen. Der Fluß ist der Satledsch. Weshalb gerade der Satledsch? Nun, längs seines Laufes erkennen wir, ebenfalls verstümmelt, die Namen Guge, Tsaparang und Tschumurti wieder.

Wieder stoßen wir auf den schweren Mißgriff, daß man Indus und Satledsch sich miteinander vereinigen und den Ganges bilden läßt. D'Anville beging denselben Fehler. Daher ist es deutlich erkennbar, daß D'Anville und Gaubil ihr Wissen aus demselben Dokument geschöpft haben,

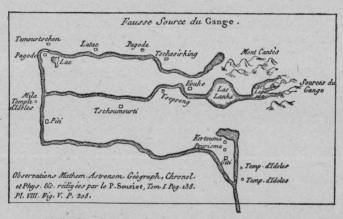

Gaubils Karte der beiden Seen und der angeblichen Gangesquelle.

aus den Rekognoszierungen, die Kang His Lamas ausführten. Sie gingen nie so weit nach Westen, daß sie sich von dem weiteren Schicksal der beiden Flüsse hätten überzeugen können. Die Situationszeichnung ist im Grunde richtig, die Hydrographie deckt sich mit der Wirklichkeit; das einzige Fehlerhafte ist, daß anstatt des Namens Satledsch der Name Ganges eingetragen worden ist.

Wenn wir das nächstemal wieder vom Manasarovar erzählen hören, dann ist der Jesuitenpater Joseph Tieffenthaler unser Gewährsmann. Er ist 1715 in Bozen geboren, kam mit 28 Jahren nach Goa und durchwanderte dann während einer langen Reihe von Jahren verschiedene Teile Indiens, wobei er alles Merkwürdige, was er erblickte und erlebte, aufgezeichnet hat. Hierauf begab er sich 1765 nach Bengalen und wandte sich dort mit einer Bitte um Unterstützung „an die berühmte englische Nation, die wegen ihrer Freigebigkeit und ihrer Barmherzigkeit gegen Elende und Arme bekannt ist".

Aus den Berichten Tieffenthalers geht nicht immer hervor, ob er selbst beobachtet hat oder sich auf Hörensagen verläßt. Man fühlt sich manchmal versucht, seine Worte über die klassischen Autoren, die den Himalaja von Kumaon Imaus nannten, auf ihn selbst anzuwenden: „Sie haben jene Gegenden nicht gesehen und haben in ihren Beschreibungen ferner Länder gewöhnlich unrecht". Aber man verzeiht ihm gern, weil er ganz richtig sagt, daß man die Quelle des Indus in den Gebirgen Tibets suchen müsse.

Über Tibet hat er gehört, daß es fünf Monate lang unter einer Schneedecke liege. Von dorther kommen die weichste Wolle, Moschus und weiße Ochsenschwänze. Regiert werde das Land von einem geistlichen Herrscher, dem Lama Goru, den er magnus magister nennt; er gehöre einem Einsiedlerorden an und werde wie ein Gott angebetet. Er wohne in Patala. Derartige Nachrichten waren aber schon fünfzig Jahre früher sogar nach Sibirien gedrungen, wo der Schwede Strahlenberg damals als russischer Kriegsgefangener lebte und geographisches Material von unvergleichlich größerem Werte sammelte.

Doch jetzt handelt es sich nur um den wundertätigen See und die heiligen Flüsse.

Tieffenthaler trat in Briefwechsel mit dem berühmten Anquetil du Perron, der sein Material gesichtet und es dann in der „Description historique et géographique de l'Inde" veröffentlicht hat.

Hinsichtlich der Gangesquelle versichert Tieffenthaler, daß sie ewig unentdeckt bleiben werde, weil der Weg jenseits der Schlucht des „Kuhmundes" unpassierbar sei. Sein Kommentator erklärt, daß es für die, welche Beine zum Gehen hätten, keine ungangbaren Wege gebe — invia tenaci nulla est via. Anquetil entschuldigt indessen den Pater damit, daß man die Quellen sowohl in Bengalen wie in Tibet als unerreichbar ansehe, weil der heilige Fluß im Himmel entspringe. Er hat auch kein Zutrauen zu der Expedition, die der große Kaiser Akbar am Ende des 16. Jahrhunderts zur Erforschung der Gangesquelle ausgesandt hatte. In einer Schlucht unter einem Berge, der dem Kopfe einer Kuh ähnelte, sahen die Abgesandten das Wasser des Flusses in großer Fülle herausquellen. Anquetil glaubt nicht, daß jener „Kuhkopf" sich über der wirklichen Quelle erheben könne, die eher in der großen Tartarei zu suchen sei! Bald sollten jedoch englische Forscher die Tatsache feststellen, daß die Kunde, welche Akbars Gesandte ihrem Herrscher gebracht haben, die einzig richtige war.

Man hat allen Grund zu der Vermutung, daß die Karten, die Tieffenbach an Anquetil du Perron schickte, ursprünglich von Eingeborenen für den Kaiser Akbar gezeichnet worden sind. Denn der Pater bekennt,

Der Manasarovar in alter und neuerer Zeit. 181

daß er selbst nie in den hohen Regionen gewesen sei, wohl aber Kunde über sie erhalten habe.

In Anquetils Schilderung heißt es über die beiden Seen:

„Der östliche, Mansaroar oder Mansara genannt, ist sehr berühmt im Lande und hat, nach Pater Tieffenthalers Aufzeichnungen, 60 Koß

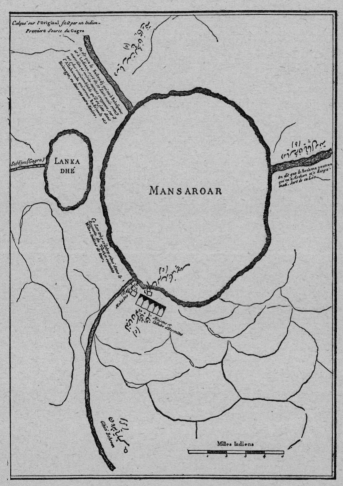

Anquetil du Perrons Karte des Manasarovar und Rakas-tal.

(indische Meilen) im Umkreis. Der westliche heißt Lanka und hat einen Umkreis von mehr als 11 Koß. Nach der Behauptung des gelehrten Missionars kommt der Brahmaputrafluß, der nach Assam und Rangamati strömt, aus dem See Mansaroar. Aus dem oberen Teile des Manasaroar, also im Nordwesten, tritt ein Fluß heraus, neben dessen

Lauf man auf Persisch liest: ‚der große Fluß Satledsch, der nach der Pandschabseite geht' — folglich nach Westen."

Dieser verständigen und richtigen persischen Angabe, die wahrscheinlich aus dem Ende des 16. Jahrhundert stammte, fügt Anquetil den unglücklichen Zusatz bei: „Es wird behauptet, daß der Satledsch, der nach Bilaspur und Ludiana strömt, aus jenem See herauskomme; aber diese Versicherung verdient keinen Glauben, denn es ist wahrscheinlicher, daß der aus dem See abfließende Fluß sich mit dem Alaknanda vereinigt, der Badrinat und Srinagar bewässert."

Der Alaknanda ist einer der östlichen Quellflüsse des Ganges; es wird uns hier also wieder ein Beispiel der Verwechslungen zwischen dem Satledsch und dem Ganges oder wenigstens einem Nebenflusse des letzteren geboten.

Über den Rakas-tal heißt es: „Neben dem großen See Mansarovar und an seiner Westseite ist der See Lanka, den der deutsche Missionar Lanka Dhé schreibt. Dieser See, aus welchem im Westen der Sardschufluß heraustritt, ist viel kleiner als der Mansarovar." Schon im Skanda Purana fand sich die Angabe, daß der Sardschu oder Gogra, der Maptschu oder Pfauenfluß der Tibeter, aus den Seen komme, indessen nicht aus dem Rakas-tal, sondern aus dem Manasarovar. Tieffenthaler ist hierin seiner Sache nicht sicher. Er sagt selber: Certiora alias exploranda.

Um so sicherer ist Anquetil. Er untersucht, inwiefern D'Anville darin recht haben kann, daß er den Fluß, der den Lanka oder Rakas-tal verläßt, Ganges nennt. Vergeblich hofft man, daß er noch dahinter kommen werde, daß der aus dem See tretende Fluß der Satledsch ist. Doch nein, er beweist, daß es der Nebenfluß des Ganges ist, der Gogra oder Pfauenfluß. Er sagt, D'Anvilles Karte der Lamas sei falsch. Und doch war diese Karte sehr viel besser als die Tieffenthalers.

Glücklicher trifft er es mit seiner Überzeugung, daß der Tsangpo der Oberlauf des Brahmaputra sei; aber wenn Pater Régis sich damit begnügt, die Tsangpoquelle in die Nähe des Manasarovar zu verlegen, so beißt Anquetil auf Tieffenthalers Angelhaken an und läßt den Fluß aus jenem See herausströmen.

Schließlich stellt er zusammen, was Tieffenthalers Karte über die beiden Seen gibt, nämlich „die bisher unbekannte Quelle der drei größten Flüsse jener Gegend, des Sardschu, der aus dem Lankasee abfließt und dessen Lauf man auf keiner europäischen Karte findet, des Satledsch, der nordwestwärts aus dem Mansarovar geht und nach dem Pendschab strömt, und des Brahmaputra oder Tsangpo, dessen Quelle der Abfluß dieses Sees vom Ostufer aus ist und der einen großen Teil Tibets durchfließt, ehe er einen Bogen nach Südwesten macht, um sich unterhalb Dakas in den Ganges zu stürzen."

Es muß dem gelehrten Anquetil eine Freude gewesen sein, so von Herzen in dem Vorrat an Kenntnissen, den ihm Tieffenthaler zur Verfügung stellte, schwelgen zu können. Gleich Gaubil und D'Anville hat er seinen ganzen Scharfsinn aufgeboten, um nach chinesischen, tatarischen und indischen Urkunden und Nachrichten die Lage der Gangesquelle festzustellen.

Ritter hatte zu den orientalischen Angaben kein Vertrauen. Er nennt sie „scheinbar offizielle und doch in jeder Hinsicht zwar nicht ganz falsche, aber doch nur halbwahre Daten". Dazu zählt er auch die Karten, die Pater Tieffenthaler aus Hindostan nach Europa geschickt hat. Ritter ist darin zu streng. In dem Lichte des Wissens der Gegenwart ist es nicht schwierig, die unter den Völkern des Ostens angestellten Versuche zu deuten und zu verstehen. Doch wie recht hat Ritter, wenn er im zweiten Bande seines „Asien" (S. 477) sagt: „Möge jener scharfsinnig und mit vieler Gelehrsamkeit geführte Streit über beiderlei Darstellungen der Gangesquellen in Behauptung der Hypothesen auf geographischem Felde behutsam machen." Eine einzige positive Beobachtung an Ort und Stelle beseitige alle Zweifel rascher und besser als Vermutungen, die wir darüber aufstellen könnten.

Wenn man die sonderbare Karte, die Tieffenthaler an Anquetil geschickt hat, mit meiner Karte vergleicht, die im zweiten Bande des „Transhimalaja" enthalten ist, so muß man zugeben, daß die Ähnlichkeit sehr unbedeutend ist. Das Seltsamste ist jedoch die Darstellung der Flüsse. Im Osten sehen wir den Brahmaputra aus dem Manasarovar herausströmen! Wie ist das möglich! Schah Akbars Abgesandte sind vermutlich um den See herumgewandert. Die persische Angabe in der Karte lautet: „Der große Fluß, welcher nach der Nepalseite geht." Wenn ein Hindu die Auskunft gegeben hätte, so wäre der Irrtum leichter begreiflich, denn er hätte in religiösen Vorurteilen befangen und dadurch verblendet gewesen sein können. Der Manasarovar ist aus Brahmas Seele erschaffen, und der Brahmaputra ist Brahmas Sohn. Doch ein Mohammedaner hat die persische Angabe geschrieben. Möglicherweise haben Hindus die Karte gezeichnet, und die Schrift ist nachher durch Mohammedaner in Indien hinzugefügt worden.

Es gibt wirklich einen Fluß, der den gleichmäßigen Verlauf der östlichen Uferlinie unterbricht, aber dieser Fluß strömt in den See hinein, nicht aus ihm heraus. Es ist unser alter Tage-tsangpo, der Quellfluß des Satledsch, der dort mündet. Vielleicht haben die Eingeborenen, die für die Karte verantwortlich sind, einfach vergessen, nach welcher Seite hin das Wasser floß, und ihren Irrtum erst nach ihrer Rückkehr nach Indien begangen.

Von dem Flusse im Südwesten meldet die Karte nichts. Wir können es daher als sicher ansehen, daß er irgendeinen der Flüsse darstellt, die vom Gurla-mandatta nach dem See strömen. Wir können dies um so mehr, als die Karte in derselben Gegend einen Tempel mit Eremitenwohnungen angibt, der offenbar das große Kloster Tugu-gumpa ist.

Besonders fesselt der nach Nordwesten aus dem See strömende Fluß das Interesse. Hier haben wir uns nur an die ursprüngliche, die echte Angabe zu halten, die in persischen Worten sagt: „Der große Fluß Satledsch, der nach der Pendschabseite strömt." Wann auch die Karte gezeichnet sein mag, damals entströmte der Satledsch also dem See. Doch warum hat der Kartenzeichner nicht gewußt, daß der Fluß sich in den Rakas-tal ergoß? Wahrscheinlich aus dem Grund, weil er ihn nur am Ufer des Manasarovar überschritten hat, ohne sich weiter um ihn zu kümmern. Durch dieses Versäumnis hat er anstatt eines Flusses aus den Seen nach Westen zwei Flüsse herausströmen lassen. Denn er hat gesehen, daß auch aus dem Rakas-tal, seinem Lanka Dhé, ein Fluß heraustrat, und hatte geglaubt, daß dieser Fluß der Sardschu, der Map-tschu, sei. Von irgendeiner Wasserverbindung zwischen den beiden Seen will er nichts wissen. Der Manasarovar gehört zum System des Satledsch, der Rakas-tal zu dem des Ganges. Wenn er die Landenge zwischen den beiden Seen untersucht hätte, hätte er auch gefunden, daß sein Satledsch aus dem Manasarovar nach dem Rakas-tal strömte und daß der aus dem westlichen See heraustretende Fluß stets „der große Fluß Satledsch, der nach der Pendschabseite strömt" war.

Tieffenthalers Karte zaubert auch aus dem Spiegel des Manasarovar eine ungeheuerliche Bifurkation hervor, die, als einzig auf der Erdoberfläche dastehend, in Anquetil du Perron eigentlich hätte Argwohn erregen müssen: zwei Riesenflüsse aus einundemselben See hervorquellend; der eine, der Brahmaputra, strömt nach Osten, der andere, der Satledsch, nach Westen.

Beim ersten Anblick erschien die Karte von Ostasien mehr als abenteuerlich. Nach genauerer Betrachtung verstehen wir ihren Sinn. Sie beweist, daß am Ende des 16. Jahrhunderts und wahrscheinlich auch vor der Zeit, in der sich Tieffenthaler in Indien aufhielt, die beiden Seen eng mit dem Flußsystem des Satledsch zusammenhingen, indem der Oberlauf des Flusses beide durchströmte, um dann seinen halsbrecherischen Weg durch den Himalaja, an Tirtapuri, Totling und Kanam vorüber, fort-

86. Junger Tibeter. (S. 156.)
Skizze des Verfassers.

87. Räuberhauptmann Kamba Tsenam. (S. 157.)
Skizze des Verfassers.

zusetzen. In dem kürzlich erschienenen Buche „Les Royaumes des Neiges" hat Charles Eudes Bonin einen trefflichen Vergleich der Karte Tieffenthalers mit meinen Resultaten angestellt.

In dem im zweiten Bande des „Transhimalaja", S. 153—163, enthaltenen 50. Kapitel „Die Quelle des Satledsch" habe ich bereits den beachtenswerten Inhalt eines chinesischen Werkes „Schui=tao=ti=kang" oder „Die Grundzüge der Hydrographie", das im Jahre 1762 veröffentlicht worden ist, angegeben. Darin werden die frühesten Schicksale des Flusses auf eine Weise geschildert, die in den Einzelheiten mit der Wirklichkeit übereinstimmt und die zeigt, daß die Chinesen auch damals, vor 150 Jahren, wie zur Zeit Kang His viel besser über jene Wasserstraßen unterrichtet waren als moderne Geographen, die zwar nie dort gewesen sind, die aber doch geglaubt haben, das Problem nach ihrem eigenen Kopfe lösen zu können. Der chinesische Text erzählt in kurzen, bestimmt ausgesprochenen Sätzen, daß das Wasser von Lang=tschuan=kapa=pu=schan oder dem Berge Langtschen=kabab den See Ma=piu=mu=ta=lai oder Manasarovar bilde, und sagt ferner: „Das Wasser (d. h. der Satledsch) fließt auf der westlichen Seite aus dem See hinaus und in den See Lan=ka (Langak=tso) hinein, der 60 Li entfernt liegt... Das Wasser des Sees Lang=ka (d. h. der Satledsch) fließt von Westen aus (aus dem See), und nachdem es über 100 Li westwärts geströmt ist, biegt es nach Südwesten ab und heißt jetzt Lang=tschu=ho." Lang bedeutet Stier und Tschu auf tibetisch Wasser, während Ho auf chinesisch Fluß heißt. Lang=tschen ist der große Stier oder Elefant.

Als Major J. Rennell im Jahre 1782 seine prächtige Karte von Hindostan herausgab, in die auch das südliche Tibet teilweise aufgenommen ist, hatte er über dieses Land keine andern Quellen als D'Anvilles fünfzig Jahre vorher erschienene Karte, nach der er sich richtete. Er läßt den Indus in den Gebirgsgegenden im Westen von Kaschgar entspringen und den Satledsch vom Südabhang des Himalaja kommen. Doch den wahren oberen Indus, der Ladak durchfließt, und den oberen Satledsch, der an Totling vorüberströmt, läßt er vom Flußsysteme des Ganges einfangen. Rennell gesteht jedoch ein, daß er sich der Karte D'Anvilles nur aus Mangel an besserem Material bedient habe, und er spricht Zweifel aus, daß die Quellflüsse des Ganges sich so weit nordwestwärts erstrecken könnten, wie D'Anvilles Karte angebe. Er sieht es aber auch als sicher an, daß Ganges und Brahmaputra je auf einer Seite einunddesselben Bergrückens im Osten des Manasarovar entspringen und daß sie sich nach ungeheuren Umwegen — der eine nach Westen, der andere nach Osten — an einunddemselben Punkte ins Meer ergießen.

Rennell wurde einer ziemlich scharfen Kritik unterzogen, und zwar durch Anquetil du Perron, der hervorhob, daß er schon 1776 die Fehler der Karte D'Anvilles nachgewiesen habe, indem der Gogra, aber nicht der Ganges auf demselben Bergrücken in Tibet entspringe wie der Brahmaputra. Es dauerte noch einige dreißig Jahre, ehe man erfuhr, daß Rennell und Anquetil alle beide in ihren Auslegungen der Karten D'Anvilles und Tieffenthalers unrecht hatten.

Wenn also Rennells Karte einen Wasserlauf zwischen den beiden Seen und einen im Westen aus dem Rakas-tal heraustretenden Fluß, den er Ganges nennt, aufnimmt, so erkennen wir in dieser Darstellung teils die richtige, durch die Lamatopographen gefundene Deutung wieder, teils aber auch die gewöhnliche Verwechslung des Ganges mit dem Satledsch.

Im Jahrgang 1807 der englisch-indischen Zeitschrift „Asiatic Researches" findet man einen Artikel mit der Überschrift „Eine Geschichte von zwei Fakiren", den ein Mr. Duncan veröffentlicht hat. Darin huscht auch der Manasarovar flüchtig an uns vorüber.

Der eine Fakir, Purana Puri in Benares, beschäftigte sich damit, seine Hände gefaltet über dem Kopfe zu halten, bis die Arme in dieser erkünstelten Stellung steif wurden. Er war ein aufgeweckter, glaubwürdiger Mann, der 1792 seine Schicksale erzählt hat. Auf seinen Wanderungen durch die Welt hatte er Balch, Buchara, Samarkand, Badakschan und Kaschmir besucht. Er war an der Gangotri, der Gangesquelle, gewesen und hatte gefunden, daß der Fluß an seinem Ursprung nicht so breit war, daß man über sein Wasser nicht hätte hinüberspringen können. Von Katmandu aus war er in das Innere Tibets nach Lhasa und Schigatse gezogen. Von dort aus war er in 80 Tagen nach dem See „Maun Surwur" gegangen.

Über diesen See gab der Fakir folgende Auskunft: „Sein Umfang ist sechs Tagereisen, und an seinen Ufern liegen 20 bis 25 Goumaris (Gumpas), religiöse Stationen oder Tempel. Der Maun Surwur ist ein See, aber in seiner Mitte erhebt sich etwas, das man eine Scheidewand nennen könnte, und der nördliche Teil wird Maun Surwur, der südliche Lunkadh oder Lunkdeh genannt. Der Maun-Surwur-Teil entsendet einen Fluß, und aus dem Lunkadh-Teile kommen zwei Flüsse; der erstgenannte ist der Brahmaputra, dessen Lauf nach Osten geht; von den beiden Flüssen, die der Lunkadh entsendet, heißt der eine Sardschu und der andere Sutrudra oder, wie in den Puranas, Shutudru und gewöhnlich Satledsch, der nach dem Lande Pendschab fließt. Zwei Tagereisen westlich vom Maun Surwur liegt die große Stadt Teri Ladak. Zieht man von Ladak aus sieben Tagereisen weiter nach Süden, so gelangt man an einen Berg namens Cailasa Cungri (Kailas Gangri), der außerordentlich hoch ist; auf seinem Gipfel steht ein Bhowjputr=Baum, aus dessen Wurzeln ein kleiner Strom hervorquillt oder heraussprudelt, von welchem man sagt, daß er die Quelle des Ganges sei und aus Vaicontha oder dem Himmel komme, wie es auch in den Puranas erzählt wird."

Es wird nicht gesagt, wann der Fakir nach dem See gewandert ist. Vielleicht zehn Jahre vor seinem Bericht, vielleicht auch zwanzig. Sein Gedächtnis hat ihn jedenfalls im Stich gelassen. Den berühmten Kailas hat er mit einem südlicher liegenden Berge gleichen Namens verwechselt. Gleich Tieffenthalers Gewährsmännern läßt er den Brahmaputra aus dem Manasarovar beginnen. Das einzig Richtige in dem Bilde, das er gegeben hat, ist das Heraustreten des Satledsch aus dem Langak=tso. Obwohl er die Umwanderung des Manasarovar, die den Pilgern befohlen ist, ausgeführt hat, ist ihm gar nicht aufgefallen, daß der Satledsch ebenfalls aus diesem See herausströmt. Die Herkunft des Sardschuflusses ist eine Erinnerung an Tieffenthalers Karte, wie auch die Schreibweise der Namen ähnlich ist.

Der andere Fakir wußte von den verwickelten Wasserstraßen nichts zu erzählen. Er glaubt nur bemerkt zu haben, daß am Maun Talai (Manasarovar) vier Länder zusammenstoßen, nämlich China, das „Lamaland", Beschahr und Kulu.

Jahr für Jahr sind Pilger um den See herumgewandert, um Entsündigung ihrer Seele und die Hoffnung auf Brahmas Paradies und Siwas Himmel zu erlangen. Ihre irdischen Erfahrungen aber haben sie mitgenommen, als sie auf den dunklen Weg jenseits des Scheiterhaufens auf dem Kai von Benares hinausgingen, und ihr Wissen ist ebenso im Meere der Vernichtung zerronnen, wie ihre Asche von den Wasserwirbeln des Ganges nach dem Bengalischen Meerbusen hinuntergetragen worden und dort in der salzigen Tiefe verschwunden ist. Besäßen wir doch eine Chronik über alles das, was sie während vieler Jahrtausende alljährlich gesehen haben! Mit ihren sehnsüchtigen Schritten haben sie am Ufersaume Pfade ausgetreten. Jahrtausende hindurch haben Siwas Gäste ihren Rundgang vollendet, der nach einem eingebildeten Himmel führte. Wenn doch jedes Jahr nur einer das, was er sah, auf einer Steintafel in einer Pagode aufgezeichnet hätte!

Einige haben den Satledsch aus dem Manasarovar herausströmen sehen und sind, um den Fluß zu überschreiten, über die Brücke gegangen, die es wohl immer unmittelbar unterhalb des Klosters Tschiu gegeben hat und die von Zeit zu Zeit erneuert wurde. Auch heute steht sie noch, und man erblickt alte Wassermarken in den Konglomeratblöcken der Brückenköpfe. Andere haben gesehen, wie ein kümmerliches Rinnsal das Bett durchrieselte, während wieder andere keinen Tropfen in dem Kanal gefunden und seine Rinne trockenen Fußes durchquert haben.

Wenn wir jetzt wüßten, was jenen Wanderern seit der Zeit, als der erste Pilger die Runde um den See machte, bekannt war, könnten wir eine Kurve des periodischen Steigens und Fallens des Seespiegels ziehen. Wir würden sehen, wie der See nach regnerischen Sommern stieg und wie er in regenarmen Jahren fiel. Die Wirkungen des Monsuns auf dem Hochlande ließen sich ablesen, und wir würden verstehen, daß der aus Brahmas Seele erschaffene See lebt und daß sein Puls in rhythmischem, periodischem Takt schlägt, unbekannten, himmlischen Gesetzen folgend. Aber die Pilger haben ihre Geheimnisse nicht verraten, und es bleibt uns nichts anderes übrig, als die Aufzeichnungen, die von einer kleinen Anzahl Reisender gemacht worden sind, aufzusuchen und zu sammeln.

Achtzehntes Kapitel.

Die ersten Engländer am heiligen See.

In seinem „Essay on the Sacred Isles of the West", der 1808 erschien, hat Hauptmann F. Wilford das mitgeteilt, was er von dem berühmten Purangir gehört, einem Manne, der von Warren Hastings wiederholt als Dolmetscher und Spion in Bhotan und Tibet benutzt worden war und der Bogle und Turner auf ihren Reisen und im Jahre 1779 den Taschi=Lama auf seinem Zuge nach Peking begleitet hatte. Purangir war auch Brahmine und hatte die Wallfahrt nach dem Manasarovar gemacht, wahrscheinlich kurz vor 1773. Bei seinem Besuche dort hatte Purangir gehört, daß der See während der Regenzeit überzutreten pflege und daß der Kanal dann Wasser führe, aber während der trockenen Jahreszeit versiege. Es sei beobachtet worden, daß die Oberfläche des Sees in jedem Jahre steige und falle, daß aber das Bett in einigen Jahren auch während der Regenzeit trocken bleibe.

Purangir glaubte, daß der Ganges seine Quelle auf dem Kailas habe und von dort zum Manasarovar ströme. Er beschreibt den Bergeskranz, er sagt ganz anschaulich und richtig, daß der See die Form eines unregelmäßigen Ovals habe, die sich der Kreisgestalt nähere, er bedarf zur Umwanderung fünf ganzer Tage und besucht am Südufer den vornehmsten Tempel, das heutige Tugu=gumpa. „Der Ganges kommt aus dem See heraus, und während der trockenen Jahreszeit ist sein Wasser kaum fünf oder sechs Zoll tief. Der Fluß geht nicht durch den See, der auf den Karten Lanken heißt, sondern fließt im Südosten des Sees in zwei oder drei Koß Entfernung."

Hier haben wir also eine Nachricht, daß das Wasser um das Jahr 1770 auch während der trockenen Jahreszeit aus dem Manasarovar herausgetreten ist, und wie gewöhnlich haben wir den Namen Ganges mit dem Namen Satledsch zu vertauschen. Purangir bestreitet, daß der Fluß den Rakas=tal durchfließe. Doch hierin wußte er gerade so wenig Bescheid wie andere Pilger. Man lenkt eben niemals die Schritte nach dem

Nachbarsee. Er ist nicht heilig und wird von der Pilgerstraße nicht berührt. Purangir sah daher nicht selbst, in welcher Richtung der Lauf des falschen Ganges ging, und er wußte nicht, daß der Fluß, an dessen Schwelle er stand, keineswegs auf dem Wege nach Benares war, sondern sich einfach ein Bett durch den Himalaja gesägt hatte, um zum Indus hinabzueilen.

Wilford bringt über den Manasarovar einige kühne Behauptungen vor; vielleicht war dies einer der Gründe, die Klaproth zu einer grimmigen Kritik des Werkes veranlaßt haben. Denn Wilford sagt, daß Plinius und Ktesias den See erwähnten und Marco Polo ihn beschreibe, und doch enthalten ihre Schriften nicht ein Wort über den Manasarovar.

Wie gefährlich es ist, aus religiösen Irrtümern und Glaubensartikeln geographische Schlüsse ziehen zu wollen, das sieht man an folgenden Worten Wilfords:

„Die vier heiligen Flüsse, die nach Aussage der Geistlichen in Tibet ihren Ursprung im Manasarovar haben, sind der Brahmaputra, der Ganges, der Indus und der Sita. Der Ganges ist der einzige unter ihnen, der wirklich aus dem See herauskommt, und wenn die drei übrigen es ebenfalls tun, so muß dies durch unterirdische Kanäle geschehen; solche Kanäle, seien sie wirkliche oder nur eingebildete, sind in den Puranas etwas ganz Gewöhnliches."

Die vier Flüsse, die die Tibeter mit dem heiligen See verknüpfen, sind diejenigen, deren Fluten aus dem Munde des Löwen, des Elefanten, des Pferdes und des Pfaus quellen. Aber der Ganges aus dem Kopfe der heiligen Kuh gehört nicht dazu. Der vierte ist der Gogra oder Map=tschu, der Pfauenfluß. Die Nomaden, die weniger mit lamaistischen Ideen behaftet sind, sagen ganz ruhig, daß aus dem See nur der Sat=ledsch komme und auch dieser nur zeitweise.

D'Anvilles Karte strahlt wie ein Leuchtturm über Tibet hin. Einige ihrer Teile haben sich nach neueren englischen Forschungen unrichtig erwiesen, und dadurch ist ihre Autorität erschüttert worden. Andere Gebiete durften gegen hundert Jahre lang als das gelten, was sie vorstellen wollten. Das Übrige wurde, wie wir gesehen haben, erst in der zweiten Hälfte des 19. Jahrhunderts gänzlich verworfen. Das Merkwürdigste, was D'Anvilles Karte bot, war die Kunde, daß der Ganges aus dem Manasarovar komme; dies war vor hundert Jahren eine brennende Frage.

Im Jahre 1812 veröffentlichte H. T. Colebrooke einen Aufsatz „Die Quellen des Ganges im Himadri oder Emodus". Da wir über diesen wichtigen Punkt schon so viele falsche Angaben erhalten haben, ist es nicht unangebracht, auch der Entdeckung der Gangesquelle zu gedenken.

Colebrooke hegte starke Zweifel an der Richtigkeit der Darstellung, welche Kang His Lamas gegeben hatten. Hindupilger pflegten dem Gangeslauf aufwärts bis an den Fuß der Schneeberge zu folgen. Die Lamas Kang His seien bis an die Seen und den Kailas im Westen vorgedrungen. Zwischen diesen Endpunkten aber erhebe sich der gewaltige Himalaja, von dessen Südseite aus es unmöglich sei, die Flußläufe im Norden richtig darzustellen.

Wenn man im Jahre 1906 verschiedene Geographen gebeten hätte, auf einer in großem Maßstab entworfenen Karte von Westtibet die Brahmaputraquelle zu bezeichnen, so würden sie ziemlich verlegen geworden sein und hätten den Zeigefinger wohl alle an verschiedenen Stellen haltmachen lassen. Selbst diejenigen, welche Ryders Resultate kannten, hätten nur unbestimmt antworten können. Niemand, nicht einmal Ryder selbst, hätte die Spitze des Zirkels in einen bestimmten Punkt stechen und „hier" sagen können. Die Lage der Satledschquelle wäre in noch unbestimmterer Weise angegeben worden, und nur diejenigen, denen die Akten darüber bekannt gewesen, würden geantwortet haben, diese Frage sei noch nicht entschieden. Die Indusquelle hätte man mit ziemlich großer Gewißheit einkreisen können, wenn der Halbmesser des Kreises 30 Kilometer betragen hätte; aber kein Europäer hatte es auch nur versucht, dorthin zu gelangen, und Montgomeries Punditen waren zum Umkehren gezwungen worden, als sie noch mehrere Tagereisen von der Quelle entfernt waren.

Erst im Jahre 1907 glückte es mir, den Weg zu den Quellen aller drei Flüsse hin zu finden. Es gelang mir, weil ich sie finden wollte und weil ich mich nicht, wie eine im Winde treibende Spreuhülse, dem Zufall überließ. Beim Brahmaputra und beim Indus folgte ich dem Flußlaufe aufwärts, was die sicherste Methode ist. Beim Satledsch aber ging ich von der Quelle abwärts am Laufe hinunter, und erst dann, als ich das ganze Material gesammelt hatte, konnte ich beweisen, daß das Ende des Ganglung-Gletschers, aus dem der Tage-tsangpo entspringt, die Quelle des Satledsch ist.

Hundert Jahre früher war die Frage der Gangesquelle noch viel unentschiedener. Es liegt natürlich nur an den Schwierigkeiten, welche die Tibeter den Europäern stets in den Weg gelegt haben, und an der Abneigung der indischen Regierung gegen jede Art Verwicklung an der Grenze, daß die Engländer nicht schon längst dorthin gedrungen sind und die Quellen des Brahmaputra, Indus und Satledsch entdeckt haben. Daß es mir glückte, lag an dem Respekte, den Younghusbands Zug den Tibetern beigebracht hatte, und auch daran, daß ich keine Verhaltungsvorschriften von der indischen Regierung annahm. Die Gangesquelle wurde 1808 entdeckt, die der übrigen drei Flüsse im Jahre 1907. Über jene sagt Colebrooke: „Vielleicht muß die Ehre der Nation mit in Rechnung gezogen werden, wenn es gilt, eine Frage nicht länger in Ungewißheit und Zweifel zu lassen, welche zu lösen gerade die Engländer die beste Gelegenheit haben, noch dazu eine so interessante Frage wie die der Erforschung der Quellen eines der größten Flüsse des alten Kontinents, eines Flusses, dessen Wassermassen die britischen Gebiete, die er in seiner ganzen schiffbaren Länge durchquert, fruchtbar und reich machen."

Die Expedition wurde von Leutnant Webb und den Hauptleuten Raper und Hearsey ausgeführt. Sie folgte der Spur des Antonio de Andrade; zweihundert Jahre früher und ohne es zu wissen, war dieser auf seinem Wege über den Manapaß nach Tsaparang an der Gangesquelle vorübergezogen. Die Quellen des Indus, des Satledsch und des Brahamaputra hatten bis zum Jahre 1907 weder katholische Missionare noch sonst jemand passiert.

In der Instruktion, die „The Supreme Government of Bengal" dem Leutnant Webb erteilte, lautete ein Paragraph: „Es ist festzustellen, ob der Gangotri die äußerste Quelle des Ganges ist, und falls es sich damit anders verhalten sollte, ist dem Flusse so weit wie möglich in der Richtung seiner wirklichen Quelle zu folgen und eine Karte des Laufes aufzunehmen. Besonders ist zu erforschen, ob — wie Major Rennell behauptet — der Fluß in dem See Manasarovar entspringt; wenn sich Beweise, die seinen Bericht bestätigen, erhalten lassen, ist die Richtung und die Entfernung bis zu jenem See so genau als möglich anzugeben."

Webb führte seinen Auftrag aus und berichtete, daß der Ganges am Südabhang des Himalaja entspringe und daß, wie zuverlässige Eingeborene ihm versichert hätten, „es im Westen des Manas-Sees außer einem Flusse, der Saturur oder Satledsch heiße, keinen weiteren gebe".

Hauptmann Raper hat eine vorzügliche Schilderung jenes bedeutungsvollen Zuges gegeben. Gangotri war die Gangesquelle. Das Problem eines Zusammenhangs des Ganges mit dem Manasarovar war aus der Welt geschafft. Doch welcher Fluß war nun tatsächlich jener, der schon so lange zwischen den Seen und im Westen des Rakas-tal spukte? Diese Frage blieb noch zu beantworten.

Bei einer spätern Gelegenheit, im Jahre 1816, erfuhr Webb durch einen tibetischen Grenzhäuptling, daß sich mehr als hundert Flüsse in den Manasarovar ergössen, der See aber nur einen Abfluß nach dem Rakastal habe, „einen Kanal, der indessen oft trocken sei".

William Moorcroft war ein Tierarzt, der sich im Jahre 1808 auf eine Einladung des Direktoriums der Ostindischen Kompanie nach

88. Bewohner von Tottschen. (S. 157.)

89. Der dreizehnjährige Prior von Langbo-nan. (S. 160.)
Skizze des Verfassers.

Kalkutta begab. Sein Name ist in Verbindung mit dem Manasarovar berühmt geworden, und seine Beschreibung der Reise, die er mit Hauptmann Hearsey im Jahre 1812 nach dem Nordwestufer jenes Sees unternahm, gehört zum Besten, was wir in der Literatur über den heiligen See besitzen. Dennoch war sein Resultat nach der hydrographischen Seite negativ. So sagt auch Colebrooke in seiner Einleitung zu Moorcrofts Reisebeschreibung: „Er bestätigte das Vorhandensein des Manasarovar und bestimmte annähernd seine Lage; zugleich stellte er die Tatsache fest, daß der See weder der Ursprung des Ganges ist noch irgendeines andern der Flüsse, die dem Gerüchte nach aus ihm abfließen sollen." Colebrooke fügt aber auch die Vermutung hinzu, daß der See, wenn er

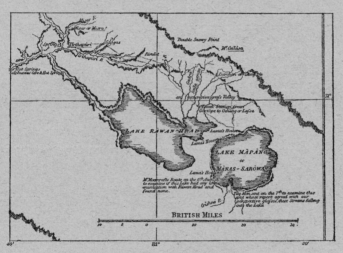

Moorcrofts Karte des Manasarovar und Rakas=tal.

genügend anschwelle, sein überschüssiges Wasser an den Rakas=tal abgebe, „in welchem der Satledsch seine Quelle hat".

Moorcroft zog über die Alpen des Himalaja. Beim Anblick der mächtigen, mit Schnee bedeckten Berge konnte er nicht begreifen, weshalb man sich nicht hatte damit begnügen können, den Ganges ihnen zuzuschreiben, sondern durchaus den Fluß aus einem See hatte ziehen wollen, der ja auch beständig durch Quellbäche gespeist werden mußte. Diese Wahrheiten haben gewisse Gelehrte unserer Zeit vergessen. Es genügt nicht zu sagen, der Manasarovar sei die Quelle des Satledsch. Der größte der Flüsse, die den See speisen, ist der oberste Lauf des Satledsch. Und da der Tage=tsangpo so unvergleichlich viel größer ist als alle andern, dürfte kein Zweifel darüber herrschen können, wo die wirkliche Quelle liegt.

Über den Nitipaß (5050 Meter) gelangten sie nach Tibet. Der Paß war so hoch, daß eine Handvoll entschlossener Männer einer ganzen Armee allein schon durch das Hinabrollen großer Steinblöcke das Überschreiten des Passes unmöglich machen könnte. Die beiden Engländer reisten in Verkleidung und gaben sich für Kaufleute aus. Man kam glücklich an Daba vorüber und gelangte nach Gartok. Der Garpun hatte nichts dagegen, daß sie ihre Reise bis an den Manasarovar ausdehnten. Aber als Moorcroft ihn bat, die Rückreise über einen andern Paß als den Niti machen zu dürfen, lautete die Antwort „Nein", denn der Garpun werde seinen Kopf einbüßen, wenn die Fremdlinge nicht auf demselben Wege, auf dem sie gekommen seien, wieder abzögen — ganz wie heutzutage!

Moorcroft zieht nach Südosten weiter und findet am Fuße des Felsens, auf welchem das Kloster Tirtapuri erbaut ist, einen „sehr reißenden Fluß, der aus einem See Rawanhrad (Rakas-tal) am Fuß des Himalaja kommen und den Hauptarm des Satudra (Satledsch) bilden soll". Daß diese im Texte stehenden Worte nicht mit Moorcrofts Karte übereinstimmen, wollen wir nicht weiter berühren. Das Beachtenswerte ist der Umstand, daß nach Angabe der Lamas in Tirtapuri der Satledsch aus dem Rakas-tal kam, obgleich der Kanal zwischen den beiden Seen trocken war und kein Wasser aus dem westlichen See abfließen konnte, wenn nicht auf unterirdischem Wege. Hieraus ergibt sich, daß die Mönche den Satledsch ungeachtet der klimatischen Veränderungen, die das Wasser periodenweise versiegen lassen, ganz richtig aus dem Rakas-tal ableiteten.

Nach zwei weiteren Tagereisen gewahrte Moorcroft im Süden „einen gewaltigen Wasserspiegel von überraschend blauer Farbe, den Rawanhrad, aus welchem, wie man sagt, der Hauptarm des Satledsch entspringt und der durch einen Kanal mit dem Manasarovar, von den Eingeborenen Mapang genannt, in Verbindung stehen soll". Moorcroft näherte sich daher dem heiligen See in der Überzeugung, daß das Wasser beide Seen durchströme. Daß der Ganges von dieser Seite her keinen Tropfen Wasser erhielt, war schon durch Webbs Expedition bewiesen worden. Jetzt sollte Moorcroft ausfindig machen, wie sich die Sache mit dem Satledsch verhielt.

Am 6. August 1812 wanderte Moorcroft längs des Ufers des Manasarovar vom Kloster Langbo-nan nach Tschiu-gumpa, auf dessen Südseite er die Hügel bestieg. Vergebens spähte er nach einem Abflusse umher. Soweit sein durch das Fernglas verschärfter Blick nach Süden reichte, gab es zwischen den beiden Seen keine Einsenkung, keine Unterbrechung der Hügel. Er sandte Kundschafter nach dem Südufer. Sie kehrten zurück mit dem Bescheid, daß kein Abfluß dem See entströme.

Er begab sich wieder in sein Lager zurück, überzeugt, daß keine Flüsse den Manasarovar verließen. Und doch hatte er auf seiner Wanderung bei Tschiu=gumpa zweimal das trockene Bett überschritten, ohne zu beachten, daß es wenigstens zeitweise als Abfluß dienen konnte. Um seine eigenen Beobachtungen bestätigen zu lassen, schickte er am Tage darauf wieder einige Leute am Westufer entlang. Als diese zurückkehrten, versicherten sie, daß sie nicht einmal ein Anzeichen eines alten ausgetrockneten Bettes hätten finden können.

Ein alter Pundit namens Harballabh, der Moorcrofts Begleiter auf dieser Reise war, hatte schon, ehe sie noch den See erreichten, versichert, daß ein Wasserarm vom Manasarovar ausgehe, sich in den Rakas=tal ergieße und diesen See am Westufer als Satledsch wieder verlasse. Harballabh ärgerte sich über die erreichten Resultate, die einen Schatten auf seine Glaubwürdigkeit zu werfen schienen. Er behauptete mit größter Bestimmtheit, daß er vor 16 Jahren, also 1796, den vom östlichen nach dem westlichen See gehenden Arm nicht hätte überschreiten können, wenn es nicht unterhalb des Klosters Tschiu=gumpa eine Brücke gegeben hätte. Außerdem erzählte noch ein Mann aus Ladak, daß er vor acht Jahren, also 1804, den aus dem See tretenden Flußarm gesehen habe, der nach=her versiegt sei, worauf dann das Bett allmählich ausgetrocknet sei und sich mit Sand angefüllt habe.

Wieder schickte Moorcroft Kundschafter aus, die mit demselben nega=tiven Resultat wie vorher zurückkehrten. Schließlich konnte er sich die Erscheinung nicht anders erklären, als daß dort durch ein Erdbeben Ver=änderungen vor sich gegangen seien. Und doch lag die Erklärung viel näher! Jener Arm war eine periodische Erscheinung, deren Wechsel auf der Regenmenge beruhte, die, bald ergiebig, bald knapp, durch die Wolken=massen des Südwestmonsun in das Gebirge hinaufgetragen wurde.

Moorcroft glaubte, in der Ferne einen Fluß zu sehen, der vom Westufer des Rakas=tal ausging; aber leider verhinderte ihn ein Fieber=anfall, ihm genauer nachzuspüren. Hierin hat er sich durch die Angaben der Eingeborenen leiten lassen, denn es ist über jeden Zweifel erhaben, daß auch der Kanal vom Rakas=tal im Jahre 1812 ausgetrocknet war.

Nachdem Moorcroft, wie er glaubte, das Problem der Seen und des rätselhaften Flusses gelöst hatte, trat er die Rückreise über Daba und den Nitipaß an und freute sich, als er auf der Südseite des Himalaja die ersten Bäume wiedersah. In Kumaon erweckten die Fremdlinge Miß=trauen, weil sie sich wieder in europäische Tracht kleideten, und sie wurden auf einen aus Katmandu, der Hauptstadt Nepals, angelangten Befehl in brutaler Weise gefangen genommen. Jedoch gelang es Moorcroft durch seinen Mut und sein energisches Auftreten nach einiger Zeit die Freiheit wieder zu erhalten, und im November 1812 erreichte die ganze Expedition glücklich englisches Gebiet.

Ein seltsames Geschick scheint diesen ersten Engländer am heiligen See verfolgt zu haben. Nach seiner berühmten, außerordentlich verdienstvollen Reise dorthin richtete er vom Seeufer aus den Blick noch weiter in das Herz Asiens hinein, auf jene Welt unbekannter Berge, die seit der Zeit des Marco Polo und des portugiesischen Missionars Benedikt Goës unbekannt und unbesucht dalagen und die eine Scheidewand bildeten zwischen den indischen Ländern und den Brennpunkten des unermeßlichen Reiches, das einst der siegreiche Timur Lenk mit eiserner Hand regierte. Im Jahre 1820 finden wir Moorcroft in Leh; aber nachdem er dort zwei Jahre lang vergeblich auf eine Gelegenheit, nordwärts reisen zu können, gewartet hatte, kehrte er nach Kaschmir und ins Pendschab zurück, um sich über Kabul auf unbekannten Wegen nach Buchara zu begeben. Auf dem Rückweg von dort starb er in Andchoi am Fieber, wie es hieß, am 4. oder 5. August des Jahres 1825. Doch da auch sein Landsmann Trebeck und seine asiatischen Reisegefährten sämtlich umkamen, hat man allen Grund zu der Vermutung, daß sie das Opfer feindlicher Anschläge geworden sind. Man ist zu dieser Annahme umsomehr berechtigt, als die Expedition in Timurs Land von Völkern und Fürsten feindselig aufgenommen worden ist. Moorcroft war der erste, der starb; es ist noch ein Brief von Trebecks Hand da, der den Todesfall bestätigt.

Es erregte daher kein geringes Erstaunen, als Pater Huc in seinem im Jahre 1853 erschienenen berühmten Buche „Souvenirs d'un voyage dans la Tartarie, le Thibet et la Chine" erzählte, daß er während seines Aufenthalts in Lhasa eines Tages von dem Oberhaupte der kaschmirischen Kaufleute besucht worden sei, der ihm einen seiner Untergebenen namens Nisan vorgestellt und ihm gesagt habe, daß dieser Mann Moorcroft während seines Aufenthalts in Lhasa viele Jahre gedient habe.

Huc hatte noch nie etwas von Moorcroft gehört; nun wurde ihm aber von mehreren Seiten versichert, daß der englische Reisende im Jahre 1826 in der Hauptstadt des Dalai=Lama angelangt sei. Er sei aus Ladak gekommen, sei wie ein Mohammedaner gekleidet gewesen und habe nur persisch gesprochen. Er habe sich ein Haus gemietet und dort zwölf Jahre mit seinem Diener Nisan gewohnt. Yaks und Ziegenherden, die er gekauft, seien durch tibetische Hirten im Gebirge gehütet worden, und unter dem Vorwande, ihre Pflege zu überwachen, habe jener Moorcroft ungehindert in den Gebirgsgegenden umherreisen, Aufzeichnungen machen und Karten zeichnen können. Als die zwölf Jahre vergangen

gewesen, habe der Fremde seinem Diener Nisan einen Brief gegeben und
ihm gesagt, sein Glück werde gemacht sein, wenn er diesen Brief in
Kalkutta vorzeige. Darauf habe er Lhasa auf der Straße nach Ladak,
die an dem von ihm so meisterhaft beschriebenen Manasarovar vorbei-
führe, verlassen. In der Nähe des Sees sei er aber durch Räuber überfallen und ermordet worden. Auf Befehl der tibetischen Regierung sei die
Räuberbande verfolgt und überwältigt worden. Man habe das Eigentum
des Toten nach Lhasa gebracht, und dort hätten die geographischen Karten,
die Aufzeichnungen und die Instrumente verraten, daß der vermeintliche
Kaschmiri ein Engländer gewesen sei.

Vergeblich sucht Huc das Problem zu entwirren, denn nach seiner
Ankunft in Frankreich erfährt er, daß in Ritters „Asien" der 1825 in
Buchara erfolgte Tod Moorcrofts angegeben ist. Dasselbe geschieht in
dem 1841 veröffentlichen Buche des Professors Wilson über Moorcroft.
Auf seiner Reise nach Buchara im Jahre 1832 hat Leutnant Burnes so-
gar das Grab besucht.

Perceval Landon, der Berichterstatter der „Times" auf dem Zuge
Younghusbands nach Lhasa, spricht die Vermutung aus, daß Moorcrofts
Papiere nach seinem Tode in Buchara durch Kaschmiris nach Lhasa gelangt seien und daß ihr Besitzer nachher auf seiner Heimreise an dem
heiligen See ermordet oder ausgeraubt worden sei. Der vermeintliche
Moorcroft wäre demnach ein Mann aus Kaschmir gewesen. Dies ist
wohl die richtige Erklärung. Aber Huc hat ja selbst mit dem Manne,
der dem Fremden zwölf Jahre gedient hat, gesprochen, und er fragt mit
Recht, welchen Grund die Bewohner Lhasas, Tibeter und Kaschimiris,
hätten haben können, ihm solche Anekdoten aufzutischen. Jedenfalls ist
Moorcrofts Schicksal in Dunkel gehüllt. Nach der ersten Version starb
er, allein, 1825 in Buchara, nach der zweiten ist er 1838 in der Nähe
des Manasarovar erschlagen worden.

Unter den Namen, die mit dem Manasarovar verknüpft sind, steht
der Moorcrofts obenan. Er hat freilich nur das Westufer des Sees berührt. Ich habe mich dort an Ort und Stelle überzeugen können, wie
genau und zuverlässig seine Beobachtungen gewesen sind. Seine Lands-
leute haben ihn nicht immer hoch genug geschätzt. Verschiedene Versuche
sind gemacht worden, um auf mehr oder weniger wahrscheinliche Weise
den Grund zu erklären, weshalb er das Flußbett bei Tschiu-gumpa nicht gesehen hat. Es ist indessen, wenn der See einige Jahre lang niedrigen Wasser-
stand hat, gar nichts Wunderbares, wenn jenes Bett bis zur Unkenntlich-
keit versandet. Moorcrofts Versäumnis, durch Fieber veranlaßt, bestand
darin, daß er nicht einige hundert Meter über das Kloster Tschiu hinaus-

ging; denn dann wäre ihm die Sache in einem Augenblick klar geworden. Wenn Harballabh und der Ladaki, deren Worten zu glauben er sich nicht entschließen konnte, ihn nur zur Brücke hingeführt hätten, würde er sich gesagt haben, daß zeitweise reiche Fluten unter ihren Balken hinströmen mußten.

Drei Jahre nach dem Zuge Moorcrofts nach dem Manasarovar drang sein Landsmann James B. Fraser nach der Jumnotri, der Quelle des Jumna, vor und benutzte die Gelegenheit, Erkundigungen über die Gegend einzuziehen, in der der Satledsch seine ersten Wassertropfen sammelt. Die Eingeborenen konnten nur melden, daß der Fluß aus weiter Ferne komme und seine Quellen „hinter der Himalajakette" habe. Genauer wußten sie darüber nicht Bescheid. Er selbst glaubt, daß der Fluß hauptsächlich durch schmelzenden Schnee aus den Bergen gespeist werde, deren weiße Gipfel er auf allen Seiten emporragen sah. Die Beschreibung seiner Reise erschien zwei Jahre nach der Moorcrofts. Aber er kennt das Buch seines Landsmanns nicht und scheint kaum von dem ersten Engländer, der den westlichen Himalaja überschritten hat, gehört zu haben. Sonst hätte er wohl mit einem Worte der zwei Jahre vorher gedruckten Karte gedacht, die den Rakas=tal als Quelle des Satledsch angibt.

In den Jahren 1817 und 1818 durchreisten die Brüder Hauptmann Gerard und Dr. Gerard den westlichen Himalaja und trugen in verdienstvoller Weise zu unserer Kenntnis jenes Gebirges bei. Sie drangen freilich nicht ganz bis an unsern See vor, zogen aber bei den Eingeborenen Erkundigungen über ihn ein. Hauptmann Gerard erzählt, daß er „mehr als hundert Personen" getroffen habe, „die am Satledsch hinaufgezogen sind, allerdings nicht bis an die eigentliche Quelle, aber doch bis zu einem Punkt, der nur noch 10 bis 12 englische Meilen von ihr entfernt liegt und an welchem die Straße nach dem Manasarovar abbiegt. Alle Berichte stimmen darin überein, daß der größte Arm aus der Westecke des Rawun Rudd (Rakas=tal) oder Langa komme, und man versichert, daß er auch während der trockenen Jahreszeit in der Nähe dieses Sees 30 Fuß breit und $1\frac{1}{4}$ Fuß tief, sowie sehr reißend sei."

Aus dieser Kunde können wir den Schluß ziehen, daß die Niederschläge von 1812 bis 1817 zugenommen und damals ein Maximum erreicht haben, das beide Seen übertreten ließ. Diesem Schlusse wird jedoch später in Hauptmann Gerards Berichte widersprochen, worin es heißt, daß die Eingeborenen aufs bestimmteste behauptet hätten, der Manasarovar habe vor ungefähr zwanzig Jahren einen Flußarm westwärts entsandt, den man auf Brücken habe überschreiten müssen, der nachher aber versiegt sei. Aber die Mönche, die an den Ufern wohnten, hätten doch zu wissen geglaubt, daß der Abfluß noch immer stattfinde, wenn auch auf unterirdischem Weg.

Besonders interessant ist Gerards Angabe, daß ein sich von Osten her in den Manasarovar ergießender Fluß bei den Eingeborenen Satledsch heiße und daß er aus dem Guntschu=tso komme. Hierin hat er jedoch seine Gewährsmänner mißverstanden, denn der Fluß, welcher aus dem Talboden des Guntschu=tso Zufluß erhält, ist der Samo=tsangpo, während derjenige, in welchem der oberste Lauf des Satledsch zu sehen ist, der Tage=tsangpo ist. Der Guntschu=tso hat keinen Abfluß; der See ist salzig, und es ist kaum glaublich, daß er vor hundert Jahren nach dem Manasarovar hin Abfluß gehabt habe.

Ein anderer der großen Pioniere des Westhimalaja ist Hauptmann J. D. Herbert, der 1819 am Laufe des Satledsch entlang reiste und eine Karte desjenigen Teiles des Flusses, der zum britischen Gebiete gehörte, aufnahm. Über das Grenzdorf Schipki hinaus konnte er nicht vordringen. Gleich den Brüdern Gerard wurde er an der tibetischen Grenze zur Umkehr gezwungen. Der Argwohn der Behörden scheint nach Moorcrofts Besuch erwacht zu sein; sogar Eingeborenen wurde manchmal die Erlaubnis zum Überschreiten der Grenze versagt, weil man fürchtete, daß sie verkleidete Europäer seien. Daher konnte Herbert nichts zur Lösung des Problems beitragen. Er mußte sich ebenso wie die Brüder Gerard damit begnügen, die Eingeborenen auszufragen; sie erzählten ihm unter anderm, daß während der Regenzeit eine Verbindung zwischen den beiden Seen bestehe.

In den Schilderungen der Himalajareisen aus jener Zeit vermißt man oft den Namen Moorcroft. Er war doch die erste Autorität hinsichtlich der Gegend um die Seen. Man fragt sich, wozu mehr oder weniger glaubwürdige Eingeborene einem Kreuzverhör unterworfen werden, wenn ein Engländer erst kürzlich eine so genaue, ins Einzelne gehende Beschreibung der Herkunft des Satledsch und seines Oberlaufs herausgegeben hat. So verhielt es sich auch mit Francis Hamilton, der 1814 auszog und sein vortreffliches Buch „An account of the Kingdom of Nepal" im Jahre 1819 erscheinen ließ. Darin hat er eine Menge einander widersprechender Angaben aufgenommen, die er von einem gewissen Hariballabh erhalten hat; in diesem glauben wir mit gutem Grunde Moorcrofts alten Punditen Harballabh wiederzuerkennen. Der Pundit berichtete, daß aus jedem der Seen ein Fluß komme, und Hamilton findet im allgemeinen, daß die Berichte mit der Darstellung auf der Karte D'Anvilles übereinstimmen. Weshalb zog er aber nicht Moorcrofts Karte zu Rate, die doch viel neuer war und von einem Engländer herrührte?

Während der 34 Jahre, die zwischen Moorcrofts erster Reise und Henry Strackeys Besuch am Manasarovar vergingen, drang beinahe gar keine neue Kunde über Westtibet nach Europa. Die Gelehrten sprachen sich wohl einmal über den heiligen See aus; er huschte in der geographischen Literatur flüchtig vorüber. Mintschul Chutuktu schrieb seine Schilderung Tibets, die jedoch erst viel später ins Russische übersetzt wurde und worin der Lauf der vier berühmten Flüsse auf phantastische Weise beschrieben worden ist.

Im „Journal Asiatique" wird inzwischen die Entdeckung der Satledschquelle zum Gegenstand eines Streites um die Priorität gemacht. Die großen Geographen Saint-Martin und Klaproth glaubten beweisen zu können, daß Tieffenthaler und Anquetil du Perron schon 1784, also 28 Jahre vor Moorcrofts Reise, das Problem gelöst hätten, weshalb die Ehre dieser Entdeckung Deutschen und Franzosen gehöre, keineswegs aber Engländern. Daß der Manasarovar die Quelle des Satledsch sei, finde man, meinten sie, deutlich erkennbar auf Tieffenthalers Karte dargestellt. „Aus diesem See entspringt der Fluß Langtchou oder Satledsch, der westwärts strömt, um den Langasee, den die Hindus Ravanhrad nennen, zu durchfließen. Demnach existiert eine Verbindung zwischen den beiden Seen, was Moorcroft ohne Gründe und Beweise bestritten hat; die erste Quelle des Satledsch befindet sich in dem See Manasarovar und nicht im Ravanhrad." Deshalb meinen die beiden Gelehrten, daß es an der Zeit sei, den Deutschen und Franzosen den ihnen rechtmäßig gebührenden Entdeckerruhm wieder zuzuerkennen.

Es ist eine alte Geschichte, doch bleibt sie ewig neu. Schon Ritter hat gesagt, eine einzige an Ort und Stelle gemachte Beobachtung ist mehr wert als alle die wohlfeilen Hypothesen, die man zu Hause aufstellen kann. Hier haben wir die gründliche, anspruchslose, auf Autopsie gebaute Beobachtung einerseits und andrerseits theoretische Spekulationen zweifelhaften Wertes. Zuallererst hatten Kang His Lamatopographen vor langer, langer Zeit die Seen vermessen und deren engen hydrographischen Zusammenhang mit einem Flusse nachgewiesen, der der Satledsch war, obwohl sie ihn irrtümlicherweise für den Ganges hielten. Ihnen gebührte also der Entdeckerruhm, auch wenn es Moorcroft vorbehalten war, nachzuweisen, daß der Name jenes Flusses Satledsch war. Das Bedenkliche an der Sache war, daß zwei Männer wie Saint-Martin und Klaproth gegen Moorcroft die Autorität ihres berühmten Namens in die Wagschale legen konnten und einen Schatten auf eine Entdeckung warfen, die alles, was Tieffenthaler und Anquetil du Perron über den Manasarovar geschrieben hatten, hundertfach aufwog. Nur Ritter ver-

90. Tibetischer Jäger. (S. 161.)

91. Mönche mit Klarinette und Muschelhorn. (S. 161.)
Skizzen des Verfassers.

92. Lama mit drei Meter langer Kupferposaune. (S. 161.)
Skizze des Verfassers.

teidigte Moorcroft als „einzigen Augenzeugen", und er sprach flüchtig den scharfsinnigen Verdacht aus, daß der Abfluß des heiligen Sees vielleicht periodisch sein könne. Doch er hat Verständnis für die Mühen und Gefahren, denen die eingeborenen Topographen ausgesetzt gewesen sind, und für das Risiko, das der in Verkleidung reisende Moorcroft lief, um seine Eroberungen zu machen. Wie bequem und ungefährlich war es dagegen, sich an den Schreibtisch zu setzen und in einer kategorischen Behauptung seinen Bannstrahl gegen die wahren Entdecker zu schleudern, die Land, Flüsse und Seen mit eigenen Augen gesehen hatten, und gegen sie Autoritäten anzurufen, die niemals die Grenzen Tibets überschritten hatten.

Leutnant J. D. Cunningham, der 1844 schrieb, sammelte die neuesten Angaben über die Seen und vervollständigte sie durch Nachrichten die er selbst von Eingeborenen erhielt. Er gelangte zu dem Schlusse, daß, selbst wenn einst ein Flußlauf beide Seen miteinander verbunden gehabt habe, dieser Lauf jetzt nicht mehr vorhanden sei und aus dem Rakas-tal kein Fluß mehr herausströme.

Kurz darauf, im Herbst des Jahres 1846, führte Leutnant Henry Strachey seine berühmte Reise nach dem vielumstrittenen Seenlande aus und lenkte zuerst seine Schritte nach dem Rakas-tal, der am wenigsten bekannt war und der ihm schon aus dem Grunde interessanter erschien, weil behauptet wurde, daß aus seiner nordwestlichen Ecke der Satledsch heraustrete. Seine Forschungen überzeugten ihn, daß kein sichtbarer Wasserarm von dem See ausgehe und daß der einzige Abfluß, den er finden konnte, durch den porösen Boden stattfinde. Dennoch bestreitet er nicht die Möglichkeit, daß reichliche Niederschläge den Seespiegel bis zu dem Grade heben könnten, daß das überschüssige Wasser durch das im Nordwesten noch sichtbare Bett abfließe. Er stellt auch die Frage auf, ob nicht der Darma-jankti, ein Nebenfluß, der aus Süden kommt und sich mit dem Satledsch von Tirtapuri vereinigt, der eigentliche Quellfluß des Satledsch sein könne. Die Entscheidung dieser Frage überließ er jedoch genaueren Messungen. Ohne Zweifel kann der Darma-jankti zu gewissen Zeiten mehr Wasser führen als der Flußarm von Tirtapuri. Sollten wir jedoch die Quelle, je nach dem Volumen des einen oder des andern Flusses, von einem Punkte zum andern verlegen, so wäre es besser, das ganze Problem als unlösbar aufzugeben. Von der Quelle des Tagetsangpo an gerechnet ist der Arm von Tirtapuri der längste. Aber der entscheidende Gesichtspunkt ist doch die Auffassung der Tibeter und der Chinesen, nach der die beiden Seen wie aufgereihte Perlen auf der Schnur der Satledschquelle sitzen. Erst dann, wenn der Rakas-tal rettungslos vom Satledsch abgeschnitten ist und sein Wasser salzig zu werden beginnt, müssen die beiden Seen als ein besonderes hydrographisches System betrachtet werden.

Nun folgt die überraschende Entdeckung, die Strackey am 5. Oktober 1846 machte, als er die nordöstliche Bucht des Rakas-tal hinter sich zurückgelassen hatte und ostwärts wanderte. Nur eine englische Meile vom Seeufer gelangte er an „einen großen Fluß, hundert englische Fuß breit und drei Fuß tief, der mit heftiger Strömung von Osten nach Westen durch einen scharf begrenzten Kanal floß: dies war der Abfluß des Manasarovar".

Damit hatte Henry Strackey bewiesen, daß die Darstellung, welche Kang His Lamas gegeben hatten, durchaus richtig war. Nur Moorcroft hatte keinen Kanal sehen können, und wieder fiel der Schatten des Zweifels auf seine Bemühungen. Strackey sucht es so zu erklären, daß das abfließende Wasser einen aus Sand und Kies bestehenden Uferwall durchdringe und von ihm verdeckt werde und daß es sich erst jenseits dieses Walles zu einem Flusse sammle. Denn sonst hätte Moorcroft das abfließende Wasser gewahren müssen.

Dennoch trat der Kern des Problems nie so deutlich hervor wie jetzt. Einige Jahre führte der Kanal Wasser, in andern war er ausgetrocknet. Sein Wasser war also eine periodische Erscheinung, und Moorcroft hatte seine Beobachtungen ebenso zuverlässig ausgeführt wie die Abgesandten des Kaisers Kang Hi oder wie Henry Strackey, obwohl er diese Gegenden zu einer Zeit besuchte, als die Monsunregen spärlich fielen und Tiefstand in den Seen verursachten.

Zwei Jahre später, im Herbst 1848, gelang es Henry Strackeys Bruder Richard, sich einen Weg zu den verbotenen Seen zu bahnen. Er zog am Südufer des Rakas-tal entlang und ging auf der Landenge zwischen diesem See und dem Manasarovar nordwärts, bis er bei Tschiugumpa an eine Anhöhe gelangte, von der aus er „auf den Strom, der den Manasarovar mit dem Rakas-tal verband, hinabblickte". Auch damals hatte also der östliche See Abfluß nach seinem westlichen Nachbarn.

Neunzehntes Kapitel.

Die letzten Pulsschläge.

Während der zwanzig Jahre, die zwischen den Reisen der Brüder Strachey und dem Aufbruche der Punditen Montgomeries vergingen, sucht man vergeblich nach irgendwelchen wertvollen Nachrichten aus dem umstrittenen Lande, das die unzugänglichen Mauern des Himalaja so unerbittlich schützten. Ich finde nur, daß ein Mr. Drummond, Commissioner von Bareilly, im Jahre 1855 oder nach einer andern Angabe im Jahre 1860, den heiligen See in einem Boot befahren hat, aber ich habe keinen Aufschluß darüber erhalten, was er auf dieser Reise suchte oder was er damit erreicht hat.

In seiner klassischen Schilderung von Ladak stützt sich Sir Alexander Cunningham auf die Erfahrungen der Brüder Strachey und sagt mit Recht, daß die eigentlichen Quellen des Satledsch unter den Wasserläufen zu suchen seien, die sich von Osten in den Manasarovar ergießen. Merkwürdigerweise hatte indessen noch kein Europäer das östliche Ufer des Sees besucht, und über die dort mündenden Gewässer wußte man gar nichts. Die Quelle des Indus verlegt Cunningham dagegen an eine ganz verkehrte Stelle, indem er glaubt, daß Moorcroft sie entdeckt und das Wasserband des Indus an Gartok vorüber nordwestwärts nach Ladak habe ziehen sehen. Er weiß nichts von dem nordöstlichen Arm, der aus der eigentlichen Quelle kommt.

Die Legende der vier Tiermäuler, aus denen die berühmten Flüsse entspringen, stammt nach Cunningham aus Indien. Den Elefanten und den Pfau könnten die Tibeter nicht anderswoher kennen. Und der Tsangpo, der Fluß des Pferdemauls, verherrliche Buddhas Roß. Singi-kamba, der Indus, aber deute eher auf den Tiger hin als auf den Löwen.

Auf ihren weiten, verdienstvollen Reisen durch den westlichen Himalaja während der Jahre 1855 bis 1857 gelang es den Brüdern Schlagintweit nicht, zu unsern Seen vorzudringen. Sie mußten sich wie

Cunningham damit begnügen, Strachey zu zitieren, und sprechen daher auch von dem Flusse, der die beiden Seen das ganze Jahr hindurch verbinde.

An apokryphen Schilderungen dieser Gegend fehlt es auch nicht. Im Juni 1865 erreichten Hauptmann H. U. Smith und A. S. Harrison das Dorf Tartschen am Südfuße des Kailas und marschierten auch am Nordufer der beiden Seen entlang. Sie durchzogen die Berge, um zu jagen, und man kann von ihrem Beobachtungsvermögen nicht zuviel verlangen. Es wäre aber klug gewesen, wenn Hauptmann Smith unterlassen hätte, die Brüder Strachey, die gründlichsten, zuverlässigsten Forscher, die damals Tibet bereist haben, zu kritisieren. Smith behauptet einfach, es sei eine physische Unmöglichkeit, daß dem Satledsch aus einem der Seen oder gar beiden Wasser zuströme, denn in solchem Falle werde es sehr steil bergauf fließen müssen! Er bestreitet auch das Vorhandensein jeder Spur irgendwelcher alter Flußbette. Jeder Eingeborene, den er gefragt, habe seine eigenen Beobachtungen bestätigt, und überdies habe er den Sachverhalt so greifbar gefunden, daß alle Fragen überflüssig gewesen seien. In der Versammlung der Londoner Geographischen Gesellschaft, in der der Hauptmann über seine staunenerregenden Entdeckungen im Himalaja berichtete, war glücklicherweise der Himalajaforscher Dr. Thomson anwesend, und dieser rettete die Ehre der Brüder Strachey vollständig.

Hauptmann A. Bennett drang in demselben Jahre bis Daba vor und lieferte seinen Beitrag zur Lösung des Problems ebenso anspruchslos wie oberflächlich in folgenden Worten über die Quellen des Satledsch und des Indus: „Beide Flüsse entspringen hier, jener aus einigen Seen, dieser auf den dahinter liegenden Hügeln."

Ungefähr zu gleicher Zeit mit den zuletzt genannten reisten Thomas W. Webber und drei andere Engländer nach dem Lande im Südosten des heiligen Sees, um dort zu jagen. Webber schildert die Reise in einem Buche, welches 1902, fast vierzig Jahre nach der Reise, erschienen ist. Darin berichtet er über die seltsamen Entdeckungen, die er und seine Begleiter machten, „Entdeckungen", die alles, was Moorcroft, die Gebrüder Strachey und die Punditen gesehen hatten, gänzlich umstießen. Die Punditen reisten allerdings zwei Jahre nach Webber aus, dessen Buch ihre Erfahrungen jedoch nicht im geringsten berücksichtigt.

Webber glaubt in den höheren Regionen des Brahmaputras zu sein, als ein höchst überraschender Szenenwechsel eintritt: „Einmal überschritten wir eine andere sehr hohe Scheidemauer und befanden uns plötzlich auf den nördlichen Abhängen einer andern Wasserscheide, und zwar keiner geringeren als der, welche dem mächtigen Indus angehört. Tief drunten unter uns lag einige englische Meilen entfernt der glänzendste, schönste blaue See, der sich als der berühmte Manasarovar erwies, dem nicht zu nahen wir versprochen hatten."

Es ist vergeblich, in diesen Wirrwarr Ordnung zu bringen. Sie stehen auf einer Wasserscheide zwischen dem Brahmaputra und dem Indus und sehen den Manasarovar ein paar englische Meilen entfernt vor sich liegen! Auf seiner Karte die ich im zweiten Bande des „Transhimalaja" S. 112 wiedergegeben habe, hat Webber „die Quellen des Indus" im Süden des Manasarovar angegeben und die Quellen des Ganges nach dem Südwestabhange des Gurla=mandatta verlegt. Auf der östlichen Seite desselben Bergstocks entspringt der Brahmaputra! Daß eine solche Karte hat gedruckt werden können — in England und im Jahre 1902 — ist unfaßbar! Kang His Lamas verwechselten den Satledsch mit dem Ganges, und das war mehr als verzeihlich. Das gleiche gilt für Desideri. Aber im Jahre 1902 kannte man die Gangesquelle doch schon beinahe hundert Jahre, und ebenso lange wußte man, daß der aus den Seen kommende Fluß der Satledsch war, und nicht der Indus! Als Webbers Buch erschien, waren alle diese Tatsachen bekannt, aber er hat sie mit einem einzigen Federstrich annulliert. Über den Gurla=mandatta heißt es: „Diesen dominierenden Berg könnte man mit Recht den Gipfel Asiens nennen, weil die drei großen Flüsse Indus, Ganges und Brahmaputra aus seinen Gletschern entspringen". Der Ganges und der Brahmaputra haben nicht das geringste mit dem Gurla=mandatta zu schaffen. Die Quelle des Indus liegt im Norden, jenseits des Transhimalaja. Der Satledsch ist allerdings ein Nebenfluß des Indus, aber seine Quellen liegen nicht auf den Abhängen des Gurla. Die ganze Darstellung ist eine Robinsonade — ein Trugbild aus der Zeit vor den Jesuiten und den Kapuzinern.

Auf der berühmten Reise, die der große Nain Sing in den Jahren 1865 und 1866 am Tsangpo, dem obern Brahmaputra, aufwärts ausführte, zog er auch im Norden der beiden Seen entlang. Montgomerie, der ihn ausgesandt hatte, glaubte, verleitet durch Nain Sings Marschroute, die Lage der Brahmaputraquelle in dem östlich vom See liegenden Gebirge fest= stellen zu können. Da ist es denn überraschend, zwei so berühmte Präsi= denten der Londoner Geographischen Gesellschaft wie Murchison und Raw= linson sagen zu hören, daß die Punditen „längs der Ufer des Brahmaputra nach der Quelle dieses Flusses im Manasarovar" zurückgekehrt seien. Dies hieß wahrhaftig wieder auf Pater Tieffenthalers Standpunkt zurückführen und eine der wichtigsten Wasserscheiden, die es in ganz Asien gibt, ignorieren.

Aus dem Jahre 1868 haben wir eine zuverlässige Angabe von einem der Punditen Montgomeries, der den Manasarovar umwanderte, ohne

dort irgendwelchen Abfluß zu finden. „Doch an einer Stelle des West=
ufers", heißt es im Berichte, „war der Boden in der Nähe des Klosters
Tschiu flach und sah aus, als ob dort bei irgendeiner Gelegenheit Wasser
in der Richtung nach dem Rakas=tal=See abgeflossen sei, obgleich die
Rinne jetzt zu hoch über dem Seespiegel liegt, um irgendwelchen Abfluß
zu gestatten." Zwanzig Jahre früher, als die Brüder Strackey den See
besuchten, war ihm noch Wasser entströmt. Jetzt war der Kanal ausge=
trocknet. Also eine periodische Depression, ein Sinken der Kurve.

In den heiligen Gebirgen Tibets wohnen Geister. Es hat beinahe
den Anschein, als ob auch die Europäer, die am Fuße der steilen Fels=
wände entlang gewandert sind, durch die Zaubermacht jener Geister ver=
blendet und betäubt worden seien und vergessen hätten, die Probleme zu
lösen, um derentwillen sie sich so großen Anstrengungen unterzogen haben.
So war es der Fall bei dem Nien=tschen=tang=la, den mehrere Europäer
gesehen haben und der sich noch immer wie ein gigantisches Fragezeichen
am Ufer seines heiligen Sees erhebt.

Eine derartige Zaubermacht hat den Manasarovar und den Rakas=
tal verhext. Bald sind es vier große Flüsse, die, jeder auf seiner Seite,
ihr Wasser aus diesem unerschöpflichen Behälter saugen, bald ist es der
Ganges, der dort seine Quelle hat, bald werden wieder Indus, Satledsch,
Map=tschu und Brahmaputra beschuldigt, daß sie die segenbringenden
Wellen der Seen brandschatzen. Und schließlich tauchen dunkle Gerüchte
auf, daß es eine physische Unmöglichkeit sei, daß auch nur ein Tropfen
Wasser den Rand des Seebeckens verlasse!

Noch im Jahre 1891 schrieb der gründliche Kenner des Himalaja,
Oberst Tanner: „Ich möchte hier noch sagen, daß die zählebige Frage,
ob der Satledsch wirklich aus dem Manasarovarsee entspringt oder nicht,
mir nicht endgültig gelöst erscheint."

Gar keinen Einfluß hatte die halsbrecherische Münchhausiade, die
ein englischer Journalist namens Landor erzählte und welche die ge=
wissenhaften, zuverlässigen Schilderungen, die Moorcroft, Strackey und
die Punditen verfaßt hatten, gänzlich auf den Kopf stellte. Bei dem
unkritischen, sensationshungrigen Publikum hatte Landor einen gewissen,
vorübergehenden Erfolg; unter den Geographen begegnete er, besonders
in London, berechtigtem Zweifel.

Weniger Aufsehen erregte der japanische Geistliche Ekai Kawa=
gutschi, der in den Jahren 1897 bis 1903 Indien und Tibet durchwanderte.
Er macht einige sehr wertvolle Beobachtungen, begeht aber auch einige
schreckliche Irrtümer. Von dem Scharfsinn der Europäer hat er keine
hohe Meinung. Er selbst ist ehrlich und naiv und tut sein Bestes im

Suchen nach Wahrheit. Seine Mission war nicht geographisch; er wollte nur die Texte der „heiligen Religion" studieren und die chinesische Übersetzung der buddhistischen Bücher mit der tibetischen vergleichen.

Von Katmandu und Muktinath aus bringt Kawagutschi in Tibet ein, überschreitet die Flüsse, die den Tsangpo bilden, und zieht in nordwestlicher Richtung nach dem Manasarovar. Er zeichnete keine Karte, und seine Kompaßpeilungen sind nur zu oft töricht. Infolgedessen schwebt man manchmal darüber in Unkenntnis, welche Flüsse und Gebirge er eigentlich meint. Doch wenn er einem Flusse vier englische Meilen weit folgt und ihn in den südöstlichen Teil des Manasarovar einmünden sieht, so kann es sich nur um den Tage-tsangpo handeln. Die Quelle dieses Flusses nennt er „Tschumik Ganga oder die Gangesquelle" und er fügt hinzu: „Ich tat einen tiefen Trunk aus dem heiligen Wasser." Über diese und eine andere Quelle sagt er: „Hindus und Tibeter betrachten diese beiden Quellen als Ursprung des heiligen Ganges und betrachten sie mit religiöser Ehrfurcht."

Hier spukt also wieder der Ganges durch unsere Seen. Trotzdem hat Kawagutschis Mitteilung ein gewisses Interesse. Seine beiden Quellen sind wahrscheinlich dieselben, an denen ich am Laufe des Tage-tsangpo vorübergezogen bin, wie ich im zweiten Bande S. 86 erwähnt habe! Er nennt die erste Tschumik Ganga; Tschumik ist tibetisch und bedeutet Quelle, Ganga ist der indische Name des Ganges. Als ich nach dem Namen der Quelle fragte, erhielt ich die Antwort, daß der Bach der Langtschen-kamba oder Satledschfluß sei; die Langtschen-kabab, die Quelle des Satledsch, liege ein wenig weiter im Südosten. Aber der Kanal vom Manasarovar nach dem Rakas-tal wurde mir als Ganga bezeichnet. Dies scheint darauf hinzudeuten, daß der Verbindungskanal als Fortsetzung des Tage-tsangpo betrachtet wird, eine Auffassung, die vollkommen richtig ist und sowohl mit D'Anvilles Karte wie auch mit der chinesischen Schilderung in dem Werke „Die Grundzüge der Hydrographie" übereinstimmt. Kawagutschi ist ein buddhistischer Priester; vielleicht trüben religiöse Dogmen sein Urteil. Es ist auch nicht so leicht, die Tiefe der Seele eines Buddhapriesters zu ergründen. Man sollte glauben, daß sein Gewährsmann in dem Satledsch einen Nebenfluß des Ganges gesehen habe und daß infolgedessen, seiner Ansicht nach, die Satledschquelle auch als die des Ganges bezeichnet werden könne. Aber dergleichen Spekulationen sind unnötig. Denn ein wenig weiter in seinem Berichte erklärt Kawagutschi selbst, daß Gogra, Satledsch, Indus und Brahmaputra dem See entströmen sollen. Dabei hat er den Ganges weggelassen, obgleich dies der einzige Fluß ist, dessen heiliges Quellwasser er selbst getrunken hat. Er fügt auch ganz richtig bei, daß der Ursprung jener vier Flüsse im benachbarten Gebirge zu suchen sei, nicht in dem See. Und er sagt, daß nur „die Brahmaputraquellen bis jetzt die Forschung zuschanden gemacht haben". In Wirklichkeit ahnte er nicht, wo diese Flüsse ihre Quellen hatten. Wer wollte auch von einem buddhistischen Pilger verlangen, daß er in der geographischen Literatur Europas bewandert sei!

Kawagutschi gibt den Umfang des Manasarovar ganz ungeniert mit 200 englischen Meilen an, obgleich er in Wirklichkeit nur 45 beträgt. Er schilt auch tapfer über die falsche Gestalt, die die Europäer dem See auf ihren Karten gegeben haben, und hat selber gefunden, daß sein Umriß eine Lotosblume bilde! Ad majorem Dei gloriam!

Hinsichtlich der Wasserverbindung machte er eine noch merkwürdigere Entdeckung. Er wanderte von Tugu-gumpa auf die Landenge, von deren Hügeln er auch den Rakas-tal überblicken konnte. „Ein Berg, der etwa zweieinhalb englische Meilen Umfang hat, erhebt sich als Scheidewand zwischen den beiden Seen, und da, wo dieser Berg nach einer Rinne abfällt, sieht es genau so aus, als ob es dort für das Wasser einen Verbindungskanal von dem einen See zum andern gebe. Ich fand jedoch, daß in Wirklichkeit kein solcher Kanal existierte; anstatt dessen entdeckte ich, daß der Spiegel des Rakas-tal höher liegt als der des Manasarovar. Es wurde mir nachher erzählt, daß das Wasser beider Seen sich alle zehn bis fünfzehn Jahre nach ganz außerordentlich heftigen Regengüssen wirklich vereinige und daß bei solchen Gelegenheiten der Rakas-tal nach dem Manasarovar hin Abfluß habe. Daher stammt auch die tibetische Legende, daß der Bräutigam Rakas-tal alle fünfzehn Jahre die Braut Manasarovar besuche."

Hier haben wir zu all den vorhergegangenen Ungeheuerlichkeiten noch einen Reisenden, der erzählt, daß das Wasser umgekehrt fließe. Denn der Spiegel des Rakas-tal liegt ungefähr dreizehn Meter tiefer als der des Manasarovar. Einen solchen Irrtum hätte sich Kawagutschi nicht zu schulden kommen lassen brauchen; denn als er später selbst den Satledsch überschritt, den er Langchen Khanbab nennt, sagt er: „meine Begleiter erzählten mir ungefragt, daß dieser Fluß aus dem Manasarovar komme".

So dürftig die Schilderung des japanischen Geistlichen in geographischer Hinsicht auch ist, so liest man doch sein Buch gern. Er erzählt bis in die kleinsten Einzelheiten alle seine Abenteuer und alle die kleinen Gefahren, denen er sich ausgesetzt hat. Wie der edle Schakia Muni bei Buddagaja über den Versucher triumphierte, so blieb auch Kawagutschi unerbittlich gegen die glühenden Liebeserklärungen, womit ihn die neunzehnjährige Dava, ein Kind des Manasarovar, bestürmte;

93. Lama mit Tempeltrommel. (S. 161.)
Skizze des Verfassers.

94. Lama in Tschiu-gumpa. (S. 161.)
Skizze des Verfassers.

eine Maid der Wildnis, die ihn mit den hundert Yaks und den vierhundert Schafen ihres Vaters zu verlocken suchte. „Ich konnte es nicht ändern, daß mir das unschuldige kleine Geschöpf leid tat", sagt er ritterlich; „hübsch war sie nicht, aber auch nicht häßlich; eine niedliche kleine Erscheinung war sie.... Dava ließ sich zwar mit den Töchtern des Erzteufels natürlich nicht an Anmut vergleichen, aber klagen und flehen konnte sie gerade so gut wie diese." Kawagutschi war indessen stark und vergaß nicht der Gelübde, die die Priester Buddhas binden. Und Davas Traum zerrann in nichts; sie sollte nie den schneebedeckten Scheitel des Berges Siwas gegen den Anblick des Gipfels des Fujijama, des heiligen Berges der Japaner, vertauschen.

Anstatt dessen führte Kawagutschi die den Pilgern vorgeschriebene Umwanderung des Kailas aus. In der Schar der Wallfahrer machte er die Bekanntschaft eines Räubers aus Kam, der seine Schritte mit folgendem Stoßseufzer begleitet haben soll: „O du heiliger Kang-rinpotsche! O du großer Schakia Muni! O, alle ihr Buddhas und Bodisattvas an den zehn Ecken der Welt und in den Zeiten, die da waren, sind und sein werden! Ich bin ein schlechter Mensch gewesen. Ich habe mehrere Menschen ermordet. Ich habe allerlei gestohlen, was nicht mir gehörte. Ich habe Weiber ihren Gatten entrissen. Ich habe unzählige Male Zank angestiftet und auch Leute durchgeprügelt. Alle diese großen Sünden bereue ich, und um ihretwillen vollziehe ich nun feierlich meine Buße auf diesem Berge. Durch diese Handlung des Bekennens und Bereuens glaube ich von dem Lohne jener Sünden erlöst zu werden. Ich vollziehe diese Buße auch für meine künftigen Sünden, denn es kann sein, daß ich sie wieder begehe und daß ich Männer ihrer Habe beraube, ihnen ihre Weiber nehme, sie totschlage oder sie durchprügle."

Doch wir können Kawagutschi auf seinen weiten Wanderungen durch Tibet nicht länger begleiten. Aus jeder Seite seines Buches weht uns ein Duft des reinen, unverfälschten Asien entgegen, wo alles, sogar die gewaltigen Gebirge und die türkisblauen Seen, mit einem Netze religiöser Ideen und Legenden umsponnen ist und wo das Bild des edlen Schakia Muni, träumerisch und still, beständig vor den Blicken des Wanderers zu schweben scheint und ihm die Welt der Wirklichkeit verdeckt.

Was sagt der kürzlich dahingeschiedene englische Missionar Graham Sandberg über die Gegenden, die unser Denken so lange beschäftigt haben? Er war nie in Tibet selbst gewesen, hatte aber dieses Land zum Gegenstand gründlicher Studien gemacht und veröffentlichte im Jahre 1904 ein verdienstvolles Buch darüber. Darin berichtet er über die Entdeckungsgeschichte seit 1623 und gelangt zu dem Resultat: „Noch heutigentages sind die Quellen des Satledsch nicht mit Gewißheit bekannt." Er fährt fort: „Es ist noch ein Mysterium und ein Gegenstand der Spekulation, wo ein so allbekannter Fluß wie der Indus wirklich entspringt." Drei Jahre später waren diese Fragen keine Geheimnisse mehr, aber da war der Missionar schon den Weg gegangen, den wir einst alle gehen müssen.

In seinem ebenfalls im Jahre 1904 erschienenen Handbuche über Tibet sagt der bekannte Asienforscher Oberst Sir Thomas Holdich: „Der Indus entspringt auf den Abhängen des Kailas, der nach der klassischen Sanskritliteratur der heilige Berg, die Gefilde der Seligen und das Paradies Siwas ist." Dies war auch, zweihundert Jahre früher, Desideris Ansicht. Holdich verlegt die Satledschquelle nach dem Südabhang des Kailas. Jetzt wissen wir aber, daß der Indus in dem Lande auf der Nordseite des Transhimalaja beginnt und der Satledsch am Nordabhange des Himalaja entspringt.

Major Ryder (Abb. 96) und Hauptmann Rawling zogen Ende November 1904 an den beiden Seen entlang, also genau um dieselbe Zeit des Jahres, wie Pater Desideri im Jahre 1715. Die Eisschollen, die den Kanal zwischen den beiden Seen anfüllten, kamen, wie sich herausstellte, von Quellen in seinem Bette, und der Spiegel des Manasarovar lag zwei Fuß unter dem Scheitelpunkte des Bettes. Aber die Mönche des Klosters von Tschiu erzählten, daß im Spätsommer alljährlich etwas Wasser aus dem heiligen See ströme. Aus dem Rakas-tal habe ein derartiges Abfließen dagegen seit fünfzig, sechzig Jahren nicht stattgefunden.

Rawling streift die richtige Lösung, wenn er sagt, daß die Frage offen bleibe, ob nicht irgendeiner der sich von Osten her in den Manasarovar ergießenden Bäche als Quelle des Satledsch bezeichnet werden müsse. Aber er verfolgt diesen Gesichtspunkt nicht weiter und scheidet, wie Ryder, die Seen gänzlich von dem Flußsysteme des Satledsch aus, indem er die Feststellung der Lage der eigentlichen Quelle künftigen Forschern überläßt.

Das erlösende Wort wurde im Jahre 1907, gerade um die Zeit, als ich mich in Südtibet befand, von Oberst Burrard gesprochen, der ganz deutlich bewies, daß beide Seen auch dann noch zum Satledschsysteme gehörten, wenn sie nur alle hundert Jahre einmal dem Bette des Flusses einen unbedeutenden Bach zusendeten. (S. Transhimalaja, II, S. 162).

Es bleibt uns nur noch übrig, auch des letzten Besuchers vor meiner Reise zu gedenken, des Mr. Charles Sherring, der im Sommer 1905 rings um die Seen wanderte. Er läßt den Indus auf der „Kailaskette" entspringen, was schon an und für sich ein sehr unklarer Begriff ist. Den Brahmaputra läßt er auf dem Marium-la oder in der unmittelbar im Süden dieses Passes liegenden Gegend beginnen, was mit der Wirklichkeit nicht übereinstimmt. Über die Quelle des Satledsch kann er nur mitteilen, daß Moorcroft sie gesehen habe und daß sie „gegenwärtig" bei Döltschu-gumpa liege. Er gibt ein vorzügliches photographisches Panorama des Kanals zwischen den beiden Seen und sagt, daß nach diesem Bilde jedermann entscheiden könne, ob es eine Verbindung gebe und wie sie beschaffen sei. Er hat ganz recht. Noch 1904 und 1905 bedurfte man photographischer Aufnahmen, um gewisse Zweifler von dem Vorhandensein eines Kanals zu überzeugen, den die Chinesen bereits vor zweihundert Jahren kannten. Im Jahre 1905 durchströmte den Kanal kein Wasser, aber Sherring hörte, daß nach heftigen Regen ein Abfluß stattfinde.

Wir sind jetzt zu den letzten Pulsschlägen in diesen umstrittenen Wasserwegen gelangt. Über meine eigenen Beobachtungen habe ich im zweiten Bande dieses Buches berichtet. Dort habe ich erzählt, daß die Seen im Jahre 1907 voneinander und auch von der Verbindung mit dem Satledsch abgeschnürt waren, falls sie keinen unterirdischen Abfluß nach diesem Flusse hin hatten. Auch in der Regenzeit, im August und September, war das Jahr außergewöhnlich trocken, und nur zweimal zogen leichte Schauer über das Hochland hin. Die Nomaden klagten allgemein über die Dürre, die Weiden standen gelb, das Gras verkümmerte, und man erwartete, daß die abgemagerten Schafherden, die während der warmen Jahreszeit auf knappe Kost gesetzt waren, nicht genügend Widerstandskraft besitzen würden, um den bevorstehenden Winter zu überdauern.

Viele Bette und Rinnen waren vollständig ausgetrocknet. Die zwölf Wasser führenden Bette, die in den Manasarovar mündeten und die ich maß, gaben dem See einen Zuwachs von 28,650 Kubikmeter in der Sekunde, also 2½ Millionen Kubikmeter im Tag. Und dennoch vermochten sie die Verdunstung nicht entfernt aufzuwiegen. Der Spiegel des Manasarovar stand 2,263 Meter unter der höchsten Schwelle des bei Tschiu-gumpa befindlichen Bettes. Drei Jahre vorher hatte Ryder dort einen nur zwei Fuß betragenden Höhenunterschied gefunden. Es war deutlich erkennbar, daß nur kräftige Regengüsse den Seespiegel in dem Grade erhöhen konnten, daß das Wasser in den Kanal hinein- und am Kloster vorüberströmte.

Im Sommer 1908, als ich den Manasarovar zum zweiten Male besuchte, war keine Veränderung darin eingetreten. Doch während der Regenzeit desselben Jahres tat der Südwestmonsun gründlich seine Pflicht. Oft stürzte der Regen während meines Zuges längs des Satledschlaufes in Strömen herab. Man kann es als sicher ansehen, daß die zwölf größeren und die unzähligen kleinen Gewässer, deren Sammelplatz der Manasarovar ist, damals dem See eine Wassermenge zuführten, welche die des Jahres 1907 vielleicht um das Zehnfache übertraf. Ebenso gewiß ist es, daß sich der Seespiegel langsam aber sicher hob.

Ich vermutete, daß die Trockenperiode vorbei sei und daß ihr eine andere, die sich durch ergiebigere Niederschläge auszeichnete, folgen werde. Aber wie sollte ich erfahren, ob ich recht hatte oder nicht?

Da fiel mir mein Freund Gulam Rasul ein, der reiche Kaufmann in Leh, der alljährlich Karawanen von dieser Stadt nach Lhasa schickt. Er war ein kluger, gebildeter Mann und hatte mir schon früher geholfen. An ihn schrieb ich, um ihn zu bitten, daß er sich erkundige, wie es sich mit den Regenzeiten der letzten Jahre verhalten habe und ob aus dem östlichen See Wasser nach dem westlichen und aus dem westlichen nach dem Satledsch geströmt sei.

In einem Briefe, der aus Leh vom 12. Juni 1911 datiert ist, teilte er mir mit, daß im Herbst 1909 „eine ganze Menge Regen" gefallen sei und daß die Regenzeit des Jahres 1910 beinahe drei Monate gedauert und bedeutend ergiebigere Niederschläge gespendet habe als das Jahr vorher. Alle Wasserrinnen waren gefüllt, und „es war auch ein rauschender Fluß in dem Bette bei Tschiu-gumpa". Das Wasser strömte in den Rakas-tal hinein. Damit war also das eine Glied wieder in die zerbrochene Kette eingefügt worden. Das andere Glied, der Abfluß vom Rakas-tal nach dem Satledsch, trat dagegen nicht in Wirksamkeit. Thakur Jai Chand, der Agent der indischen Regierung in Gartok, hat, wie ich noch bemerken möchte, Gulam Rasuls Angaben bestätigt. Es ist klar, daß erst nach mehreren aufeinanderfolgenden ergiebigen Regenzeiten der untere See so hoch steigt, daß sein Wasser abfließen kann.

Es würde zu weit führen, jetzt auf alle die interessanten Fragen, die mit diesem hydrographischen Probleme zusammenhängen, wie Vorrücken oder Rückgang der Gletscher, die Regenmenge in den meteorologischen Stationen des westlichen Himalaja, die Hungerjahre in Indien und noch anderes, ausführlicher einzugehen. Ich habe nur zeigen wollen, daß die scheinbar einander widersprechenden Angaben der verschiedenen Reisenden einfach auf die periodischen Veränderungen zurückzuführen sind, welche die Seen zeitweise übertreten lassen und sie dann wieder zeitweise vom Satledsch abschnüren.

Alle Berichte, die aus der Zeit vor 1904 stammen, sprechen von einem Abfluß aus dem Manasarovar. 1812 und 1816 war der See isoliert; 1817 bis 1819 hatte er Abfluß; 1843 scheint er abgeschlossen gewesen zu sein; von 1865 bis 1900 gibt es nur drei brauchbare Nachrichten, die alle von der Isolierung des Sees sprechen, was indessen nicht verhindert, daß er in dieser langen Zeit gelegentlich wieder Abfluß gehabt haben kann, obwohl gerade niemand da gewesen ist, um die Tatsache festzustellen. Im Jahre 1904 kann das Bett Wasser geführt haben, aber von 1905 bis 1908 hat es trocken gelegen. Im Jahre 1909 beginnt eine neue Periode mit Abfluß.

Der untere See hat sicherlich in den Jahren 1715 und 1762 nach dem Satledsch hin Abfluß gehabt. Aus späteren Zeiten besitzen wir darüber keine zuverlässigen Nachrichten. Es hat den Anschein, als ob der See wohl gegen hundert Jahre isoliert gewesen sei, und die entgegengesetzten Angaben der Tibeter stehen gar zu sehr miteinander in Widerspruch. So viel ist jedoch gewiß, daß die Periode, die ihren Einfluß auf den Rakas-tal ausübt, höherer Ordnung ist als diejenige, welche durch ihre Veränderungen den Manasarovar zum Oszillieren bringt. Jene umfaßt ein Jahrhundert, vielleicht auch ein paar Jahrhunderte, diese aber nur einige wenige Jahre. So finden wir, daß in dem Zeitraume, während dessen der Rakas-tal vom Satledsch abgeschnitten gewesen ist, der Manasarovar vier oder fünf Abflußperioden gehabt hat und ebenso oft abflußlos gewesen ist.

Die beiden Seen wirken daher wie die feinsten und empfindlichsten Instrumente in der Hand des Wetters und der Winde. Keine von Menschen erdachten Apparate könnten genauer über die Herrschaft des Südwestmonsun über das Land zwischen den hohen Gebirgen Auskunft geben, und keine Regenmesser, wie zahlreich man sie auch aufstellte, könnten einen klareren, einheitlicheren Begriff von dem Verhältnisse der Niederschlagsmenge zu dem durch das Satledschbett abfließenden Oberflächenwasser geben. Es ist nur schade, daß sich so selten jemand die Mühe macht, dort hinauf zu ziehen und das vorzügliche Instrument abzulesen!

Da die periodischen Veränderungen des Abflusses des Manasarovar vor unsern Augen noch immer andauern, ist kein Hindernis vorhanden, daß es sich auch mit dem Rakas-tal in Zukunft nicht ebenso verhalten kann. Gegenwärtig befindet sich dieser See in einer sinkenden Kurve, oder die absolute Höhe seines Spiegels steht vielleicht auf einem stationären Minimum. Doch diese Kurve kann wieder steigen, und schließlich kann sich das überschüssige Wasser wieder ebenso mit dem Satledsch vereinigen wie in den Tagen, als die Topographen des Kaisers Kang Hi eine Karte von Südtibet aufnahmen.

Das Wasser des Manasarovar ist süß wie Flußwasser, was ganz natürlich ist, weil der See Abfluß hat, wenn dieser auch nur zeitweilig stattfindet. Man muß das Wasser nicht an den Ufern auf seinen

Geschmack hin prüfen, weil dort verfaultes Seegras und tote Algen in braunen oder schwarzen Wülsten zusammengeballt liegen. Einer der europäischen Gäste am heiligen See hat zu beobachten geglaubt, daß das Wasser einen Beigeschmack habe. Hätte er Gelegenheit gehabt, in einem Boote weit genug vom Ufer hinauszurudern, so würde er bereitwillig zugegeben haben, daß man aus keinem Gletschersee herrlicheres Trinkwasser schöpfen könne.

Der Rakas-tal, der schon vor vielleicht hundert Jahren seinen oberirdischen Abfluß eingebüßt hat, ist dennoch ebenso süß wie sein Nachbarsee, was auf eine immerwährend vorsichgehende Erneuerung und unterirdischen Zufluß schließen läßt. Bevor das Wasser jenes Sees nicht einen merkbaren Beigeschmack nach Salz angenommen hat, kann keine Rede davon sein, daß er vom Flußsysteme des Satledsch abgeschnürt ist.

Der unerhört trockene Sommer des Jahres 1907 eignete sich sehr zu Flußmessungen. Keine lokalen Regengüsse brachten gewisse Flüsse zum Anschwellen. Alle wurden ruhig und gleichmäßig unter gleichartigen Verhältnissen gespeist. Von den 28,650 Kubikmetern, die dem Manasarovar in jeder Sekunde zuströmten, entfielen 11,260 auf den Tage-tsangpo. Der zweitgrößte Bach, der vom Gurla-mandatta herabkam, hatte nur 2,860 Kubikmeter, also ein Viertel der Wassermenge des Tage-tsangpo. Es ist also nicht schwer zu entscheiden, in welchem der beiden man die Quelle des Satledsch sehen muß. Chinesen und Tibeter sagen, im Tage-tsangpo, und sie haben vollkommen recht!

In seiner hübschen Abhandlung über die viel zu dürftigen und flüchtigen religionsgeschichtlichen Mitteilungen, die in den beiden ersten Bänden dieses Buches enthalten sind, ruft Freiherr Anton von Ow über den Manasarovar der Hindus und den Tso-mavang der Tibeter aus: „Hier, auf der merkwürdigsten Höhe des Erdkreises, haben wir also den See leibhaftig vor uns, der vor mehreren Tausend Jahren schon als mythischer See Haomas und Schiwas gepriesen wurde; hier haben wir vor uns den mythischen Pushkara, den Lotusteich, aus welchem Brahma sich erhebt, hier den mythischen See Chin der Chinesen, in dessen Mitte das göttliche Knäblein auf Lotus gebettet ruht!"

In erhabenen Hymnen von den Dichtern des grauen Altertums besungen, ein Wohnsitz hoher Götter, ein Spiegel unter Brahmas Paradies und Schiwas Himmel, ein Ziel der Sehnsucht unzähliger Pilger, ein Zufluchtsort der Königsschwäne der Sage, der Wildgänse der Wirklichkeit — liegt der wunderbarste See der Erde träumend zwischen den mit Schnee bedeckten Gipfeln des Hochgebirgs.

Der Manasarovar ist nicht tot wie die tausend Salzseen in Tibet. Er schläft nur in ruhigen Nächten, wenn die Stille des Todes über seiner

Am Manasarovar.
Aquarell des Verfassers.

spiegelblanken Oberfläche liegt und die Silberlinien des Mondes sich in den Wellen hinter dem Boote des Fremdlings schlängeln. Aber er lebt und atmet, wenn der Sturm in wütender Raserei über sein Wasserfeld hinfegt und seinen Busen in glasklaren, smaragdgrünen Wellen wogen läßt, und wenn die Brandung eintönig und dumpf gegen die Ufer schlägt. Er öffnet seine Arme weit, um den schäumenden Bach zu empfangen, der von den Gletschern des Gurla herabstürzt und wie Gold in der Sonne glitzert, sobald seine Flut den Schatten des Wolkenmantels und der Granitschlucht verlassen hat. Man glaubt, die Pulse des Seegottes klopfen zu fühlen, wenn das Wasser von Zeit zu Zeit durch die Ader des Gangabettes rinnt. Man glaubt, das Morgengebet des Sees zu hören, wenn auf den Tempeldächern die Kupferposaunen ertönen und die Pilger Buddhas ihr ewiges „Om mani padme hum" murmeln.

An Lichtern und Schatten, an Farben und Beleuchtungen, an Stimmungen, die mit den Stunden und den Jahreszeiten immerfort wechseln, an entzückenden Aussichten und an fesselnden Bildern ist der Manasarovar der schönste unter den Seen Tibets. Als ich einmal am Westufer mein Lager aufgeschlagen hatte, fühlte ich, wie nach einem windigen Tage die drohende Stille eintritt, die der Vorbote des Sturmes ist. Im Norden wird es dunkel; schwere, blauviolette Wolkenmassen ziehen über dem Hochlande hin. Die Höcker des Pundiberges heben sich schwarz ab gegen die ersten blaugrauen Fransen, die Herolde der Sturmwolken. Der Fuß des Berges schillert ziegelrot und sticht grell gegen das malachitgrüne Wasser ab. Eine Weile nach dem Ausbruche des Orkans zischt der ganze See in schäumenden, weißen Wogen. Ganz hinten im Osten ist seine aufgewühlte Oberfläche so grün wie Lorbeer und Syringen, aber nach dem Westufer zu werden die Töne immer heller, und in der Nähe dieses Ufers glänzt das Wasser in der frühlingsgrünen Farbe des Birkenlaubes. Die ruhigen Lagunen, die durch Lehmwälle vor dem Wellengange geschützt sind, schillern blauviolett vom Widerschein der Sturmwolken. Auf dem Titelbild zu diesem Bande habe ich das Nordostufer des heiligen Sees mit dem Pundiberg bei einem heraufziehenden Sturm dargestellt. Die hier eingeschaltete bunte Tafel gibt ein Bild der am Nordwestufer des Manasarovar sich erhebenden Hügel.

Zauberhaft ergreifend und märchenhaft schön ist das Bild, das sich in einer Abendstunde im Westen aufrollt. Die Sonne ist gerade untergegangen; aber ihr gleißendes gelbes Gold zögert noch wie ein blendendes Strahlenbündel am Rande des Horizonts. Der ganze Himmel ist grell schwefelgelb, und der See sieht aus wie flüssiger Bernstein. Eine kurze Weile. Dann flammt der westliche Himmel in roten Farbentönen, auf deren Hintergrund sich die Berge pechschwarz abzeichnen. Majestätisch und unveränderlich erhebt sich im Norden der stahlgraue Scheitel des Kailas, und bald breitet die neue Nacht ihre Schatten über seinen Firnfeldern aus.

Am schönsten ist jedoch der Morgen, wenn die Sonne ihren Siegeszug über die Erde hin beginnt und erst die Gipfel in Purpur entflammen läßt, um dann ihr Gold über den ewigen See und seine heiligen Ufer auszuschütten.

Der Anblick dieses Sees stimmt den Fremdling unwillkürlich andächtig. Er wird in seinen Gedanken nicht durch die Nomaden gestört, die mit ihren schwarzen Zelten und weißen Herden das Land bevölkern, und ebensowenig durch die Mönche, die unermüdlich ihre Gebetmühlen drehen. Dieser See ist selbst gewissermaßen eine gewaltige Gebetmühle, um deren Achse ein Ring frommer Pilger kreist. Soweit Urkunden und Legenden in der Zeit zurückreichen, hat der Manasarovar die Sehnsucht der Menschen und ihre Gebete an sich gezogen. Auf seinen Ufern betritt man einen Boden, der schon klassisch war, als Rom gegründet wurde. Hier summen Sagen und Märchen um alle Felsen und an allen steilen Wänden, und hier schwimmt Siwa als Schwan am Fuße des Götterbergs.

Daher ist auch der Satledsch so vornehm unter den Flüssen des Landes der Lamas. Dann und wann verweilt er in den Armen des heiligen Sees, als ob er dort neue Kräfte sammeln wolle für die wilden Kämpfe, die auf dem langen Wege nach der Küste seiner warten. Doch wenn die Stunden des Ausruhens vorüber sind, die in ihrer Kürze und Flüchtigkeit geologischen Sekunden gleichen, dann sammelt der von neuem geborene Fluß seine Kräfte und durchbricht die Landenge. Reicht seine Kraft aus, so sprengt er auch die Fesseln, mit denen der Rakas-tal ihn gefangen hält. Im Gegensatz zum Indus und zum Brahmaputra erfreut sich der Satledsch nur einer kurzen Jugendzeit, deren Grenzsteine die Parallelketten des Himalaja und die äolischen Beckenfüllungen in Hundes sind. Schon bei Schipki beginnt das reife Alter, die Zeit der rauschenden, stürmischen Arbeit, mit der der Fluß sich mit unbeugsamer Energie sein Bett quer durch den Himalaja sägt. Schweigend und müde, majestätisch ruhig und würdevoll tritt er aus den Bergen heraus, um die Ebenen des Pendschab zu durchströmen; dies ist die Zeit des Alters. Schließlich verbindet er sein Geschick mit dem des Indus. Trübe und durch Indiens Erde belastet gleiten die sterbenden Ströme leise und still in das öde Meer hinaus, das den Erdball ringsum umspannt.

95. Bettellama. (S. 161.)
Skizze des Verfassers.

96. Major Ryder. (S. 210.)

Zwanzigstes Kapitel.

Ein schwindelerregender Übergang über den Satledsch.

Die Türen des Himmels des Indra standen weit offen, und der Monsunregen goß herab. Wie würde der Satledsch nun anschwellen, nachdem der Erdboden ganz durchnäßt war und das Regenwasser sich ungehindert einen Weg nach den Flüssen hinab suchen konnte! Und dennoch war es bei Tirtapuri noch möglich, den Fluß zu überschreiten. Eine Yakkarawane aus Gyanima hatte auf dem linken Ufer gelagert. Ihre Führer begannen, die Tiere zu beladen; man konnte verstehen, daß sie dem Flusse Trutz bieten wollten, um sich nicht durch fortgesetzten Regen zu einem zeitraubenden Umwege über Döltschu=gumpa gezwungen zu sehen.

Unmittelbar oberhalb des Klosters ist das Flußbett ziemlich breit. Zwei Treiber stiegen auf ihre kräftigsten Yaks und plumpten so in die dahingleitenden Wellen hinein. In einer dichtgedrängten, schwarzen Schar wurden die Lastyaks in den Fluß hineingescheucht, von pfeifenden und rufenden Treibern geleitet (Abb. 97). Nur die Köpfe der Yaks, die Reiter und die Lasten waren über der Wasserfläche sichtbar. Die Tiere machten ihre Sache vorzüglich. Sie sind stark, sicher auf den Füßen und verlieren nicht den Grund unter sich, wie sehr die Strömung sich auch bemüht, sie mit fortzureißen. Triefend wie Badeschwämme kletterten die Yaks auf unser Ufer hinauf und wanderten dann weiter.

In Tirtapuri beschloß ich, die Hälfte meiner Leute zu entlassen. Die Männer, die während des harten Winters die Kerntruppen der Karawane gewesen waren, Lobsang, Gulam, Kutus, Tubges, Suän und Kuntschuk, sollten mich nach Simla begleiten; Abdul Kerim und die übrigen fünf sollten über Misser und Gartok nach Ladak zurückkehren. Wie gewöhnlich fanden sie sich ohne Murren in ihr Schicksal. Sie erhielten ihre Löhne, außerdem gab ich ihnen eine reichlich bemessene Belohnung, eine Extragratifikation zu neuen Anzügen, und es wurden ihnen auch die

Reisekosten ausgezahlt. Nach diesem gründlichen Aderlaß behielt ich nur noch 650 Rupien und mußte daher in Zukunft sparsam sein.

Bevor am 2. August die Sonne aufgegangen war, dankte ich meinen heimziehenden Leuten zum letztenmal für ihre treuen Dienste und sagte ihnen Lebewohl. Sie hatten bis Misser nur zwei Stunden Weges; Kutus und Suän durften sie dahin begleiten und ihre Habseligkeiten auf einigen unserer Maulesel befördern. In Misser hatten die Behörden sich anfangs unfreundlich benommen; aber als ihnen klar geworden war, daß ich nicht mitgekommen war, hatten sie ihre Bedenken fallen lassen und den sechs Männern erlaubt, die Yaks, deren sie bedurften, zu mieten.

Im Laufe des Vormittags wurde unsere sehr verkleinerte Karawane reisefertig. Wie um uns einen Ersatz für das Verlorene zu schenken, kam ein junger Lama aus dem Kloster herab und erbot sich, mir auf dem Wege nach Kjunglung als Führer zu dienen. Er wurde wie ein rettender Engel empfangen, und unser Landstreicher mit dem gestreiften Rücken erhielt seinen Abschied nebst zehn Rupien; er fühlte sich reich.

Das Bündel auf dem Rücken und den Stab in der Hand nähern sich fünf arme Pilger, die mich an die Pflicht erinnern, allen auf der Wallfahrt Begriffenen einen Zoll zu erlegen. Seltsame Menschen! Jahrelang streifen sie umher und leben ausschließlich von Almosen. Ihre Nächte bringen sie auf den Klosterhöfen in Gesellschaft des halbwilden heiligen Hundes oder in den Klostervorsälen unter dem Schutze der Geisterkönige zu. Dort, wo es weder Zelte noch Heiligtümer gibt, suchen sie in Höhlen und Erdrissen Unterkommen und zünden sich mit Stahl, Feuerstein und Zunder ein Abendfeuer an. Den an den Heerstraßen wohnenden Nomaden sind sie eine drückende Last; denn wer hat das Herz, einen Mann unfreundlich abzuweisen, der auf dem Wege nach einem heiligen Orte ist oder von dorther kommt.

Unterhalb Tirtapuris erweitert sich das Tal bedeutend. Über frische saftige Wiesen, die hier und dort unterbrochen werden durch überschwemmte Stellen, wo der Tonschlamm noch naß glänzt, geht unser Pfad längs des Fußes der untersten Erosionsterrasse nach Nordwesten. Der Fluß bevorzugt die linke Talseite; an ihren Abhängen sieht man vier scharf markierte Terrassen, die an Bankreihen in einem Zirkus erinnern. Aus Nordosten rauscht wieder ein Nebenfluß heran; sein Name ist Missertschu, seine Quellen liegen am Südabhang des Transhimalaja versteckt, und seine Wassermenge betrug jetzt 16 Kubikmeter in der Sekunde. Im Regennebel ahnt man nur die hohen Regionen zwischen den mit Schnee bedeckten Kämmen, von denen dieser Wasserlauf herabströmt.

Die Nacht brachten wir auf dem Anger Gerik-jung zu, wo die Höhe 4295 Meter betrug. Eintönig prasselte der Regen auf mein Zelt nieder, alle Flüsse werden noch mehr anschwellen. Am folgenden Morgen zog eine kleine Yakkarawane vorbei.

„Wohin reist ihr?" fragten wir.

„Nach Totling-gumpa, mit Tee."

„Habt ihr Tsamba oder sonst etwas Eßbares zu verkaufen?" fragten wir wieder, denn wir lebten jetzt von der Hand in den Mund und hatten fast gar keine Vorräte mehr.

„Nein", antworteten die Yakleute, „nur Tee, er ist aber auch nicht verkäuflich, denn er ist für den Bedarf des Klosters bestimmt."

„Macht, daß ihr weiterkommt!"

Ein schriller Pfiff, und die Yaks trippeln nach dem engen Hohlwege hinunter, zu dessen finsterm Eingangstor das Satledschtal sich hier verschmälert.

Samtang Rangdol, der junge Lama aus Tirtapuri, reitet auf einem Yak neben mir, um stets bei der Hand zu sein und mir Auskunft zu erteilen.

„Wie heißt diese Stelle?" frage ich bei dem ersten Bergvorsprung, um den der Weg herumführt.

„Palgje-pugu", antwortete er; „oben auf seinem Gipfel findet man die Spuren alter Burgmauern; dort erhob sich einst ein Königshaus, das Kardong geheißen hat."

„Sagen Sie mir jetzt den Namen dieses Nebentales!"

„Wir nennen es Tschornak; es kommt von dem Passe Dscharko-la herunter, über welchen die Tasam führt."

Der Dscharko-la ist ein wichtiger Paß, denn er ist eine Wasserscheide zwischen dem Indus und dem Satledsch. Im Dezember 1904 hatten Ryder und Rawling ihn überschritten. In dem Tale strömte jetzt ein 11 Kubikmeter mächtiger Bach, dessen Wasser so schwarz war, als ob es durch Humus oder Kohle geflossen sei. Gerade gegenüber, an der linken Seite, erhielt der Satledsch einen mächtigen Nebenfluß, den Haltschor-tschu, der aus den Bergen um das Hochplateau von Gyanima kommt. Samtang Rangdol behauptete, dieser Fluß sei reichlich so wasserreich wie der Satledsch selbst und werde daher von einigen als der jetzige Quellfluß des Satledsch angesehen. Ich habe aber in einem der vorhergehenden Kapitel nachgewiesen, daß der Haltschor sich darein finden muß, auch fernerhin Nebenfluß zu heißen. Jedenfalls konnte man die Wassermenge des Satledsch unterhalb der Mündung des Haltschor-tschu auf ungefähr 180 Kubikmeter in der Sekunde veranschlagen, also auf das

Doppelte des Volumens, welches der Brahmaputra zu Anfang Juli des vorigen Jahres bei Tukfum gehabt hatte. Aber im Jahre 1907 hatte es beinahe gar nicht geregnet, daher der große Unterschied.

Wir durchwateten den breiten, aber seichten Tschornak=tschu und sahen am Fuß des nächsten Bergvorsprungs zehn verfallene Tschorten, von denen mir Samtang Rangdol erzählte, daß ihre Erbauer „Pembos" gewesen seien, jene Andersgläubigen, die in früheren Zeiten hierher zu kommen pflegten, um irgendwo in dem benachbarten Gebirge ein Götter=bild anzubeten. Da aber ihr Gottesdienst in dem orthodoxen Tirtapuri Ärgernis erregt habe, sei jenes Wallfahren verboten worden.

Auch hier rauscht der Satledsch wütend längs der linken Talseite hin. Aber die Erweiterungen haben nun ein Ende, und mit unwider=stehlicher Gewalt schneidet der Fluß sein Bett durch einen engen, ge=wundenen Hohlweg, wo seinem Laufe nur die Felsentauben folgen können. Die Straße verläßt daher den Fluß und führt in unzähligen steilen Zick=zackbiegungen an den Bergen der rechten Talseite aufwärts. Zuerst wird der Eingang eines kleinen Quertales durchschritten; es heißt Tsaldöt und kommt nicht mehr aus dem Transhimalaja herab, sondern von der Ladak=kette, der mächtigen Grenzmauer zwischen Indus und Satledsch. Und dann arbeiten wir uns nach der kleinen Schwelle Tsaldöt=la hinauf, wo die Höhe 4495 Meter beträgt.

Der Regendunst ließ keine Fernsicht zu; aber soweit der Blick reichte, war die Landschaft ebenso ungewöhnlich, wie großartig. In der Tiefe unter mir gähnt wie ein Abgrund die gigantische Rinne, welche die mahlenden Wassermassen des Satledsch im Laufe schwindelerregen=der Zeiträume ausgemeißelt haben. Die Felswände fallen schroff ab, und der Fluß selbst ist gar nicht zu sehen; aber sein Rauschen hallt dumpf und schwer wie grollender Donner zwischen den Bergen wider. Bald werden die Höhen der Ladakkette den Transhimalaja verdecken, aber noch würde ich einige seiner Kämme erblickt haben, wenn sie nicht in undurchdringliche Regenwolken gehüllt gewesen wären. Hinter mir leuchten die grünen Wiesen von Tirtapuri, aber vor mir auf unserm Wege ist alles Grau in Grau.

Vom Paßrücken aus in starker Verkürzung gesehen, erscheint die Oberfläche des wildzerklüfteten Gebirglandes ziemlich gleichmäßig. Man erstaunt beim Anblick des Satledschtales und seiner großen Tributäre, die sich alle sehr steil und sogar senkrecht in die feste Erdrinde einge=schnitten haben, um ein Labyrinth von Gräben und Korridoren zu bilden, die den Cañons des Colorado nahe verwandt sind. Man glaubt auf der Grenze zwischen zwei verschiedenen Landschaftsformen zu stehen. Mit den horizontalen Linien, den flachen Wellen und Falten der Erdoberfläche ist es nun vorbei. Jetzt beginnen die vertikalen Linien sich geltend zu machen, die großartige, wilde Plastik, die mit rücksichtsloser Energie in die Tiefe arbeitet. Auf dem Sockel des Plateaulandes stehen die Bergketten wie verwitterte Ruinen da, und das losgelöste Material trägt zum Anfüllen der Bodeneinsenkungen und zum Ausgleichen der Oberfläche bei. Hier aber in dem wunderbaren Lande, das wir jetzt betreten, werden die Verwitterungsprodukte durch die beständig strömenden Flüsse fortgeschwemmt.

Langsam und vorsichtig schreitet die Karawane längs der steilen Wände hin. Bald sind wir hundert Meter über dem Flußspiegel, bald zweihundert; wir steigen, wir sinken, wir biegen nach links ab, wir wenden uns nach rechts, und zwischen Geröll und kleineren Blöcken hindurch arbeiten wir uns mühsam über kleine, zeitraubende Rinnen hinüber. Manchmal reiten wir am Rande eines Abgrundes entlang, wo ein einziger Fehltritt uns in die Tiefe hinabstürzen würde.

Vor mir reitet der Lama Samtang Rangdol auf seinem schwarzen Yak, in seine rote Mönchstoga gehüllt und ein Tuch um den Kopf gewunden. Meine Fragesucht macht ihm Spaß, und er erteilt mir auch dann Auskunft, wenn ich ihn nicht frage. Jetzt führt er uns nach dem Sattel einer neuen Schwelle hinauf, und wieder bleibt man stehen, stumm vor Bewunderung und Erstaunen über den kühnen, eigenartigen Aufbau des Himalaja. Die Wolkenmassen des Südwestmonsun schweben wie ein düsterer Thronhimmel über der Stirn des Himalaja und lassen hellere Regendraperien herabhängen, gerade über dem Tale, in dessen Tiefe der Satledsch seinen Trauermarsch in lauten, ewig brausenden Orgeltönen spielt.

Zwischen den grauen, verschwommenen und vom Regen berieselten Bergen schimmert in der Ferne ein grüner Fleck — die Wiesen beim Kloster Kjung=lung. Eine Tagereise trennt uns noch von jenem Orte, der doch so nahe zu sein scheint. Die Zeit der geraden Linien und der langen Tagemärsche ist vorüber; hier schlängelt sich der Pfad ebensoviel senkrecht wie wagerecht weiter. Ein Ziel kann ganz nahe erscheinen, und dennoch ist der in allen Richtungen krumme Weg dorthin hoffnungslos lang.

Schließlich führt der Pfad abwärts, über ein Gewirr einzelner Landrücken und felsiger Ausläufer aus Glimmerquarzit, die durch kräftig ausgemeißelte Täler und Rinnen voneinander getrennt sind. Manchmal reitet man zuerst auf der linken, dann auf der rechten Seite eines Kammes und hat in beiden Fällen an seiner andern Seite einen tiefen Talgang. Über eine letzte Halde schreiten wir nach einer Talerweiterung hinunter und schlagen einen Meter vom Satledschufer und einen Meter hoch über dem Flusse das Lager 462 auf. Wir sind hier 4268 Meter über dem Meer. Von Tirtapuri aus sind wir nur um 77 Meter, vom Langak-tso um 321 Meter herabgestiegen. —

Unmittelbar oberhalb dieses herrlichen Lagerplatzes endet jener enge Korridor, der uns zum Erklimmen der Höhen gezwungen hatte. Stolz und mächtig wie ein König unter den Flüssen tritt der Satledsch aus seinem Felsentore heraus und dehnt sich in der Talerweiterung in der Breite aus (Abb. 98). In einer einzigen Masse stürzt sein Wasser dick-trübe und bräunlichgrau in schäumenden Wellen und schwer und dumpf rauschend aus dem Hohlwege. Bei dem Lager konnte man die Breite auf 60 Meter und die Geschwindigkeit in der Mitte des Stromstriches auf zwei oder drei Meter schätzen. Die Tiefe mochte zwei Meter betragen, in der tiefsten Rinne des Flußbettes vielleicht drei oder sogar vier. Unser Lama erzählte, daß gerade hier eine Furt sei, die sich in der trockenen Jahres-zeit benutzen lasse. Dann ziehe man es vor, nach dem linken Flußufer hinüberzugehen, anstatt wieder über die Berge des rechten weiterzuklettern.

Wohl ist der Weg, dem wir über den Himalaja folgen, eine Hoch-straße, eine Reichsstraße, wenn man ihn so nennen will, aber er ist keine „great trunk road", keine Heerstraße, wo sich indische und tibe-tische Krämer mit ihren Waren begegneten, um die Korallen und Perlen des warmen Meeres gegen die Schafwolle und die Yakhäute des Schnee-landes auszutauschen. Wir begegneten während des ganzen Tages keiner lebenden Seele, nicht Wanderern, nicht Tieren, seien es wilde oder zahme. Nur gelegentlich erblickt man eine berußte Felsplatte, die Asche eines Dungfeuers oder die Steine, die eine Feuerstätte erkennen ließen, über deren Flammen sich das schwarze Prisma eines Zeltes erhoben hatte.

Hier herrschte Frieden. Der mächtige Fluß regierte in majestätischer Einsamkeit. Ich konnte meine Augen nicht von seinen braunen Wasser-blasen abwenden, die auf ihrem überstürzten Zuge nach Indien an mir vorübereilten. Wir würden ihnen bald nachkommen. Ich liebte diesen Fluß, dessen eigentliche Quelle vor mir noch nie ein weißer Mann er-blickt hatte. Mit zunehmender Spannung und steigender Sehnsucht sollte ich seinem Laufe nach dem Meere hin folgen. Schön war es, bei seinem dumpfen Rauschen einzuschlafen und es wieder zu hören, wenn ich erwachte.

Während der Nacht stieg der Fluß um 4 Zentimeter. Die Tempe-ratur war nicht unter $6{,}4$ Grad Wärme heruntergegangen; sie mußte nach und nach steigen, in dem Maße, wie wir in größere Tiefen hinab-kamen. Noch aber lag das Land der warmen Nächte in weiter Ferne.

Vom Lager aus führt der Pfad bergauf über die Terrassen und Hügel des rechten Ufers, und nach kurzer Zeit befinden wir uns an einer ungemütlichen Stelle, auf die mich Samtang Rangdol schon vorbereitet hatte. Hier zog ich meine eigenen Füße denen des Pferdes vor.

Gleich einer Wandleiste klebt der Pfad an dem jähen Abhange. Die Straße kriecht in jede Schlucht und Kluft der Bergwand hinein, sie windet sich um jeden Felsvorsprung, sie steigt und fällt und benutzt stets die launenhaften Formen des anstehenden Gesteines (Abb. 100, 101). Sie läuft unförmliche Treppenstufen in nacktem, kalkhaltigem Sandstein und Quarzit hinauf und hinunter, wo sich nie eine menschliche Hand erhoben hat, um ein Hindernis aus dem Wege zu räumen oder eine Unebenheit auszugleichen. Das Zurücklegen einer Strecke, die wenig länger war als hundert Meter, nahm zwei volle Stunden in Anspruch. Die Lasten wurden abgeladen und von den Männern getragen. Nur zwei energische Maulesel legten den Weg mit den Säcken und Zeltteilen, mit denen sie beladen waren, ohne Unfall zurück. Die schlimmste Stelle war eine steilabstürzende Platte, eine Schichtfläche ohne Risse oder Unebenheiten, worin man festen Fuß hätte fassen können. Die Tiere mußten mit steifen Beinen diese Rutschbahn hinunterglitschen, während ein Mann sie an der Halfter führte und zwei andere sie am Schwanze packten, um zu bremsen.

Dann werden die Tiere wieder beladen, und über zwei tiefe Rinnen hinweg ziehen wir nach dem Flusse hinab. Der Pfad führt zwischen dem Ufer und dem Fuße der untersten Erosionsterrasse entlang. Längs der steilen Wände des linken Ufers sieht man alte Terrassenabsätze, die oft Leisten und überhängende Platten bilden und sich 70 oder 80 Meter hoch über dem Talboden erheben. In ihren Abschnitten treten verschiedenfarbige Bänder von Kies, Sand und Ton hervor. Dem Pfade wird hier während der Regenzeit nicht viel Platz gelassen, und selten ist Raum genug zu einem Streifen genügsamen Grases vorhanden. Am linken Ufer entsteht im Eingange eines größeren Nebentales eine Erweiterung, in welcher ein schreiend grünes Gerstenfeld zur Ernte heranreift. Menschen aber erblickt man nicht. Wahrscheinlich ist der Besitzer jenes Feldes in Kjung-lung zu Hause, wohin am linken Ufer ein an zwei großen Manimauern vorüberführender Weg geht.

Zwischen hellen Felsenplatten, Höckern und Schwellen, die sehr launenhafte Formen zeigen, schließt sich das Tal wieder zu einer engen, wilden Schlucht zusammen (Abb. 99). Wir befanden uns gerade an seinem Anfange, als ein Mann uns mit lautem Rufen nachgelaufen kam. Endlich ein Mensch in diesem leblosen Lande! Oder war es vielleicht der Vorläufer einer Schar, die uns zwingen sollte, auf den Weg der Pflicht zurückzukehren? Nein, keineswegs! Als der Mann näher gekommen war, erkannten wir in ihm unsern gestreiften Freund, den Landstreicher von Tschiu-gumpa, der atemlos herantrabte und seinen Knüttel schwang, um sich der Hunde zu erwehren, denen er stets sehr verdächtig erschienen war.

„Was willst du, Bettler? Hast du nicht deinen Lohn erhalten und bist ein für allemal verabschiedet worden?"

„Ja, Herr; aber gerade, als Ihr fortgezogen waret, kamen ein Gova und seine Leute nach Tirtapuri, und die Mönche verklagten mich bei ihm, weil ich Ihnen den Weg nach dem Kloster gezeigt habe. Da drohte mir der Gova, daß er mich gefesselt nach Gartok bringen lassen werde, wo ich dem Garpun Rede stehen müsse und Rutenstreiche erhalten solle."

„Wie bist du denn entwischt?"

„Es gelang mir in der Dämmerung, mich aus Tirtapuri wegzuschleichen, und nun habe ich mich halbtot gelaufen, um Sie einzuholen."

„Und nun willst du wieder mit uns ziehen?"

„Ja, Herr, lassen Sie mich mit Ihnen nach Indien gehen. Kehre ich wieder nach Tibet zurück, so werde ich ohne viel Umstände totgeschlagen."

„Nun, dann komm einstweilen mit!"

Doch jetzt hatten wir an anderes zu denken. Vor uns gähnt der enge Hohlweg, den der Fluß in seiner rasenden Wut durch anstehendes Gestein gesägt hat, das, wie fachmännische Bestimmung lehrt, aus Glimmerquarzit und Konkretionen von kohlensaurem Kalk besteht. Welch ein Unterschied gegen die Flüsse, die ich droben in Tibet kennen gelernt hatte! Lautlos und ruhig hatte ich sie in ihrem Bette dahingleiten sehen. Hier dagegen sah ich einen Fluß, der seine ganze Energie sammelte, um sich wie ein Sägeblatt durch die Felsen nach unten zu fressen und sich aus einem aus lauter festem Gestein bestehenden Gefängnisse zu befreien. Es ist kein spülendes, plätscherndes Rauschen mit hellklingendem Echo mehr, es ist ein dumpfes, gedämpftes Getöse, welches das enge Tal füllt, jenes Tal, von dessen Seiten alles lose Verwitterungsmaterial weggeschwemmt worden ist und wo man fühlt, wie der felsige Grund unter dem Gewichte der 180 Kubikmeter Wasser in der Sekunde zittert.

Doch wo ist der majestätische Fluß, den wir eben noch sahen, geblieben? Der Satledsch ist zu einem Nichts zusammengeschrumpft; er ist hier kleiner als der Tokbo-tschar. Ach, es ist nur eine Sinnestäuschung; die Geschwindigkeit ist ungeheuer groß, die Tiefe muß kolossal sein. Betrachtet diese empörte, wilde Flußoberfläche, die in unveränderlichen Wellen geht, deren Form und Lage unverbrüchlich durch die Unebenheiten, Krümmungen und Ausbuchtungen des Felsenbettes vorgeschrieben sind. Seht jene plumpe Wasserglocke, die der Form nach einem Propellerblatte gleicht und die beständig an derselben Stelle kocht! Und dennoch schäumt in

97. Bats auf dem Weg durch den Fluß. (S. 217.)

98. Im obern Satledschtal. (S. 222.)

99. Der Satledsch in einer wilden Schlucht. (S. 223.)

siedenden Flocken ein Kamm, der an die Erdschollen erinnert, welche die
Pflugschar aufreißt. Und seht diese Reihe Wellen, die anmutig ihre
Rücken krümmen und wie Delphine und Tümmler in fröhlichem, aus=
gelassenem Spiele dahinschießen.

Alles dieses Wasser ist dick wie Erbsensuppe durch das feste Mate=
rial, das der Regen fortgespült und die Kraft der Erosion losgerissen hat
und das den Fluß noch mehr befähigt, sein Bett immer tiefer auszuhöhlen.
Hier, bei Kjung=lung, hat der Fluß eines seiner ersten schwierigen Hinder=
nisse, eine Querschwelle, zu bekämpfen (Abb. 102). Es werden auf dem Zuge,
der uns bevorsteht, wohl noch mehrere dieser Art kommen! Sie nehmen
auf dem Wege abwärts nur an Größe zu, wie der Fluß an Umfang.
Eines der schönsten, imposantesten Durchbruchstäler der Erde ist das Tal,
das der Satledsch durch den Himalaja geschnitten hat. Unsere Spannung
wird mit jedem Tage größer. Wir sehen auf die Karte und fragen uns,
ob der Fluß sein Vorhaben wohl glücklich durchführen werde.

Wir sind drunten an der Brücke von Kjung=lung, wo es zum ersten
Male nicht durch, sondern über den Satledsch geht. Hier erhebt sich neben
dem Brückenkopfe des rechten Ufers ein rot und weißes Tschorten. Mit
der Brückenkonstruktion hat es nicht mehr zu schaffen als die kleine kiosk=
artige Kapelle, die am rechten Brückenkopfe der Petersburger Nikolaibrücke
steht und in der Bauern und Bürger niederknien und sich vor den Heiligen=
bildern bekreuzigen. Der Unterschied ist nur, daß das Tschorten von
Kjung=lung, vielleicht einmal erneuert und verbessert, schon viele hundert
Jahre, ehe Petersburg gegründet wurde, als schützendes Bollwerk neben
seiner Brücke gestanden hat.

Was bedeutet dieses Tschorten? Dasselbe wie das Wimpelmal auf
einem Passe oder die Manimauer neben einer Landstraße: eine Opfer=
handlung, eine Huldigung, ein Anrufen der Geistermächte in dem Flusse,
daß sie von ihrer physischen Überlegenheit keinen Gebrauch gegen ohn=
mächtige Menschen machen. Es steht dort als ein sprechender Beweis, daß
die Brücke sich unter dem Schutze der Götter befindet und daß der Wanderer
ihren schwankenden Brettern sein Leben ruhig anvertrauen kann. Würde
aber das Tschorten von Kjung=lung entfernt, so würden die Geistermächte
des Langtschen=kamba zürnen und ihr Opfer in Menschengestalt fordern;
die Brücke würde unter dem Gewichte des Wanderers einstürzen, und der
Unglückliche käme in dem siedenden Strudel um.

Unweit des Ufers steht eine Reihe rotangestrichener Manimauern und
Tschortenpyramiden. Wohl hundert Meter über dem Flusse schwebt das Klo=
ster Kjung=lung wie das Nest einer Felsenschwalbe auf der Höhe einer
seltsam modellierten Geröllterrasse (Abb. 104). In ihrer außerordentlich

steilen Front hat das Regenwasser Kegel und Pfeiler, Mauern und Türme ausgewaschen. Ganz oben auf dieser anscheinend zerbrechlichen Unterlage thront Kjung=lung, das dem Flusse eine ziegelrote Fassade zukehrt und an Lama=juru in Ladak erinnert, obwohl es viel kleiner ist. Ein Gebäude auf einem tieferliegenden Absatze dürfte Mönchszellen und Vorratsräume enthalten. In den lotrechten Wänden der Terrasse gähnen schwarze Löcher und Scharten, die auf Höhlenwohnungen schließen lassen. Eine herrliche Lage, eine wunderschöne Aussicht! Für architektonische Schönheit und gediegene Einfachheit der Linien und der äußeren Dekorierung haben die tibetischen Lamas einen scharfen Blick und zeigen darin einen fein ausgebildeten Geschmack. Die Brüderschaft von Kjung=lung besteht aus acht Personen, und gleich den meisten anderen in der Gegend gehören sie zu den Gelukpa, der orthodoxen Sekte.

Lama Samtang Rangdol hat sich von mir verabschiedet und sich ins Kloster hinaufbegeben. Während meine Ladaki die Tiere abladen, sehe ich mir die Brücke, die von der gewöhnlichen asiatischen Art ist, genauer an (Abb. 103, 105).

Dort, wo der Fluß am schmalsten ist und zwei vorspringende Felsen sich einander auf nur 13 Meter Abstand nähern, hat man die Brücke über den Satledsch gespannt. In den einander zugekehrten senkrechten Mauern der Brückenköpfe sind vier Lagen kurzer Balken eingemauert, deren oberste Lage, die auf den drei untersten ruht und durch sie Festigkeit erhält, am längsten ist und schräge aufwärts gerichtet ist. Auf ihrer Spitze ruhen die beiden runden und bedenklich schwankenden Baumstämme der Schwebebrücke, die ihrerseits die Holzplanken tragen. Was die Axt unterlassen hat, als es sich darum handelte, die Gangbahn der Brücke eben zu machen, das haben an ihrer Stelle die Abnutzung, der Regen und der Sonnenschein getan. Das Holzwerk ist grauweiß, abgeschält und spröde, und das ganze Gerüst schaukelt unter den Schritten. Es heißt mit dem Leben spielen, wenn man nicht weiß, wann die Grenze der Elastizität erreicht ist.

Die Breite der Brücke beträgt nur 1,2 Meter; ein schützendes Geländer ist nicht vorhanden. Die Tiefe des Flusses mußte hier bedeutend sein, die Breite betrug ja wenig mehr als dreizehn Meter, aber die Stromgeschwindigkeit war schwindelerregend. Auch wenn wir im Besitze genügend langer Stangen zum Messen gewesen wären, hätten wir sie hier nicht benutzen können. Der Druck der kompakten Wassermasse hätte sie wie Binsen zerknickt. Unmittelbar oberhalb der Brücke ragen einige Höcker aus anstehendem Gestein und weiße Felsenzähne aus dem Wasser; zwischen ihnen wirbelt und kocht wütend der Fluß, ehe er mit betäubendem

Getöse und unter zischenden Schaumbüscheln und braungrauen Spritzwasser=
strahlen sich in den engen Graben unter der Brücke hineinzwängt.

Ein Tibeter kam am andern Ufer angelaufen. Er machte mit den
Armen abwehrende Bewegungen, und man konnte sehen, daß er etwas
laut schrie, denn etwas anderes zu hören als das Tosen des Flusses war
unmöglich. Wir machten ihm Zeichen, daß er zu uns herüberkommen solle,
und er kam.

„Was ist denn los?" fragten wir ihn.

„Die Brücke trägt das Gewicht eines Pferdes nicht, aber die Maul=
esel können vielleicht hinüber, ohne daß die Balken brechen."

„Glaubst du denn, daß wir unsere Pferde hier lassen werden?"

„Sie können weiter abwärts durch den Fluß schwimmen. Sie sehen
ja, daß der Langtschen=kamba bald an Breite zunimmt und ruhig wird."

„Wenn die Brücke die Maulesel trägt, dann trägt sie die Pferde
auch. Wir werden es ja sehen. Ich will nur hoffen, daß sie nicht ge=
rade dann zusammenkracht, wenn die halbe Karawane hinüber ist, so daß
wir getrennt werden."

„Ich rate Ihnen, vorsichtig zu sein. Die Brücke ist morsch und
schlecht."

„Wie alt ist sie denn?"

„Vor zehn Jahren ist sie zuletzt erneuert worden. Die Brückenköpfe
sind aber vor dreißig Jahren gebaut."

Die Ladaki sind von ihrer Heimat her an gefährliche Brücken ge=
wöhnt. Sicher und breitbeinig gehen sie mit ihren Lasten auf dem Rücken
hinüber. Nur immer ein Mann auf der Brücke! Mit einem Gefühle
der Erleichterung sah ich, wie die letzte Last am andern Ufer hingelegt
wurde, ging darauf selbst hinüber und stellte mich neben den linken
Brückenkopf hin.

Jetzt sind die Tiere an der Reihe. Wir hatten zehn Ziegen gekauft,
die mich mit Milch versahen. Laßt sie zuerst die Brücke erproben! Ziegen
sind mit Verstand nur schwach ausgerüstet. Die ganze Schar bleibt wie
angewurzelt dastehen, wo der feste Brückenkopf in die Planken übergeht.
Sie wollen umkehren, weil sie etwas Unheimliches wittern. Der Fluß
kocht unter ihnen. Hier muß eine Falltüre sein, die irgendeine Kanaille
ihnen zum Verderben auf den Weg gelegt hat!

„Hinaus mit euch, ihr Viehzeug!" ruft Tubges, der Hirt.

Wenn sie nur so viel Verstand gehabt hätten, einzeln hinüber zu
gehen, aber sie mußten es natürlich dicht aneinander gedrängt tun, auf
die Gefahr hin, sich gegenseitig von der Brücke hinabzustoßen. Hinüber
kamen sie, aber nur mit genauer Not.

„Einer der Maulesel voran!"

Ein kleiner aus Lhasa wird hinaufgetrieben. Er hat sicherlich schon früher Brücken gesehen, denn er bleibt ganz ruhig, und fängt die Sache klug an. Ohne Zögern betritt er die Planken und pariert ihr Schwanken mit weichen, elastischen Kniebewegungen. Er senkt den Kopf auf die Brücke herab und beschnuppert sie beim Hinübergehen; er hält genau die Mittellinie ein. Mit derselben Selbstbeherrschung gehen seine Kameraden hinüber.

Pferde sind dümmer als Maulesel, wenigstens beim Überschreiten von Brücken. Unsere waren alle aus Tschang-tang und hatten in ihrem Leben noch nie eine Brücke gesehen. Das erste, das hinaufgetrieben wurde, scheute, machte kehrt und ging durch. Nummer zwei folgte seinem Beispiel. Nun mußten sie hinübergeführt werden. Damit aber das vergrößerte Gewicht die Balken nicht zu sehr belaste, wurde die Zugleine gerade so lang gemacht wie die Brücke, zwei Männer ergriffen sie und zogen aus Leibeskräften, während zwei andere von hinten auf das Tier losprügelten, bis das widerspenstige Pferd sich auf die Planken hinauswagte und, bebend wie diese, plump und gedankenlos hinübertrabte.

Nun blieben noch die beiden Schimmel übrig, die ich dem Räuberhauptmann Kamba Tsenam abgekauft hatte. Der eine, ein großes, kräftiges Tier, bäumte sich und zog der greulichen Brücke Hiebe und Schläge vor. Vielleicht konnten die Ziegen ihn beruhigen! Sie mußten den Spaziergang noch einmal machen. Da faßte das Pferd Mut und rannte, um so schnell wie möglich wieder auf festen Boden zu gelangen, in solcher Eile über die Brücke, daß es dabei um ein Haar eine Ziege totgetreten hätte. Zuletzt kam die Reihe an mein Reitpferd, das mich die achthundert Kilometer von Kamba Tsenams Zelt hierhergetragen hatte und zweimal über den Transhimalaja durch die Berglabyrinthe von Bongba, an Seen vorüber und durch Flüsse gegangen war. Ich betrachtete es als Gehilfen und Freund, der seinen Anteil an den gemachten Entdeckungen hatte. Es war schneeweiß und in bestem Zustand, viel zu gut, um im Satledsch zu ertrinken.

Nun mußte der Schimmel sich in sein Schicksal finden. Was sollte er machen, wenn die Männer mit vereinigten Kräften am Stricke zogen und zwei andere ihn von hinten antrieben! Sein Blick war unglücklich und verängstigt, und an allen Gliedern wie Espenlaub zitternd begab sich der Schimmel auf die trügerischen Planken hinaus. Alles wäre gut abgelaufen, wenn er nur weiter gegangen wäre. Er hatte ja gesehen, daß die Brücke alle die andern Tiere getragen hatte, und er hätte sich doch, wie gewöhnlich, nach ihrer Gesellschaft sehnen müssen. Als er aber bis in die

Mitte der Brücke gelangt war, überwältigte ihn die Angst. Gefühllos gegen den Strick an seiner Halfter blieb er stehen und schwenkte nach links um, so daß er nun quer auf der Brücke stand und flußaufwärts blickte. Er schaute in den heraneilenden Wirbelstrom hinunter. Seine Augen leuchteten, seine Nüstern blähten sich, er schnaubte laut, und dann tat er den **Todessprung in die siedenden, kochenden Wellen hinab!**

Die Hinterhufe schlugen gegen den Brückenrand, so daß der Schimmel in der Luft einen Purzelbaum schlug und mit dem Rücken aufs Wasser aufschlug. Natürlich wird er in kleine Stücke zermalmt, dachte ich. Ein Glück, daß ich nicht über diese vorzügliche Brücke **geritten bin!** Den Sattel hatten wir gerettet, das einzige, was verloren ging, war der Strick, den die Männer losgelassen hatten, als sie sahen, welchen Ausgang die Sache nehmen würde.

In demselben Augenblick, als das Pferd die Oberfläche des Flusses berührte, wurde es von der wilden Strömung ergriffen und verschwand auf der Stelle. Wir stürmten vom Brückenkopf hinunter, um zu sehen, ob der zerschellte Kadaver durch die sich dahinwälzenden, rollenden Wassermassen wieder an die Oberfläche getragen werden würde.

„Da ist er ja!" rief Lobsang.

„Unmöglich! Ja, wirklich!"

Dort taucht, etwa siebzig Meter weiter abwärts, sein weißer Kopf aus den Wellen auf! Der Satledsch ist an dieser Stelle viel breiter geworden, als ob er sich von seiner Anstrengung ausruhen wolle.

„Er lebt, er schwimmt!" ruft Kutus. Niemand kümmerte sich um die übrigen neun Tiere.

„Bravo, er schwimmt nach dem linken Ufer hin!"

„Ja, sonst hätte er noch einmal springen müssen."

„Denkt nur, sich einen solchen Umweg zu machen, wenn man nur noch die halbe Brücke, kaum zehn Schritte, zurückzulegen hat!"

„Er war natürlich verrückt!"

Indessen hatte der Schimmel seine Energie durchaus nicht eingebüßt. Einige kräftige Schwimmbewegungen brachten ihn ans Ufer, und mit zwei elastischen Sprüngen war er auf dem Trockenen, wo er gleich so munter zu grasen begann, als ob nichts vorgefallen sei. Er schnaubte ein paarmal und schüttelte sich das Wasser ab, aber er hatte noch alle seine Glieder, und keines seiner Beine war gebrochen. Das Bad schien ihn im Gegenteil aufgeheitert zu haben.

Ich eilte zu meinem vierbeinigen Freunde hin, strich ihm die Wassertropfen aus den Augen und liebkoste ihn. Er war mir jetzt doppelt teuer. Der Satledsch hätte uns trennen können, nun aber werden wir doch noch auf dem Wege nach dem warmen Indien Gesellschaft aneinander haben. Ich bewunderte seinen gedankenlosen Mut, hatte aber keine Lust, mit ihm an Kühnheit zu wetteifern. Augenscheinlich war das Pferd von der gesamten Wassermasse ergriffen worden. Es war ein Teil dieser geworden und wurde in die Erweiterung hinausgetragen, ohne gegen einen einzigen Vorsprung zu stoßen. Die Geister des Langtschen-kamba waren ihm gewogen gewesen. Da sieht man den Vorteil, den das Errichten eines Tschorten neben einem Brückenkopfe bringt!

Vom Hohlwege aus waren es nicht mehr viele Hundert Meter nach der nächsten Wiese. Die Tiere wurden wieder beladen, und wir brachen auf. Da vermißten wir die Hunde. Sie standen noch am rechten Ufer, und man sah, wie sie bellten. Sie beschnupperten den Fluß; er war ihnen zu wild, und die Brücke wagte keiner von ihnen zu betreten, auch wenn er dadurch sein Leben hätte retten können. Da ging Kuntschuk hinüber und nahm Kleinpuppy auf den Arm. Aber als er in der Mitte der Brücke angekommen war, setzte er ihn in dem Glauben nieder, daß das kleine Vieh die andere Hälfte allein zurücklegen werde. Ja Prosit! Kleinpuppy machte es allerdings nicht so wie der Schimmel, aber er legte sich auf den Bauch, drückte sich fest gegen die Planken, heulte erbärmlich, wagte nicht, eine Pfote zu bewegen, und war vor Entsetzen ganz versteinert. Dort wartete er, bis er die andere Hälfte auch noch hinübergetragen wurde. Aber er war so verängstigt, daß er den noch übrigen Rest des Tages einen bösen Schlucken behielt. Takkar aber wurde von harten Händen unbarmherzig über die Brücke gezogen.

Einundzwanzigstes Kapitel.

Die Schluchten des Satledsch.

Auf der Wiese bei Kjung-lung entsprang eine klare Quelle; von unsern Nachbarn in fünf schwarzen Zelten kauften wir Lebensmittel, Butter und Tsamba. Zwei ältere, gutmütige Lamamönche besuchten uns und überreichten mir ein Kadach.

„Können wir Ihnen irgendwie gefällig sein, Herr?" fragte der eine.

„Ja freilich; ich brauche einen Führer nach Daba."

„Gut; ich werde Sie dorthin geleiten, wenn Sie mich ebenso bezahlen wie Samtang Rangdol."

„Das soll geschehen, und wenn Sie uns gute Dienste leisten, erhalten Sie noch ein Extrageschenk."

Doch kaum war es dämmerig geworden, so schickte uns der Lama eine Absage. Ein vornehmer Mönch aus Totling-gumpa werde jeden Augenblick erwartet, und dieser würde sehr böse werden, wenn einer der Brüder von Kjung-lung fehlte. Samtang Rangdol ließ sich auch nicht überreden, uns noch weiter zu begleiten, bat mich aber, um alles in der Welt den Bettler aus Tschiu in meinem Dienst zu behalten, da dieser ihn sonst umbringen werde, um sich seines Geldes zu bemächtigen. Der Bettler durfte auch bei uns bleiben; wir würden ihn schon zu beschäftigen wissen; in einer Karawane gibt es immer viel zu tun.

Wir erhielten jedoch, als wir am 5. August weiterzogen, ganz unerwartet einen Führer. Eine aus fünf Männern und fünfzehn Yaks bestehende Teekarawane, die sich in Kjung-lung ausgeruht hatte und deren Ziel Totling war, brach mit uns zugleich auf. Wir folgten ihr wohl eine Stunde lang unmittelbar am Satledschufer auf den Fersen. Der Führer hieß S a m j e K a r m o; ihm wurde eine Vergütung versprochen, wenn er alle an ihn gerichteten Fragen ehrlich beantwortete. Später ließ er das Trinkgeld im Stich, und die Antworten waren daher auch wohl nicht so ganz zuverlässig.

Unter großen, in Häute eingenähten Ziegelteeballen und begleitet von ihren Treibern, von denen zwei Flinten trugen, stapften die Yaks durch Schutt und Gras, über Quelladern und Abhänge. Sie waren als kleine Kälber in Tschang-tang zur Welt gekommen und fanden das Klima des eingeschlossenen Tales viel zu heiß für ihren dicken Pelz. Daher nahmen sie jede mögliche Gelegenheit wahr, um sich in dem Uferwasser des Flusses ein Fußbad zu verschaffen. Einer von ihnen ging zu weit ins Wasser hinaus und sank immer tiefer. Samje Karmo und seine Bande schrien und warfen über den Yak hinweg Steine ins Wasser. Aber diesem gefiel es in dem kühlen Naß, das ihm durch den Pelz bis auf den Rücken stieg, er schnaubte und schüttelte den Kopf über das Steinwerfen und ging immer weiter, bis er, mit den Teeballen als Korkkissen, zu schwimmen begann. Er ahnte nicht, daß bei all seiner Zottigkeit sein Leben in diesem Augenblick an einem Haare hing. Hätte ihn die saugende Strömung ergriffen, dann —! Aber er entging ihr und kletterte, triefend wie ein Badeschwamm, wieder aufs Ufer hinauf. Beide Partner, Samje und der Yak, hatten von dem Bade Nachteil, der Tee wurde durch das Untertauchen nicht besser und die Last wurde doppelt so schwer.

Wir hatten einen weiten Weg bis nach der nächsten Stelle, wo man eine ganze Stunde am Satledschufer entlang reiten kann. Einstweilen sagten wir dem Flusse Lebewohl. Er stürzt sich in einen neuen Hohlweg hinein, wo die ganze Wassermasse längs des Bergfußes der linken Seite tost. Hier ist die Felsenwand nicht senkrecht, sondern überhängend und von der reibenden, feilenden Kraft des Flusses unterminiert. Man hat daher keine andere Wahl, als in kurzen, steilen Zickzackwindungen die Kalksteinfelsen zu erklimmen, um auf die Höhen hinauf zu gelangen. Der Fluß verschwindet in der Tiefe; sein Rauschen wird schwächer und erstirbt endlich.

Zu immer höheren Räumen führt unser Weg hinauf. Immer größere Fernen beherrscht der Blick, und der Horizont rückt zurück. Die Steigung nimmt ab, und schließlich sind wir droben auf einer domförmigen Kuppe, die Munto-mangbo heißt — wenn uns Samje Karmo nichts vorgelogen hat! Am Rande einer lotrechten Wand steht eine Reihe Steinmale (Abb. 106). Senkrechte Felsen bilden die Seiten des Grabens, den der Fluß hier durch die Erdrinde gezogen hat. Unermüdlich arbeitet der unsichtbare Satledsch drunten in der Tiefe. Blöcke, die der Winterfrost aus den Felsen heraussprengt, stürzen hinunter und dienen dem Wasser bei der Ausmeißelung und Vertiefung des Bettes als Werkzeug.

100 u. 101. Schwierige Stellen auf dem Marsche. (S. 223.)

102. Querschwelle im Satledschtal bei Kjung=lung. (S. 225.)

103. Transport über die Satledschbrücke bei Daba. (S. 226.)

Langsam und ruhig folgen wir dem chinesischen Tee über die Hügel hinüber und an den steilen Wänden bergab und durchqueren zwei tief eingeschnittene Nebentäler ohne Wasser. Man muß über alle diese hinderlichen Nebentäler hinüber, die den Weg nach Indien so unendlich lang machen. Und dann geht es wieder nach den flach wellenförmigen Höhen hinauf. Der Blick bestreicht gewaltige Räume (Abb. 107). Man vergißt die senkrecht eingeschnittenen Cañontäler und meint, daß zwischen den niedrigen Kämmen und Gipfeln, die sich im Norden und Süden erheben, das ganze Land eben sei.

Stellt zwei rechtwinkelige Tischplatten schwach geneigt gegeneinander und laßt sie unten durch einen schmalen Zwischenraum geschieden sein: das ist das Satledschtal. Aber denkt euch auch die Tischplatten von unzähligen Rinnen durchsägt, die alle nach der Mittelfurche hin gerichtet sind. So ist das Land, das die Straße nach Indien durchquert, eine Straße, die eine erhabene Verachtung gegen die Horizontalkurven der Karte zeigt. Eine halbe Stunde lang kann sie auf der ebenen Kuppe zwischen zwei Nebentälern hinlaufen und dann kopfüber in einen Abgrund hinunterführen, den zu überschreiten man einer ganzen Stunde bedarf. Man steht am Rande und meint, daß der gegenüberliegende Rand nur einen Flintenschuß weit entfernt liege. Man möchte dorthin springen oder fliegen und in Gedanken erblickt man schon den Viadukt, dessen Spinnengewebe wohl nie das Tal überspannen wird. Aber was nützt es? Man muß die hundert steilen Zickzackbiegungen hinunterklettern und dann auf der andern Seite wieder emporklimmen, um endlich den entgegengesetzten Rand zu erreichen.

Nun bleiben wir eine gute Weile auf der Höhe, denn der Weg geht südsüdwestwärts, nahezu parallel zwei Cañontälern. Der Pfad ist ausgetreten, zahlreiche Menschen und Tiere sind hier im Laufe der Zeiten gezogen. Jetzt aber ist die Straße verödet und leer. Wenn es hier Zelte und Hütten gibt, so liegen sie in der Tiefe versteckt, wo Bäche die Wiesen bewässern und Gerste gedeiht. Hier oben ist der Boden mit feinem Kies bedeckt, hart und trocken. Nur genügsame Grasbüschel leben von gelegentlichen Regenfällen. Eine aus zwölf Ammonschafen bestehende Herde flieht in eleganten Sprüngen vor uns. Hin und wieder finden wir den Schädel eines Wildschafes, der durch Sonnenschein und Regen gebleicht und verwittert ist.

Aha! jetzt ist der ebene Weg wieder zu Ende. Mächtiger als seine Vorgänger läßt das Cañontal Schib oder Schibe-tschu seinen bodenlosen Abgrund zu unsern Füßen gähnen. Wenn man sich bis an den äußersten Rand begibt und dort hinabschaut, so sieht man den göttlichen

Fluß, der sich in der Tiefe hinschlängelt. Auf dieser Höhe, also aus der Vogelperspektive, scheint das Wasser drunten stillzustehen, und lautlos ringelt sich der Fluß wie ein Band von S 12° W heran.

Wanderer, steige hier ab, das rate ich dir, denn andernfalls schießest du kopfüber vom Pferd! Es gibt auch andere Weisen, den Talgrund schneller zu erreichen, als dir lieb sein dürfte, denn der Boden ist hier oft hart und mit feinem Schutt bedeckt, in welchem sowohl Menschen wie Pferde die steilen Wände hinunterrutschen, wenn sie nicht rechtzeitig zu bremsen verstehen. Ich selbst hatte mir ein herrliches Schuhwerk zugelegt, ein Mittelding zwischen Stiefel und Strümpfen, das aus weißem Filz bestand und unten mit Socken aus der Haut des Wildesels endete, aber keine festen Sohlen hatte. Eine praktische, aber nicht hübsche Fußbekleidung! Weich und warm beim Reiten, greulich beim Zufußgehen im Geröll. Aber man kann viel aushalten, ehe man daran stirbt, und wenn die Socken durchgelaufen sind, lassen sie sich im Handumdrehen durch neue ersetzen.

Man kommt indessen in jedem Falle hinunter, und das Lager 464 wird auf der Wiese am Schibe-tschu aufgeschlagen. Der Fluß führte am folgenden Morgen 11,5 Kubikmeter Wasser, und sein Nebenfluß Lunak, der aus Südwesten kommt, hatte 2,3 Kubikmeter. Durch einen wilden, engen Hohlweg eilt der vereinigte Fluß dem Satledsch zu.

Ein verwirrendes Land! Zeichnete ich nicht auf meiner Karte jede Wegbiegung, jede Anschwellung und jede Einsenkung des Terrains ein, so wäre ich nicht imstande, dieses verwickelte Tälerlabyrinth zu entwirren. Dort, wo man auf jüngeren und älteren Terrassenabsätzen und bergauf und bergab in Rinnen und Seitentälern oder über domförmige Hügel hinweg reitet, bedarf man keines Führers. Aber manchmal geht der Weg eine Weile in einem Talgrunde weiter und ist dort unsichtbar, durch angeschwollenes Wasser fortgespült (Abb. 108). Dort wären wir verloren, wenn wir Samje Karmo nicht hätten. Er ist wirklich angenehm als Gesellschaft. Das fand augenscheinlich auch das kleine stumpfnäsige chinesische Schoßhündchen mit dem Schellenhalsbande, das Samje auf dem ganzen Wege von Lhasa her tagaus tagein getreulich auf dem Arme trug. Um von dort hierherzugelangen, hatte die Karawane vier Monate gebraucht, aber sie hatte sich auch überall, wo die Weide gut gewesen war, länger aufgehalten. Samje Karmo unterhielt uns mit Klatsch aus der Hauptstadt. Der Dalai-Lama sei auf dem Wege nach Peking, behauptete er.

„Woher weißt du das?"

„Man erzählte es sich vor vier Monaten in Lhasa auf den Straßen."

„Wann kehrt er wieder nach dem Potala zurück?"
„Das weiß ich nicht."
„Sehnt man sich nach ihm?"
„Nicht doch! Was mich anbetrifft, so mache ich mir gar nichts aus ihm."

Der gute Samje war gewiß höflicher in seinen Reden, als am Anfange des Jahres 1910 der Papst des Lamaismus wieder in seine Hauptstadt einzog. Vielleicht betete er auch in diesem Augenblicke, da der Dalai-Lama sich wieder, diesmal von Indien aus, zum Einzuge im Potala anschickt, sein „Om mani padme hum" mit größerem Eifer, als er es auf dem Wege nach Daba tat. Jedenfalls ist jener höchste Priester eine bedeutende geschichtliche Persönlichkeit. Er hat China und das englische Indien bekriegt. Und noch niemals hat Tschenresi sich in einer so weitgereisten irdischen Hülle inkarniert.

So ziehen wir weiter, und Samje Karmo verkürzt mir die Stunden des Tages durch seine Unterhaltung. Er führt uns über sterile Höhen hinweg und auf steilem Pfade in das enge Tal Sang-serpo hinab, wo eine Quelle ein kleines klares Rinnsal speist, das munter durch eine üppige Wiese rieselt.

„Hier bleiben wir", erklärte Samje.

„Weshalb nicht bis nach Dongbo-gumpa ziehen; es kann ja nicht mehr fern sein?"

„Nein, weit ist es bis dorthin nicht, aber dort ist keine so gute Weide wie hier. Und überdies ist es gefährlich, seine Tiere bei Dongbo-gumpa frei umher gehen zu lassen, denn dort sind Gerstenfelder, und man muß den Schaden bezahlen, den die Tiere angerichtet haben."

„Wieviel kostet das Niedertreten des Kornes auf den Feldern des Klosters Dongbo?"

„Ja, in der Regel muß man für jede Pferdehuffspur auf dem Acker eine Rupie bezahlen."

„Das kann eine kostspielige Geschichte werden, wenn man viele Pferde hat."

„Freilich, und ich rate Ihnen, heute auch hier zu bleiben und morgen an Dongbo-gumpa vorbeizuziehen."

Wir schlugen daher unsere Zelte auf, zündeten unsere Dungfeuer an und freuten uns, unter Dach zu sein, als es zu regnen anfing. Aber der Spitzbube Samje Karmo hatte nur eine Kriegslist gebraucht. Er wollte uns abschütteln, weil er dachte, daß es gefährlich sein könne, in Gesellschaft eines Europäers in einem Kloster anzukommen. Nachdem seine Yaks eine Weile am Grasrande des Bächleins hatten weiden dürfen, wurden sie von ihren Treibern wieder in Marschordnung gebracht, und unter Pfeifen und Singen zogen die Männer aus Lhasa mit ihrem weitgereisten Tee talabwärts. Wir hätten ihrem Beispiele folgen können, aber wir hatten uns schon für die Nacht häuslich eingerichtet, und der Regen verlockte uns nicht zum Weiterziehen.

Du lieber Himmel, wie regnete es in dieser Nacht! Man konnte vor dem Geplätscher und der Traufe kaum schlafen. Aber trotzdem es noch immer regnete, folgten wir doch am nächsten Morgen der Spur der Yaks aus Lhasa das enge Tal hinunter und bergauf über hügelige Höhen, wo Nebeldunst die Aussicht benahm. Jetzt hatten wir die Fährte verloren, und der Bettler aus Tschiu, der an der Spitze des Zuges ging, hatte entschieden keine Ahnung, wo das Kloster lag. Es war wirklich ein Glücksfall, daß wir es fanden.

Seltsam sieht es im Nebel aus, wenn man plötzlich an den Rand eines neuen Nebentales gelangt. Der Rand scheint im leeren Raume zu enden, und auch unter uns gähnt die unendliche Leere. Wir lassen uns an den durchnäßten steilen Wänden hinabgleiten und erreichen so den Talgrund, wo eine Schafherde Menschennähe verrät. Ein angepflöcktes Pferd grast auf einer Wiese. Ein Wimpelmal und eine Wegpyramide zeigen uns, daß wir den richtigen Weg eingeschlagen haben. Die Straße führt über verwirrende Hügel und Rinnen hinweg nach Norden. Zur Linken haben wir einen neuen Abgrund, ein Nebental erster Ordnung. Seine unteren Gehänge sind schreiend grün durch Gerstenfelder, die eine gute Ernte versprechen.

Dieses Tal heißt Dongbo, und binnen kurzer Zeit sehen wir das stolz auf seinem beherrschenden Hügel thronende Dongbo=gumpa aus dem Nebel hervorschimmern. Steil führt der Pfad dort hinauf; bald schlängelt er sich um Höcker aus anstehendem Gestein, bald läuft er wie eine Wandleiste am Fuße lotrechter Geröllterrassen entlang, in deren Wänden Höhlen gähnen, die der Ruß der Lagerfeuer geschwärzt hat.

Gleich so vielen andern Klöstern Tibets hat Dongbo=gumpa augenscheinlich bessere Tage gesehen. Verfall und Vernachlässigung, Häuser- und Mauerruinen, Kehricht= und Abfallhaufen, die in der Nässe stinken, räudige, wilde Hunde, die auf uns losstürmen und von Takkar entsetzlich empfangen werden, schmutzige, zerlumpte Dorfbewohner und Mönche: das ist der erste Eindruck. Wenn die Leute wenigstens noch höflich gewesen wären, aber Samje Karmo hatte sie wohl vor uns gewarnt. Sie hatten nichts zu verkaufen und wollten mit uns nichts zu schaffen haben. Was sie besaßen, brauchten sie selber, und es nützte nichts, daß wir die Rupien vor ihren Ohren klingen ließen.

Während die Karawane in die Tiefe des Tales hinunterzog und am linken Ufer des Baches das Lager aufschlug, blieb ich mit Kutus und Lobsang noch eine Weile droben, um mir wenigstens die Außenseite von Dongbo-gumpa zu besehen. Ein dunkler, überdachter Außengang, durch den die „Kore", die seligmachende Umwanderung des Heiligtums, vorgenommen wird, war das einzige Außergewöhnliche. Das Portal des Lhakang war verschlossen.

Ich zeichne eine flüchtige Skizze des Klosters und des Dongbotales, das sich nach dem Satledsch hinunterschlängelt (Abb. 109). Aber der Regen setzt wieder ein, und auf nassem Papier läßt sich nicht zeichnen. Sogar Mönchen und Laien wird das Wetter zu feucht, und sie verschwinden einer nach dem andern wie Ratten in ihren dumpfigen Löchern. Es trieft und tropft von den Dächern und von unsern Mützen, kleine trübe Rinnsale rieseln an den steilen Bergwänden herunter, heute gibt der Südwestmonsun dem Himalaja eine gründliche Dusche, und es kann Dongbo-gumpa und seinen Kehrichthaufen nur gut sein, daß sie einmal abgespült werden. Das an einem solchen Tage düstere, einsame und öde Kloster muß ein entzückendes, romantisches Bild geben, wenn die Sonne es überflutet oder der Vollmond es in klaren Nächten bescheint. Aber bei jedem Wetter schwebt es wie eine geheimnisvolle Ritterburg über dem Abgrund.

Da der Regen nicht gelinder wurde, faßten wir unsern Entschluß und eilten die steilen Wände hinab. Klatschnaß erreichten wir das Lager, das sich in 4081 Meter Höhe befand. So tief waren wir noch nie gewesen, seit wir den Langak-tso verlassen hatten. Die Gerstenfelder waren üppiger, als wir sie bisher gesehen hatten, und unsere Tiere mußten scharf bewacht werden, damit sie sich nicht verlocken ließen, in die Felder hineinzulaufen. Sie mußten sich mit einer kleinen Wiese am Dongbo-tschu begnügen, durch dessen Bett dem Satledsch 4 Kubikmeter Wasser in der Sekunde zuströmten. Die Zelte sind ganz dicht am Flusse aufgeschlagen, dessen Rauschen das Tal erfüllt und durch ein tausendstimmiges Echo verstärkt wird. Wieder lausche ich dem eintönigen Geprassel auf meinem Zelt und der Dachtraufe, die drinnen kleine Pfützen bildet.

Mit dem Proviant ist es kläglich bestellt. Die Leute haben nur noch einen halben Ziegel Tee; für mich ist nichts weiter da als ein kleiner Beutel Weizenmehl, Tee und Zucker. Um nicht hungrig einschlafen zu müssen, beschlossen wir blutenden Herzens, eine der Ziegen zu opfern. Es war grausam, aber es mußte sein. Die Ziege war mager und elend, leistete uns aber doch ihren letzten Freundschaftsdienst, so gut sie konnte. Am Abend sangen meine Leute ihre alten Lieder, aber der Gesang klang matter als sonst, weil der Fluß und die Wolken aus kräftigen Kehlen mitsangen.

Die nächtliche Temperatur geht auf 4,6 Grad über Null herunter, und noch haben wir nicht einmal einen Gruß von Indiens Sommer erhalten. Aber wir ziehen ja auch, wie am oberen Indus, mit den Kämmen des Himalaja parallel, und der eigentliche Durchbruch beginnt erst bei Schipki.

Gleich beim Lager nimmt die steile Steigung ihren Anfang, die zu den freien Höhen mit der weiten Aussicht hinaufführt. Wieder sehen wir das allgemeine Abfallen der Oberfläche nach dem Satledschtale und die dunklen, geraden Linien im Gelände, die ebenso viele Cañontäler anzeigen. Und wir müssen über alle hinüber! Die beiden ersten waren nicht so schlimm. Aber das dritte war ein Tal erster Ordnung. An seinem Rande steige ich ab und lasse meinen Blick den Horizont nach allen Seiten hin abstreifen. In N 25° O zeigt sich eine flache, mit Schnee bedeckte Bergspitze; sie ragt aus der Ladakkette empor, deren wir uns als der Wasserscheide zwischen dem Satledsch und dem Indus erinnern. Die Kette, die wir seit mehreren Tagen im Süden erblickt haben, heißt Zaskar, und in ihrem mächtigen Kamme liegt der Schipki-la, ein Paß, an dessen Fuße der Satledsch die Hauptmauer seines Gefängnisses durchbricht.

An schrägen Wänden und Absätzen hinunter gleiten wir und rutschen wir in die Tiefe des großen Tales hinab, das der Jungu-tsangpo ausgemeißelt hat. Eine kleine Strecke weit oberhalb des Weges sieht man diesen Nebenfluß aus einem felsigen Engpasse heraustreten, um sich über dem erweiterten Talboden, den unser Weg kreuzt, auszubreiten. Der Fluß führte jetzt 10 Kubikmeter Wasser, aber daß er vor kurzem noch höher angeschwollen gewesen war, sah man an den leeren Betten, die teils noch feucht waren, teils längliche Tümpel enthielten. Bisher waren wir durch 210 Kubikmeter Wasser gewatet; da wir aber die Nebenflüsse der andern Talseite nicht gesehen hatten, mußte man den Satledsch jetzt auf wenigstens 300 Kubikmeter in der Sekunde veranschlagen.

Ein junger Tibeter zu Pferd holte uns am Flusse ein. War er ein Verräter oder der Vorläufer einer Schar, die uns zum Umkehren zwingen würde? Nein, er brachte nur eine Nachricht nach Daba, und weil er uns darauf aufmerksam machte, daß wir erst dort wieder Wasser finden würden, schlugen wir unser Lager schon hier auf.

Auf den untersten Terrassen der westlichen Seite des Tales versprachen die Gerstenfelder eine großartige Ernte. Nur zwei arme

Familien wohnten in verfallenen Hütten; die Männer waren nicht daheim, aber ihre drei Weiber zeigten, daß sie sehr gut allein fertig werden konnten. Bei Sonnenuntergang erschienen sie vor meinem Zelte, wo sie sich wie Suffragetten betrugen.

„Eure verfluchten Ziegen haben uns ein Ackerstück zertrampelt! Wollt ihr den Schaden bezahlen, ihr schlechten Kerle? Sonst verklagen wir euch im Kloster!"

„Wieviel kostet das angerichtete Unheil?" fragte ich.

„Wenigstens zehn Rupien!"

„Dann müßten sie alles, was da war, abgefressen haben."

„Quengelt nicht, sondern bezahlt bar!"

Zwei meiner Leute sahen sich die Stelle an, und es stellte sich heraus, daß die Ziegen dort allerdings geschmaust hatten — was ihnen gern gegönnt war —, aber daß sie höchstens Gerste im Werte einer Rupie hatten vertilgen können. Die Damen erhielten jedoch drei und traten zufrieden lächelnd den Rückzug an. Sie hatten die Ziegen selbst ins Korn gejagt und sich dadurch schon vor dem Reifwerden des Getreides einen kleinen Nebenverdienst verschafft. Da ich es mir aber augenblicklich nicht leisten konnte, Extrakornzölle zu bezahlen, so erklärte ich meinen Leuten, daß sie künftighin für alles verbotene Weiden auf den Äckern unserer Nachbarn einzustehen hätten.

Am 9. August reiten wir aus dem Tale des Jungu-tsangpo bergauf; droben auf der „Tanga", der ebenen Höhe, befinden wir uns um 350 Meter höher als in unserm Lager drunten im Talgrunde. Wie lange würde das Vergnügen dauern? Acht kleinere Nebentäler wurden in der Quere durchschritten, ein ewiges Aufundnieder. Die Luftlinie mag kurz sein, aber unser Weg ist lang und ermüdend.

Nach einer Weile wird die Richtung nordwestlich, und links öffnet sich allmählich ein neuer Abgrund ersten Ranges. Zur Rechten beginnt ein kleines Nebental, das sich nach und nach vertieft, um sich mit dem großen zu vereinigen. Aber die gleichmäßige Höhe, auf deren Kamm wir dahinreiten, verschmälert sich zu einem Keile, dessen Spitze wie ein Sprungbrett in den Raum zwischen den beiden Tälern hinausragt. Es ist, als ob die feste Erdoberfläche in dieser Spitze ende und hier der ewige Weltraum beginne. Es ist zu großartig! Ich muß eine gute Weile hier bleiben, um mich sattzusehen.

Die Karawane darf ihren Marsch nach dem heutigen Lager fortsetzen. Ich nehme ganz vorn an der Spitze Platz und bin dort auf allen Seiten mit Ausnahme derjenigen, von der wir hergekommen sind, von schwindelerregenden Abgründen umgeben. Der Blick beherrscht das ganze Gebiet zwischen den Bergketten im Norden und im Süden. Nach Nordwesten ist die Aussicht unendlich; die gelbbraune Erdoberfläche verschwimmt am Horizont. Man ahnt das Satledschtal, nach welchem sich die unzähligen, viele hundert Meter tief eingeschnittenen Täler hinziehen.

Die Luft ist klar, keine Wolken stehen am Himmel. Im Norden und Süden ist die Aussicht begrenzt, dort durch die Ladakkette, hier durch die Zaskarkette, die beide ziemlich unbedeutend aussehen und spärliche Firnfelder auf flachen Gipfeln zeigen. Die Entfernung von ihnen mag 60 oder 70 Kilometer betragen. Die Profillinie hat denselben Verlauf wie ein stark gespanntes Seil; das Gefälle nimmt daher nach der Mitte zu, wo der Satledsch strömt, ab. Dies gilt aber nur dem ursprünglichen Tale mit seinen losen Ablagerungen und seinen Beckenfüllungen, wie es sich von irgendeinem Punkte droben auf der „Tanga" ausnimmt. Von einem solchen Punkte aus gesehen, wie von dem, auf welchem ich mich hier befand, dominieren die lotrechten und die jähabstürzenden Linien. Zerschnitten und ausgehöhlt vom Regenwasser und von Flüssen, die während einer feuchteren klimatischen Periode wasserreicher gewesen sind als jetzt, gleicht das Land, dessen wunderbar modellierte Abgründe sich zu meinen Füßen öffnen, dem Innern einer auf den Kopf gestellten Riesenkathedrale.

Die Landspitze, auf der ich von der Tiefe umgeben sitze, hat senkrecht abfallende Seiten. Unter ihr folgt ein steiler Hang, worauf die Böschung wieder sehr schroff oder senkrecht wird. Der unterste Absatz nach dem Talgrunde zu hat eine weniger abschüssige Abdachung infolge des herabgestürzten Schuttes, der sich hier zu einem Kegel angesammelt hat. Gerade gegenüber auf der andern Seite des Hauptales erblickt man viel deutlicher und besser ebenfalls eine derartige Formation, eine Reihe senkrechter und steiler Absätze von der Spitze bis zum Talboden hinunter. In allen Winkeln zwischen den Tälern erheben sich solche Klötze festgepackten losen Materials, das aus dem feinsten Staube, Sand und Kies in abwechselnden Schichten besteht. Abbrüche und Rutsche kommen häufig vor, aber im großen und ganzen trägt die Formation das Gepräge einer Regelmäßigkeit, welche die ganze Landschaft umfaßt und ihr ein gestreiftes, kariertes Aussehen verleiht. Die vertikalen Linien sind Erdrisse und Abflußrinnen, in denen das Regenwasser sich einfrißt und dann Bergrutsche verursacht. Soweit der Blick reicht, herrscht dieselbe regelmäßige Zeichnung. Über der flachen Oberfläche der entgegengesetzten Talseite sieht man in immer stärkerer Verkürzung und immer blasser werdenden Farbentönen mehrere andere Täler schimmern. Bei

104. Kloster Kjung-lung. (S. 225.)
Skizze des Verfassers.

105. Satledschbrücke bei Kjung-lung. (S. 226.)

106. Steinmal am Steilrande des Satledschtals. (S. 232.)

jedem von ihnen ist nur der oberste Absatz sichtbar. Nach den meisterhaften Abbildungen der amerikanischen Geologen erkenne ich mit größter Leichtigkeit dieselbe Erosionsskulptur, dieselbe pittoreske Formation wieder, welche die Cañons des Coloradoflusses so berühmt gemacht hat.

Auf einem der unteren Absätze an der westlichen Seite des großen Tales, das wir hier unter uns haben, erhebt sich Daba-gumpa vielleicht etwas mehr als hundert Meter über der Talsohle. Unterhalb des Klosters sehen wir das Dorf Daba, das zwischen Pyramiden, Kegeln und Pfeilern von Geröll wie in einer Nische eingeklemmt ist. Dieses Dorf ist der wichtigste Handelsort auf dem ganzen Wege nach der Grenze.

Wir haben nun genug gesehen und gehen in das Nebental hinab, das wir vor kurzem zur Rechten hatten. Von geringen Anfängen an gräbt es sich immer tiefer ein, und durch die abschüssigen Labyrinthe seiner Rinnen, Vorsprünge und Hügel ziehen wir nach dem Grunde des Dabatales hinunter (Abb. 110, 111). Der Fluß gleichen Namens war in mehrere Arme geteilt und führte nur 4,5 Kubikmeter Wasser in der Sekunde. An seinem linken Ufer stand das Lager 468 unmittelbar unterhalb des Klosterdorfes.

Zweiundzwanzigstes Kapitel.

Ein malerisches Kloster.

Ich beschloß, zwei Nächte im Lager bei Daba zu verweilen; den Tieren war, seitdem wir Toktschen verlassen hatten, noch kein Rasttag gegönnt worden, und wir selber mußten uns um jeden Preis Lebensmittel verschaffen. Andere Weide als die saftigen Gerstenfelder gab es in der Gegend nicht, und unsere Pferde und Maulesel mußten daher festgebunden werden.

Zuerst zeichnete ich der Reihe nach ein Panorama aller der Ritterburgen, Türme und krenelierten Mauern, die ihre phantastischen Fassaden der Gasse des Dabatales zukehrten und durch Regen und Rinnen in den untersten Absätzen des linken Abhanges modelliert worden waren (Abb. 112, 113). Ich war noch nicht damit fertig, als Kutus und Lobsang von einer ersten Rekognoszierung im Dorfe zurückkehrten; sie hatten ihre Bündel voller Reis und Tsamba, dazu auch Gerste für die Tiere. So waren wir denn einstweilen wieder vor Hungersnot bewahrt. Schlechten Tabak hatten sie dort ebenfalls gefunden und sich sofort ihre Pfeifen gestopft; er war jedenfalls immer noch aromatischer als der Yakdung, den sie in letzter Zeit verpafft hatten. Mehrere indische Kaufleute hielten sich in Daba auf; bei ihnen sollten die Nachforschungen nach Lebensmitteln am folgenden Morgen fortgesetzt werden.

Schon bevor ich mit dem Ankleiden fertig war, hatten meine prächtigen Leute unsere Vorräte wiederum vermehrt. Vor Zufriedenheit strahlend zeigte mir Gulam, der Koch, seine Ausbeute, einen halben Sack Kartoffeln, einen Beutel voll jener kleinen süßen Rosinen, die in Turkestan „Kischmisch" heißen, eine ganze Schürze voll getrockneter Pflaumen, zwei Pakete Stearinkerzen und drei wohlgenährte Schafe. So gut waren wir kaum je wieder versehen gewesen, seitdem wir im vorigen Jahre Drugub verlassen hatten. Das beste waren jedoch die Kartoffeln. Bratkartoffeln und Milch in Daba haben mir besser geschmeckt als Austern und Champagner im Grand Hotel zu Stockholm.

In Begleitung meiner ständigen Trabanten Lobsang und Kutus begab ich mich gegen sieben Uhr ins Dorf und blieb dort den ganzen Tag, bis die Dämmerung mich nach Hause trieb. Ich hätte mich dort wochenlang aufhalten mögen, denn etwas so Verlockendes für den Pinsel und so zum Skizzieren Reizendes hatte ich nicht gesehen, seitdem ich Taschilunpos Tempelhöfe hinter mir zurückgelassen hatte. Das Dorf liegt wie ein Vogelnest in der Mündung eines außerordentlich kurzen Zirkustales, einer Nische oder, wie ich diese taschenförmige Einsenkung sonst nennen soll (Abb. 114, 115). Es liegt auf der Geröllterrasse inmitten eines Waldes versteinerter Pyramiden und Kegel, die durch vertikale Klüfte voneinander getrennt werden, die oft so eng sind, daß man nicht in sie hineinkriechen kann. Eine Mauer, die gerissen ist; eine Hintergrunddekoration in wildester gigantischer Skulptur; eine Reihe an der Wand befestigter Säulen in mehreren Etagen; eine Riesenorgel mit dicht aneinander gedrängten Pfeifen. Zwischen den verschiedenen Absätzen tritt hier und dort die ursprüngliche horizontale Lagerung hervor, und es ist nicht schwer zu erkennen, daß man sich hier in einer äolischen Lößlandschaft befindet, die durch fließendes Wasser phantastische Formen erhalten hat.

Eine Mauer schützt die Talseite nach der Flußseite hin. Durch ihr Tor, dessen Schwelle ein plumpbehauener Balken bildet, gelangt man auf einen Marktplatz oder, wenn man es lieber so nennen will, in eine breite Basargasse zwischen zwei Reihen bewohnter Häuser und ländlicher Karawansarais. Wie geheimnisvolle Meilensteine erheben sich mitten auf dem Markte zwei Tschorten, und Daba flaggt mit unzähligen Wimpeln, die an einem über dem ganzen Dorfe ausgespannten Tau befestigt sind, so daß in einem vielstimmigen lautlosen Chore Segenswünsche und Wohlergehen über Krämern und Klosterbrüdern flattern.

Hier und dort hat ein Kaufmann sein Zelt aufgeschlagen, während die Nomaden ihre Säcke, die Salz aus den „Tsakas", den ausgetrockneten Salzseen Westtibets, enthalten, in Würfeln und Mauern aufgestapelt haben. Hoch im Kurs stand augenscheinlich auch Ziegeltee, der aus Lhasa hierher versandt wird, ferner Reis, Gerste, Mehl, brauner Zucker, Dörrobst und andere Waren aus Indien.

Daba ist ein Knotenpunkt des Tauschhandels in diesem Teile der Provinz Ngari-korsum oder Hundes. Einige fünfzig Inder, die meisten aus Niti-rong, einem auf der Südseite des Passes Niti-la liegenden Tale, und aus Garhwal waren jetzt zum Markte im Dorfe Daba angelangt.

Wie Klänge aus der Heimat war es mir, als ich diese kupferbraunen Männer von der Grenze Indiens sich in ihrer Sprache miteinander unterhalten hörte, und ich freute mich, diese lebenslustigen Herolde eines Märchenlandes, nach dessen sonnigen Palmen ich mich hinsehnte, hier zu sehen. Aber welch scharfer Unterschied war doch zwischen ihnen und meinen alten Tibetern, denen ich zu meinem Schmerze bald auf lange Lebewohl würde sagen müssen. Sowohl hinsichtlich des Körperbaues und der Kopfform, der Gesichtszüge und der Kleidung wie auch hinsichtlich der Sprache und der Religion stehen wir vor den Vertretern eines neuen Typus, einer andern Rasse. Ihr Gesicht hat einen feineren Schnitt, es ist harmonischer gezeichnet und proportionaler abgewogen als das der Tibeter, nach arischen Begriffen nämlich, und wir erkennen darin einen Übergang zum reinen indogermanischen Typus. Der Körper ist schlanker und schmächtiger, vielleicht auch um einige Zentimeter höher gewachsen als bei den Söhnen Tibets, die sich durch ihre kräftige Muskulatur, ihren untersetzten, rundlichen Wuchs, ihre abgemessenen, sicheren und niemals eilfertigen Bewegungen, ihre breite, mongolische Kopfform und ihren massiveren Schädel auszeichnen.

Auf dem Scheitel tragen jene Fremdlinge aus wärmeren Tälern mit ihrem rabenschwarzen, in glatten Strähnen herabhängenden Haare ein kleines, rundes, oft mit einfacher Stickerei verziertes Scheitelkäppchen. Die meisten tragen lange, hellgraue Kaftane, die ein Gürtel in der Taille zusammenhält, enge Beinkleider, die die Knöchel straff umschließen, und niedrige Schuhe, die in einer aufwärtsgebogenen Spitze enden. Die ganze Erscheinung eines Inders ist weichlicher und weibischer als die eines Tibeters. Die Söhne des Schneelandes sind Männer, die der Kampf mit einer grausamen Natur und einem bitterkalten Klima abgehärtet hat.

Einige der Häuser am „großen Markt" in Daba sind sauberer und solider gebaut, als wir sie seit unserer Abreise aus der Stadt Schigatse gesehen haben. Ein breiter roter oder blauer Rand zieht sich zu oberst längs des Daches hin, und hellblaue Farbenbänder sind wie Rahmen um die Fenster gemalt. Die Architektur erinnert an Italien. Zuerst erregt das Daba-dsong, das Rathaus, oder, vielleicht richtiger, das „Government house" einer indischen Stadt, unsere Aufmerksamkeit. Es ist ein Gebäudekomplex, der ganz und gar hagebuttenrot angestrichen ist und auf dessen plattem Dache sich viele geisterbeschwörende Wimpel und Stangen mit Bändern zeigen. Ein vor der Fassade stehendes Tschorten verkündet, daß Daba-dsong ebensowohl unter der Herrschaft der „Staatskirche" steht, wie es die Amtslokale der Ortsbehörden enthält. „Dsong" ist die weltliche Bezeichnung. Aber das rote Haus ist auch ein „Labrang" oder der Sitz des Oberlamas des Klosters, der Tugden Nima heißt. In Daba begegnen wir denselben Verhältnissen wie in Selipuk.

107. „Der Blick bestreicht gewaltige Räume." (S. 233.)

108. In einem Talgrunde. (S. 234.)

109. Aussicht von Dongbo-gumpa nach Nordost über das Satlebschtal. (S. 237.)
Skizze des Verfassers.

wo der Abt des Klosters ebenfalls die Zügel der irdischen Macht in seiner Hand hält.

Vom Markt aus gelangen wir in einen viereckigen Hof, wo der ewige Hofhund an einer eisernen Kette liegt und ein wütendes Bellen anhebt, welches das Echo der vom Regen modellierten Kolonnaden des Tales weckt. Wieder ein Tor, eine steile Holztreppe, ein Vorzimmer. Geistliche und weltliche Diener begrüßen die Eintretenden höflich. Ein Lama bittet, in das Arbeitszimmer des Abtes einzutreten, das zugleich Gerichtsstube ist. Ich stiefele mit meinen beiden Trabanten dorthin, und im nächsten Augenblick befinden wir uns in einem größeren Gemache mit einer Säule in der Mitte, das in demselben gediegenen lamaistischen Stile ausgestattet und möbliert ist, dessen wir uns von dem roten Zimmer und andern vornehmen Mönchszellen und Priesterwohnungen in Taschilunpo her noch so gut erinnern.

Dem Eintretenden gerade gegenüber sitzt Tugden Nima mit dem Rücken nach dem großen Fenster, durch dessen dünne Papierscheiben gedämpftes Licht eindringt. Tugden Nima sieht gegen das Fensterlicht gesehen wie eine dunkle Silhouette aus, aber seine Züge sind nicht zu erkennen. Man gewahrt nur, daß er die Toga eines Mönches trägt und kurzgeschnittenes Haar hat, sowie auch, daß auf seinem niedrigen, lackierten Schemeltische zwischen den Schreibmaterialien Briefe und Amtsschreiben in Haufen aufgestapelt liegen.

Als ich bis an den Schemeltisch vorgetreten war, machte ich eine leichte Verbeugung, die der weltliche und geistliche Richter Dabas in genau demselben Winkel erwiderte. Er erhob sich aber dabei nicht von seinem mit einem Teppiche bedeckten Diwan. Lächelnd betrachtet er meine wettergebräunten Züge. Gar oft hatte mein Gesicht in der dünnen Luft die Haut gewechselt, und die letzte Oberschicht, die es erhalten hatte, war zäh wie Pergament und von der scharfen Sonne Tibets dunkel gefärbt. Er musterte auch meinen Anzug. Ein Sahib in tibetischem Gewand! Meine grüne Samtmütze war einst würdig gewesen, das Haupt eines Tatarenchans zu zieren; jetzt hatte sie durch den beständigen Wechsel von Regen und Sonnenschein einen Ton erhalten, für den es in der Sprache kein Wort und in der Farbenskala keine entsprechende Nuance gibt. Um ihren Rand war eine ziegelrote Turbanbinde gewunden. Der blutrote Kaftan, den ein grauer Gürtel in der Taille zusammenhielt, hatte einstmals bessere Tage gesehen. Zu Ehren Tugden Nimas hatte ich mir mongolische Lederstiefel mit festen dicken Sohlen angezogen. Die Trabanten waren ihres Herrn in jeder Weise würdig. In Lumpen vom Kopf bis zu den Zehen konnte Kutus keinen Anspruch darauf erheben, als etwas anderes denn als veritabler Strolch aus Ladak angesehen zu werden. Lobsang trug einen Kaftan von derselben Art wie der meine, jedoch in frischerer Farbe, denn er war in Toktschen neu angefertigt.

„Setzen Sie sich, Sahib", bat Tugden Nima, nachdem er sich die weitgereisten Wanderer, die so unvermutet in seinen Saal gekommen waren, lange genug angeschaut hatte. Schweigend und regungslos wie Bildsäulen garnierten einige Lamas, Inder und tibetische Laien die Wände, scharf aufpassend, was nun kommen würde. Tugden Nima selbst hatte ein angenehmes Gesicht und gute Manieren, und er war von Anfang an freundlich gegen uns, nicht grob und abweisend wie die Mönche von Dongbo.

„Ich habe von Ihnen erzählen hören, Sahib, und ich weiß, daß Sie zu Boot über den Tso=mavang gefahren sind. Seltsam, daß Sie von einem solchen Unternehmen mit dem Leben davongekommen sind. Sie hätten den Zorn der Götter wecken können, und ich vermute, daß Sie mehr als einmal Gefahren ausgesetzt gewesen sind, nicht wahr?"

„Freilich, manchmal überfiel uns Sturm, und das Boot wurde von den Wellen ans Land geworfen. Doch hätte ich je den Unwillen der Götter erregt, so würde ich wohl nicht in diesem Augenblick auf einem Diwan sitzen und mich mit Ihnen unterhalten können, Tugden Nima."

„Sie sind ein Freund des Pantschen Rinpontsche in Taschi=lunpo, das erklärt alles. Und ich habe auch gehört, daß Sie viele Klöster besucht und mit den Mönchen freundschaftlich und vertraulich verkehrt haben. Welche Klöster haben Sie gesehen?"

Ich trank einen tüchtigen Schluck aus meiner Teetasse und zählte dann die ganze Reihe von Taschi=lunpo bis Tirtapuri auf.

„Sie haben deren ja mehr gesehen als ich!" rief er aus.

„Erzählen Sie mir nun etwas über sich selber, Tugden Nima", bat ich, nachdem das Band seiner Zunge gründlich gelöst war und er sich als ein ebenso gemütlicher und sympathischer, wie kenntnisreicher und Interessen besitzender Mann gezeigt hatte.

„Wo stand das Zelt Ihrer Mutter, als Sie geboren wurden, wie alt sind Sie, wo verlebten Sie Ihre Jugend, und was tun Sie hier?"

„Ich bin in Lhasa geboren und trat in sehr jungen Jahren im Kloster Sera als Novize ein. Jetzt bin ich 40 Jahre alt und vom Deva=schung dazu ausersehen, die Angelegenheiten von Daba=dsong und Daba=gumpa zu ordnen und zu leiten. Daher habe ich — wie Sie schon an dem, was auf meinem Tische liegt, sehen können — vollauf zu tun, und Sie müssen entschuldigen, daß ich mich Ihnen nicht so widmen kann, wie ich wohl möchte. Sie wollen das Kloster besehen. Ein Lama hat schon Befehl erhalten, Ihnen alles zu zeigen. Kann ich Ihnen noch sonst irgendwie gefällig sein, so lassen Sie es mich wissen."

Als ich ihm für seine Güte gedankt hatte, sagte er plötzlich:

„Dies ist ein Glücksjahr. Sie haben selber gesehen, wie es geregnet hat. Die Ernte wird gut ausfallen, das Gras sprießt in den Tälern, und die Nomaden werden es im Winter gut haben. Sie kennen doch das große ‚Wasserfest' in Lhasa vom Hörensagen? Nun, wenn der Regen ausgeblieben ist, wird, um den Himmel zu erweichen, dieses Fest mit besonderem Pomp gefeiert. In diesem Jahre wird das Wasserfest eine einfachere Feier sein, denn der Regen kommt ja von selbst."

Ich verstand, was er meinte; bei den Christen heißt es: „Bist du auch im Glück vergessen, in der Not sucht man dich".

Unsere Unterhaltung wurde unterbrochen durch einige indische Kaufleute und ihre tibetischen Abnehmer, die über eine Handelsvereinbarung in Streit geraten waren. Tugden Nima, der Richter, nicht der Abt, saß schweigend da und wartete, bis die Streitenden den ganzen Vorrat an häßlichen Worten, den die tibetische Sprache besitzt, erschöpft hatten.

Inzwischen konnte ich mich ein wenig in diesem Gemache umsehen, das mir nach den wüsten Gegenden, in denen wir so viele Monate verlebt hatten, geradezu königlich erschien. Die Wände waren verdeckt durch chinesische Malereien auf Papiergrund und durch Bücherbretter, die unter der Last heiliger Schriften beinahe zusammenbrachen. Auf dem Altartische lächelten kleine Götterstatuen in silbernen oder kupfernen Futteralen, und auf ihre Züge fiel der Schein zitternder Opferflämmchen, die in Schalen brannten. Dort fehlte es auch nicht an der gewöhnlichen lamaistischen Ausrüstung, den Klingeln, „Dortsches" oder Donnerkeilen aus Messing, den Gebetmühlen und andern religiösen Gegenständen. Über der Tür hing das Bild Kaiser Wilhelms, ein Farbendruck, der sich auf unerforschlichen Wegen nach Daba=dsong verirrt hatte. Dies führte unser Gespräch auf die Angelegenheiten der europäischen Mächte.

Aber Tugden Nima hatte wie ich an anderes zu denken. Ich stand auf, verabschiedete mich und ging wieder auf den Markt hinaus, wo ich ganz unvermutet wieder an Deutschland erinnert wurde. Ein Inder trat auf mich zu, verbeugte sich und sprach:

„Salam, Sahib! Wollen Sie mich in Ihren Dienst nehmen! Ich bin bereits früher bei Europäern angestellt gewesen."

„Nein, danke; ich habe gerade sechs Diener entlassen und brauche keine neuen."

„O nehmen Sie mich doch! Ich werde Ihnen ein Zeugnis zeigen, das mir ein Europäer, dem ich lange gedient habe, gegeben hat."

Damit zog er ein zusammengefaltetes vergilbtes Blatt hervor. Ich las es schnell durch und fragte ihn dann: „Wie alt bist du?"

„Vierzig Jahre."

„Nun, dieses Zeugnis ist aber seinem Datum nach vor 53 Jahren ausgestellt worden!"

„Ja, sehen Sie, eigentlich hat mein Bruder es erhalten, und er ist viel älter als ich."

„Willst du mir das Zeugnis verkaufen, so kannst du einige Rupien verdienen."

„Nein, Sahib, ich werde es nie verkaufen; es ist ein sehr wertvolles Papier."

Er hatte recht. Ich hatte es mir als Autograph aufbewahren wollen. Einige Zeilen auf Englisch enthielten einen Dank an einen gewissen Manee, der eine europäische Expedition mit ausgezeichneten, tüchtigen Kulis versorgt hatte. Und die klassischen Namen, die unter dieser Schrift standen, waren „Adolph and Robert Schlagintweit, Badrinath, September 5th 1855". Das Zeugnis war also zwei Jahre vor Adolph Schlagintweits Ermordung in Kaschgar ausgestellt worden.

Nun mühen wir uns ab, um durch eine enge, steile Rinne in dem launenhaften Abhange des Geröllbettes nach der ebenen Terrasse vor Daba-gumpa hinaufzugelangen (Abb. 117, 118). Ein alter Lama kommt mir entgegen; er ist beauftragt, mir das Kloster und die Tempelsäle zu zeigen. Zuerst geleitet er mich in einen Vorhof, der nur teilweise ein schützendes Dach hat. Hier sehe ich die gewöhnliche Anordnung wieder, das Portal des Lhakang mit seinen roten Türfüllungen, die mit eisernen und Messingbeschlägen verziert sind, die blauen, an der Wand befestigten Säulen an den Seiten und zu oberst gelbe und rosenrote Draperien.

Der Lama will sofort aufschließen und mich weiterführen. Aber ich halte ihn davon zurück und greife zu meinem Skizzenbuche und dem kleinen Malkasten (f. bunte Tafel). Das Portal und seine Umgebungen sind zu ansprechend. Die vier Geisterkönige vernachlässigen ihren Dienst nicht. Die Bilder sind grob gemalt, wenig künstlerisch und, nach den ausgeblichenen Farben und den fehlenden Feldern, die herabgefallener Kalkputz mitgenommen hat, zu urteilen, auch ziemlich alt. In der Ecke zur Linken liegen ganze Haufen ausrangierter Wimpel, Tempeldraperien, Kadachs und bunter Zeugbahnen, alle verstaubt und vom Zahne der Zeit benagt, von den Winden des Hochlandes zerrissen oder durch stechende Sonne gebleicht. Eine zersprungene Trommel steht verstummt in ihrem Rahmengestelle da; ein morscher Tisch vermag keine schweren Götterstatuen mehr zu tragen; zwei Schemel, die ein Bein verloren haben, sind auf immer

Der Vorraum zum Kloster in Daba.
Aquarell des Verfassers.

der Vergänglichkeit überliefert worden, und einige Tempelgefäße aus Kupfer und Messing halten nicht länger gegen Grünspan stand.

Nun öffnen sich die roten Türen, und uns entgegen strömt die dumpfige, eingeschlossene Finsternis des Lhakang oder Tschamkang, wie dieser vornehmste Göttersaal genannt wird. Auf beiden Seiten einer Tschambastatue sind Tschorten aufgestellt, der linke heißt Pötschöge=kudung, der rechte ist mit Gold überzogen. In wahren Schützenlinien, tadellos aus= gerichtet, stehen andere Götterbilder auf Tischen und Wandbrettern zwischen Opfergefäßen und Lichtschalen aufgereiht. Auf dunklen Blättern liegen die Wahrheiten des Lamaismus zwischen ihren alten Holzdeckeln einge= klemmt, in grüne und blaue Tücher gewickelt (Abb. 120). Die heiligen Legenden sprechen auch in bunten Bildern aus einem Walde von Tankas, und um die Säulen herum sind die üblichen Zeugbahnen gewunden.

Ein kleinerer Tempelsaal heißt Lama=lhakang, nach dem Jabjan Schin Tibi, einem Geistlichen, der das Kloster zu derselben Zeit ge= gründet haben soll, als Taschi=lunpos Mauern aufgeführt wurden. Wie dem auch sei, jedenfalls soll seine Asche in dem großen Tschorten namens Lami=kudung, der in der Mitte des Saales steht, enthalten sein. Meter= hohe Statuen des sitzenden Tsongkapa beschirmen den Staub des ent= schlafenen Heiligen, und diese werden ihrerseits durch den Anblick bunt= farbiger, künstlicher Blumen in Vasen erfreut. Auch hier stehen gegossene Götter in dichten Reihen, und unter den Tempelgefäßen fallen vier mit einem Fuße versehene silberne Becher auf.

Ich zweifle stark daran, daß mein ehrlicher Lobsang fest im Glauben ist. Aber man sehe, wie demütig er seine Runde in dem irdischen Walhalla des Lamaismus macht und wie er sich vor jedem dieser goldenen Götzenbilder niederwirft, so daß seine Stirn den festgestampften Lehmfußboden berührt. Er bittet sogar unsern Lama, ein zerrissenes „Kadach" behalten zu dürfen, um in dessen Segensatmosphäre eine glück= liche Reise nach Indien zu haben. Mein lieber Lobsang war geistig viel zu gesund, um an diesen Hokuspokus zu glauben. Aber er wollte dem alten Lama keinen Kummer bereiten, deshalb beobachtete er die äußeren Formen und Vorschriften seiner von den Eltern ererbten Götterlehre.

Ein dritter Tempelsaal, der Dukang, war verschlossen, und der Lama, der den Schlüssel dazu hatte, befand sich gerade in irgendeinem benach= barten Tale, wo er für das Seelenheil eines sterbenden Nomaden so gut als möglich sorgte.

Daba=gumpa gehört zur gelben Sekte, den „Gelukpa", und seine Brüderschaft besteht aus fünfzehn Mönchen. Sie sind aus den Rangklassen der „Gelong" und „Getsul"; nur Tugden Nima hat den Rang eines „Kanpo=lama".

Obwohl es nur klein ist, erinnert das Kloster doch lebhaft an Taschi=lunpo. Wie dort finden wir einen Komplex steinerner Häuser, die ein anmutig wirkendes Ganzes bilden. Die Mauern sind rot angestrichen, nur hier und da bringen weiße Felder einige Abwechslung hinein. Über dem Tschamkang erhebt sich ein Dachbau mit geschweiften Ecken in chinesischem Stil. Den größten Teil seiner ursprünglichen Vergoldung haben die Monsunregen abgewaschen. Doch auf den Dächern flattern die Wimpel, und an allen vorspringenden Ecken hängen Glocken, an deren Klöppeln Federn festgebunden sind. Auch die schwächste Brise, die über Daba=gumpa hinfährt, lockt aus diesem Glockenspiel eine Frieden atmende, melodisch klingende Symphonie hervor.

Wie gern verweilt man stundenlang in diesem merkwürdigen, male=rischen Kloster! Von welcher Seite man es auch betrachtet, immer ent=rollt die Perspektive neue Überraschungen. Adlerhorsten vergleichbar schwebt eine Reihe weißer Häuser mit roten und graublauen Streifen um die Dachfriese und die Fenster über dem Dorfe drunten in der Tiefe des Tales; in ihnen hat die gelbe Brüderschaft ihre Zellen. Die graugelbe Geröllterrasse mit ihren unzähligen Pfeilern und Pyramiden bildet einen wirkungsvollen Hintergrund der farbenreichen Häuser. Scharf und kräftig treten die von der Sonne beleuchteten Partien hervor, während die Schatten infolge des Reflexes von allen Seiten her nur blaß sind; nur die tief eingeschnittenen, senkrechten Rinnen gähnen schwarz zwischen den Säulen.

Jetzt herrscht Sommer in Dabas Tälern. Der Sommer ist die Zeit des Lebens und der Bewegung. Da bringen die Hindus aus Niti=rong ihre Waren über das Gebirge und treiben auf den Märkten der Tibeter Handel. Im Laufe des Spätherbstes erstirbt das Leben. Dann folgt der Winter, der die Himalajapässe unzugänglich macht. Damit ist jegliche Verbindung abgeschnitten und Daba der Einsamkeit überlassen. Die Klosterbrüder verleben ihre einsamen Tage in den weißen Häusern und halten Gottesdienst in den dämmerigen Tempelsälen. Sie sehen den Schnee in dichten Flocken fallen und lauschen dem mystischen Zwie=gespräch, das der Wind und die Glocken miteinander führen. Aber zu ihren Ohren bringt nicht der lärmende Wortwechsel zwischen dem tiefen Felsenbette und dem Satledsch, ihrem Langtschen=kamba oder Elefanten=flusse.

Der Abend naht; wir beginnen den Abstieg, aber noch einmal müssen wir an der steilen Wand verweilen, da, wo ein halbes Dutzend hoher

Tschorten steht, die in ihrer Form schön und ehrwürdig sind und infolge
ihres beginnenden Verfalles ein antikes Gepräge tragen (Abb. 116, 119).
Ein würfelförmiges, mit Leisten und Ornamenten verziertes Fundament
trägt eine zusammengedrückte Kuppel mit zwiebelförmigem Türmchen, das
mit einem vergoldeten Halbmond um eine runde Scheibe endet. Sie sind
zum Teil rot, weiß und graublau angestrichen, und auf den Seiten des
einen sind zwei Pferde abgebildet.

Die Abendschatten senken sich schon früh auf das Dorf Daba herab;
über seine Fassaden und Gruppen fällt ein fahles Licht, während die
östliche Seite des Tales noch eine Stunde von dem Scheine der West-
sonne überflutet wird.

Daba-dsong gerade gegenüber haben die Inder ihre ständige Wohnung in einem kleinen Hause mit einer offenen Plattform auf dem Hof-
platze vor dem Gebäude. Dort hatten sich die Leute aus Niti versammelt,
und stimmungsvoller Gesang entzückte unser Ohr, als wir in der Dämmerung nach Hause gingen.

„Kommen Sie eine Weile zu uns herauf, Sahib, hören Sie sich
den Gesang an und schauen Sie dem Tanze zu!" lud uns einer
unserer neuen Freunde ein. Herzlich gern! Ein Teppich wurde für mich
hingelegt, und man überreichte mir als Bewillkommnungsgeschenk zwei
mit Reiskörnern und Zucker hochaufgetürmte Schüsseln, die ich mit
barem Geld überreichlich bezahlte. Zwei Männer sangen unverständliche
Worte und begleiteten sich selber auf Trommeln, die wie Stundengläser
aussahen und die die Sänger mit ihren eigenen Fingern bearbeiteten.
Vor ihnen tanzte ein hübsches, braunes junges Mädchen mit glatt-
gekämmtem schwarzem Haar, schwarzen, träumerischen Augen und silbernen
Ringen in den Nasenflügeln einen wirbelnden, kreisenden Tanz. Sie hatte
sich einen rosenroten, durchsichtigen Schleier nachlässig über das Haar
geworfen und trug eine schwarze Jacke, einen weißen Rock, der wie ein
aufgespannter Sonnenschirm von ihren Hüften abstand und enganliegende
Beinkleider, die an den Knöcheln festgebunden waren. Ihre hübsch-
geformten, nackten Füße drehten sich schnell und anmutig im Tanz.

Die Dunkelheit überfiel uns. Drunten am Ufer verbreitete das Lagerfeuer ein klares Licht. Alle Armen Dabas warteten getreulich meine
Rückkehr ab und erhielten eine kleine Gabe. Zuletzt tanzte noch Suän
um das Feuer, und der Gesang der Ladaki hallte munter in dem kühlen
Tale wider.

Dreiundzwanzigstes Kapitel.

Im Heiligtum des Klosters Mangnang.

Obgleich Simla beinahe gerade im Westen von Daba liegt, führt die Straße jetzt während mehrerer Tagemärsche nach Norden und Nordwesten und zieht sich zwischen Nebenflüssen durch Gegenden hin, die für Menschen und Lasttiere überhaupt unpassierbar sind. Keine Möglichkeit, auf dem kürzesten Wege, den der Lauf des Satledsch bezeichnet, vorzudringen! Wir erinnern uns des Aussehens, welches das Flußbett unmittelbar unterhalb des Klosters Kjung-lung hatte. Die unwiderstehliche Wassermasse stürzte unter betäubendem Getöse zwischen senkrechten und überhängenden Mauern aus anstehendem Gestein dahin. Noch viermal werden wir den Satledsch überschreiten, bevor wir Simla erreichen, und jeder Übergang wird einen neuen Einblick in die Geheimnisse des merkwürdigen Tales gewähren. Nur dort, wo die Felsen einander die Hand reichen und wo der Fluß schmal und zusammengedrängt zwischen ihnen dahintost, ist es möglich gewesen, Brücken anzulegen, und nur dort sehen wir den Elefantenfluß. Seine Herrschaft erstreckt sich jedoch über das ganze Himalajaland, das wir durchziehen.

Ein kurzer Abstand zwischen den Felsen beider Ufer ist jedoch nicht die einzige Bedingung, die zu der Möglichkeit eines Überbrückens des Flusses erforderlich ist. Solcher Stellen gibt es viele. Man kann überzeugt sein, daß der Satledsch auf dem ganzen Wege in einer tiefen Rinne dahinströmt. Aus kolossalen Höhen stürzen feuchte, blanke Felswände nach den Ufern ab. Lange Strecken des Flusses wird nie ein menschliches Auge erblicken. Das Wildschaf findet keinen Weg dorthin; die Gemsen haben dort nichts zu suchen. Nur Felsentauben, Falken und Adler kennen den tiefen, schattigen und kellerkühlen Korridor, wo der Fluß ohne Rast und Ruh tost. Nein, das tibetische „Straßen- und Wasserbauamt" fordert auch bei seinen Brückenanlagen, daß die Uferstützen der Brückenköpfe nur einige wenige Meter über der Wasserfläche liegen, denn gewöhnlich benutzt die Straße die Täler der Nebenflüsse und vermeidet alle unzugänglichen Rücken und Kämme.

Auf dem Wege von Daba sind wir während zweier Tagereisen wohl 10—15 Kilometer vom Satledsch entfernt und erst am dritten Tage nähern wir uns dem Flusse im spitzen Winkel. Sein Geist erfüllt jedoch auch das kleinste Nebental, das wir berühren. Der Regen des Südwestmonsuns, der diese Felsen und Terrassen bespült, ist dem Satledsch tributpflichtig und dazu verurteilt, dem Laufe dieses Flusses nach seiner eigenen Urheimat, dem Indischen Meere, zurückzufolgen. Während unserer Wanderung sehnte ich mich stets nach dem Hauptflusse, mußte mich aber geduldig in die schrecklichen Umwege zwischen den Brücken finden.

Das Gebirgsland im Süden des Satledsch ist das eigentliche Hundes. Tschumurti liegt im Norden des Flusses. Beide sind durch ihre Cañontäler, ihre ungeheuer wilde, vertikale Plastik charakteristisch. Die Ladak- und die Zaskarkette entfernen sich langsam voneinander. Daher werden auch die Nebenflüsse länger und wahrscheinlich im allgemeinen wasserreicher. Nach einer einzigen Durchquerung kann man aber nach dieser Richtung hin kein Gesetz aufstellen. Der Regen fällt ungleichmäßig. Ein kleinerer Nebenfluß kann nach stärkeren lokalen Regengüssen bis zum Übertreten anschwellen, und ein größerer kann nach ein paar klaren Tagen erheblich sinken.

Von Daba müssen wir wieder auf die Höhen hinauf, die uns von dem nächsten Nebentale trennen. Der Weg kriecht in der Schlucht aufwärts, die sich unmittelbar oberhalb des Dorfes in die Terrassen eingeschnitten hat. Das freundliche Kloster entschwindet infolgedessen sofort unsern Blicken, als wir nach Norden abbiegen und uns in eine so steile Rinne hineinverlieren, daß den Tieren bei dem angestrengten Klettern unaufhörlich die Lasten abrutschen. Die Männer schieben von hinten nach. Sie schreien und pfeifen. Dort ist eines meiner Pferde stehen geblieben, und seine Last hängt ihm unter dem Bauch. Ein langer Aufenthalt folgt. Nach zwei Minuten ist eine andere Last im Begriff herabzugleiten. Der Boden dieser wahren Sturzrinne, die nur zwei Meter breit ist, besteht aus feinem gelbem Ton. Daher ist der Hohlweg voller Staubwolken, welche die Tiere aufwühlen, und man ist dem Ersticken nahe. Auf beiden Seiten erheben sich senkrecht oder in drohender Weise überhängend, Säulen und Blöcke aus Rollstein und Sand, die wohl 20—30 Meter hoch sind. Jetzt geht es noch an. Aber nach anhaltendem Regen muß dieser Weg verlockend sein. Dann läuft man Gefahr von herabstürzenden Steinen und Blöcken erschlagen zu werden, dann ist der zähe, plastische Ton so glatt wie Schmierseife, dann kann dort weder Mensch noch Tier festen Fuß fassen, und wer dort fällt, der gleitet mit unheimlicher Geschwindigkeit wie auf der herrlichsten Rutschbahn in die Tiefe hinab!

Kaum sind wir droben auf den Höhen angelangt, so lockt uns diese Straße, die wohl die launenhafteste der Erde ist, wieder in eine Rinne hinunter, die ihrerseits in einem mittelgroßen Tal mündet. Ein kleiner Bach rieselt in seiner Rinne. Es geht hier kein Wind. Ein Widerschein der Sonne Indiens liegt über diesem öden, zerschnittenen Lande. Pferde und Maulesel eilen zum Bache, um zu trinken. Die Männer schöpfen mit den Händen Wasser und gießen es sich über Kopf und Gesicht.

Nach der herrlichen Erfrischung steigen wir einen neuen weckenförmigen Berg hinauf, aber nur, um wieder in das nächste Tal hinab zu steigen. Dieses wird ebenfalls von Quellwasser, das schmale Grasstreifen hervorgelockt hat, durchströmt. Ruinen alter Häuser, eine Reihe Tschorten, zwei kleine Gerstenfelder und ein Bach waren die Sehenswürdigkeiten des nächsten Talganges. Darauf folgt ein Labyrinth kleiner Täler und Rinnen, ein unentwirrbares Durcheinander der verschiedensten Hohlwege, von denen wir einige in der Quere durchschreiten, andere aber nur in ihren oberen Teilen berühren, wo sie sich noch nicht tief in den Boden haben einschneiden können. Ein größerer Talgang schlängelt sich nordostwärts; nach der Tiefe ist der Absturz so steil, daß zwei Tieren ihre Lasten vorn über den Kopf rutschen und beide mit der Nase am Boden stehen blieben, um auf Hilfe zu warten.

Eine letzte Anschwellung trennt uns noch von dem Tal Manlung, wo wir für heute genug hatten. Auch hier stand eine Hütte zum Schutze der Gerste auf den Feldern, die der Bach einer Quelle bewässerte. Ich hatte weiterziehen wollen, gab aber der Sehnsucht meiner Leute nach Ruhe nach. Das gute Leben in Daba hatte sie schwerfällig und träge gemacht; sie hatten dort natürlich so viel Tsamba und Schaffleisch gegessen, wie sie nur irgend hatten hinunterbringen können, und noch ein wenig mehr.

Gerade in der Mittagsstunde brannte die Sonne glühend heiß, aber eine halbe Stunde später verdunkelte sich der Himmel im Süden, und der Monsun jagte wieder schwere Wolkenmassen über den Himalaja. Ein entferntes Sausen ertönt; es wird stärker; eine Hagelbö naht; sie wälzt sich auf uns herab, und sofort ist die Luft abgekühlt und frisch. Bald war die Bö vorüber, und ihr folgte anhaltender Regen. In Daba hatte man uns vor dem Mangnang-tsangpo gewarnt. Nach heftigem Regen schwelle dieser Fluß so an, daß ein Durchwaten unmöglich sei. Es wäre hübsch, wenn wir sein Ufer nur erreichten, um dort tagelang liegen und warten zu müssen, wir, die wir uns so sehr nach Indien sehnten!

Der 12. August brach nach einem Minimum von 7,3 Grad klar an; der Regen hatte die Luft abgekühlt, und der Mangnang-tsangpo sollte sich nicht als ein Hindernis auf unserm Wege erweisen. Wie gewöhnlich haben wir erst noch wieder einen steilen Abhang zu erklimmen; wir lagern ja stets in Taltiefen und durchziehen alle diese unzähligen Täler in der Quere. Wieder ein Rinnengewirre, und dann ein steiler Abstieg zwischen gelben Säulengängen, die launenhaft in dem Geröll ausgemeißelt sind, hinunter nach dem tiefen, engen **Anggongtal**, das zwischen Grasufern ein Bächlein beherbergt.

Ein Reiter jagt an uns vorüber, ohne zu antworten, als wir ihn nach dem Ziel seiner Reise fragten. Ein zweiter kommt in hastigem Trab angesprengt; er hat sich die Taschen seines Sattels tüchtig mit Gepäck vollgestopft. Auch er hat nicht die Absicht, uns anzuhalten. Das Ziel beider ist offenbar Totling; vielleicht ist dieses große Kloster der Stein auf meinem Wege, über den ich stolpere. Man wird dort wissen, daß ich ohne jeglichen Paß reise und daß ein Durchziehen Tibets Europäern strengstens verboten ist. In Toktschen wollte man mich in das Innere des Landes zurücktreiben. Ich muß abwarten, ob man die Stirn hat, es in Totling, wo die Grenze so nahe ist, ebenso machen zu wollen.

Der kleine Anggongbach mündet bald in das große Mangnangtal ein; bereits an der Ecke beider Täler hören wir in der Ferne einen großen Fluß tosen. Wir machen einen Bogen nach links und nach Südwesten und überschreiten mehrere wasserleere, aber noch feuchte Flußbette, deren Ufer spärlich mit Gesträuch bestanden sind. Der Fluß war infolge seiner schnellen, tosenden Strömung und seiner 66 Meter Breite ehrfurchtgebietend, aber er war an einer Stelle, wo seine zwanzig Kubikmeter Wasser sich auf vier Arme verteilten, leicht zu durchwaten. Jetzt hatten wir in den Nebenflüssen des Satledsch über 240 Kubikmeter Wasser passiert. Wenn man an den Zuschuß von der entgegengesetzten Seite denkt, muß der Fluß jetzt 450 oder vielleicht gar 500 Kubikmeter führen.

Froh, das prophezeite Hindernis glücklich hinter uns zu haben, schlugen wir das Lager 470 auf einer Wiese am linken Ufer auf, dicht beim Kloster **Mangnang-gumpa**, das merkwürdigerweise auf ebenem Talboden erbaut ist, nicht auf den Höhen darüber, wie es bei Klöstern gewöhnlich der Fall ist. Es ist elf Uhr, wir haben den Tag vor uns. Was kümmert es uns, daß im Himalaja der Donner rollt und daß schwere Wolken ihre schwarzblauen Streifen über den südlichen Bergen zusammenballen! Die ersten Tropfen werden wir noch bekommen, aber bis zum Vorhofe des Klosters sind es nur noch ein paar Schritte. Gerade als wir unter Dach gelangt sind, beginnt der Platzregen im Ernst und prasselt den ganzen Tag auf die Erde herab.

Das Dorf Mangnang zählt drei oder vier einfache Hütten, die mit Mauern umgeben, inmitten größerer und saftigerer Gerstenfelder liegen, als wir bisher erblickten. In fünf Wochen wird die Sense durch das Korn gehen, und die Ernte war auch dann für dieses Jahr gesichert, wenn der Regen ganz aufhören sollte. Vor zehn Tagen war der Fluß stark angeschwollen und nicht ohne Gefahr zu durchwaten. Den Weg in seine Quellgegend auf den Abhängen der mit ewigem Schnee bedeckten Berge des Gangmen-gangri rechnete man drei kurze Tagesmärsche.

Wir befinden uns in 4016 Meter Höhe und sind um 573 Meter unter den See Rakas-tal hinabgesunken. Gerade jetzt berühren wir die Höhengrenze des Baumwuchses, und die ersten Herolde der Wälder des Himalaja begrüßen uns in Gestalt eines Dutzend belaubter Pappeln, die neben dem Dorfe einen grünenden Hain bilden. Wenn nicht der ganze Erdboden so weit, wie unsere Blicke reichten, in tiefem, regenschwerem Schatten gelegen hätte, würde ich mein Zelt unter den Kronen der Bäume haben aufschlagen lassen; ich hätte mich erfreut an dem hellgrünen, gedämpften Licht, das durch das Laubwerk sickert, und hätte dem Sausen gelauscht, das wie Sehnsucht nach der Heimat durch Zweige und Blätter flüstert. Der Reisende aus Indien nimmt hier von dem letzten Haine Abschied und sieht nicht eher wieder einen Baum, als bis er in Ladse-bsong und Je-schung im fernen Osten oder, wenn er westwärts zieht, in Tschuschul und Tanksi angekommen ist. Lenkt er aber seine Schritte nordwärts durch Tschang-tang, so sieht er den Schatten eines Baumes erst in den Oasen Ostturkestans wieder.

Mangnang-tschangtschugling-gumpa — welch ein entzückender Name für eine Eremitenbehausung, wo die Tage lang sind und man viel Zeit hat! Der Außenwelt kehrt das Kloster hagebuttenrote Mauern zu, in seinem Innern fühlt der Fremdling sich angenehm überrascht, einen großen, reich geschmückten Lhakang zu sehen. Acht Säulen aus kernfestem Holze tragen die Decke, und in dem Mittelschiffe zwischen ihnen sehen wir zum fünfzigsten Male die roten Diwane wieder, auf denen die Mönche mit gekreuzten Beinen sitzen, wenn sie während des Gottesdienstes ihre Gebete murmeln (s. die bunte Tafel). Am oberen Ende des Ganges hat der Prior seinen abgesonderten Platz. Draperien, bemalte Standarten und Spitzenbänder hängen von der Decke und den Säulen wie Trophäen eines heiligen Krieges herab. Die theologische Bibliothek besteht aus den Schriften des Kandschur, während die 208 tibetischen Folianten des Tandschur nur in Klöstern vom Range des Totling-gumpa vorhanden sind. Malereien al fresco in frischen, satten Farben bedecken die Wandfelder, und die Bilder verraten eine künstlerische Auffassung, die nicht ohne Verdienst ist.

Ein Heer von 330 Götterstatuen ist auf dem Altartische des Chores aufgestellt; der Leser findet sie auf einer bunten Tafel des zweiten Bandes,

Aus dem Heiligtum von Mangnang-gumpa.
Aquarell des Verfassers.

S. 380. Dort sehen wir Tsongkapa in drei Auflagen, alle mit Zeugmützen geschmückt. Die Figuren sind aus Messing, aber der Staub der Jahre und der Ruß der qualmenden Butterdochte haben sie mit einer schwarzen Patina überzogen. Die Mönche des Klosters behaupteten, daß diese Götterbilder hier am Orte von einem in Metallarbeit geschickten Lama angefertigt seien, aber diese Angabe ist wohl in Zweifel zu ziehen. Vielleicht hat er nur einige zerbrochene Götterbilder wieder ausgebessert.

Höher als alle die andern und hinter ihnen erhebt sich unter dem Lichtschachte des Impluviums eine gewaltige, in rosenroten Farbentönen bemalte Statue des Buddha. Seine Augen starren in den Saal hinaus, seine Lippen schwellen, seine Wangen strotzen, und die langen Ohren sind zum Teil durch Schleier verhüllt. Die Hände hält er mit den Innenflächen wie zum Gebet gegeneinander, aber sie verschwinden gänzlich unter Kadachs, den Opferspenden frommer Pilger. Über sein Antlitz fällt ein im Verhältnis zu der im Saale herrschenden Dämmerung gedämpftes Licht, ein Widerschein jenes Nirwana, in welchem der unerreichbare Fürstensohn aus dem Stamme Sakias in erhabener, stiller Ruhe träumt.

„Lassen Sie mich einige Ihrer Götter kaufen", bat ich einen der drei Mönche, die mir die Herrlichkeiten zeigten.

„Das könnten Sie gern, wenn nicht jeder Gegenstand im Mangnanglhakang mit einem Nummerzettel versehen wäre, der der Nummer im Inventarkataloge des Klosters entspricht. Es wird strenge Kontrolle geübt, und wenn ein neuer Prior hierherkommt, inspiziert er sofort das ganze bewegliche Klostermobiliar und sieht nach, ob auch nichts fehlt. Wenn etwas weggekommen ist, muß sein Vorgänger es ersetzen. Daher können wir auch nicht das kleinste Tüchlein verkaufen.

Die Front des Altartisches verdeckten rote, gelbe und braune Decken. Nur die kräftig geschnitzten Füße, auf denen der Tisch ruhte, waren sichtbar; an ihnen lehnten zwei Messingteller, ein wichtiges Instrument der Kirchenmusik. Lampen brannten vor den Göttern nicht, wohl aber auf einem Tische an der einen Seite. Neue Dochte waren in die Butter gesetzt, alle Schalen waren mit Reiskörnern und Wasser gefüllt, und die Messinggefäße blinkten wie blankes Gold. Ein Klosterbruder fegte den Lehmfußboden, hörte aber gefällig damit auf, als ich ihn bat, den Staub einstweilen noch liegen zu lassen. Auch auf dem äußeren Hofe fuhren die Besen hin und her.

„Sie rüsten sich wohl zum Feste?" fragte ich.

„Nein, wir erwarten einen Kanpo-lama aus Lhasa. Er soll den Prior von Totling ablösen, dessen vierjährige Dienstzeit zu Ende ist. Auf der Reise dorthin inspiziert der neue Prior alle Klöster auf seinem

Wege durch Ngari=korsum. Um einen guten Eindruck zu machen, fegen und putzen wir draußen und drinnen."

„Sie feiern aber doch auch die jährlichen Kirchenfeste hier in Mangnang?"

„Nein, zu den großen Festen begeben wir uns, gleich den Lamas in Daba und Dongbo, nach Totling."

„Unter welchem Mutterkloster steht Mangnang?"

„Unter dem Kloster Brebung bei Lhasa."

„Sie gehören doch zu Tsongkapas gelber Sekte, den Gelukpa?"

„Jawohl."

An den roten, geschnitzten Türpfosten im Vorsaale, dem Dokang=gumtschor, waren einige kleinere Bronzegötter unehrerbietig an Bindfäden aufgehängt, eine Anordnung, die ich noch nirgends erblickt hatte. Die vier Schutzkönige, die mit einem gemeinsamen Namen Galtschen Dirgi genannt werden, sind auf den Wänden mit Kraft und Eleganz dargestellt.

Stundenlang saß ich, mit meinen Wasserfarben malend, im Lhakang von Mangnang, wo das Schweigen auf regungslosen Flügeln über der Götterschar schwebte. Gedämpfte Farben, träumerische Augen, sanft=lächelnde Lippen, Posaunen und Trommeln, die Lärm machen können, aber jetzt schweigen, eine Spinne, die träge an ihrem von der Decke herabhängenden Faden in die Höhe klettert: alles wirkt einschläfernd auf das Gemüt ein. Draußen hört man nur das Rauschen des gleichmäßig fallenden Regens. Lobsang, der sich lange mit einem Lama unterhalten hat, ist eingeschlummert und schläft wie ein unschuldiges Kind, gegen eine Säule gelehnt und breitbeinig auf einem Diwan sitzend, der eigentlich für den Gottesdienst bestimmt ist. Er träumt von dem entsetzlichen Winter in Tschang=tang, der hinter uns liegt, oder von dem indischen Sommer, dem wir uns mit jedem Tage immer mehr nähern. Seine tiefen Atem=züge machen die Stille noch merklicher. Ich komme mir vor wie in eine Grabkammer eingeschlossen und erwarte nur, daß das Atmen aufhöre und ich selbst einschlafen werde. Warum treten aus den dunklen Winkeln des Tempelsaales keine Spukgestalten hervor, warum steigen nicht die Gott=heiten der Wandgemälde aus ihren Feldern herab, um Beschwörungstänze vor dem Altare auszuführen? Ewiger Buddha, du Unergründlicher auf deinem Throne im Kelche der Lotosblume, weshalb sprichst du nicht Worte der Weisheit in diesem Heiligtum, das dir zu Ehren erbaut ist?

Meine Augen schweifen von den Heiligenscheinen der Götter zu dem Pinsel und dem Papier. Ich sehe mich um. Lobsang ist im Begriff, die Stütze seines Kopfes zu verlieren, und schläft mit offenem Munde fest wie ein Murmeltier. Doch der Lama, mit dem er sich vorhin unter=

hielt, sitzt aufrecht mit gekreuzten Beinen da und läßt schweigend die Kugeln seines Rosenkranzes durch die Finger gleiten. Ich beginne gedankenlos zu pfeifen, wie um meinen Skizzen rhythmischen Schwung zu geben. Da aber erhebt sich der Lama, tritt leise an mich heran und bittet mich, nicht den Frieden des Heiligtums zu stören.

Das auf Buddhas Antlitz fallende Tageslicht wird bleicher, die Abendstunde nähert sich mit großen Schritten.

„Guten Morgen, Lobsang!" rufe ich so laut, daß der eben noch so regungslos wie Buddha selber dasitzende Lama zusammenzuckt und seinen Rosenkranz fallen läßt. Lobsang gähnt und reibt sich die Augen. Wir gehen in den Regen hinaus.

„Wer ruht hier!" frage ich den Lama, als wir an einigen großen Tschorten vorübergehen.

„Mönche hohen Ranges, die hier in Mangnang gestorben und verbrannt worden sind."

Er erzählt mir, die Asche werde, nachdem der Scheiterhaufen das Werk der Vernichtung ausgeführt habe, mit feuchtem Ton vermengt und man knete aus der Mischung kleine Figuren, „Tsatsa" genannt, welche die Gestalt eines Zylinders und eines Kegels in einem Stücke hätten. Auf jede „Tsatsa" werde, wenn sie noch feucht sei, ein Stempel mit irgendeiner heiligen Silbe oder Sentenz gedrückt. Die Asche des Toten reiche zu ein paar tausend solcher „Tsatsa", die in eine Höhlung des sonst massiven Fundaments des Tschorten gelegt würden. Dieses Tschorten ist also zugleich das Grab des Toten und sein Denkmal.

Die Dunkelheit überfällt Mangnang; bald ziehen die Schatten der Nacht ihren Schleier auch über Buddhas Antlitz. Einige kleine arme Kinder, nur zur Hälfte mit Lumpen bekleidet, begleiten mich nach dem Lager hinunter, um ein Stück Brot und einen Pfennig zu erhalten. Und dann öffnet die Nacht ihre Arme, um Eremiten und Pilger zu umfangen, und wir ziehen auf einige Stunden in das Märchenland des Vergessens und der Träume.

Vierundzwanzigstes Kapitel.

Seine Exzellenz der Grobian.

Gleich unterhalb des Klosterdorfes schlängelt sich die Straße drei scharfausgeprägte Erosionsterrassen hinauf, die alle drei ehemalige Lagen des Tales des Nebenflusses angeben. Droben auf den Höhen macht der Weg einen Bogen nach Norden und Nordosten; es ist geradezu fürchterlich, denn Simla liegt doch im Westen! Aber die Straße muß sich nach der wilden Plastik des Landes richten und sich da durchwinden, wo das Gelände ihr keine unübersteigbaren Hindernisse in den Weg legt.

Plötzlich macht meine kleine Schar am Rande eines ungeheuer tiefen Tales halt, eines Cañontales, das selbst einer der rechten Arme eines ganzen Systems gigantischer Erosionsrinnen ist. Vom Rande aus stürzt es senkrecht nach einer schwindelerregenden, mehrere hundert Meter unter mir gähnenden Taltiefe ab. Der Blick bestreicht diese ganze Mauer in Verkürzung, und man erhält einen ausgezeichneten Begriff von ihren verschiedenen Schichten, welche wechselnde Mächtigkeit haben, bald senkrecht sind, wo das Material hart ist, bald schräge Neigung haben, wo es loser wird; drunten in der Tiefe sieht man den letzten Schuttkegel in den Boden der engen Talrinne übergehen (Abb. 121). Das oberste Lager, auf dessen Boden wir stehen, besteht aus einem fünf Meter mächtigen Bett rotbraunen Geröllschuttes. Über seine ebene Fläche sausen die Winde des Himmels ungehindert hin, aber seine Seiten sind senkrecht. Von einem geeigneten Punkte aus erblickt man sogar einen Schimmer seiner Unterseite, denn die darunterliegende Schicht gelben Tones ist weicher und leichter der Vergänglichkeit preisgegeben. Die Schuttbank schiebt sich infolgedessen wie eine Leiste vor, die jeden Augenblick losbrechende Blöcke in den Abgrund hinunterzusenden droht.

Auf dem Gipfel, von welchem aus der Abstieg beginnt, befinden wir uns in einer absoluten Höhe von 4194 Metern. Das Land, über welches der Blick schweift, erregt wirklich Erstaunen, und keine Feder vermag seine bizarren Formen zu beschreiben. Unter meinen Füßen breitet

sich eine gelbe Karte aus, ein Labyrinth tief und senkrecht eingeschnittener
Erosionstäler, Korridore und Rinnen, die durch keilförmige Klötze aus
Geröll und Ton voneinander geschieden werden. Dank der Erweiterung
um Totling herum tritt der Satledsch im Norden hervor, aber sein Band
rauschender Stromschnellen sieht in dieser Entfernung nur wie ein ganz
feiner Faden aus. Man glaubt ahnen zu können, wie unterhalb von
Totling und Tsaparang, das aus so weiter Ferne noch nicht zu sehen
ist, das Satledschtal wieder zu einem engen Korridor zusammenschrumpft.
Aber wo geht der Weg? Ist es möglich, daß man durch diese Irrgänge
und an diesen abschüssigen Wänden hinuntergelangen kann, ohne sich ein
Glied zu brechen?

Von der Stelle des Randes, wo das Steinmal steht, geht es sofort
kopfüber bergab. Das Bild verändert sich an jeder Krümmung dieses
in vielen scharfen Biegungen gewundenen Zickzackpfades. Man rutscht
die Halden hinunter, man schleicht in beinahe vollständigen Kreisen um
Hügel und Blöcke, ja manchmal muß man eine Weile mühsam aufwärts=
klimmen, um einen nicht so steilen Abhang zu erreichen, von welchem
aus dann der Abstieg aufs neue beginnt. Im großen betrachtet, geht der
Weg nordwestwärts, was jedoch nicht verhindert, daß wir uns zuweilen
nach Südosten, ja auch nach allen andern Strichen der Windrose bewegen.

Die weitumfassende Landschaft, die wir auf dem Gipfel erblicken,
verschwindet sofort, wenn wir uns in die tiefen Cañonkorridore hinein=
verlieren, die ihre phantastisch unregelmäßigen Bahnen in typische Löß=
ablagerungen eingegraben haben. Wir sind zwischen lauter gelben senkrechten
Tonwänden eingeschlossen und bewundern ein Gewirr gelber Türme, Mauern
und Burgen, deren wüste Fassaden sich in den engen Gassen einer ver=
hexten Stadt erheben.

Jetzt zieht sich der Pfad wie eine schmale Wandleiste an einem jähen
Abhange hin, und unter mir gähnt eine trockene Schlucht. Fein wie Puder
bildet der Staub gelbe Wolken hinter den Schritten meiner Tiere. Dieser
Weg ist nach Regen ungangbar. Das hätte ich mir selbst gesagt, auch
wenn ich es nicht in Totling gehört hätte. Wohin man blickt, bieten sich
ideale Rutschbahnen dar. Welche Glätte, wenn all dieser Ton naß wird!

Die freie Aussicht, die wir auf der „Leiste" hatten, wird uns wieder
genommen, als der Weg in einer sehr steilen Rinne zwischen dreißig
Meter hohen Lößwänden abwärtskriecht. Auf ihrem Boden liegt lockerer
Staub, und man hat das Gefühl, auf Eiderdaunenkissen zu gehen. Über
uns ist nur ein schmaler Streifen des Himmels sichtbar.

Dann wird es wieder hell. Zur Linken steht die Tonwand noch
immer senkrecht da, auf der rechten Seite aber ist sie unterbrochen oder

durch eine Reihe gelber Säulen und Würfel ersetzt, die eine Loggia bilden, eine Galerie, deren Lücken Aussicht über das Satledschtal gewähren. Wie oft hätte ich unterwegs verweilen mögen, um zu zeichnen! Aber hier ist es das Klügste, sich zu sputen. Der Himmel ist trübe, ein Regen kann kommen, und dann sitzt man fest!

Jetzt biegen wir um einen freistehenden kegelförmigen Hügel, der einem Fort gleicht, und kriechen vorsichtig auf dem Rücken zwischen zwei Rinnen dahin. Im nächsten Augenblick überschreiten wir einige Rinnen in der Quere. Es geht bergab und bergauf, nach rechts und nach links, durch Staub und Dunst. Die Tiere machen ihre Sache vortrefflich. Nur zweimal glitten die Lasten ab und verursachten einen Aufenthalt.

Schritt für Schritt gelangen wir durch das Lößbett tiefer hinunter und nähern uns immer älteren Horizonten der ungeheueren Beckenfüllung. In zwei Stunden sind wir durch eine Schichtenreihe hindurchgegangen, zu deren Bildung es mindestens zehntausend Jahre bedurft hat. Wir haben einen herrlichen Einblick in die Tätigkeit der aufbauenden und der zerstörenden Kräfte während vergangener Perioden erlangt.

Das Schuttbett droben, welches das Ganze wie ein Mantel bedeckt, wird sicherlich nach dem Fuße des Gebirges zu immer dicker und nach dem Satledsch hinab immer dünner. Unter diesem Bette sahen wir eine Folge wechselnder Schichten; zu allerunterst tritt anstehendes Gestein auf, das jedoch nur an den Ufern des Satledsch freiliegt.

Wenn wir diese ganze lose Beckenfüllung wegräumen könnten, so sähen wir vor uns ein flaches, offenes Muldental zwischen dem Aji-la im nördlichen und dem Gangmen-gangri im südlichen Gebirge, zwischen denen die Breite 95 Kilometer beträgt. So war auch dieses Land in einer Periode der Vorzeit, als allmählich eine Veränderung des Klimas eintrat, um alles umzugestalten. Das Klima wurde trocken, es fielen verschwindend geringe Niederschläge, das Hochland verwandelte sich in eine Steppe, aber über der Wüstenei trieben noch immer die Winde ihr Spiel. Auf ihren Flügeln trugen sie den feinen, durch die Verwitterung von den Bergen losgelösten Staub weiter, der nach und nach auf die Erde fiel, um dort äolische Ablagerungen zu bilden. Es dauerte lange Zeit, bis das Muldental damit in einer viele hundert Meter mächtigen Schicht angefüllt war. Aber als diese Ausfüllung beendet war, hatte Hundes eine Landschaftsform genau derselben Art wie die Becken Chinas und der Mongolei, die mit Staub, den die Winde herangetragen haben, ausgefüllt sind und die Richthofen „Lößmulden" genannt hat.

Eine derartige Mulde kann auf allen Seiten abgesperrt sein und des Abflusses ermangeln. Dann bleibt alles feste Material, welches

Wasser und Winde nach der Mitte der Mulde tragen, innerhalb ihrer Grenzen liegen. Besitzt sie aber, gleich dem Satledschtale, nach dem Meere hin Abfluß, so fordern die Erosion und das abfließende Wasser ihr Recht, wenn ihre Zeit gekommen ist.

Und im Satledschtal ist das Wasser wieder zu seinem Rechte gelangt! Eine neue Klimaveränderung ist eingetreten, diesmal von Trockenheit zu Feuchtigkeit. Zu dem Wechsel hat es Jahrtausender bedurft. Langsam und sicher, vielleicht auch mit periodischen Störungen haben die Niederschläge sich vermehrt. Schließlich hat der Südwestmonsun den Himalaja mit außerordentlich heftigen und ungeheuer ergiebigen Regengüssen überflutet. Das Wasser hat sich zu mächtigen Flüssen gesammelt, die ihre Rinnen senkrecht durch die Lößablagerungen der Steppenperiode geschnitten haben. Das Ergebnis ist das wildzerschnittene Cañonland, das uns hier auf allen Seiten umgibt.

Die durchgreifenden klimatischen Veränderungen, die sich in Hundes und in vielen anderen Teilen Asiens als pluviale Periode mit ergiebigen Niederschlägen zu erkennen gaben, riefen in nördlicheren Gegenden die große Eiszeit hervor, in welcher Skandinavien und weite Gebiete Nordeuropas unter einer Eisdecke lagen. Die Pluvialzeit hat beredte Spuren hinterlassen, nicht nur in Hundes; die ungeheuren Terrassen an den Indusufern und die konzentrischen Uferlinien um alle Salzseen Tibets sind Andenken aus jener Zeit. Dazumal waren der Manasarovar und der Rakas-tal übervoll, und der obere Satledsch durchströmte sie beständig Aber das nordische Inlandeis zog sich nach Norden zurück und verschwand um dieselbe Zeit, als die Niederschläge über dem Himalaja abnahmen. Es hat den Anschein, als ob das Klima während der gegenwärtigen Periode trockneren Zeiten entgegenschreite. Wir haben ja gesehen, daß der Satledsch vor kaum hundert Jahren vom Rakas-tal abgeschnitten worden ist, obwohl dieses Ereignis sehr gut nur ein Moment in einer Periode sein kann.

Schritt für Schritt und Biegung nach Biegung haben wir uns an den steilen Wänden hinuntergearbeitet; schließlich ist nur noch eine Reihe runder, flacher Hügel übrig, bevor wir auf ebenem oder schwach kupiertem Boden weiterreiten können. Ein Wimpelmal auf einem der letzten Hügel verkündet die Nähe von Totling-gumpa. Nun tritt auch die scharfbegrenzte, viereckige Klosterstadt am linken Ufer des Satledsch hervor. Ist es möglich? Eine Stadt in diesem unfruchtbaren Lande aus eitel gelbem Ton! Ja freilich; dort sehen wir jene dicht aneinandergedrängten Tempelgebäude unter chinesischen Dächern und jene hohen Tschorten, die Sinnbilder der Vergänglichkeit und der Erinnerung. Von Verwahrlosung und Verfall sprechen jene verwitterten uralten Gedenksteine des Lamaismus. Baufällige Häuser trotzen noch der Zeit zwischen den Ruinen anderer, die längst eingestürzt sind. Die rotangestrichenen Klostergebäude tragen Spuren des Regens, des Frostes und des Sonnenbrandes, und durch die Risse und Löcher der lückenhaften Mauer guckt die Armut heraus, um dem Fremdling zu verkünden, daß Totlings Glanzperiode jetzt nur noch eine Sage ist.

Die Klosterstadt ist auf einer Terrasse vielleicht zwanzig Meter über dem Spiegel des Satledsch erbaut. Am Fuße dieser Terrasse schlängeln sich die trübgrauen Wasserwirbel des mächtigen, breiten Flusses in viel langsamerem Tempo hin als an der Stelle, wo wir zuletzt ihrem Rauschen gelauscht hatten. Zwei Kilometer flußaufwärts ahnen wir das enge, scharf abgeschnittene Felsentor, durch welches der Fluß schäumend und reißend in die Erweiterung bei Totling heraustritt. Dies ist einer der Punkte, wo der Satledsch sich in seinem Laufe ausruht. Aber der königliche Fluß sehnt sich nach neuen Heldentaten. Gleich unterhalb von Tsaparang beginnt er wieder seinen wütenden Ringkampf mit den Felsen. In Totling befinden wir uns in einer Höhe von 3700 Metern, sind also im Laufe von ein paar Stunden um 494 Meter herabgestiegen.

Als das berühmteste und vielleicht auch größte der geistlichen Kastelle im Tale des Langtschen-Kamba müßte sich Totling bei unserer Ankunft in einer stattlichen Prozession seiner Mönche zeigen, die, in rote Togen gekleidet, vornehm und feierlich wie römische Senatoren einherschreiten. Aber keine Priester lassen sich sehen, keine Kinder armer Leute spielen zwischen den Ruinen, kein Pferd steht vor einer Klosterzelle angebunden. Haben die Mönche vor uns Angst? Nun gut, wir werden sie aufsuchen! Nicht, daß ich etwas mit ihnen zu besprechen hätte; aber weshalb sollte ich nun, da das Schicksal mich einmal nach Totling geführt hat, die Gelegenheit versäumen, einen allgemeinen Eindruck und eine Erinnerung an seine Tempelsäle mit mir in die Heimat zu nehmen?

Doch seht, da stehen ja in einer Ecke drei Mönche! Ruhig und ungeniert wie gewöhnlich und beide Hände auf den Rücken gelegt, tritt Lobsang an sie heran und fragt sie:

„Haben Sie gehört, ob ein Bote aus Gartok angelangt ist? Unser Sahib erwartet einen von Thakur Jaj Chand."

„Wir halten keine Ausschau nach euren Boten", antwortete ein Lama trocken und kalt.

„Wem gehört das weiße Zelt, daß dort außerhalb des Dorfes steht?"
„Geh hin und erkundige dich!"

110. Durch eine Schlucht zum Satledschtal. (S. 241.)

111. Talboden bei Daba. (S. 241.)

112. Wohnungen der

113. Aus d
Sti

Daba-gumpa. (S. 242.)

Daba. (S. 242.)
rfaffers.

114. Dorf Daba mit dem Kloster. (S. 243.)

115. Dorf Daba. (S. 243.)

Mit unerschütterlicher Ruhe dreht Lobsang der Geistlichkeit den Rücken zu. Unser Freund Samje Karmo, der sich jetzt in Totling aufhielt, uns aber vorsichtig aus dem Wege ging, hatte offenbar berichtet, daß wir herannahten und ohne Paß reisten. Die Klosterbehörden waren daher vorbereitet und hatten sich in Verteidigungszustand gesetzt.

Zwei Straßen laufen in Totling zusammen, der Weg, auf welchem ich aus Tirtapuri gekommen war, und die Landstraße von Gartok nach Simla. Letztere ist dem Handel zwischen Indien und Tibet freigegeben, und Totling ist infolgedessen ein wichtiger Ort, dessen Behörden daran gewöhnt sind, Kontrolle über die Reisenden auszuüben. Ich hatte ein Vorgefühl davon gehabt, daß dieser Ort mir zum Steine des Anstoßes werden könne, und die einzigen drei Mönche, die ich gesehen hatte, waren in ihrem Benehmen so gewesen, daß es nichts Gutes bedeutete. Es hatte den Anschein, als ob die geistliche wie die weltliche Einwohnerschaft auf höheren Befehl sich nicht vor mir sehen lassen dürfe. Man wollte abwarten, was ich auf eigene Hand zu unternehmen gedächte. Die drei Mönche waren nur Späher, die sich überzeugen sollten, wie wir in einiger Entfernung aussähen.

Die Karawane schlug das Lager 471 am Fuße der Terrasse auf dem Ufer des Flusses auf. Ich blieb mit meinen „Trabanten" und meinem Skizzenbuche droben. Nachdem wir uns vergeblich nach einem geeigneten Cicerone umgesehen hatten, fanden wir uns, zwei Tore durchschreitend, nach einem offenen, unregelmäßigen Hofe hin, dem mehrere Tempelgebäude und Wohnhäuser ihre Vorderseite zukehrten. Man durfte es hier mit seinem Sitzplatze nicht so genau nehmen, wenn man sich auf diesem mit Kehricht und Schmutz übersäten Boden niederließ. Aber beim Zeichnen eines Portals mit vorspringendem Balkendach, das Säulen trugen und einzelne, buntbemalte Figuren verzierten, mußte ich irgendwo sitzen. Nun guckten Brüder, Novizen und weltliche Diener aus Fenstern und Scharten heraus und krochen einer nach dem andern aus ihren Löchern hervor, um dieses unverantwortlich freche Tun und Treiben genauer in Augenschein zu nehmen.

Was für eine Geistlichkeit! So schmutzig, so verwildert und so unzugänglich! Wasser existiert für sie nicht, obgleich der stolze Satledsch dicht vor ihrer Nase vorüberfließt. Den Leib bedecken sie mit Lumpen, die längst für den Kehrichthaufen reif sind. Die ehemals roten Togen hängen ihnen in schwarzen, fettigen Fetzen am Leibe, wahre Schlupfwinkel des Schmutzes und des Ungeziefers. Totlings Bewohner sind ebenso armselig und heruntergekommen wie das Kloster selbst. Von dieser Grenzfestung der Religion und der Heerstraßen im südwestlichen Tibet hatte ich allerdings mehr erwartet.

Vierundzwanzigstes Kapitel.

Stumm und regungslos stehen sie in dichter Schar da, und ihre Augen folgen aufmerksam meinem Bleistift. Richte ich eine Frage an sie, so antworten sie nicht; dringe ich in sie, so erklären sie, daß sie nichts wüßten; bitte ich sie, mir ein Schaf und Tsamba zu verkaufen, so schütteln sie verneinend den Kopf; verlange ich, mit dem Prior zu sprechen, so lachen sie nur höhnisch, und befehle ich ihnen, mir die Tore des Tempelsaales zu öffnen, so zucken sie die Achseln und gehen fort. Nur in Targjaling, Lunkar und Dongbo hatte ich schon früher so unfreundliche Mönche angetroffen. Und ich will gleich hinzufügen, daß eine derartige passive Unnahbarkeit den höchsten denkbaren Grad der Unfreundlichkeit eines Lamas bezeichnet. Zu Beleidigungen und Schimpfreden lassen sie sich niemals hinreißen. Wenigstens bin ich in Tibet niemals einer pöbelhaften Behandlung ausgesetzt gewesen.

Ich erhebe mich und trete an den Labrang, ein großes, mehrstöckiges Haus, heran. Seine Fenster und Altane gleichen denen in Taschi-lunpo und sind wie dort teilweise hinter schwarzen Vorhängen mit weißen wagerechten Streifen verborgen. Ein indischer Kaufmann, der Besitzer des weißen Zeltes, begrüßt mich höflich.

„Haben Sie gehört, ob ein Bote aus Gartok mich hier erwartet?"

„Nein, Sahib; wenn einer gekommen wäre, hätte ich es sicherlich gehört."

„Haben Sie irgendetwas Eßbares zu verkaufen?"

„Nein, Sahib; aber wollen Sie hundert Zigaretten kaufen, die letzten die ich noch habe, so stehen sie Ihnen gern zur Verfügung."

Das wollte ich, denn mein Tabakvorrat ging zu Ende.

Ich hatte gerade die Umrisse der Fassade fertig, zwei Altane hineingezeichnet und war nun bei einem dritten, als ein Diener aus der Tür heraustrat, gerade auf mich losging und sagte:

„Kommen Sie mit mir in den Labrang hinauf!"

„Gern. Will der Kanpo-Lama von Totling mit mir sprechen?"

„Nein, der Prior ist nicht zu Hause; er wohnt seit einigen Tagen in einem Zelte außerhalb des Klosters."

„Wer ist es denn, der mich zu sehen wünscht?"

„Der Tschangtsö."

Wir erfuhren nun, daß dieser Potentat eine Art Oberamtmann in den weltlichen und wirtschaftlichen Angelegenheiten des Klosters war und eine Treppe hoch im Labrang sein Amtslokal hatte.

Ich ließ daher das Zeichnen sein und folgte mit meinen Leuten dem Boten die Treppe hinauf und durch einen finstern Gang, der nach einem länglichen, kleinen Zimmer mit einem großen Papierfenster nach dem Klosterhofe führte.

Hier sitzt Seine Exzellenz der Tschangtsö auf seinem Divan hinter einem rotlackierten Schemeltische und einer Kiste mit Messingbeschlägen. Er sitzt wie ein grimmiger, mächtiger Richter da und scheint nur darauf zu warten, daß der Verbrecher ihm vorgeführt werde. Noch jetzt sehe ich ihn vor mir; sein Bild hat sich meinem Gedächtnis unauslöschlich eingeprägt. Ich fühlte, daß ich beim Anblicke dieses urkomischen Typus lächelte, dieses dicken, feisten und wütenden Geisterkönigs in Menschengestalt, der so anmaßend und aufgeblasen vor mir saß wie ein Ochsenfrosch, bereit, vermittelst einer abschreckenden, grimmigen Miene alles, was Dämon und Europäer hieß, von den Göttersälen Totlings fernzuhalten.

Das Untergestell des Tschangtsö verdeckten der Tisch und die Kiste, im übrigen glänzte sein feister Körper vor Fett und Schmiere. Über die Schultern hatte er eine violette Weste gezogen, die ein dickes Armpaar frei ließ; auf seinem kugelrunden Kopfe saß ein chinesisches Scheitelkäppchen. Seine Stirn lag in tiefen Falten, und unter dem Stirnhaar funkelten die Augen vor Zorn. Die Nase war rund wie eine Kartoffel, die Lippen fleischig — was für saftige Flüche mochten wohl zwischen ihnen herausströmen? Die Wangen waren voll wie die eines Posaunenengels und durch einen dünnen grauen Backenbart verschönert, der hier im Lande der Bartlosen unbeschreiblich komisch wirkte. Ja, da saß er, der Tschangtsö, und ich stand vor ihm im tibetischen Anzug, aber mit einem Kneifer auf der Nase und fühlte mich in diesem Augenblick weiter von Indien entfernt als an dem Tage, an dem wir aus Toktschen fortzogen.

„Aha, du alter Schurke," dachte ich in meinem stillen Sinne, „du kannst dich gern eine Weile mit deiner Macht und deiner Autorität aufspielen, aber schließlich wirst du doch den kürzeren ziehen! Du beugst deinen Nacken nicht, du begrüßest mich nicht einmal mit der Zunge, du bittest mich nicht, auf dem zerlumpten Polsterkissen am Fenster Platz zu nehmen! Nun gut, ich setze mich dennoch, denn ich kann auch selbstbewußt sein, wenn es nötig ist, und du brauchst gar nicht zu versuchen, mich mit deinen graubraunen, rotunterlaufenen, rollenden Augen in Angst zu versetzen."

Lobsang und Kutus, die sich auf meinen Befehl an der Tür hinsetzten, fühlten sich verschwindend klein vor diesem Grobian. Ich aber war zum Scherzen aufgelegt und beabsichtigte nicht, meinen Gefühlen Zwang anzutun. Paß auf, Tschangtsö! Ich habe ganz Tibet hinter mir und nur noch einige Tagerreisen bis an die indische Grenze vor mir. Versuch' es, mich nach Gartok zurückzuscheuchen, wenn du kannst! Bei den Ohrgehängen des Schakia Toba, es wird nichts daraus!

Der Geisterkönig begann sein Verhör. Ich hatte eine Stimme

erwartet, die in dem engen Gemache wie Donner widerhallte. Doch er sprach sehr leise und tonlos, was ihn noch unheimlicher machte.

„Woher kommen Sie?"

„Von Tschang-tang, aus Taschi-lunpo, aus dem Labrang des Taschi-Lama, aus Taschi-gembe, vom Tso-mavang", und ich legte mit einer Reihe Namen los, die ich wie eine auswendig gelernte Lektion herleierte.

„Ich weiß es. Sie sind beim Taschi-Lama gewesen, Sie sind im Boot über den Tso-mavang gefahren, und durch einen Befehl aus Lhasa sind Sie ausgewiesen worden und haben Tibet auf der großen Heerstraße nach Ladak zu verlassen. Ich weiß alles."

„Na, dann ist Fragen unnötig."

„Ich will auch wissen, weshalb Sie nach Tibet, das Europäern verschlossen ist, zurückgekehrt sind, und ich will wissen, was Sie hier in Totling zu suchen haben."

„Sie wollen wissen und immer wieder wissen, und ich will mich überall in Tibet umsehen. Niemand hat mich daran verhindern können, daß ich nach meinem Belieben umhergereist bin. Sie können es ja versuchen, aber davon werden nur Sie Nachteil haben."

„Haben Sie einen Paß aus Lhasa?"

„Nein."

„Dann haben Sie kein Recht dazu, sich in Totling zu zeigen."

„Nein, gar keines. Aber gerade deshalb liegt mir daran, das Land auf dem geradesten Wege nach Indien zu verlassen."

„Das werden wir sehen! Zunächst werde ich einige Aufzeichnungen machen. Wie heißen Sie?"

„Sven Hedin."

„Das weiß ich."

„Weshalb fragen Sie dann?"

„Der Kontrolle wegen. Es ist meine Pflicht zu wissen, was für Leute durch Totling ziehen, besonders wenn sie ohne Paß reisen. Wie heißt Ihr Heimatland?"

„Svidingvé."

„Richtig! Wieviele Leute und Lasttiere haben Sie?"

„Sechs Mann und zehn Lasttiere."

„Das stimmt. Ich werde heute noch einen Bericht über Sie nach Lhasa schicken. Weshalb haben Sie eben die Tempelpforte und den Labrang abgezeichnet?"

„Um die Zeichnungen als Erinnerung an Totling mitzunehmen und meinen Landsleuten zu zeigen, wie es hier aussieht."

„Niemand ist berechtigt, hier etwas abzuzeichnen. Ich habe keine Lust, Ihretwegen den Kopf zu verlieren. Sie haben Dongbo, Daba und Mangnang ebenfalls abgezeichnet. Die Mönche, die dergleichen erlaubt haben, werden ihre Strafe erhalten."

„Tugden Nima werden Sie doch wohl ungeschoren lassen?"

„Zeigen Sie mir Ihre Zeichnungen!"

„Bitte schön!" antwortete ich, ihm die Mappe reichend, in welcher ich nur zwei lose Blätter hatte, damit ein vielleicht eintretender Regen mir nicht alles verdürbe. Er nahm das eine Blatt heraus und fragte:

„Was stellt dies vor?"

„Das Tempelportal dort draußen."

„Dies hier ist kein Tempelportal."

„Nein, wenn man es verkehrt hält, allerdings nicht."

„Ich behalte Ihre Zeichnungen."

„Dann sind Sie ein Dieb."

„Sie sind es, der sich wie ein Dieb beträgt, wenn Sie ohne Erlaubnis umhergehen und zeichnen. Das Tempelportal können Sie übrigens wiedererhalten, aber den Labrang behalte ich."

„Hören Sie einmal, Tschangtsö; es ist das beste, wenn Sie höflich sind. Hüten Sie sich vor dem Taschi-Lama, er ist mein Freund, und ich kann Sie bei ihm verklagen. Sie sind selber ein Gelukpa, also hüten Sie sich!"

„Es ist wohl wahr, daß ich ein Gelukpa bin. Aber in weltlichen Dingen gehorche ich keinem andern als dem Dalai-Lama und dem Devaschung. Mit dem Taschi-Lama habe ich gar nichts zu schaffen."

„Ich bin hierher gekommen, um die Tempelsäle von Totling zu besehen. Wollen Sie Befehl erteilen, daß alle Türen geöffnet werden?"

„Ha, ha, ha! Ein Europäer in Totlings Tempelsälen! Nein, nimmermehr!"

Er lehnte sich auf seinem Diwan zurück und schnurrte, lachte und schnurrte in seinem kalten Gemache wie ein alter Kater. Aber er war doch ein wenig aufgetaut, und das Donnerwetter auf seiner Stirn hatte sich verzogen.

„Können Sie uns Lebensmittel verkaufen, Tschangtsö? Ich bezahle anständig."

„Das habe ich schon von Daba her gehört. Ich werde mich erkundigen; Sie sollen morgen Antwort erhalten. Ihre Karawane ist wohl gut bewaffnet?"

„Wir haben eine Flinte und zwei Revolver."

„Kann ich mir Ihre Waffen ansehen?"

Kutus wurde sogleich abgeschickt, um das Arsenal heraufzuholen. Der Tschangtsö wurde noch freundlicher; er wog den kleinen Revolver in seiner Hand und sagte in fragendem Tone:

„Ich möchte diesen gern kaufen."

„Er ist nicht verkäuflich."

„O doch; sagen Sie mir, wieviel Sie dafür haben wollen; ich kann ihn bezahlen."

„Aber ich brauche kein Geld. Lassen Sie mich die Tempel sehen, so erhalten Sie den Revolver geschenkt."

„Nein, das geht nicht an"; damit gab er den Revolver zurück.

„Nun gut, können Sie ohne den Revolver fertig werden, so kann ich ohne die Tempel leben. Wenn ihr Inneres nicht besser gehalten ist als die Außenseite, so ist der Verlust nicht groß."

Nun hatte ich genug von dem Tschangtsö. Ich erhob mich und ging, nachdem wir uns höflich voneinander verabschiedet hatten. Auf dem Wege nach den Zelten hinunter überfiel mich ein prasselnder Sturzregen. Die grünenden Gerstenfelder erhielten eine herrliche Dusche; gelbe Bächlein strömten von den Terrassen herunter und luden ihr trübes Wasser im Satledsch ab; der Weg, den ich vor kurzem zurückgelegt hatte, war im Nu unpassierbar geworden, und es war ein Glück, daß ich nicht gerade jetzt dabei war, die Abhänge hinabzuklettern.

Als der Tag sich seinem Ende näherte, saß ich in meinem Zelte, schaute über den großen Fluß hin und lauschte dem Regen, der auf den Uferkies herunterprasselte. Plötzlich ertönte Pferdegewieher. Ein Fremder zeigte sich in der Zelttür. Aha, Mohanlal, der indische Arzt, den ich im vorigen Jahre in Gartok kennen gelernt hatte! Abdul Kerim hatte also meinen Brief an Thakur Jaj Chand richtig abgeliefert, und dieser war so freundlich gewesen, Mohanlal mit allen den Bedarfsgegenständen, um die ich gebeten hatte, und sogar noch mit zwei Büchern zu schicken. Es war am 13. August 1908. Seit dem Oktober des Jahres 1907 hatte ich kein Echo aus der Außenwelt vernommen! Der gute Mohanlal war allerdings in dem großen Weltgetümmel jenseits der Berge und der Meere nicht sonderlich bewandert, aber es war mir doch ein großes Vergnügen, ihn das, was er wußte, erzählen zu hören. Er gab mir auch ein sehr willkommenes Verzeichnis der noch übrigen dreißig Etappen nach Simla und der Abstände zwischen ihnen in englischen Meilen. Vor zwanzig Tagen hatte ich Toktschen mit dem Gefühle verlassen, schon bald daheim zu sein. Und jetzt! Noch ein ganzer Monat!

Wir rauchten Zigaretten, tranken Tee, aßen Abendbrot und schwatzten bis Mitternacht. Mohanlal war wirklich unterhaltend. Er erzählte mir unter anderm eine tragikomische Geschichte, die sich eben erst in Gartok zugetragen hatte.

Einer der Freunde Thakur Jaj Chands auf der Südseite des Himalaja hatte ihn durch einen reitenden Boten um leihweise Überlassung von tausend Rupien gebeten. Das Geld wurde aufgezählt und in eine Doppeltasche eingenäht, die der Bote nebst seinem Schnappsack und seinen Kleidungsstücken hinter seinem Sattel festband. Am 2. August brach er in Begleitung zweier Diener des Thakur Jaj Chand auf, die ihm die Furten des stark angeschwollenen Gartong zeigen sollten. Der Fluß war in drei Arme geteilt, von denen zwei mit Leichtigkeit durchwatet wurden. Daher schickte der Bote, augenscheinlich ein leichtsinniger Bursche, die beiden Männer nach Hause und überschritt, das Wasser durchwatend und das Pferd am Zügel führend, den dritten Flußarm allein. Die linke Uferbank war hoch, und als das Pferd aus metertiefem Wasser hinaufspringen wollte, geriet der Sattel ins Gleiten und rutschte mit allem Zubehör in den Fluß hinunter. Der arme Kerl begann sofort danach zu fischen, er fischte den ganzen Tag und den ganzen nächsten Tag und vier Tage hindurch durchwühlte er trotz der reißenden Strömung den Bodenschlamm. Am fünften Tage erwischte er endlich den Sattel, die Kleidungsstücke und den Schnappsack, aber nicht die Geldtasche. Als Mohanlal an der Stelle vorüberritt, saß der unvorsichtige Pechvogel ganz verzweifelt noch immer am Ufer und wartete darauf, daß nach beendeter Regenzeit der Fluß sinken und seinen Raub wieder herausgeben würde!

Das einstmals berühmte Tsaparang, das unmittelbar unterhalb Totling am linken Satledschufer liegt, ist heutzutage noch verfallener als das Klosterdorf. Ein „Dsong" soll in Tsaparang für die Gerechtigkeit sorgen, aber nur zwei Wintermonate lang, und den übrigen Teil des Jahres nach einem andern Dorfe verlegt sein. Nur sechzehn Menschen wohnen in jenem Orte und bauen Gerste. Den Hintergrund bilden die hohen gelben Lößterrassen mit ihren phantastisch modellierten Formen. Unterhalb des Dorfes singt der Satledsch ein Lied von einem König, der vor dreihundert Jahren sein Zepter über dem Tale schwang und sein Reich mit Reitern und Lanzen verteidigte.

Fünfundzwanzigstes Kapitel.

Der erste Jesuit in Tibet.

Vor mir liegt ein unscheinbares Büchlein aufgeschlagen, von dem ich während der Stunden, die ich meinen eigenen Erinnerungen aus Totling und Tsaparang widme, nur mit Mühe meine Blicke abwenden kann. Das Buch ist nur 31 Seiten stark, und dennoch habe ich in einer holländischen Antiquariatsbuchhandlung 80 Gulden dafür bezahlen müssen. Der pomphafte Titel „Novo Descobrimento do Gram Cathayo, ou Reinos de Tibet, pello Padre Antonio de Andrade da Companhia de Iesu, Portuguez, no anno de 1624. Com todas as licenças necessarias. Em Lisboa, por Mattheus Pinheiro. Anno de 1626", steht weder zu dem Inhalt noch zu dem Umfang in richtigem Verhältnis.

Glaubt nicht, daß ich es gekauft habe, um es zu lesen. Sein Inhalt ist in andere Sprachen übersetzt, die für den Leser aus germanischem Stamm leichter verständlich sind. Aber ich wollte die ursprüngliche Urkunde in meiner ziemlich vollständigen tibetischen Bibliothek besitzen; ich wollte darin blättern und mir diese vergilbten, rötlich schillernden Blätter gründlich besehen; ich wollte die über den merkwürdigen Worten schwebende Atmosphäre einatmen und mit den Fingerspitzen pietätvoll über den feinen Staub hinstreichen, der noch nach fast dreihundert Jahren an dem Papiere haftet.

Es ist etwas Seltsames um alte Bücher. Was mich betrifft, betrachte ich sie mit tiefster Ehrfurcht. Sie gleichen redenden Stimmen aus vergangenen Jahrhunderten. Forschende Augen, die über die gedruckten Zeilen hingefahren sind, haben sich längst auf ewig geschlossen, aber die Bücher leben noch immer. Dieses „Novo Descobrimento" redet noch dieselben Worte und dieselbe Sprache wie in den Tagen, als König Gustav Adolf über das Schwedenreich herrschte. Aber ich betrachte dieses Buch nicht mit den Gefühlen, die Tegnér mit den klassischen Worten ausdrückte: „Was mache ich mir aus dem lebenden Lumpenpack, wenn ich die Heroen der Menschheit in meinem Bücherschrank habe."

116. Tschorten in Daba-gumpa. (S. 251.)

117. Klostermauer in Daba-gumpa. (S. 248.)
Skizzen des Verfassers.

118. Terrasse in Daba-gumpa. (S. 248.)

119. Tschorten in Daba-gumpa, von oben gesehen. (S. 251.)

Ich liebe es, weil Antonio de Andrade sein Verfasser ist und weil es gedruckt worden ist, als der berühmte Jesuit noch lebte und in Tibet weilte; ja, es ging gerade in dem Jahre in Lissabon durch die Presse, als er in demselben Tsaparang, dessen jämmerliche Hütten ich eben dort drunten am Satledschufer flüchtig betrachtet habe, den Grundstein zu einer christlichen Kirche legte. Was tut es, daß Odorico de Pordenone der erste Europäer war, der Tibet besucht hat! Seine Reiseerinnerungen sind viel zu dürftig und verschwommen. Padre Antonio ist der erste, der der Welt zuverlässige Nachrichten von dort gebracht hat! Er ist der erste Europäer, der den Himalaja überschritten hat und von Süden her in Tibet eingedrungen ist, und auch der erste, der dem Ganges des Wischnu bis an die Quelle gefolgt ist. Er steht da wie ein Meilenstein am Wege der Jahrhunderte, eine Grenzsäule im Strome der Zeit, und er bezeichnet den Punkt, mit welchem die Geschichte der tibetischen Entdeckungsreisen in Wirklichkeit beginnt. Ich selbst stehe vorläufig als einer der letzten, vielleicht als der allerletzte an diesem Wege. Wenigstens hörte ich noch von keinem Nachfolger in den Gegenden, die meine eigenen Eroberungen sind. Nur in Tsaparang, jener alten Stadt, deren Name mit dem Antonios so eng verknüpft ist, berühren sich unsere Wanderungen, obgleich dreihundert Jahre zwischen uns liegen. Es ist kein Wunder, daß ich das vergilbte Buch mit besonderer Zärtlichkeit betrachte und voller Andacht einstimme in seine letzten Worte „Laus Deo!".

Antonio de Andrade wurde im Jahre 1580 in Oleiros in Portugal geboren. Mit sechzehn Jahren trat er in den Jesuitenorden ein und wurde im Jahre 1600 nach Goa an der Westküste Indiens geschickt. Dort war er jahrelang im Dienste seines Ordens tätig, und dort drang eines Tages das verworrene Gerücht zu ihm, daß es unter den Völkern Tibets Christen gäbe. C. Wessels sagt von jenen Gerüchten, daß sie in einer „oberflächlichen äußern Übereinstimmung einiger Zeremonien der buddhistischen Kirche mit denen der katholischen" ihren Grund gehabt hätten. Andrade selber behauptete, daß er seine Wanderung nur zur Ehre Gottes unternehme und daß die Portugiesen sich schon längst nach einer Gelegenheit gesehnt hätten, Tibet zu „entdecken".

Antonio hatte ein Vierteljahrhundert in Goa verlebt, als sich ihm im Jahre 1624 eine Gelegenheit bot, nach den Schneegebirgen im Norden zu ziehen. In Begleitung des Paters Manuel Marques und zweier christlicher Diener verließ er am 30. März Agra und schloß sich in Dehli einer Karawane an, Hindupilgern, die nach den heiligen Orten am oberen Ganges zu wallfahrten beabsichtigten. Die Reise ging wahrscheinlich über Hardwar, „das Tor des Wischnu", durch Länder, die dem Radscha von

Srinagar gehorchten und noch nie von einem weißen Manne erblickt worden waren. Der Zug schritt auf schlüpfrigen Felsenpfaden und unter dem dichten Laubgewölbe des Waldes hin. In der Tiefe rauschte der Ganges. Der kühne Portugiese fürchtete keine Gefahren, und als er in Srinagar, der Spionage verdächtigt, gefangen genommen wurde, gelang es ihm durch Ruhe und Klugheit seine Freiheit wiederzugewinnen.

In immer höhere Regionen hinauf ging seine Reise an den Ufern des Wischnu=Ganga, auf demselben Wege, den 180 Jahre später Webb und Raper zurücklegen sollten, die keine Ahnung hatten, daß der Portugiese schon dort gewesen war. In seiner vortrefflichen Schilderung des Weges gedenkt Raper mit keinem Worte des Andrade, aber er bestätigt die genauen Beobachtungen, die Andrade gemacht hat. C. Wessels hat in einer vor kurzem erschienenen verdienstvollen Studie, die unter dem Titel „Antonio de Andrade S. J. Een ontdekkingsreiziger in de Himalaya en in Tibet (1624—1630)" in Heft Nr. 4 des 77. Bandes (1912) von „De Studiën, Tijdschrift voor godsdienst, wetenschap en letteren" erschienen ist, Parallelen zwischen den beiden Reisenden gezogen. Seine Schrift ist die beste, die wir über den alten Jesuiten haben. Wessels hat viele Mißverständnisse mit der Wurzel ausgerottet, Mißverständnisse, die ihre Runde in den Beschreibungen Tibets gemacht haben; die absurde Vorstellung, daß Andrade durch Kaschmir gereist sei und auf seinem Zuge den Manasarovar, den Tso=mavang der Tibeter, entdeckt habe, war nicht das kleinste Mißverständnis gewesen. Andrades Srinagar ist nicht die Hauptstadt von Kaschmir, sondern die Stadt gleichen Namens am Alaknanda. Auf den „See", den er entdeckte und der mit dem Manasarovar verwechselt worden ist, werde ich gleich zu= rückkommen.

Die Missionare setzten ihre mühsame Wanderung fort und gelangten nach Badrinath, wo einer der heiligsten Tempel der Hindus in dieser Gegend des Himalaja große Pilgerscharen anlockt. Bis zum Dorfe Mana am Saraswati, dem Oberlaufe des Wischnu=Ganga, drangen in einer späteren Zeit Webb und Raper vor. Doch Andrade zog uner= schrocken weiter, hinauf zum ewigen Schnee und nach dem völlig unbe= kannten Tibet. Er näherte sich auf dieser Straße dem höchsten Kamme des Himalaja. Auch die Leiden und Entbehrungen der kleinen Schar erreichten hier ihren Höhepunkt. Marques war zurückgeblieben, Andrade hatte nur die beiden Christen und einen Führer aus Mana bei sich. In seinem kleinen Buche wird er wortkarg. Die Geographie des Landes fesselt nicht länger seine Aufmerksamkeit, er ist ausschließlich mit dem Kampfe um den Sieg beschäftigt und erzählt von der magern Speise aus geröstetem, in Wasser aufgelöstem Gerstenmehl, welche die Reisenden auf diesem Wege genießen, und wie sie gequält werden von den aus der Erde aufsteigenden giftigen Gasen.

Am dritten Tag wurden sie von drei Männern aus Mana eingeholt, die ihnen in kräftigen Farben alle Gefahren, den Tod nicht ausgeschlossen, ausmalten, die ihrer warteten, wenn sie den Weg zum Passe hinauf fortsetzten. Andrade und seine beiden Diener ließen sich dadurch nicht abschrecken, aber der Führer kehrte mit den Boten um. Der Weg zum Passe hinauf wurde immer schlechter. Man watete bis an die Knie im Schnee, manchmal versank man darin sogar bis an die Brust oder bis unter die Achseln; sie rutschten oft mit Schwimmbewegungen auf der Schneekruste vorwärts, um nicht im lockern Schnee zu ertrinken. Nachts wurde ein Mantel über den Schnee gedeckt; die drei Männer legten sich darauf und deckten sich mit den beiden andern Mänteln zu. Manchmal fiel der Schnee in so großer Menge, daß man aufstehen und die Mäntel abschütteln mußte, um nicht ganz und gar begraben zu werden. Die Schneedecke blendete die Augen, Hände und Füße wurden in der Kälte gefühllos, aber Andrade zog dennoch weiter. Und schließlich lesen wir in seinem kleinen Buche „Novo Descobrimento" die folgenden bedeutungsvollen Worte, die drei Jahrhunderte hindurch mißverstanden und falsch ausgelegt worden sind: „Nesta forma fomos caminhando atee o alto de todas as serras, onde nasce o Rio Ganga de hum grande tanque, & do mesmo nasce tambem outra, que rega as terras do Tibet." Er setzte also seinen Marsch „bis an den höchsten Punkt der Felsen" fort, „wo aus einem großen Tümpel der Gangesfluß entspringt, in welchem Tümpel noch ein anderer Fluß seine Quelle hat, der die Länder von Tibet bewässert".

Man beachte, daß er von einem „tanque" spricht, nicht von einem „lago". Er meint, wie C. Wessels klar und scharfsinnig beweist, den 370 Meter langen Gletschertümpel Deb Tal, der auf der Höhe des Manapasses liegt und in welchem der zum Ganges fließende Saraswati entspringt. Der andere Fluß, der nordwärts geht und „die Länder von Tibet bewässert", ist natürlich ein Bach, der auf dem Passe oder in dessen unmittelbarer Nähe seine Quelle hat und der sich bei Totling in den Satledsch ergießt. Der Entdecker Andrade hatte also vollkommen recht, und er kann nichts dafür, daß Markham und andere ihn mißverstanden und ihm die Entdeckung des Manasarovar angedichtet haben. Holdich sucht den Ruhm des Portugiesen zu schmälern und sagt, daß er „nur als zweifelhafte Autorität anzusehen" sei. Es ist merkwürdig, wie leicht es Geographen unserer Zeit wird, in Ländern, die ihr Fuß nie betreten hat, negative Entdeckungen zu machen. Ohne selbst einen einzigen positiven Beitrag zu unserm Besitz an wirklichem Wissen zu liefern, begnügen sie sich damit, das niederzureißen, was andere aufgebaut haben. Wessels hat ein gutes Werk getan, daß er für den Ruhm des Andrade eine Lanze bricht und den alten Heldentaten des Portugiesen jetzt nach dreihundert Jahren volle Gerechtigkeit widerfahren läßt, nachdem die Stimme des Jesuiten längst verhallt ist, während sein kleines Buch noch immer zwischen brüchigen Deckeln die Wahrheit einschließt.

Aber schon Jahrhunderte früher war Andrade mißverstanden worden. In seinem berühmten Werke „China illustrata" (Amsterdam 1670) hat der gelehrte Jesuitenpater Athanasius Kircher einige merkwürdige Angaben über Andrades Reise gesammelt. Andrade war, wie Kircher sagt, so glücklich gewesen, in Tibet mehrere bewunderungswürdige Entdeckungen zu machen, unter andern die der Quellen des Ganges und des Indus. Dies war Kircher von einem getauften Hindu namens Joseph mitgeteilt worden, der sich als Sechsundachtzigjähriger in Rom aufhielt und der den Pater Andrade auf allen seinen Reisen begleitet hatte. Auch Pater Henrik Roth hatte Kircher in Rom alles erzählt, was ihm über den portugiesischen Missionar bekannt war.

Man höre nun, was Kircher zu berichten hat: „Es gibt auf den höchsten, stets mit Schnee bedeckten Bergen von Tibet einen großen See, in welchem Indiens größte Flüsse entspringen; denn aus diesem Tümpel treten der Indus, der Ganges, der Ravi und der Atech heraus. Der Ganges fließt nach einem Abgrunde hin, wo sein Wasserfall schreckliches Getöse macht, worauf der Fluß ein anmutiges Tal bewässert und dann seine Fluten weiter nach dem Meere hinwälzt, in welches er sich hineinbegibt. Was den Indus und die andern Flüsse anbetrifft, so strömen sie langsam längs des Gebirges hin, wie uns die Karte zeigt."

An einer andern Stelle seines Buches sagt Kircher von Pater Antonio, daß er von Tsaparang aus „einen hohen Berg" überschritten habe, „auf dessen Gipfel es einen großen See gibt, der, nach dem, was er darüber sagt, und nach dem, was er sehen konnte, die Quelle des Indus, des Ganges und der andern größten indischen Flüsse ist".

Es würde zu weit führen, wenn wir uns hier auf eine Diskussion über dieses interessante Problem einlassen wollten. Es genüge, wenn ich erkläre, Wessels Auffassung hier nicht ganz teilen zu können, sondern glaube, daß Kircher wirklich den Manasarovar gemeint hat, von dessen Existenz Joseph und Roth gerüchtweise gehört haben. Kircher hat nachher aus seiner eigenen Vorratskammer die Mitteilungen dieser beiden mit Andrades eigener Reisebeschreibung vermengt, die doch kein Wort ent-

hält, welches andeutet, daß er auch nur die geringste Kenntnis von jenem
See gehabt habe. Es ist undenkbar, daß Andrade jahrelang am Sat=
ledschufer hätte leben können, ohne zu wissen, woher der Fluß kam.
Genug, er sagt nichts darüber!

Doch Kircher geht noch viel weiter. Er läßt den Pater Andrade
von dem rätselhaften See aus seinen Weg über Rudok und durch die
Länder der Tanguten und Tataren bis China fortsetzen. Er läßt ihn
in zwei Monaten ganz Asien durchziehen! Der Titel des kleinen Buches,
das vor mir auf dem Tische liegt, trägt wohl die Schuld an Pater
Kirchers Irrtum. „Novo Descobrimento do Gram Cathayo . . . .",
denn „Gram Cathayo" ist das „große China". Seltsamerweise hat der
gelehrte Orientalist J. Klaproth diese Angabe ruhig hingenommen, denn
er schreibt ganz ungeniert:

„Im Jahre 1624 unternahm der portugiesische Jesuit Antonio de
Andrade die Reise von Tibet nach China. Er brach von dem Reiche
des Großmoguls aus auf, nahm den Weg durch Garhwal, durchquerte
Tibet und gelangte glücklich nach China."

Doch ich vergesse mich! Wir haben ja den guten Pater und seine
beiden Christen auf dem Manapasse im Stiche gelassen. Von der Höhe
dieses Passes blickte er, wie seine Worte lauten, über das Königreich
Tibet hin. Alles lag weiß da, unter tiefem Schnee. Die schneeblinden
Augen konnten keinen Weg entdecken. Die beiden Diener waren vor
Ermattung zu Tode erschöpft und mußten notgedrungen umkehren. An=
drade erbarmte sich ihrer und begleitete sie, damit sie nicht im Schnee
umkämen. Nach drei Tagen begegneten sie glücklicherweise Spähern aus
Bhotan, die aus Mana abgeschickt worden waren, und nach drei weitern
Tagemärschen schlugen sie das Lager in einer Grotte auf, wo Marques,
der Lebensmittel mitbrachte, sich wieder zu der Schar gesellte. Nun
ruhte man einen Monat aus, während die Sommersonne den Schnee
auftaute. Dann zogen die Missionare mit besserem Glücke bergauf,
überschritten den Paß und wurden bald von den Gesandten des Königs
von Tsaparang empfangen. In den ersten Augusttagen des Jahres 1624
langten sie in der „Cidade Real", der Königsstadt, unterhalb von Tot=
ling an, wo heute nur noch sechzehn Eingeborene in verfallenen Hütten
leben.

Der König und die Königin überhäuften Pater Antonio mit Be=
weisen ihrer Gastfreundschaft, und er erfreute sich größerer Freiheiten
als irgendeiner der Reisenden, die während fast dreier Jahrhunderte seiner
Spur gefolgt und auf tibetische Abenteuer ausgegangen sind. Er blieb
jedoch nur einen Monat in Tsaparang, über welche Stadt er nichts

weiter zu sagen weiß, als daß sie an einem Flusse liege. Anfang November finden wir ihn wieder in Agra, und dort schrieb er das Büchlein, von welchem ich erzählt habe und das vom 8. November 1624 datiert ist.

Schon im folgenden Jahre brach er zu seiner zweiten Reise nach Tsaparang auf, und während der nächsten 25 Jahre folgten wohl achtzehn andere Missionare seinem Beispiele. Noch im Jahre 1642 weilte Marques in Tsaparang, und Cacella starb 1630 in Schigatse; sechs Jahre später starb Alano dos Anjos in Tibet. C. Wessels hat uns einen Aufsatz über ihre Schicksale versprochen, von denen nur ein spärliches Echo bis in unsere Zeit gedrungen ist.

Wie lange Andrade während seines zweiten Besuchs in Tsaparang geblieben ist, weiß man nicht. Er erreichte die Stadt am 28. August 1625. Am 11. April 1626 legte er den Grundstein zu der ersten christlichen Kirche Tibets. Am 15. August desselben Jahres datiert er die Beschreibung seiner zweiten Reise in Tsaparang. Noch im September 1627 war er dort, wie aus Briefen von ihm hervorgeht. Aber im Jahre 1630 weilte er in Goa, und im Jahre darauf schickte er vier Missionare nach Tsaparang. Zu Anfang des Jahres 1634 rüstete er sich selbst mit sechs Kameraden zu einer dritten Reise nach dem Schneelande im Norden, wurde aber am 19. März durch den Tod abgerufen und in Goa beerdigt. Man glaubt, daß er an Gift gestorben sei.

Zweihundert Jahre verstrichen, ehe wieder ein Europäer nach Tsaparang kam. Kircher und D'Anville hatten die Stadt auf ihren Karten eingetragen, und in späterer Zeit hörten englische Reisende von ihr erzählen. Im Jahre 1855 wurde Tsaparang von Adolph Schlagintweit besucht, der an dem berühmten Orte fünfzehn Häuser vorfand.

Nun hole ich von meinem Bücherbrett ein anderes Büchlein, das ebenso alt und vergilbt ist wie das erste. Es enthält die Schilderung der Erfahrungen Andrades auf seinen Reisen und ist, wie erwähnt, vom 15. August 1626 datiert. Es ist aber 1629 in Paris gedruckt, und sein Titel lautet: „Histoire de ce qui c'est passé au Royaume du Tibet". Zu jener Zeit hatte Lhasa seinen jetzigen Ruf noch nicht erlangt, Hundes galt als Tibet, und Tsaparang war die größte Stadt des Landes.

Meine Liebe zu diesem Buche ist nicht geringer als die, mit welcher ich Andrades erstes Buch betrachte. Vielleicht sogar größer, denn ich kann es ungehindert immer wieder lesen. Hier erzählt Andrade, daß er — im Gegensatz zu mir! — einen Paß des Großmoguls „an die kleinen Könige im Gebirge" erhalten und die Reise ihm leichter gefallen sei als das erstemal. In Tsaparang wurde ihm in unmittelbarer Nähe des

Palastes, in welchem der Sohn des Königs wohnte, ein Haus zur Verfügung gestellt.

Das Büchlein ist voller spaßhafter Beschreibungen der Lamamönche Tibets, ihrer Sitten und Gebräuche, ihrer religiösen Anschauungen und ihrer vergeblichen Meinungsaustausche und Wortstreite mit dem sattelfesten Pater.

„Wenn sie sich zum Beten anschicken," berichtet er, „pflegen sie Metalltrompeten zu blasen; aber es gibt auch Trompeten, die aus menschlichen Schenkel- und Armknochen angefertigt sind, und sie bedienen sich auch solcher Rosenkränze, deren Kugeln Totenschädel darstellen, und als ich sie nach dem Grunde fragte, antwortete mir der Lama, welcher der Bruder des Königs ist, daß sie sich solcher Trompeten bedienten, damit die Leute, wenn sie das Blasen hörten, des Todes gedächten, und daß sie manchmal auch aus den Schädeln tränken, um den Tod in lebhaftem Andenken zu behalten."

Als er eines Tages einer Feier beiwohnte, äußerte Andrade zu dem Bruder des Königs sein Erstaunen darüber, daß die Lamapriester tanzten, und sagte, daß die katholischen Geistlichen „so ernst und würdevoll seien, daß sie sich um alles in der Welt nicht in einem so unanständigen und des Berufes, dem sie sich geweiht, so unwürdigen Aufzuge sehen lassen würden. Wundert euch hierüber nicht, erwiderte der Lama, denn in diesem Treiben stellen die jungen Lamas Engel vor; und er fügte hinzu, daß ebenso wie wir (die Europäer) unsere Engel singend und Musikinstrumente spielend abbildeten, sie (die Lamaisten) die Engel darstellten — daß sie tanzten, sei ja nur nebensächlich —, und er sagte, daß er ein kleines Bild der Geburt Christi gesehen habe, auf welchem verschiedene Engel abgebildet gewesen seien, die in ihrer Freude über die Geburt des Erlösers gesungen und Musikinstrumente gespielt hätten."

Pater Antonio hatte für alles, was die Religion anging, ein offenes Auge und vergaß darüber, künftigen Jahrhunderten von dem geheimnisvollen Lande zu erzählen, dessen hohe Schneeberge rings um ihn emporragten, und von dem gewaltigen Flusse, dessen Wasser er tagtäglich sich ins Tal hinabwälzen sah und rauschen hörte. Nur folgende Zeilen lassen ein Tempelfest in Totling-gumpa ahnen:

„Vor nicht langer Zeit begab ich mich nach einer Stadt, die ungefähr eine halbe Tagereise von Tsaparang liegt; ich begleitete den König, der seine Mutter, die Königin, besuchen wollte, die eine Wallfahrt nach diesem Orte, wo es mehrere Tempel und fünfhundert Lamas gibt, unternommen hatte; weil aber an jenem Tage die Leute von allen Seiten in Massen herbeiströmten, stieg ihre Anzahl auf zweitausend. Als wir anlangten, fanden wir diejenigen, welche dem Könige aufwarten sollten, in guter Ordnung vor; immer zwei und zwei im Gliede, wie unsere Geistlichen bei einer Prozession; und sie nahmen eine beträchtliche Strecke ein, alle nach ihrer Sitte singend, und die Vornehmeren trugen verschiedene Fahnen in der Hand. Als der König sie erblickte, stieg er sofort vom Pferd, und auf einem langen Seidenteppich, den Lamas vor ihm hingelegt hatten, machte er der ganzen Versammlung drei Verbeugungen, wobei er sich mit Kopf und Händen bis auf die Erde bückte; hierauf machte die ganze Gesellschaft dem Könige sechs ähnliche Verbeugungen, was zeigt, welch große Ehrerbietung dieser Fürst den Lamas erweist, wenn sie als Körperschaft auftreten, während er sie, wenn er sie einzeln sieht, überhaupt nicht grüßt, ausgenommen natürlich ihr Oberhaupt, das jetzt der Bruder des Königs ist."

Er spricht von der großen Freundschaft des guten Königs mit den Jesuiten und von dessen Ehrfurcht vor der alleinseligmachenden Kirche, die er mit viel größerer Wärme umfaßt habe als die Religion seines eigenen Landes. Auf einem Ausflug erwies der König dem Pater Andrade viel größere Ehre als seinem Gaste, dem Könige von Ladak, dem „Herrscher eines Nachbarreichs". Und als man sich der Stadt näherte und die schaulustige Menge ihnen entgegenkam, stieg der König wieder ab und setzte sich auf einen Teppich. An seiner linken Seite ließ er seinen Sohn sitzen und an seiner rechten Andrade. Als der Missionar sich bescheiden weigerte, Platz zu nehmen, während die Königin und alle andern standen, sagte der König: „Ihr seid Priester und unser Vater, sie nicht". Alles dies und die angeblichen Sehnsucht des Königs nach der Taufe und dem Christentum lassen eine pia fraus des Missionars argwöhnen, der Geld aus der Heimat haben wollte, um seine Tätigkeit fortsetzen zu können. Und man muß den beiden hohen Lamas verzeihen, die dem Könige vorwarfen, daß er sich in sechs Monaten habe dazu bringen lassen, dem Glauben seiner Väter den Rücken zu kehren und einen andern anzunehmen. Doch Andrade legte ihnen diesen Schritt als „Finessen des Teufels" aus; er betete und fastete, um die Seele des Königs zu gewinnen, und arrangierte in höchsteigener Gegenwart Seiner Majestät eine Disputation mit den Buddhapriestern. Hierbei führte er sie aufs Glatteis. Sie vermochten nicht zu antworten, versuchten, sich mit Umschweifen herauszuwinden, und verhöhnten den Jesuiten.

„Ein andermal," erzählt Andrade, „fragte ich einen Lama in Gegenwart des Königs, zu welchem Heilmittel ein Mensch, welcher gesündigt, greifen müsse, um wieder vor Gott Gnade zu finden, und er antwortete mir, daß es genüge, diese Worte ‚Om mánj patmeonrj (om mani

120. Aus dem Tempel von Daba-gumpa. (S. 249.)
Links Regal mit den heiligen Büchern.
Skizze des Verfassers.

121. Schlucht auf dem Wege nach Totling. (S. 260.)

122. Brücke von Totling. (S. 305.)

padme hum)' auszusprechen, was ganz dasselbe sei, als wenn man sage: wieviel ich auch gesündigt habe, ich werde doch in den Himmel kommen. Wenn das wahr ist, entgegnete ich, so nehmt einen Dolch und stoßt ihn irgendeinem beliebigen Menschen ins Herz, raubt dem König die Perlen, die er trägt, beleidigt uns mit unerhörten Schmähreden und sagt dazu bloß ‚Om mánj patmeonrj‘, so seid ihr sofort erlöst und rein von allen Sünden. Meint ihr, daß dies vernünftig ist?"

Der Pater erklärte dem Lama, daß er ohne gute Werke trotz aller seiner schönen Reden zum Höllenfeuer verdammt sein werde. Da wandte sich der König zu den Anwesenden und verspottete den Lama derart, daß Andrade ihn bitten mußte, nicht zu verraten, daß er, der Jesuit, ihm, dem Könige, die Kenntnisse, die er besitze, beigebracht habe. Darauf fragte Andrade die tibetischen Mönche, was denn die Formel, die sie bei jeder passenden und unpassenden Gelegenheit immer auf den Lippen führten, eigentlich bedeute; hierauf konnte keiner von ihnen antworten. Da sagte Andrade: „Da ihr diese Worte herplappert wie Papageien, die nicht verstehen, was sie sagen, so wisset, daß ‚Om mánj patmeonrj‘ ‚Herr, vergib mir meine Sünden‘ bedeutet". Und von dieser Stunde an legten alle Mönche die von Andrade gegebene Bedeutung in die geheimnisvollen Worte hinein!

Der gute Jesuit fährt fort: „Sie erweisen unsern Heiligenbildern die größte Ehrfurcht, und unsere Kirche ist ganz voll solcher Bilder. Dorthin begeben sich die Vornehmen, beten sie an und werfen sich vor ihnen zu Boden, denn sie sind daran gewöhnt, Heiligenbilder auf diese Weise anzubeten. Unaufhörlich bitten sie, daß wir ihnen das heilige Buch (so nennen sie das Meßbuch) über den Kopf halten, denn dadurch würden wir die Kraft erhalten, ihnen die Mysterien der Evangelien zu erklären. Als der König sich vor nicht langer Zeit mit einer großen Schar Gefolge in unserer Kirche befand, mußte ich ihm erklären, was Jesus am Kreuze, dessen Bild wir vor uns hatten, bedeutete, und es war ein seltsamer Anblick, als er sich zu allen Anwesenden wendete und sagte: ‚Hier seht ihr, daß es wahr ist, daß Gottes Sohn ein lebendes Buch ist, im Gegensatz zu dem, welches die Lamas lesen und das nicht Gott ist und nicht Gott sein kann . . . .‘ Einige Eingeborene aus der Stadt Utsang (Lhasa), wo es viele Kirchen gibt, haben mir gesagt, daß man in jenen Kirchen viele den unserigen ähnliche Heiligenbilder sehe. Wer kann da bezweifeln, daß es der Wille des Himmels ist, daß sie bald der Verehrung des wahren Gottes zugänglich sein werden?"

Einmal kam der Lama, der Bruder des Königs, in Andrades Kirche, schenkte ihm sieben Kupferschalen und sagte dabei, daß in ihnen dem

Gotte der Christen täglich Wasser dargebracht werden müsse. „So pflegen sie es selbst zu machen und sie glauben, daß dies auch bei uns Brauch sei." Der Abendmahlskelch erregte besonders sein Interesse, und er bat, die Zeremonien bei Andrades Gottesdienst sehen zu dürfen. „Nachdem der Lama alles gesehen hatte, sagte er mir, daß der Großlama in Utsang (der Dalai=Lama) Brot und Wein in kleinen Mengen opfere und daß er selbst davon esse und trinke und den Rest an andere Lamas verteile, und daß er über den Wein, den er Gott darbringe, blase und mit dem Munde hauche, was nur er allein, aber kein anderer tun dürfe. Und er fügte hinzu, daß dieser Großlama auf dem Kopfe eine Tiara trage, die der meinen gleiche, aber viel größer sei."

Pater Antonio de Andrade hegte über die Möglichkeit, die Tibeter bekehren zu können, größere Hoffnungen als Pater Gerbillon, der von den mongolischen Lamaisten sagt: „Ich glaube, daß sie glühende Christen geworden wären, wenn sie die wahre Religion angenommen hätten; nun aber sind sie, um die Wahrheit zu sagen, durch ihre Lamas und deren Irrlehren so verstockt gemacht, daß wenig Hoffnung auf die Möglichkeit, sie zum Glauben zu bekehren, vorhanden ist."

Unter Bezug auf das vergebliche Suchen Andrades nach Spuren eines alten Christentums im südwestlichen Tibet spricht Ritter in „Asien" (II, S. 447) die Ansicht aus, daß die Berichte, welche die katholischen Missionare in Hindostan erhielten, wohl auch hier, wie sonst so oft, die Zeremonien des Lamakultus mit denen der katholischen Kirche ver=wechselt hätten.

Indem wir nun Andrade und seine naiven, aber dennoch so inter=essanten Mitteilungen verlassen, werden wir durch sie ungesucht zu der Frage hingeführt, welche Ritter in den eben angeführten Worten flüchtig streift.

Sechsundzwanzigstes Kapitel.

Lamaismus und Katholizismus.

Wie wenig ahnte ich während der unvergeßlichen Tage, die ich in Taschi-lunpo verlebte, daß die Beobachtungen, die ich bei der Feier des Neujahrsfestes machte und aufzeichnete, zwei Jahre darauf in Mitteleuropa Proteste und Mißbilligung von mehreren Seiten her erwecken würden. Ich hatte mir im ersten Bande dieses Buches erlaubt, die vielen Ähnlichkeiten hervorzuheben, die in dem äußern Kultus zwischen Lamaismus und Katholizismus bestehen. Ich ließ mich nicht von einer vorgefaßten Meinung leiten, sondern verließ mich einzig und allein auf mein eigenes Urteil. Mein Eindruck war kräftig und bestimmt, aber ich berührte ihn nur flüchtig bei der Schilderung meiner Tage an dem klösterlichen Hofe des Taschi-Lama. Ich nannte den Labrang Vatikan und den Taschi-Lama Papst und sagte, daß er gleich dem Papste in Rom ein Gefangener in dem tibetischen Vatikan sei. Lamas höchsten Ranges verglich ich mit Kardinälen, und als ich sie alle bei einem Tempelfeste versammelt sah, sprach ich von einem Konklave der Kardinäle. Ich berührte das Mönchs- und Klosterwesen, die Prozessionen, die Totengottesdienste und sah in der Spende an barem Gelde, die alle Pilger der Geistlichkeit opfern müssen, ein Gegenstück zum Peterspfennig in Rom.

Gemein und verwerflich wäre es gewesen, wenn ich damit nur aus Mutwillen bei den Katholiken hätte Ärgernis erregen wollen! Unpassend und dumm wäre es gewesen, da ich doch unter den Katholiken so viele aufrichtige Freunde besitze und aus ihren Häuslichkeiten so viele unauslöschliche Erinnerungen mitgenommen habe! War ich nicht der Gast katholischer Missionare gewesen unter den Palmen im Bagdad der Tausendundeinennacht und in der Kaiserstadt Kalkutta? Hatte ich nicht am Tische ihrer Brüder in Liang-tschu-fu und Peking gesessen, und hatte ich nicht eine außerordentliche Bewunderung mit nach Hause gebracht für alles, was ich bei den liebenswürdigen, gelehrten Jesuiten in Hongkong und Sikawei gesehen hatte? Bei ihnen allen war ich wie ein willkommener Gast

aufgenommen worden, und von ihnen allen hatte ich wertvolle Aus=
künfte über die Gegenden erhalten, nach denen sie ihre Tätigkeit und
den Ort ihrer freiwilligen Verbannung verlegt hatten. Weshalb sollte
ich die Absicht haben, sie in ihren heiligsten Gefühlen zu kränken
und die unübersehbaren Scharen, die hinter ihnen standen, zu ver=
letzen?

Wahrhaft bewunderungswürdig ist die Riesenarbeit, die die katho=
lischen Missionen in rein geographischer Hinsicht Jahrhunderte hindurch
in Asien ausgeführt haben. Sie erschlossen die Wege bis in das Herz
des größten Festlandes der Erde. Bereits im Mittelalter brachten die
Franziskanermönche Piano Carpini und Wilhelm Rubruquis
dem Abendland die erste Kunde von dem unermeßlichen Reiche Mangu
Chans. Kein Wort des Lobes ist übertrieben, wenn es den Jesuiten
gilt, die zur Zeit des unsterblichen Kaisers Kang Hi eine topographische
Aufnahme des ganzen chinesischen Reiches ausführten. Die ältesten Ent=
deckungsreisenden in Tibet waren, nach dem Mönche Odorico, Jesuiten,
nämlich Andrade, Grüber, Dorville und Desideri. Jahrzehnte
hindurch weilten Kapuziner in Lhasa und trugen in glänzender Weise zur
Anbahnung von Beziehungen zwischen dem geheimnisvollen Schneelande
und der Welt der Weißen bei. Huc und Gabet waren Lazaristen;
man kann nicht an Tibet denken, ohne sich Hucs zu erinnern, des un=
übertrefflichen, von Herzensgüte, Heiterkeit und Witz übersprudelnden und
sprühenden Paters.

Meine recht unschuldigen Äußerungen haben aber bei mehreren
katholischen Preßorganen einen Unwillen erregt, dessen kräftige Worte
kein Mißverständnis zuließen. Es hieß, ich hätte mir eine grobe Un=
verschämtheit zuschulden kommen lassen und einen in unserer Zeit frei=
lich nicht seltenen konfessionellen „Unfug" angestiftet, indem ich mir
erlaubt hätte, „den Katholizismus mit dem schwärzesten Heidentum
und Götzendienst zu vergleichen". Ein paar ultramontane Zeitungen
verkündeten in empörten Ausdrücken, daß mein Vergleich beider Re=
ligionen Torheit und Unwissenheit verrate. Aber ihre Entrüstung war
ganz unangebracht und unnötig, da ich niemals den geringsten Versuch
gemacht hatte, diese letztere Eigenschaft zu leugnen. Einige katholische
Geistliche in Süddeutschland und Polen beehrten mich mit Briefen, in
denen sie beklagten, daß ich so viele in ihren religiösen Gefühlen ver=
letzt hätte.

Und doch war es nie meine Absicht gewesen, auch nur im geringsten
zu der Bewegung, die man „Los von Rom" nennt, beizutragen! Ein
kleiner Sturm zog über meine stille Studierstube hin und machte den

vergeblichen Versuch, mich in meiner ruhigen Arbeit zu stören. Ich glaubte, ergrimmte Klosterbrüder und ehrwürdige Prälaten mit den Fingern auf mich zeigen zu sehen und mich Erzketzer schelten zu hören. Katholische Glocken läuteten mir in den Ohren, ich spürte Weihrauchduft, hörte die Messe singen und sah Mönche und Nonnen in Prozession zu den Kirchenfesten ziehen. Und all diese herrliche, ansprechende Kirchenpracht hatte ich mit dem Lamaismus verglichen! Ich hatte konfessionellen Unfug getrieben, und es hatte beinahe den Anschein, als habe ich eine Wallfahrt gemacht, um Buße zu tun, zu beichten und Besserung zu geloben, als ich nach Rom reiste, unter den Kuppeln von Sankt Peter umherging und dem ehrwürdigen Pius X. meine Aufwartung machte.

Damals hatte ich weder Zeit, noch Lust oder Geschick, auf jene Angriffe zu antworten. Seitdem sind aber zweieinhalb Jahre vergangen. Während dieser Zeit habe ich alte und neue Quellen zu einer Geschichte der Entdeckungsreisen in Tibet studiert. Ohne danach zu suchen, bin ich auf mehrere Berichte über den Lamaismus gestoßen und ich bin daher bis an die Zähne bewaffnet, wenn ich jetzt ins Feld ziehe, nicht um unter den Katholiken Ärgernis zu erregen, sondern nur, um zu beweisen, daß ich vollkommen recht hatte, als ich von der Ähnlichkeit des äußern Kultus des Lamaismus mit dem des Katholizismus gesprochen habe.

Das Thema ist nicht neu. Es ist so alt wie der Böhmerwald. Die Mönche des Mittelalters haben diese auffallende Ähnlichkeit wahrgenommen und sind darüber erstaunt gewesen. Viele katholische Missionare haben sich in deutlichen Worten darüber ausgesprochen, ohne deshalb von ihren Glaubensbrüdern angegriffen worden zu sein. Oft sind die Angaben unzuverlässig und mit einem Detailreichtum ausgeschmückt, der Argwohn erregt. Einige Verfasser haben aus den Erfahrungen anderer geschöpft, ohne die Quelle anzugeben. Manchmal sind auch von großen Autoritäten Mißverständnisse begangen worden. So sagt zum Beispiel Professor Kuehner in seinem glänzenden Werke über Tibet „Opisanie Tibeta" (Wladiwostok), daß Rubruquis, der im Jahre 1253 reiste, „an mehreren Stellen Kunde über den Lamaismus gibt und viele kuriose Ähnlichkeiten nachweist, die zwischen dem äußern Kultus dieser Religion und dem katholischen Gottesdienste bestehen". In W. W. Rockhills vorzüglicher Übersetzung „The Journey of William of Rubruck to the Eastern Parts of the World 1253—55" (London 1900) steht S. 199 und 232 kein einziges Wort über diesen Punkt; nicht einmal das Wort Lamaismus kommt darin vor. Rubruquis spricht bei einer Gelegenheit von einem „Priester aus China" und ein andermal von einem „Reinkarnierten", und Rockhill vermutet, daß er damit Lamas aus Tibet gemeint habe. Um so öfter spricht der Franziskaner von nestorianischen Christen, denen er unterwegs begegnete und die schon 600 Jahre vor seiner Zeit zahlreiche Gemeinden in den Ländern im Norden und Osten Tibets hatten.

Ganz kürzlich ist in der von Julius Rodenberg herausgegebenen „Deutschen Rundschau" (Nr. 14, 15. April 1912, S. 89 fg.) unter dem Titel „Ist die Entwicklung des Buddhismus vom Christentum beeinflußt worden?" eine interessante Untersuchung von Richard Garbe erschienen. Bevor wir weitergehen, wird es lehrreich sein, einen flüchtigen Blick auf ihren Inhalt zu werfen.

In der Mitte des dritten Jahrhunderts v. Chr. verbreitete sich der Buddhismus im nordwestlichen Indien, und dort entwickelte sich und blühte bis ins achte Jahrhundert n. Chr. hinein die Schule, die den nördlichen Buddhismus von dem südlichen unterscheidet und unter dem Namen Mahayana oder „das große Schiff" bekannt ist. In dieser Abart der ursprünglichen Lehre haben einige Forscher christlichen Einfluß spüren wollen. Einer von ihnen, der Jesuitenpater Joseph Dahlmann, gegen den Garbes Kritik sich hauptsächlich wendet, ist neuerdings so weit gegangen, daß er den Siegeszug des Buddhismus über das halbe Asien und über den dritten Teil des Menschengeschlechts nicht seiner eigenen Kraft zuschreibt, sondern den christlichen Gedanken und Ideen, die diese Lehre sich im nordwestlichen Indien angeeignet haben soll. Dahlmann behauptet demnach, daß diese verkleidete Form von Christentum die ungeheuer große Verbreitung der neuen Lehre erkläre.

In der katholischen Presse wurde Dahlmanns vermeintliche Entdeckung freudig, ja oft mit Begeisterung begrüßt. Endlich hatte ein scharfsinniger Forscher „dem Humbug des Buddhismus ein Ende gemacht".

Gestützt auf die besten Autoritäten, die es gibt, auf Grünwedel, M. A. Stein u. a., untersucht Garbe die Beweisführung Dahlmanns in ihren kleinsten Einzelheiten und läßt sie Stück für Stück in Rauch aufgehen. Es würde zu weit führen, hier weiter darauf einzugehen. Es genüge, daß schon chronologische Unmöglichkeiten sich dem Pater entgegenstellen. Mit unbestechlicher Klarheit weist Garbe nach, daß der Mahayana-Buddhismus seinen Siegeszug durch die ostasiatische Welt aus eigener Kraft ausgeführt hat. Dagegen ist er geneigt, die Frage, ob das Christentum in späterer Zeit Spuren in dem nördlichen Buddhismus hinterlassen habe, zu bejahen.

In der Mitte des achten Jahrhunderts stiftete Padma Sambhava den tibetischen Lamaismus, der den einheimischen Schamanismus ver=

drängte. Der Gründer des Lamaismus war jedoch so klug, der auch mit siwaistischen Elementen untermischten Abart des Buddhismus verschiedene der Lehren und Bräuche der Schamanen einzuverleiben.

Die Möglichkeit eines christlichen Einflusses beginnt im Jahre 635, als die Nestorianer anfingen, Missionare in jene Gegenden zu schicken. Und es war nach dieser Zeit, daß in Tibet und Nepal der Glaube an einen allmächtigen, allwissenden Urbuddha entstand — eine monotheistische Richtung des ursprünglichen, atheistischen Buddhismus. Garbe findet es nicht undenkbar, daß dieser allmächtige Gott von den Nestorianern entlehnt sein könne. Mit um so größerer Bestimmtheit betont er den Einfluß des Christentums auf die spätere Entwicklung des lamaistischen Kultus, „den man geradezu als ein Zerrbild des katholischen Kultus bezeichnet hat".

Unter andern auffallenden äußerlichen Ähnlichkeiten führt Garbe nach Waddell die Tatsache an, daß hohe Lamas sich vor dem Beginne einer religiösen Verrichtung bekreuzigen. Sie führen auch eine Zeremonie aus, die eine merkwürdige Ähnlichkeit mit dem Abendmahl hat. Es wird Brot und Wein unter der andächtigen Menge verteilt. Das Brot mag aus kleinen Butterteigwecken bestehen und der Wein mag eine Art Bier sein, die „Tschang" heißt. Aber wer davon ißt und trinkt, der gewinnt langes Leben. Garbe sagt: „Stark katholisch mutet uns auch ein Grundgedanke des Lamaismus an, daß nämlich die Priester ‚die Schlüssel der Hölle und des Himmels' im Besitz haben, denn sie haben den allgemein verbreiteten Satz erfunden: Ohne einen Lama vor sich kann man Gott nicht nahen."

Garbe fragt schließlich, ob die Ähnlichkeiten zwischen dem katholischen Kultus und dem lamaistischen sich durch die Annahme erklären ließen, daß der Menschengeist, wenn er sich in denselben Gefühls- und Denkbahnen bewege, sich auch äußerlich in dieselbe Form kleide. „Aber," antwortet er, „die Übereinstimmungen sind zu eng und zu zahlreich, als daß wir ohne die Annahme der Entlehnung auskommen können". Es versteht sich von selbst, daß der Katholizismus es ist, der dem Lamaismus sein Gepräge aufgedrückt hat, und nicht umgekehrt. Und ebenso klar ist es, daß die beiden Religionen sich in wesentlichen Dingen vollkommen unabhängig voneinander entwickelt haben.

Nach dieser Einleitung gehe ich zur Anführung einiger älterer Aussagen über. In einer deutschen Sammlung verschiedener Reisebeschreibungen unter dem Titel „Allgemeine Historie der Reisen zu Wasser und zu Lande; oder Sammlung aller Reisebeschreibungen" usw. (Leipzig 1750) findet sich im 7. Band (S. 212) eine ganze Abteilung mit der vielsagenden Überschrift: „Religion von Tibet und derselben erstaunliche Übereinstimmung mit der römischen". Hierin wird ein wenig spöttisch gesagt, daß von den Missionaren, die Tibet besucht haben, also von Grüber, Desideri, della Penna und andern, „wenig mehr geschehen ist, als daß sie die Ähnlichkeit angemerket haben, die sie zwischen der Religion von Tibet und der ihrigen fanden". Einige Missionare erklären diese Übereinstimmung dadurch, daß das Christentum vielleicht zur Zeit der Apostel in Tibet gepredigt worden sei. Wenn man andern Missionaren glauben darf, so ist sie sehr stark „und geht fast durch alle Lehren und Ceremonien der römischen Kirche. Gerbillon erwähnet folgende von den Ceremonien: 1) das Weihwasser. 2) Singen beim Gottesdienst. 3) Fürbitte für die Todten. 4) Ihre Kleidung, wie die Apostel gemalet werden, sie tragen auch Mützen und Kappen wie die Bischöfe. 5) Ihr großer Lama ist fast das unter ihnen, was der Papst bei den Römischgesinnten ist. Sie hielten das Meßopfer mit Brodt und Wein, gaben die letzte Olung, segneten, die sich verehelichen wollten, ein, betheten über die Kranken, ehrten die Überbleibsel der Götzen, hätten Mönche und Nonnen, sängen im Chor wie die Mönche, beobachteten verschiedene Fasten im Jahre, unterwürfen sich sehr strengen Bußen und unter andern Geißeln, weihten Bischöfe und schickten Missionarien aus, die in äußerster Armut lebeten und barfuß durch die Wüste bis nach China reiseten."

Nach Angabe jener Sammlung von Reisebeschreibungen ist der Präfekt der Kapuzinermission Orazio della Penna Verfasser der folgenden Zeilen:

„Die Religion von Tibet ist im Hauptwerke ein Abbild von der römischen. Sie glauben an einen Gott und eine Dreyeinigkeit, aber voll Irrtümer, Paradies, Hölle und Fegefeuer, auch voll Irrtümer. Sie halten Fürbitten, Almosen, Gelübde und Opfer für die Todten, haben eine große Anzahl Klöster, deren Mönche sich auf dreyßigtausend belaufen, und die außer den drey Gelübden der Armut, der Keuschheit und des Gehorsams noch verschiedene andere tun. Sie haben ihre Beichtväter, welche von ihren Vorgesetzten erwählet werden, und vom Lama — wie von einem Bischofe — die Erlaubnis erhalten, ohne welche sie nicht Beichte hören dürfen. Das Kirchenreglement ist bey ihnen so eingerichtet wie in der römischen Kirche . . . ."

Von Régis und einigen andern katholischen Missionaren wird berichtet, daß sie alles mögliche getan hätten, um diese Ähnlichkeiten nicht bekannt werden zu lassen, weil der Katholizismus nur verlieren könne, wenn er mit einer Religion verglichen werde, welche die gröbste Abgötterei treibe, und weil die Protestanten dadurch Wasser auf ihre Mühle erhalten würden.

123. Brücke von Totling. (S. 305.)

124. Übergang über die Brücke von Totling. (S. 305.)

125. Schlucht bei Natang. (S. 305.)

Als der Papst und die Kongregationen sich in den vierziger Jahren des 18. Jahrhunderts weigerten, der Kapuzinermission in Lhasa mehr Geld zu bewilligen, verteilte man im Jahre 1742 in Rom einen gedruckten Aufruf, der sich an die allgemeine Mildtätigkeit wandte. Das Dokument stellte Tibet als schon zum größten Teile bekehrt hin; es bedürfe nur noch einiger Missionare, um das Werk zu Ende zu führen.

Eine damalige Kritik spielt diesem Aufrufe übel mit. Es wird gefragt, welche Lehren denn gepredigt worden seien, daß Tibets Volk so bereitwillig das Christentum angenommen habe. Die Heilige Schrift oder das Glaubensbekenntnis Pius' VII. oder die Ordensregeln der Kapuziner? Jesus Christus werde mit keinem Worte erwähnt. Dagegen werde die äußere Ähnlichkeit der Kirchenordnung hervorgehoben. Aber gerade diese Ähnlichkeit müsse ein Hindernis sein, sagt die Kritik, denn wenn der eigentliche Unterschied nur darin liege, daß die Lamas von Tibet die lateinische Messe lernen müssen, um christliche Lamas zu werden, so würden sie sich für die Bekehrung bedanken. Ferner werde als ein Vorteil angeführt, daß die Tibeter nur ein Weib haben dürften. Weshalb sage man nichts von der Sitte, daß eine Ehegattin sich ihre Ehemänner halbdutzendweise halten dürfe? Die Weiber würden sich gegen die neue Lehre wehren und ihre Rechte mit dem Munde und den Nägeln zu verteidigen wissen.

Es war der Präfekt della Penna, der für die Kapuzinermission in Tibet arbeitete. Er erzählt, daß er viele harte Sträuße mit den lamaistischen Mönchen gehabt und einmal einen langen Brief zur Verteidigung des Katholizismus an den König in Lhasa geschrieben habe. In seiner Antwort habe der König die Vorzüge seiner Religion hervorgehoben und das Christentum eine tieferstehende Glaubensform genannt, wenn es auch das eine oder andere Gute enthalte.

Ehre den Kapuzinern auf alle Fälle! Sie benahmen sich in Tibet wie ganze Männer. Wir haben keinen Grund, ihnen gram zu sein, weil sie oder ihr Sprachrohr, der Pater Georgi, in seinem berühmten, aber verworrenen Buche „Alphabetum Tibetanum" (Rom 1762) dem alten Manichäismus die Schuld an den Ähnlichkeiten zwischen den beiden Religionen zuschreiben. Der Erzketzer Manes sollte für alles Teufelszeug in Tibet verantwortlich sein, aber wir erfahren nicht, auf welchen wunderbaren Wegen seine Lehren dorthin gedrungen sind. An einer Stelle (a. a. O., S. 543) spricht Georgi folgende gelungene Befürchtungen aus: „Antiquum hoc & portentosum connubium Manichaicae hydrae cum Paganismi monstro in Tibeto commixtae, terret me plurimum, ac nescio quid mali in posterum futurum portendere videtur

Ecclesiæ". (Diese alte und unnatürliche Vermischung der manichäischen Hydra mit dem heidnischen Ungeheuer in Tibet schreckt mich am meisten, und ich weiß nicht, welches Unglück der Kirche für die fernere Zukunft bevorzustehen scheint.) Man vergleiche auch Alberto Magnaghi, „Relazione inedita di Un Viaggio al Tibet del Padre Cassiano Beligatti da Macerata". (Florenz 1902, S. 7 u. 11.) Es ist nicht richtig, nach Ähnlichkeiten zwischen dem Ritual der Kapuziner und des Schamanismus zu suchen wie Dr. Gutzlaff im „Journal of the Royal Geographical Society" 1851, S. 226, tut, und zu behaupten, daß man deswegen in den Missionaren Lamas aus dem Abendlande gesehen habe. Denn was hat der Schamanismus mit dem Katholizismus zu schaffen?

Wir können in der Zeit weiter als bis auf die Kapuziner zurückgehen. Es ist sehr bezeichnend, daß der erste Europäer, der, soviel man weiß, im Jahre 1328 in Tibet eingedrungen ist, der Franziskanermönch Odorico de Pordenone, den Großlama in Lhasa Papst nennt. Er meint damit den Abt des vornehmsten Tempels, denn die Würde des Dalai-Lama bestand damals noch nicht. Seine eigenen Worte lauten: „In dieser Stadt (Lhasa) wohnt der Obassy, das heißt in ihrer Sprache ihr Papst. Er ist das Oberhaupt aller Götzendiener." In einer lateinischen Übersetzung (von Hakluyt) heißt es: „Papa eorum, qui est caput et princeps omnium Idolatrorum . . . . . sicut noster Papa Romanus est caput omnium Christianorum". (Henri Cordier, „Les voyages en Asie au XIVe siècle du bienheureux Frère Odoric de Pordenone" [Paris 1891, S. 450.] Vgl. auch Henry Yule, „Cathey and the way thither", S. 149.)

Unser Freund Andrade erzählt von den Mönchen von Tsaparang, daß sie „ganz wie unsere Klosterleute" beisammenwohnten. Sie heirateten nicht, die Jungen sängen „auf unsere Weise" rein, laut und sympathisch Chöräle. Ihre Tempel seien wie unsere Kirchen, aber schöner und reiner, bemalt und mit goldenen Statuen verziert. Er habe ein Bild gesehen, das die Mutter Gottes habe vorstellen sollen. Er habe dort die Beichte, das Weihwasser und eine Benetzung gefunden, die sich mit der Taufe vergleichen lasse.

Athanasius Kircher berichtet in „La Chine Illustrée etc." (Amsterdam 1670, S. 97) über den Dalai-Lama, daß er in einem mit vielen Lampen erleuchteten Gemache auf einem Kissen sitze. Dorthin kämen die Pilger, die sich vor ihm niederwürfen und zum Zeichen der Ehrfurcht den Boden mit der Stirn berührten. Es sei ihnen aber nicht erlaubt, ihm die Füße zu küssen, wie es bei dem „pontifikalen Souveräne in Rom" zu geschehen pflege. Hierin zeige sich deutlich der Teufelstrug.

Um heilige Dinge zu verspotten und Gott die Ehre, die ihm gebührt, zu rauben, habe der Böse durch eine Handlung seiner gewöhnlichen Arglist diese Barbaren uns nachahmen lassen, indem er ihnen erlaube, einem Menschen die Ehrenbezeugungen zu erweisen, die einzig und allein Gott und Jesus Christus gebühren. Er lasse sie die allerheiligsten Mysterien der katholischen Kirche profanieren, indem er diese armen Elenden zwinge, sich der Mysterien an dem Orte zu bedienen, wo sie ihre abscheulichen Götzen haben. Weil er gemerkt habe, daß die Christen den Papst Vater der Väter nennen, lasse er diese götzendienerischen Barbaren jenen falschen Gott auch Großlama oder obersten Priester nennen.

Dieser Kircher war selber Jesuit! Er erklärt die Ähnlichkeit zwischen den beiden Religionen als einen Einfall des Teufels. Auf denselben Ausweg verfiel im Jahre 1661 Grüber. „Nichts fiel ihm", schreibt Richthofen im ersten Band seines „China" (S. 672), „mehr auf als die Ähnlichkeit des Kultus mit dem katholischen, was er für ein Teufelsspiel ansah."

Es sind augenscheinlich die Ansichten des Pater Régis, die wir in folgenden Worten des Schriftstellers Du Halde in der „Description de l'Empire de la Chine etc." (IV, S. 469) wiederfinden. Er sagt, daß „tüchtige Missionare" die Auffassung gewonnen hätten, in Tibets alten Büchern seien Spuren „unserer heiligen Religion" zu finden, die dort zur Zeit der Apostel schon gepredigt worden, im Laufe der Jahrhunderte aber aus Unkenntnis mit einer Unwissenheit vermengt worden sei, die schließlich überhand genommen habe. „Die Indizien, auf die sie ihre Annahme stützen, ist die Tracht der Lamas, die recht ähnlich derjenigen ist, in welcher man auf alten Bildern die Apostel dargestellt sieht; die Subordination, die man bei ihnen findet und die auch einige Ähnlichkeit mit der ekklesiastischen Hierarchie hat; mehrere ihrer Zeremonien, die den unseren nicht fernstehen; ihre Vorstellung von einer Inkarnation, und schließlich die Lehren, die ihre tüchtigsten Doktoren verkünden. Alles dies dürfte es in der Tat nötig machen, daß man ihre Bücher, die in Lhasa sind, und die Monumente, die man dort finden kann, einer gründlichen Untersuchung unterzieht."

Dieser Du Halde war ebenfalls ein Jesuit!

Nun wollen wir aber hören, was einige der katholischen Missionare der neuern Zeit zu sagen haben. Der unsterbliche Huc, Prêtre missionnaire de la congrégation de Saint-Lazare, berichtet in seinen „Souvenirs d'un voyage dans la Tartarie, le Thibet et la Chine" (Paris 1853, II, S. 110 fg.):

„Wenn man die Reformen und Neuerungen, die Tsong Kapa in den lamaistischen Kultus eingeführt hat, auch noch so oberflächlich untersucht, so ist man doch ganz unvermeidlich über ihre Ähnlichkeit mit dem Katholizismus frappiert. Der Bischofsstab, die Mitra, das Meßgewand, der Kardinalsrock oder der Chorrock, den die höheren Lamas auf Reisen oder beim Vollzug irgendeiner Zeremonie außerhalb des Tempels tragen, der Doppelchor beim Gottesdienst, die Gesänge, die Beschwörungen, das Weihrauchfaß mit den fünf Ketten, das sich nach Belieben öffnen und schließen läßt, der Segen, den die Lamas durch Ausstrecken der rechten Hand über den Köpfen der Gläubigen erteilen, der Rosenkranz, der Zölibat der Geistlichen, die Absonderung der Geistlichen von der Welt, der Heiligenkultus, das Fasten, die Prozessionen, die Litaneien, das Weihwasser: da sind die Berührungspunkte, welche die Buddhisten mit uns haben. Kann man nun sagen, daß diese Berührungspunkte christlichen Ursprunges seien? Wir glauben es, und obwohl wir weder in den Überlieferungen noch in den Altertümern des Landes irgendeinen positiven Beweis einer solchen Entlehnung gefunden haben, so ist es nichtsdestoweniger erlaubt, Vermutungen auszusprechen, die in jeder Hinsicht die größte Wahrscheinlichkeit besitzen.

„Man weiß, daß im 14. Jahrhundert, während der Regierung der mongolischen Kaiser, die Europäer oft mit den Völkern Hochasiens in Verbindung standen. Wir haben schon im ersten Teile unserer Reisebeschreibung von den berühmten Gesandtschaften gesprochen, welche die tatarischen Eroberer nach Rom, Frankreich und England schickten. Ohne Zweifel mußten diese Barbaren über den Glanz und Pomp in den Zeremonien des katholischen Kultus so frappiert sein, daß sie eine unauslöschliche Erinnerung daran mit in ihre Wüsteneien nahmen. Andrerseits weiß man auch, daß um dieselbe Zeit Geistliche verschiedener Orden weite Reisen unternahmen, um in der Tartarei das Christentum einzuführen; sie müssen um dieselbe Zeit in Tibet eingedrungen und zu dem Si-fan-Volke und den Mongolen am Koko-nor gelangt sein. Jean de Montcorvin, der Erzbischof von Peking, hatte bereits einen Chor organisiert, in welchem sich zahlreiche mongolische Mönche täglich im Psalmenhersagen und in katholischen Zeremonien übten. Wenn man beachtet, daß Tsong Kapa um dieselbe Zeit lebte, als das Christentum in Zentralasien Eingang fand, wird man sich nicht wundern, wenn man in der buddhistischen Reform so frappante Ähnlichkeiten mit dem Christentum findet.

„Und sollte man nicht noch Positiveres sagen können? Könnte nicht jene Legende von Tsong Kapa, die wir an seinem Geburtsorte selber gesammelt und von mehreren Lamas direkt gehört haben, unserer Ansicht als Stütze dienen? Nach Ausmerzung all des Seltsamen, was die

Einbildungskraft der Lamas jener Erzählung hinzugefügt hat, kann man sagen, daß Tsong Kapa ein Mann war, der durch sein Genie und vielleicht durch seine Tugend die Menge überragte; daß ihn ein Fremdling, der aus dem Abendlande kam, unterrichtete; daß der Schüler nach dem Tode des Meisters westwärts zog und daß er in Tibet blieb, wo er die Lehren, die ihm gegeben worden waren, verbreitete. War nicht jener Fremdling mit der großen Nase ein Europäer, einer der katholischen Missionare, die um diese Zeit in so großer Anzahl in Hochasien eindrangen? Es ist kein Wunder, daß die lamaistischen Überlieferungen das Andenken an jenes europäische Gesicht, dessen Typus dem asiatischen so unähnlich ist, bewahrt haben. Während unseres Aufenthalts in Kum-bum haben wir mehr als einmal gehört, daß Lamas über das Fremdartige unseres Aussehens Bemerkungen machten und, ohne zu zögern, sagten, daß wir aus demselben Lande seien wie Tsong Kapas Lehrer. Man kann annehmen, daß ein zu früher Tod dem katholischen Missionar nicht erlaubt hatte, den Religionsunterricht seines Schülers zum Abschlusse zu bringen, und daß dieser, als er später Apostel werden wollte, nur darauf bedacht gewesen ist, eine neue Liturgie einzuführen, sei es, daß er keine genügende Kenntnis des christlichen Dogmas besaß oder daß er wieder vom Glauben abgefallen war. Der schwache Widerstand, auf den seine Reform stieß, scheint anzudeuten, daß der Fortschritt der christlichen Ideen in jenen Gegenden den Buddhakultus schon in hohem Grade zum Wanken gebracht hatte. Es bleibt nur noch zu untersuchen, ob die zahlreichen Berührungspunkte, welche die Buddhisten mit den Katholiken haben, der Verbreitung des Glaubens in der Tartarei und in Tibet hinderlich oder günstig sind."

Diese Ähnlichkeiten betreffen natürlich nur den Kultus. Über die Lehre sagt Huc in „Le christianisme en Chine" (Paris 1857, IV, S. 11):

„Pater Desideri macht sich, unserer Meinung nach, sehr übertriebene Vorstellungen von den Berührungspunkten, die er vom dogmatischen Gesichtspunkte aus zwischen dem Christentum und der lamaistischen Lehre entdeckt zu haben glaubt. Es ist wahr, daß man in Tibet erstaunliche Erinnerungen an die großen, primitiven Traditionen und unwiderlegliche Spuren der katholischen Missionare des Mittelalters wiederfindet; aber es ist nicht wahr, daß die Buddhisten eine sehr klare und sehr genaue Idee von der heiligen Dreieinigkeit, der Erlösung der Menschen, der Menschwerdung des Gottessohnes und dem heiligen Abendmahle haben. Der Keim zu allen diesen Dogmen mag möglicherweise ihrem Glauben zugrundeliegen, aber festgelegt sind sie keineswegs."

An einer andern Stelle desselben Werkes (II, S. 20) ruft Huc aus: „La coïncidence des lieux, celle des époques, les témoignages de l'histoire et de la tradition, tout démontre donc jusqu'à l'évidence que la hiérarchie et le culte lamaïques ont fait des empruntes considérables au christianisme." (Die Übereinstimmung von Ort und Zeit, die Zeugnisse der Geschichte und der Überlieferung, alles dies beweist schlagend, daß die lamaistische Hierarchie und ihr Kultus beim Christentum beträchtliche Anleihen gemacht haben.")

Der liebenswürdige Abbé C. H. Desgodins, der sich ein Menschenalter hindurch im äußersten Osten Tibets aufgehalten hat, bemüht sich, die Ähnlichkeiten zwischen den beiden Religionen wegzudeuten. Er hat in seinem Werke „Le Thibet d'après la correspondance des missionnaires" (Paris 1885, S. 228) eine besondere Rubrik für das Thema „die lamaistische Hierarchie im Vergleich mit der der katholischen Kirche", worin er sagt:

„Gewisse Schriftsteller sind sogar so weit gegangen, daß sie die lamaistische Hierarchie der katholischen Kirche, ihrem Papste, ihren Kardinälen, ihrem Primate, ihren Erzbischöfen und ihren Bischöfen vergleichen. Der Vergleich ist mehr als plump, denn innerhalb des Katholizismus ist die Hierarchie der Weltgeistlichen, vom Papst bis auf den letzten Seelsorger herab, die fundamentale Hierarchie der Kirche und deren religiöse Gesellschaften sind nichts anderes als nützliche, obwohl nicht notwendige Hilfstruppen. In Tibet dagegen ist die ganze Hierarchie hauptsächlich Mönchswesen, und man findet dort nicht die geringste Spur einer Weltgeistlichkeit.

„Tatsächlich und von Grund aus gleicht die Organisation der religiösen Gesellschaften in Tibet in viel höherem Grade dem Protestantismus als dem Katholizismus (!). Auf beiden Seiten finden wir auffallenden Parallelismus bei den unabhängigen, miteinander rivalisierenden Sekten, sehr geringen Zusammenhalt innerhalb der Geistlichkeit jeder Sekte und Mitsprechen und Eingreifen der bürgerlichen Macht auf religiösem Gebiete und in religiöse Angelegenheiten. Die einzige Ähnlichkeit, die der Lamaismus mit dem Katholizismus hat, finden wir in der Form des Mönchstums, das innerhalb des Katholizismus Nebensache, dem tibetischen Buddhismus aber eine Hauptsache ist. Gehen wir bis ins 13. Jahrhundert zurück, so finden wir, daß die Geschichte schon Licht über die Vorgeschichte dieser Form verbreitet hat; wir hoffen, daß sie ihr Werk geduldig vollenden und uns untrüglich beweisen wird, daß sowohl die Formen des Mönchswesens wie viele andere Zeremonien in dem äußeren Kultus nichts anderes als Entlehnungen aus dem Christentum sind."

Ein anonymer Verfasser in der „Calcutta Review" (64. Bd., 1877, S. 115) sagt über George Bogles Schilderungen der Zeremonien in Taschi-lunpo im Jahre 1774, daß sie „uns unwiderstehlich zu Vergleichen zwischen dem Buddhismus Tibets und der römisch-katholischen Religion veranlassen. Im Geiste sieht man das Schauspiel, das sich am Ostertage in der Sankt-Peterskirche darbietet, wenn man liest, wie der Taschi-Lama, auf dem Hofe seines Palastes unter einem Thronhimmel sitzend, von einer gewaltigen Menschenmenge umgeben ist, die auf seinen Segen wartet".

Nach Aufzählung einer Reihe von Berührungspunkten, in demselben Sinne wie Huc, führt er auch die Analogie zwischen dem buddhistischen Inkarnationssystem und dem Dogma der apostolischen Nachfolge an. Er gibt der buddhistischen Erfindung den Vorzug. Den Gedanken, den Geist eines entschlafenen Lamas ohne menschliche Einmischung in den Leib eines Kindes hinüberwandern zu lassen, findet er viel höher und reiner, sowie auch dem Gemüte viel zusagender als den Gedanken, diese Überführung durch die Wahl eines Kollegiums von Kardinälen geschehen zu lassen.

Um dieselbe Zeit wie der Gesandte Bogle spricht John Stewart im „Annual Register" (1778, S. 36) seine Verwunderung darüber aus, daß der Dalai-Lama „oft kleine Kugeln aus gesegnetem Brot austeilt, genau so wie die Hostie der römischen Katholiken". Auch er zählt eine Reihe Ähnlichkeiten auf und findet es nicht verwunderlich, daß die Kapuziner bei den Lamas in Tibet jeden Zug ihres eigenen Kultus wiederzuerkennen glaubten.

In den Anmerkungen zur französischen Ausgabe von Carl Peter Thunbergs Reisebeschreibung (Voyages de C. P. Thunberg au Japon [Paris 1796], III, S. 248) spricht L. Langlès einige weitgehende Reflexionen über Buddhismus und Christentum aus. Im japanischen Buddhismus findet er Gegenstücke zu den Heiligen und den kanonisierten Päpsten der katholischen Kirche. Er zitiert auch die Stelle der „Histoire du Japon" des Jesuiten Charlevoix, wo es heißt: „Das Merkwürdige ist, daß man mitten in diesem formlosen Religionschaos so viele Spuren des Christentums findet, daß wir kaum ein Mysterium, ein Dogma oder auch nur ein Gebot der Barmherzigkeit besitzen, das die Japaner nicht auch schon gekannt zu haben scheinen." Die Bilder in dem Werke des Paters Georgi verraten, wie Langlès sich äußert, auffallende Ähnlichkeit zwischen der Tracht der Lamas und der Kleidung der katholischen Priester. Alles dies läßt sich nach ihm erklären, wenn man „Tibet oder das Plateau der Tartarei" zur Wiege der Wissenschaften macht!

Vielleicht habe ich meine Leser mit allen diesen Zitaten schon ermüdet. Es sind aber nur noch ein paar übrig. Das Thema ist jedoch fesselnd, und es hat sogar, wenigstens auf einige Minuten, Männer wie Voltaire und Napoleon in seinen Bann gezogen. Jener spricht zwar nicht über unsere Analogien, aber er macht eine spaßhafte Äußerung über den Dalai-Lama, wobei er allerdings den Kern der Sache auch nicht besser getroffen hat als bei seinen Äußerungen über Karl XII. So sagt er im „Essai sur les moeurs et l'esprit" (Paris 1775, II, S. 143): „Es ist sicher, daß der Teil Tibets, wo der Großlama regiert, zu dem Reiche Dschingischans gehörte und daß der oberste Priester in keiner Weise durch den Herrscher belästigt wurde, der in seinen Heeren viele Anbeter dieses Götzen in Menschengestalt hatte." Abel-Rémusat erwidert darauf (Mélanges Asiatiques [Paris 1825], I, S. 129 fg.), daß Dschingischan nie Gelegenheit gehabt habe, eine solche Ehrfurcht vor dem obersten Priester zu bekunden, „denn zur Zeit Dschingischan gab es noch keinen Dalai-Lama in Tibet".

Napoleons Riesengestalt zieht aus reinem Zufall an unserm Blicke vorüber. Der Kapitän Basil Hall landete am 11. August 1817 in Jamestown und hatte zwei Tage darauf bei Napoleon Audienz. Hall erzählt von der Unterredung: „Die Ähnlichkeit zwischen den chinesischen Bonzen und den katholischen Priestern war ihm bekannt. Er wußte, daß auch gewisse katholische und buddhistische Zeremonien einander gleichen. Aber damit, bemerkte er, hört auch die Ähnlichkeit auf, weil die Bonzen keinen Einfluß auf die Denkweise des Volkes ausüben und sich durchaus nicht in weltliche Angelegenheiten mischen." (Vgl. Frémeaux, Les derniers jours de l'Empereur).

Über die Männer der Kapuzinermission sagt der große Sanskritforscher H. H. Wilson im „Journal of the Royal Asiatic Society of Great Britain and Ireland" (Nr. XIV, 1843, S. 293): „Sie sind hinsichtlich der Ähnlichkeit zwischen der Lamareligion und dem Christentume alle einer Meinung." Diese Bemerkung findet sich in einer Note zu dem Berichte des Mir Isset Ullah über eine Reise von Ladak nach Jarkent, worin der Mohammedaner sich die folgende impertinente Bemerkung erlaubt: „Es besteht auch eine auffallende Verwandtschaft zwischen den Lamas in Tibet und den Mönchen der christlichen Länder." Mir Isset Ullah machte jene Reise im Auftrage des Manasarovarforschers Moorcroft, der selbst bei einem Besuche in Daba im Jahre 1812 beobachtet hatte, daß beim Tode eines reichen Tibeters immer ein bedeutender Teil seines Vermögens an die Kirche fällt und ein Götzenbild denjenigen Priestern geschenkt werden muß, die „ganz wie im römisch-katholischen

126. Schangdse-Tal. (S. 309.)

127. Tal beim Kloster Rabgjäling. (S. 310.)
Skizzen des Verfassers.

128 u. 129. Kloster Rabgjäling. (S. 310.)
Skizzen des Verfassers.

Glauben" für die Seelenruhe des Verstorbenen beten. (Vgl. Asiatic Researches, XII, 1818, S. 437.)

Der Bischof Dr. Nicholas Wiseman hielt im Jahre 1835 in Rom zwölf Vorträge über den Zusammenhang zwischen wissenschaftlicher Forschung und christlicher Offenbarung; sie wurden unter dem Titel „Twelve lectures on the connection between science and religion" veröffentlicht. In seiner elften Vorlesung spricht Wiseman auch von Tibets religiösen Verhältnissen, wobei er sagt: „Als Europa zuerst mit dieser Götterverehrung bekannt wurde, war es unmöglich, sich nicht über die Analogien zu wundern, die sie mit den religiösen Gebräuchen der Christen und besonders mit denen der Katholiken aufwies. Die Hierarchie der Lamas, die monarchischen Institutionen der Tibeter, ihre Kirchen und ihre Zeremonien glichen den unseren in den kleinsten Zügen so sehr, daß man unwillkürlich glaubte, zwischen beiden müsse irgendeine Berührung stattgefunden haben."

Sich auf Abel-Rémusat und ein paar andere Gelehrte stützend, gelangt Wiseman indessen zu folgendem Resultat: „Um die Zeit, als sich buddhistische Patriarchen zum ersten Mal in Tibet niederließen, stand dieses Land in unmittelbarer Berührung mit dem Christentum. Nicht allein hatten die Nestorianer kirchliche Kolonien in der Tartarei, auch der Hof der Chane wurde von italienischen und französischen Geistlichen besucht, die der Papst und Ludwig der Heilige von Frankreich mit wichtigen Aufträgen dorthin gesandt hatten. Sie nahmen Kirchenschmuck und Altäre mit, um, wenn möglich, einen günstigen Eindruck auf die Gemüter der Eingeborenen zu machen. Zu diesem Zweck feierten sie ihren Gottesdienst in Gegenwart der Tatarenfürsten, von denen sie Erlaubnis erhielten, sogar innerhalb des Gebietes der königlichen Paläste Kapellen zu erbauen. Ein italienischer Erzbischof, den Papst Clemens V. ausgesandt hatte, errichtete sein Bistum in dieser Stadt und baute dort eine Kirche, in die drei Glocken die Gläubigen riefen und an deren Wänden viele heilige Bilder gemalt zu sehen waren. Nichts war leichter, als viele der verschiedenen Sekten, die den mongolischen Hof überschwemmten, zum Bewundern und Annehmen der Zeremonien dieser Religion zu vermögen. Einige Mitglieder des kaiserlichen Hauses bekannten sich im geheimen zum Christentum, viele vereinigten die äußeren Gebräuche mit ihrem eigenen Glaubensbekenntnis, und bald freute sich Europa über die Nachricht, daß fürstliche Personen bekehrt worden, bald trauerte es über die Entdeckung, daß sie wieder vom Glauben abgefallen waren.... Inmitten solcher mit römischer Pracht gefeierter Zeremonien und bei den Erzählungen aus dem Munde der Gesandten und Missionare über die Religionssitten und die Hierarchie ihres Landes, ist es kein Wunder, daß die lamaistische Religion, die gerade um diese Zeit Pracht zu entfalten begann, solche Einrichtungen und Gebräuche aufnahm, mit denen sie schon vertraut war und welche diejenigen bewunderten und liebten, die sie für sich zu gewinnen wünschte. Das Zusammentreffen in Zeit und Raum und der Umstand, daß die heilige Monarchie vorher nicht bestand, ist ein mehr als zureichender Beweis, daß die tibetische Religion nur der Versuch zu einer Nachbildung unserer eigenen ist."

Wiseman verficht also die Ansicht, daß der lamaistische Kultus von Europa nach Tibet importiert sei. Er hat indessen das meiste, was er über dieses Thema anführt, den Werken Abel-Rémusats entlehnt. Dieser sagt in seinem „Discours sur l'origine de la hiérarchie lamaïque" (Mélanges Asiatiques [Paris 1825] I, S. 129): „Die ersten Missionare, die den Lamaismus kennen lernten, waren nicht wenig erstaunt, im Herzen Asiens zahlreiche Klöster zu finden, sowie auch feierliche Prozessionen, Wallfahrten, Religionsfeste, den Hof eines obersten Priesters und Kollegien höherer Lamas, die ihr Oberhaupt, den Kirchenfürsten und geistigen Vater der Tibeter und der Tataren, wählen. Aber da der Glaube in ihrem Bekenntnisse in nicht geringem Grade eine Tugend war, hatten sie nicht daran gedacht, diese seltsamen Berührungspunkte zu verheimlichen, und um sie zu erklären, beschränkten sie sich darauf, den Lamaismus als eine Art degenerierten Christentums zu betrachten, und in den Zügen, die ihnen überraschend erschienen, sahen sie ebensoviele Spuren ehemaligen Vordringens der syrischen Sekten in diese Gegenden."

Abel-Rémusat zeigt, daß gerade während dieser Zeit, als aus Europa Gesandte und katholische Mönche nach dem Osten zogen, die neuen Sitze der buddhistischen Patriarchen in Tibet gegründet wurden. „Soll man sich darüber wundern, daß sie in der Begierde, die Zahl ihrer Anhänger zu vergrößern und dem Kultus größeren Glanz zu verleihen, einige liturgische Gebräuche und etwas von dem fremden Pomp, der Eindruck auf die Massen machte, annahmen?"

Abel-Rémusat will also nachweisen, daß die rein äußerlichen Ähnlichkeiten, die vorhanden sein können, darauf beruhen, daß der Lamaismus in neuerer Zeit einen Teil der pomphaften Gebräuche der katholischen Kirche angenommen hat. Er tritt demnach gegen die Ansicht auf, die im Lamaismus ein entartetes Christentum sehen wollte. Unter denjenigen, die diese Ansicht verfochten haben, nennt er Thévenot, Abbé Renaudot, Andrade, della Penna, Georgi, Deguignes, Lacroze „und viele andere". Wie man die bei den beiden Kirchen vorhandenen Ähnlichkeiten auch erklären will, aus Abel-Rémusats Auseinandersetzung geht doch deutlich genug hervor, daß eine solche Ähnlichkeit von einer ganzen Reihe Katholiken wirklich beobachtet worden ist.

Henry T. Prinsep sagt in dem kleinen Buche „Tibet, Tartary and Mongolia" (London 1851, S. 5, 12, 136, 141, 165 usw.) über das lamaistische Asien: „Die außerordentliche Ähnlichkeit zwischen den Doktrinen, den Büchern, dem Rituale, den Formen und den Institutionen des Buddhismus und denen des römischen Christentums, welche die Jesuiten, die im siebzehnten Jahrhunderte Tibet besuchten, beobachtet haben, muß zu dem Glauben führen, daß die erstere Religion sie von der anderen entlehnt hat. Das tibetische Klosterwesen hat auch eine merkwürdige Ähnlichkeit mit den Verhältnissen, die im Mittelalter innerhalb der römischen und der konstantinopolitanischen Kirche herrschten."

Prinsep führt auch Hauptmann Turners Erstaunen über den tibetischen Wechselgesang zwischen dem Priester und der Gemeinde und seine Ähnlichkeit mit den Hochamtszeremonien der römischen Kirche an. Csoma de Körös hat einige der tibetischen Kirchenlieder übersetzt, und Prinsep sagt von ihnen, daß er selbst erstaunt gewesen sei über ihre Ähnlichkeit im Geiste und Tone mit Teilen der Litanei und der Psalmen, die in den katholischen Kirchen auf dieselbe Weise gebetet oder gesungen würden.

In der im Jahre 1860 in Paris erschienenen „Géographie Universelle" von Malte-Brun finde ich (III, S. 235) folgende Bemerkung: „Rom und Lhasa, der Papst und der Dalai-Lama, könnten uns sehr interessante Berührungspunkte bieten. Die tibetische Regierung, die ganz und gar lamaistisch ist, scheint gewissermaßen eine Kopie des Kirchenregiments der päpstlichen Staaten zu sein."

Zum Schlusse nur noch ein Zitat aus Koeppens berühmtem Buche „Die lamaische Hierarchie und Kirche" (Berlin 1859), S. 116 fg.:

„Aeltere, wie jüngere Reisende, die ins Reich des Schnees oder in eins der von dort bekehrten Länder eingedrungen sind, haben oftmals über die vielen Beziehungen zwischen der Form des katholischen und lamaischen Cultus, die Aehnlichkeit, ja Uebereinstimmung der Ceremonien, Priesterkleidung, der heiligen Instrumente u. dgl. ihr Erstaunen ausgesprochen. Im Zeitalter des wüsten Aberglaubens führte man diese Erscheinung auf den Urheber alles Bösen, auf den Satan, zurück. Der Teufel — sagten sie — der ‚Affe Gottes', hat dem Herrgott auch sein Christenthum nachgemacht und eine Kirche gegründet, die sich äußerlich fast wie die katholische gebärdet, innerlich aber und in Wahrheit nichts ist, als heidnisches Teufelswerk. Die Kapuzinermissionäre des vorigen Jahrhunderts setzten an die Stelle des Teufels den Urketzer Manes, den sie mit Buddha identifizirten und zum Stifter des Lamaismus machten. Die jüngsten Sendboten der Propaganda endlich, welche Lhassa besucht, sind zu der Ueberzeugung gelangt, daß all' jene Analogien zwischen Lamaismus und Katholicismus, selbst das Pontificat, die Ehelosigkeit der Priester, die Verehrung der Heiligen, die Beichte, die Fasten, die Processionen u. s. w., ferner die Anwendung des Exorcismus, des Weihwassers, endlich die Glocken, der Rosenkranz, die Mitra, der Hirtenstab u. a. sammt und sonders dem Christenthume erborgt, und erst in Folge der Neuerungen des Doctor bTsong kha pa in den lamaischen Ritus und Cultus eingeführt worden seyen ... Es ist kaum schon möglich, auf die Fragen, was etwa der Lamaismus dem Christenthum und was seinerseits der Katholicismus dem Lamaismus oder Buddhismus überhaupt entlehnt hat, näher einzugehen; hier sey blos bemerkt, daß einmal den Reformen bTsong kha pa's durchaus nicht die Ausdehnung beigelegt werden kann, als habe er gleichsam erst den ganzen lamaischen Cultus, wie dieser jetzt ist, geschaffen, und daß es andrerseits völlig unkritisch und unhistorisch ist, urbuddhistische Einrichtungen und Gebräuche, wie z. B. die Ehelosigkeit, die Beichte, die Fasten, die alle erwiesenermaßen älter sind, als das Christenthum, für Neuerungen und noch dazu für Nachahmungen des Katholicismus auszugeben."

Auch der Rosenkranz ist in Indien und sogar in Tibet älter als in Europa. Hierüber sagt Koeppen (a. a. O., S. 319): „Die Heimath des Rosenkranzes scheint Indien zu seyn, von wo ihn die Muslim und durch diese vermuthlich die Christen erhalten haben — denn man darf wohl dem menschlichen Gehirn nicht zutrauen, daß es dieses absonderliche Werkzeug der Devotion öfter als einmal erfunden habe."

Über die Taufe sagt er (a. a. O., S. 320): „Die Taufe, d. h. der Gebrauch, die Kinder unmittelbar oder bald nach ihrer Geburt mit Wasser zu besprengen oder in dasselbe zu tauchen und ihnen dabei einen Namen zu geben, ist kein ausschließlich christliches Sacrament, sondern wird in vielen sogenannten heidnischen Religionen, selbst bei ganz rohen schamanischen Völkern, und zwar ausdrücklich als ein Act religiöser Weihe und Sühne, als geistliches Reinigungsbad beobachtet. Daß die lamaische Kirche ihn hat, versteht sich bei deren hierarchischer Tendenz von selbst."

Hinsichtlich der Ehe betont Koeppen eine Verschiedenheit zwischen den beiden Kirchen (a. a. O., S. 321): „Nach katholischen Concilienbeschlüssen soll der verflucht seyn, welcher behauptet, daß der status conjugalis eben so rein und heilig sey, als der status virginitatis. Es ist folglich eine schneidende Inconsequenz, daß die Schließung der Ehe, d. h. der Act, durch welchen zwei Personen aus einem heiligeren in einen weniger heiligen Zustand übergehen, von der katholischen Kirche als Sacrament betrachtet wird."

Auch Koeppen hat seine Gegner. So sagt W. L. Heeley in „The Calcutta Review" (59. Band, 1874, S. 139) von ihm, daß er offenbar Freidenker sei, über die Priester und ihre Wege schlecht denke und die Lamas hasse, „weil sie ihn an die katholische Kirche erinnern, gerade wie die katholischen Missionare die Lamas hassen, weil sie die Kirche parodieren".

Bei Adrien Launay finde ich folgendes im ersten Bande der „Histoire de la Mission de Thibet" (I, S. 23): „Im siebzehnten Jahrhundert berichteten indische Karawanen, daß es in Tibet Christen gebe; sie sind ohne Zweifel gleich einigen Geschichtsschreibern durch die Ähnlichkeiten, die man zwischen den katholischen und den lamaistischen Zeremonien wahrnehmen kann, irregeführt worden."

Harald Hjärne hebt bezüglich der buddhistischen Kirche hervor, daß sie höchstens mit den katholischen Mönchsorden verglichen werden könne. („Stat och Kyrka", Stockholm 1912, S. 11).

Einer der großen Männer unserer Zeit in der Kenntnis des Buddhismus, Dr. T. W. Rhys Davids, schließt sein kleines, vortreffliches und beständig in neuen Auflagen erscheinendes Handbuch „Buddhism: being a sketch of the life and teachings of Gautama, the Buddha" (London 1903, S. 250) mit folgenden Zeilen: „Der Lamaismus mit seinen geschorenen Priestern, seinen Glocken und Rosenkränzen, seinen Bildern, seinen prachtvollen Gewändern und seinem Weihwasser, seinem Gottesdienste mit Doppelchören, Prozessionen, Glaubenssätzen, mystischem Ritual und Weihrauch, wobei die Laien nur Zuschauer sind, seinen Äbten, Mönchen und Nonnen vieler verschiedener Grade, seiner Verehrung der Jungfrau, der Heiligen und der Engel, seinen Fasten, seiner Beichte und seinem Fegefeuer, seinen Götzenstatuen und Gemälden, seinen großen Klöstern und prächtigen Kathedralen, seiner mächtigen Hierarchie, seinen Kardinälen und seinem Papste — zeigt, wenigstens äußerlich, eine starke Ähnlichkeit mit der römisch-katholischen Kirche, trotz des wesentlichen Unterschieds in den Lehren und der Denkweise."

Im zweiten Bande meines Buches habe ich nur flüchtig einige Ähnlichkeiten zwischen den beiden Kirchen berührt. Jetzt habe ich durch allerlei Zitate bewiesen, daß nicht allein protestantische Religionsforscher, sondern auch eine ganze Reihe katholischer Missionare, die jahrelang in Tibet gelebt haben, in ihren Vergleichen viel weiter gegangen sind als ich. Der Leser mag nun selbst entscheiden, ob ich derjenige bin, welcher „konfessionellen Unfug" getrieben hat, oder ob nicht eher den Katholiken, die über meinen Scheitel die Schalen ihres Zornes ausgegossen haben, der Vorwurf zu machen sei, daß sie sich bedenkliche Abweichungen vom Wege der Wahrheit haben zuschulden kommen lassen. —

Wir hatten uns durch Pater Antonio de Andrades erfolgreiche Missionsreisen nach dem früheren Königreiche Tsaparang aus dem majestätischen Tale des Satledsch auf Abwege in die Ferne verlocken lassen. Daher ist es jetzt an der Zeit, den Faden der Erzählung wiederanzuknüpfen. Wir überlassen das sterbende Dorf seinen Träumen von einer vergangenen Größe beim Rauschen des königlichen Flusses und schicken uns zum Fortziehen aus einer Gegend an, über deren öden Bergen einst die ersten christlichen Glocken in Tibet in hellen Tönen erklungen waren.

Siebenundzwanzigstes Kapitel.

Durch die Labyrinthe der Nebenflüsse.

In dem Lager am Fuße der Klosterterrasse von Totling betrug die absolute Höhe bloß 3700 Meter. Jetzt ging es ernstlich bergab! Ein herrliches Gefühl, nach jahrelangem Verweilen in riesigen Höhen wieder in die dichteren Luftschichten hinabzusteigen! Zwei Jahre in der stark verdünnten Luft 4900 bis 5900 Meter über dem Meere sind ungefähr das, was ein Europäer eben noch aushalten kann. Sein Herz und seine Lungen sind nicht für den starken Sauerstoffmangel gebaut, der droben an der Grenze des unendlichen Weltenraumes herrscht. Wenn der Dalai-Lama nach Kalkutta reist, quält ihn vielleicht die Hitze, aber den vermehrten Sauerstoffvorrat in der Luft muß er als Annehmlichkeit empfinden. Dem Europäer geht es anders. Wenn er die halbe Atmosphäre unter sich zurückläßt, so werden die Muskulatur und die Klappen seines Herzens übermäßig angestrengt; ihn verfolgt Tag und Nacht das Müdigkeits= gefühl eines von einer schweren Krankheit Genesenen, das durch die zehn Stunden der Ruhe während der Nacht nicht verjagt wird.

An mir selbst konnte ich folgende Anzeichen beobachten: die Körper= temperatur fiel einen Grad unter die normale, das Atmen und der Puls gingen schneller als gewöhnlich, und auch die geringste Bewegung erzeugte Atemnot; ich wurde schließlich gleichgültig gegen alles, den Weg nach Indien ausgenommen; die beiden täglichen Mahlzeiten betrachtete ich als Strafe für meine Sünden; nur heißer Tee und eiskaltes Wasser schmeckten mir immer gut, und der Tabak war mir ein unentbehrlicher Gesellschafter während der endlos langen Stunden der Einsamkeit. Um mich herum dehnte sich beständig ein unüberwindliches Meer ohne Grenzen aus, und seine versteinerten Wellen, die sich einen Monat nach dem andern vor mir auftürmten, schienen nie ein Ende nehmen zu wollen. Ich hatte die Reise lange genug in ruhigerem Fahrwasser gemacht; jetzt näherte ich mich dem Strande des Gebirgsmeeres, wo die Brandung stürmisch wild tost, und es wurde mit jedem Tage deutlicher erkennbar, daß die Besiegung des Himalaja kein Kinderspiel ist.

Nun ging es bergab, nach dem gesegneten Indien hinunter. Nach den grauen, unfruchtbaren Räumen Hochtibets glänzten die Gerstenfelder an den Nebenflüssen des Satledsch entzückend grün, und nachher hörten wir auch laue Sommerwinde durch dichtbelaubte Pappelkronen sausen. Sogar der Regen plätscherte sommerwarm und schön herab; man konnte nachts eine der Filzdecken weglegen, da die Temperatur nicht unter 8,9 Grad Wärme sank. Es war, als ob man dem Frühling entgegenziehe. Die Lebenslust kehrte zurück, die Ruhestunden wirkten besser, und der Appetit stellte sich wieder ein. Daher war es so unbeschreiblich schön, von den großen Höhen herabzusteigen.

Sogar der Tschangtsö, der sich anfänglich so hochnäsig benommen hatte, wurde schließlich richtig gemütlich; er verschaffte die Lebensmittel, deren wir bedurften, und erhielt im Tausche gegen einen Sattel den einen Revolver. Im übrigen hatte ich seine gnädige Hilfe nicht nötig, denn Thakur Jaj Chand hatte mir mit Mohanlal einen jungen Tibeter namens Ngurup Dortsche geschickt, der als Führer dienen sollte. Er kannte die Straßen nach Poo, und ich konnte ihn, wenn ich wollte, bis nach Simla mitnehmen.

Ngurup Dortsche ging auch an der Spitze, als wir am 15. August Totling verließen. Über die unbedeutende Höhe sollte ich mich nicht lange freuen. Von Mangnang aus waren wir steil nach dem Kloster hinabgestiegen, das auf dem Grunde des Grabens des Satledschtales liegt; jetzt sollten wir wieder in höhere Regionen hinauf, wo die Straße in einem gewaltigen Bogen im Norden des Flusses das Land Tschumurti durchquert.

Auf der Terrasse des linken Ufers schreitet meine kleine Schar vor der Front der Klosterstadt hin, wo sich Tempelhäuser und Tschortenpyramiden zwischen den Ruinen erheben und wo hin und wieder ein Lama uns aus einer finsteren Fensterscharte eines Abschiedsblickes würdigt. Der Pfad führt in nordöstlicher Richtung flußaufwärts; nach einer Weile biegt er nach Norden ab und geht schnurgerade zu der über den Satledsch führenden Brücke hinunter. Zwischen senkrechten Sandsteinfelsen, die 18° N 85° O streichen, drängt sich der mächtige Fluß zu vielleicht 25 Meter Breite zusammen; seine Tiefe muß daher bedeutend sein. Trübe, grau und tosend braust die gewaltige Wassermasse durch ihren engen Korridor und bietet, wenn man flußaufwärts schaut, ein fesselndes, großartiges Bild unwiderstehlicher Kraft. Gleich unterhalb der Brücke verbreitert sich der Fluß wieder, er wird ruhig und tost weniger, die Berge treten zurück

130. Tal des Ngari-tsangpo. (S. 315.)

131. Die kleine Brücke über den Ngari-tsangpo. (S. 317.)

132. Bergkette an der Grenze zwischen Tibet und Indien. (S. 321.)

133. Schlucht bei Optil. (S. 318.)

und gewähren flachen Uferstreifen Raum, wo die Erosionsterrassen jedoch immer scharf abgezeichnet sind, wenn sie nicht gerade durch kleinere Nebenflüsse unterbrochen werden. Aber die Talerweiterung ist nicht lang; schon bei Tsaparang bohrt sich der Flußlauf wieder durch einen engen Korridor.

Die Brücke von Totling ist ein gediegenes Bauwerk, und ihren Planken kann man seine Pferde ohne die geringsten Befürchtungen anvertrauen (Abb. 122—124). Die Brückenköpfe sind vielleicht 12 Meter über der Wasserfläche in Form kurzer Steintunnel auf Absätzen der Felsen erbaut. Zwischen den oberen Flächen der Tunnelmauern sind von Ufer zu Ufer zwei mächtige Eisenketten ausgespannt; in ihnen hängt die Holzbahn der Brücke. Das Ganze ist so fest zusammengefügt, daß die Brücke nicht einmal unter dem Gewicht der Pferde merklich zittert. Die Ketten dienen auch als Geländer, und mein Schimmel hatte keine Gelegenheit, mit einem neuen Todessprung sein Glück zu versuchen.

Am rechten Ufer wird unsere Richtung wieder westlich, und der Weg geht über Rinnen zwischen Hügeln aus Lößlehm und Kies weiter. Am größten ist das Tal, durch welches die Straße von Gartok und vom Aji-la nach Totling herabkommt. In seinem steinigen Bett strömten jetzt gegen 5 Kubikmeter trüben Wassers dahin, die den Fußgängern die gewöhnliche Verzögerung ihres Marsches bereiteten. Der Pfad zieht sich, Totling gerade gegenüber, unmittelbar am Satledschufer entlang, und ich habe eine vorzügliche Aussicht auf die verödete Klosterstadt. Sie entschwindet meinem Auge auf immer, als wir durch ein Nebental aufwärtsziehen, dessen Bach seine Fluten zwischen frischen Wiesen rollen läßt. Auf den Seiten erheben sich steile Wände aus Ton, Sand und Geröll — die Cañonnatur hat noch nicht aufgehört. So bleibt die Landschaft, bis wir in eine Gegend gelangen, wo Ngurup Dortsche vorschlägt, das Lager zu errichten. Die Höhe beträgt 3746 Meter. Aus Nordosten kommt ein Tal namens Natang, in welchem Gerste gebaut wird (Abb. 125).

Kaum waren die Zelte aufgeschlagen, so streckte auch schon der Südwestmonsun einen blauschwarzen Flügel über die Gegend aus, der Tag verfinsterte sich zu Dämmerung und Indras Herolde stießen dröhnend ins Horn. Das Echo antwortete im Gebirge und in den Tälern, die Blitze zuckten wie Säbelklingen, die sich in einer Schlacht kreuzen, die Wolken zerrissen dabei, und der Regen rauschte frisch auf das Natangtal herab. Später am Nachmittag hörte man droben vom Tale her ein dumpfes Grollen. Nahte vielleicht eine heftige Sturmbö oder ein Wolkenbruch? Nein, es war das Regenwasser, das sich von allen Seiten her zu einer Sturzflut angesammelt hatte und dessen schwere Masse sich jetzt nach dem Satledsch hinunterwälzte. Das Getöse wurde langsam, aber stetig lauter und wurde schließlich betäubend. Alle Mann auf die Beine. Schnell wird das Gelände untersucht. Die Zelte stehen mitten im Tale, — soll etwa das ganze Lager fortgeschwemmt werden? Wenn sich der ganze Talgrund mit diesem wütend heranrauschenden Wasser füllt, dann sitzen wir wie in einer Mausefalle unter einer Wasserleitung, denn die Abhänge sind zu steil, als daß wir uns durch die Flucht retten könnten.

Es ist zu spät, einzupacken und nach einem sicherern Platze umzuziehen. Seht dort an der letzten Ecke oberhalb des Lagers! Eine dunkle graubraune Mauer rollt gegen die Zelte heran. Ja, sie rollt buchstäblich über den Talboden, schäumend und brausend, und nimmt allen losen Tonstaub, Sand und Kies, sowie alle dürren Grashalme mit. Sich verständlich machen zu wollen, wäre ganz vergeblich. Jetzt dröhnt die Luft, und der Boden zittert. Ich habe an dem kritischsten Punkte Posto gefaßt, fest entschlossen, alles in meiner Macht liegende zu tun, um meine Aufzeichnungen und meine Karten zu retten.

Wunderhübsch und prächtig ist ein solches Schauspiel, und man vergißt darüber beinahe die drohende Gefahr. Keine Sekunde kann man den Blick von dieser Wulst heranrollenden Wassers abwenden. Die Aufregung nimmt zu. Die Sturzflut schreitet jedoch nicht so schnell vorwärts, wie man denken sollte. Sie füllt einen Meter des Bettes nach dem andern an und nähert sich mit erdrückender Übermacht der Stelle, wo ich stehe. Jetzt ist sie dort angelangt. Wird sie mich und die Zelte packen und uns auf ihrem Siegeszuge mitnehmen? Muß ich schnell fortlaufen, um einen sicherern Platz einzunehmen? Das Wasser steigt und wird mich bald erreichen. Nein, diesmal tut es uns noch nichts. Die Zelte stehen auf einer kleinen Bodenerhebung, die keine Spuren früherer Überschwemmungen trägt. Wir befinden uns auf einer Insel, wohin das Wasser nicht gelangt. Aber es hing an einem Haar, und hätte uns diese Regenwasserflut auf dem Marsche in irgendeiner der engen Passagen weiter abwärts erreicht, so hätte unsere Lage verzweifelt werden können.

Volle zwei Stunden fuhr diese wohl 30 Kubikmeter Wasser in der Sekunde führende Flut fort, durch das Tal zu strömen. Gegen Abend nahm die Wassermenge ab, und am folgenden Morgen war nur noch ein kleiner Bach da. Das Wasser war in solchem Grade mit Ton vermischt, daß, wenn man die Hand hineinsteckte und sie dann in der Luft trocknen ließ, man einen Handschuh von feinstem Tonschlamm hatte. Ungeheuere Massen festen Materials werden auf diese Weise in den Satledsch hinuntergeschlämmt und finden erst dann Ruhe, wenn der Fluß in einer Talerweiterung Schlamm- und Sandbänke in seinem Bette bilden kann.

Wie viel lebhafter und kräftiger ist aber diese fortschwemmende Tätigkeit
während der Pluvialzeit gewesen! Man kann es verstehen, daß eine
Jahrtausende hindurch vorsichgehende Erosion zu keinem andern Resultat
führen kann als dem, welches man hier vor seinen Augen sieht, zu einem
Labyrinthe tiefeingeschnittener Cañontäler.

Der Satledsch ist die Hauptpulsader alles Regenwassers, das aus
Hundes abfließt. Der Fluß ist die Zusammensetzung der gesamten Wassermenge unzähliger Nebenflüsse. Die Tributäre schwellen und schrumpfen
je nach dem ungleichmäßigen Fallen des Regens in ihrem Gebiete. Einen
Tag kann das Natangtal einen kleinen Bach, am nächsten aber einen gewaltigen Fluß enthalten. Doch in der Hauptrinne des Satledsch gleicht
sich das Verhältnis aus. Bei Bilaspur, wo der Fluß den Himalaja verläßt und in die Ebenen des Pandschab hinaustritt, wird man, wenn die
Regenzeit naht und Tage mit Niederschlägen immer zahlreicher werden,
ganz sicherlich finden, daß die Wassermenge des Satledsch regelmäßig zu
einem Maximum anschwillt, um nachher ebenso regelmäßig wieder abzunehmen, wenn der Regen im Herbst wieder seltener wird.

In der Nacht auf den 16. August fiel der Regen andauernd dicht,
und ich beeilte mich, das Natangtal hinter mir zu lassen, ehe sich die
nächste Sturmflut herabwälzte. Das kleine Nebental, in welchem wir
nordwärts ziehen, ist in gelben Lößlehm eingeschnitten, den die Nässe
glatt wie Schmierseife gemacht hat. Die Tiere gehen unsicher und gleiten
vorwärts oder patschen wie in der ärgsten Schlammsuppe. Auf dem Grunde
des Abflußbettes des Tales stand gewöhnlich ein Brei, der frischangerührtem
Mörtel glich; als wir ihn durchwaten mußten, liefen die Tiere Gefahr,
zu ertrinken. Der Cañontypus herrscht hier noch immer. Wir wandern
zwischen senkrechten oder sehr steilen Wänden aus gelbem äolischem Staub;
gewaltige freistehende Blöcke, Türme und Säulen erinnern wieder, wie
schon so oft, an die Straßen und Gassen einer im Zauberschlafe liegenden
Stadt. Von den Seiten her münden unzählige Schluchten und Rinnen in
jeder möglichen Größe. Einige dieser unangenehmen Rinnen sind metertief
und fußbreit. Wäre der Lehm nur trocken, so würde er das Gewicht
der Tiere leicht tragen; aber der Regen hat ihn aufgeweicht, er gibt nach,
und ein Pferd oder Maulesel nach dem andern purzelt in den tückischen
Fallgruben auf die Nase. Wenn der Leiter des Zuges seinen Purzelbaum geschlagen hat, dann versuchen die ihm folgenden Tiere es an einer
andern Stelle.

Unfruchtbar, öde und still wie eine Wüste ist dieser Talgang. Die
Neigung ist gering. Doch als wir die höheren Regionen erreichen, verändert sich das Aussehen der Landschaft. Ein Strauch, eine genügsame

Pflanze und ein wenig Gras haben hier und dort am Fuße einer steilen Wand eine Freistatt gefunden. Die losen Ablagerungen, die einst das ganze Satledschbecken ausgefüllt haben, nehmen allmählich an Dicke zu, und an Vorsprüngen und Ecken tritt öfter anstehendes Gestein, phyllitischer Schiefer, zutage. An einer letzten Biegung zeigen sich im Hintergrunde Hügel und gewölbte Anhöhen, die wie Holme oder Halbinseln aus der Wüste der Tonfüllung auftauchen. Bevor wir diesen Boden, den die äolischen Ablagerungen nicht berührt haben, erreichen, machen wir an dem Auge einer kleinen Quelle halt, wo aber das Gras nicht ausreicht, um meine zehn Tiere zu sättigen.

Noch eine Tagereise, und die Fassaden der schlafenden Stadt werden immer niedriger. Gelegentlich ist ein unterminierter Tonblock heruntergestürzt, und seine Trümmer bedecken den Talgrund mit kubischen, scharfkantigen Stücken. Nun aber sind wir bei dem Steinmal angelangt, das auf der Grenze zwischen der äolischen Beckenfüllung und den mit Geröll bedeckten und spärlich mit hohem Gras bewachsenen Höhen von Kalingtang errichtet ist. Durch kleinere Steinmale und Manisteine bezeichnet schlängelt sich der Pfad nach dem Gipfel einer dominierenden Bodenerhebung hinauf, dessen Steinpyramide nach allen Seiten hin sichtbar ist. Hier ist es der Mühe wert, sich eine Weile umzusehen und den Blick langsam um den Rand des Horizonts gleiten zu lassen. Eben noch waren wir in dem engen Tale eingeschlossen und sahen nur die allernächsten Tonwände und Talkrümmungen. Jetzt atmen wir frei, jetzt können wir uns orientieren und einen Überblick über dieses seltsame Land erhalten, wo die Atmosphärilien und die Kräfte, welche die Erdoberfläche umgestalten, launenhafter vorgegangen sind und deutlichere Spuren hinterlassen haben als in irgendeinem andern Teile Tibets.

Nach Nordwesten hin behält das Land denselben Charakter wie bisher: ein unentwirrbares Durcheinander von Talgängen, Schluchten und Rinnen, tief in den äolischen Ton eingeschnitten, ein Gewirr von Verzweigungen und Abflußbetten jeden Grades und jeder Größe bis zu den unbedeutendsten und feinsten kleinen Furchen fließenden Wassers. Über der gelben Erde thront im Nordosten ein Schneekamm, der zur Ladakkette gehört; im Westen schließen den Horizont abgestumpfte Kuppen mit kleinen glänzenden Schneehauben ab, die unweit Schipki liegen.

Die weithin sichtbare Steinpyramide erhebt sich auf der Anschwellung zwischen drei Talsystemen. Als wir ihre vom Winde gepeitschten und der Vergänglichkeit durch Verwitterung preisgegebenen Steine verlassen, folgen wir zunächst einer der kleinsten Rinnen, dann immer größeren Schluchten und Talgängen, die sich in der losen Erdrinde immer tiefer einschneiden, bis der letzte Korridor in das große Schangdsetal übergeht, das sich südwestwärts nach dem Satledsch hinabzieht (Abb. 126). Am linken Ufer seines Baches dehnen sich saftige Gerstenfelder und sumpfige Wiesen aus, in deren Mitte etwa fünfzig würfelförmige, graugetünchte und mit Wimpeln geschmückte Häuser liegen, die zusammen das Dorf Schangdse bilden. Ein einsamstehendes, vornehmeres Haus mit einem Tschorten davor ist die Wohnung der Ortsbehörde. Auf einem Hügel an der rechten Talseite ist das Schangdse-gumpa erbaut; es besteht aus zwei roten Häusern und einem weißen Gebäude und liegt inmitten der gewöhnlichen Erinnerungspyramiden. Sieben Lamas der Gelukpasekte sollen in diesem Kloster ihren Wohnsitz und ihre Tätigkeit haben.

Der Schangdsebach führte 8 Kubikmeter Wasser, war aber am folgenden Morgen nach einer regenlosen Nacht auf 5 herabgesunken. Der Tag war strahlend heiter gewesen, und bei 21 Grad um 1 Uhr mittags war es erstickend heiß, und zwar umsomehr, als die Luft windstill war. Die Höhe betrug 4194 Meter.

Sobald das Lager 474 aufgeschlagen war, sahen wir Lamas, Dorfbewohner und Weiber vor den Zelten erscheinen, wo sie ungeniert Platz nahmen und mit uns zu plaudern begannen. Von dem Mißtrauen, mit welchem man mir in Totling begegnet war, zeigte sich hier keine Spur. Wie sollten sie auch einer Karawane mißtrauen, die aus Totling kam und einen Tibeter als Wegweiser hatte! Nun da wir uns in Totling durchgewunden hatten, würden wir sicherlich überall ungehindert freien Durchzug erhalten.

Der neue Tagemarsch glich dem vorigen. Nordwestwärts ging unser Zug, bergauf in einem langsam ansteigenden schmalen Tale, das auf eine neue hügelige Bodenerhebung hinaufführt, von deren Steinmal aus wir eine mir nun wohlbekannte Aussicht haben; dann ziehen wir nach dem nächsten Tale hinunter, nach Tschoktse, welches dem Tale von Schangdse gleicht. Die Bewohner des Tschoktsetales hausen wie Wanzen in den Lößwänden der rechten Talseite, wo sie eine kleine Anzahl mehr als einfacher Hütten haben. Jetzt waren sie alle draußen auf den Gerstenfeldern, um die Bewässerung, die mit Hilfe zweier Quellbäche geschieht, zu überwachen. Die Felder erinnern in ihrer Anlage an stufenförmige Terrassen, und das Wasser rinnt durch unbedeckte Röhren in bestimmter Ordnung von den höheren auf die tieferliegenden hinab. Dem Fleiße und der liebevollen Fürsorge, welche die guten Männer und ihre Weiber dabei zeigten, sah man es an, daß sie große Erwartungen auf die diesjährige Ernte setzten.

Auf den Wiesen in der Nähe des Dorfes Tschoktse grasten Ochsen und Kühe, die ersten, die ich seit langem erblickte, eine neue Erinnerung an wärmere Regionen. Wohl hatten wir im Laufe des Tages zwei Wildesel gesehen, und auf den Abhängen saßen muntere Murmeltierchen schrill pfeifend vor ihren Löchern. Aber was wollte das besagen? Wir waren trotzdem im Begriff, das hohe, kalte und karge Tibet zu verlassen, wir waren — o himmlischer Gedanke — auf dem Wege nach Indien, dem Lande der Sagen und der Dschungeln! Gerstenfelder hatten wir ja schon seit mehreren Tagen erblickt; nun aber hatten wir die ersten wirklich ackerbautreibenden Dörfer erreicht, eine ansässige Bevölkerung war an die Stelle der umherirrenden Nomaden, Rindvieh an die Stelle der Yaks getreten, und die Schafzucht, die droben auf den Höhen alles gewesen war, galt den Bauern, deren Dörfer wir jetzt besuchten, nur als Nebensache.

In Tschoktse haben wir nichts zu suchen. Wir reiten am Dorfe vorüber, neue Täler hinauf, über neue Höhen hinweg und erblicken vor uns das Kloster Rabgjäling-gumpa auf seinem Hügel (Abb. 127—129). Es ist wehmütig und rührend, alle diese Gotteshäuser in einem so öden Lande zu gewahren. Die Klosterzellen beanspruchen einen viel zu großen Prozentsatz der männlichen Bevölkerung; die Männer könnten hier ihre Zeit und ihre Kräfte wirklich besser anwenden als zum Lampenputzen und Liegen vor den goldenen Götzenbildern. Aber dennoch sage ich: es lebe das Mönchswesen! Aus seinem Dämmerlichte sind mir nur helle Erinnerungen geblieben!

Saftige Wiesen am linken Ufer des Rabgjälingflusses luden zum Lagerschlagen ein. Ich hatte eben Halt kommandiert, als Ngurub Dortsche ausrief: „Nein, hier lagert nicht, Herr!"

„Weshalb nicht? Das Gras ist gut, das Wasser klar und das Wetter beständig."

„Wohl wahr, aber kommt über Nacht ein Regen, so sind wir abgeschnitten, denn dieser Fluß ist berüchtigt und wegen seiner Tiefe sehr schwierig zu durchwaten."

„Schön, dann bleiben wir am rechten Ufer."

Wir wateten durch das reine, frische Wasser und ließen die Tiere dann nach den Wiesen des linken Ufers zurückkehren. Trat Regen ein, so konnten wir sie rechtzeitig herüberholen.

Malerisch, farbenprächtig und geheimnisvoll wie ein Märchenschloß erhebt Rabgjäling-gumpa seine mit Wimpeln geschmückten Zinnen über dem Tale. Auf der höchsten Stelle des Gipfels des Klosterhügels trotzt ein rotangestrichener Lhakang den zerstörenden Kräften des Himmels, des Wassers und der Erde, dem Kapitäle einer Säule oder dem über einem Abgrund schwebenden Horste des Königsadlers vergleichbar. Der unsichere Gerölluntergrund sah aus, als ob er schon der Wucht des nächsten Regens nachgeben könne. Es war, als ob man Gott Trotz biete, wenn man auch nur eine einzige Nacht in jenem Gebäude schliefe. Am Fuße des Hügels liegt ein zweiter Göttersaal inmitten der Hütten und Gehöfte des Dorfes und eines ganzen Knäuels von Tschorten. Die Wohnhäuser der Mönche bilden einen kleinen Dorfkomplex für sich, den eine besondere Mauer umschließt.

Von zwei Mönchen geführt, stattete ich dem unteren Göttersaale einen kurzen Besuch ab und sah dort künstlerisch ausgeführte Wandgemälde, denen aber die Feuchtigkeit und das von der Decke herabsickernde Wasser übel mitgespielt hatten. Im übrigen war das Innere dasselbe wie gewöhnlich. Die beiden Diwane fehlten ebensowenig wie die acht Säulen mit ihren Tempelfahnen und Bändern. Ganze Haufen loser Blätter mit vergilbtem Rande ersetzten die „eingebundenen" Schätze der Bücherbretter. In der Mitte der Wand im Hintergrund saß Buddha, zwei Meter hoch und mit einem gelben Mantel bekleidet. Vor ihm auf dem Altartische waren die dii minores in zwei Reihen aufgestellt; vor ihnen brannten die Lampen in ihren Messingschalen. Das Ganze verschmolz zu einem harmonischen, gedämpften und zur Genüge schmutzigen Farbentone.

Ein „Kore" genannter offener Gang mit Geländer und freier Aussicht nach allen Seiten umschließt den Tempel und das Laiendorf an der Außenseite. Der „Kore" führt an einigen Tschortenpyramiden vorüber. In ihren Seiten sind ganze Reihen Gebetzylinder in Nischen angebracht. Wenn der Pilger oder der Mönch, der seine „Kore"-Wanderung macht, dorthin gelangt, so versäumt er niemals, mit der Hand alle diese Maschinen in Drehung um ihre senkrechten eisernen Achsen zu versetzen, und ihr Schnurren und Knirschen begleitet dann seine Schritte. Dieses Tun hat ganz denselben Nutzen, den der Wanderer von dem Herplappern aller der in jeder dieser Gebetmühlen auf langen Papierstreifen enthaltenen Gebete haben würde. Wehe dem, der die Mühle nach der verkehrten Seite hin drehte! Sowohl die Rotation wie auch das Durchschreiten des Koreganges müssen in der Richtung der Zeiger einer Uhr vorsichgehen.

Durch eine Scharte der inneren Seite des Ganges konnte ich in eine halbunterirdische Tempelkrypte hinunterschauen, in welche die Mönche mich nicht hineinlassen wollten. Ich sah jedoch auch von dort aus, daß lauter Medaillons in Flachrelief, die buntbemalte und teilweise vergoldete Buddhabilder darstellten, die Längswand verzierten. Auf dem Lehmfußboden lagen einige frischbehauene Manisteine und ein schön gemeißeltes steinernes Götterbild; ich hätte sie gern gegen Silbergeld erstanden, bat aber vergeblich darum.

In Rabgjäling lebten elf diensttuende Mönche. Die Außenmauern ihrer Häuser waren graublau, rot und weiß in senkrechten Streifen angestrichen, eine Zusammenstellung, welche die Verwandtschaft des Klosters mit Sakija anzeigen soll. Die Mönche zeigten sich ebenso freundlich gesinnt wie die Laien und deren Weiber, die zu meinen Zelten pilgerten, um kleine Klumpen mehr oder weniger ranziger Butter zu verkaufen.

Im Scheine der Abendsonne leuchtete der höchste Lhakang des Klosters wie das Blut auf einem Opfersteine. Aber die Schatten wurden länger und füllten das Tal, dessen Stille nur durch das Rauschen des Flusses unterbrochen wurde. Die Sterne, die Freunde aller Pilger und Wanderer, funkelten an dem kalten Abend klarer als sonst. In der Nacht sank die Temperatur auf 0,1 Grad über Null. Wir befanden uns aber auch in 4166 Meter Höhe und waren von der Klosterstadt Totling an wieder um 466 Meter gestiegen.

134. Im Höllenloch des Ngari-tsangpo. (S. 318.)

135. Brücke über den Tomlang-tsangpo. (S. 325.)

136. Loptschak-Brücke. (S. 330.)

Achtundzwanzigstes Kapitel.

Im Höllenloch des Ngari-tsangpo.

Erstaunt darüber, daß Rabgjälings hoher Lhakang in der Nacht nicht heruntergestürzt war, sondern noch immer rot und massig auf seiner Bergspitze thronte, brach ich am folgenden Tag von neuem mit den Meinen auf. Im Zickzack erklimmen wir die Höhen auf einem schmalen Pfad, der wie eine Wandleiste über tiefen Schluchten und an jähen Wänden schwebt. Ehe wir uns dessen versehen, geht es wieder in ein tiefes Tal hinunter, dessen oberer Teil den Namen Rildigjok trägt und der weiter abwärts Tschang=tang heißt. Man verweilt gern einen Augenblick am Ufer seines Baches und erfrischt sich durch einen Trunk klaren, kalten Wassers, das murmelnd talabwärts rieselt, um seinen Herrscher, dem Satledsch, den vorgeschriebenen Tribut zu bringen.

Die Hütten, Äcker und Tschorten von Rildigjok sind nicht imstande, meine Neugierde zu erregen. Wir ziehen weiter, nach neuen Höhen hinauf und über Kämme zwischen tiefen Schluchten hinweg. Wie gewöhnlich geht es über eine Reihe Täler bergauf und bergab, bevor wir in Karu=sing, das zwar Quellen und Weide bietet, aber keine menschlichen Behausungen enthält, halt machten. Ein „Dakpa", ein tibetischer Postläufer, eilte in sachtem Trab an unseren Zelten vorüber. In einer kleinen Tasche trug er Thakur Jaj Chands englische Post; er war damit, wie er uns erzählte, seit drei Tagen unterwegs. Die Tasche, die zwischen Simla und Gartok mehrmals aus einer Hand in die andere übergeht, sollte bald von einem neuen Marathonläufer weiter befördert werden.

Auch in dieser Nacht blieb die Minimaltemperatur dem Gefrierpunkt so nahe wie möglich, aber die Höhe war auch bedeutend, 4300 Meter. Von dem regelmäßigen Gefälle des Satledsch hatten wir keinen Vorteil. Wir waren hier um 600 Meter höher als bei Totling. Diese Straße nach Indien ist trostlos lang. Man glaubt, zehn Kilometer zurückgelegt zu haben, und ist doch nur um fünf oder noch weniger weiter gelangt. Und immer scheint die Entfernung bis zur Grenze und nach den Wäldern auf der Südseite des Himalaja hin gleich groß zu bleiben.

Am 20. August hatten wir noch immer dasselbe Gelände, eine Reihe hinderlicher, durch Anschwellungen und Höhen voneinander geschiedener Täler. Öfter als bisher tritt anstehendes Gestein zutage, und die Gesteinsart ist ein starkgefalteter, verwitterter phyllitischer Schiefer. In einem dieser Täler liegt Sumur=gumpa, ein ganz kleines Kloster mit zwei Mönchen und zwei Hütten. Ein auf der rechten Seite einmündendes Nebental heißt Lbat; seine Quellen und Weiden mahnen uns, hier in 4478 Meter Höhe das Lager 477 aufzuschlagen. In einer Terrassenwand dicht beim Lager gab es eine Höhle mit verriegelter Tür und geschlossenen Fensterscharten. Ein meditierender Mönch hatte das ganze vorige Jahr hindurch in ihrer Finsternis zugebracht, und er sollte bald wieder in sein freiwilliges Gefängnis zurückkehren.

Pfiffe und Pferdegetrappel hallten im Tale wieder. Ein Lama mit einem Scheitelkäppchen nahte mit zwei Eingeborenen aus Beschahr, die einige Pferde und einen Esel vor sich hertrieben.

„Wohin zieht ihr?" fragten wir.

„Nach Bongba in Tibet."

„Was habt ihr dort zu tun?"

„Wir besitzen dreihundert Schafe, die dort droben von Tibetern gehütet und gepflegt werden. Nun wollen wir die Wolle holen und sie nach der indischen Seite bringen."

„Zieht ihr jeden Sommer dort hinauf?"

„Ja; aber in diesem Jahre haben wir dort auch noch etwas anderes zu besorgen. Wir haben erfahren, daß ein Kerl aus Ladak einige unserer Schafe gestohlen und sich mit seiner Beute nach Nubra begeben hat. Wir wollen den Schurken verfolgen."

„Viel Glück dabei und lebt wohl!"

Der Weg war bisher greulich gewesen, aber etwas so Tolles wie am 21. August hatte ich bisher noch nicht erlebt. Wie gewöhnlich begannen wir den Tag mit mühsamem Emporklimmen an steilen Abhängen, und endlich erreichten wir den Paß Dato=la, der in einen scharfen Felsenkamm eingesenkt ist. Ich trete an sein Steinmal hinan und bin ebenso enttäuscht wie verdutzt über das, was ich von dort aus gewahre. Wie in aller Welt sollen wir jemals über diesen Abgrund hinüber gelangen? Zwischen mir und einem ebenso hoch liegenden Punkte der andern Talseite gähnt das größte, tiefste Erosionstal, das ich bisher gesehen habe. Hier fehlt ein ungeheuer großes Stück der

Erdrinde. Ist es eingesunken und ein Graben an seine Stelle getreten? Nein, das fließende Wasser hat im Laufe unfaßbarer Zeiträume diese Furche gepflügt; der Ngari-tsangpo hat sich hier nach der Tiefe zu eingefressen, und dort ein Staubkorn nach dem andern, einen Block nach dem andern fortgetragen, und noch heute setzt er seine Arbeit fort, wenn auch in langsamerem Tempo als während der Pluvialzeit (Abb. 130).

Ich bleibe eine Weile neben dem Steinmal stehen. Die Höhe beträgt 4657 Meter. Nur ein kleiner Schritt trennt mich von dem gegenüberliegenden Felsenrand. Und der Weg dorthin nimmt vier Stunden in Anspruch! Die Vogelperspektive, die sich über diesen herrlichen, reich und phantastisch ausgemeißelten Teil der Erde darbietet, können Worte nicht beschreiben. Es wird mir schwer, mich vom Dato-la loszureißen und weiter zu wandern. Es ist besser, hier vorsichtig zu sein und sich nicht von der erhabenen Aussicht fesseln zu lassen. Dort erheben sich felsige Zacken und Vorsprünge, und hinter ihnen zeigen sich — der Abgrund und die uns gegenüberliegende Talseite. Wo aber geht der Pfad? Meinen Augen erscheint es, als ob er unter überhängenden Bergwänden verschwinde. Halloh, hier ist er, schwindelerregend steil! Verliert nicht den Boden unter den Füßen, haltet euch an der Bergwand, achtet auf das Ausgleiten der Beine, sonst kann es ein rasendes Abrutschen durch eine bluttriefende Rinne geben!

Jetzt wird es besser. Der Weg macht einen Bogen nach rechts, ist weniger abschüssig und hat an der Außenseite eine Steinmauer. Die Freude dauert aber nicht lange. Wieder geht es kopfüber abwärts, bis wir den Gipfel einer Abzweigung, die uns eine Strecke weiterhilft, erreichen. Einmal geht es sogar wieder bergauf, dann aber folgen steile Halden zwischen Felsenvorsprüngen und senkrechten Wänden, und auf der Außenseite haben wir eine greuliche, tiefeingeschnittene Talrinne, die in das Tal des Ngari-tsangpo einmündet.

Wir gleiten, rutschen und stemmen uns fest auf; man fühlt es hinterdrein in den Knien. Man hütet sich wohl, der Karawane voranzuschreiten, wenn man nicht kleine Steine und kleinere Blöcke, die sich unter den Tritten der Tiere gelöst haben und mit rotierenden Sprüngen die Wände hinabrollen, auf den Kopf erhalten will.

Die erste Stunde ist verstrichen, es wird noch lange dauern. Jetzt kriecht der Pfad in eine sehr abschüssige Rinne hinein, die so schmal ist, daß man mit ausgestreckten Armen ihre beiden Seitenwände berührt. Achtet darauf, daß die Tiere im Gänsemarsch bleiben! Kommen sie paarweise in dieses Loch hinein, so bleiben sie so fest darin stecken, daß man sie nie wieder herausziehen kann. Dort ist eine Last abgeglitten und rollt auf eigene Faust abwärts, um einen munteren Maulesel an den Hinterbeinen zu kitzeln. Er schlägt hinten aus, mit der Wirkung, daß nun auch seine eigene Last abrutscht. Es ist besser, ihn erst wieder in Ordnung zu bringen, sonst verstopft sich die Rinne so fest wie eine verkorkte Flasche.

Herrlich läßt es sich auf dem feinen Schutt, der die Geröllhänge bedeckt, glitschen, wenn nur der Abhang nicht zu lang ist und direkt in den Tod führt. Seht nur, dort zur Rechten die ungeheuere Felsenwand, die senkrecht nach dem Talgrund abstürzt! Sie steht nackt und bloß da. Der Ngari-tsangpo hat sich mitten durch dieses Massiv hindurchgesägt. In den rauhen, wilden Schiefer- und Quarzitmauern ahnt man die Lücken oder Nischen, welche die kolossalen Felsblöcke hinterließen, die sich einst dort gelöst haben und mit entsetzlichem Getöse in die Taltiefe hinabgestürzt sind, um die natürliche Brücke über den Ngaritsangpo zu bilden.

Doch sieh, wir sind ja bald unten! Ja, aber das letzte Ende ist das schlimmste! Eine Reihe sehr steiler Treppen in dem anstehenden Gestein. Rutscht man auf einer Stufe aus, so nimmt man gleich noch einige weitere mit. Es ist das Beste, hier rechtzeitig zu bremsen; es wäre doch schade, wenn man sich gerade jetzt, da der Talboden so nahe ist, noch das Genick brechen würde.

Endlich sind wir drunten angelangt, und alle Knochen der Karawane sind noch heil. Der Blick an den zurückgelegten Wänden hinauf ist viel weniger schwindelerregend als der Blick in die gähnende Tiefe, denn vorspringende Klippenzähne und Felsenhöcker verdecken die Abschüssigkeit des Weges, und man sieht den Abhang nicht im ganzen.

Auf dem Rande am Steinmale hörte man nicht einen Laut von mahlendem wirbelndem Wasser. Auf der Hälfte des Weges dringt an das Ohr ein schwaches Rauschen, das, je weiter wir abwärts gelangen, immer stärker wird. Und nun, da wir den Talgrund erreicht haben, hören wir das Wasser wütend zwischen Felsen und Blöcken tosen. Beim Hinabklimmen sieht man nur zwei Windungen des Flusses. Im übrigen verdecken ihn Felswände und Vorsprünge. Die Erosion nach der Tiefe hin ist so kräftig gewesen und so schnell vor sich gegangen, daß die Verwitterung der Talseiten ihr nicht in demselben Tempo hat folgen können. Stellenweise hat der Fluß einen so großen Vorsprung gewonnen, daß ganze Felsenwände unterwaschen sind und wie Gewölbe über dem Wasser schweben.

Auch hier unten in der Taltiefe ist die Landschaft großartig in ihrem wilden, kühnen Aufbau, und gern bleibt man eine Weile an der kleinen, höchst originellen Brücke stehen (Abb. 131). Doch wo ist die Brücke, und wo bleibt der Fluß? Das grüne, schäumende Wasser scheint in die Erde hinabzugehen und dort zu verschwinden. Halt, hier haben wir die Brücke! Sie ist gerade zwei Meter lang! Sähe ich sie nicht mit meinen eigenen Augen, so würde ich unter keinen Umständen der Behauptung Glauben schenken, daß der größte der nördlichen Nebenflüsse des oberen Satledsch, jener Fluß, der das Wasser gewaltiger Gebiete des Gebirgslandes Tschumurti sammelt, unter einer zwei Meter langen Brücke Platz finde. Selbst dann, wenn die Brücke eingestürzt gewesen wäre, hätten wenigstens Fußgänger den Fluß noch überschreiten können. Aber der Sprung wäre gefährlich, und ein Fehltritt würde unvermeidlich zum Tode führen.

Zwei, mehrere tausend Kubikmeter mächtige Felsblöcke sind in die schmalste Rinne des Flusses hinabgestürzt und haben dabei eine wunderbar günstige Lage erhalten. Sie sind oben genau gleich hoch und gleich abgeplattet und bilden ein Gewölbe, unter welchem der Fluß sich durchzwängt. Aber das Gewölbe hat oben eine Lücke, denn die Blöcke lehnen sich nicht aneinander. Eine zwei Meter breite Spalte trennt sie. Auf den ersten Blick hin könnte man zehn gegen eins wetten, daß sie zu einer Schwelle aus anstehendem Gestein gehöre, denn ihre unteren Ränder sind durch kleinere Blöcke, Geröll und Sand verdeckt. Ein Augenblick des Nachdenkens sagt jedoch, daß ein so großer Fluß sich nicht in einer so schmalen Rinne hätte einsägen können, ohne sie vermittelst loser Blöcke, scharfkantigen Schuttes und anderer abschleifender Stoffe nach den Seiten hin zu erweitern. Ngurup Dortsche wußte auch, daß, nach örtlicher Überlieferung, die Blöcke wirklich abgestürzt sind und ganz vorzügliche Brückenköpfe gebildet haben. Ursprünglich waren beide wohl ein Block, der herunter gestürzt und beim Fallen gerissen ist.

Nachdem die Natur die schwerste Arbeit ausgeführt hatte, brauchten die Menschen nur noch zwei kurze Baumstämme über die Spalte zwischen den Blöcken zu legen. Quer über die Stämme hatte man Latten und Äste gelegt, und das Ganze war mit festen Steinen bedeckt worden. Die anderthalb Meter breite Brücke, die keine Brustwehr hat, schwebt wohl einige zwanzig Meter über der Wasserfläche. Allerdings hört man es drunten in der Tiefe kochen und brodeln, aber man sieht den Fluß nicht, denn in dem grabenartigen Abgrund ist es pechfinster. Gleich unterhalb der Brücke erweitert sich die Spalte, und dort erblickt man die schäumenden, sich wölbenden Wasserwirbel in ihrem wahnsinnig wilden Ringkampfe mit Blöcken und Klippen. Der Unglückliche, der in diesen Strudel hinabfiele, würde in kleine Stücke zermalmt werden. Mächtige Wasserstrahlenbündel, kräftig wie die Schwungräder einer

Maschine, tauchen an einer Stelle unter, um an einer andern in flachen, zischenden Blasen aufzuwallen und sich im nächsten Augenblick mit heftigem Tosen in einen engen Felsenhals hineinzuzwängen. Und wenn der Verunglückte auch den ersten Wasserschwall noch überlebte und das Bewußtsein nicht verloren hätte, so würde er sich hier vergeblich nach einem Felsenzahn umsehen, an welchem er sich festklammern könnte. Diese Wände sind senkrecht, blankpoliert und glatt, und keine Macht auf Erden könnte dem Wasserdruck von oben her Widerstand leisten und dem wütend heranrauschenden Strahle standhalten (Abb. 133).

Die Brücke heißt, gleich der Gegend, Optil. Schäumend braust der Ngari-tsangpo aus Nordwesten heran, und so weit, wie man nach beiden Seiten hin sieht, ist das Tal gleich tief und wild, wenn auch seine Rinne bei der Brücke enger zusammengedrängt ist als sonst irgendwo (Abb. 134). Ngurup Dortsche hatte sicherlich recht, als er sagte, daß der ganze gewaltige Umweg, den man auf der Nordseite des Satledsch machen muß, nur durch den Ngari-tsangpo veranlaßt sei, der sich unterhalb der Brücke von Optil an keiner einzigen Stelle überschreiten lasse. Der Teil des Flusses, den wir zunächst oberhalb der Brücke am Fuße der senkrechten, unterwaschenen Felswand sehen, gibt einen Begriff von seinem gewöhnlichen Aussehen. Das Wasser bildet hier Stromschnellen in einer schmalen, schäumenden Rinne zwischen großen Massen rundgeschliffener Blöcke, und es strebt danach, sich unter die Basis der Felswand einzusägen. Möglicherweise ist der Fluß ebenso tief wie breit, daher ist es schwer, seine Wassermenge zu taxieren. Einen solchen Fluß durchwatet man nicht; das Bett ist zu schmal und zu tief, das Gefälle ist zu stark, und die Wassermasse besitzt eine unwiderstehliche Kraft. Daher hat man keine andere Wahl als auf Umwegen über die kleine Brücke zu gehen, die wie ein Streichholz über einer gewaltigen Wasserrinne schwebt.

Wir probierten die Brücke. Wind und Wetter haben ihre Balken halbverzehrt, und sie ist viel zu schwer durch die darüber gelegten Steine belastet, deren einzige Aufgabe es ist, die Tiere daran zu verhindern, daß sie beim Hinüberschreiten mit den Füßen zwischen die Latten geraten. Dennoch gähnen tückische Löcher zwischen den Schieferplatten; sie mußten ausgefüllt und mit neuen Steinen überdeckt werden. Zwei Männer versuchten ihr Glück auf dem jämmerlichen Ding und schritten schwankend und stampfend über den Schlund hinweg. Ein Maulesel wurde hinübergeführt. Die Brücke hielt. Der zweite ging beladen hinüber. Die scheuen Pferde aus Tschang-tang blieben stehen, spitzten die Ohren und scheuten vor dem dumpfen, unheimlichen Donnern, das aus dem Schoße der Erde aufstieg. Ein Peitschenhieb machte ihnen Beine; die Brücke war ja nur zwei Meter lang, und mit zwei Schritten waren sie glücklich drüben angelangt.

Wohl dröhnt es hier von gewaltigen Wassermassen, wohl plätschert und tost es gegen Felsplatten und Blöcke, aber dennoch kann man sich hier auch nicht einen Tropfen Wasser verschaffen, wenn man nicht Lust hat, oberhalb der Brücke in das Bett zu fallen. Wir zogen es alle vor, bis zur nächsten Quelle zu warten. Dorthin aber sehnten wir uns. Denn in dem Höllenloche des Ngari-tsangpo herrschte ein ganz anderes Klima als droben auf den freien offenen Höhen, wo die Winde des Himmels ungehindert das Steinmal umsausten. Das Thermometer zeigte 21,8° im Schatten; kein Lüftchen regte sich in dem eingeschlossenen Tale, wo eine glühende Sonne die Felswände erhitzt hatte, und die stickige Hitze war sehr drückend. Ich hatte meinen tibetischen Mantel abgelegt und trat in einem Anzuge auf, der zwar leicht, aber eher lächerlich als kleidsam war.

Beim Steinmale des Passes hatten wir uns in 4657 Meter Höhe befunden; die Höhe bei der Brücke von Optil betrug 3827 Meter, also 830 Meter Höhenunterschied, nahezu drei Eiffeltürme übereinander in anderthalb Stunden! Das Steinmal lag 68 Meter über dem Spiegel des Langaktso, jetzt aber waren wir 762 Meter unter dem See. Nach solchen Zahlen kann man sich einen Begriff von diesem Wege machen! Auf der tibetischen Seite des Himalaja tanzt man nicht leichtfüßig und fröhlich über Rosen hin. Aber großartig, bezaubernd, hinreißend und erhaben ist die über die Nebenflüsse des Satledsch hinwegführende Straße dennoch, und zu den Schritten des Wanderers greifen die Flüsse in ihre Saiten, und ihr metallisch klingendes Spiel weckt in den steilen Felswänden ein tausendstimmiges Echo.

Wie ungleich dem Tale des Tsangpo! Dort bedarf es zu einem tausend Meter betragenden Höhenunterschied ebenso vieler Monate wie hier der Stunden. Das ist der Unterschied zwischen dem Plateaulande, wo die horizontalen Linien vorherrschen, und dem peripherischen Himalajagebiete, dem Lande der vertikalen Linien. In dem abflußlosen Becken des Tschang-tang wird aller Verwitterungsstaub nach dem Zentrum hin getragen und trägt während unfaßbarer Zeiträume zur Einebnung der Landschaft bei. Hier dagegen wird alles fortgeschwemmt und die Erdrinde nach der Tiefe zu ausgemeißelt. Man erbebt vor diesem Übergang von der flachen Landschaft zur skulptierten. An überwältigender Schönheit kenne ich nichts, was sich mit den Bildern messen könnte, die sich bei jeder Wegbiegung vor den Augen des Wanderers entrollen, wenn er Zeuge des Kampfes des Satledschflusses gegen den Himalaja ist. Die

Natur bietet kein großartigeres Gegenstück zu dem Kampfe des heiligen Georg mit dem Drachen. Durchbohrt liegt der Himalaja zu unsern Füßen, während der Fluß sein Siegeslied singt, tosend bis ans Ende der Zeiten.

Wieder beginnt das Klettern. Jetzt müssen wir ebenso hoch hinaufklimmen, wie wir eben an den steilen Wänden der linken Seite hinabgerutscht sind. Man quält und müht sich ab und hat doch keine nennenswerte Wegstrecke zurückgelegt. Könnten wir alle Abstiege für sich und alle Aufstiege für sich zusammenlegen, so würde das Resultat zu einem vielfachen Überschreiten des Himalaja ausreichen.

Am Abhang der rechten Seite gewahrt man die Spuren eines großartigen Bergrutsches. Ein Block, der sich mit allen Pyramiden Ägyptens messen konnte, hat sich gelöst und ist auf den Boden des Tales hinuntergestürzt. Zwischen seinen Trümmern und der stehengebliebenen, schroffen Felsenwand hindurch führt der Pfad sehr steil aufwärts, an Blöcken vorbei, durch Geröll und über Hügel, Schluchten und Talrinnen hinweg. Eine kleine, ebenso klare wie eiskalte Quellader erbarmt sich unseres Durstes, und wir trinken alle in langen Zügen. Dann geht es wieder weiter. Die Steigung ist steil, und in verzweifelt langsamem Tempo klimmen wir im Zickzack bergauf. Die Tiere mühen sich ab, schwitzen und keuchen mit dicht aufeinanderfolgenden, hastigen Atemzügen; man glaubt, sie müßten vor lauter Atemnot platzen. Das Tal, dem wir folgen, führt zu einer kleinen Schwelle hinauf. Jenseits queren wir eine neue Talmulde, deren Wasser sich in einem Bette sammelt, das ebenfalls dem Ngari-tsangpo tributpflichtig ist. Auf den Höhen erschließt sich wieder die Perspektive über das wilde Tal, und jetzt sehen wir den Dato-la mit der Steinpyramide, neben der wir noch vor kurzem gestanden haben. Doch von dem Rauschen des Flusses dringt hier nicht einmal ein Flüstern zu uns.

Gras, Kräuter und stachlige Sträucher bilden hier und dort zottige Dickichte. Im übrigen schlängelt sich der Pfad über lauter Blöcke und Verwitterungsschutt hin, und in seiner Nähe steht Schiefer an. Streichen und Einfallen des Gesteins, gegen 30° nach Nordosten, sind auf beiden Seiten gleich. Das Tal ist isoklinal, der Fluß hat eine Tendenz, den Schichtköpfen zu folgen; daher sind die Bergwände der linken Seite am steilsten, und der Ngari-tsangpo arbeitet an ihrer Unterwaschung.

Das Lager dieses Tages wurde in 4351 Meter Höhe an der Quelle Koldoktse aufgeschlagen. Regen ließ sich in der Nacht nicht vernehmen, obgleich der Himmel mit Niederschlägen drohte. Aber nach einem

137. Ziegen auf dem Weg über die Loptschak=Brücke. (S. 331.)

138. Brücke über den Satledsch. (S. 331.)
Skizze des Verfassers.

139. Die Karawane nach glücklicher Passierung der Loptschat-Brücke. (S. 331.)

Minimum von 7,4 Grad während der Nacht brach das Unwetter los, als der Tag graute, und als wir unsere Sachen zum Weiterziehen zusammenpackten, peitschte der Regen die Seiten der Berge.

Die Quelle Koldoktse war nur eine Station auf dem Weg nach dem Passe Dambak-la. Wenn man endlich dessen Sattel erreicht hat, geht es jäh nach dem von einem Bächlein durchflossenen Tale Sasser hinunter. Dann klimmen wir in dem Nebentale Tsanglangma-kesa wieder steil bergauf und gelangen in der Gegend von Sanak, zwischen felsigen Zähnen und Spitzen hindurch und über teils flache, teils steile Hügel hinweg bei westnordwestlicher Marschrichtung in immer höhere Regionen. Endlich sind wir droben an dem Steinmale des abgeplatteten Passes Pootsche-la, wo die Instrumente 4927 Meter Meereshöhe ergaben, 1100 Meter über der Brücke von Optil.

Schon auf der Schwelle selbst beginnt ein Bach, dem wir nach der Talerweiterung Mantschu-tschen hinab folgen, wo auf einer üppigen Wiese eine ringförmige steinerne Schafshürde steht. Sumbu-tar und Bitschutse sind neue Täler auf unserm Wege; in dem letztgenannten lagerten wir wieder an einer Quelle.

Wir hatten im Lauf des Tages Gegenwind, Regen und Hagel gehabt, und ich freute mich wieder, daß ich den tibetischen Mantel hatte. Der Donner krachte, das Wetter war rauh und kühl. Um ein Uhr zeigte das Thermometer 6,4 Grad, also einen Grad weniger als das Minimum in der Nacht vorher. Dies war etwas anderes als die Sommerhitze in dem Hohlwege von Optil, wo wir beinahe 22 Grad Wärme gehabt hatten. Die Nacht auf den 23. August war sternenklar und windstill, und die Luft kühlte sich bis auf 1,4 Grad unter Null ab. So kalt hatten wir es nicht wieder gehabt, seitdem wir vor einem Monat aus Toktschen abgezogen waren. Strahlend klar goß die Morgensonne ihr Gold auf die Erde aus, aber ihre Pläne durchkreuzte der Monsun, der schon in der Frühe anfing, mit seinen blaugrauen Wolkenwagen über das Hochgebirge hinzufahren.

In gedämpfter Beleuchtung und behaglich warmer Luft zogen wir nach einer Paßschwelle hinauf und von dort in das Tal Tschuwangtschung hinunter, dessen Bach sich mit dem Flusse Gjäsowang vereinigt. Die Landschaft erhält jetzt einen andern Charakter. Jenseits des Passes Piang-la fällt das Gelände nach Norden und Nordosten hinab, und da, wo der Weg einen Bogen nach Südwesten macht, geht es unaufhörlich bergauf. Zur Rechten unserer Straße erhebt sich eine recht ansehnliche Bergkette mit Schneegipfeln und Formen, die lebhaft an die Surlakette im Transhimalaja erinnern (Abb. 132). Sie scheint sich westnordwestlich zu erstrecken.

Aus einem Tale in dieser Kette tritt der wasserreiche, aus mehreren Quertälern Zuschuß erhaltende Fluß Toktschen-tschu heraus. Wir lassen uns durch die lockenden Weiden jener Täler nicht zum Aufschlagen des Lagers verleiten, sondern suchen nach der Mündung des Tales Lungun hinunterzugelangen, an dessen Bach vier schwarze Nomadenzelte einen ungewönlichen Anblick gewährten. In ihrer Nähe lagerten wir (Lager 480) in 4753 Meter Höhe. Wir waren wieder im unverfälschten Hochtibet. Hirten, die gegen Abend ihre gemütlich blökenden Lämmer und Mutterschafe in die Hürden trieben, grunzende Yaks, blaugraue Rauchsäulen aus schwarzen Zelten, keine festen Ansiedlungen, keine Klöster, keine Äcker und keine Pappeln. Starker Schneefall, hin und wieder durch Regen unterbrochen, eine Dunkelheit, die aus dichten Wolken die Erde beschattete — alles erinnerte daran, daß wir aus der Tiefe der warmen Täler wieder ins hohe Tibet zurückgekehrt waren, um den freundlichen, liebenswürdigen Nomaden ein letztes Lebewohl zu sagen.

In der Nacht auf den 24. August $2{,}8$ Grad unter Null! Auch dieser Kältegrad war ein Abschied von der Heimstätte des ewigen Winters. Es war, als ob der Sommer schon an uns vorübergehuscht sei und ihm nun ein früher Herbst folge. Doch wartet nur! Schon in der nächsten Nacht sollten wir es zwölf Grad wärmer haben als hier, und nach zwei Tagen würden unsere Minima höher sein als jetzt die Maxima. Und in einigen Wochen würden wir beinahe vor Hitze zerfließen und mit Bedauern der frischen Höhenluft und des kühlenden Sommerschnees gedenken.

Doch als ich im Lunguntal erwachte, die eisigkalte Luft spürte und den Himmel regendrohend und finster auf kahle Schutthügel und beschneite Berge herabblicken sah, da dachte ich, daß wir während des Monates, der uns von Toktschen trennte, doch eigentlich recht wenig erreicht hätten. Noch immer gleich kalt und rauh, und noch immer dieselbe kolossale Höhe über dem Meeresspiegel! Was hatten mir die beiden Überschreitungen des Satledsch bei Kjung-lung und Totling genützt, und warum hatten wir uns selbst und unsere Tiere mit den unzähligen Nebentälern bis zur Erschöpfung angestrengt. Die Wärme, das Leben und Simla lagen noch ebenso fern, und ich hatte noch nicht einmal mit der eigentlichen Durchquerung des Himalaja begonnen. Noch strömt der Satledsch nordwestwärts. Erst bei Schipki macht der Fluß einen entschlossenen Bogen nach Südwesten, um den Sturmlauf gegen den Himalaja zu beginnen und alle sich ihm entgegenstellenden Hindernisse zu überwinden. Der Indus geht noch einen Schritt weiter und biegt in der Gegend von Gilgit rechtwinklig ab, um das Gebirge auf dem kürzesten

Wege zu durchbrechen. Und am weitesten geht der Brahmaputra, der durch zwei Drittel Tibets mit dem Himalaja parallel fließt, bevor der Fluß seine Kräfte zu dem berühmten Durchbruch im Dihongtal aufbietet.

Die Gegend um Lungun herum wurde ein Grenzstein auf unserm Wege. Nun war es mit den tiefen, anstrengenden Nebentälern vorbei, und wir hatten die Labyrinthe des Cañonlandes besiegt. Eine andere Natur erwartete uns, andere Flächenformen, die nicht weniger großartig waren als die bisherigen, eher sogar noch gigantischer und staunenerregender. Aber nun handelte es sich auch um den Durchbruch durch das mächtigste Gebirgssystem der Erde!

Neunundzwanzigstes Kapitel.

Zum Satledsch hinunter.

Jetzt kamen spannende Tage! Ein schnell vorübergehender Hagelschauer prasselte gerade auf die Bergabhänge herab, als wir am 24. August die Zelte abschlugen und zum letzten Male tibetische Hirten mit ihren Schafen auf die Weide gehen und ihre Yakkühe zum Melken zusammentreiben sahen. Über eine langsam ansteigende Kiesebene hinweg schritten wir zum Passe dieses Tages hinauf. Zur Rechten der Straße rieselt der Bach Näribke, und jenseits der Gegend Kongkong-la erhebt sich die hohe Bergkette mit ihren Schneestreifen. Schließlich geht der Weg zu dem Passe Dungmar-la hinauf, dessen höchsten Punkt ein zierliches Steinmal bezeichnet, das mit seinen rotbemalten Stangen, Wimpeln und Hörnern einem den Heidengöttern geweihten blutigen Opfersteine gleicht.

Nach Süden schweift der Blick frei über die mächtige Himalajakette hin, die wir bald auf dem Passe Schipki-la überschreiten werden, und diesseits ihrer steilen Wände ahnen wir das tiefe, wilde Tal des Satledsch. Im Westen erhebt sich in geringer Entfernung ein Kamm mit Firnfeldern und grauen Zinnen. Dann und wann hört man an den zunächstliegenden schroffen Hängen Steine und Blöcke abrutschen; es sind die Stimmen der Verwitterung, die auch Bergmassen aus härtestem Granit das Gesetz der Vergänglichkeit verkünden.

Bei der Steinpyramide des Dungmarpasses befinden wir uns 4858 Meter über dem Meere. Nun aber kommt es anders! Unser Weg führt nach Südwesten, und kopfüber geht es endlose Abhänge hinunter. Welch wunderbare Aussicht! Man fühlt sich so hilflos, klein und verloren in dieser großartigen, wild ausgemeißelten Landschaft. Tagha und Schingtschigma sind Namen, die mir der Führer ins Ohr flüstert. Tschangtang mit seinem Nomadenleben liegt weiter hinter uns. Wir nähern uns ackerbautreibenden Dörfern und Menschen, die ihren Stammverwandten droben auf den Höhen in allem gleichen, nur nicht in den aus Indien stammenden mohammedanischen Begrüßungsworten „Salam Sahib". Und dennoch sind sie ebenso gute Lamaisten wie nur irgendein Bürger der Stadt Lhasa; davon zeugen die guterhaltenen Manimauern und die Wimpelmale, die meinen Weg einsäumen.

Schritt vor Schritt gelangen wir von den großen Höhen in tiefere Regionen. Ich stütze meine rechte Hand auf Lobsangs linke Schulter, so geht es schneller und sicherer über Kegel aus tückischen Granitblöcken, durch Schutt und Sand, der unter dem Fuße nachgibt, und auf erdigen Abhängen, die spärlich mit Gras und Stauden bestanden sind. Ich fühle, wie die Luft sich verdichtet und wärmer wird. In der Taltiefe unter uns erblicke ich den Tomlang-tsangpo wie einen regungslosen, lautlosen Faden, blaugrün und mit schäumenden Stromschnellen weiß durchwebt.

Doch weiter geht die Reise! Wir ziehen die letzten Böschungen hinab und sind nun drunten an einem Bewässerungskanale, der Flußwasser nach den hoch über dem Talgrund auf einem plattformartigen Abhang liegenden Gerstenfeldern des Dorfes Tangmet leitet. Zwischen rundgeschliffenen Blöcken aus hellem Granit tosend zwängt der Tomlang-tsangpo weißschäumend seine 10 Kubikmeter Wasser in einem einzigen dichten Strahle zwischen die am Lande befestigten Steinmauern, die eine kleine, ungemütliche Brücke tragen (Abb. 135). Sie besteht aus zwei schlanken Baumstämmen, zwischen denen ein Fußbreit Abstand ist und die einfach mit einer Reihe flacher Steinplatten bedeckt sind. Fest mag dieses kleine, boshaft aussehende Gestell schon sein; aber es ist doch am Klügsten, immer hübsch die Mitte des Steinpflasters einzuhalten, denn sonst senkt sich der eine Baumstamm mehr als der andere, und man kann kopfüber in das hochaufspritzende grünweiße Sprühwasser hinunterpurzeln. Meine Leute trugen, einander stützend, das Gepäck hinüber, und die Tiere wurden weiter abwärts, wo das Wasser ruhiger war, durch den Fluß getrieben.

Hier herrscht munteres Leben, hier arbeiten die Erdgeister und schlafen nicht wie auf den Höhen von Tschang-tang. Hier stürzt das Wasser durch steile Täler und sehnt sich nach dem Meere hin. Seht jenen Bach, der sich schon von dem hohen Berge im westlichen Hintergrund an eine Schlucht ausgewaschen hat und sich nun durch ein enges Felsentor munter in den Tomlang-tsangpo stürzt. Wie auf einer Wandleiste liegt das Dorf Pera über dem Tal, inmitten seiner Felder, Manimauern und Tschorten. Die Landstraße führt am Dorfe entlang. Sie ist unwegsam und halsbrecherisch und führt uns aufwärts, zu der kleinen Schwelle Puge-la, von deren Scheitel es in scharfen Zickzackkrümmungen sehr steil bis in die Nähe des Talbodens hinabgeht, auf welchem das Dorf Puge auf einer Terrasse gleicher Art wie die, auf denen Tangmet und Pera liegen, Platz gefunden hat. Die Gerstenfelder erstrecken sich bis an den äußersten Rand der Terrasse, und schwellende, schwere, zur Ernte heranreifende Ähren nicken über dem Tal.

Wir halten uns nicht auf: wir ziehen an Puges Steinhäusern vorüber, deren Erker und angebaute, auf Pfählen ruhende Altane einen Vorgeschmack der im Himalaja vorherrschenden Architektur geben. Zwei dichtbelaubte Weidenbäume erhöhten den Reiz des kleinen Dorfes. Die Männer aus Ladak wurden hier an ihre Heimat erinnert und stimmten ein helles Lied an, als wir vorbeizogen. Schüchterne Dorfbewohner waren herausgekommen, um uns anzugaffen; die Hunde bellten sich beinahe heiser und gerieten mit Takkar und Kleinpuppy in die Haare, der Fluß toste drunten im Tale: es war wirklich ein fröhliches Leben, ein Vorgeschmack der Tage, die auf dem Wege nach Simla unser warteten.

Jenseits des Dorfes wird der Pfad ungemütlich, denn nun zieht er sich wie eine schmale Leiste längs eines steilen, mit Blöcken aus scharfkantigem phyllitischem Schiefer und hellem Gneise übersäeten Abhanges hin, aber bald geht es wieder bergab nach dem Dorfe Jer, einem dichten Knäuel steinerner Hütten auf der linken Uferhalde eines von rechts her einmündenden Nebentales. Die Religion Buddhas steht bei den Leuten von Jer hoch in Ehren, das konnte man allen den stummen Denkmalen und redenden Steinen ansehen. Drei Tschorten erhoben ihre Pyramiden mitten auf einem Acker, und aus der Asche in ihrem Innern strömte Segen über das üppige, in saftigem Grün prangende Getreide.

Eine erbärmliche Brücke führte über den Bach des Nebentales. Takkar, der die Brücke bei Pera mit größter Vorsicht überschritten hatte, fand die Brücke von Jer unter aller Kritik und zog ihr die 8 Kubikmeter wirbelnden Wassers, die ihn vom andern Ufer trennten, vor. Als die ganze Karawane glücklich drüben angelangt war, stürzte er sich heldenmütig, aber jämmerlich heulend in die wütenden Wellen und wurde in einem Augenblick nach einem Blocke hingeschwemmt, auf den er, schon ganz schwindlig geworden, mühsam hinaufkroch. Dort saß er nun sehr melancholisch und einem bösen Geschicke preisgegeben; bald hustete und räusperte er sich nach allen den kalten Trunken, die er hatte schlucken müssen, bald heulte er bei dem Anblicke des Wassers, das auf beiden Seiten des Blockes schäumte und kochte. Wir schlugen das Lager am rechten Ufer auf und amüsierten uns, eigentlich recht herzlos, unbeschreiblich über die bedauernswerte Situation, in die der große Hund geraten war. Nachdem sich Takkar lange genug lächerlich gemacht und für seine Brückenangst genug hatte büßen müssen, rutschte er kläffend ins Wasser hinab, kämpfte tapfer mit den Wellen und wurde von neuem pudelnaß, ehe er mit heiler Haut aufs Trockene kam.

Es war lange her, daß eine so entzückende Landschaft meine Zelte umgeben hatte. Sie standen auf einem schmalen Landstreifen zwischen einer senkrechten Felsenwand und dem rauschenden Bach. Laue Lüfte flüsterten in den Kronen der Weiden und ließen die schreiend grün gegen die grauen Gesteinplatten abstechenden Gerstenfelder wogen; die Gebet= wimpel flatterten träge an ihren Stangen, halbnackte niedliche, artige kleine Kinder spielten auf den platten Dächern der Hütten, und ihr helles Lachen hallte zwischen den Bergen wider. Dann und wann ertönte das Bellen der Dorfköter, und unveränderlich singt der Fluß sein sehnsuchtsvolles Lied von dem unendlich langen Wege nach dem Meere.

Vom Dungmar=la nach Jer waren wir im Laufe zweier Stunden um 1080 Meter herabgestiegen. Wie schön war es, diese dichte, warme Luft zu atmen! Das Thermometer zeigte um ein Uhr mittags 21,5 Grad gegen 6,7 Grad am vorigen Tag. Und das nächtliche Minimum bleibt auf 8,9 Grad stehen. Wohl sehnen die Weißen sich aus Indiens stickiger Sommerhitze nach der kühlen Luft in Simla oder irgendeiner andern „hill station" am Südabhange des Himalaja. Aber noch herrlicher ist es, aus Tibets kälter, dünner Luft in die Wärme tiefer Täler hinab= zugelangen. Es ist ein Gefühl wie das der Genesung nach einer Krank= heit, wie das des Ausruhens nach anstrengender Arbeit und wie ein schönes Hinträumen auf blumigen Wiesen an linden Sommertagen an einer Meeres= küste. Sogar die Nacht ist herrlich; man braucht seinen Leib nicht mit warmen Pelzen und Filzdecken zu beschweren, und man liegt lange wach, nur um sich des Atmens so recht zu erfreuen, denn das Atemholen ist jetzt ein Genuß, nicht mehr eine körperliche Anstrengung. Der Schlaf ist himmlisch, das Aufwachen etwas Angenehmes. Und wenn man auch nicht so viele Stunden schläft wie dort droben, so hat man doch größeren Nutzen von der Nachtruhe.

Meine Spannung nimmt in dem Maße zu, wie die Höhen abnehmen. Mit Tibets grenzenlosen Flächen und weiten Aussichten ist es nun vorbei; ich befinde mich in einem Lande, wo der Horizont gleich einem zackigen Ringe über unsern Scheiteln schwebt. Wenn ich des Morgens in den Sattel meines Schimmels steige, so weiß ich schon, daß eine Reihe Über= raschungen meiner wartet. Dies war auch der Fall, als wir aus Jer fortritten. Schon bei der ersten Talbiegung ziehen wir während langer Zeit längs der Äcker des Dorfes Tsar und zwischen den Weidenbäumen auf einem kleinen Hügel hin. Noch eine Biegung, und Schinggun= gumpa, das Dorf Pude und seine dichtbelaubten Haine bleiben hinter uns zurück. Ein Nebenfluß kreuzt unsere Straße und wird ohne Brücke überschritten; in der Gegend des Dorfes Niru verlassen wir wieder den Talgrund, um die Höhen zu ersteigen.

Es gilt, den Zipfel des mächtigen Kammes, der sich wie eine Mauer zwischen unserm Tal und dem des Satledsch erhebt, abzuschneiden. Es soll auch drunten in der Tiefe einen Weg geben, aber nur Fußgänger können ihn benutzen. Also bergauf, über neue Ausläufer hinweg und an steilen Abhängen empor, über Platten aus anstehendem Gestein mit natürlichen Treppenstufen, zwischen Blöcken hindurch und im Geröll aufwärts! Oft ist der Pfad außerordentlich steil, und greulich ist er immer. Wir erheben uns immer höher über dem Talgrund, und das Rauschen des Flusses verhallt unter uns. Endlich sind wir droben auf dem Passe Rongtotke-la, dessen Steinmal 4173 Meter über dem Meere liegt.

Starr vor Staunen über den erhabenen Anblick, der hier mein Auge trifft, bleibe ich eine Weile bewundernd neben dem Steinmal stehen. Unter mir in der Tiefe liegt wie ein Graben das Satledschtal, und von Südosten her kommt der berühmte Fluß. Eingeklemmt zwischen schroffen Felsen, die Kulissen und gewaltige steinerne Säulen bilden, liegt er in Windungen da wie ein grünweißes Band, aber scheinbar ganz unbeweglich und grabesstill. Die horizontalen Entfernungen erscheinen unbedeutend, die vertikalen sind schwindelerregend. Nach dem Dorfe Schipki im Südwesten glaubt man hinrufen zu können, so deutlich zeichnen sich seine Hütten, Terrassenfelder und Obstgärten ab. Oberhalb des Dorfes erhebt sich der mächtige Kamm, der so lange auf unsere Schritte hat warten müssen; nun aber kommen wir bald! In seinen Grat ist der Schipki-la eingesenkt, und gleich rechts davon erblickt man das ungeheuer tief eingeschnittene Durchbruchstal des Satledsch. Leider ist die großartige Aussicht ein wenig getrübt durch leichte Regendünste und weiße Wolkenfetzen, die wie Kriegsschiffe um die Kämme herum und unter ihnen segeln. Aber der Schipki-la ist nicht so nahe, wie ich glaube. Erst müssen wir noch so tief hinunterklettern, wie man im Tale hinabgelangen kann, bis zum Satledschspiegel, um dann an der andern Seite zu schwindelerregender Höhe emporzusteigen. Der Gedanke, daß der Schipka-la der letzte Paß auf dem ganzen Wege nach Simla ist, tröstet mich jedoch, und nach außergewöhnlich langer Rast überlassen wir den Rongtotke-la der Willkür der Winde und beginnen den endlosen Abstieg.

Nun folgen zahllose Zickzackbiegungen, die an steilen Wänden und Böschungen abwärts führen, tiefeingeschnittene, keilförmige Schluchten und runde Bogen um Bergschultern aus Glimmerschiefer, und es geht sehr steil an Abhängen hinunter, die mit scharfkantigem Schutt bestreut und

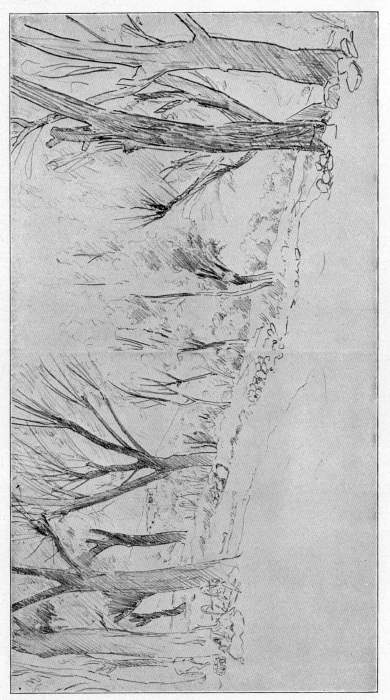

140. Unter den Bäumen des Dorfes Schipti. (S. 334.)
Skizze des Verfassers.

141. Schipki-la. (S. 336.)

142. Satledschtal unterhalb Loptschak. (S. 333.)

für meine tibetischen Stiefel das reine Verderben sind. Ein kleiner Bach hat sich eine Kluft im Gestein ausgemeißelt, und an ihrer rechten Seite hängt die Straße wieder wie eine Wandleiste über der Tiefe. Sind die Lasten ihnen zu breit aufgepackt, so können die Tiere sich selbst über den Rand hinausstoßen. Dann kommen neue jähe Hänge voller Blöcke und Geröll. Noch ist es weit, aber das Rauschen des Flusses dringt doch schon wie ein schwaches Säuseln an unser Ohr. Drunten in der Tiefe erblickt man die Brücke von Loptschak. In der Vogelperspektive sieht sie greulich aus, schwach und zerbrechlich wie ein Streichholz.

Ein schroffer Hang nach dem andern bleibt hinter und über uns zurück. Wir gelangen immer tiefer hinunter. Der Fluß erscheint größer, das Rauschen ertönt in der sich verdichtenden Luft und dem sich verschmälernden Tale immer lauter. Und dann rutschen wir wieder eine Strecke abwärts, um ein neues Hundert zurückgelegter Meter verringern wir die Höhe über dem Flusse, und dann um noch eines, und so geht es Schritt vor Schritt dem großen Flusse entgegen. Die Aussicht schrumpft zusammen, immer höher ragen ringsumher die Bergmassen empor. Jetzt erfüllt das Echo des Flußrauschens das ganze Tal. Die Brücke ist noch immer der Mittelpunkt dieser Landschaft; über ihre schwankende Hängematte geht der Weg nach Schipki.

So legen wir wieder einige hundert Meter zurück und eilen die letzten Schuttabhänge hinunter. Die Steilheit nimmt ab, und schließlich sind wir drunten auf einer ebenen Wiese am rechten Satledschufer in einer Gegend, die gleich der Brücke Loptschak heißt. In der Nähe des beneidenswerten Dorfes Korang werden die Zelte aufgeschlagen. Man denke nur, beständig den Genuß einer solchen Aussicht zu haben! Zu sehen, wie der Fluß während der Regenzeit steigt und im Herbst und Winter langsam fällt, bis er seinen tiefsten Stand erreicht hat; den Kampf des Wassers gegen die Kälte verfolgen zu können und zu beobachten, wie der Eissaum an den Ufern immer breiter wird, während der Schnee sich auf all den Talabhängen anhäuft, die nicht zu abschüssig sind, um ihm Halt zu gewähren. Schließlich spannt sich eine Eisbrücke über den Fluß, und die weiße Decke nimmt überhand. Dann kommt der Frühling; Schnee und Eis schmelzen, und der Fluß schwillt an; die Pässe, die der Schnee lange versperrt hat, öffnen ihre Sättel wieder dem Verkehr. Der Satledsch lebt, Korangs Bewohner können seinen pulsierenden Lauf einen Monat nach dem andern verfolgen.

Vom Rongtotke-la bis an die Brücke von Loptschak waren wir in zwei Stunden um 1191 Meter tiefer gelangt, denn der Satledsch liegt hier 2982 Meter hoch.

Während die Leute das Lager in Ordnung brachten, betrachtete ich mir die Brücke genauer. Wie bei Kjung-lung und Totling hat auch hier die Natur das Meiste getan. Ein mächtiger Felsblock liegt am rechten Uferrand, und am linken steht Gestein an. Zwischen beiden ist das Flußbett auf 22,5 Meter Breite zusammengeklemmt. Eine breite Steintreppe führt zur oberen Platte des rechten Brückenkopfes hinauf, wo ein Durchgang oder Portal aus Steinen ein kleines weißes Tschorten trägt. Die gewölbte innere Decke des Portals ist reich verziert mit frischen Gemälden und Gebetformeln zur Erbauung derjenigen, die ihr Leben den über dem Flusse schwebenden erbärmlichen Planken anvertrauen. Die gewöhnlichen Baumstämme, die der eigentlichen Brücke als Stütze dienen, sitzen fest in der Cyklopenmauer des Brückenkopfes. Die senkrechte Steinmauer des linken Brückenkopfes ist auf einer schrägen Gesteinplatte errichtet und sieht aus, als ob sie jeden Augenblick in den Fluß hintergleiten könne. Auch in diese Mauer sind Baumstämme fest eingefügt; dadurch wird die Spannweite der Brücke um verschiedene Meter verkürzt. Im übrigen haben wir auch hier die gewöhnliche Konstruktion, zwei Balken mit Holzlatten, Planken und Ästen in unregelmäßiger Form. Diese werden in ihrer Lage durch Stangen gehalten, die an den unter den Holzlatten befindlichen Balken festgemacht sind. An den Brückenköpfen sind die Balkenenden mit Steinblöcken befestigt, welche die Belastung erheblich und unnötigerweise erhöhen (Abb. 136).

Ich fasse da Posto, wo der schwebende Teil der Brücke beginnt, und sehe, daß das ganze Gerüst infolge seiner eigenen Schwere einen ungemütlichen Bogen bildet. Unter mir tost der gewaltige Fluß in seinem wilden Saugen zwischen den Brückenköpfen. Ist man nicht vollkommen sicher auf seinen eigenen Füßen, so läßt man das Betreten dieser Brücke besser bleiben. Denn sie ist schmal und hat kein Geländer, und durch die Ritzen zwischen den Holzplanken sieht man das Wasser sieden und hat das Gefühl, daß die Brücke flußaufwärts stürme. Zuckt man dann unwillkürlich zusammen, so kann man hinunterpurzeln. Ein gewandter Schwimmer würde sich aber wahrscheinlich wieder herausarbeiten können. In der Mitte der Brücke schwebt das Holzwerk 7,9 Meter über der Wasserfläche.

Die Brücke war gewiß nicht so übel damals, als sie noch jung und als die beiden Balken noch ziemlich gerade waren. Nun aber ist sie alt und schon arg mitgenommen und hängt in beunruhigendem Grad schief. Ihr Holzwerk ist von vielen heftigen Regengüssen überflutet, durch die Sonne erhitzt und ausgetrocknet und zur Winterszeit überschneit und vom Froste zernagt und bei einer nur ein bischen zu schweren Belastung müssen die beiden Balken wie Glas zerspringen. Das Schlimmste ist, daß der flußabwärts schauende Balken einen stärkeren Bogen bildet als sein Nachbar, weshalb die ganze Brücke, vom rechten Ufer aus gesehen, sich nach rechts neigt. Man läuft daher Gefahr, auszugleiten und zu fallen, umsomehr, als mehrere Querplanken durch Abnutzung ganz glatt geworden sind.

Die Bewohner des Dorfes Korang, die wohl für das Instandhalten der Brücke verantwortlich sind, erzählten, daß sie während des letzten Tiefstandes des Flusses die Absicht gehabt hätten, das Holzwerk zu erneuern; sie seien aber nach reiflicher Überlegung doch zu dem Entschluß gelangt, sich noch ein Jahr auf den schutzspendenden Tschortenturm zu verlassen. Ich argwöhne, daß die Brücke eines Tages selber wird streiken müssen, wenn sie den Verkehr nicht mehr auszuhalten vermag. „Komme nur ich glücklich hinüber, so mag es nachher werden, wie es will", denkt gewiß jeder Wanderer. So dachte auch ich, als ich dort droben saß und mir die morschen Planken besah, die über dem unwiderstehlichen Satledsch hingen und sogar in der schwachen im Tale wehenden Brise schaukelten und sich hinundher wiegten.

Ich zeichnete wohl eine Stunde lang (Abb. 138). Doch niemand kam. War der kritische Augenblick so nahe, daß man sich nicht mehr hinüberwagte? Ja doch! Jetzt ertönen trippelnde Schritte auf der Steintreppe. Zwei Tibeter treiben fünfzig mit Salz beladene Ziegen zur kleinen offenen Plattform des Brückenkopfes hinauf. Die Männer schreien und stoßen gelle Pfiffe aus, aber die Ziegen wollen nicht vom Flecke. Und wenn Ziegen sich etwas in den Kopf gesetzt haben, dann ist mit ihnen nichts anzufangen. Nun packt der eine Mann zwei Ziegen bei den Hörnern und schleppt die widerspenstigen, springenden und sich bäumenden Tiere auf die Brücke hinaus, während sein Kamerad einige andere hinterdrein scheucht. Durch diesen Anblick ermutigt, drängt sich die ganze Schar auf einmal über die Tiefe hinweg (Abb. 137). Es war ein Wunder, daß keiner der vierbeinigen Wagehälse über den Rand hinausgestoßen wurde. Die Brücke aber schwankte auf und nieder; es hätte gewiß nur noch einer einzigen Ziege bedurft, um die Balken zum Brechen zu bringen. Ich seufzte erleichtert auf, als die ganze Gesellschaft drüben angelangt war und in einer Staubwolke zwischen den Hügeln des andern Ufers verschwand. Abbildung 139 ist vom linken Ufer gleich unterhalb der Brücke aufgenommen. Meine Karawane ist soeben glücklich über das gefährliche Bauwerk hinübergekommen. Besonders zu beachten ist der mittlere Teil der Brücke, der auf den äußersten Enden der Balkenlage ruht.

Dreißigstes Kapitel.

Abschied von Tibet.

Solche Wärme wie in der Nacht auf den 26. August hatte das Minimumthermometer zwei ganze Jahre hindurch nicht angezeigt; wir hatten 12,3 Grad. Von Tubges begleitet, begab ich mich zur Brücke. In seiner Eigenschaft als Hirte aus dem Schejoktal und gewöhnt an die wildzerklüfteten Talgänge und das schäumende Sommerwasser des Schejokflusses und an die schwankenden Brücken in Ladak, galt er unter uns als derjenige, welcher am sichersten auf den Füßen war; ihm sollten daher meine Karten und Aufzeichnungen anvertraut werden. Die wertvollen Resultate neunmonatiger Arbeit lagen in drei kleinen Kisten aus Toktschen verpackt, und Tubges sollte nur immer eine hinübertragen, damit, wenn er ausglitte, nicht alles verloren ginge. Breitbeinig und sicher überschritt er in wiegendem Gang schon mit der ersten Kiste die Brücke, ehe ich noch dazu kam, ihm vorzuschlagen, er solle hinüberkriechen und die Kiste vor sich herschieben. Als auch die beiden andern Kisten glücklich am linken Ufer hingestellt waren, fühlte ich mich beruhigt und setzte mich auf ihnen nieder, um zu beobachten, was nun kommen sollte.

Mit einem Ballen auf dem Rücken stieg Suän zum Brückenkopf hinauf. Als er aber den schwankenden Steg vor sich sah und auf den wirbelnden Fluß in der Tiefe hinabschaute, blieb er stehen, schüttelte den Kopf und kehrte um. Die Lachsalven der Kameraden ermutigten ihn wieder. Vorsichtig balancierend schritt er mit ernster Miene und angehaltenem Atem vorwärts, und als er glücklich am andern Ufer angelangt war, begann er zu tanzen und zu singen und schwur einen heiligen Eid, daß er nie wieder seinen Fuß auf diese Brücke setzen werde. Gulam, Kutus und Lobsang gingen hin und her, um Zelte, Säcke und Sättel nach dem linken Ufer zu bringen, und bald war sämtliches Gepäck hinüberbefördert.

Nun kam die Reihe an die Maulesel und die Pferde. Ein netter alter Mann aus Korang, der mit der Brücke genau Bescheid wußte, kam von selber, um mir seine Hilfe anzubieten. Bei jedem Schritt mit dem Hufe tastend, ging der erste Maulesel hinüber; seine Kameraden überwanden dieses Hindernis auf ihrem Wege mit derselben kaltblütigen Ruhe und Klugheit. Nachher führte der alte Mann aus Korang einen Rappen heil über die Brücke und machte es mit einem rotbraunen Hengste vom Teri-nam-tso ebenso. Ein drittes Pferd fand die Situation äußerst ungemütlich, entschloß sich aber bald, seinem Führer zu folgen.

Die beiden Schimmel waren, wie gewöhnlich, am Schlimmsten. Der große scheute schon beim bloßen Anblicke des Steges und drängte sich auf der Oberfläche der Steinmauer so weit rückwärts, daß er mit den Hinterbeinen über den Rand hinausgeriet; er wäre ganz gewiß hinuntergestürzt und hätte sich das Genick gebrochen, wenn nicht zwei schnell hinzueilende Ladaki ihn so lange festgehalten hätten, bis Hilfe kommen konnte. Während er sich beruhigte, ergriff der Alte mein Reitpferd an der Halfter und trat auf die Brücke hinaus. Ich erwartete, wieder den Todessprung zu sehen. Aber das Pferd blieb ganz ruhig und folgte dem Manne, nur ging es ein wenig schneller, als es sich dem festen Boden näherte.

Der Alte aus Korang schien eine besondere Gabe zu besitzen, die Brückenangst widerspenstiger Gäule zu besiegen. Er brachte auch den andern Schimmel dazu, ihm zu folgen; aber das Tier wollte möglichst kurzen Prozeß machen und begann daher sofort zu galoppieren, so daß die Brücke ärger denn je schaukelte. Es war eine tüchtige Tat, so über das jämmerliche Ding hinüberzugaloppieren, ohne auszugleiten oder mit dem Fuße zwischen die Latten zu geraten. An allen Gliedern zitternd kam das Pferd hinüber, und nun brach lauter Jubel aus.

Dann wurde die Karawane beladen und der Tagemarsch am linken Ufer angetreten, wo eine lange, hübsche Manimauer errichtet war und wo unter uns der Fluß rauschte (Abb. 142). Rokti-tschu ist ein kleines Nebental mit einem wildstrudelnden Bache, über den eine Brücke der gewöhnlichen Art führt. Nachher werden die Hänge weniger steil, und wir entfernen uns vom Satledsch.

Eine Biegung, und wieder bringt das Rauschen einer Stromschnelle an unser Ohr. Auf ihrer andern Seite liegt das Dorf Tschok, der idyllischste Ort, den ich bisher in Tibet gesehen habe. Der Pfad führt durch einen wahren Park von Pappeln und Weiden, und in den Kronen der Aprikosenbäume hängen halbreife, gelbe Früchte. Kleine Kanäle rieseln zwischen den Bäumen, und unter dichten Laubgewölben herrscht angenehm kühlender Schatten. Hier und dort schimmert eine Hütte durch das Laubwerk und neben dem kleinsten Tempel, den ich je erblickt habe, erhebt sich eine Wimpelstange. Oberhalb des Parkes liegt amphitheatralisch das eigentliche Dorf mit herrlicher Aussicht über Berge und Täler, und die Straße befindet sich in gleicher Höhe mit den Dächern der obersten Häuserreihe, auf denen Aprikosen zum Trocknen liegen.

Eine Weile folgen wir dem Fuße einer Felsenwand und ziehen dann steil abwärts auf anstehendem Gestein, Gneis und Glimmerschiefer, wo der Weg durch Steinmauern und Flechtwerk verbessert worden ist. Über neue Stromschnellen hinweg geht die Straße nach Largjäp, wo die Dorfbewohner gerade mit dem Mähen ihrer üppigen Gerstenernte beschäftigt sind. Bergauf und bergab, in Täler hinein und wieder hinaus geht es weiter an langen Manimauern vorüber und durch ein freistehendes Tschortenportal mit Buddhabildern als Deckengemälden, jener den Göttern des Gebirges dargebrachten stummen Huldigung. Schließlich führt der Pfad kopfüber nach dem Grunde eines Tales hinunter, wo der Bach Salve-tschu betäubend einhertost.

Frühlingsgrün und schaumweiß stürzt das Wasser in leichtsinnigen, gedankenlosen Stromschnellen über rundgeschliffene, blankpolierte Blöcke hin, zischt, wirbelt und brodelt, als ob es nicht schnell genug zum Satledsch hinuntergelangen könnte. Eine feste Brücke führt über den Salve-tschu, an dessen linkem Ufer steile Felshänge nach meinem heutigen Ziele hinabführen, nach Schipki, meinem letzten Lager auf dem heiligen Boden Tibets.

Schipki war auch mein schönstes Lager in Tibet (Abb. 140). Die Zelte wurden auf einem Grashang aufgeschlagen, wo es süß und frisch nach feuchtem Humus und saftigem Grase duftete und die Aprikosenbäume kühlenden Schatten spendeten. Der Wind wehte in heftigen Stößen, es raschelte so gemütlich in den Baumkronen, und am Fuße der Böschung rauschte der Salve-tschu. An einem höheren Abhange seines Ufers sah man ein ackerbautreibendes Dorf, und im Hintergrund wachten mächtige, in einen dichten Wolkenschleier gehüllte Bergriesen. Wie um die Annehmlichkeit meines Aufenthaltes beim Dorfe zu erhöhen, stellten sich Männer und Frauen ein, die mir höflich „Salam Sahib" zuriefen und kleine Gaben an Butter, Milch und Obst brachten. Keiner machte Miene, mir noch auf der Schwelle Indiens Halt gebieten zu wollen.

Friedvoll und mild kam die Nacht mit ihren 13,5 Grad; die Sterne funkelten zwischen dem Laube der Aprikosenbäume hindurch, und sausende Winde und rauschendes Wasser wiegten uns in den Schlaf. Frühmorgens waren wir schon marschbereit und schickten uns an, nach größeren Höhen hinaufzuziehen, von Schwärmen von Bettlern und Fliegen begleitet. Die ersteren stellten sich uns bei jeder Biegung in den Weg und streckten uns kleine Blumensträuße entgegen. Sie waren die letzten Tibeter, die ich sah, und wie hätte ich ihnen ein Scherflein verweigern können? Nach und nach verschwanden sie, und auch die geflügelten Quälgeister wurden höher aufwärts immer spärlicher. Die Fliegen, die uns auf der andern Seite des Passes umschwärmten, waren englische Untertanen.

In Schipki hatte ich glücklicherweise fünf Yaks aufgetrieben; ich konnte daher meine eigenen Tiere beim Überschreiten des schwierigen Passes schonen. Das Klettern beginnt, sobald wir Schipkis Gehöfte, Felder und Kanäle hinter uns haben. Sehr steil windet sich der Pfad zwischen Blöcken und Geröll hindurch, über sumpfige Talrinnen mit üppigem Grase und über rieselnde Bäche hinweg und an mühsam zu erklimmenden Hängen und domförmigen Hügeln empor. In dem schmalen Keile einer flachen Schlucht liegt der letzte Acker, der zu Schipkis Feldern gehört. In der Gegend Jajur beginnt die schwierigste Steigung. Hier geht es langsam. Die Tiere legen immer nur ein paar Schritte hintereinander zurück und bleiben dann schnaufend stehen, um nach Atem zu ringen. Sogar die Yaks atmen mühsam, ihre blutunterlaufenen Augen blicken starr, und die Zunge hängt blaulila und triefend aus dem Maule.

Hoch droben auf der andern Satledschseite erfreuen sich einige Mönche von den Fensterscharten des kleinen Klosters Puri=gumpa aus einer herrlichen Aussicht. Dort erhebt sich auch über dieser Welt majestätischer Berge der wunderbar schöne, wildzerklüftete Gipfel des Rio Porgjul, aber verdeckende Wolken breiten oft ihre Schleier um die Stirn des Riesen. Er steht dort wie ein Vorposten, die Reihe königlicher Gipfel ankündigend, deren Bogen Indien im Norden umspannt und von denen einige die höchsten der Erde sind.

Nur hinter uns, in der Richtung der Brücke von Loptschak, sehen wir den Satledsch sich in der Tiefe schlängeln und mit dem Gebirge kämpfen, ein überwältigender Anblick, ein Bild erhabener Größe, wie es nur der Himalaja zu bieten vermag. Das ganze Tal liegt wie eine bodenlose Tiefe unter uns, und um uns herum türmen sich die Kämme auf, deren Zinnen in die Wolken ragen. Wir selbst sind schon so hoch gelangt, daß uns dünne Wolkenfetzen, rein und weiß wie Wasserdämpfe, zeitweise die Taltiefe verhüllen. Zuweilen fällt ein wenig Sprühregen, und die Luft ist kühl. Nicht weit nach rechts gewahren wir das äußerste Ende des Felsengrates, auf dem wir uns mühsam nach dem Schipki=la hinaufarbeiten. Von seinem Rande geht das Gefälle senkrecht nach dem schwindelerregenden Abgrunde hinunter, auf dessen Boden der Satledsch seine wilde Durchbruchsbiegung ausführt. Nie hat ein Menschenauge die Felsenwände jenes dämmerigen, schäumenden Schlundes erblickt. Wird in ihnen je ein Weg gesprengt werden, eine Straße, die den Karawanen das Überschreiten des Schipki=la ersparen würde?

Nach einer letzten, sehr anstrengenden Steigung sind wir droben am Steinmal (Abb. 141, 143, 144). Die Yaktreiber nannten den Paß Pimig-la, erklärten aber, daß er nach dem Dorfe öfter Schipki-la genannt werde. Die Höhe beträgt 4695 Meter, und wir sind von der Brücke von Loptschak an wieder um 1713 Meter gestiegen. So tief hat sich der Satledsch an diesem Punkte in den Himalaja eingeschnitten! Leider war die Aussicht über das Gebirge nach der indischen Seite hin durch dichte Wolken versperrt, unter deren Decke nur das ungeheure Tal sichtbar war, nicht aber der hier zu tief in seinem Graben liegende Fluß.

Zum letzten Male befinden wir uns so hoch über dem Meer. Jetzt geht es endlich bergab. Doch nicht sofort. Erst müssen wir noch über eine schüsselförmige Einsenkung mit einem Tümpel, der Tsokam heißt, und einem kleinen Gletscherbache. **Hier, bei Paschagang, ist die Grenze zwischen Tibet und Indien.** Auf dem Hinterrande der Mulde blieb ich ein paar Minuten stehen, um Abschied von Tibet zu nehmen. Weit drang der Blick nicht in das Reich des Transhimalaja hinein, aber ein bunter Zug wunderbarer Erinnerungen und toller Abenteuer zwischen den die Aussicht hindernden Bergen ging an meinem innern Auge vorüber. Hier endete nicht ein Kapitel, **auf dem Schipki-la wurde ein ganzes Buch zugeschlagen!**

Auf indischem Boden eilten wir leidliche Hänge hinunter; bald aber wurde die Abdachung immer steiler, und immer schneller kehrten wir in die dichteren Luftschichten zurück, über die der Paß uns einige Stunden erhoben hatte. Steine und Schutt umrasseln unsere Füße, eine Schafherde in einer Mulde huscht an uns vorüber, ein Rinnsal spritzt kristallklar auf eine Granitplatte in dem Taleingange Kamlung herab, und schließlich rutschen wir in einer abschüssigen Rinne, zwischen Sträuchern und Blöcken hindurch, nach einer Stelle hinunter, auf der sich uns die Aussicht auf das Dorf Namgja-ridsching, seine wogenden Felder, seine dichtbelaubten Haine und seine Dschungeln voll üppiger Vegetation erschließt.

Ein soeben abgemähtes Feld bietet für das Lager 484 einen passenden Platz. Tief unter uns zeigen sich mehrere Dörfer auf ihren Bergabsätzen (Abb. 145). Auf der rechten Seite steigen wilde, schroffe Felsen zu schwindelnder Höhe über dem Flusse an. Unendlich schön und bezaubernd ist diese Aussicht. Heftige Windstöße fegen über die steilen Hänge hin; es pfeift in der Hecke wilder Rosen, die eine Barrikade um unsere Zelte herum bildet.

Die Dorfbewohner sind Lamaisten, sprechen tibetisch und tragen um den Hals Schnüre mit den göttlichen Talismanen. Die bauschighängenden

143. Auf dem Schipki-la. (S. 336.)

144. Ziegenkarawane auf der Paßhöhe. (S. 336.)

145. Ein typisches Dorf an der tibetischen Grenze. (S. 336.)

Pelze haben aufgehört, die Trachten sind von der indischen Seite her beeinflußt worden, und die Männer tragen dünne, enger anliegende Röcke. Unser Wirt hatte einen kurzgeschnittenen grauen Bart und ein Käppchen auf dem Scheitel. Er hieß Hira und war „Numberdar", Dorfältester, in Namgja-ridsching. Er hatte schon manchen Sahib gesehen, und als er zu uns kam, um mir einen Armvoll Zuckerrüben zu überreichen, fragte er, ob er uns irgendwie gefällig sein könne. Jawohl, er solle seinen Amtsbruder in Poo brieflich ersuchen, daß zu unserm am nächsten Tage vor sich gehenden Übergang über den Satledsch alles Nötige bereit gehalten werde. Er erzählte, daß weiter unten in dem Dorfe Tovaling kürzlich zehn Personen an den Blattern gestorben seien. Ein indischer Arzt sei dort angelangt und habe die ganze Einwohnerschaft geimpft. Als die Yaktreiber aus Schipki dies hörten, baten sie mich, sofort umkehren zu dürfen. Sie wurden gut bezahlt und arbeiteten sich wieder nach dem Passe hinauf. Mit ihnen wurde das letzte Band, das mich noch an Tibet geknüpft hatte, zerrissen.

Ich schreibe den 28. August in mein Tagebuch ein. Staubig, voller Schutt und an beiden Seiten mit Dornendickichten eingefaßt, geht die Straße steil auf abschüssigen Hängen bergab weiter; in ihrer Nähe liegt das eigentliche Namgja, dem noch tiefer drunten auf einer hügeligen Terrasse das Dorf Kapp folgt. Hier tritt der Satledsch aus seinem Felskorridor heraus; das Gefälle verlangsamt sich, und jenseits eines Tschortenportals ziehen wir einige fünfzig Meter über dem Wasser am Ufer hin. Es geht jedoch auch jetzt bergauf, bergab, je nach der Form der steilen Abhänge. Hier reitet man nicht gern auf einem Pferd, das aus den flacheren Teilen des Transhimalaja stammt. Manchmal liegt der Weg wie ein schmaler Streifen an einem überaus schroffen Abhange, der unvermittelt in den dumpf und schwer rauschenden Fluß abstürzt. Die Felsen des rechten Ufers scheinen senkrecht zu sein; trübgraue Wellen bespülen ihren Fuß. Granit wechselt mit schwarzem Glimmerschiefer. Einen schönen Anblick gewährt auch die eigentliche Tiefe des majestätischen Tales, in die wir von der Höhe des Schipkipasses aus so weit unter uns hinabschauten. Jetzt sind wir wie in einer Mausefalle und haben das ängstliche Gefühl, uns unterhalb kolossaler Wände und Gipfel zu befinden. Ein Bergrutsch — und jeder Gedanke an Rettung wäre vergeblich.

Ah! Ich kann einen Ausruf des Erstaunens nicht unterdrücken, als ich das Tidangtal erblicke, in welchem ein Hochgebirgsbach unter wütendem Tosen einen weißen, schäumenden Wasserfall bildet, der wohl 15 Kubikmeter mächtig ist. Auf der prächtigen Brücke unterhalb des Falles verweilt man gern einige Minuten. Etwas weiter abwärts macht der

Satledsch einen Bogen nach rechts, und in einem Talboden zur Linken bleibt das von den Blattern heimgesuchte Dorf Tovaling hinter uns zurück.

Hier sauste der Eilbote Ngurup Dortsche, der mit der Botschaft nach Poo beauftragt war, an uns vorüber. Es war um die Zeit, als wir bis zum Übergang über den Satledsch nur noch eine kleine Strecke zurück= zulegen hatten. Dem Boten wurde der Botschaftstock ausgehändigt, und eiligst verschwand er mit ihm auf dem Wege.

Wir folgen seiner Spur. Ein Erdrutsch, der die Straße weggerissen hat, hält uns eine gute Stunde auf. Mit unserm einzigen Spaten mußte ein neuer Weg in den steilen Abhang gegraben werden, worauf die Männer erst die Tiere, damit sie nicht in den Fluß stürzten, vorsichtig über die Stelle hinwegführten und dann das Gepäck hinübertrugen. Wieder steigt die Straße bergan und läuft auf dem äußersten Rande eines Hanges hin, der senkrecht, ja sogar überhängend wird. Ganz am Rande haben Gras und Sträucher noch Wurzel schlagen können. Wer hier fällt, stürzt kopfüber in den Fluß. Das rechte Ufer hat dieselbe Bildung; der Fluß geht durch eine Riesenrinne, deren Tiefe größer ist als ihre Breite, und nach vorn sowohl als auch rückwärts bei den Biegungen sehen wir ihren Querschnitt als dunkle Felsentore.

Hier unten ist es warm. Dicht und schwer liegt die eingeschlossene Luft über dem Flusse. Wir machen halt und trinken aus Quellen und Rinnsalen, die aus dem Schoße des Gebirges hervorsprudeln. Hier er= reicht uns keine Brise.

Schließlich zwingt uns eine steile Bergwand, bis an den Rand des Wassers hinabzusteigen, wo wir die sich schnell dahinwälzenden Wellen des Flusses von der Seite sehen. Dann geht es wieder einen kleinen Abhang hinauf, nach der Plattform des unheimlichen Felsenvorsprunges, der über dem tiefen Graben des Flusses schwebt und auf welchem man keinen Schimmer einer Brücke sieht. Und doch liegt Poo an der andern Seite, und wir müssen hinüber!

Einunddreißigstes Kapitel.

Zwischen Himmel und Wasser.

Aus Hauptmann Rawlings Reisebeschreibung „The Great Plateau" (S. 303) kann man sich einen Begriff machen von der Brücke, deren linken Brückenkopf ich jetzt erreicht hatte. In Begleitung des Majors Ryder und der übrigen Mitglieder der Expedition nach Gartok überschritt Rawling gerade an der Jahreswende von 1904 auf 1905 an diesem Punkte den Satledsch. Er sagt: „Zehn Meilen unterhalb des Dorfes Khub (Kapp) war über den Satledsch eine große Balkenbrücke gespannt, die als ein Triumph der Ingenieurkunst galt und auf welcher die Straße vom linken auf das rechte Ufer hinüberführte. Sie war während des Herbstes gerade fertig und dem Verkehr übergeben worden, und die Eingeborenen betrachteten sie mit Staunen und Bewunderung. Uns aber sollte sie nicht das Geringste nützen. Das Bauholz, das man aus der Nachbarschaft erhalten hatte, erwies sich als außergewöhnlich brüchig, und drei Wochen vor unserer Ankunft gaben die unteren Balken dicht neben den Dammauern nach, und der ganze Bau stürzte krachend in die darunter tobenden Wasserwirbel."

Zwischen den eisumsäumten Ufern wurde für die Engländer eine provisorische Brücke gezimmert. Für uns aber gab es keinen andern Ausweg, um hinüberzugelangen, als den, sich selbst und seine Habseligkeiten, dem zwischen den Steinmauern ausgespannten, aus Stahldraht geflochtenen Kabel anzuvertrauen.

Auf der Steinplatte oberhalb des linken Brückenkopfes beluden wir unsere Tiere und spähten vergebens nach der Hilfe aus, ohne die eine Karawane das Kabel nicht benutzen kann. Keine lebende Seele ließ sich sehen; nicht einmal eine erbärmliche Hütte war als Brückenwächterhaus neben diesem lebensgefährlichen Übergang errichtet. Man denke sich eine pechfinstere Nacht, undurchdringlichen Nebel und einen Wanderer, der in dem Glauben an das Vorhandensein der Brücke den Brückenkopf besteigt und von dort aus in den leeren Raum hinaustretend, in den Satledsch hinabstürzt. Poo liegt hoch oben und wird durch die Hänge verdeckt. Weder durch Rufen noch mit Zeichen kann man die Aufmerksamkeit seiner Bewohner erregen, kaum einen Flintenschuß würden sie dort droben hören können.

Ich trete auf die Balken des Brückenkopfes hinaus. Sie ragen wie ein Sprungbrett in den leeren Raum (Abb. 146). Fünfundzwanzig Meter unter mir kocht der eingeengte Fluß. Es hatte den Anschein, als ob uns hier der Weg abgeschnitten sei und Simla trostlos fern liege. Ich erfuhr jedoch später, daß man der Blattern wegen den Übergang absichtlich gesperrt hatte und keine Reisenden von der andern Seite hinüberließ.

Daher war es auch kein Wunder, daß der Eilbote bei dem Besorgen der Botschaft olympische Ruhe gezeigt hatte. Nachdenklich saß Ngurup Dortsche auf dem Brückenkopf, als wir an der Unglücksstelle anlangten. Man mußte Akrobat sein, um sich ohne Hilfe an dem Kabel hinüber zu haspeln. Solcher Akrobaten gibt es unter den Eingeborenen viele. Sie schlingen einfach ihre Leibbinde um das Kabel und hanteln sich ruckweise hinüber. Ngurup half sich auf andere Weise. Er nahm aus dem Packsattel eines Maulesels das Holzgestell heraus, legte es rittlings auf das Kabel, schlang einen Strick ein paarmal um das Holz und steckte die Beine in die so entstandenen Ösen. Als er sich überzeugt hatte, daß alles hielt, packte er mit beiden Händen das Kabel und zog sich ruckweise vorwärts. Ich kann nicht leugnen, daß es greulich aussah, als er den äußersten Rand des Sprungbrettes hinter sich ließ und über dem Abgrund baumelte. Solange das Kabel sich noch dem tiefsten Punkte seines Bogens zuneigte, ging es leicht, aufwärts aber schwerer. Ich atmete leichter, als ich ihn über dem Steingrunde der rechten Brückenmauer schweben sah. Dort sprang er aus den Ösen heraus und verschwand wie ein Steinbock auf den Abhängen, über die die Straße nach Poo führte.

Während wir warteten, wurde Feuer angezündet, und Gulam setzte Teewasser auf. Ich betrachtete mir den ungemütlichen Platz genauer. Auf beiden Ufern tritt Glimmerschiefer zutage, und die hohen Steinsäulen, zwischen denen die Brücke sich einst über den Fluß gespannt hatte, ruhen auf unerschütterlichem Felsengrund. Der rechte Brückenkopf bildet eine senkrechte Mauer, in die hier und dort horizontale Balken eingefügt sind, und über seine ebene obere Steinschicht läuft, zwei Meter hoch, das Kabel nach einem senkrechten Pfosten und von dort nach seiner weiter entfernt liegenden Verankerung in der Erde. Auf unserer Seite sitzt der Balkenkopf der Brücke noch in dem Steindamm und trägt eine Brückenplattform mit einer Brustwehr. Über ihren Bretterfußboden hinweg geht das

Kabel, ebenfalls zwei Meter hoch, nach dem Kopfe eines festen Pfahles, an dessen anderer Seite es um ein Spill gewunden ist. Es läßt sich daher straffer spannen, wenn es sich zu sehr gedehnt haben sollte. Gewöhnlich werden Reisende und Güter über den Fluß vermittelst einer Rolle befördert, die auf dem Kabel entlanggleitet und durch einen eisernen Rahmen am Entgleisen verhindert wird. An einem Haken an der Unterseite des Rahmens werden Menschen und Tiere befestigt und ebenso leicht wie gewandt hinübergezogen. Nun aber war die Rolle unbrauchbar, und wir mußten uns anders behelfen.

Ich lege mich vornüber auf die Brückenplattform und rutsche vorsichtig nach dem Rande. Gerade unter mir tost der gewaltige Fluß, der einer der Riesen des Himalaja ist. Gleich unterhalb der Steinmauern sind zwei Blockkolosse in das Bett hineingestürzt; zwischen ihnen und der rechten Felsenwand war der Fluß zu vielleicht acht Meter Breite zusammengepreßt. Der ganze Satledsch hatte sich hier anscheinend in einen spritzenden Strahl verwandelt, der sich mit staunenerregender Kraft einen Weg durch das Gebirge bohrt. Die weißschäumende Wassermasse scheint unter die Blöcke hinabzutauchen und dort zu verschwinden, um dann wieder als brodelnde Glocken und gewölbte Wasserhügel nach oben zu steigen. Das Ganze gleicht einem kochenden Riesenkessel; es grollt wie Donner, es hallt von den Bergwänden wider, es ist ohrenbetäubend, man wird schwindlig und glaubt unter einer Zaubermacht zu stehen, die neckisch in den flockigen Schaum hinablockt, unter dem der Satledsch in seinem Berserkergang mit wütender Wildheit und kreideweiß vor Zorn dahin tanzt. Man fürchtet sich unwillkürlich. Wenn die Balken sich gerade jetzt lockerten, während ich hier liege und in die Tiefe hinabstarre? Wenn das Kabel gerade dann, wenn ich über dem Flusse hänge, mit scharfem Klange auseinanderrisse? Nun, dann ginge es wenigstens schnell! Man würde schon, ehe man noch wirklich das Herz vor Angst im Halse schlagen fühlte, als gehacktes, stark ausgewässertes Beefsteak aus dem Strudel bei den Blöcken herauskommen!

Aber das Kabel hält, wurde mir gesagt, obgleich es so dünn ist wie ein Strick. Es soll 35 Meter lang sein.

Es muß noch eine schöne Strecke bis Poo sein, dachte ich, denn Ngurup kommt gar nicht wieder. Geduld! Heraus mit dem Skizzenbuch (Abb. 147); diesen Ort vergesse ich nie! Die steinerne Plattform des rechten Uferdammes ist nur einen Steinwurf entfernt, aber der Weg dorthin ist lang und steht unter der Herrschaft des Todes. Hinter mir liegt das ganze Tibet. Und doch habe ich nie vor einem so ungemütlichen Schnitte in der Erdrinde gestanden.

Endlich erreicht mein Warten sein Ende. Dort eilt eine Schar Männer die Abhänge hinunter. Es sind Eingeborene aus Poo, aber es sind auch zwei Europäer mit Spazierstöcken und Tropenhelmen dabei! Sie ersteigen schnell den Uferdamm und grüßen höflich herüber. Ich habe das Hutabnehmen ganz verlernt, aber glücklicherweise steckte ich ihnen nicht die Zunge heraus, sondern winkte nur eifrig mit dem Skizzenbuch. Man sieht, wie angelegen sie es sich sein lassen, mich möglichst schnell hinüberzuholen. Ngurup hat ihnen meinen Brief gebracht. Sie wissen also, daß ich es bin, der jetzt endlich in die Zivilisation zurückzukehren geruht, nachdem ich über zwei Jahre in Tibet gehaust habe — gegen den Willen von vier Regierungen, England und Indien, Tibet und China, gar nicht zu reden von dem im Jahre 1907 zwischen Großbritannien und Rußland abgeschlossenen Vertrag, der unter anderm auch den Zweck hatte, während dreier Jahre alles, was Entdeckungsreisen heißt, in Tibet zu verhindern. Sie wissen, daß ich während jener Zeit mein eigener Herrscher war, und sind begierig zu hören, wie es mir ergangen ist.

Ein Eingeborener, der Deva Ram heißt und Dorfschulze in Poo ist, kommt, unter dem Mauleselsattel baumelnd, auf unsere Seite herüber (Abb. 148). Man sieht, daß er an diesen Sport gewöhnt ist und zum Aviatiker passen würde. Nachdem er glücklich gelandet ist und mich höflich begrüßt hat, bindet er einige Säcke und ein Zelt unter den Sattel, an welchem ein fester, dünner Strick befestigt worden ist, dessen anderes Ende die drübenstehenden Männer handhaben. Deva Ram gibt ein Zeichen, seine Leute am rechten Ufer beginnen zu ziehen, und bald ist die ganze Ladung in ihren Händen.

Nun beginnen die beiden Europäer zu gestikulieren, machen mir Zeichen und deuten nach Poo hinauf. Ich verstehe sie nicht. Der eine schreibt einige Zeilen auf ein Stück Papier, das mit dem Sattel herüberkommt. Darauf steht: „Bitte, warten Sie noch ein wenig. Wir haben um einen sicheren Seilwagen ins Dorf geschickt." Schön, der Sattel ist also nicht sicher, ich warte gern.

Der Seilwagen kommt und wird zu uns hinübergezogen. Kuntschuk versucht sein Glück. Es war ein Spaß, Suäns und Lobsangs Gesichter zu sehen, als ihr Kamerad über die Tiefe schwebte. Sie waren vor Aufregung dem Erbrechen nahe und mußten sich abwenden. Suän rollte sich hinter dem Spill wie ein Igel zusammen und weinte bitterlich.

„Was fehlt dir?" fragte ich.

„Es ist entsetzlich, daß wir hier alle sterben müssen, nachdem wir so weit gelangt sind und nur noch eine so kleine Strecke zurückzulegen haben."

"Ach, sei doch nicht albern, Suän, es ist nicht im geringsten gefährlich."

Im Grunde beneidete ich Kuntschuk, der schon die Todesfahrt über den Satledsch gemacht hatte. Doch zunächst mußte ich aufpassen, daß meine wertvollen Aufzeichnungen ordentlich festgebunden wurden und glücklich hinüberkamen. Und dann wollte ich gern wissen, wie man hier mit den Lasttieren umgeht. Einer der klugen Maulesel wird vorgeführt und steht nun gerade unter dem Wagen. Über diesen werden vier starke Strickbündel gelegt, von denen eins unter der Schwanzwurzel durchgezogen wird, eines den Hals stützt, das dritte vor den Hinterbeinen um den Leib geschlungen wird und das vierte ebenso hinter den Vorderbeinen angebracht ist. Dem Opfer wurden die Augen verbunden. Der Maulesel stand geduldig still, aber man sah am Zittern seiner Beine, daß er ein gemeines Attentat ahnte. Fertig! Die Leute auf dem rechten Uferdamm begannen auf ein gegebenes Zeichen aus Leibeskräften zu ziehen. Der Seilwagen gleitet langsam auf dem Kabel vorwärts. Der Maulesel muß mit und geht mit schwankenden Schritten auf den Fluß zu, nachdem er vergeblich versucht hat, sich mit den Hufen entgegenzustemmen. Er fühlt den Boden unter seinen Füßen weichen, streckt die Beine aus, erreicht aber den Grund nicht mehr. Im nächsten Augenblick segelt er schon über dem tosenden Flusse in der Luft. Er hat sich in sein Schicksal gefunden; seine Beine hängen schlaff herunter; was blieb dem armen Geschöpfe auch weiter übrig? Aber die Angst ist kurz, seine Vorderhufe schlagen gegen den Rand des Steindammes, er fühlt wieder festen Boden unter den Füßen und steht ebenso geduldig wie vorher still, als man ihn aus allen seinen Schlingen befreit, um ihn zum Grasen nach einer Böschung zu führen.

Nun bin ich an der Reihe! "Die Erde verschwindet; zum Feste der Asen ruft das Gjallarhorn....."

Deva Ram muß mich für sehr schwer halten. Er bindet mich fest wie einen gefährlichen Gefangenen. Ich schlüpfe mit den Beinen in die Seilösen und greife fest um die vordere Stange des Seilwagens.

"Los!" rufe ich.

"Nein, Sahib, noch nicht", antwortete Deva Ram.

"Was fehlt noch?"

"Das Geschirr hält schon, damit hat es keine Gefahr. Aber wer nicht daran gewöhnt ist, den Fluß unter sich zu sehen, der kann schwindlig werden, die Besinnung verlieren, mit den Händen loslassen, rücklings hinunterschlagen, aus den Schlingen herausgleiten und mit dem Kopf voran in den Langtschen-kamba hinabstürzen."

„Ich werde nicht schwindlig."

„Der Sicherheit halber winden wir Ihnen doch noch lieber zweimal ein Seil um den Leib und um die übrigen Stricke. So, nun ist es gut! Jetzt können Sie die Hände loslassen, Sahib, ohne zu fallen."

„Los!" rief ich mit lauterer Stimme als das vorige Mal.

Deva Ram gibt sein Zeichen, der Seilwagen beginnt zu gleiten; ich schwebe über den Rand hinaus und sehe nun unter mir in der Tiefe die grauweißen Wellen des Flusses hinrollen. Eine Ewigkeit vergeht. Weshalb komme ich denn nicht schon drüben an? Es sind ja nur 35 Meter. Droben auf den Höhen ist mein altes Tibet. Drunten in den Ebenen ist Indien. Meine Karawane ist auseinandergerissen. Ich selbst schwebe zwischen dem Himmel und dem mörderischen Satledsch (Abb. 149). Ich habe diesen Fluß erforscht und seine ursprüngliche Quelle gefunden. Die Entdeckung kostete gewiß ein Opfer! Nie hatte ich vor dem gewaltigen, majestätischen Flusse solchen Respekt gehabt wie in diesem Augenblick, und auf einmal hatte ich Verständnis für die Tschortenpyramiden und Steinmale der Tibeter an Ufern und Brücken, jene Rufe um Hilfe gegen unbezwingliche Naturkräfte und jene versteinerten Gebete zu unerbittlichen Göttern. Mein Blick fällt auf den weißen, im Abgrunde drunten siedenden Riesenkessel. Wie großartig, wie hinreißend schön! Die Sprache besitzt keine Worte dafür, kein Meister kann dieses Bild malen, die schwindelerregende Vogelperspektive läßt sich nicht auf der Leinwand wiedergeben. Nur nach einem Modell könnte man sich einen Begriff davon machen. Hört nur das konzentrierte Dröhnen dieses Wasserdonners, das sich mit jedem Augenblick erneuert. Es füllt die enge Steinrinne an, und ich schwebe inmitten eines Chaos von Schallwellen, die einander von allen Seiten her kreuzen.

Ich schaukle bei jedem Ruck, den das Ziehen der Leute verursacht, hin und her. Holla! Nur noch zwei Meter bis an den Rand des Steindammes. Herrliches Land! Hat das Kabel so lange gehalten, so wird es nicht gerade jetzt mit verhängnisvollem Krachen reißen. Zieht! Nur noch ein Meter. Mit einem behaglichen Gefühle des Geborgenseins gleite ich über den Steindamm weiter und bin im Handumdrehen aller Bande und Fesseln ledig!

Die beiden Europäer heißen mich in deutscher Sprache herzlich willkommen und gratulieren mir, daß ich die kurze Himmelsreise ohne weitere Abenteuer überstanden habe. Sie sind Herrnhuter Missionare und heißen Marx und Schnabel. Innerhalb einer Minute sind wir schon so gut miteinander bekannt wie Jugendfreunde. Wir bleiben noch eine Weile

146. Drahtseilbrücke bei Poo. (S. 340.)

147. Drahtseilbrücke bei Poo. (S. 341.)
Skizze des Verfassers.

148. Deva Ram auf dem Wege zu uns. (S. 342.)

auf der Plattform stehen, um Lobsang mit verbundenen Augen heranschweben zu sehen; er traute seiner Kaltblütigkeit nicht und war sehr erregt, als er landete. Ich empfing auch noch meinen Reitschimmel und strich ihm über die Nase und Augen, um ihn zu beruhigen. Die andern konnten für sich selber sorgen (Abb. 150) und wurden auch vor 8 Uhr nicht fertig, so daß das Übersetzen im ganzen gute fünf Stunden gedauert hat. Die Missionare erzählten mir, ein Engländer sei beim Anblick des Kabels wieder umgekehrt.

Nun ziehen wir die steilen Hänge nach Poo hinauf. Gerade, als es dämmerig wird, treten wir in die engen, unbelebten Gassen des Dorfes ein. Nur ein paar Gruppen neugieriger Weiber und einzelne Wanderer sind draußen, als wir über den kleinen Marktplatz gehen, wo sich die Dorfbewohner an den Winterabenden versammeln, um sich mit Tanz, Gesang und Saitenspiel die Zeit zu vertreiben. Endlich sind wir an den Gehöften der Missionare angelangt und sehen, daß sie ein kleines hübsches, sauber gehaltenes Dorf für sich bilden. Ein ganz neues Haus in einem Garten wurde meine Wohnung während der Ruhetage.

Seit dem 14. August 1906 hatte ich keinen Europäer gesehen, jetzt schrieb ich den 28. August 1908. Zwei lange Jahre hatte ich nur mit Asiaten verkehrt, und ich freute mich, wieder Männer und Frauen germanischer Rasse zu erblicken. Und würdigeren Vertretern der Weißen als diesen christlichen Aposteln und ihren Frauen hätte ich nicht begegnen können. Sie beschämten mich durch ihre Gastfreiheit und verzogen mich wie ein Kind; sie tischten das Beste auf, was sie im Hause hatten, kleideten mich neu ein, gaben mir Bücher und Zeitungen zu lesen und wurden nie ungeduldig über das Kreuzfeuer meiner Fragen: herrscht Friede auf Erden oder lodert in irgendeinem Lande die Kriegsfackel; wie steht es mit den Unruhen in Indien; haben Sie etwas Neues aus Schweden gehört? Wohl ist es angenehm, zwei Jahre hindurch mit Zeitungen, Telephongesprächen, dummen Briefen, idiotischen Abendgesellschaften und dem nichtigen Geschwätze des Weltgetümmels verschont zu bleiben. In der sogenannten Zivilisation lebt man ein erkünsteltes Leben, verliert sein eigenes Ich und wird obendrein noch durch den Klatsch und die infamen Verleumdungen, an denen die Gesellschaft Gefallen findet, in kleine Stücke zerzupft. Es ist schön, die große Einsamkeit aufzusuchen, wohin kein Lärm dringt. Aber dennoch — wenn die Isolierungszeit vorüber ist, wird man es auch lustig finden, sich wieder in den Strudel stürzen zu können. Man gewöhnt sich bald daran, gedenkt jedoch nicht ohne Wehmut der herrlichen Zeit, als man immer nur durch dünne Zeltleinwand von den Nächten der Wildnis und den ewigen Sternen geschieden war.

Ich schlief in einem richtigen Bett und hatte die Aussicht auf den Garten, wo meine Leute die Zelte aufgeschlagen hatten und unsere angepflöckten Pferde und Maulesel sich an üppigerem Grase, als sie je erblickt hatten, laben konnten. Takkar und Kleinpuppy fühlten sich durch die ungewohnte Umgebung geniert, und ihr tibetischer Pelz paßte auch nicht in diese drückend warme Luft hinein. Sie lagen mit offenem Maul da, rangen nach Atem und schnappten nach den zudringlichen Fliegen, die ihnen keine Ruhe ließen.

Das Dorf zerfällt in zwei Abteilungen. Die Armen wohnen oberhalb, die Wohlhabenden und Reichen unterhalb der Missionsstation. Man zählt hier 600 bis 700 Einwohner, alle Lamaisten, die einen tibetischen Dialekt sprechen, der mehr an die Sprache in Dardschiling als an die Nüancen näherliegender Gegenden erinnert. Von Indien aus ist das Kastenwesen hierher gelangt. Die Tracht und der Schmuck der Weiber erinnern stark an Tibet, während sich in der Kleidung der Männer ein Einfluß von Süden her zeigt. Auch das Blut ist nicht frei von indischem Zusatz, und auf dem Wege nach Simla merkt man, wie das tibetische Blut sich immermehr verdünnt, während das indische immer mehr Terrain erobert.

Man baut hier Weizen, Gerste und Hirse nebst Buchweizen, der jährlich zwei Ernten gibt. Mit dem Roggen versuchen es nur die Missionare; er gedeiht gut. Für den Weinbau liegt Poo zu hoch; aber drunten am Flusse gibt es saftige Trauben. Kartoffeln baut man auf einigen Ackerstücken, aber Beten, Rüben und Radieschen werden allgemein gebaut. Der Hochgebirgswind saust durch die Krone des Wallnußbaumes, und auch Aprikosen- und Apfelbäume zieren den Rand des Dorfes. An Pappeln und Weidenbäumen fehlt es hier natürlich nicht, und die Zeder oder „Schupka" ist Gegenstand religiöser Verehrung. Tanne und Birke kommen oberhalb des Dorfes vor, aber der Deodarabaum, die Himalajazeder, gedeiht nur auf der Westseite des Satledsch. Unter den Sträuchern sind die wilde Rose und der Weißdorn am häufigsten.

Zwei Klöster gehören zu Poo. Das obere heißt Tschila-gumpa, das untere Poo-gumpa. Dreißig Lamas der roten Sekte wohnen dort; diesen Mönchen ist es erlaubt, sich zu verheiraten. Die meisten Nonnen wohnen im Dorfe und beschäftigen sich mit weltlichen Dingen.

Allerdings liegt Poo hoch über dem Satledsch, aber doch in einer muldenförmigen Einsenkung inmitten gewaltiger Schneeberge. Während des Hochsommers herrscht in dieser Mulde eine stickige, stagnierende Hitze, die besonders europäischen Kindern verhängnisvoll wird. Alle in

Poo gestorbenen weißen Kinder sind im Juli oder August heimgegangen. Wenn ein kleines Kind den August glücklich überlebt hat, so können die Eltern hoffen, es noch ein Jahr zu behalten. Erst im September werden die Nächte angenehm, und man lebt wieder auf. Frost tritt erst um Neujahr ein, und Ende Januar friert der Fluß auf fünf Wochen zu. Nur seine ruhigeren Stellen haben eine richtige Eisdecke. Eine solche Stelle gibt es oberhalb des Kabels; hier kann man auf Planken, die über zwei am Rande des Eissaumes beider Ufer befindliche Blöcke gelegt werden, über den Fluß gelangen.

Der 30. August war ein Sonntag, und in der kleinen Kapelle der Missionare wurde Gottesdienst gehalten. Die Gemeinde mochte aus etwa fünfzig Personen, darunter auch einige Kinder, bestehen. Die Frauen saßen zur Linken, die Männer zur Rechten der Kanzel. Meine Leute hatten sich auch eingestellt und lauschten voller Erstaunen dem Gesange und den Worten des Predigers. Demütig und friedvoll erklangen die Töne der Orgel, und in der Sprache ihrer Heimat sangen die Christen einen Psalm nach der Melodie „Allein Gott in der Höh' sei Ehr'...." Es war unendlich schön! Ich weinte vor Rührung in der einsamen kleinen Kirche droben zwischen den majestätischen Hochgebirgsmassen des Himalaja. Die beiden Jahre flogen wie ein Traum an meiner Erinnerung vorüber. Durch die Fenster sieht man die helle, sonnige Landschaft, die Schwelle meines geliebten Tibet, des Königsaales grenzenloser Freiheit; ich stehe im Begriff, ihm auf lange Lebewohl zu sagen.

Ganze Bündel reifender Äpfel hingen zwischen dem Laube, und auf dem Hofe spazierten gackernde Hühner gemütlich umher. Andächtig und still lauschte die Gemeinde den Worten des Predigers, die mild und überzeugend in dem kleinen Saale ertönten.

„Amen! Vater Unser....." Wieder wurde ein Kirchenlied gesungen, und mit ernster Miene gingen die Christen nach Hause.

Die Missionare führen mich auf den Besitzungen der Station umher. Sie erzählen mir, daß der Himalaja Nr. 13 der Missionsgebiete der Herrnhuter sei und daß die Arbeit im Jahre 1853 begonnen habe. Die Station Poo sei 1865 gegründet worden, und das erste Missionarpaar seien Herr und Frau Pagell gewesen, die beide im Jahre 1883 auf ihrem Posten gestorben und auf dem kleinen Kirchhof oberhalb der Kapelle beerdigt worden seien. Nachdenklich und entblößten Hauptes steht der Fremdling vor einem solchen Grab. Sie waren freiwillig ins Exil gegangen und hatten ihrem Glauben ihr Leben geopfert. Daheim fragten nur noch einige Freunde nach ihrem Schicksal; hier draußen haben sie vielleicht wenig Dank und Aufmunterung gefunden.

Und doch kämpften die Verkünder des Evangeliums für den höchsten aller irdischen Zwecke.

Wie wehmütig berührt aber der Anblick dieser Kindergräber mit frischen oder schon verwelkten Kränzen! Dort las man die Namen mancher Kinder, die nur auf die Welt gekommen waren, um getauft zu werden und zu sterben, und mancher, die während ihres kurzen Daseins keine andern weißen Gesichter als die ihrer Eltern und keine andern Landschaften als die des Himalaja um Poo herum erblickt hatten. Unbekannt auf Erden, unschuldig und rein, schlummerte das kleine Volk unter den vergänglichen Inschriften der Grabsteine. Herr und Frau Schnabel hatten drei Kinder auf diesem Kirchhof, und eines, das auf der Heimreise gestorben war, im Roten Meer. Herr und Frau Marx hatten vor vierzehn Tagen ihr einziges Kind der Erde des Himalaja anvertraut, und frische Kränze schmückten den kleinen Hügel. Einige Grabsteine hatten Inschriften in tibetischen Schriftzügen, aber nicht das ewige leere „Om mani padme hum", sondern christliche Worte, denn unter ihnen ruhten Dorfbewohner aus Poo, welche die Taufe erhalten hatten.

Feierlich und tief ist die um diese Wohnung des Friedens und des Vergessens herum herrschende Stimmung. Frei schwebt der Blick über wilde, königliche Täler hin, und auf allen Seiten stehen scharfe Felsenspitzen als Ehrenwache. Unter dem Himmelszelt zieht die Schar der Monsunwolken nach Tibet hinein, und bald funkeln die Sterne der Winternacht freundlich über den Gräbern in Poo.

Zweiunddreißigstes Kapitel.

Ein gelehrter Lama aus Ungarn.

Als ich am 31. August aus Poo aufbrach, hatte ich bis Simla noch 320 Kilometer zurückzulegen. Einige herzliche Dankesworte zum Abschied an die Frauen der Missionare, ein kräftiges Händeschütteln mit den Missionaren an der Wegbiegung, bis zu der sie mich begleitet hatten, dann zogen wir auf der langen, gewundenen Straße durch den Staat Beschahr weiter.

Hier betrat ich ein Land, das schon seit hundert Jahren genau bekannt war und von welchem das topographische Korps ausführliche Karten aufgenommen hatte. Ich konnte daher meine Kartentafel einpacken und frei und ungehindert dahinreiten, ohne an Minuten und Peilungen denken zu müssen. Zwei Jahre lang hatte ich nicht versäumen dürfen, auch die kleinste Krümmung meines Weges zu beachten; jetzt hatte ich nach langer Arbeitszeit Ferien. Nun konnte ich mich an diesem wunderbaren Lande satt sehen, die Dörfer und die Menschen betrachten, die jetzt immer häufigere Erscheinungen wurden, und mir die hohen Berge, den schäumenden Fluß und vor allem die Vegetation anschauen, die immer üppiger wurde und von hochalpinen Formen langsam in subtropische und schließlich, am Fuße des Himalaja, in tropische überging. Wie früher konnte ich das Abnehmen der Höhen, das Steigen der Wärmegrade beobachten und die Bewegung und das Leben der Menschen, dessen Pulse mit jedem Tage, der mich dem Ziele zuführte, immer kräftiger schlugen.

Von Poo an sind auch meine Tiere arbeitsfrei. Anstatt ihrer bediene ich mich der englischen Sitte, das Gepäck durch Kulis tragen zu lassen. Fünfzehn solcher Kulis, Männer und Weiber, tragen meine Lasten auf ihren starken Schultern, während meine Tiere unbeladen bleiben und sich auch ohne Last noch genug anstrengen müssen, um über einige schwierige Stellen hinüberzugelangen. Jenseits eines scharfen Felsenkammes haben wir zur Linken tief unter uns den Satledsch. Dann folgt eine Reihe kleiner Vorsprünge und Ausläufer, wo der Weg so gefährlich ist, daß man sich oft mit den Händen weiterhelfen muß, um nicht das Gleichgewicht zu verlieren und in den Fluß hinabzustürzen, dessen Wassermassen sich mehr als hundert Meter tief unter uns dahinwälzen. Die Straße klebt wie eine Leiste an der Felsenwand, die manchmal sogar überhängt. Man kann sich diesen Weg denken, auf welchem die Natur alles hat tun müssen, ohne daß man ihr auch nur mit einem einzigen Sprengschusse zu Hilfe gekommen wäre. Zweige, Äste und Schieferplatten hat man freilich in alle Ritzen gesteckt, um Stufen und ein wenig Schutz an der Außenseite herzustellen, an zwei Stellen gibt es auch wenigstens eine Andeutung eines Geländers; im übrigen aber ist diese Straße mit ihren abschüssigen Strecken und gefährlichen Rutschbahnen durch die Verwitterung angelegt worden (Abb. 152).

An die frische Luft auf den Höhen Tibets gewöhnt, kommen wir aus dem Schwitzen gar nicht heraus; 25,4 Grad im Schatten war uns zuviel, und doch war dies erst der Anfang der Hitze, die meiner wartete und von der ich erst in Shanghai und Japan erlöst werden sollte; meine Leute aber hatten sie erst dann hinter sich, als sie wieder daheim in Ladak anlangten.

Die Felsen der linken Seite sind ebenso abschüssig, und doch hat man auch ihnen einen Pfad abgelistet, der Tovaling mit Nesang und Morang verbindet. Er sieht aus der Ferne wie eine passende Erfindung für Seiltänzer und Selbstmordkandidaten aus, wie ein feiner Faden an der Felsenwand.

Jenseits der schwierigen Passage, die durch starkgefalteten, dunkeln Glimmerschiefer führte, ziehen wir zu einer mit einem Steinmale versehenen Schwelle hinauf. Von dort aus geht es kopfüber bergab in vielen hundert Zickzackwindungen nach dem Grunde des Nebentales Schalungpo hinunter. Dort strömt ein Fluß. Sein Wasser prangt in dem reinsten Blaugrün, und die Schaumflocken seiner Wasserfälle und Stromschnellen schwimmen wie weißer Seifenschaum auf seiner Oberfläche. Am linken Ufer gewährt eine kleine ebene Stelle unsern beiden Zelten und den Lagerfeuern gerade noch Raum.

Ngurup Dortsche hat seinen Abschied erhalten und sich nach seinem dicht bei Poo liegenden Heimatdorf begeben. Der Bettler von Tschiugumpa begleitete mich noch immer und hatte gleich den anderen nichts zu tun. Neben mir her schritt ein junger Führer, der aufgeweckt und gewandt war wie eine Katze. Meine fünfzehn Kulis hatten wir schon auf der Hälfte des Weges überholt; infolgedessen mußten wir drunten am

Flußufer lange warten, ehe ihre schwankende Reihe wie kleine Pünktchen droben auf den Hängen sichtbar wurde. Bald sahen wir sie von vorn, bald von hinten oder von den Seiten, je nach der Lage der Zickzack=
windungen; allmählich aber wurden sie größer, und schließlich entledigten sie sich zwischen den Zelten ihrer Lasten. Einige junge Mädchen waren auch dabei, und zwei von ihnen sahen sogar wirklich hübsch aus. Ich schämte mich, daß diese Prinzessinnen der wilden Berge ihre Schultern mit meinen Sachen beladen mußten, während ich selbst es so bequem hatte. Doch meine Ritterlichkeit hatte im Himalaja keinen Kurs, und die jungen Damen wollten sehr gern für ihre vier Anna oder 34 Pfennig für jede Station arbeiten. Man verdoppelt ihnen den Lohn sehr gern, und zwar nicht nur deshalb, weil er für solche Plackerei lächerlich niedrig ist, sondern auch aus dem Grunde, weil die schwarzäugigen Trägerinnen so unbeschreib=
lich reizend aussehen.

Auf dieser Straße überbietet jeder neue Lagerplatz die vorhergehenden an wilder, romantischer Schönheit. Im Schatale fühlte man sich in einem Labyrinth eingeschlossen und begriff nicht, wie in aller Welt man sich je wieder herausfinden würde. Nach allen Seiten hin konnte man dort nur enge Talgänge zwischen wildzerklüfteten steilen Hängen gewahren. Der Scha=lungpo führt wie ein Korridor in die Säulenhalle des Sat=
ledschtales hinaus. Vergebliche Mühe, sich hier unten verständlich machen zu wollen. Mit seinen 20 oder 25 Kubikmetern in der Sekunde drängt sich der Schafluß wütend durch alle Hindernisse hindurch, um zum Langtschen=lamba hinabzugelangen, und tosende Wassermassen trommeln zu ihrem Siege über den Glimmerschiefer einen an Blöcken und Felsen=
platten laut widerhallenden Parademarsch. Über dem Wasser schwebte drückend und schwer die im Tal eingeschlossene Wärme. Aber ich brauchte nur die Hand aus der Zelttür zu stecken, um einen Becher mit nur 10 Grad warmem, wunderbar erfrischendem Wasser zu füllen. Unter 16,7 Grad sank die Temperatur nicht einmal während der Nacht herab.

Die Gastfreiheit der Missionare reichte sogar bis hierher. Sie hatten Gulam zwei große Körbe mitgegeben, die mit Blumenkohl, Salat, Kar=
toffeln, Äpfeln, Butter, Brot und Backwerk gefüllt waren. Es war herr=
lich, nach der ewigen Fleischkost in Tibet zu Gemüse und Obst zurückkehren zu können.

In dem engen Tale kommen die Abendschatten als frühe Gäste, und es wird dort zeitiger dunkel als droben auf den offnen Flächen. Das hochauflodernde Feuer warf ein gelbrotes Licht auf die Fassaden der Felsen=
wände. Die Männer bewegten sich wie Gespenster umher; man sah sie nur, hörte aber weder ihre Schritte, noch ihre Stimmen, nur das

überwältigende Rauschen des Flusses. Das Zelt steht offen, um die leichte Zugluft, die der Fluß verursacht, hereinzulassen.

Die Sonne geht zu einem neuen, strahlenden Tage auf; es gilt jetzt, den Schafluß zu überschreiten. Nach Regenfällen kann dieser Fluß mächtig anschwellen; dann überschwemmt er auch den kleinen Fleck, wo wir unser Lager aufgeschlagen hatten. Der Fluß ist viel zu breit, um überbrückt werden zu können. Mit Lasttieren hindurchzuwaten, war auch jetzt undenkbar; selbst ein Reiter wäre allem Anschein nach in den Satledsch hinuntergeschwemmt worden. Wie bei Poo hat man daher über das Bett hinweg ein Kabel gespannt, das sich in der Mitte des Tales nur 3,5 Meter über der Wasserfläche befindet. Jetzt brauchte man nur ein Drittel der Länge des Kabels zu benutzen, denn der Fluß wälzte sich in einer einzigen Rinne längs des rechten Ufers hin, wo das Kabel oberhalb einer ebenen, als Landungsplatz dienenden Steinmauer in einer sehr steilen Böschung verankert ist. Die Lasten werden ans Ufer getragen; oben auf einem im Bette des Flusses liegenden Steinhaufen befestigt man sie an den Haken des Rahmens der laufenden Rolle. Dann wird die ganze Geschichte nach der Steinmauer des rechten Ufers hinübergezogen, wo neue Kulis zum Übernehmen der Bürden bereitstehen (Abb. 151).

Auf dieselbe Weise werden die Leute übergesetzt. Die Pferde mußten für sich selber sorgen; sie konnten nur mit knapper Not auf dem Grunde des Bettes festen Fuß fassen und dem Wasserdruck Widerstand leisten. Zwei kleine Maulesel wurden an einem Stricke hinübergezogen. Takkar schwamm hinüber, aber Kleinpuppy wurde auf dem Kabelwege übergesetzt.

Der Schafluß soll eine der Grenzen des Distrikts Kanam sein. Von seinem rechten Ufer aus ist die Steigung sehr fühlbar, und die Straße geht in kleinen, kurzen und scharfen Windungen, durch jähabstürzende Klüfte, wo die Menschen zum Stützen des Weges an der Außenseite hochaufgemauerte Pfeiler haben bauen müssen, an schattigen Ecken vorbei und unter dunkelgrünen Tannengewölben hin, immer höher hinauf, bis wir schließlich eine Schwelle namens Tungnang-la erreichen.

Gerade unter uns erblicken wir in der Tiefe den Satledsch und die Stelle, wo das metallischgrüne Wasser des Schaflusses von der trübschmutzigen Masse des Hauptflusses verschlungen wird und in einem Augenblick verschwunden ist. Ein kleiner Ansatz zu einem Geröllbelta ist unbarmherzig wie mit einem Messer abgeschnitten. Der Satledsch duldet keine unnötigen Hemmnisse auf seinem Wege. Gerade gegenüber am linken Ufer mündet das Tal Tomba-tschu mit seinem Flusse. Daher heißt diese Stelle Sumna oder Vereinigungspunkt dreier Täler.

149. „Ich schwebe zwischen dem Himmel und dem mörderischen Satledsch."
(S. 344.)

150. Luftige Fahrt über den Satledsch. (S. 345.)

Der Tungnang-la genügt uns noch nicht; wir steigen höher hinauf, wir ziehen an einem Steinmal vorbei, das wie eine Landmarke hoch über dem wildtosenden Flusse Wache steht. Jetzt aber ist der Korridor so steil und so tief, daß wir nur zuweilen eine kleine Windung des Sat= ledsch erblicken. Reiten wäre hier gefährlich, ich gehe daher zu Fuß. Tubges, Kuntschuk und Gulam treiben die unbeladenen Tiere an mir vorüber; die Wirkung des erfrischenden Bades hat nicht lange vorgehalten; schwitzend lassen sie die Köpfe hängen. Aber sie halten sich tapfer.

Schlimmer steht es mit Takkar; er muß sich schrecklich quälen, atmet kurz und hastig und läßt die triefende Zunge lang aus dem Maule heraus= hängen. Sobald er eine Felsenspalte mit kühlendem Schatten erblickt, hält er darin Rast. Dann läuft er an uns vorüber, um in irgendein neues Versteck zu kriechen. Aus jedem Rinnsal trinkt er, ohne abzusetzen, und legt sich dabei auf den Bauch im Wasser nieder. Er fürchtet sich vor der Wärme und wittert Gefahr, er brütet über einem heimlichen Plan. Woran denkt er? Er erinnert sich wohl seiner Jugend auf den kahlen, frischen Höhen der Provinz Bongba und denkt an jenen März= tag, als er gezwungen wurde, seinen Herrn und seine Heimat auf immer zu verlassen. Er hatte verzweifelten Widerstand geleistet, und keiner von uns hatte sich ihm nähern dürfen. Dann hatte er sich ruhig in sein Schicksal gefunden und war uns treu wie Gold geblieben. Wie oft hatte er mich durch die wütende Wache, die er vor meinem Zelte hielt, vor Spionen geschützt! Nun dachte er an alles dies und meinte, durch uns betrogen worden zu sein. Totling ging wohl an, und der Schipki-la war ein herrlicher Punkt, der an Bongba erinnerte. Dort sah er die letzten Yaks. Aber die Hitze in Poo war widerwärtig, und nun folgten wir noch immer dem gewaltigen Flusse abwärts, nach dem Meere hinunter. Takkar sagte sich, daß es, je weiter wir abwärts gelangten, immer heißer werden müsse, und immer schärfer und klarer traten die Bilder aus Bongba in seiner Erinnerung hervor. Hieran dachte er, als er von einem schattigen Platze nach dem andern lief. Er fühlte, wie alle Bande sich lösten und wie er in Wirklichkeit ein Fremdling unter uns war; ihm war zu= mute wie einer Henne, wenn sie die Entlein, die sie ausgebrütet hat, auf dem Wasser schwimmen sieht und ihnen nicht folgen kann. Nun saust er an uns vorüber, um einen neuen schattigen Platz aufzusuchen. Wir ziehen weiter, sehen und hören aber nichts von ihm. Er wartet wohl die Abend= stunde ab, um unserer Spur zu folgen. Nein, dort kommt er wieder. Ich rufe ihn, er gehorcht nicht wie sonst, er hört und sieht nicht, er wirft sich, wie aufgelöst, unter einer gewölbten Felsendecke hin. Er ist ver= zweifelt, und er merkt, daß wir auf immer von ihm gehen.

Parango heißt eine Stelle, wo der Pfad quer über einen gewaltigen Schuttkegel hinwegführt. Der Führer teilt mit, daß es hier im Winter, wenn sich Lawinen hinabwälzen und Bergrutsche hinunterstürzen, sehr gefährlich sei. Auch nach heftigen Regengüssen beeile man sich, wenn man klug sei, nach Möglichkeit, um Parango schnell zu passieren.

Tsarak-tatang ist ein Nebental mit einem rauschenden Bach; hoch droben auf einem Hügel an seiner Seite liegt eine Hütte inmitten angebauter Felder. Hier und dort bilden Nadelholzbäume einen ziemlich lichten Wald, und in einer Schlucht bei Kamurti ließ es sich eine Weile gut ruhen. Gerade gegenüber sieht man aus der Vogelperspektive den großen Fluß Nesang, der in seinen mit Blöcken angefüllten Stromschnellen weißschäumenden Gischt zeigt, aber bei seiner Mündung ruhig dahinfließt und dunkelgrün aussieht.

Auf einem dominierenden Vorsprung, wo sich das Steinmal Kanamlaptse erhebt, genieße ich einen Augenblick die großartige Aussicht. Tief drunten in einem Nebental sieht man das Dorf Kanam liegen und weiter in der Ferne Pill und andere Dörfer. Aber am schönsten ist doch der Hintergrund, den die ersten Schneegipfel eines gewaltigen Himalajagebirgsstockes bilden, der unter dem berühmten Namen Kailas bekannt ist. In der seltsamen Beleuchtung und in einer Luft, die mit heißen Dämpfen gesättigt zu sein scheint, machen jene Firnspitzen einen tiefen, imposanten Eindruck. Stahlblaue Wolken und runde weiße Schäfchenwolken bilden weiche Betten um die höheren Regionen der Berge, und aus diesem Meere luftiger Brandungen ragen die blendend weißen Gipfel empor.

Es geht zum Dorfe Kanam hinunter. Ohne Führer verirrte man sich gewiß in diesem Gewirre enger Gassen, Gänge und kleiner Plätze zwischen Häusern, Mauern, Terrassen, Äckern und Gärten, denen hier und da Kanäle mit kleinen Wasserfällen Kühlung spenden oder die auch wohl durch wirkliche Dschungeln der außerordentlich üppigen Vegetation unterbrochen werden. Die Häuser erinnern an Kaschmir; oft ragt nach allen vier Seiten hin das Gebälk über die Mauern vor, um Veranden und einen Unterschlupf vor dem Regen zu bilden.

Meine Zelte wurden in einem offenen Hofraum vor dem unteren Tempelgebäude aufgeschlagen, das wegen der darin aufbewahrten heiligen Schriften Kandschur-lhakang heißt. Das erste, was ich tue, ist natürlich, in die theologische Bibliothek hineinzuschauen. Der Saal ist einfach und kann sich mit denen, die ich noch vor kurzem in Tibet gesehen hatte, nicht messen. In der Mitte des Altarrundes thront ein großes Tschorten, das „Kudung" genannt wird.

„Wessen Asche schließt dieses Tschorten ein?" frage ich einen Mönch.

„Die Asche des Großlamas Lotsava Rinpotsche, der vor zwei- oder dreihundert Jahren gelebt hat", antwortet er.

Auf beiden Seiten stehen verschlossene Schränke, die auf meine Bitte geöffnet werden. Sie enthalten eine Menge kleiner Götterstatuen aus Ton. In zwei plumpen, massiven Schränken werden die Kandschur- und die Tandschurschriften aufbewahrt. Einige Bände der ersteren waren augenblicklich nicht da, weil Mönche sie in ihren Zellen lasen.

Bedeutender ist der weiter droben im Dorfe liegende Katsche-lhakang. Der Name bedeutet „der mohammedanische Göttersaal".

„Weshalb heißt er so?" fragte ich einen meiner geistlichen Ciceroni.

„Weil ein bekehrter Mohammedaner dem Tempel gedient hat", erwiderte er. Aber einer seiner Amtsbrüder fiel ein: „Nein, einfach deswegen, weil der Baumeister Mohammedaner gewesen ist."

Letztere Angabe war die wahrscheinlichere, denn die ganze Architektur des Klosterhofes glich genau den Karawanserais in Jarkent; wie dort waren die zweistöckigen Galerien dem Hofe zugekehrt, in dessen Mitte ein dickstämmiger Apfelbaum seine Krone erhob. Derartige Höfe sind zwar in Tibet nichts Ungewöhnliches, aber hier war der mohammedanische Stil auffallender als sonst.

Eine Steintreppe führt zum Tempelsaal, wo ich unsere alten Freunde Schakia Toba, Tschenresi und Tsongkapa wieder erblicke. Einige neue Tanka hingen von der Decke herab, durch dessen großes Impluvium das Tageslicht hereinfiel und die Säulen des Saales vergoldete.

„Wo ist die Mönchszelle, die der europäische Lama seinerzeit bewohnt hat?" fragte ich Gatschen Lobsang Tarva, einen etwa 55 Jahre alten Mönch, der sehr liebenswürdig und freundlich war (Abb. 153).

„Kommen Sie mit mir, Herr", sagte er und führte mich auf das platte Dach. Von hier erstiegen wir eine Außentreppe, über die man in die Veranda vor einem kleinen Zimmer gelangte.

„Wer wohnt hier?" fragte ich.

„Lotsa Rinpotsche, ein Kanpo-Lama, der jetzt beim Taschi-Lama zu Besuch ist. Aber dies ist auch das Zimmer, in welchem seinerzeit ein Lama aus Europa gewohnt hat."

Ein Lama aus Europa! Das klingt höchst unwahrscheinlich. Und doch ist es durchaus wahr. Ein wunderbar bezauberndes Menschenschicksal ist unauflöslich mit dem Kloster des Dorfes Kanam verknüpft. Eine wahre Geschichte, in welcher Hadschi Babas tollste Abenteuer mit einer übermenschlichen Geduld und mit den schönsten Proben einer Aufopferung der eigenen Persönlichkeit zum Besten der Wissenschaft vermischt sind. In der Zelle, auf deren Schwelle ich stand, brachte der ungarische Sprach forscher Alexander Csoma aus Körös in Siebenbürgen drei Jahre seines Lebens zu.

Seine Größe und sein Ruhm leben fort in den Werken, die er herausgegeben hat. Über seine Persönlichkeit und sein Leben ist jedoch wenig bekannt. Darin liegt der mystische Zauber, der seinen Namen umgibt. Einige wenige Briefe von ihm und über ihn gewähren einen Einblick in seine Gedanken und Pläne. In der Schilderung der einen oder andern Himalajareise aus jener Zeit huscht sein Bild nur flüchtig an uns vorüber. Es würde zu weit führen, alle jene Reisebeschreibungen wiederzugeben. Hier sei nur ein Beispiel angeführt. Während seiner vom April des Jahres 1827 bis in den Oktober hinein dauernden Reise besuchte Hauptmann C. Johnson das Dorf Kanam, und sagt darüber im „Journal of the Royal Geographical Society", 1834, S. 56, unter anderm:

„In dieser Stadt gibt es einen Lamatempel und eine vortreffliche Bibliothek.... Hier trafen wir Thoma da Coras (!) an, einen ungarischen Reisenden, der dort weilte, um den Ursprung der Hunnen festzustellen. Er war in Ladak gewesen und hatte sich dort Sprachkenntnisse angeeignet, aber nachdem er dort Gegenstand des Argwohns geworden war, hatte er sich südwärts begeben und sich in der Bibliothek von Kanam begraben..... Er war nicht sehr mitteilsam und lebte wie ein Eremit von einer Unterstützung, die ihm die Ostindische Kompanie bewilligt hatte."

In seinem schon zitierten Buche „Die lamaische Hierarchie und Kirche", (II, 286), schreibt Koeppen von Csoma: „der es sich zur Aufgabe des Lebens gemacht hatte, die Uigur, als die angeblichen Stammväter oder doch Stammgenossen seines Volkes, der Ungarn, aufzufinden und nachdem er sie mehrere Jahre lang in Persien, Afghanistan, Turkistan unter Strapazen und Entbehrungen aller Art vergebens gesucht, sie endlich mit Gewißheit in irgendeinem Winkel des verschlossenen Schneelandes zu entdecken hoffte. Ehe er aber dahin vorzudringen versuchte, beschloß er die tibetanische Sprache zu erlernen, und studierte dieselbe zuerst in Ladag, dann in Jangla, endlich seit 1827 in dem Kloster Kanum am Sadletsch unter der Leitung eines schriftkundigen Lamas, trotz Kälte und Mangel, mit so heroischer Energie, daß er sich endlich, der erste Europäer, zum Herrn derselben machte und zugleich eine umfassende Kenntnis der lamaitischen Literatur gewann."

Über die Bedeutung der Arbeiten Csomas erhält man einen Begriff durch folgende Worte des gegenwärtigen amerikanischen Gesandten in Konstantinopel, des gründlichen und gelehrten Asienforschers W. W. Rockhill in „The Life of the Buddha":

„Wer einen Blick wirft auf Alexander Csoma de Körös Analyse des tibetischen Kandschur, die im zwanzigsten Bande der ‚Asiatic Researches' herausgegeben worden ist, der muß sich über die erstaunliche Geduld und Ausdauer dieses Forschers wundern. Eine Vorstellung von dem Umfang der Forschungen, die in seiner Analyse des Dulva, der ungefähr den zehnten Teil des ganzen Kandschur ausmacht, verborgen liegen, kann man sich machen, wenn man erfährt, daß diese Abteilung mehr als viertausend Blätter umfaßt, bei denen auf jeder Seite sieben Reihen stehen und jede Reihe 22 Silben enthält."

Werfen wir einen Blick auf den Lebenslauf dieses außerordentlichen Mannes. Ich folge hier der Darstellung in dem Buche des Dr. Th. Duka „Life and Works of Alexander Csoma de Körös. A Biography compiled chiefly from hitherto unpublished data" (London, 1885).

Kőrösi Csoma Sandor oder Alexander Csoma aus Körös wurde im Jahre 1784 geboren; er widmete sich in seiner Jugend eifrig dem Studium der orientalischen Sprachen, der Theologie, der Weltgeschichte und der Geographie. Als er 36 Jahre alt war, verließ er sein Land auf immer und trat die weite Reise an, die seinen Namen in der wissenschaftlichen Welt bekannt und berühmt machen sollte. Er durchwanderte die Balkanländer, fuhr nach Alexandria und schlug dann den Weg über Aleppo, Mossul, Bagdad, Kirmanschah und Hamadan nach Teheran ein. In der persischen Hauptstadt lebten damals keine andern Europäer als diejenigen, welche zu den Gesandtschaften gehörten. Hier genoß Csoma englische Gastfreundschaft, bis er im Frühling des Jahres 1821 in persischer Tracht Teheran verließ, um auf den uralten Karawanenstraßen nach Meschhed, Buchara, Balk, Kulm, Bamian und Kabul zu ziehen. Er ging fast immer zu Fuß; von Konstantinopel nach Buchara schlug er ungefähr dieselben Straßen ein, auf denen 42 Jahre später sein berühmter Landsmann Professor Herman Vámbéry reisen sollte. Es war eine Heldentat, die er ausführte. Damals war es schwieriger als heute, unversehrt durch jene Gegenden hindurchzugelangen. Csoma hat keine Zeile über seine Schicksale hinterlassen, aber aus Vámbérys meisterlichen Schilderungen konnte man sich nachträglich einen Begriff machen von den Mühseligkeiten und Gefahren, die Csoma ausgestanden haben muß. Im Jahr 1890 reiste ich auf denselben Wegen wie Csoma und ich kann mir die Entbehrungen, die dieser 70 Jahre vorher hat erdulden müssen, sehr gut vorstellen.

Csoma zog nach Lahore, Kaschmir und Leh weiter. Auf dem Rückweg aus Leh begegnete er im Juli 1822 Moorcroft, der zehn Jahre früher seine denkwürdige Reise nach dem Manasarovar gemacht hat. An

Moorcroft gewann Csoma einen aufrichtigen Freund; er blieb ein halbes Jahr bei ihm und bekam von seinem Wohltäter sowohl Geld, wie Bücher und Empfehlungsschreiben. So erhielt Csoma durch Moorcrofts Vermittlung Gelegenheit, sich sechzehn Monate in dem Kloster Jangla in Sanskar aufzuhalten, wo er mit einem gelehrten Lama und einem Diener eine kleine, drei Quadratmeter große Zelle bewohnte und sich dort in das Studium der heiligen Schriften vertiefte. Er fand, daß die 320 Bände, die den Grundstock aller tibetischen Gelehrsamkeit und Religion bilden, eine Übersetzung eines indischen Sanskritoriginals sind. In bitterer Armut und unter großen Entbehrungen arbeitete er sich in diese neue Wissenswelt ein. Der Winter war eine harte Zeit, heizen ließ sich das kleine Zimmer nicht, und zur Beleuchtung hatte Csoma kein Geld. In einen Schafpelz gehüllt, saß er die ganzen Tage über seinen tibetischen Folianten, während draußen im Gebirge die Schneestürme heulten.

Im Jahre 1825 ging die indische Regierung auf sein Anerbieten ein, daß er auf ihre Kosten seine Forschungen fortsetzen wollte. Die englische Herrschaft hatte gerade begonnen, sich über Indien auszudehnen, und es war wichtig, die Sprachen und Religionen der Nachbarvölker kennen zu lernen. Die Regierung bot ihm für seine Tätigkeit monatlich 50 Rupien. Es war eine Riesenarbeit, die Csoma übernommen hatte. Er hatte gefunden, daß der Kandschur aus 98 Bänden bestand, die je zwei Fuß lang und acht Zoll breit waren und von denen jeder mehr als dreihundert Blätter enthielt. Der Tandschur hatte 224 Bände mit 76409 Blättern im ganzen und war von dreitausend Personen übersetzt und geordnet worden!

Diese Jahre brachte Csoma teils in Sabathu in Kulu, teils zu Pukdal in Sanskar zu. Auf einer seiner Reisen kam er auch nach Kanam und erfuhr dort, daß die heiligen Schriften in dem Kloster des Dorfes aufbewahrt würden, wohin sie vor fünfzig Jahren aus Taschi-lunpo gebracht worden seien. Daher beschloß er, seine Studien in Kanam fortzusetzen, und erhielt dazu die Erlaubnis der Regierung auf drei Jahre.

Um diese Zeit bereiste Doktor Gerard, der sich um die Geographie des Himalaja so verdient gemacht hat, jene Gegenden und kam auch nach Kanam. In einem interessanten Briefe, der vom 21. Januar 1829 aus Sabathu datiert ist, erzählt Gerard, daß er den gelehrten Ungarn in dem kleinen romantischen Dorfe gesehen habe, wo er inmitten seiner Bücher, in der Tracht der Eingeborenen und gleich ihnen von Buttertee lebend, geweilt habe. Er habe unter Umständen, welche die meisten anderen zur Verzweiflung gebracht hätten, 40000 tibetische Wörter gesammelt. Sein Lehrer und Gehilfe sei ein hochgebildeter, liebenswürdiger Lama namens

Bande Sangs-RGyas PHun-Tsogs gewesen. Der Ungar erinnerte den englischen Doktor an die Philosophen des Altertums, denn gleich ihnen ging er ganz in seinen Forschungen auf und war blind und taub gegen alles, was in seiner Umgebung vor sich ging. Aber er freute sich auch über die ungeahnten Schätze, die er aus den Goldgruben des tibetischen Wissens zutage förderte und die dereinst das Erstaunen der gelehrten Welt erregen sollten. Er sprach jedoch die Befürchtung aus, daß die Regierung seine Arbeit nicht zu schätzen wissen werde; aber an dem Tage, an welchem er seine Grammatik und sein Lexikon abliefern könne, werde er der glücklichste Mensch auf Erden sein, denn dann habe er seine Dankesschuld abgetragen und könne zufrieden sterben.

Er lebte in Armut, denn die 50 Rupien monatlich waren das einzige, was er besaß. Die Hälfte davon zahlte er dem Lehrer, der Diener erhielt 4 Rupien, und die Wohnung kostete monatlich eine Rupie. 20 Rupien sollten also ausreichen, um ihm seinen Lebensunterhalt, seine Kleidung, sein Schreibmaterial und alles sonst noch Nötige zu verschaffen.

Gerard sagt: „Der Wohnsitz des Herrn Csoma befindet sich in dem obersten Teile des Dorfes Kanam, dessen absolute Höhe 9500 englische Fuß beträgt. Um ihn herum erheben sich die romantischen Häuser, in denen die Mönche wohnen, deren religiöse Zeremonien und frommen Beschwörungsgesänge eine so ganz besondere Verwandtschaft mit römischen Bräuchen haben. Weiter bergab liegt das Kloster, das die Enzyklopädien enthält.... Herr Csoma zeigte mir einige Verbesserungen, die er in seiner Wohnung vorgenommen hatte; eine davon war ein offener Kamin, dessen Anlage ihm 12 Rupien gekostet hatte.... Zwei Bauernbänke und zwei plumpe Stühle bilden das ganze Mobiliar seiner kleinen Wohnung."

Trotz all seiner Armut bewahrte er einen unerschütterlichen Stolz und war nicht zu bewegen, auch nur das kleinste Geschenk von Gerard anzunehmen. Sogar die englischen Zeitungen, die dieser ihm schickte, verbat er sich. Reis, Zucker, Kleidungsstücke, alles schickte er zurück! Das einzige, was er auf Gerards dringende Bitte behielt, waren eine englische Bibel, die er in acht Tagen durchlas, ein lateinisches und ein griechisches Wörterbuch.

Die Armut hatte über ihn keine Macht. Er schien über alles Zeitliche erhaben zu sein. Mit einem Spottgeld hatte er jahrelang Vorderasien und Südasien durchstreift, und für einen Lakaienlohn legte er den Grund zu einer neuen Wissenschaft. Niemals ging er aus, wenn es nicht geschah, um neue Bände aus der Bibliothek zu holen; im Sommer trug er die groben Kleidungsstücke, die man in Kanam erhalten konnte, und im Winter hüllte er sich in seinen Schafpelz. Die Arbeit selbst war sein Leben. Er wollte eifrig und getreulich in die Tiefe tibetischen Wissens eindringen, das Resultat dann der Regierung in Kalkutta überliefern, hierauf seine Forschungen in Lhasa fortsetzen und schließlich in die Mongolei ziehen. Schließlich wollte er die Urheimat der Magyaren in Asien aufspüren. Aber der Mensch denkt, Gott lenkt!

In Kalkutta war die Nachricht angelangt, daß Moorcroft bei Andchoi in Buchara gestorben sei. Man hatte die Absicht, Csoma dorthinzusenden, damit er die Papiere des Verstorbenen in Sicherheit bringe; aber der Plan ist nie zur Ausführung gelangt. Die Asiatische Gesellschaft in Kalkutta setzte ihrerseits 50 Rupien monatlich zum Unterhalte Csomas aus, aber er fühlte sich durch die Formulierung des freigebigen Angebotes verletzt und lehnte es ab.

Am Ende des Jahres 1830 nahm er Abschied von Kanam, wo er über drei Jahre zugebracht hatte, und von seinem Lehrer, dem guten Bande Sangs=rGyas Phun=Tsogs, und begab sich nach Kalkutta, wo er mehrere Jahre hindurch Bibliothekar der Asiatischen Gesellschaft war und zugleich den Druck seiner großen Quartbände, der Grammatik und des Wörterbuches, überwachte. Hier verfaßte er auch eine Reihe gelehrter Abhandlungen; unter anderm übersetzte er auf Rechnung der Missionare Teile der Bibel ins Tibetische.

Seine spartanische Lebensweise änderte er auch nicht in der Hauptstadt. Am Gesellschaftsleben nahm er nicht teil. Man sah ihn nie auf der Straße. Schweigsam wie ein Brahmine ordnete er die tibetischen Schriften der Bibliothek und vergrub sich auf seinem Zimmer, wo er wie ein Einsiedler und Menschenfeind hauste, in seine eigenen Schriften. Dennoch hatte er einige Vertraute, ein paar Freunde, die ihn öfter besuchten. Die großen Himalajaforscher haben mit Csoma in Berührung gestanden, Moorcroft, Gerard, Wilson, Prinsep, Hodgson, Campbell und andere. Der wortkarge, wunderliche Forscher konnte heiter und gesprächig werden, wenn jemand mit freundlichem Interesse von Ungarn sprach.

Als er 58 Jahre alt war, beschloß Csoma, nach Lhasa und Zentralasien zu ziehen. In Lhasa würde er die Blüte tibetischer Gelehrsamkeit und in Zentralasien die Urheimat der Magyaren finden. Zehn Jahre wollte er dem Orient noch opfern, ehe er wieder in seine Heimat zurückkehrte. Wahrscheinlich vom Hugli aus erst zu Boot und dann durch die Fiebergegenden im Süden des Himalaja zu Fuß reisend, langte er am 24. März 1842 in Dardschiling zwischen den kühlen Bergen an, die ihn vom Ziele seiner Sehnsucht trennten.

Hier traf er Dr. Campbell, der sich später bewundernd über Csomas Gelehrsamkeit und verwundert über das seltsame Gemisch von Stolz und Demut, das den Grundzug seines Charakters bildete, ausgesprochen hat.

151. Drahtseilbrücke über den Scha-Fluß. (S. 352.)
Skizze des Verfassers.

152. Straße im Satledschtal. (S. 350.)

153. Gatschen Lobsang Tarva. (S. 355.)
Skizze des Verfassers.

154. Jangpur, der älteste Mann in Kanam. (S. 362.)
Skizze des Verfassers.

Er kannte eine Reihe Sprachen, sagte Campbell, und beherrschte noch mehr: Hebräisch, Arabisch, Sanskrit, Pushtu, Griechisch, Lateinisch, Kroatisch, Deutsch, Englisch, Türkisch, Persisch, Französisch, Russisch, Tibetisch, Hindustani, Mahratta und Bengali, und von jeder Sprache hatte er ein Wörterbuch bei sich. Zweiundzwanzig Jahre hatte er auf Reisen zugebracht, also längere Zeit als irgendein europäischer Wanderer nach Marco Polo. Ein Beamter im Dienste des Radschah von Sikkim war verblüfft über seine tibetischen und lamaistischen Kenntnisse; ein Europäer, der die Sprachen und die Literatur gründlicher kannte als irgendein Kanpo=lama oder Rinpotsche!

Dr. Campbell erkannte Csomas Wert, war gern mit ihm zusammen und besuchte ihn oft. Er fand ihn in einem erbärmlichen Loche, zwischen vier Bücherkisten auf einer Matte sitzend. In diesem Raume, der nicht besser war wie ein Verschlag, arbeitete Csoma, verzehrte seine einfachen, aus Tee und Reis bestehenden Mahlzeiten und schlief in seinem grobgewebten blauen Gewande. Und in diesem Verschlage fand Campbell ihn am 6. April fieberkrank vor und versuchte ihn vergeblich zum Einnehmen eines fieberstillenden Mittels zu überreden. Am 7. ging es Csoma besser, und er sprach lebhaft und voller Interesse. „Was würden Hodgson, Turner und einige Philosophen Europas nicht darum geben, an meiner Stelle zu sein, wenn ich nach Lhasa komme!" rief er mehrmals aus. Mit Stolz erzählte er von seinen weiten Reisen und den Jahren der Einsamkeit an der Grenze Tibets und freute sich über das Aufsehen, das seine literarischen Entdeckungen unter den Gelehrten Europas gemacht hatten.

Mit beinahe religiöser Ehrfurcht lauschte Campbell seinen Reden und glaubte zu bemerken, daß Csoma wollte, daß kein einziges seiner Worte der Aufmerksamkeit des Engländers entgehe und keine Silbe davon der Vergessenheit anheimfalle. Denn nun sprach er von der Urheimat des ungarischen Volkes in Asien, von den Hunnen und Ujguren und von dem Schlüssel des dunklen Rätsels, der in Lhasa und in Kham im äußersten Osten Tibets verborgen liege.

Am 9. April lag der unermüdliche Pilger wieder in heftigem Fieber. Seine Gesichtsfarbe war gelb, seine Wangen waren eingesunken, und seine Gedanken wanderten auf nebelumflorten Pfaden, wo sie vergeblich nach der Urheimat der Magyaren umhertasteten. Jetzt gelang es dem Arzt, ihn zum Einnehmen des Arzneimittels zu bewegen. Es war zu spät! Am Abend des 10. versank Csoma in einen lethargischen Schlaf und am folgenden Morgen in der Frühe hatte er auf immer aufgehört, nach den offenen Hochebenen zu suchen, wo einstmals die Vorfahren der Magyaren auf wilden Pferden umhergeritten waren.

Zweiunddreißigstes Kapitel.

Am 12. April wurde der tote Held und Märtyrer zu Grabe geleitet; Campbell sprach das Gebet beim Hinablassen des Sarges; alle Engländer, die in Dardschiling anwesend waren, hatten sich zur Beerdigung eingefunden. Auf dem Grabe ließ die Asiatische Gesellschaft ein Denkmal errichten, auf dessen Tafel wir unter anderm folgende Worte lesen:

— — — — — — und nach Jahren der Entbehrung, wie sie selten durchlebt worden sind, und geduldigem Arbeiten im Dienste der Wissenschaft verfaßte er eine Grammatik und ein Wörterbuch der tibetischen Sprache, seine besten Denkmale.

Auf seinem Wege nach Lhasa, wo er seine Forschungen wieder aufnehmen wollte, starb er hier am 11. April 1842.

Requiescat in Pace!

Die Jahre seines Alters hatte Csoma tibetischen Studien geopfert, und auch sein Leben hat er ihnen geschenkt. Tragisch ist das Schicksal, das ihn traf, das Schicksal, gerade in dem Augenblick sterben zu müssen, als er im Begriffe stand, zum ersten Male die Grenze des Gelobten Landes, des verbotenen Landes der heiligen Bücher, zu überschreiten. Auf meinem Wege aus Tibet, wo ich mehr als zwei Jahre zugebracht hatte, war ich nun an dem Punkte angelangt, der in umgekehrter Richtung Csomas fernster gewesen war. Mit den Gefühlen eines Pilgers betrat ich die Gassen und Abhänge, auf denen Csomas einsame Schritte zwischen der Bibliothek und seiner Mönchszelle hoch droben im Dorfe hin und her gewandert waren. Ich hegte eine flüchtige Hoffnung, irgendein Andenken von seinem Verweilen hier am Orte zu finden, obwohl seit jener Zeit schon 78 Jahre vergangen waren.

Daher wandte ich mich an Gatschen Lobsang Tarva, den Stellvertreter des Oberlamas von Kanam. Ich habe schon erzählt, daß er mich nach dem kleinen Zimmer in der oberen Klosterstadt führte.

„Wissen Sie nichts über jenen Lama-Sahib", fragte ich ihn.

„Nein, gar nichts. Aber Jangpur, ein zweiundachtzigjähriger Greis, ist Kanams ältester Einwohner; er kann Ihnen vielleicht allerlei mitteilen."

„Lassen Sie ihn sofort hierherkommen!"

Ein Bote wurde hingeschickt, und nach einer Weile hatten wir den alten Jangpur bei uns (Abb. 154).

„Erinnert ihr euch noch des Lama-Sahib, der hier gewohnt hat", fragte ich ihn.

„Nein, Herr; ich war ein Kind, als er Kanam verließ. Aber ich weiß noch sehr wohl, daß mein Vater von ihm erzählte und uns sagte, daß er einige Jahre im Kloster gewohnt habe, ebenso gekleidet gewesen sei wie unsere eigenen Lamas und von ihnen wie ein Klosterbruder betrachtet worden sei."

„Erinnert ihr euch seines Namens, Jangpur?"

„Ja, er hieß Ganderbek", antwortete der Greis, ohne sich einen Augenblick zu besinnen. Abends schrieb ich in mein Tagebuch: „Dieser Name Ganderbek kann offenbar nichts anderes sein als Iskender Bek, der Name, unter welchem Alexander der Große in Westasien bekannt ist, umsomehr als Csoma mit Vornamen Alexander hieß." Nun finde ich, daß Moorcroft ein Empfehlungsschreiben aus Kaschmir, das im Jahre 1823 geschrieben worden ist, mit folgenden Worten beginnt: „The object of this address is to bespeak your good offices for Mr. Alexander Csoma, or Sekunder Bek, of Transsylvania, whom I now take the liberty to introduce." Alexander, Sekunder, Iskender, Iskander, Gander, Iskender Bek war sicherlich Csomas „nom de guerre" in Asien.

„Womit beschäftigte sich denn jener Ganderbek?"

„Das weiß ich nicht; aber ich erinnere mich aus meiner Kindheit, daß alle gut von ihm sprachen und daß er sich der größten Achtung erfreute."

„Weiß man sicher, daß er gerade dieses kleine Haus bewohnt hat?"

„Ja, das ist ganz sicher; schon seit meiner Kinderzeit hat es so geheißen. Vor zehn Jahren war das Haus baufällig, und das Gebälk wurde fester zusammengefügt, aber genau ebenso, wie es vorher gewesen war."

Auf die Veranda gehen eine niedrige Tür und ein kleines Fenster, beide mit rotangestrichenen Rahmen, während die Wand im übrigen weiß ist (Abb. 156). Die inneren Mauern bestehen aus kürzlich weißgetünchten Steinen; daher sucht man vergeblich nach irgendwelchen an die Wand geschriebenen Aufzeichnungen oder dort eingeritzten Worten. An der Längswand der Tür und dem Fenster gegenüber stehen eine hölzerne Bank und ein kleiner Schrank, beide europäischer, nicht asiatischer Form und plump gearbeitet (Abb. 155). Jangpur behauptete, sie hätten Ganderbek gehört. Dazu kam noch eine einfache Holzpritsche. Schmale Balken trugen die Decke, der Fußboden bestand aus dickeren Bohlen. Das Ganze stimmt genau mit Gerards Beschreibung überein: „Two rustik benches and a couple of ruder chairs are all the furniture in his small abode." Nur fehlten jetzt die Stühle. Die Lage des Hauses im Dorfe und zu dem Kandschur-lhakang paßt genau zu dem Berichte Gerards.

Eine der schönsten Landschaften der Erde entrollte sich den Blicken des einsamen Forschers, wenn er auf seine Veranda hinaustrat. Tief drunten im Talgrund schlängelt sich der Satledsch schmal und wild zwischen schroffen Bergkulissen hin (Abb. 157, 158), und im Hintergrund erheben sich die scharfgezeichneten Pyramiden der Kailasgipfel. An einigen Abhängen sieht man dunkelgrüne Flecke, Nadelholzwald. Wie oft wird Csoma diese

Berge und Täler in jenen Jahren der Einsamkeit betrachtet haben! Ich konnte mich an ihnen nicht satt sehen, sie erschienen mir wie der Erinnerung gewidmete Denkmale.

Aber die Stunden verrannen; es wurde Zeit, zu den Zelten hinunterzugehen. Auf der Hälfte des Weges angelangt, schauten wir schnell noch in einen dritten kleinen Tempel hinein, den Tarbaling-lhakang, der vor fünf Jahren neu abgeputzt ist und nun in frischen grellen Farben glänzt. Die alten Götter behaupten ihren Platz; Tschamba sitzt, drei Meter hoch, da, mit herabhängenden Beinen und einem kronenähnlichen Diadem auf dem Kopfe. Die Mönche unterschieden sich von ihren Brüdern in Tibet dadurch, daß sie kleine gelbe Mützen trugen und einen Bart hatten. Junge barhäuptige Nonnen trugen Wasser ins Kloster hinauf. 20 Mönche und 23 Nonnen, die zu der gelben Sekte gehören, sollen in Kanam als Tempelhüter beschäftigt sein.

Ich hatte genug gesehen und hätte auch nicht mehr sehen können, denn die Dämmerung verdichtete sich, und gerade als ich mich anschickte, den Weg bergab fortzusetzen, rief das Muschelhorn die Mönche zum Abendgottesdienste und mit klarer, lauter Stimme und in singendem Tone rief ein Lama vom Dache des Tarbaling herab „Om mani padme hum". Die heiligen sechs Silben erklangen volltönend wie der Ruf zum Gebete, den der Muezzin von der Plattform des Minarets erschallen läßt, wenn die Sonne untergeht. Die Hunde bellten in den Gehöften, und die Grillen hielten ein ununterbrochenes, schrilles Konzert in den Dickichten. Aber durch alles hindurch und über allem hörte man das Rauschen des großen Flusses vom Tale herauf.

Als ich die Zelte erreichte, kam mir Kleinpuppy freudig kläffend entgegen, um mich zu begrüßen. Warum aber kam Takkar nicht? Er lag nicht auf seinem gewöhnlichen Wächterplatze zwischen den Zelten. Zwei meiner Leute begaben sich auf die Suche, streiften Wege und Stege in der Nachbarschaft ab, riefen seinen Namen und lockten ihn mit schrillen Pfiffen. Aber er hörte uns nicht mehr, und er kam nie wieder! Er war umgekehrt, um nach Poo zurückzulaufen.

Dreiunddreißigstes Kapitel.

Meine Amazonengarde.

Herrlich und kühl war der Morgen des 2. September nach 13,3 Grad in der Nacht. Die Mücken taten, was sie konnten, um mich im Schlafe zu stören; es wäre schön gewesen, ein Moskitonetz zu besitzen; aber was schadete es, ich hatte meine Stiche weg und war immun!

Eine lärmende Musik von Trommeln, Zimbeln und Posaunen von den Dächern des oberen Klosters in Kanam weckte mich in der Morgenfrühe, und als ich aus dem Zelte schaute, stand dort eine neue Schar Kulis und wartete auf unser Gepäck. Sie wollten zeitig aufbrechen, damit sie nicht während der heißesten Stunden des Tages zu marschieren brauchten. Nur zwei waren Männer, alle andern waren Weiber in Röcken aus grobem Gewebe und schwarzen, braunen oder grauen Westen, die Arme und Schultern bloß ließen; silberne Gehänge baumelten an ihren Ohrläppchen, Armbänder aus Messing schmückten ihre Handgelenke, und ich bewunderte ihre nackten Füße — weil sie durch scharfkantigen Schutt auf ungebahnten Pfaden wandern konnten, auf denen sogar die Pferde sich wundliefen. Aber ihre Fußsohlen sind durch fleißigen Gebrauch gegerbt und ebenso unempfindlich wie die Fußschwielen der Kamele. Mit dem Wasser des Baches von Kanam waren meine edlen Trägerinnen nie in Berührung gekommen, aber dennoch waren sie lustig, frisch und niedlich. Im Handumdrehen hängten Mütter und junge Mädchen sich das Gepäck an Stricken und Riemen auf den Rücken und verschwanden damit in Kanams schattigen Gassen.

Eine Weile später folgen wir ihren Spuren längs des Randes eines Kanals, den dichtbelaubte Walnußbäume beschatten. Segensreicher Sommer, liebliche Vegetation, wie lange habe ich solchen Reichtum nicht gesehen! Bald sind wir aus den Labyrinthen von Kanam heraus; das denkwürdige Dorf und seine malerischen, an Schwalbennester erinnernden Häuser verschwinden zwischen den Bergen, und es geht wieder abwärts, zu der über einen Bach führenden Brücke hinunter und an ihrer andern Seite nach dem Dorf Kjap hinauf. Auch an Pill und andern Dörfern vorüber ziehen wir auf unserer Straße, die noch immer schlecht ist; ich bediene mich lieber meiner eigenen Beine als der des Pferdes, umsomehr als mich gelegentlich ein gewaltiger, überhängender Felsblock zwingt, den Kopf seitwärts über einen gähnenden Abgrund hinauszubeugen. Wir sind jetzt nicht mehr so hoch über den dahineilenden Wasserwirbeln des Satledsch wie früher. Die Strömung ist hier nicht mehr so schnell, man fühlt sich ordentlich versucht, es einmal mit einem Floß auf diesem unruhigen Wasser zu probieren.

Wir sind an der scharfen Ecke, wo sich das mächtige Nebental Kirang nach dem Satledsch hinunterzieht. Die Brücke über den Nebenfluß liegt ziemlich hoch oben im Tale, und die Straße bildet daher einen spitzen Keil. Zuerst ziehen wir von der Ecke aus abwärts. Die Landschaft ist hinreißend großartig. Über uns wölben uralte Tannen ihre erfrischend duftenden Kronen, unter uns stürzen die Felswände sehr steil nach dem Kirangflusse ab, den sie uns einstweilen noch verdecken. Nur in zwei Windungen seines Bettes sieht man ihn in weißschäumenden Fällen und Stromschnellen über Blöcke und Schwellen tosen, und wir sehen, wie das reine, kalte Wasser des Kirang infolge seiner größeren Schnelligkeit und seiner gewaltigen Masse imstande ist, einen klargrünen Halbmond in den grauschmutzigen Satledsch hineinzuschieben. Talaufwärts zeigen sich Felder und Dörfer, unter ihnen Kirang. Gerade bei der festen Brücke bildet der Fluß donnernde Wasserfälle, die über riesengroße, rundgeschliffene Blöcke stürzen. Wohin man sich wendet, überall fällt der Blick auf ein bezaubernd schönes Bild. Verweilen wir einen Augenblick im Schatten eines Felsens, um einen Becher des kalten Wassers aus dem Kirang zu trinken, das der hier unten herrschenden Wärme frische Grüße von Gletschern und Firnfeldern bringt! Das Leben ist doch schön!

Hier könnte man aller seiner Pflichten vergessen, um jahrelang hier zu bleiben, wie Csoma aus Körös es getan hat. Aber ich muß weiter, den rechten Uferhang hinauf, wo der Weg durch prachtvollen Nadelholzwald führt. Hier konnte ich zu Pferde steigen. Von der Kirangbrücke an ist die Straße vorzüglich. So weit ist nämlich die von der indischen Regierung angelegte Handelsstraße nach der tibetischen Grenze fertig; auch oberhalb Kirang hatte ich an mehreren Stellen vorbereitende Wegarbeiten gesehen. Wird die tibetische Regierung auf der andern Hälfte, von der Grenze bis Gartok, diesem Beispiele folgen? Ja, wenn sie durch einen Vertrag dazu gezwungen wird; sonst nicht. Auf der tibetischen Seite sind auch viel größere Schwierigkeiten zu überwinden. Doch wie es jetzt ist, seufzt der Fremdling aus Tibet erleichtert auf, wenn er das Kirangtal hinter sich zurückläßt. Er betritt eine meisterhaft angelegte Straße, die keine lebensgefährlichen, schroffen Wände oder jähabstürzenden Böschungen duldet, sondern überall regelmäßige, allmähliche Steigung hat.

Und hier! Wieder eine Erinnerung an Englands Macht und an die Nähe der Zivilisation. Eine kleine schwarze Tafel an einem Meilenstein trägt in weißer Ölfarbe die Inschrift „Simla 165", und um noch größere Gewißheit zu geben, verkündet ein helles Brettchen mit schwarzen Ziffern noch einmal 165! So viele englische Meilen trennen mich noch von meinem Ziel. Man betrachtet den Meilenstein mit einer gewissen Ehrfurcht; er wußte mehr als ich. Er hat 164 Kameraden, und ich muß an ihnen allen vorüber. Mit steigender Spannung beobachten die Pilger, wie die Ziffern sinken und der Abstand sich verkürzt. Noch 275 Kilometer bis Simla — das ist ja eine reine Bagatelle, wenn ich an die Wege denke, die ich zurückgelegt habe.

Wie verzaubert sitze ich träumend auf meinem Schimmel. Die ganze Luft singt, es saust und braust im Walde und in der Tiefe des Tales. Was ist denn das? Aha, meine Amazonengarde erklimmt die Höhen. Seht dort zwischen den Bäumen, wie sie in langer Reihe mit schweren, kräftigen Schritten und wiegendem Gange vorwärtsschreiten! Wie bezaubernd klingt der Gesang aus jungen, beinahe noch kindlichen Kehlen, und wie fröhlich stimmt er. Ehe wir sie eingeholt haben, sind sie stehen geblieben, um auszuruhen. Gulam und Kuntschuk, die sie begleiten, haben sich nie in ihrem Leben so gut amüsiert; sie tanzen vor Vergnügen und sind eitel Ausgelassenheit.

Doch ich will sie wieder singen hören und warte daher, bis sie ihre Schritte unter dunklen Fichten weiter lenken. Der rhythmisch klingende Gesang hallt im Walde wider und wird nicht einmal durch das Rauschen des Satledsch übertönt. Es ist, als ob man sich im Theater befinde. Und in was für einem Theater! Seht diesen Hintergrund, den das Gebirge auf der linken Seite des Satledsch bildet, seht jene Kulissen aus dunkelgrünen Nadelholzbäumen! Die Staffage ist aber doch das Beste! Und ringsum sausen linde, nach Wald duftende Lüfte, und das Rauschen des siegreichen Flusses schwebt überall zwischen den Bergen. Wir ziehen wie zu einem Feste in diesem himmlischen Himalaja dahin. Wie ungleich Tibet, dem öden, wo keine Wälder meine Straße beschatteten, keine Flüsse sich nach dem Meere sehnten und keine Frauen sangen!

Ich reite voraus. Der Gesang wird schwächer und verhallt in der Ferne. Nur dann und wann, wenn wir, ich und der Chor der Sängerinnen, uns gerade zu gleicher Zeit auf vorgeschobenen Felsenvorsprüngen befinden, sind noch einige schwache Töne zu hören. Aber jenseits der nächsten Bergecke aus Glimmerschiefer vernehme ich den Gesang nicht mehr.

Als ich in dem Dorfe Gjangring anlangte, grasten unsre Pferde und Maulesel schon auf einer Wiese, und ich ritt zu unserm ersten Bungalow, dem letzten Unterkunftshause der Tibetstraße, hinauf. Der Aufseher stellt sich breit vor die Tür und erklärt mir, daß ich ohne Erlaubnisschein aus Simla im Bungalow nicht übernachten dürfe. Einen Erlaubnisschein, wenn man aus Tibet kommt! In Totling wurden die Türen vor uns verschlossen, hier aber waren wir ja auf englischem Boden. „Aus dem Wege, Alter!" Das Schloß muß in Unordnung gewesen sein, denn es ging auf, sowie man den Drücker anfaßte, und in einer Minute hatte ich mich in einem gemütlichen Zimmer mit Bettstelle, Tisch und Stühlen häuslich eingerichtet. Der Hof, wo die Leute ihr Zelt aufschlugen, liegt wie eine Plattform über der Taltiefe, und die Aussicht über den Satledsch ist entzückend.

Unsere weiblichen Kulis legten ihre Lasten vor dem Bungalow ab und setzten sich hin, um auf ihren Lohn zu warten. Und warten mußten sie eine Weile, während ich einige von ihnen abkonterfeite. Nachher wurde ihnen ihr hübsches, fröhliches Singen noch besonders bezahlt.

Kleinpuppy brachte mich zum Lachen, als er sich mit außerordentlich großer Vorsicht anschickte, die Schwelle des Bungalowzimmers zu überschreiten. Er glaubte augenscheinlich, daß sie eine Art Brücke sei. „Das ist gewiß wieder so eine neue Teufelei", wie Sancho Pansa in einem historischen Augenblick im „Don Quijote" sagt, der mir manchen Winterabend in Tibet verkürzt hat. Als Kleinpuppy sich jedoch überzeugt hatte, daß die Fußbodendielen nicht schwankten wie die Brücken des Satledsch, faßte er Mut und legte sich drinnen im Schatten nieder.

Am 3. September wurden meine Lasten nicht von Amazonen, sondern von Eseln getragen, ein schreiender Kontrast. Aber der Satledsch blieb uns treu und der Weg unveränderlich schön. Am andern Ufer öffnet sich das große Nebental Nangri, und im Hintergrund sehen wir Schneeberge schimmern. Oberhalb der Dörfer Morang und Risba erhebt sich zwischen den Wolken der Kailas oder Keila, wie der Name hier ausgesprochen wird, ein gewaltiger Dom aus Schnee und Eis und ein Kreis scharfer Felsenspitzen, die der Krone eines Königs ähneln.

Wir sind etwas tiefer angelangt, das Tosen des Flusses ist stärker. Hinter uns bleibt das Dorf Apek liegen, unter uns Aren; an Riberang auf dem linken Ufer und an Rarang ziehen wir vorüber. Ich verschmähe das Bungalow des letzteren, wende aber seinem Tschortenportale und seinen Manimauern meine Aufmerksamkeit zu; sie überzeugen uns,

155. Csomas Klosterzelle. (S. 363.)

156. Csomas Haus in Kanam. (S. 363.)
Skizzen des Verfassers.

157. Blick auf das Satledschtal bei Kanam. (S. 363.)

158. Schlucht im Satledschtal. (S. 363.)

daß der Lamaismus hier noch seinen Boden behauptet. Ein herbeieilender Mann überreicht mir eine große Weintraube; die Beeren sind recht sauer, erfrischen aber doch, und die Hauptsache, es sind wirkliche Weintrauben. Die Hitze ist nicht arg; es geht ein Wind, und der Wald ist dicht; die dunkelbraunen oder grauen Stämme der Nadelholzbäume erheben sich oft zwischen großen Granit- und Glimmerschieferblöcken. Da wo infolge von Bergrutschen und des Morschwerdens des Holzwerkes die Straße beschädigt ist, sind Arbeiter mit Spitzhacken und Spaten beschäftigt, und jedesmal bitten sie um ein Scherflein für ihre Mühe zum Besten der Reisenden. Jetzt sind wir dem Satledsch ganz nahe, und sein Getöse ist geradezu betäubend; der Fluß ist größer, als ich ihn bisher gesehen habe, und schäumt überall in flockigen Stromschnellen; hier ginge man in den Tod, wenn man eine Fahrt auf einem Floß versucht.

Zwei Fußgänger in indischer Uniform treten grüßend an mich heran. Der eine trägt auf dem Schulterriemen eine Blechplatte mit der Inschrift: "His Highness the Raja of Beshahr".

"Was wünschen Sie?" fragte ich.

"Der Tesildar von Tschini schickt uns, um Sie auf den Stationen zu bedienen und die Transporte zu besorgen."

"Woher konnte er wissen, daß ich kam?"

"Deva Ram in Poo hat einen Eilboten geschickt."

Und nun geht es wieder bergauf. Doch nur eine Weile. Als wir wieder zum Flusse hinabsteigen, bildet die Straße eine Doppelschleife in Form einer Acht. Tschutar-kar ist ein großes Nebental mit einem prächtigen Flusse; eine Brücke mit zwei Bogen führt hinüber. Das Tal ist zwischen lotrechten Felswänden eingesenkt; sein Gefälle ist stark, seine Rinne voller Blöcke. Der Fluß erkämpft sich daher in wildester Raserei seinen Weg und bildet eine Reihe weißschäumender Wasserfälle. Hier macht man eine Weile halt, um dem Kampf des Wassers mit dem Gestein zu betrachten. In diesem Donnergetöse erstirbt das Rauschen des Satledsch vollständig.

Jenseits der Brücke folgt wieder eine Strecke herrlichen Nadelholzwaldes, der so dicht ist, daß unter seinen Kronen Dämmerung herrscht. Nur hin und wieder dringt ein Sonnenstrahl hindurch und läßt einen hellen Granitblock wie Feuer leuchten. Am schönsten ist die Gegend jedoch an den Stellen, wo nichts anderes zu sehen ist als auf allen Seiten senkrechte Felsenwände. Hier ist die Straße in das Gestein eingesprengt, und oft bilden der Schiefer, der Gneis oder der Granit eine gewölbte Decke über meinem Scheitel. Das Gestein liegt infolge der Sprengschüsse in einem frischen Aufschluß frei; an der Außenseite gewährt eine niedrige Steinmauer mit kleinen Abflußlöchern der Straße Schutz.

In einer Talweitung am linken Ufer erscheint das Dorf Pundam mit seinen Hütten, Feldern und Hainen. Auf unserer Seite nimmt der frische, dunkelgrüne Wald an Umfang zu, und man freut sich über den starken Tannenduft. Die Straße gabelt sich; ihr rechter Arm führt zu dem bequemen Bungalow des Dorfes Pangi hinauf, wo man sich in den Liege=stühlen auf dem Balkon dehnen und strecken kann und wo weiße Vandalen ihre unbekannten Namen in der Tischplatte verewigt haben. Illustrierte Zeitungen und zerlesene Romane zeugen ebenfalls von Touristenbesuchen.

Am folgenden Morgen in der Frühe lag das ganze Satledschtal in dichtem weißem Nebel, aus dem nur die nächsten Baumkronen schwach hervorschimmerten — im übrigen hätte der Balkon von Pangi ebensogut ein Luftschiff zwischen lauter Wolken sein können. Bald zerteilten sich die Dünste, die Kailasgipfel wurden wieder sichtbar, scharf durch die Morgensonne beleuchtet, mit einem türkisblauen Himmel als Hintergrund.

Eine kleine Strecke jenseits des Bungalow ziehen wir an dem Dorfe Pangi vorbei und darauf durch das wasserreiche Tal Kodschang, in welchem klappernde Mühlen und saubere Gehöfte liegen. Weiter abwärts gelangen wir nach Tschini. Während die Karawane nach Rogi weiterzieht, gehe ich hinauf, um den Missionaren, Herrn und Frau Bruske, einen Besuch zu machen und eine Weile über das Schneeland mit ihnen zu plaudern, die lange vergeblich auf eine Gelegenheit gewartet haben, nach Tibet zu reisen und Buddhas Anhängern das Evangelium zu predigen. Ich konnte sie in ihrer Hoffnung auf bessere Zeiten und auf offene Wege über die Grenze nicht be=stärken. Sie beabsichtigten, ihren festen Wohnsitz aufzugeben und in den Dörfern umherzureisen, um Ansprachen an die Leute zu halten. In Tschini herrscht das ewige „Om mani padme hum" nicht unumschränkt über die Seelen der Menschen. Wir befinden uns hier in einer Gegend, wo der Lamaismus seine Macht verliert und das Hindutum siegt. Nur der vierte Teil der Bevölkerung ist lamaistisch, und es gibt hier ein Lamakloster gegen zwei Hindutempel. Mehrere neue Tschorten und Main=mauern schienen einen zufälligen Aufschwung zugunsten der tibetischen Religion anzuzeigen. Das Dorf soll ein halbes Tausend Einwohner zählen, die zu einem Stamme gehören, der Kanauri heißt und in drei Sekten zerfällt, von denen jede ihre eigene Sprache hat oder jedenfalls einen scharf von den beiden andern abweichenden Dialekt sprechen soll, in den mehrere tibetische Worte aufgenommen sind.

In angenehmer Gesellschaft entflieht die Zeit schnell, und allzu früh mußte ich dem freundlichen Missionarpaare Lebewohl sagen und auf einer Straße weiterreiten, die großenteils in senkrechte Felsenwände eingesprengt ist und eine mit Zinnen versehene Brustwehr hat. Es ist nicht mehr weit bis Rogi, in dessen Bungalow ich mich häuslich niederlasse. Der Lagerplatz trägt die Nummer 490; nur zehn Tagereisen trennen uns noch von Simla! Da wäre es doch Pech, wenn mich noch der tolle Hund bisse, der die Straßen dieser Gegend, nach einem warnenden „Cave canem!" auf einem angenagelten Papierfetzen zu schließen, unsicher macht.

Wir sind hier in 2850 Meter Höhe. Das nächtliche Minimum ging auf 14,3 Grad herunter, und die Luft ist hier frischer, als sie es höher oben gewesen war. Noch sehen wir die Gipfel des Kailas, die teilweise in dichte Wolkenmäntel gehüllt sind. Granit umgibt uns, und auch schwarzer, nach Norden einfallender Glimmerschiefer.

Ich schreibe den 5. September. Wieder erfüllt undurchdringlicher milchweißer Nebel das Tal, aber bereits um 9 Uhr ist er größtenteils verschwunden und hat nur dünne Fetzen leichter, luftiger Wölkchen zurückgelassen. Der Wald wird lichter, die Straße führt durch Gegenden mit nacktem Gestein, der Satledsch ist nicht sichtbar, aber sein geheimnisvoll Berg und Tal umschwebendes Rauschen hört man immer. Ich muß mich bezwingen, um einen Ausruf zurückzuhalten, als wir an der Wegecke stehen, wo die unbeschreiblich großartige Perspektive des Flußtals wieder sichtbar wird. Die Straße wird mit jedem neuen Tag, der die Kämme der Berge vergoldet, immer schöner. Seht nur auf der andern Seite jenes wilde Nebental Bosba=garang, dessen mächtiger Fluß sich dem Satledsch auf Gnade und Ungnade ergibt. Der Hauptfluß wächst mit jedem neuen Wasseropfer, dessen Wellen sich mit den seinen vermischen. Hört ihn nur tosen. Seht, wie er arbeitet, um immer tiefer durch den Leib des Himalaja zu schneiden. Bedenkt die Wucht dieser Wassermasse und erinnert euch daran, daß sie in beständiger Bewegung ist und Blöcke und Geröll durch das Bett hinabwälzt. Da ist es kein Wunder, daß das Tal so tief ist und daß die Landschaft die unser Auge entzückenden, großzügigen und wildzerklüfteten Formen angenommen hat (Abb. 159, 161).

In einem kleinen, abschüssigen Nebental mit einem munter plätschernden Bache begegnen wir einer Maulefelkarawane, deren Lasten nur einem weißen Manne gehören können. Dort naht er auch schon, der Besitzer, zu Fuß, in sommerlich leichtem Scoutanzug, einen weißen indischen Helm auf dem Kopfe. Ich steige natürlich ab, und wir begrüßen einander. Es ist Oberstleutnant W. W. Norman vom 22. Kavallerieregiment des Grenzkorps, mit welchem zu reden ich die Ehre hatte. Wir verplauderten wohl eine Stunde im Schatten, ehe wir, jeder in seiner Richtung, weiterzogen.

Wir sind wieder tiefer gelangt, und das Getöse des Flusses nimmt an Kraft zu. Aha, es kommt ein neues Nebental, die tiefe Rinne des

Jula-garang, der sich mit rasender Gewalt in das anstehende Gestein eingeschnitten hat. Jenseits seiner Brücke geht es wieder bergauf, zum Bungalow des Dorfes Urni hinauf. Ich frage mich, ob auf der ganzen Erde wohl ein Lagerplatz schöner liegen könne als dieser, der über dem Tale des Satledsch schwebt und eine entzückende Aussicht über den riesenhaften Korridor flußaufwärts beherrscht. Man hat die Stationshäuser absichtlich an den schönsten Punkten erbaut. Dadurch werden Touristen aus Simla ins Gebirge gelockt.

Auch in Urni bot die Atmosphäre ein eigentümliches Schauspiel. Das Tal füllte sich plötzlich mit weißen Nebeldünsten, welche die ganze Umgegend vollständig verhüllten und nicht einmal durch den dichten Regen zerteilt wurden, der anderthalb Stunden lang vom Himmel herabrieselte. Doch als der Regen aufgehört hatte, fegte eine leichte Brise den Nebel schichtweise weg, und weiße Wolkenfetzen kamen wie Drachen einhergesegelt, während andere in Glocken- und Ballform sich langsam wie Ballons erhoben. Die Taltiefe blieb noch immer mit Dunstwolken angefüllt. Das Ganze war im höchsten Grade verwirrend und seltsam. Ein Milchmeer, aus welchem Inseln herauszugucken schienen. Die Luft, das Wasser, die Erde, alles lebt im Himalaja! Im Herzen Tibets hat nur die Luft Leben, und das Wasser wird nur dann aus seiner starren Ruhe erweckt, wenn der Sturmwind über die Seen saust und die Brandung ihre melancholischen Lieder gegen das Ufer rauscht.

Der nächste Meilenstein verkündet, daß wir noch 126 englische Meilen zurückzulegen haben. Wir sind 2400 Meter über dem Meer, sagt der Höhenmesser. Und das Minimumthermometer behauptet, daß wir in der Nacht auf den 6. September 16,4 Grad gehabt haben.

Nun geht es wieder abwärts, und nach zwei Stunden sind wir kaum zwanzig Meter über dem Flusse, dessen Getöse jetzt überwältigend ist.

„Wie heißt dieser Fluß?" frage ich den Führer.

„Ganga", erwidert er.

„Nicht Langtschen-kamba?"

„Nein, diesen Namen habe ich noch nie gehört." Von der Grenze an hört die tibetische Benennung auf. Die Antwort des Führers könnte wie eine neue Verwechslung des Satledsch mit dem Ganges klingen, aber „Ganga" bedeutet einfach „der Fluß".

Unser Weg geht am Ufer entlang. An einer Stelle sind drei ungeheure Felsenblöcke in den Fluß hinabgestürzt, und zwischen ihnen strömt das Wasser wie durch ein eigenartiges Tor. Auch längs des linken Ufers, wo ein kleines, tief eingesägtes Tal, das Ramni-kar, einmündet, zieht sich ein Pfad hin, der mehr als bedenklich aussieht.

Der Gneis steht in jähen, dem Flusse zugekehrten Felswänden an, und immer öfter liegen auf dem Bettgrund gewaltige Blöcke, gleich Warnungszeichen vor der Gefahr, die Wanderern und Karawanen dort stets droht. Indessen sieht man an ihrer Gestalt, daß sie nicht erst kürzlich unten angekommen sind. Das Wasser hat sie benagt, bis es sie rundgeschliffen hat, und ein geduldiger Wasserstrahl hat an ihren Seiten Schalen und Vertiefungen, glatte Flächen oder geschweifte Rücken ausgehöhlt — gutta cavat lapidem! Es ist ihr Schicksal, daß sie mit der Zeit vernichtet und durch neue Blöcke ersetzt werden. Rings um sie her tanzt das Wasser in schäumenden Wellen, die Sprühtropfensträuße spritzen in zischenden Kaskaden durch enge Öffnungen, und über einigen Schwellen bilden sich kleine Wasserfälle in blanken Glocken, die sich beim Hinabgleiten in schäumende Strudel und kochende Hexenkessel auflösen. Hier dürfte man es nicht mit einem Floß versuchen. Es würde hier im Nu zersplittern, wäre es auch noch so stark gebaut.

Eine neue Überraschung wartet meiner an einer Stelle, wo die Bergwand senkrecht oder schwach überhängend zum Flusse abstürzt. Das Einsprengen einer Galerie in ihre Seiten wäre zu kostspielig geworden, da die Strecke an hundert Meter lang ist. Man hat sich damit begnügt, starke Eisenkrampen in der Felswand zu befestigen und eine offene Brücke mit einem Geländer an der Außenseite darüber zu legen (Abb. 160). Die Höhe dieser Brücke über dem Flusse mag vierzig Meter betragen, und wenn man sich über die Brüstung neigt, so hat man den Satledsch gerade unter sich. Hier ist die Aussicht prachtvoll, beinahe beklemmend.

Jenseits der an der Bergwand klebenden Masse drängt sich das Tal zusammen, obgleich alle Maße kolossaler Art sind. Grotten und Riesentöpfe, die das Wasser des Flusses einst ausgehöhlt hat, gähnen trocken und leer auf beiden Seiten des Tales und verkünden, wie tief sich der Fluß, nachdem er sie gebildet gehabt, in die Erde eingeschnitten hat.

Wieder ertönt vor uns ein donnerähnliches Rauschen. Das Nebental Pabe=kar läßt seinen großen Fluß in den Satledsch fluten. Ein stattlicher, weißer Wasserfall tost oberhalb der über den Pabe führenden Brücke herab. Diese Brücke verdirbt das Landschaftsbild nicht. Sie ruht auf natürlichen Pfeilern und Steinmauern, auf Blöcken, die in das Bett hinabgestürzt sind. Von Erstaunen und Bewunderung ergriffen, bleibe ich stehen und opfere zwei der letzten Kupfermünzen.

Die nächste Überraschung bietet die prächtige Wangtu=Brücke, die, von zehn in den Felsen verankerten Stahldrahtkabeln getragen, ihren soliden Bogen über den Satledsch spannt. So tief wie hier (1634 Meter) haben wir uns lange nicht befunden; wir sind nur zwei Meter über dem

Flusse. Aber die Freude dauert nicht lange, denn am linken Ufer schlängelt der Pfad sich wieder zu den Höhen hinauf, wo mich das Unterkunftshaus des Dorfes Natschar erwartete.

Eines meiner Pferde aus Bongba rastete mit seinem Führer an einer Biegung des Weges. Dort stand es auf zitternden Beinen und wieherte freundlich und froh, als es seinen weißen Reisegefährten und seinen Landsmann vorbeikommen sah. Doch es erblickte mich zum letztenmal, und sein Wiehern war ein Abschiedsgruß. Weshalb blieb es mitten im glühenden Sonnenbrand stehen, da zwischen ihm und dem dichten Walde mit seinem kühlen Schatten nur noch eine englische Meile lag? Es konnte nicht weiter, es hatte ausgedient. Seinen Blick werden bald andere Schatten verdunkeln, dichtere als die des Waldes!

Vierunddreißigstes Kapitel.

Das letzte Kapitel.

Ich hätte an der Wegbiegung, wo das Bongbapferd starb, schließen können. Die noch übrigen neun Tagereisen sind nur der letzte Abschnitt eines Rückzugs, der von der tibetischen Grenze an durch wohlbekanntes Land geführt hatte. Viele Engländer reisen jährlich auf dieser Straße, und ich habe nichts zu berichten, was nicht schon andere gesehen und geschildert haben. Aber wir wollen doch die Leine auslaufen lassen!

Von der Brücke von Wangtu über dem Satledsch steigen wir 540 Meter nach dem Unterkunftshause von Natschar hinauf. Während der nächsten Tagereise, am 7. September, sinken wir um einen Eiffelturm auf dem Wege nach Paunda, der bald über freie Abhänge, bald durch herrliche Haine mit Himalajazedern und Ulmenwäldchen führte. Der Verkehr wird lebhafter. Wir begegnen Wanderern und kleinen Herden schwarzen und weißen Viehes, das hübsch und wohlgenährt und teils beladen, teils unbeladen ist.

Am nächsten Morgen stehen neun Kulis vor dem Bungalow in Paunda und warten auf mein arg mitgenommenes Gepäck; in ihrer Gesellschaft ziehen wir zu den Tälern von Soldam hinab, die sich gleich unterhalb der Straße miteinander vereinigen. Hier erhebt sich ein letztes lamaistisches Straßenportal mit den gewöhnlichen Malereien unter der Decke und einer Manimauer an seiner Seite. Tibets Religion brennt in der Tiefe jener Täler mit erlöschender Flamme. Hier tosen Wasserfälle und Kaskaden, hier singen Flüsse zwischen Steinen und Blöcken, hier herrscht eine andere Stimmung als in der stillen, majestätischen Ruhe der tibetischen Klöster und ihrer schweigenden, feierlichen Dämmerung. Wir sind wieder so tief unten, daß der Wald dort nicht mehr gedeiht, aber wir sehen seine dunklen Massen auf den Höhen zur Linken unseres Weges.

Als wir das Soldamtal verlassen, geht es wieder steil zu den Höhen des Waldgürtels empor, und bald treten wir wieder unter schattige, schwarze Gewölbe. Vornübergebeugt, mit langsamen, festen Schritten wandern meine Kulis bergauf, oft ruhen sie aus und stemmen dabei die Lasten, ohne sie abzunehmen, auf Blöcke und Absätze. Bei dem Gasthause des Dorfes Taranda sind wir wieder 2240 Meter über dem Meer.

Am Abend und in der Nacht regnete es tüchtig, und als wir am folgenden Morgen weiterzogen, war die Straße schlüpfrig von Schlamm, und es tropfte von den klatschnassen Bäumen herab. Doch die Luft ist herrlich kühl, und vom Walde her duftet es lieblich. Bald geht es langsam bergab, bald bleiben wir lange auf ein und derselben Höhe. Drei Nebentäler und ein kleiner Paß werden überschritten, ehe wir die Herberge des Dorfes Sarahan erreichen.

Hier überraschte mich ein englisch geschriebener Brief Schumschir Sings, des Radscha von Beschahr, der in artiger Weise anfragte, ob er mir einen Besuch abstatten dürfe. Ich danke! Ein Radscha, der um Audienz bittet! „Eure Hoheit sind herzlich willkommen", schrieb ich ihm zurück. Und Seine Hoheit kam, aber nicht mit leichten, elastischen Schritten wie ein Fürst der Berge. Er war ein uraltes, vertrocknetes Männchen, das vor Alter und Gebrechlichkeit nicht mehr auf den Beinen stehen konnte, geschweige denn zu gehen vermochte, sondern von beturbanten Dienern auf einer Bahre getragen wurde. Sie halfen ihm nach einem Liegestuhl in meinem Zimmer hin, und nun begann eine höchst merkwürdige Unterhaltung. Der edle Fürst war stocktaub, und um mich ihm verständlich zu machen, mußte ich ihm ins Ohr brüllen. Sein eigenes Englisch war nicht einmal dann, wenn man so gut hören kann wie ich, leicht zu verstehen. Aber dennoch schwatzten wir drauflos, alles bunt durcheinander, und ehe ich noch dazu kam, Gulam einige Befehle zu erteilen, kommandierte der Gast selbst:

„Bringen Sie mir Tee mit Kuchen und setzen Sie mir Tabak vor, denn ich gedenke eine Pfeife zu rauchen."

Unterdessen besah er sich alles, was an Kleinigkeiten umherlag, und steckte sich, ohne eine Miene zu verziehen oder auch nur ein Wort zu sagen, zwei meiner letzten Bleistifte in die Tasche. Es war ihm gewiß schon zur Gewohnheit geworden, die Gäste des Bungalows auf diese harmlose Weise zu brandschatzen, und ich hätte ihm gern eine ganze Wagenladung Bleistifte geschenkt, wenn es in meiner Macht gelegen hätte.

„Wie alt sind Euer Hoheit?" fragte ich.

„Neunundvierzig Jahre", behauptete er dreist, ohne sich einen Augenblick zu besinnen, obwohl er gewiß seine achtzig Lenze über Sarahans herrliche Gegenden hatte hinziehen sehen.

„Wie alt sind Euer Gnaden?" fragte er mich.

„Dreiundvierzig Jahre", erwiderte ich.

159. Himalajalandschaft. (S. 371.)

160. Straße in der Satledschschlucht. (S. 373.)

161. Aus den Bergen des Himalaja. (S. 371.)

„Da bin ich drei Jahre älter als Sie", meinte Seine Hoheit.

„Stimmt!" antwortete ich, da ich nicht mit einer armseligen Drei geizen wollte, nachdem er sich selber in so kaltblütiger Weise einige dreißig Jahre abgestrichen hatte. Damit war die merkwürdige Visite zu Ende. Mein Anerbieten, ihm einen Gegenbesuch zu machen, wurde energisch abgelehnt. Früh am nächsten Morgen meldete sich der alte Radscha wieder an, aber da ließ ich ihm sagen, daß ich ihn leider nicht empfangen könne, und zog schleunigst mit meinen letzten Bleistiften ab.

Die nächste Tagereise führte mich über das Nebental **Manglardkard** nach dem Unterkunftshause **Gaora**, das zwar kleiner und unbedeutender war als die vorhergehenden, mir aber lieber und reicher an Erinnerungen ist als sie alle zusammen. Hier brachte mir nämlich ein Bote, den mein ritterlicher Freund Oberst J. R. Dunlop Smith aus Simla geschickt hatte, eine große Tasche voller Briefe aus Stockholm. Nun vergaß ich alles um mich herum; der Himalaja, dessen stolze Höhen rings um mich emporragten, verschwand; ich hatte ja seit einem ganzen Jahre kein Wort aus meinem Elternhause gehört!

In Gaora beträgt die Höhe über dem Meer 1836 Meter, und in der Nacht auf den 11. September sank die Temperatur auf 4,9 Grad. Daher war es am Morgen richtig kalt. Aber im Laufe des Tages sollte es anders werden. Der ganze Weg führte bergab, und ich ging zu Fuß durch dieses unvergleichliche Land. In dem großen Dorfe Rampur am Satledschufer befand ich mich nur 1180 Meter über dem Meer, war also im Laufe des Tages um 800 Meter tiefer gelangt. Jetzt war die Luft so feuchtwarm und schwül wie in einem Treibhause. Der Atem des sommerheißen Indiens schlug mir entgegen. Einige dreißig Meter unter dem Dorfe schäumt der Satledsch, und von neuem hallt sein wohlbekanntes Tosen in den Ohren wider. Der Fluß ist hier imposant. Man glaubt, aus dem dumpfen Rauschen herauszuhören, daß er stolz auf sein Werk ist. Hier hat er die höchsten, wildesten Ketten des Himalaja besiegt; nur kleinere Kämme sind noch zu überwinden. Doch er ist müde von seinen Arbeiten, und er sehnt sich aus dem Gebirge heraus nach den offenen Ebenen des Pendschab und dem grenzenlosen Meere hin — Thalatta, Thalatta!

Radsch Sahib Mangat Ram, einer der Beamten des kleinen Staates, war mir schon auf halbem Wege entgegengekommen, und während ich auf der Veranda des Bungalows an dem großen Tische saß und schrieb, ließ er auf dem Fußboden auf einem Teppich zwölf Schüsseln auftragen, die hochaufgetürmt Reis, Gewürze, Zuckerbrot und Früchte enthielten; obendrein schleppte ein Diener noch ein widerspenstiges Schaf herein. Ich bedankte mich für die Aufmerksamkeit, fest entschlossen, den vollen Wert des Geschenkes zu vergüten. Denn Beschahr ist ein armer Staat, und seine Beamten haben es wirklich nicht dazu, allen weißen Gästen, denen es einfällt, in Rampur zu erscheinen, noch Obst und Erfrischungen zu schenken. Die Staatseinkünfte sollen sich auf 30000 Rupien belaufen. Als bei Poo, wo wir unter dem schrecklichen Kabel über den Fluß geschwebt waren, eine neue Brücke gebaut werden sollte, konnte man auf den Bau nicht mehr als 1800 Rupien verwenden. Man wollte wohl die neue Brücke gleich wieder denselben Weg gehen lassen wie ihre Vorgängerin. Das Budget hat auch mit andern Einbußen zu rechnen; so bezieht der „Staatsminister" für die unschätzbaren Dienste, die er dem Reiche leistet, monatlich 200 Rupien, und für den kleinen Radscha, der die Bleistifte so sehr liebt, kann wirklich nicht viel übrig bleiben.

Dennoch konnte der Radscha es sich leisten, in Rampur in einem Schlosse namens Schische Mahal oder der „Glaspalast" zu wohnen, einem banalen Gebäude in unreinem orientalischem Stil, mit bunten Glasfenstern, schlecht gemalten Porträts des Besitzers und anderer Fürsten und wohlfeilem glitzerndem Kram an den Wänden und in den Veranden. Der Hof hatte den anspruchsvollen Namen „Top-chaneh" oder Artilleriehof, dort standen in der Tat zwei alte rostige Vorderladekanonen. Das Ganze trug den Stempel des Heruntergekommenseins, des Verfalls und der Geschmacklosigkeit. Da lobe ich mir die Klöster in Tibet, ihre solide Architektur und ihren reinen, unverfälschten Stil!

Im übrigen besitzt Rampur nicht viele Sehenswürdigkeiten. Ja doch! Eine Brücke über den Satledsch, eine Basargasse mit Läden und Werkstätten ganz wie in Indien, ein Posthaus, eine Schule und zwei Hindutempel, die mit einem lamaistischen Kloster erfolgreich um die Seelen der Bevölkerung kämpfen. In dem letzteren zeigte mir ein einsamer Lama den großen Gebetzylinder, dessen 187000 Manis gerade von einem Gläubigen gedreht wurden. Er erzählte mir auch, daß dieses Kloster das letzte auf dem Wege aus Tibet sei. So lebt denn wohl ihr Mönche mit eurem ewigen „Om mani padme hum"!

Am folgenden Morgen stellten sich alle die Würdenträger zur Abschiedsvisite ein, jetzt aber noch durch den Postmeister, den Schuldirektor und einen dicken Punditen namens Narayan Dutt verstärkt. Nachdem alle, die mir gefällig gewesen waren, reichlich bemessene Trinkgelder erhalten hatten, wollte ich die gestern erhaltene Bewirtung und das Schaf bezahlen. Die Rupien wurden auf den Tisch gezählt, aber die edlen Herren erklärten großmütig, die Eßwaren seien eine Staatsangelegenheit, eine Bewillkommnungsgabe im Namen Seiner Hoheit des Radscha von Beschahr gewesen und von irgendwelcher Vergütung könne keine Rede sein. Da dankte ich ihnen denn für die große Gastfreiheit, ließ den Radscha bestens grüßen und bestieg den großen Rappen, den ich hier gemietet hatte und der mich nun anstatt meines treuen weißen Freundes aus Kamba Tsenams Zelt nach Simla tragen sollte.

Die guten Herren und Männer aus Beschahr begleiteten mich in Prozession, als ich Rampur verließ. Auf der Straße waren die Schulknaben in zwei Reihen aufgestellt, und als wir vorbeizogen, salamten sie kichernd. „Laßt es euch gut gehen, ihr Buben!" rief ich ihnen zu, und dann bat ich die Prozession, sie möchten sich doch ja nicht meinetwegen ihre Schuhsohlen abnützen. Froh, des Höflichkeitszwanges ledig zu sein, verbeugten sich alle tief und kehrten nach dem Dorfe zurück.

Längs des Satledschufers ritt ich weiter. Der majestätische Fluß ist ruhiger und tobt weniger als früher. Das Tal erweitert sich etwas, die Steilheit der Gehänge nimmt ab, die Straße liegt zehn bis zwanzig Meter höher als die Wasserfläche, und auf der Brücke, die über den Nebenfluß Nogri führt, bewundern wir wieder smaragdgrüne, schäumende Wassermassen, die im Schoße des Satledsch verschwinden. Jenseits des Dorfes Date=nagar macht der Fluß eine scharfe Biegung, und an einer schmalen Stelle hängt eine Netzbrücke zwischen den Ufern. Zuverlässig sieht diese lange Hängematte gerade nicht aus, aber, mit dem Kabel bei Poo verglichen, ist sie immer noch prachtvoll.

In Nirit befinden wir uns in 1115 Meter Höhe und lesen um ein Uhr mittags 31 Grad ab. Demjenigen, der zwei Jahre in Tibet gelebt hat, erscheint dies drückend heiß. Hier drunten bringt nicht einmal die Nacht Kühlung, da das Minimum auf 21,4 Grad stehen bleibt.

Aus Nirit muß ich eine lustige kleine Episode erzählen. Als ich beim Schreiben saß, trat Gulam, aufgebracht und kochend vor Wut, an die Veranda heran, um mir zu melden, daß ihm, der überall hinter uns zurückblieb, um das Letzte einzupacken, als er Rampur habe verlassen wollen, ganz unvermutet eine Rechnung vorgelegt worden sei. Die guten Wirte verlangten Entschädigung für das Schaf und die andern Delikatessen, die bezahlen zu dürfen ich vergeblich gebeten hatte. Da Gulam kein Geld bei sich hatte, habe man ihm den Revolver nehmen wollen. Schließlich habe man sich dahin geeinigt, daß einer der Männer ihn nach Nirit begleiten und seine Forderung bei mir eintreiben solle. Dort erschien er auch schon, der Unglücksrabe, und als Gulam ihn erblickte, entflammte sein Zorn von neuem. Er gab ihm ein paar so tüchtige Maulschellen, daß der Mann ins Gebüsch purzelte und dann schnell die Flucht ergriff. Erst nachdem Gulam sich in die Küche zurückgezogen hatte, kehrte der unerwartete Gläubiger zurück und erhielt von mir eine Entschädigung, und zwar nicht nur für die mir zuteilgewordene Bewirtung, sondern auch für die Prügelsuppe, die er selbst erhalten hatte. Das Schaf durfte er behalten; das Merkwürdige war, daß das Schaf durch diese Geschichte am Leben blieb. Bei Geschenken soll man im Orient vorsichtig sein.

Der 13. September war ein Sonntag, und ich hatte einen herrlichen Ritt nach Kotgar hinauf. Es galt ja von 1115 Metern in Nirit zu den 1710 Metern in Kotgar hinaufzusteigen, also sich um zwei Eiffeltürme in kühlere Regionen emporzuschwingen. Jedoch zieht sich die Straße noch eine Weile am Ufer des berühmten Flusses hin. Sein Lauf wird immer ruhiger. Freilich sieht man hier und dort Stromschnellen, aber das trübgraue Wasser schäumt und tost nicht mehr so heftig wie weiter oben. Der Satledsch ist müde nach seinem Werke; die gewaltigen Wassermassen brauchen nicht länger zu arbeiten, sie gleiten träge in die Ebenen hinunter, sie singen nicht laut und triumphierend wie früher, sondern summen nur ihre alten Lieder. Zuweilen ist der Fluß ganz stumm, dann aber erhebt er in neuen Stromschnellen wieder seine Stimme. Ich höre ihn noch einmal und sehe ihn zum letzten Male hinter den Hügeln verschwinden, als ich vom Ufer fort zu den Tanadar umgebenden Höhen hinaufreite.

Wie schön ist es, das stickige Tal und die eingeschlossenen Dünste hinter sich zu lassen! Die Luft wird kühler und frischer, je höher wir gelangen, und weiße Wölkchen werfen ihre Schatten über die Erde. In der Ferne zeigen sich wieder die Kailasgipfel, die Wohnsitze des ewigen Schnees.

Mehrere Europäer hielten sich gerade in Kotgar auf, und ich wurde außerordentlich gastfrei aufgenommen. Unter ihnen befand sich Missionar Bentel, der 38 Jahre seines Lebens als Prediger gewirkt hatte. Ich wohnte dem Abendgottesdienst in der kleinen englischen Kirche bei und lauschte wieder einem christlichen Gottesdienst. Die Karawane langte später als gewöhnlich in dem Hofe des Bungalows von Kotgar an. Eines der Pferde aus Tschang-tang hatte vergeblich versucht, die Abhänge von Tanadar zu erklimmen; es war eine steile Wand hinuntergestürzt und war auf der Stelle tot gewesen. Unter meinen zehn Tieren hatte die Straße von Toktschen nach Simla drei Opfer gefordert.

Der 14. September, noch 80 Kilometer! An einer Wegbiegung begegnete ich sechs Läufern mit einem leeren Rickscha. Eine angenehme Abwechslung, in dem leichten, zweirädigen Lehnstuhl Platz nehmen zu können und über die hochliegende Oberfläche domförmiger Kämme und Rücken hinzusausen. Ich rauche Zigaretten, schreibe meine Aufzeichnungen nieder und lasse den Blick frei über tiefe Täler und in unendlich weite Fernen hinschweifen. Ich brauchte auch keine Besorgnis zu hegen, daß meine Läufer ermüden würden. An jedem Bungalow erwartet mich ein

neues Gespann, und ich kann so lange weiterfahren, wie es mir gefällt.
In Narkanda befinden wir uns in größerer Höhe, als wir seit Rogi
gewesen sind, 2680 Meter über dem Meer. In Theog halte ich Rast,
um Mittag zu essen, fahre dann aber mit Laternen auf der Deichsel
im Dunkeln weiter. Die Räder kreischen, die nackten Fußsohlen meiner
Leute klatschen auf der harten, ebenen Straße, und der Lichtschein zittert
lustig vor der dahineilenden Schar her. Aber es war schade, die schöne Aussicht einzubüßen, und da ich nicht mitten in der Nacht in Simla an-
kommen wollte, schlug ich in dem Bungalow des Dorfes Fagu zum
letztenmal auf dieser langen Reise mein Lager auf.

Der letzte Tag bricht an! Der Morgen ist frisch und klar, und
in früher Stunde begann ich den Marsch nach dem schönen Orte, der die
Lagernummer 500 trägt. Meine Läufer sausen wie der Blitz dahin, und
schnell rollt das Ricksha auf dem langsam abfallenden Kamme, der bis
Simla geht. Schnell vergrößern sich die heitern, weißen Sommerhäuser
auf dem Zedernhügel, und bald saust das Gefährt durch den üppigen
Nadelholzwald, dessen Kronen sich über tiefen Tälern wölben.

Oft und gern schaue ich aus meinen Fenstern in dem gastfreien
Viceregal Lodge. Bald vom Sonnenschein überflutet, bald durch regen-
schwere Wolken beschattet, entrollt der Himalaja rings um mich seine
Wunder. Ich bin auf einer Klippe in einem aufgewühlten Meere ge-
strandet. Jenseits der Kämme im Osten ahne ich den heiligen Berg, wo
Brahma in seinem Himmel thront und Siwa in seinem Paradiese weilt.
Und jenseits des Sagendunkels läßt mein königlicher Transhimalaja seine
mit Schnee bedeckten Ketten zur Sonne emporragen.

Nach Westen hin aber sinken die Kämme des Himalaja zu niedrigen
Hügeln hinab, die schließlich in die endlosen Ebenen des Pendschab übergehen. Am Rande des Horizonts verschwimmen diese Wellen wie eine
versteinerte Brandung an der Küste eines Wüstenmeeres. Mitten in dem
gelben Nebel am Fuße des Gebirges zeigt sich in der Ferne ein dunkleres
Band, das sich an Firazpur vorbei nach dem Indus schlängelt. Es ist
der Satledsch! In meinen Ohren saust die Erinnerung an rauschendes
Wasser, und ich glaube noch immer den stolzen Fluß von seiner Sehnsucht nach dem Meere singen zu hören.

Register.

Abdul Kerim, Diener Hedins 65. 67. 71. 89. 217. 270.
Abel-Rémusat 296. 298.
Ackerbau, in Westtibet 35.
Adul, Diener Hedins 2. 6.
Aling-gangri 133.
Amazonengarde 351. 365—368.
Andrade, Antonio de 110. 192. 272. 273. 284. 290; Tod 278.
Anggong-Tal 255.
Anmar Dschu 65.
Anquetil du Perron 180. 181. 182. 200.
Antilopen 23. 52, s. auch Goa- und Pantholopsantilopen.
d'Anville 120. 133. 175. 176. 179. 190.
Aong-bunker 97.
Aong-tsangpo 14. 94. 96. 97.
Apek, Dorf 368.
Ar, Tal 62.
Aren, Dorf 368.
Argok-tsangpo 96. 97.
Argok-tso 95. 96. 97.
Arrian 106.
Atkinson, E. T. 138.

Badeort, tibetischer 36.
Bailey 141.
Barantola, Königreich 111. 112
Basalt 23.
Bäume in Tibet 256.
Beligatti, Cassiano 115.
Bennett, Hauptmann 204.
Bentel, Missionar 380.
Bergkrankheit 28. 114. 303.
Bernier, François 175.
Beschahr, Staat 349. 378.
Bettellama 161. 164.

„der Bettler", Begleiter Hedins 161. 167. 223. 350.
Bitschutse, Tal 321.
Bogle, George 121. 295.
Bokar-la, Paß 18.
Bokar-tsangpo, Quellbach des Indus 2. 3.
Bonin, Charles Eudes 185.
Bonvalot, Gabriel 140.
Bosba-garang, Tal 371.
Brahmaputra 323.
Brebung, Kloster 258.
Bruske, Missionare 370.
Buchweizen 346.
Buddhismus 286. 287.
Burrard, Oberst 143. 210.

Calvert 19. 27.
Campbell, Dr. 131. 360. 361. 362.
Cañontäler des Satledsch 230. 233. 240. 241. 260. 307. 323.
Charlevoix, Jesuit 295.
Colebrooke, H. T. 190. 191. 193.
Cordier, Henri 108.
Csoma de Körös, Alexander 299. 356. 357. 363; Tod 361—362.
Cunningham, Leutnant 201.
— Sir Alexander 132. 203. 204.

Daba, Dorf 241. 244. 296.
Daba-dsong 244.
Daba-gumpa 241. 248.
Daba-Tal 241. 242.
Dahlmann, Joseph 286.
Dakpa, tibetischer Postläufer 313.
Dalai-Lama 234. 235. 269. 282. 290. 295. 296. 299.

Dambak-la 321.
Damrap-tso 94.
Date-nagar, Dorf 379.
Da-teri, Tal 95.
Dato-la 314. 315. 320.
Dava Schah, Großhändler 3.
Dentschok, Dorf 54.
Denksteine, vorgeschichtliche 17.
Deodarabaum 346. 375.
Desgodins, Abbé 294.
Desideri, Ippolito 113. 123. 175. 176. 177. 284. 293.
Deva Ram, Dorfschulze 342. 343.
Diamantsau 169.
Dihong-Tal 323.
Ding-la 28. 94. 133.
Ding-la-Kette 95. 96.
Döltschu-gumpa 164.
Dongbo-gumpa 235.
Dongbo-Tal 236.
Dongbo-tschu 237.
Dortsche 247.
Dortsche Pagmo 169.
Dortsche-Tsüän, Gouverneur von Saka-dsong 65. 151.
Dorville, Albert 110. 111. 284.
Dotsa, Quelle 22.
Dotsa-la 22.
Drugub, Dorf 64.
Drummond 203.
Dschamtse Singe, Prior 77. 78—84.
Dscharko-la 219.
Dschekung-tso, See und Paß 3.
Dschukti-hloma, Paß 25. 28.
Dschukti-la, Paß 20. 27.
Dschukti-loän-tschu 25.
Dschukti-tschangma-la 25. 28.
Du Halde, Pater 176.
Duka, Th. 357.
Dukang, Tempelsaal 249.
Dung, als Feuerungsmaterial 6.
Dungkang 57.
Dunglung, Quellen 59.
Dunglung-sumbo 28.
Dunglung-tschenmo 28.
Dungmar-la 324.
Dunlop, Smith, Oberst 377.
Dutreuil de Rhins 121. 141.

Eidechsen 8. 23.
Emodos, Himalajagebirge 106.
Erdbeben 81.
Europäer in Poo 342.

Fagu, Dorf 381.
Fano, Domenico da 112.
Fraser, James 198.
Freyre, Manuel 113. 176.

Gabet, Pater 129. 284.
Gäbji-la 72.
Galtschen Dirgi, Schutzkönige 258.
Ganderbek (Alexander Csoma) 363.
Ganga, Flußbett 161. 178.
Gaora, Unterkunftshaus 377.
Garbe, Richard 286. 287.
Gar-gunsa 32; das alte 36; das neue 36. 41.
Gar-jarsa 32.
Gar-jarsa-gumpa 31.
Garpune, Vizekönige 29. 32. 48.
Gartok 29. 31. 32; Messe 30.
Gartong, Fluß 21. 29. 39. 41. 42. 178; Wassermenge 40; Quelle des Indus 40.
Gar-tschu 29. 35. 39.
Gatschen Lobsang Tarva, Lama 355. 362.
Gaubil, Pater 178. 179.
Gebetmühle 44. 47.
Gelle-lungpa 101.
Gelukpa 226. 249. 309.
Georgi, Pater 115. 116. 289. 295.
Gerard, Dr. 198. 358. 350.
— Hauptmann 198.
Gerbillon, Pater 282.
Gerik-jung 219.
Gertse, Gegend 4. 5.
Gerung Lama, Gründer von Selipuk 86.
Gestein des Transhimalaja 146—148.
Gilgit 322.
Gjambotsche 7.
Gjangring, Dorf 368.
Gjäsowang, Fluß 321.
Gjekung-scherma, Talmündung 10.
Gjuma-tschu 160.
Gletscher 27.
Glimmerquarzit 224.

Glimmerschiefer 334. 337. 340. 350. 351. 368. 369.
Glocke, christliche, in Lhasa 115.
Gneis 326. 334. 369. 373.
Goaantilope 94.
Goës, Benedikt 196.
Gojak, Fluß 166.
Goldstaub 30.
Gota (Lhasa) 109.
Granit 22. 26. 28. 38. 59. 62. 64. 94. 336. 337. 369. 371.
Grauwacke 101.
Grenard 141.
Grüber, Johannes 110—112. 284. 291.
Grünwedel 286.
Gulam, Diener Hedins 65. 69. 90. 217. 242. 379.
Gulam Rasul 30. 31. 212; Handelsbeziehungen 30.
Gurla-mandatta 159.
Gyanima 5. 21; Messe 30.

Halde, du 291.
Hall, Basil 296.
Hälleflinta 101.
Haltschor-tschu 219.
Hamilton, Francis 123. 199.
Harballabh, Pundit 195. 199.
Harrison, A. S. 204.
Hasen 8. 94. 166.
Hayden, H. H. 145.
Hearsey, Hauptmann 192. 193.
Hedin, Abreise von Gartok 32; Abschied von Tibet 324. 327. 336; Bootfahrt auf Indus 33. 51; in Daba 242; Diener 2. 5. 63. 65. 67. 217; letzter Einzug in Ladak 65; tibetische Eskorte 36. 56. 65; Finanzen 71. 88; in Gargunsa 32. 36; in Gartok 29; Höhenmessung 27; Hunde 37. 55. 68. 98. 230, s. a. Kleinpuppy, Takkar; an der Indusquelle 1. 2; neue Karawane 63; Karawanentiere 36; Kleidung 245; im Kloster Taschi-gang 46. 47; Lager Nr. 236 1; Nr. 237 4; Nr. 238 6; Nr. 239 7; Nr. 240 9; Nr. 241 12; Nr. 242 15; Nr. 243 17; Nr. 244 18; Nr. 245 19; Nr. 246 20; Nr. 247 22; Nr. 248 24; Nr. 249 26; Nr. 250 28; Nr. 251 29; Nr. 252 33; Nr. 253 36; Nr. 255 37; Nr. 258 43; Nr. 259 53; Nr. 261 55; Nr. 263 57; Nr. 264 58. 59; Nr. 266 60; Nr. 267 62; Nr. 268 63; Nr. 439 67; Nr. 441 89; Nr. 442 90; Nr. 443 93; Nr. 445 94; Nr. 446 95; Nr. 447 97; Nr. 448 98; Nr. 449 100; Nr. 450 100; Nr. 452 158; Nr. 453 160; Nr. 454 160; Nr. 455 162; Nr. 457 163; Nr. 459 166; Nr. 460 169; Nr. 462 222; Nr. 464 234; Nr. 471 265; Nr. 474 309; Nr. 477 314; Nr. 480 322; Nr. 484 336; Lagerleben 68; letztes Lager am Indus 58; letztes Lager in Tibet 334; in Mangnang-gumpa 255; Pferde 227. 333. 374; Schimmel 6. 228; in Selipuk 66 fg.; in Simla 381; in Tirtapuri 217; topographische Aufnahmen 17; in Totling 266; Träger 349; Übergang über den Satledsch 227—230. 252. 344; Übergang über den Tokboschar 167; Verhandlungen mit den Nomaden von Jumba-matsen 13; Yaks 21.
Heeley, W. L. 301.
Heiße Quellen 35. 36.
Hemakuta 105.
Hemi, Kloster 56.
Hennig, Anders 146.
Herat, Dorf 64.
Herbert, Hauptmann 199.
Herodot 105.
Heuschrecken 8.
Himalaja 105. 135. 184. 322. 381.
Himalajazeder, s. Deodara.
Himavan 105.
Hira, Numberdar 337.
Hiraman 65.
Hjärne, Harald 301.
Hlagar 20. 21.
Hlande-tsogja 29.
Hlari-kunglung, Berg 23.
Hla-tamtschen 47.
Hodgson, Brian 127. 132.
Holdich, Sir Thomas 210. 275.
Hooker, Sir Joseph 131.
Hor-parjang 101.
Huc, Pater 129. 196. 284. 291. 293.

Humboldt, Alexander 125.
Hundes 243. 253. 307.
Hunter, Sir William 127.

Imaus 106.
Inder 244.
Indra, Gott des Regens 105.
Indus 19. 20. 21. 25. 29. 33. 35. 39. 43. 49. 54. 57. 59. 97. 322; Karte des Tales 33; Quelle 1. 3. 7. 40. 133. 191. 203; Täler des Quellflusses 41; Vereinigung des Gar-tschu und des Singi-kamba 39; Wassermenge an der Vereinigung des Gar-tschu und Singi-kamba 40; Wasserscheide 3. 18.
Ische, Diener Hedins 19.

Jajur, Gegend 335.
Jamdok-tso 169.
Jangpur, Greis in Kanam 362.
Jer, Dorf 326.
Jesuiten, Karte von China 119; in Ostasien 119. 284.
Jigde, Gott 47. 48.
Johnson, Hauptmann 356.
Jongpun 154.
Jübgo-la 100.
Jula-garang 372.
Jumba-matsen 11; Häuptling 11. 12.
Jungu-tsangpo 238. 239.

Kadach 47.
Kailas 105. 157. 170. 171. 209.
— Himalajaberg 354. 368. 370.
Ka-la 75.
Kalidasa 105. 172. 173.
Kalingtang 308.
Kalkstein 7. 9. 10. 16.
Kamba Tsenam 157. 228.
Kamlungtal 336.
Kamurti 354.
Kanam, Dorf 354. 356. 358. 359. 365; Distrikt 352.
Kanam-laptse, Steinmal 354.
Kanauri, Stamm 370.
Kandschur 256. 355. 357. 358.
Kandschur-lhakang 354.
Kang Hi, Kaiser von China 119. 284.

Kang-rinpotsche (Kailas) 3. 159; Gipfel 32. 162; Sage 31.
Kapp, Dorf 337. 339.
Kapuzinermission 288. 289. 299.
Kartoffeln 242.
Karu-sing 313.
Katsche-lhakang 355.
Kaukasus 106.
Kawagutschi, japanischer Geistlicher 206.
Keila, s. Kailas (Himalajaberg).
Khub (Kapp), Dorf 339.
Kiang, s. Wildesel.
Kirang, Dorf 366.
— Fluß 366.
Kircher, Athanasius 111. 112. 276. 290.
Kirckpatrick 123.
Kischmisch 242.
Kjangjang, Quelle 90.
Kjang-jang 98.
Kjangjang-la 93.
Kjangjang-lobtschang, Gebiet 90.
Kjap, Dorf 366.
Kjung-lung 221. 225.
Klaproth 124. 135. 142. 200. 277.
Kleinpuppy 230. 346. 352. 368.
Klimaänderung 262 fg.
Kloster, in Daba 244; Döltschu 164; Dongbo 236; Gartok 31; Kanam 354; Kjung-lung 226; Mangnang 255; Rab-gjäling 311; Selipuk 66 fg.; Tirta-puri 168; Totling 265; Tschuschul 61.
Kodschang-Tal 370.
Koldoktse, Quelle 320.
Kongkong-la 324.
Kongta-la 62.
Köppen 299. 300. 356.
Korang, Dorf 329. 330.
Kore 236. 311.
Kotgar 380.
Kudmeg, Tschorten 354.
Kuehner, Professor 285.
Kujul, Dorf 55.
Kuntschuk, Diener Hedins 65. 217. 352.
Kutus, Diener Hedins 65. 68. 217.
Kwen-lun 135.

Ladak 30; Brücken 332.
Ladakkette 35. 38. 38. 57. 64. 238. 240. 253; Schuttkegel 38.

Lama, europäischer 355.
Lamaismus 287.
Lamas, Andrade über die 279—282.
Lamo-latse-Bach 3.
Lamo-latse-Paß 3.
Landon, Perceval 197.
Landor, H. Savage 206.
Langak-tso 161. 165.
Langbo-nan, Kloster 159. 160.
Langlès, L. 295.
Langmar, Dorf 39.
Langtschen-kabab 164.
Langtschen-kamba 176.
Langtschu-Fluß 21. 37.
Langurberge 111. 113. 114.
Laptha-la 25.
Largjäp 334.
Lasar-la 25. 29.
Lasar-Tal 29.
Lassen, Christian 137.
Lauch, wilder 163.
Launay, Adrien 301.
Lava 18.
Lavar-gangri 72. 93.
Lavar-tsangpo 72. 93. 94. 97.
Ldat, Tal 314.
Lesdain, Graf de 142.
Lhasa 30. 109; s. a. Utsang.
Littledale, St. George 141.
Lobsang, Diener Hedins 65. 67. 68. 72. 217. 264. 265. 342. 345.
Loptschak, Brücke 329.
Loptschak-Monopol 30.
Lößmulde 262.
Luchse 28.
Luma-nakbo 95.
Luma-ngoma 36.
Luma-ringmo, See 16.
Lumbo-särdschu, Berg 23.
Lunak, Fluß 234.
Lung-kongma, Tal 62.
Lungun, Tal 322. 323.
Lunkar-la 65.

Maharadscha von Kaschmir 48.
Mahayana 286.
Mahl, tibetisches 79.
Malte-Brun 299.

Manasarovar, Entdeckungsgeschichte 170 fg.; Sage 170. 171.
Mânasa-Sarôvara 170.
Manekang 44. 47.
Manes 289. 299.
Mane-tumtum 57.
Manglard-karb, Tal 377.
Mangnang, Dorf 255.
Mangnang-gumpa 255.
Mangnang-tsangpo 254. 255.
Manimauer 9. 54.
Manlung, Tal 254.
Manning, Thomas 122.
Mantschu-tschen 321.
Marco Polo 108. 174. 196.
Markham, Sir Clements 137. 143. 144. 145.
Marx, Missionar 345.
Megasthenes 106.
Meghaduta 170.
Meru, Götterberg 104.
Minchul Chutuktu 124. 200.
Mir Isset Ullah 296.
Mirza Haidar, Feldherr 174. 175.
Misser, Kloster 48.
Misser-tschu 218.
Mohanlal, Arzt 270. 304.
Monserrate, Antonio de 175.
Montcorvin, Jean de 202.
Montecchio, Felice de 112.
Montgomerie, Oberst 19. 40. 132. 133. 191. 205.
Moorcroft, William 123. 192. 200. 201. 203. 296. 357. 358. 360. 363; Tod 196.
Morang, Dorf 368.
Möwen 67.
Mugu-See 12.
Mugu-taläp, Salzsteppe 14.
Muhammed Isa 65.
Müller, Max 173.
Munto-mangbo 232.
Murmeltiere 26. 310.

Nadelwald 369. 381.
Na-gangkal, Quelle 55.
Nain Sing 126. 132. 135. 205.
Namgja, Dorf 337.
Namgjal Dortsche 77. 80—84.
Namgja-ridsching, Dorf 336.

Nauru 35.
Napoleon 296.
Näribke, Bach 324.
Narkanda, Dorf 381.
Natang, Tal 305. 307.
Natschar, Dorf 374. 375.
Nearchos 106.
Nepal 112.
Nesang, Fluß 354.
Nestorianer 287. 297.
Nganglaring-tso 14. 65. 67. 69. 72. 94. 97.
Ngari-Korsum, Provinz 243.
Ngari-tsangpo 315. 316. 319. 320; Brücke 317.
Ngurup Dortsche 304. 317. 338. 340. 342. 350.
Nien-tschen-tang-la 140. 141. 142. 143. 206.
Nima-lung 33. 35.
Nirit, Dorf 379.
Niru, Dorf 328.
Njanda-nakbo, Oase 24.
Njanda-nakbo-tso 7. 9.
Nogri, Fluß 379.
Nomaden 6; Frauenkleidung 92; Handelsreisen 5; Schafzucht 4. 5. 12; Wanderungen 11. 12.
„Nordebene" 2.
Norman, Oberleutnant 371.

Obassy (Dalai-Lama) 109. 290.
Ojar-la 72.
Ombosträucher 37. 38.
Om mani padme hum 280. 281.
Optil, Brücke 317.
Ovis Ammon, s. Wildschafe.
Ow, Freiherr Anton von 214.

Pabe-kar, Tal 373.
Padma Sambhava 286.
Pagell, die ersten Herrnhuter in Poo 347.
Pang-gong-tso 53. 58. 60. 64.
Pangi, Dorf 370.
Panglung-Tal 100.
Pantholopsantilope 15. 94.
Pappeln, die ersten 256.
Parango 354.
Pari-gumpa 335.
Parka, Distrikt 161. 162.
Pascha-gang 336.

Pataö-sang, Tal 53.
Patschen 100. 159.
Patschung 159.
Paunda, Dorf 375.
Pele-rapka-la 25. 37.
Pema Tense, Hedins Führer 2. 3. 4. 5; Abschied 11.
Pembo-Sekte 31. 220.
Penna, Orazio della 115. 288. 289.
Pera, Dorf 325.
Peripherisches Gebiet 319.
Pferde der Tibeter 14.
Piang-la 321.
Piano Carpini, Franziskaner 107. 284.
Pill, Dorf 354. 366.
Pimig-la (Schipki-la) 336.
Plateauland 319.
Plinius 106.
Pomponius Mela 106.
Poo 338. 342. 345. 346; Friedhof 347; Missionsstation, Geschichte 347.
Poo-gumpa 346.
Pootsche-la 321.
Pordenone, Odorico de 108. 273. 284. 290.
Porphyr 6. 20. 23. 26. 59. 93.
Porphyrit 17. 18. 22. 26. 28. 29. 43. 62.
Porzellanerde 85.
Prinsep, Henry 299.
Prinz Heinrich von Orléans 140.
Ptolemäus 106. 121. 174.
Pude, Dorf 327.
Puge, Dorf 325.
Puge-la 325.
Puktse 56.
Pul-tso (Salzsee) 16.
Pundam, Dorf 370.
Pundi-Berg 32. 100. 159.
Pundi-gumpa 159.
Punditen 27. 40. 66. 67. 132. 135. 191.
Purangir 189.
Putte, Samuel van de 118.

Quarzit 59. 223.
Quarzporphyr 3. 19.
Quarzporphyrit 23.

Raben 24.
Rabgjälingfluß 310.

25*

Rabgjäling-gumpa 310.
Rabsang, Diener Hedins 2. 10. 11. 27. 45. 46.
Radscha von Beschahr 376. 378.
Rakas-tal 207.
Ramni-kar 372.
Rampur, Dorf 377.
Rangri, Tal 368.
Raper, Hauptmann 192. 274.
Rarang 368.
Rartse, Steppe 89.
Rawling, Hauptmann 141. 210. 339.
Rawlinson, Sir Henry 134. 205.
Rebhühner 8. 20.
Reclus, Elisée 138.
Régis, Jesuitenpater 119. 288. 291.
Rennell, Major 121. 185.
Rhys Davids, T. W. 301.
Riberang 368.
Riboth (Tibet) 109.
Richthofen, Freiherr von 138. 139. 291.
Rickscha 381.
Rigong-la 102.
Rildig-jok, Tal 313.
Rindviehzucht 310.
Rio Porgjul, Berg 335.
Risba, Dorf 368.
Ritter, Karl 124. 183. 200. 282.
Robert, Alexander 33. 51.
Rockhill, W. W. 108. 285. 356.
Rogi, Dorf 370. 371.
Rokti-tschu 333.
Rongtotke-la 328.
Roth, Henrik 276.
Rubruquis, Wilhelm 107. 284. 285.
Rudok 53.
Rundor, Nomadenstamm 14.
Ryder, Major 141. 191. 210.

Saint-Martin 200.
Salma, Dorf 59.
Salve-tschu 334.
Salz 5. 21. 164.
Samje Karmo 231. 234. 236. 265.
Samo-tsangpo 102.
Samtang Randol, Lama 219. 231.
Sanak 321.
Sandberg, Graham 209.
Sandstein 223.
Sang-serpo, Tal 235.
Sara 63.
Sarahan, Dorf 376
Sarijol, Quelle 18.
Särtsoki-la 22.
Sasser, Tal 321.
Satledsch 35. 97. 162. 163. 166. 168. 175. 176. 201. 203. 207. 222. 224. 238. 240. 252. 307. 318. 335. 337. 341. 349. 352. 366. 373. 377. 380. 381; Brücken 225. 226. 329—331. 339; Quelle 164. 191. 200. 219; Tal 66. 220. 260. 263.
Sau, heilige 169.
Schafe 4. 5. 314; als Lasttiere 5. 8. 21. 24. 62. 63.
Scha-Fluß 350—352.
Scha-lungpo 350.
Schamanismus 286. 290.
Schangdse, Dorf und Kloster 309.
Schanglung (Wolfslohn) 69.
Schejok, Fluß 63.
Schibe-tschu 233.
Schiefer 9. 16. 369; phyllitischer 314. 326.
Schinggun-gumpa 327.
Schingtschigma 324.
Schinkar-Tal 35.
Schipki, Dorf 199. 322. 328. 334. 335.
Schipki-la 238. 324. 328. 335.
Schlagintweit, Brüder 136. 203. 248. 278.
Schnabel, Missionar 345.
Schukpa (Zeder) 346.
Selipuk, Kloster 66. 69—72. 75. 76. 84. 90.
Sera, Kloster 48. 164.
Seren Donduk, Feldherr 120.
Serpun, Goldkontrolleur 13. 20.
Sherring, Charles 210.
Sigge-la 72.
Sigu-ragling-la 16.
Simla 381.
Singi-kabab, Indusquelle 19. 133. 178.
Singi-kamba (Indus) 21. 23. 39. 40. 41. 42; Wassermenge 41.
Singi-tsangpo 19. 25. 42.
Singmet 19.
Singtod, Gebiet des obersten Indus 19.
Skanda Purana 170.

Smith, Hauptmann 204.
Soldam, Tal 375.
Sonam Ngurbu, Häuptling 72. 73—75. 80—83. 98. 155; als Landpolizeimeister 75—78. 86.
Soravar Sing 63. 164.
Souciet, Pater 178.
Stein, M. A. 286.
Stewart, John 295.
Stoliczka 145.
Strabo 106.
Strachey, Henry 136. 200. 201.
— Richard 202.
Strahlenberg 134. 180.
Suän, Diener Hedins 217. 332. 342.
Südwestmonsun 213.
Sumbu-tar, Tal 321.
Sumdang-la 72.
Sumdang-tsangpo 67. 68. 72. 88.
Sumna 352.
Sumur-gumpa 314.
Surnge-la 100.
Surne-lumpa 100.
Surnge-tschu 97. 98.

Tabak, in Tibet 80. 242.
Tage-tsangpo 175.
Tagha 324.
Takkar 326. 346. 352. 353; Abschied 364.
Taktsche 98.
Tama-jaghgang, Oase 59.
Tanadar 380.
Tandschur 256. 355. 358.
Tanga 239.
Tangmet, Dorf 325. 326.
Tanka-Tücher, bemalte 47.
Tanksi, Dorf 65.
Tanner, Oberst 206.
Taranda, Dorf 376.
Tarbaling-Lhakang 364.
Tarok-tso 65.
Tasam, Poststraße 21. 161.
Taschi-gang, Dorf 43; Kloster 39. 43. 44. 48; Geschichte 48.
Taschi-Lama 269. 295.
Taschi-lunpo 250.
Tabuk, Tal 53. 57.
Tebeter 107.

Tee, in Tibet 79.
Tengri-nor 90. 142.
Teri-nam-tso 65.
Terruk, Tal 22.
Terruki-la 22.
Thakur Jai Chand, Agent der indischen Regierung 212. 270. 271. 304. 313.
Theog, Dorf 381.
Thomson 131. 204.
Thunberg, Carl Peter 295.
Tibet, Ehe 81. 289; Grenze 54. 336.
Tibeter 244.
Tidang-Tal 337.
Tieffenthaler, Joseph 179. 200. 205.
Tiessen, Dr. Ernst 139.
Tirta, Wallfahrtsort 170.
Tirtapuri 168. 217. 218.
Tokbo-nub, Fluß 168.
Tokbo-schar, Fluß 167.
Tok-dschalung, Goldfeld 5. 21. 30.
Toktschen 101.
Toktschen-tschu 322.
Tomba-tschu 352.
Tomlang-tsangpo 325.
Totling 255. 264. 303; Brücke 305.
Totling-gumpa 256. 263; Andrade in 279.
Tovaling, Dorf 337. 338.
Transhimalaja 2. 7. 22. 23. 25. 38. 39. 41. 57. 67. 91. 96. 100. 135. 144. 145; Entdeckungsgeschichte 101; Geologie 145. 146. 148; Karte 30; Schuttkegel 39.
Trelawney Saunders 137. 138.
Trotter, Hauptmann 135.
Tsakas, Salzseen 243.
Tsake-la 58. 59.
Tsak-tsaka, Salzsee 21.
Tsalam-ngopta-la 7.
Tsaldöt-la 220.
Tsamba 48.
Tsanglangma-kesa 321.
Tsangpo 111. 319.
Tsänmo 55.
Tsaparang 271. 273. 278. 290. 305.
Tsar, Dorf 327.
Tsarak-tatang, Tal 354.
Tsatsa 259.
Tschagring-la 35.
Tschaldi-tschüldi 24.

Tschamkang 249.
Tschangsang-karpo 26.
Tschang-tang, Tal 313.
Tschangtsö, Oberamtmann 266. 304.
Tschärgip-gumpa 160.
Tschargo-ding-la 94.
Tschila-gumpa 346.
Tschilam, Dorf 64.
Tschini, Dorf 370.
Tschiu, Quelle 37.
Tschiu-gumpa 160. 161. 194. 195. 202. 206. 210.
Tschok, Dorf 333.
Tschoktschu 69. 70. 71. 72. 82—84.
Tschottse 309.
Tschornak-tschu 220.
Tschorten 225. 259. 344; letztes 375.
Tschukta, Fluß 165.
Tschumurti 253. 304.
Tschusan, heiße Quellen 35.
Tschuschul, Dorf 55. 60.
Tschutar-kar, Tal 369.
Tschuwang-tschung, Tal 321.
Tsering, Prior 55. 160.
Tsokang 47.
Tso-kar (Weißer See) 16.
Tso-longtscho, Salzsee 15.
Tso-mavang 12; Freistatt für Tiere 10.
Tsongkapa 47. 291. 292. 293. 300.
Tsumtul-pu-gumpa 162.
Tubges, Diener Hedins 65. 217. 332.
Tuff, vulkanischer 17. 18.
Tugden Nima, Lama 244. 248.
Tugu-gumpa 159.
Tundup-Lama 161.
Tundup Sonam, Diener Hedins 2. 20. 27. 51. 52. 53. 64.

Tungnang-la 352. 353.
Turner, Samuel, Hauptmann 122. 299.

Uferwälle 89.
Uiguren, Stammväter der Ungarn 356.
Umsed, Lama 47.
Urni, Dorf 372.
Utsang (Lhasa) 281. 282.

Vámbéry, Hermann 357.
Viceregal Lodge in Simla 381.
Voltaire 296.

Walnußbäume 365.
Wangtu-Brücke 373. 375.
Warren Hastings 121. 189.
Wasilieff 124.
Webb, Leutnant 192. 274.
Webber, Thomas 204.
Weidenbäume 326.
Weinbau 346. 369.
Wessels, C. 273. 274. 275. 278.
Wildesel 6. 8. 10. 12. 15. 16. 23. 37. 94. 310.
Wildford, Hauptmann 189. 190.
Wildgänse 9. 15. 49. 67. 173.
Wildschafe 6. 52. 53. 233.
Wildyak 26.
Wilson, H. H. 296.
Wiseman, Bischof 297.
Wölfe 19. 28. 33. 37. 69.
Wolle 5. 12. 24. 30.
Wood 141.

Yakgras 20.
Yaks 48. 232. 310.
Younghusband, Sir, Francis 63.

Zaskar, Bergkette 238. 240. 253.
Zeder 346, s. auch Deodora.
Ziegen 227.

ༀ་མ་ཎི་པདྨེ་ཧཱུྃ